《諸子學刊》編委會 編

方勇 主編

華東師範大學先秦諸子研究中心 主辦

諸子學刊

選堂題

第二十六輯

中國社會科學引文索引（CSSCI）來源集刊

上海古籍出版社

諸子學刊（第二十六輯）

主　編：
方　勇

副　主　編：
陳　致（香港）

學術委員會：

王鍾陵	王葆玹	王俊彥（臺灣）	尹振環
池田知久[日本]	成中英[美國]	江建俊（臺灣）	汪德邁（Vandermeersch）［法國］
李　零	李炳海	周勳初	林其錟
金白鉉[韓國]	陸永品	陳鼓應（臺灣）	陳麗桂（臺灣）
陳錫勇（臺灣）	陳廣忠	孫以昭	涂光社
徐儒宗	畢來德（J.F.Billeter）［瑞士］	莊錦章（香港）	曹礎基
許抗生	張雙棣	張　覺	森秀樹[日本]
勞悦强[新加坡]	裘錫圭	蜂屋邦夫[日本]	熊鐵基
廖名春	鄧國光（澳門）	劉笑敢	劉楚華（香港）
賴賢宗（臺灣）	賴錫三（臺灣）	譚家健	嚴壽澂[新加坡]
羅檢秋			

編輯委員會：

丁一川	尤　銳（Yuri Pines）［以色列］		白　奚
史嘉柏（David Schaberg）［美國］		朱淵清	何志華（香港）
李美燕（臺灣）	李若暉	尚永亮	胡曉明
姜聲調[韓國]	高華平	徐興無	陳少峰
陳引馳	陳繼東[日本]	陳志平	耿振東
張洪興	强中華	傅　剛	湯漳平
賈學鴻	楊國榮	趙平安	劉思禾
橋本秀美[日本]	簡光明（臺灣）	韓高年	顧史考（Scott Cook）［美國］

編輯部成員：

方　達	金　鑫	揣松森	劉思禾
魏　寧（Williams Nicholas Morrow）［美國］			

（以上皆按姓氏首字筆畫排列）

封面題簽：集蔡元培字

扉頁題字：饒宗頤

目　　録

世界莊子研究動態

魏際昌諸子學研究

講　演

Contents

On the Global State of Zhuangzi Research

On the Zhuzi Scholarship of Wei Jichang

Lecture

道家創生思想中的自然及
自然與人的關係

包兆會

内容提要 《道德經》《莊子》中共 12 處出現"自然"概念,但古代道家的"自然"概念没有"大自然"的含義。庶近於近代"大自然"概念的是道家思想中的"天""天地""萬物"等概念,本文梳理了這些概念以及具體的自然物象,認爲道家還是重視人與大自然關係的,具體表現在人對自然的態度是審美、尊重與敬畏,人對自然的認知是平等、相融與同源。在道家看來,自然向人類現出真身,人類可以閱讀自然獻給他的這些偉大圖像,人感受到了自然所藴含的超自然力量,這種超自然力量根植於道的創生,它通向生成事物背後的某種隱匿的根基(無),並被感知到的觀看者描述爲"妙"。

關鍵詞 道家 創生 道 大自然 自然與人的關係

中圖分類號 B2

道家的"自然"不同於近代才出現的"大自然""自然界"等概念。《莊子》内篇中"自然"出現了兩處,外雜篇出現了五處。内篇一共只有兩處"自然",即"常因自然而不益生"和"順物自然而無容私",這兩處的"自然"含義相當一致,都是物自發存在和運行的狀態與過程。外雜篇出現的五處"自然"都是講事物本身或做事的過程與方式之自然而然,強調不要勉强、没有造作。這七處"自然"就詞義來説大都是自然而然、不勉强、没有外來力量干預的意思。《道德經》共出現了五處"自然",這五處"自然"的含義基本上都是"自己如此""本來如此""勢當如此"的意思。可見,在古代道家,雖早有"自然"一詞,但那時的"自然"没有 nature 或自然界的意思①。

---

① 參見劉笑敢《〈老子〉之"自然"十題》(《諸子學刊》第一輯,上海古籍出版社 2007 年版)、《析論〈莊子〉書中的兩種"自然"——從歷史到當代》(《哲學動態》2019 年第 12 期)。

一、接近"大自然"的概念與自然物象

接近於近代"大自然"概念的是道家思想中的"天""天地""萬物"等概念①。道家重視萬物以及萬物與人的關係,提倡"人與天一也",重視人是自然的一員,人與自然萬物同生共存、平等、一體,人通過感通與萬物建立關係。《莊子》中記録對天地、萬物的觀看,"觀於天地之謂也"(《莊子·知北遊》),對日常場景中自然物象的觀察,"入山林,觀天性形軀"(《達生》)。

《莊子》書中的確有大量對於自然界和自然物的觀察、描寫和寄懷。莊子有對很多具體的自然物或自然現象的觀察與思考,並展示衆多自然物象。學者陸建華注意到:"在高山丘陵與江河湖海之間,莊子更注意江河湖海;而關於江河湖海,莊子又更注意其構成者——水,並不十分在意其外在的形式。在樹木禽獸、魚蟲花草之中,莊子更著意於樹木、飛鳥與魚兒。"②莊子喜愛"就藪澤,處閑曠,釣魚閑處"(《刻意》)。在《莊子》中有詳細的對水的描寫,特別是《秋水》篇作者把目光朝向"河海"並對雨水季節有較細膩的描寫。秋雨時節,山上的水匯入小溪,小溪的水又匯合到河裏,於是河伯非常得意,自以爲"天下之美,盡在於己"。可是隨着河流匯入大海,河伯發現大海無邊無際,"東面而視,不見水端",不禁望洋興嘆。

《莊子》中涉及樹木、飛鳥和魚兒的有:在《人間世》篇,作者把目光朝向了自然界的樹木,一位姓石的木匠往齊國去,路過曲轅,看見一棵很大的散木,這棵樹大到可以供幾千頭牛遮陰,粗到"絜之百圍",高到"臨山,十仞而後有枝"。在《養生主》和《大宗師》篇,莊子分別對水澤中的野雞以及江湖中的魚進行了觀察和思考,水澤中的野雞,"十步一啄,百步一飲,不蘄畜乎樊中。神雖王,不善也";江湖中的魚在"泉涸"時"相與處於陸,相呴以濕,相濡以沫,不如相忘於江湖"。莊子對上述自然界物象的觀察和思考都給我們耳目一新的感覺。

特別是"風吹樹竅"的自然現象,莊子進行了細心的觀察。《齊物論》曰:"夫大塊噫氣,其名爲風。是唯無作,作則萬竅怒號。而獨不聞之翏翏乎? 山林之畏佳,大木百圍之竅穴,似鼻,似口,似耳,似枅,似圈,似臼,似窪者,似污者;激者、謞者、叱者、吸者、叫者、譹者、宎者、咬者,前者唱于而隨者唱喁。泠風則小和,飄風則大和,厲風濟則衆竅爲虚。而獨不見之調調,之刁刁乎?"山上大木之竅穴,似鼻,似口,似耳,似梁上的方孔,似圓,似臼,似深池,似淺窪;風吹過竅穴的聲音如水湍激聲,若箭去之聲,像風吹到深谷的聲音,像哀切感嘆的聲音,像呼吸的聲音……宋林希逸釋曰:"《莊子》之文好處極多,如此一段,又妙中之妙者,一部書中,此爲

---

① 這裏略舉幾例:"今一以天地爲大爐,以造化爲大冶,惡乎往而不可哉"(《莊子·大宗師》);"乘天地之正,而御六氣之辯,以遊無窮"(《莊子·逍遥遊》);"又况夫官天地,懷萬物,而友造化,含至和"(《淮南子·覽冥》)。這裏的"天地""萬物"與"造化"並列,意指整個自然界。

② 陸建華《新道家的自然世界:從莊子的角度看》,黄山書社 2018 年版,第 30 頁。

第一文字。非特《莊子》一部書中,合古今作者求之,亦無此一段文字。詩是有聲畫,謂其寫難狀之景也,何曾見畫得個聲出! 自激者至咬者八字,八聲也;于與喁,又是相和之聲也。天地間無形無影之風,可聞而不可見之聲,却就筆頭上畫得出,非南華老仙,安得這般手段! 每讀之,真使人手舞足蹈而不知自已也。此段只是説地籟,却引説後段天籟,自是文勢如此。説者或謂此言地籟自然之聲,亦天籟也,固是如此,風非出於造化,出於何處?"①莊子對自然觀察之細膩與專注,在此彰顯無遺。

《莊子》中也有對天地的觀察,"天地固有常矣"(《天道》),"天地有大美"(《知北遊》),"天之自高,地之自厚,日月之自明"(《田子方》)。天地由日月、星辰、四時、晝夜構成,它們或運動,或靜止,各自有其運行的特徵——"天猶有春秋冬夏旦暮之期"(《列禦寇》)。《莊子》這方面有對"四時"即四季的描寫:"日月照而四時行"(《天道》),"四時有明法"(《知北遊》),"四時相代相生相殺"(《則陽》),"四時迭起,萬物循生"(《天運》),四時更替導致春生、秋成,"夫春氣發而百草生,正得秋而萬寶成"(《庚桑楚》)。有對晝夜的記載:"日夜無隙"(《德充符》),"日夜相代"(《德充符》),"日夜之有經"(《天道》)。有對日月的記載:"日月固有明矣"(《天道》),"日月之自明"(《田子方》),"日月出矣,而爝火不熄,其於光也,不亦難乎"(《逍遥遊》)。

《莊子》還對天地之間的自然物陰陽二氣和雲雨有所描述,"陰陽者,氣之大者也"(《則陽》),"陰陽四時運行,各得其序"(《知北遊》),"陰陽相照相蓋相治"(《則陽》),"寇莫大於陰陽,無所逃於天地之間"(《庚桑楚》),陰陽二氣遍布宇宙,彌漫於天地之間,運行有其順序和規律,是各類氣中最爲根本的。關於雲和雨,《天運》曰"雲者爲雨乎? 雨者爲雲乎? 孰隆施是",提出了雲與雨相互依存、相互轉換的關係;《天道》直接提出"雲行而雨施",《在宥》則提到了"雲氣不待族而雨"的極端天氣現象,即雲還没有凝聚居然會下雨;《逍遥遊》記載了雨澤萬物的充沛以及有了雨澤萬物就不需要人工再蓄水灌溉,"時雨降矣,而猶浸灌;其於澤也,不亦勞乎"。

"從《莊子》一書看,它涉及飛鳥計有22種,水中生物15種,陸上動物32種,蟲類18種,植物37種,無生命物象32種,虛擬的神性物象34種。這些統計數字表明,《莊子》一書描述的自然物象及物候變化,幾乎囊括了暖温帶可能出現的大部分自然風物。至於一些虛擬的神性物象,更超出了人的感官所能把握的限度。這林林總總的物象也表明,莊子是一個博物學家型的哲學家,自然物象爲他的哲學、美學提供了生動的感性形式。"②學者陸建華把《莊子》中的自然世界進一步具體化,認爲《莊子》中的自然世界"由天、地、天的構成者、地上的自然物以及天地之間的自然物等所構成,而天則由日月、星辰、四時、晝夜等所構成,地上的自然物則有山川河流、草木禽獸、飛鳥、魚鱉、昆蟲等,天地之間的自然物則有陰陽二氣、風雨雷

① 林希逸著,周啓成校注《莊子鬳齋口義校注》,中華書局2009年版,第15頁。
② 劉成紀《物象美學》,鄭州大學出版社2002年版,第381頁。

霆、雲彩等"①。確實,在先秦兩漢衆多道家代表人物中,莊子是對自然物象觀察特別細心並從中領悟自然物存在真諦最多的一個人。

二、人對自然的態度:審美、尊重、敬畏

在中國古代,人與自然的關係,可以理解爲是一個心與物的關係,魏晋南北朝時期的劉勰在《文心雕龍·物色》中將心物關係描摹爲"情往似贈,興來如答"。清初王夫之在《薑齋詩話》中將情景關係總結爲:"情景雖有在心在物之分,而景生情,情生景,哀樂之觸,榮悴之迎,互藏其宅。"在他看來,"天情物理,可哀而可樂,用之無窮,流而不滯,窮且滯者不知爾"。中國古代道家對自然的態度確如劉勰所説的,是一種"情往"與"興來"的正向態度,也如王夫之所總結的,是一種情景關係,景中見情。具體地説,道家論述人在自然面前的態度可細分爲審美、尊重和敬畏。

首先,道家對自然持一種審美欣賞的態度。人在自然面前持一種審美的態度,這意味着人要放下手邊的工作,遠離塵世的喧囂,停留在大自然面前,然後是静静觀看、欣賞與體驗。《莊子》就有這方面的描寫:

> 山林與,皋壤與,使我欣欣然而樂與!(《知北遊》)
> 心無天遊,則六鑿相攘。大林丘山之善於人也,亦神者不勝。(《外物》)

陳鼓應把後一句話譯爲:"心靈不與自然共遊,則六孔就要相擾攘。大林丘山所以引人入勝,也是由於人置身其中頓感心神舒暢的緣故。"②

在所有萬物之中,純自然之天較少受人工斧鑿和人的機心"污染",因此純自然之天成了莊子優先直觀的對象——所謂"觀於天""觀於天地之謂"(《知北遊》),大自然中的山林也成了親近的對象,"山林與,皋壤與,使我欣欣然而樂與"。同時,莊子還希望回到宇宙太初的開端,即宇宙的渾沌鴻蒙狀態,那是道的原初。由於道的原初是純一、遼遠、素樸的境界,其中所呈現出來的審美形態是自然冲淡的。

莊子在《外物》篇中已不經意間道出客觀物象被審美化與心靈虛空的關係。他認爲,由於人心靈的閉塞,才導致人對自然没有感覺,不能與自然共遊:"天之穿之,日夜無降,人則顧塞其竇。胞有重閬,心有天遊。"意思是自然氣息貫穿萬物,日夜不停,人們的嗜欲却堵塞了自身的孔竅。腹腔都有空隙的地方,心靈也應該與自然同遊。所以道家非常强調以虚静的心來觀

---

① 陸建華《新道家的自然世界:從莊子的角度看》,第 38 頁。
② 陳鼓應《莊子今注今譯》,商務印書館 2007 年版,第 828 頁。

看和欣賞萬物。《應帝王》篇曰"至人之用心若鏡,不將不迎,應而不藏,故能勝物而不傷",指出至人對心智的運用就如同鏡子對外物的映照一般。莊子把這種去除成心、超越是非之見的心靈狀態稱爲"明"——"欲是其所非而非其所是,則莫若以明"①。

由於道家把自然看作親密的朋友,對自然的欣賞使得他們把自己看作與自然同體同德,"是以聖人常善救人,故無棄人;常善救物,故無棄物"(《道德經》二十七章),就是聖人經常善於做到物盡其用,在他眼裏絕不會有無用之物。

先秦道家對自然的欣賞態度被後世受道家影響的詩人陶淵明、李白等繼承。陶淵明在《歸園田居》中寫道:"方宅十餘畝,草屋八九間。榆柳蔭後簷,桃李羅堂前。曖曖遠人村,依依墟里烟。狗吠深巷中,雞鳴桑樹顛。户庭無塵雜,虚室有餘閒。久在樊籠裏,復得返自然。"詩中提到了土地、榆柳、桃李、村莊、炊烟、狗吠、雞鳴等自然風光。李白的詩句"相看兩不厭,唯有敬亭山"(《獨坐敬亭山》),"暮從碧山下,山月隨人歸"(《下終南山過斛斯山人宿置酒》),寫出了人與敬亭山的感情——"相看兩不厭",以及人與自然的融洽和睦——"山月隨人歸"。

由於道家不把自然當作客體和工具,而是當作有情的生命,所以對自然的態度除了欣賞之外,還有尊重。比如,老子在《道德經》中表達了主體的人在萬物面前虚懷若谷以及潔净自己的私心,避免自己去轄制和控制自然,"致虚極,守静篤。萬物並作,吾以觀復"(《道德經》十六章),"見素抱樸,少私寡欲"(《道德經》十九章),特别在《道德經》六十四章和五十一章分别提到"輔萬物之自然而不敢爲","夫莫之命而常自然",意思是要依循事物的内在本性而爲,不干涉或主宰萬物,而任萬物自成。老子也明確表示,"聖人之道,爲而不争"(《道德經》八十一章),意味着聖人不與萬物相争,聖人是愛護和尊重萬物。人效法的是天地,而天地效法的是道自己,而道遵循萬物本性,順萬物自然,不干涉萬物,道做到了"生而不有、爲而不恃、長而不宰"(《道德經》五十一章),即生長萬物却不據爲己有,興作萬物却不自恃己能,長養萬物却不爲主宰。之所以遵循萬物的本性還在於萬物的物性有其差異,不能以己之物性要求其他物之物性向己看齊。"夫物芸芸,各復歸其根"(《道德經》十六章),"'各'字表明萬物乃是分别地返回自己的根源處,如同人返回嬰兒狀態一樣,而不是向道本身的回歸"②。"在老子看來,任何一'物'的'自然',是基於其作爲一'物'的類特性的,魚在水中游,鳥在天上飛,就是魚與鳥的自然。"③

《莊子》也表達了對萬物的尊重。萬物的本性是"虚静恬淡寂寞無爲"(《天道》),它有自己的運作方式,"物之生也,若驟若馳。無動而不變,無時而不移。何爲乎,何不爲乎?夫固將自化"(《秋水》)。莊子提倡"與物有宜"(《大宗師》)、"以物爲春"(《德充符》)、"乘物以遊心"。

---

① 陳鼓應解釋爲"不如以明静之心去觀照"(陳鼓應《莊子今注今譯》,第66頁),宗白華先生説"'以明',如實地反映多彩的世界"(同上)。

② 王博《老子思想的史官特色》,臺北文津出版社1993年版,第238頁。

③ 李若暉《自然與尊嚴》,《杭州師範大學學報(社會科學版)》2018年第6期。

《莊子》中有一則故事特別强調了對物自身内在本性的尊重,"昔者海鳥止於魯郊,魯侯御而觴之於廟,奏九韶以爲樂,具太牢以爲膳。鳥乃眩視憂悲,不敢食一臠,不敢飲一杯,三日而死。此以己養養鳥也,非以鳥養養鳥也。夫以鳥養養鳥者,宜棲之深林,游之壇陸,浮之江湖,食之鰌鰍,隨行列而止,委蛇而處。彼唯人言之惡聞,奚以夫譊譊爲乎"(《至樂》)。"鳥"的死與魯侯不正確的養鳥方式有關,"此以己養養鳥也,非以鳥養養鳥也",即魯侯用養人的方式去養鳥,最終導致了對鳥的戕害,他應該是在尊重和符合鳥本性的情況下去養鳥,鳥喜歡的是"棲之深林,游之壇陸,浮之江湖,食之鰌鰍,隨行列而止"。

　　道家對自然還有敬畏的態度,這種敬畏的態度來自人在自然面前的渺小,"號物之數謂之萬,人處一焉;人卒九州,穀食之所生,舟車之所通,人處一焉。此其比萬物也,不似豪末之在於馬體乎"(《莊子·秋水》)。世界上衡量事物的種類數目是用"萬"這個量詞的,而人類不過是幾萬種事物中的"一種",一個人所處的世界,相對於有稻穀食物生長,有舟車通行的地方,不過是其中的"一個角落",所以人在遼闊蒼茫無窮的宇宙自然面前,没有什麽是可誇的。相反,自然有生生之德,支配和供應着萬物的收成,是人類的父母,當值得敬畏,"天地者,萬物之父母也。合則成體,散則成始"(《莊子·達生》);"以天爲父,以地爲母;陰陽爲綱,四時爲紀"[1];"夫天之所覆,地之所載,六合所包,陰陽所呴,雨露所濡,道德所扶,此皆生一父母而閲一和也"[2]。

三、人對自然的認知:平等、相融、同源

　　在對自然的認知上,道家認爲"物無貴賤"(《莊子·秋水》)。"物無貴賤"强調萬物都各有其獨特的内在價值,萬物都平等,平等的原因是萬物都獲得了道。"東郭子問於莊子曰:'所謂道,惡乎在?'莊子曰:'無所不在。'東郭子曰:'期而後可。'莊子曰:'在螻蟻。'曰:'何其下邪?'曰:'在稊稗。'曰:'何其愈下邪?'曰:'在瓦甓。'曰:'何其愈甚邪?'曰:'在屎溺。'"(《莊子·知北遊》)平等的原因是萬物皆"天之所子"[3]。

　　道家也鼓勵人類應消解自我中心以接受非人類,消除兩者之間的界限,"人無棄人,物無棄財"(《道德經》二十七章)。"墮肢體,黜聰明,離形去知,同於大通"(《大宗師》),"宇泰定者,發乎天光;發乎天光者,人見其人,物見其物"(《庚桑楚》)。"人見其人,物見其物",就是在道的視角觀照下,人和物都成爲其自身。人和物實質上都是"道"的顯現,他們之間並不是一種主宰與被主宰的關係,而是平等齊一,就像人不物於物一樣,物也不物於人,"若夫乘道德而浮

---

[1] 劉文典《淮南鴻烈集解》(上),中華書局 1989 年版,第 263 頁。

[2] 同上,第 65 頁。

[3] 《莊子·人間世》:"與天爲徒者,知天子之與己,皆天之所子。"

遊則不然，無譽無訾，一龍一蛇，與時俱化，而無肯專爲。一上一下，以和爲量，浮遊乎萬物之祖。物物而不物於物，則胡可得而累邪"（《莊子·山木》）。這裏"物物"的真正含義應該是：以物爲物，把物當成物自身，人和物一樣，都是"世之一物"，人不主宰物，物也不主宰人，王先謙將"物物而不物於物"釋曰"視外物爲世間一物，而我不爲外物之所物"①。

《莊子·人間世》中的櫟社樹與匠石的寓言故事也反映了道家在人與自然關係上的認知，人與自然是平等的。櫟社樹曾遭匠石的鄙棄和貶低的評價，匠石如此評價它："已矣，勿言之矣！散木也。以爲舟則沉，以爲棺槨則速腐，以爲器則速毀，以爲門户則液橫，以爲柱則蠹，是不材之木也。無所可用，故能若是之壽。"後櫟社樹托夢給匠石，爲匠石妄議和貶損自己辯護。櫟社樹告訴匠石，它與他都是"物"，並且都被"道"所規定，所以，他們之間是平等的，並没有尊卑高低之别，"且也若與予也皆物也，奈何哉其相物也"。宋代林希逸在此注曰："匠石雖人，我雖櫟樹，皆天地間一物，汝何獨以物相譏！"②

道家也把人與自然看作一個相融的、不可分割的整體，並以"萬物"來稱呼包括人和自然在內的一切存在物。《道德經》的　章、二章、四章、五章，分别使用了"萬物"的概念來統稱道的創生物，"有名，萬物之母"，"萬物作焉而不辭"，"淵兮似萬物之宗"，"天地不仁，以萬物爲芻狗"。道讓"萬物"興起，道如深淵廣大，像是世間萬物的宗主，天地無所偏愛，任憑萬物自然生長。在老子看來人是萬物中的一類，人與萬物甚至芻草並没有什麼不同，都是自然的一物，服從同一自然法則，與萬物同享"道生""德畜"的恩惠，"道生之而德畜之，物形之而器成之。是以萬物尊道而貴德"（《道德經》五十一章）。

既然，道、德均非人所有，人與自然都是萬物的一部分，那麼，人與自然是一個整體，不應以主客體分離對待，人也不應把他物當作客體和工具，用概念、分析和比較思維來條分縷析和評價它。莊子明確反對用概念、分别和比較來判斷自然，誠如《天下》篇所言："判天地之美，析萬物之理，察古人之全。寡能備於天地之美，稱神明之容。"高亨注曰："判、析、察皆割裂之義。"③也就是説，如果用"判""析""察"割裂作爲整體的萬物，那麼就很難看到真正的天地之美。

在《莊子》中人與自然融爲一體，都稱爲"萬物"。"萬物"一詞在《莊子》中凡百餘見，其基本意思指萬事萬物。首先，有形、有色、有聲、有味、有觸感的存在都可稱爲物，包括人也是，"凡有貌象聲色者，皆物也，物與物何以相遠！夫奚足以至乎先！是色而已"（《達生》）。這裏的"物"包括一切存在物，成玄英疏："夫形貌聲色，可見聞者，皆爲物也。〔而〕彼俱物，何足以遠，亦何足以先至乎？俱是聲色故也。唯當非色非聲，絶視絶聽者，故能超貌象之外，在萬物

---

① 王先謙《莊子集解》，中華書局 1987 年版，第 286 頁。

② 林希逸著，周啓成校注《莊子鬳齋口義校注》，第 75～76 頁。

③ 高亨《諸子新箋》，齊魯書社 1980 年版，第 120 頁。

之先也。"①由於"物"之數量繁多,所以可稱爲"萬物","不然,今計物之數,不止於萬,而期曰萬物者,以數之多者號而讀之也。是故天地者,形之大者也;陰陽者,氣之大者也;道者爲之公"(《則陽》)。萬物之"萬",在這裏並不是一個實數,而是一個虛數,表示物之無窮、無數。

《莊子》中有時"物"指人,如"夫子,物之尤也"(《徐无鬼》)。或"物"指"人事",如"是其塵垢秕糠,將猶陶鑄堯舜者也,孰肯以物爲事"(《逍遥遊》),這裏的"物"指如何治理天下,指的是住在藐姑射山上的神人,他的塵垢秕糠等糟粕物,都能造就出堯、舜那樣的聖賢人君來,他又怎麼會把治理天下當作一回事。或"物"指吸引他人,如"彼且擇日而登假,人則從是也。彼且何肯以物爲事乎"(《德充符》),這裏講述一個得道的人達到高遠的境界,大家都樂於跟從他,這樣超凡絕俗的人,他不"以物爲事"即他不以吸引他人當一回事,因爲他行的是不言之教。可見,在《莊子》中,"物"或指稱人,或自然,或人事,"萬物"則是自然的統稱,也包括了人。人與物相融中達到"物我同一"(《齊物論》),"人與天一"(《山木》),"天地與我並生,而萬物與我爲一"(《逍遥遊》)。人類與自然萬物都是天地整體中的一部分,人類並非世界的中心,也無權凌駕萬物之上。莊子以"齊物而逍遥"的方式來消解主客體間的對立,培養一種超然物外的人生態度,求得人與萬有世界的合一,讓自然生機與人內在生命相通相合,"生命—藝術(審美體驗)—自然在本質上是一種異質同構的關係"②。

在對自然的認知上,道家認爲人和自然同源,它們都來自道,它們都是道創生的結果,"道生一,一生二,二生三,三生萬物"(《道德經》四十二章)。"道"是萬物發展的起點,也是萬物發展的方向和歸宿。所以天地萬物都是相通的,它們都是由"道"創生的,道在引領着萬物的生與成過程,一方面"道生之而德畜之","是以萬物尊道而貴德"(《道德經》五十一章);另一方面,它又把萬物的發展帶回本原,"獨立而不改,周行而不殆,可以爲天地母。吾不知其名,字之曰道,强爲之名曰大。大曰逝,逝曰遠,遠曰反"(《道德經》二十五章)。由於萬物源於"道",萬物本質上爲"一",萬物歸於"道",萬物發展趨勢上也歸於"一"。正因爲萬物有這樣的特點,所以莊子主張"齊物"(《齊物論》)、"以道觀之"(《秋水》)、"以天和天"(《達生》)。《莊子》特別提到,萬物的存在有着多樣性和差異性,但從本原的角度看,它們又是同一的,"自其異者視之,肝膽楚、越也;自其同者視之,萬物皆一也"(《德充符》)。

道的生生能力也把天地宇宙萬物統攝在一起。明代劉宗周云:"天地之大德曰生,盈天地間只是生生之理,人得之以爲心則爲仁,亦萬物之所同得者也。惟其爲萬物之所同得,故生生一脉,互融於物我而無間。人所以合天地萬物而成其爲己者,此也。"③"生生"的事實,把天地萬物和人類統一成一個偉大的生命整體。

---

① 郭慶藩《莊子集釋》,中華書局1997年版,第635頁。
② 胡立新、黃念然《中國古代文藝思想的現代闡釋》,中國社會出版社2004年版,第74頁。
③ 劉宗周《劉子全書》,臺北華文書局1968年版,第498頁。

四、自然中所蘊含的超自然

人對自然的審美經驗"處於根源部位上,處於人類在與萬物混雜中感受到自己與世界的親密關係的這一點上;自然向人類現出真身,人類可以閱讀自然獻給他的這些偉大圖像"①。現象學家杜夫海納注意到了人對自然的審美意識與根源的關係,學者蕭無玻也注意到了"自然"作爲"物"的本源性意義以及"物"根源於大道,"從物與人的關係來看,道家强調'自然'作爲'物'之本源性、根源性的意義,但他們從未將這個'物'視爲與'人'對立的純粹客觀事物,他們也反對辨析與追逐物,而是將'物'看作與'人'一樣根源於大道之物。老子的以天道明人道的思維方式正説明了這一點,'物'是融入我的生命之中的'物','物'與'我'共同浸潤在大道流行之中"②。

一方面,事物彰顯出符合事物本性(自然)的規定之美,另一方面事物又在其根源處有超出自身的超越之美,這兩方面的美,都可以通過"觀"來獲得。對於前者如《莊子·人間世》云"夫徇耳目內通而外於心知",或《列子·黄帝》云"眼如耳,耳如鼻,鼻如口,無不同也,心凝形釋";對於後者,如老子所説的,"故常無欲以觀其妙"(《道德經》一章)。在"觀"的過程中,我們的感覺、感知、大腦、心、本性和精神都在共同起作用。由此,我們可以把"觀"看作是"看、聽、觸、嘗、聞、情感等所有感覺的自然統一體"③。

自然與超自然的結合和發生位於事物的根源處。《道德經》一章强調了這一點:"道可道,非常道;名可名,非常名。無,名萬物之始,有,名萬物之母。故常無,欲以觀其妙;常有,欲以觀其徼。此兩者,同出而異名,同謂之玄。玄之又玄,衆妙之門。"④

道創生自然時蘊含着超自然力量,這種超自然力量顯現出來時,被人把握和感知到,在老子那裏明確用"妙"來描述它,妙對應着"無"與"玄"。對老子來説,道一生萬,人在"觀"萬物中體會到了萬物背後不可見的道(無)的運作。王弼注:"妙者,微之極也。萬物始於微而後成,始於無而後生。故常無欲空虚,可以觀其始物之妙。"⑤"玄者,冥默無有也,衆妙皆從(同)〔玄〕而出,故曰'衆妙之門'也。"⑥樓宇烈校釋:"王弼認爲,'玄'是形容一種'冥默無有'的狀態,是不可稱謂之稱謂。'玄'不同於某一具體事物之名稱,而只是對'無''道'的一種形容。王弼在

---

① 杜夫海納著,孫非譯,陳榮生校《美學與哲學》,中國社會科學出版社 1985 年版,第 8 頁。

② 蕭無玻《論早期道家"自然"概念的雙重意藴》,《中州學刊》2010 年第 5 期。

③ 成中英著,湯一介編《成中英自選集》,山東教育出版社 2005 年版,第 235 頁。

④ 陳鼓應《老子今注今譯》,第 73 頁。

⑤ 王弼注,樓宇烈校釋《老子道德經注校釋》,中華書局 2008 年版,第 1 頁。

⑥ 同上,第 2 頁。

《老子指略》中説:'然則道、玄、深、大、微、遠之言,各有其義,未盡其極者也。然彌綸無極,不可曰細;微妙無形,不可名大。是以篇云"字之曰道",謂之曰"玄"而不名也。'①强調了道生萬物的奇妙,道在隱匿處運作,萬物是在"無"中綻放,在"無"中綻放爲"有"。"無"處在自然與超自然的交界處,"無"是一種隱匿的根基。在"無"中生"有"、道一生萬的過程中,"無"被彰顯爲物的形象,被觀看者把握爲"妙"。此"妙"林希逸直接點名是道生萬物時的創造之妙,"曰,'玄者,造化之妙也',又曰,'玄之又玄,衆妙之門',即《莊子》所謂'有始也者,有未始有始也者,有未始有夫未始有始也者',但贊言其妙而已,初無别義"②。

觀看者之所以能把握到事物存在的妙以及生成事物背後的某種隱匿的根基(道)③,需要"無欲"的心態。觀妙(眇)其實就是體道的一種表述,而"無欲"則是它的途徑與前提,將心中的成見抛開,不去做判斷,保持内心的空虛與平静,才能窺見物之本根,"致虚極,守静篤,萬物並作,吾以觀其復。夫物芸芸,各復歸其根"(《道德經》十六章)。窺見了物之本根就是窺見了道:"'道'是不能訴諸一般意義上的視覺而'看到'的,而'衆眇之門'以及'玄牝之門'(《老子》第6章)、'窈冥之門'(《莊子·在宥》)這樣的况道之詞就具有了以下含義——道的境界幽深玄遠,絶非尋常智識所能够一覽無餘,洞徹無遺。"④

物的顯現背後有一個無(道)在運作,《莊子》中也有這方面的系列表述:"芒乎芴乎,而無從出乎? 芴乎芒乎,而無有象乎? ……雜乎芒芴之間,變而有氣,氣變而有形,形變而有生。萬物職職,皆從無爲殖。"(《至樂》)"至道之精,窈窈冥冥;至道之極,昏昏默默。"(《在宥》)"若有真宰而不得其朕。可行己信,而不見其形,有情而無形。"(《齊物論》)而《莊子》對"物"在"無"中的顯現是持驚訝態度的,他甚至找不到語詞來形容天地在顯現中的美,用他自己的話説,是"天地有大美而不言,四時有明法而不議,萬物有成理而不説"。對"天不得不高,地不得不廣",日月的運行,萬物的昌盛如此這般存在,我們也是"博之不必知,辯之不必慧"(《知北遊》)。

莊子知道,萬物顯現的背後有一個"顯現"的給予者,就是"道","此其道與",道是萬物運作的本根,我們對其認識有限,只能贊嘆其運作萬物的奇妙,萬物由其養育,但又察覺不到它的養育,它仿佛並不存在但又無處不在,"惛然若亡而存,油然不形而神,萬物畜而不知"(《莊子·知北遊》)。我們所做的就是像聖人那樣,沿着道的運作方式去觀看,"大聖不作,觀於天地之謂也"(《莊子·知北遊》),"此之謂本根,可以觀於天矣",最終"原天地之美而達萬物之理"。

---

① 王弼注,樓宇烈校釋《老子道德經注校釋》,第5頁。

② 林希逸《道德真經口義》卷之一,《正統道藏》本。

③ 《大宗師》篇描述了道的隱匿、不可見,它是萬物生成的根源:"夫道有情有信,無爲無形;可傳而不可受,可得而不可見。""自本自根,未有天地,自古以固存。"

④ 鄭開《道家著作中的"視覺語詞"例釋》,楊國榮主編《思想與文化》第十八輯,華東師範大學出版社2016年版,第6頁。

在《齊物論》,莊子也描述了萬物顯現背後的某種無名的力量,當這種顯現以生生不息的方式進行時,它就變成了涌現,這種涌現無法用語言來表述,它從"不言之辯,不道之道"中來,這種涌現"注焉而不滿,酌焉而不竭,而不知其所由來,此之謂葆光",這種涌現因與道的隱秘運作相連,所以是微不可見,深不可測,又恍恍惚惚、潛静沉默,"至道之精,窈窈冥冥;至道之極,昏昏默默"(《莊子·在宥》)。

這種從隱匿的根基即"無"中生"有"的涌現和生發顯示的是一種"生生"的力量,"生生"力量的發動者也可稱"生生者",即"道"。《莊子》中的"道"就被稱爲"生生者","殺生者不死,生生者不生"(《大宗師》)。陳鼓應認爲:"'殺生者'(死滅生命的)和'生生者'(產生生命的)都是指'道'。謂'道'的本身是不死不生的。"①由於"生"的過程是"無"(道)中生"有"的過程,"夫道……生天生地"(《莊子·大宗師》),"生"的過程是道的開天闢地和萬物由幽冥走向顯明的過程,所以,"生"又被稱爲道的光輝,"道者,德之欽也;生者,德之光也;性者,生之質也"(《莊子·庚桑楚》)。萬物就在生成中被顯現,顯現就是讓事物從被隱藏、隱匿中顯露、顯明出來。顯現本身伴隨着光的照耀,讓顯現物被照亮,而這個光就來自"無",就如《莊子·人間世》中所提到的,"虛室生白"中"吉祥止止",虛中生出了神奇的光輝,也正是這光輝,照亮萬物,從而使萬物顯現,成爲美的、生生之物。

道家對自然本性所蘊含的超性的揭露是深刻的,它指出了萬物超越它自身的力量來自"無"和"道",一種隱匿的根基。根基在照亮中給出存在,這存在乃是它自身的存在,存在顯現爲物之形象,物之形象是物之存在的基本規定。物在創生和顯現中把握到了自身與隱匿根基的關聯從而發現了自身的存在和深度。但根基始終在物之顯現之外,根基始終向自身隱匿,始終逃逸於自身。可見,創生所展示的,與其説是道創生的奇妙,不如説是通過對這種創生力量的自我揚棄所暗示出的那隱逸者既超乎我們的理解和存在,又超乎其自身規定性。

[作者簡介] 包兆會(1972—　　),男,浙江臨海人。文學博士,南京大學文學院副教授,曾任《中國美學》主編,杜克大學"華人雅歌文藝獎"評委。主要研究莊學、文學與圖像、漢語基督教文學,主編《漢語光與鹽文叢》(五卷本),已出版《莊子生存論美學研究》、《莊子》(中英雙語)、《中國文學圖像關係史·先秦卷》等著作,發表學術論文 60 餘篇。

---

① 參見陳鼓應《莊子今注今譯》,第 218 頁。

傳世本《老子》衍誤文句考訂（道篇）*

汪韶軍

内容提要 當我們將傳世本《老子》與簡帛《老子》進行文本對勘，并結合文義、韵讀等角度的分析，會發現傳世本二章"生而不有"、四章"挫其鋭，解其紛，和其光，同其塵"、十章"爲而不恃"、十一章"以爲室"、二十三章"信不足焉有不信焉"、二十四章"跨者不行"、二十五章"周行而不殆"、三十章"大軍之後必有凶年"、三十四章"萬物恃之而生而不辭"、三十七章"而無不爲"等原來是衍誤文句。這種考訂，有助於我們貼近《老子》文本之舊觀與思想之原貌。

關鍵詞 《老子》 衍誤文句 簡帛

中圖分類號 B2

《老子》是中國古代典籍中版本最多的一種。古今流傳的河上公本、王弼本、嚴遵本、傅奕本、開元御注本、政和御注本等，相互間字句多有出入。特別是 20 世紀以來敦煌《老子》寫卷、馬王堆帛書本、郭店楚簡本、北大漢簡本相繼面世，又讓我們看到了很多不同於傳世本的異文，提示傳世本存在不少衍奪誤字。但由於受"慣性"的支配，也因爲已有的校勘、辨析工作還不够充分，人們仍在沿襲錯誤的文本。

不用説，要想準確把握老子思想，一個前提條件便是儘量貼近《老子》文本之舊觀。筆者的做法是，把前面提到的地上地下諸本彙聚到一起進行比對、辨析，同時參以古代石刻《道德經》、子書引文以及唐陸德明、北宋陳碧虚、南宋彭耜、南宋范應元、元劉惟永、明焦竑等古人引述。此處專門處理道篇的衍文現象，我們將發現 11 處衍誤文句(不含衍誤的單字)，它們或爲旁注混入經文，或爲加工者以彼例此、强求一律而畫蛇添足，或爲追求儷偶而加以"改善"，或爲迷失章旨而增衍。而比對諸本並衡以《文子》《淮南子》等道家典籍，可知有些衍文現象的産生年代早至秦漢時期。

---

* 本文係國家社科基金後期資助項目"可能的《老子》——文本對勘與思想探原(道篇)"(16FZX004)階段性成果。

一、"生 而 不 有"

《老子》二章河上公本"萬物作焉而不辭,生而不有,爲而不恃,功成而弗居","生而不有",王弼本、傅奕本亦有,然出土四本(指郭店楚簡本、馬王堆帛書兩本、北大漢簡本)皆無。

趙建偉、丁原植、戴維、李存山、王西平、陳劍、陳徽等爲數不多的幾位學者認爲此句當無,比如趙建偉說:"'生而不有'當是五十一章文字錯出於此。簡文此處【二章】主語爲'聖人',聖人不能'生物','生物'者,乃'道'也;五十一章說'道生之,德蓄【當作畜】之……生而不有,爲而不恃'可證。"①丁原植亦云,此處當爲後人仿照五十一章、十章所改,"該兩章言'天地'或'道'的運作,故有'生而不有'句,此處言'聖人'的作爲,不當增衍此句"②。

諸人認爲本章無"生而不有",是也,但其理由不能成立,因爲即便有此句,其意亦應爲讓萬物自生而聖人不占有,并非說聖人生萬物③;再則不應先言"作"再言"生"。今出土四本均無此句,決非巧合;晉唐時期曾經廣爲流行、爾後却被封存於莫高窟藏經洞的敦煌五千文本一系亦多無"生而不有",而此系中的 P.2329、唐李榮本有此句,當是受其他傳世本影響所致。

二、"爲 而 不 恃"

十章末尾,傳世本一致作"生之畜之,生而不有,爲而不恃,長而不宰,是謂玄德"。五十一章末尾又有"道生之德畜之……生而不有,爲而不恃,長而不宰,是謂玄德"。

面對這一文句重出現象,有人認爲其中一章必有衍誤。朱得之、馬叙倫、陳柱、王淮、陸元熾、古棣、賀榮一、李存山、白奚、陳怡、黃懷信等多人認爲衍誤發生在十章,比如古棣說:"此五句顯然與上文不相屬,且到'能無知乎'意義已完,無須蛇足。帛書亦有此五句,錯簡當在先秦或秦漢之際,以八寸簡計,每簡十字左右計,恰好二簡之文。"④這一觀點的主要理由是,十章

---

① 趙建偉《郭店竹簡〈老子〉校釋》,陳鼓應主編《道家文化研究》第十七輯,生活·讀書·新知三聯書店 1999 年版,第 261 頁。"【 】"内文字皆筆者隨文附注,下同。

② 丁原植《郭店竹簡〈老子〉釋析與研究》增修版,萬卷樓圖書有限公司 1999 年版,第 112 頁。

③ 筆者綜合地上地下幾個主要版本,最終將此節文字校訂爲:"是以聖人居無爲之事,行不言之教。萬物作而弗始也,爲而弗恃也,成而弗居也。"後三句應按"聽任(萬物)……而(聖人)弗……"來理解,即"(讓萬物)作而(聖人)不始之,(讓萬物)爲而(聖人)不恃之,(讓萬物)成而(聖人)不居之"。"作""爲""成"的行爲主體依然是萬物,但萬物之所以能這樣,有賴聖人爲其騰出一個寬鬆的生存空間。

④ 古棣、周英《老子通》上部《老子校詁》,吉林人民出版社 1991 年版,第 375 頁。

“生之畜之”五句與其前六個反問句義不相屬,且五句復現於五十一章,最終斷定五句乃五十一章錯簡重出於十章。

　　程泰之、朱謙之、周紹賢、董京泉、吳怡、劉坤生則反對這類説法。筆者也認爲,錯簡説頗可懷疑。其一,既是錯簡,則錯於此者,不應於彼處更有。今十章、五十一章簡帛皆有此節文字,則錯簡説似不攻而自破矣。其二,作爲對世人的建言,老子爲了便於人們理解或加深人們印象,往往不避重複而叮嚀再三,我們不可貿然認定某些重出文句爲衍文。此節文字在五十一章是講道之玄德,在十章則是講玄德之在於人者,兩處稍有差異,并非毫無意義的簡單重複;相反,這正是人法道的觀念。

　　不過,十章五句中,“爲而不恃”却爲帛書兩本、漢簡本所無。鄭良樹云:“五十一章‘生而不有,爲而不恃,長而不宰’三句,與此相同。帛書乙本有‘生而弗有,長而弗宰也’二句,無‘爲而不恃’一句;甲本雖漫漶損缺,然以字數度之,亦無‘爲而不恃’一句四字。若本章此三句乃五十一章之錯簡,則帛書於理當同時有此三句十二字;今帛書咸無‘爲而不恃’四字,可證帛書此三句非過録自五十一章矣。竊疑古本此文僅‘生而不有,長而不宰’二句,無‘爲而不恃’四字。《文子·道原》曰:‘生物而不有,成化而不宰。’用老子此文,獨無‘爲而不恃’一句。《淮南子·原道》曰:‘生萬物而不有,成化像而弗宰。’用此文亦獨無‘爲而不恃’一句。皆其明證。今賴帛書,得與《文子》及《淮南子》相互印證,始知此文之舊貌矣。今本皆有此一句者,乃後人據五十一章增入耳。”[1]此論甚是。十章本無“爲而不恃”,而十章比五十一章少“爲而不恃”,這一異文現象又對前面的錯簡説構成了一條有力的反證。事實應該是,加工者以文句“最完整”的五十一章爲標準,而在二章誤增“生而不有”,又在十章增衍“爲而不恃”。

三、“挫其鋭,解其紛,和其光,同其塵”

　　四章傳世與出土諸本均有“挫其鋭,解其紛,和其光,同其塵”,四句又在五十六章復現。學者普遍認爲四章不當有;然亦有多人堅持四章、五十六章皆有此四句;黄文蓮、詹石窗則認爲當在四章,并在五十六章中將其删除。

(一) 衍 文 説

　　此文“挫其鋭”四句乃五十六章錯簡,而校者有增無删,遂復出也。[2]
　　本章全論道體,乃描述道之體性者,屬於宇宙論之層次。而此四句則是説的道用,體用固可一貫,唯此乃描述“體道之士”立身行世所具的原則與態度,屬於人生論

---

① 鄭良樹《老子新論》,上海古籍出版社 2011 年版,第 55 頁。
② 馬叙倫《老子校詁》,中華書局 1974 年版,第 116 頁。

的層次。且句首亦無"是以聖人"字樣,與上下文義不相屬,當是衍文。古書傳授多憑口誦,而本經又多用韻文,稍微記誦不確,徒以韻同,遂致章句錯亂。①

此處有"挫其銳"四句,與上下文不連接,語義和邏輯上皆不通。四個"其"字當指代前面或後面出現的名詞,即道;可是怎麽挫道的銳、解道的紛、和道的光、同道的塵呢?這四句和之前的"淵兮,似離物之宗"也無法連接,同之後的"湛兮,似或存"也無法連接。當中插上這四句,無論在義理上、文氣上都把本來緊密相連的、並列的"淵兮,似萬物之宗;湛兮,似或存"截斷了。而這四句在五十六章却是文從義順的。②

如上,衍文説的理由主要是:其一,四句在五十六章重出。其二,本章是在宇宙論層面言道,四句則屬於人生論層面。講宇宙論的過程中橫插人生論,導致前後不連貫。其三,道談不上挫鋭解紛、和光同塵。

(二) 非 衍 文 説

"挫其鋭"四句正爲上文"道冲而用之,或不盈"一語具體之説明。複文爲《老子》特有文體,不能因其復出,遂謂之錯簡。③

此四句義謂:"道"隱没不顯現,與下文"湛兮似或存"之義相連貫,則此四句不能説是"復出衍文"。④

本章説的是道體,56章説的是體道的聖人。⑤

此説的主要理由可概括爲:其一,老子説理不憚重複,故文句重出不能成爲判定衍文的有力證據;其二,四句上承道之盅而弗盈,下啓"湛兮似或存",前後文義其實是連貫的;其三,四句既可用以描述道,也可用於描述法道之聖人。

以上正反兩面觀點都有一定道理,但相比之下,四句在四章畢竟很突兀,又因其復現於五十六章,筆者疑爲注語羼入經文,兹於本章中删去。

四、"名成"或"成名"

九章末尾王弼本"功遂身退",出土四本皆如此,但敦煌五千文本作"名成功遂身退",傅奕

① 王淮《老子探義》,臺灣商務印書館 1977 年版,第 22 頁。

② 古棣、周英《老子通》上部《老子校詁》,第 21～22 頁。

③ 蔣錫昌《老子校詁》,商務印書館 1937 年版,第 32 頁。

④ 李水海《帛書老子校箋譯評》下,陝西人民出版社 2014 年版,第 491 頁。

⑤ 羅義俊《老子譯注》,上海古籍出版社 2012 年版,第 13 頁。

本作"成名功遂身退",河上公本作"功成名遂身退",即多出"名"之一事。

民國時期羅運賢即疑"名遂"爲衍文,他說:"聖人引退,豈以名遂? 名遂之説,與老子忤。……蓋後人因十七章'功成事遂'之文,乃於此章功下增成字,遂上益事字。或以功成事遂於義無别,因改事爲名,而不知其失也。"①羅氏是説,加工者先仿照十七章將"功遂"擴充爲"功成事遂",之後因"事遂"與"功成"義複,又改"事遂"爲"名遂"。古棣、黄瑞雲、周次吉、聶中慶、李若暉等人也認爲,老子以自隱無名爲務,"名遂"與老子思想不合。

筆者以爲,老子本人雖然不尚名,但向世人提建議時,他也不是不可以提"名",故以老子不尚名爲由來否定"名遂",理由并不充分。相比之下,吴怡一説較具説服力,其言曰:"老子講'功成',這是指實際工作上的成就。在第十七章上曾説'功成,事遂'而不説'名遂'。因爲'事'也是指實際的事務。老子對實際上的努力,和爲民解决問題是肯定的。至於'名'乃是外在的虚飾,是多餘的。老子一再説'功成而弗居'(第二章)、'功成不名有'(第三十四章),都是直接説'功成'之後的'身退',而没有插入'名遂'的觀念。"②此處確當依簡帛作"功遂身退"。王弼注"功成則移",也没有言及"名",故王弼本此處猶存其舊。未涉及"名",主要原因不是"名"的觀念與老子思想不合,而是與此處討論的天道不合。天道可言自然之功,未可言"成名"。後之加工者未注意到這一點,在功成名就説法的影響下,誤將"名"的觀念連帶着衍入經文。而觀有關道家典籍,這一衍文現象的産生頗早,比如《文子·道德》引作"功遂身退,天之道也",但《上德》篇又有"名成功遂身退,天道然也",《淮南子·道應訓》則作"功成名遂身退,天之道也"。

五、"以 爲 室"

十一章傳世本"鑿户牖以爲室",帛書兩本、漢簡本僅作"鑿户牖"。多數學者習慣於傳世本,認爲是簡帛漏抄,如古棣云:"'鑿户牖以爲室'與上文'埏埴以爲器'相應爲文,整齊一律;無'以爲室'三字則句子不完整,可見帛書是抄漏了。"③即是説,無"以爲室"則句式不統一,語意不完整。

戴維、劉笑敢、李水海、陳劍、陳徽等少數學者則反過來認爲"以爲室"是衍文,如戴維認爲是承上文"以爲器"而省略了"以爲室":"'以爲室'亦衍,蓋涉上文'以爲器'而誤,不知老子文多承前省略也。"④

---

① 羅運賢《老子餘誼》,章太炎主編《華國》月刊1925年第2期第八册,第8頁。

② 吴怡《新譯老子解義》,三民書局2008年版,第59頁。

③ 古棣、周英《老子通》上部《老子校詁》,第124頁。

④ 戴維《帛書老子校釋》,岳麓書社1998年版,第105頁。

筆者認同衍文説。簡帛皆無"以爲室",當非巧合。而觀河上公注"謂作屋室",可知河上公本原亦無"以爲室",否則"謂作屋室"便成多此一舉。另外,帛書兩本、漢簡本無一作"以爲器"(最相近的是帛書乙本作"而爲器"),所謂"以爲室"與"以爲器"相應爲文的現象更是不存在。蓋"挺埴"尚欠分曉,故後有"而爲器";"鑿户牖"則造室之義已在其中,故無需"以爲室"。無此三字,并不會像古棣説的"不成話"。

六、"信不足焉有不信焉"

二十三章末尾,河上公本、王弼本有"信不足焉有不信焉";傅奕本與敦煌五千文本亦有,只是少二"焉"字;漢簡本作"信不足安有不信";帛書兩本無此句。此句亦見於十七章,除了楚簡本、帛書兩本亦有"信不足安有不信"外,其他版本情況與二十三章雷同。

早在簡帛《老子》面世之前,就有奚侗、石田羊一郎、馬叙倫、陳柱、馬蔭良、高亨、朱謙之認爲二十三章"信不足焉有不信焉"屬衍文,比如民國時期奚侗説:"二句與上文不相應。已見第十七章,此重出。"① 帛書本出土後,更有張舜徽、許抗生、樓宇烈、黃釗、古棣、高明、劉笑敢、楊丙安、黃瑞雲、劉小龍等人認爲是衍文。

不過,簡帛本面世後,仍有盧育三、劉坤生、王淮、吳怡、董京泉、陳劍等人認爲二十三章當有此語,比如盧育三認爲:"細究此章旨義,有此一句亦可説通。謂'信不足',指失於道,違背'希言自然',實行'多言''有爲'的政治;'焉有不信',正因爲'信不足',失於道,才有不信任的事情發生。這與人事之飄風驟雨不能長久,正相應。"②

筆者認同衍文説。此句在十七章意爲君信不足,民乃有不信③,談的是君民關係的交互性。而筆者將二十三章此語前的文本校訂爲"同於得者,道亦得之;同於失者,道亦失之",意爲同於大道者,道也就與他同在;同於不道者,道也將離他遠去。這貌似在説人與道之間的交互關係,也許就是這個原因,有人在其側寫上"信不足安有不信",之後旁注混入正文。另從文義看,此句亦與二十三章不合。其一,儘管此處有將道擬人化的傾向,但實際情況是,道不遠人,人自遠之,道畢竟不是能動的主體,這與君、民都是能動的主體還是有着不同。其二,二十三章前半部分是指出飄風暴雨式的暴政不能持久,后半部分是闡述得失自取的道理,全章并未涉及"信"的問題。

---

① 奚侗集解,方勇標點整理《老子》,上海古籍出版社 2007 年版,第 60 頁。

② 盧育三《老子釋義》,天津古籍出版社 1987 年版,第 125 頁。

③ "安""焉"意爲乃,而非哪裏。關於其詞義辨析,參見汪韶軍《"智慧出,有大僞"是衍文嗎?》,《南昌大學學報(人文社會科學版)》2017 年第 6 期。

七、"跨者不行"

二十四章開篇各本或一句,或兩句,或三句。帛書兩本與漢簡本都只有一句"炊者不立";傳世本則變作"企(跂)者不立"或"喘者不久",且後面都多出一句"跨者不行";河上公本一系中的唐廣明本(880年石刻《道德經》)則有三句——"喘者不久,跂者不立,跨者不行",這顯然是誤把傳世本第一句的兩種不同版本合到了一塊。

現在的問題是,傳世本比出土簡帛多出的"跨者不行",該如何解釋? 帛書整理者、許抗生、張舜徽、王西平等人懷疑帛書有脱誤,如許抗生説:"疑甲、乙本皆缺'跨者不行'句,'跂者不立'與'跨者不行'應爲對文。'炊'疑爲'跂'字之誤。'跂'與'企'義同,即舉踵也。"[1]高明則明確反對脱誤説,他認爲:"今本'企者不立'下有'跨者不行'一句,兩句相對成偶,顯然出自六朝人之手,取用駢體對偶之文體,帛書組不察,則謂《甲》《乙》本'脱誤',實難苟同。誠然,《老子》確有對文,但多屬古諺,一般以排列句居多。例如此文'企者不立,自是者不彰,自見者不明……',則與第二十三章'希言自然,飄風不終朝,驟雨不終日'句型一律。皆先用四字獨句開始,隨繼之五字排列句。并非句句成對文。今從帛書《甲》《乙》本所見,'跨者不行'四字恐非《老子》舊文,無疑爲後人增入。"[2]

筆者以爲,"跨者不行"乃衍文,當依出土簡帛删正。王弼於此句下無注,蓋其所見亦無此句。《老子》有多章都是先用四字句提出一個命題,然後加以展開,如七章"天長地久"、八章"上善若水"、二十章"絶學無憂"、二十三章"希言自然"、八十章"小邦寡民"等,本章始以"炊者不立"也屬於這種情況。

傳世本"跨者不行"疑爲旁注羼入正文。"跨"實乃"誇"之借字,"跨者不行"意爲自誇者不行於世,與"炊者不立"文異誼同("炊"通"吹",此命題的辨析將在另文展開)。

八、"周行而不殆"

二十五章傳世本"周行而不殆",楚簡本、帛書兩本均無,漢簡本作"偏行而不殆"。

(一) 簡帛漏抄説

周次吉以爲今本有此句,乃"後之淺人所加之贅言";古棣則以爲帛書無此句,乃

---

[1] 許抗生《帛書老子注譯與研究》,浙江人民出版社1982年版,第97頁。

[2] 高明《帛書老子校注》,中華書局1996年版,第336頁。

抄者所漏耳。考《韓非子·解老》曰："聖人觀其玄虛，用其周行，强字之曰道。"本書"周行"只此一見，韓非此文蓋即化用老子本章"……周行不殆……吾不知其名，字之曰道"而來，疑先秦古本自有"周行不殆"一句。①

　　這裏的"周"是"遍"的意思，没有"循環"和"圓圈"的意蘊。"行"是作用的意思。整句意爲不停而周遍地作用於宇宙萬有，促成萬物的發展變化，無處不在處處在，故而"可以爲天下母"。道的特性和作用，盡在此句之中，絶不能因竹簡、帛書本無此句而被删。②

如上，鄭良樹是依據《韓非子·解老》所謂"周行"，推斷《老子》本有"周行不殆"。王西平則是從文義上認定"周行不殆"不可或缺，少了它意思就不完整。帛書整理者、劉殿爵、古棣等人也認爲是帛書本漏抄。

筆者以爲，上述證據論證力度不足。韓非所謂"周行"，可能是對章中"大曰逝，逝曰遠，遠曰反"一語的概括，并非《老子》本有"周行不殆"。而稱本章缺"周行不殆"不可，亦有待商榷。

(二) 傳世本增衍説

許抗生、徐梵澄、高明、周次吉、羅尚賢、郭沂、彭浩、徐志鈞、廖名春、聶中慶、陳錫勇、劉笑敢、劉小龍、楊鵬、丁四新、彭裕商、陳劍認爲此句乃衍文。

　　"大曰逝，逝曰遠，遠曰反"，也就是"周行不殆"的意思。王、傅及今行諸本在"獨立不改"句下，有"周行不殆"一句，意義重複而纍贅，不合老文風格，疑爲後人所加。③

　　帛書《甲》《乙》本"企者不立""希言自然""獨立而不改"皆爲獨句，而今本多爲駢體偶文。如果問，帛書《甲》《乙》本爲何同將此諸文下句脱掉，如此巧合一致，甚難思議。其實不難理解。駢體偶文，乃六朝盛行文體。諗之帛書足以説明，類似這種偶體對文，非《老子》原有，皆六朝人增入。④

　　其實從"道"本身來説是不可能作"周行"的，這是因爲"道"既是至大無外，又是至小無内的，不可能在空間中作"周行"的，"道"彌漫於整個空間中。所以簡本與帛書本皆無"周行而不殆"句。⑤

① 鄭良樹《老子新論》，第 114 頁。

② 王西平《老子辨正》，三秦出版社 2015 年版，第 128 頁。

③ 羅尚賢《老子通解》，廣東高等教育出版社 1989 年版，第 132 頁。

④ 高明《帛書老子校注》，第 349 頁。

⑤ 許抗生《初讀郭店竹簡〈老子〉》，《中國哲學》編輯部、國際儒聯學術委員會編《郭店楚簡研究》，遼寧教育出版社 2000 年版，第 97 頁。

"周行"的説法會導致機械性圓周運動的誤解,傳世本所加並不準確。①

如上,疑此句非經文本有者,所舉證據爲:其一,與下文"大曰逝,逝曰遠,遠曰反"義複;其二,《老子》并非全是駢體偶文,也有很多獨句;其三,"周行而不殆"乃後人基於對老子思想的誤解而妄加。

筆者以爲,第一條缺乏論證力度,因爲老子常不避複,且"大曰逝,逝曰遠,遠曰反"并非言道之"周行"(筆者將另文討論);第二條有一定道理,但不能依據獨句的存在就絶對地否定駢體偶文。

筆者也持衍文説。楚簡本、帛書兩本皆無此句,當非偶然。從漢簡本可知,西漢中期已增入"偏行而不殆","偏"通"徧",周遍也。加工者增入此句,意圖可能是與"獨立而不改"形成對偶,同時想説道之作用遍及一切且不可窮竭。之後,有人受"大曰逝,逝曰遠,遠曰反","反者道之動"的影響,以爲道是在做圓周運動或循環往復,遂將"偏行"改爲"周行"。然而,"遠曰反"并非説道運動至某一特定的點時又復返;而"反者道之動"揭示的是物極必反的事物發展態勢,是爲"弱者道之用"提供理論依據,它也不是説道的運行是循環往復的。作爲形上實存的道,它至大無外,稱其在空間内循環往復,將導致邏輯悖論,就像論者所云"能作循環運行者,其體之大只能是有限的,因爲滿足其體作此圓周運動的條件是存在一個大於其體的空間。……所以,若是'道'有無限大,它便不能跑來跑去;若是能跑來跑去,它便没有無限大"②。綜上,無論從版本還是文義看,《老子》祖本都不應有"周行而不殆"一語。

九、"大軍之後必有凶年"

三十章諸本之間有較大差異,體現爲字句的增減及語序。其中比較顯眼的是,通行本"師之所處荆棘生焉,大軍之後必有凶年",帛書兩本、漢簡本、敦煌五千文本無後八字,楚簡本則十六字全無。

(一) 衍 文 説

清代嚴可均已疑"大軍之後必有凶年"爲注語羼入。其後,馬叙倫、勞健、武内義雄、嚴靈峰、朱謙之、張舜徽、陳鼓應、盧育三、徐梵澄、王垶、戴維、羅尚賢、馮達甫、高定彝、徐志鈞、辛戰軍、黄懷信、陳徽諸人亦持此見,他們在訂文中做了刪除。

楚簡本面世後,魏啓鵬、趙建偉、彭浩、郭沂、許抗生、廖名春、聶中慶、陳錫勇、劉笑敢、丁

---

① 劉笑敢《老子古今——五種對勘與析評引論》上卷,中國社會科學出版社 2006 年版,第 286 頁。
② 劉小龍《老子原解》,新星出版社 2006 年版,第 154 頁。

四新、尹振環、彭裕商、鄧各泉依照楚簡本，判定十六字皆爲後人增入。

　　《漢書·嚴助傳》淮南王安上書云"臣聞'軍旅之後，必有凶年'"，又云："此《老子》所謂'師之所處，荆棘生之'者也。"按其詞意，軍旅凶年當别屬古語，非同出《老子》。又王弼注止云："賊害人民，殘荒田畝，故曰荆棘生焉。"亦似本無其語。或古義疏嘗引之，適與"還"字、"焉"字偶合諧韵，遂並衍入經文也。①

　　這四句話還不是同時增入的。我想，帛本的"〔師之〕所居，楚棘生之"兩句，本來是對經文"不欲以兵强於天下"一語的注釋發揮，混入正文；而王本的"大軍過後，必有凶年"兩句本來又是對"〔師之〕所居，楚棘生之"兩句的注釋發揮，後來也混入正文。②

　　細玩其意，多出文字似爲解釋之語，簡文此二句【"是謂果而不强，其事好（還）"】及此後文字皆爲論述語，而多出文字爲描述語，殊不相類。③

　　與簡本比，帛本增加了"師之所處，荆棘生焉"，……更强調戰争的危害。由此也可見戰國時，戰争頻於大於春秋，可算時代印記之一。④

如上，衍文説的主要理由是：其一，王弼未注此句。其二，據淮南王劉安所云，《老子》有前八字，無後八字。其三，十六字皆注語，用以解釋"不欲以兵强於天下"，後混入經文；從楚簡本到帛書本，再到通行本，十六字逐步增衍，非一次性完成。其四，楚簡本此處是説理，而十六字乃經驗描述，文句不類。其五，春秋時期的戰争危害尚不至於"師之所處荆棘生焉，大軍之後必有凶年"，因而十六字非《老子》本有。

（二）非 衍 文 説

古棣、丁原植、黄人二堅持十六字皆非衍文。

　　王注極尚簡要，不能由注推出其本經文定無"大軍之後，必有凶年"二句。……筆者以爲《老子》原本應有此二句：（一）《老子》書於重要處，常常變換詞句，反復言之，老子特重戰争之害……故宜在"師之所處，楚棘生焉"之下，再加"大戰之後，必有凶年"；（二）《老子》書極重對偶，又不死板，不像後世對對子那樣格式固定，看此處

---

①　勞健《老子古本考》，《勞篤文〈老子〉著作五種》，中華書局 2016 年版，第 85 頁。
②　郭沂《郭店竹簡與先秦學術思想》，上海教育出版社 2001 年版，第 74 頁。
③　聶中慶《郭店楚簡〈老子〉研究》，中華書局 2004 年版，第 193 頁。
④　尹振環《帛書老子再疏義》，商務印書館 2007 年版，第 334 頁。

後兩句與前兩句的對偶,與《老子》文風十分相合,故不會是後人注語。①

又《文子·微明》第 19 章有言曰:"起師十萬,日費千金,師旅之後,必有凶年。故'兵者不祥之器也,非君子之寶也'。"《微明》篇此句並未見於《淮南子》,而且《文子》書中所使用"老子曰"的體例,並非完全後人編輯時所妄加,劉安所見者是否出自《文子》中所保留的《老子》經文?②

簡本少了中段的"師之所處,荆棘生焉。大軍之後,必有凶年",……亦受德化説之影響。此鄒齊儒者删掉"師之所處,荆棘生焉。大軍之後,必有凶年"一段話,表示其崇尚德治、德化,不喜歡武力,故盡可能的在文字文章上作改動,以符合其理想和學説,郭簡有《尊德義》諸篇,可證。③

以上理由可簡化爲:其一,王弼未注,不代表經文没有此語。其二,對於重要主張,老子往往不避重複。其三,十六字正合《老子》偶體對文的文風。其四,《文子》常稱"老子曰",其中就含"師旅之後,必有凶年"。其五,楚簡本無十六字,是遭尚德化、退武力的鄒齊儒者删削。

筆者以爲,"師之所居楚棘生之"當有,"大軍之後必有凶年"當無。劉安曾明言"師之所處荆棘生之"乃老子所言(參前引勞健語),此已爲帛書兩本、漢簡本所證實。三種出土文獻均有此八字,當非偶然。最早的楚簡本雖然没有,但我們應知,楚簡本是一摘抄本,不僅很多章未抄,具體到某一章中,也有未全抄者,如十六章,本章很可能也是這種情況。聶中慶的文句不類説實不可從。《老子》多數章節都是既擺出觀點,又從經驗角度加以論證。"其事好還,師之所居楚棘生之"以經驗論證"不欲以兵强於天下",正是典型的《老子》文風。尹振環的戰争規模一説更不足爲據。

至於"大軍之後必有凶年",誠如古棣所言,王弼無注,并不能推定經文必無此句。但問題是,我們同樣不能認爲必有。我們也不能因爲老子不避重複、重視對偶,就認爲必有"大軍之後必有凶年"。在《文子》那裏,"師旅之後必有凶年"是用來解釋《老子》"兵者不祥之器也,非君子之寶",并非《老子》本有"師旅之後必有凶年"。從通行本看,"大軍之後必有凶年"疑釋"師之所居楚棘生之",後人蓋據《文子》將此注語混入《老子》。黄人二之德化説放在此處,可謂南轅北轍,因爲本章本來就是反對"以兵强於天下",而反對武力并不是語匯上都不可以提"兵""軍""師""戰",所謂的"鄒齊儒者"豈可因文中一旦出現這類字眼,便必欲去之而後快?

綜上,根據帛書兩本、漢簡本及劉安所稱引,前八字當有,後八字則無,敦煌五千文本猶存其舊。郭沂、趙建偉、廖名春、丁四新等人所持的十六字逐步衍生説并不準確。

---

① 古棣、周英《老子通》上部《老子校詁》,第 541 頁。

② 丁原植《郭店竹簡〈老子〉釋析與研究》增修版,第 50 頁。

③ 黄人二《讀楚簡〈老子〉并論其爲鄒齊儒者之版本》,武漢大學中國文化研究院編《郭店楚簡國際研討會論文集》,湖北人民出版社 2000 年版,第 496~497 頁。

十、"萬物恃之而生而不辭"

三十四章傳世本皆有"萬物恃之而生而不辭"，漢簡本亦有，只是字詞上稍異。但帛書兩本均無此句。那么，此句究竟是帛書兩本漏抄，還是它本誤衍呢？

> 帛書甲本、乙本無"萬物恃之以生而不辭"一句，顯然是抄漏了。此句與"功成而不有"相應爲文，與下文"……可名於小""……可名於大"相對爲文一致；且無此一句，在意義上亦不完整。①
>
> 今本在"可名於小"之前，有兩個"萬物"句，而在"可名於大"之前，僅有一個"萬物"句，前後文體不合，其中必有訛誤。則"萬物恃之而生而不辭，功成不名有"，顯然是"功成不名有"之偏變。此句《甲》《乙》本作"成功遂事而弗名有也"，無"萬物恃之而生而不辭"九字，當是《老子》舊文。②

以上列舉了兩種不同看法。另有張舜徽、許抗生、羅尚賢、高明、高定彝、鄧立光、崔珍晳等人認爲屬衍文。筆者傾向於此説。從帛書本看，如果没有此句横隔其間，則"其可左右也""弗名有也"叶韵，且以"道"爲主語，一氣貫注。它本有此句，蓋因誤受二章影響而增入③。

十一、"而無不爲"

三十七章開篇，傳世本皆作"道常無爲而無不爲"，帛書兩本却作"道恒無名"，楚簡本作"道恒無爲也"，漢簡本作"道恒無爲"。簡帛的一個共同特點是，皆無"而無不爲"。

多數人未作深入辨析而直接沿襲傳世本，比如黄懷信未給出任何理由便徑直否定帛書本與楚簡本④，此舉頗爲武斷。張舜徽只是改動一字，校訂爲"道恒無爲而無不爲"，理由是："首句'爲'字與'化'叶韵，通行諸本皆如此作，不誤也。"⑤但問題是，删除"而無不爲"後還剩"道恒

---

① 古棣、周英《老子通》上部《老子校詁》，第95頁。

② 高明《帛書老子校注》，第407頁。

③ 《老子》二章河上公本"萬物作焉而不辭"，筆者做過語義分析，并綜合各本最終校訂爲"萬物作而弗始也"，詳見汪韶軍《〈老子〉重要爭議性字詞考辨（二）》，《關東學刊》2020年第1期，第62～63頁。

④ 黄懷信《老子彙校新解》，鳳凰出版社2016年版，第42頁。

⑤ 張舜徽《周秦道論發微》，中華書局1982年版，第197頁。

無爲”,按其説法,也是叶韵的,可見其并未深究“而無不爲”是不是衍文。黄樸民等人堅持認爲傳世本没有衍誤,他們説:“曾有學者因此懷疑今本‘無不爲’并非《老子》原文,而是後人竄改所致。但簡本第四十八章有‘亡(無)爲而亡(無)不爲’字樣,因此可以打消上面的疑慮,證明王弼本此句完全可能就出自《老子》原文。”①此論也是有問題的,因爲四十八章有“無爲而無不爲”,并不能證明本章亦當作“道常無爲而無不爲”。再則,王弼本是否作“道常無爲而無不爲”,尚待進一步考察。

高明、戴維、羅尚賢、馮達甫、黄友敬認同帛書本,其中高明論之最詳,他説:“兩章【三十七、三十二章】文詞内容基本相同,首句應同作‘道恒無名’才是,而今本作‘道常無爲而無不爲’,顯非《老子》原文,必因後人竄改所致。……王弼似爲‘道常無名’所作,而與‘道常無爲而無不爲’不類。……足證王本經文原同帛書《甲》《乙》本作‘道恒無名’無疑。今本所見‘道常無爲而無不爲’者,必在王《注》而後所改。河上公……唯‘而無不爲’句無注,這在河上公注文中極少有的現象。‘道常無爲’,經文已經有誤,又增‘而無不爲’四字,則錯上加錯。由此可見,經文‘道常無名’,最初僅誤‘名’字爲‘爲’,故河上公《注》云:‘道以無爲爲常也。’後又誤增‘而無不爲’四字,河上公於此文無注,足證誤‘名’字爲‘爲’應在注前,誤增四字在注後。……通過帛書《甲》《乙》本之全面勘校,得知《老子》原本只講‘無爲’,或曰‘無爲而無以爲’,從未講過‘無爲而無不爲’。‘無爲而無不爲’的思想本不出於《老子》,它是戰國末年出現的一種新的觀念,可以説是對老子‘無爲’思想的改造。”②此論的核心是：文本原貌是“道恒無名”,之後訛爲“道恒無爲”,進而誤衍爲“道恒無爲而無不爲”。而其理由竟然是：其一,三十二章首句作“道恒無名”,故本章首句亦應作“道恒無名”；其二,四十八章帛書本没有“無爲而無不爲”一説,證明老子本人没有這種思想,三十七章首句自然就不作“道常無爲而無不爲”。

筆者以爲,判定“而無不爲”屬後人增衍,是正確的；但認爲經文本作“道恒無名”,且老子没有“無爲而無不爲”的思想,則大有問題。其一,以彼例此的合理性與有效性不能過分誇大。其二,楚簡本有“亡爲而亡不爲”一語,證明老子確有此思想。

“而無不爲”必屬衍文。其一,出土四本皆無此四字,楚簡本“道恒無爲也”,語氣助詞“也”相當於今天的標點符號,提示句意已完。其二,河上公、王弼此處無注,可推知其所見亦無此四字。其三,從文義判斷,亦不應有,聶中慶所言甚是:“‘無不爲’乃‘無爲’之結果,侯王如何能守‘無不爲’？此四字似涉今本四十八章‘無爲而無不爲’衍。”③當然,也有可能是因《文子·上仁》“道無爲而無不爲也”而誤衍。據筆者所見,只有彭浩、徐志鈞、聶中慶、丁四新、李存山、陳劍、陳徽、鄧各泉等爲數不多的學者堅持衍文説。

不過删除“而無不爲”後,還有一個問題,即首句當作“道常無爲”抑或“道恒無名”？ 經對

---

① 黄樸民、林光華《老子解讀》,中國人民大學出版社 2011 年版,第 174 頁。

② 高明《帛書老子校注》,第 424～425 頁。

③ 聶中慶《郭店楚簡〈老子〉研究》,第 203～204 頁。

勘,當校訂爲"道恒無爲"。趙建偉從音韵角度做了論證,他認爲:"帛書涉三十二章'道恒無名'而抄訛。彼章名與臣、賓爲耕、真合韵("道恒無名,樸雖小,而天下弗敢臣,侯王若能守之,萬物將自賓"),而本章則是爲、化歌部協韵,若作'名'則失韵。"①聶中慶則從文義角度進行分析:"……'道恒無名'。此乃對道體而言,與下文'侯王若能守之,萬物將自化'頗不相類,侯王守'無名'萬物焉能'自化'?故帛甲乙本'無名'二字衍誤無疑。"②二人所言是也。從韵讀、文義判斷,原文皆應作"道恒無爲"。侯王守無爲,萬物將自化,恰與五十七章"我無爲而民自化"一致。觀王弼注"順自然也",知其所見應是"道常無爲",而非"道恒無名"。楚簡本面世後,陳錫勇、辛戰軍、鄭良樹、李水海依然堅從"道恒無名",誤矣。而帛書本作"道恒無名",可能是受三十二章"道恒無名"的影響而誤書,也可能是沿本章下文"無名之樸"而誤。

[作者簡介] 汪韶軍(1973—　),男,浙江淳安人。北京大學哲學博士,現爲海南大學人文學院教授,主要從事老莊哲學、魏晉玄學、禪宗、美學、道德哲學與政治哲學的研究。迄今獨立承擔過2項國家社科基金項目(研究對象均爲道家),著有《老莊自然和諧思想研究》等哲學專著,在國內外重要期刊報紙上發表學術論文60餘篇。

---

① 趙建偉《郭店竹簡〈老子〉校釋》,《道家文化研究》第十七輯,第277頁。
② 聶中慶《郭店楚簡〈老子〉研究》,第203頁。

早期文獻中的"老成人"言與老子思想的淵源[*]

——兼説《金人銘》《老子》的文本性質及思想關聯問題

寧鎮疆　談敏星

内容提要　傳世及出土周代文獻中,存在大量措意儆戒和充滿憂患之思的箴訓之言,其言説者每每是國之重臣和耆老。本文認爲,這些意在儆戒箴訓,在立身行事上勸人趨利避害、知所取捨的文獻都可以稱爲"老成人"言,是"老成人"的閲歷和治世經驗的總結。道家文獻中,有道者常擬托稱"老成"或"大成",此與箴訓文化中推尊耆老、老成,且理想人格每每稱"成人"暗合,反映了以《老子》爲代表的道家思想的淵源,故《老子》一書不過是老聃這位"老成人"之言。《金人銘》同樣如此,它與《老子》都是周代箴訓文化的"流",並非彼此相襲的關係。出土文獻表明,箴訓文化中的"老成人"言立義多在敬慎,主張不争和退守,與《老子》思想和精神氣質均相一致。因此,堪爲《老子》思想標籤的卑弱、退處其實並非其原創,學者們據此進行年代學推論並不合適。

關鍵詞　儆戒　箴訓　老成人　老子　金人銘

中圖分類號　B2

晚近出土文獻特别是清華簡中大量先秦佚籍的公布,大大拓寬了我們的先秦文獻視野,使此前一些懸而未決的問題獲得繼續推進的契機,像《老子》一書的文本性質和年代學問題就是如此。《老子》一書雖然此前亦有馬王堆帛書(甲乙本)、郭店楚簡本以及晚近的北大漢簡本,但這些出土古本其實更多地是解決《老子》一書"相對年代"問題,比如此書的形成過程以及近代一度有學者主張的此書"晚出"。至於其書"絶對年代"的研究材料其實很有限,學者利用較多的《莊子》以下的文獻與《老子》還存在明顯的時序落差,其對於《老子》年代研究的説明力無疑是要打折扣的。這正彰顯出土材料的重要價值:這些出土文獻不僅文體多樣,内容豐

---

* 本文爲國家社科基金重大項目"出土簡帛文獻與古書形成問題研究"(19ZDA250)、古文字與中華文明傳承發展工程規劃項目"簡帛古書中的思想史資料探研"(G3453)階段性成果。

富,而且其時序從語言艱澀的西周"書"類文獻到文風相對明曉流暢的諸子文獻都有所涵蓋,尤其是其中還不乏久已佚失的珍貴典籍,這無疑給推進包括《老子》在内的傳世文獻的研究提供了難得的契機。本文關注出土文獻中的"老成人"言,即"老成人"所説的話,我們認爲這些"老成人"言,不唯措意於儆戒、憂患的精神氣質與《老子》每多相類,即文體形式也多近似處,這對於思考《老子》一書的文本性質、思想淵源和年代學特徵都極有價值。

一、周代儆戒、箴訓類文獻及其内容要素

清華簡第三輯收録了《芮良夫毖》《周公之琴舞》兩篇珍貴佚籍,内容非常重要,自公布以來,頗受各方學者重視。我們感興趣的是這兩篇文獻的功用及精神氣質。《周公之琴舞》因與《周頌》較多接近,目前多數學者將其歸入"詩"類,但《芮良夫毖》目前究竟是歸入"詩"類還是"書"類,學界有不同意見。不過,我們認爲兩篇在功用及精神氣質上是十分相近的。所謂"功用",就是它們都意在儆戒;所謂"精神氣質",就是它們都有强烈的憂患意識。關於儆戒的功用,李守奎先生當初在討論《周公之琴舞》時即已指出"儆毖是就詩的内容特點和功能作用而言,其内容主要是自戒或戒人,懲惡勸善,有所作爲",並論與此篇接近之《敬之》,即毛傳小序所謂"群臣進戒嗣王也"。嗣王爲成王,古今無異説,説"群臣進戒"不一定正確,但以詩意在"戒"則是對的。"總之,儆戒是周初文獻中最常見的内容,這種内容的頌詩很可能就稱作'毖'或'儆毖'。"①我們稱其功能爲儆戒,李文則稱其爲"儆毖"。有意思的是,《芮良夫毖》即稱"毖"。關於"毖"之文體,整理者趙平安先生曾經有過很好的分析,其引王念孫解"毖"爲"皆戒敕之意也",且引《周頌·小毖》"予其懲,而毖後患"(今之"懲前毖後")均意在説明"訟(毖)"②這樣一種文體,其功用主要在勸勉、規誡。《芮良夫毖》文中甚至直接説"道讀善敗,卑匧以戒","謀猷惟戒",屢言"戒"。其中又云"凡維君子,尚監於先舊","監"亦"戒"也。也就是説,儘管對於《芮良夫毖》是入《詩》還是入《書》,迄無定論,但要説這兩篇的功用主要措意於儆戒恐怕是没有疑問的。至於兩篇的憂患意識,《周公之琴舞》篇有云"訖(通)我個(夙)夜,不兔(逸)敬(儆)之","嚴余不解(懈),業業畏載(忌)"③,《芮良夫毖》篇也有"天猷威矣","尚桓桓,敬哉! 顧彼後復","恪哉毋荒! 畏天之降災,恤邦之不臧","寇戎方晉,謀猷維戒","天猶威

---

① 李守奎《清華簡〈周公之琴舞〉與周頌》,《文物》2012 年第 8 期。以下凡引李説均見該文。

② "訟"字,趙平安先生説《尚書》多用"毖",且引《酒誥》"封,汝典聽朕毖"爲證,認爲"訟應是一種新見的《尚書》體式"。參趙平安《〈芮良夫訟〉初讀》,《新出簡帛與古文字古文獻研究續集》,商務印書館 2018 年版,第 260 頁。

③ 李學勤主編《清華大學藏戰國竹簡(叁)》,中西書局 2012 年版,第 133 頁。釋文又可參李守奎《〈周公之琴舞〉補釋》,《出土文獻研究》第十一輯,中西書局 2012 年版,第 5 頁。

矣,舍命無成","嗚呼畏哉,言深於淵,莫之能測","民多艱難,我心不快"①。或言"徊(夙)夜不解(懈)""弻(弗)敢巟(荒)才(在)立(位)",或言"天猷威矣""顧彼後復"。他們或強調對邦家治理要夙夜不懈,或措意於居安思危,但其中所凸顯的憂患意識是一望可知的。

其實,周代像清華簡《周公之琴舞》《芮良夫毖》這樣意在儆誡,飽含憂患之思的文體,傳世文獻中所在多有。前揭李守奎先生文即指出,今《尚書》《逸周書》中多篇有這種特徵:"《周書》中大多數是周公對不同人的儆戒,如周公所作《多士》,是對殷多士的訓誡,此處所作的'多士敬毖',應當是對周多士之訓誡。《逸周書》中像《皇門》之類周初勸誡之作也多有所見。"《芮良夫毖》篇中即要求"凡惟君子"對時王應該"胥訓胥教,胥箴胥誨",其中"訓""教""箴""誨"亦多承擔勸諫、規誡之功能。與之類似的例子,可以看傳世文獻中下面三則記載:

> 《左傳·襄公十四年》:"史爲書,瞽爲詩,工誦箴諫,大夫規誨、士傳言,庶人謗,……官師相規,工執藝事以諫。"②
>
> 《國語·周語上》:"故天子聽政,使公卿至於列士獻詩,瞽獻曲,史獻書,師箴,瞍賦,矇誦,百工諫,庶人傳語。近臣盡規,親戚補察,瞽史教誨,耆艾修之,而後王斟酌焉,是以事行而不悖。"③
>
> 《國語·晉語六》:"故興王賞諫臣,逸王罰之。吾聞古之王者,政德既成,又聽於民,於是乎使工誦諫於朝,在列者獻詩,使勿兜。風聽臚言於市,辨祅祥於謠,考百事於朝,問謗譽於路,有邪而正之,盡戒之術也。"④

這三處記載非常典型,它們把周代名目繁多的儆戒文體進行了非常詳盡的總結:詩、書、箴、誦、誨、諫、謗、謠等等,其中即包括《芮良夫毖》提到的"教""箴""誨"("工誦箴諫,大夫規誨";"師箴……瞽史教誨")。雖然名稱各異,但誠如《晉語六》所云"盡戒之術也"——其勸誡、規訓的功能則是一致的⑤。正是由於在儆戒、規訓功能上的趨同性,它們在形式上的歸類有時並不那麼嚴格,彼此之間時相混用。如《芮良夫毖》雖言"毖"(祕),但學者又以"書"體目之。清華簡《周公之琴舞》云"周公作多士儆毖",亦言"毖",而學者反多以"詩"視之,這方面最現實的參照就是其中有與今毛詩《敬之》對應的內容。周代儆戒之辭的繁富及形式的靈活性,文獻中還有兩個登峰造極的例子。《國語·楚語上》記載"衛武公年數九十有五矣,猶箴儆於國",要求

---

① 李學勤主編《清華大學藏戰國竹簡(叁)》,第 145～146 頁。釋文又可參王瑜楨《〈清華大學藏戰國竹簡(叁)·芮良夫毖〉釋讀》,《出土文獻》第六輯,中西書局 2015 年版,第 184 頁。

② 楊伯峻《春秋左傳注》,中華書局 1990 年版,第 1017～1018 頁。

③ 徐元誥《國語集解》,中華書局 2002 年版,第 11～12 頁。

④ 同上,第 387～388 頁。

⑤ 從這些記載也可以看出周代的規訓已經達到很高的制度化,楚國甚至還有"箴尹"之官專司其職。

臣下"必恭恪於朝,朝夕以交戒我;聞一二之言,必誦志而納之,以訓導我"。所謂"箴儆"及"交戒""訓導"云云,其主動接受規誡的"積極性"可見一斑。《楚語上》更稱他對規誡的要求幾乎達到"如影隨行"的地步:

> 在輿有旅賁之規,位宁有官師之典,倚几有誦訓之諫,居寢有褻御之箴,臨事有瞽史之導,宴居有師工之誦。史不失書,矇不失誦,以訓御之,於是乎作《懿》詩以自儆也。①

衛武公對儆戒之辭的要求,可以説衣、食、住、行無處不在,且其形式中"誦訓之諫""褻御之箴",同樣與《芮良夫毖》的"訓""毖"相合。而且,衛武公所作的《懿》,今天學者多已公認實即《大雅·抑》,最後又被選入《詩》中。無論就上舉《周語上》的"列士獻詩",還是就《左傳·襄公十四年》的"瞽爲詩"而言,衛武公的身份似乎均有齟齬,其實不過表明就形式或體裁來講,它們的區分只是相對的,重要的是其儆戒的功能。與衛武公要求儆戒"如影隨行"類似,《大戴禮記·武王踐阼》篇也記載武王爲"戒書",於居所遍設"銘",不只於席之四端爲銘,甚至机、鑒、盥盤、楹、杖、帶、履屨、觴豆、户、牖、劍、弓、矛等器用之物都遍設銘:同樣是觸目可及,無處不在。就其内容來看,則與前述儆戒之辭類似,都是足資鑒戒的話語②。尤其是,《武王踐阼》篇爲"戒書"的結果是於居所遍設"銘",與"箴"無異,這再次説明此類儆戒之辭的形式是"相對"的,而其功能才是"絶對"的,那就是儆戒、敬慎。周人的這種儆戒、敬慎意識孕育出數量龐大、憂患之風濃郁的文體。這類文體,以《逸周書》涉及的篇章最多,也最爲集中。比如,以篇名言之,既有"三訓"(《度訓》《命訓》《常訓》),又有《文儆》《寤儆》《武儆》《大戒》之類,所謂"訓""儆""戒",其措意於規訓、儆戒是顯而易見的。有些篇名雖不顯,但依書序及篇中所述,則同樣是此類内容。如《大開》《小開》二篇,《周書序》云"文啓謀乎後嗣以修身敬戒"③,同樣措意"敬戒",其中内容如"八儆""五戒",且反復言"儆我後人""戒我後人"(《大開》),均是顯例。《成開》篇書序云"武王既没,成王元年,周公忌商之孽,訓敬命"④,强調"夙夜之勤""敬人畏天"。《殷祝》言"征前事以

---

① 徐元誥《國語集解》,第 501~502 頁。
② 上述衛武公、武王設箴儆之辭的目的主要是自戒,這也印證了前述李守奎先生所云此類儆戒之辭兼"戒人"與"自戒"的功能。再如《左傳·昭公三年》叔向引《讒鼎之銘》曰:"昧旦丕顯,後世猶怠。"此器本屬魯,後歸於齊,但晋叔向引之,説明其銘一定程度上已經成爲"公共知識"(楊伯峻先生在明曉此器在魯、齊間播遷的情況下,以叔向能引而懷疑晋亦有此鼎,其實是未明很多著名器銘在當時的知識界已經廣爲流布,實際上已經成爲"公共知識"。楊説參其《春秋左傳注》,第 1237 頁)。而且,所謂"昧旦丕顯,後世猶怠"的話,鑒戒、憂患之風甚濃,與下文將要提到的《金人銘》甚至《老子》語都極類。
③ 黄懷信、張懋鎔、田旭東《逸周書彙校集注》,上海古籍出版社 2007 年版,第 1124 頁。
④ 同上,第 1130 頁。

戒後王"①,《周祝》"慎政在微"②。《程典》篇本文載"誠在往事","於安思危,於始思終……無違嚴戒"③;《大開武》篇本文説"明戒是祇""夙夜戰戰"④;《大匡》篇本文云"在昔文考戰戰,惟時祇祇","官戒有敬"⑤。或言"戒",或言"敬",其措意於儆戒的目的是很明顯的。另外,晚近清華簡《保訓》中有"日不足惟宿不詳"一語,李學勤先生指出"日不足"應該參酌《詩·小雅·天保》的"維日不足",而且指出《逸周書》中多有此語,如《大開》"戒後人其用汝謀,維宿不悉日不足",《小開》"後戒後戒,宿不悉日不足",《小開武》"日正余不足",《寤儆》"後戒,維宿",《文儆》"後戒後戒,謀念勿擇",李先生並且認爲這些語言"不難看出是訓戒文體的慣用語"⑥,點出這類語言乃"訓戒"文體的常用語,是非常正確的。而且,《小雅·天保》與《逸周書》中這些語詞都有出現,也再次説明上文我們曾指出的,即承擔儆戒功能的文體之區别有時只是相對的。

鑒於周代文獻中如此豐富的儆、戒内容,學者指出周代有所謂的"訓誡"文化傳統⑦,所謂"訓誡""儆戒",其義一也。關於上述勸諫、規誡的箴訓文體上的特點,學者曾經有過概括説:"箴訓之辭的内容主要是規誨箴諫,語言多是格言,句式多是以數爲紀,風格多是口語。"⑧除"風格多是口語"外,其他都大體可信。而且,"多是格言""句式多是以數爲紀",主要就其形式而言,至於所謂"規誨箴諫"其實主要説的是這類文體的功能和精神氣質,即要恭敬謹慎、慎守勿縱、不能安於逸樂。兹以《芮良夫毖》爲例,將其内容總結爲五個方面:

1. 要恭敬、謹慎,有强烈的憂患意識。篇中反復言"敬之哉""恪哉無荒""心之憂矣""天猶威矣""民多艱難,我心不快";

2. 告誡君臣不能耽於逸樂,所謂"毋自縱於逸,以遨不圖難";

3. "慎言"觀念,如"言深於淵,莫之能測";

4. 前人經驗或格言的引述,所謂"殹先人有言,則畏虐之。或因斬柯,不遠其則,毋害天常,各當爾德","民亦有言:謀無小大,而器不再利","天之所壞,莫之能支……";

5. 以史爲鑒,知所行止,所謂"彼人不敬,不監於夏商"⑨。

以《芮良夫毖》上述五點爲參照,下面我們將傳世及出土文獻中一些篇目列出對比,以觀察他們之間在内容上的關聯。

---

① 黄懷信、張懋鎔、田旭東《逸周書彙校集注》,第 1136 頁。

② 同上,第 1137 頁。

③ 同上,第 168、181 頁。

④ 同上,第 261、270 頁。

⑤ 同上,第 368、369 頁。

⑥ 李學勤《三代文明研究》,商務印書館 2011 年版,第 154 頁。

⑦ 張懷通《〈逸周書〉新研》,中華書局 2013 年版,第 353～357 頁。

⑧ 同上,第 357 頁注釋一。

⑨ 《左傳·昭公二十六年》引佚"《詩》曰'我無所監,夏后及商。用亂之故,民卒流亡'",與此相類。

文獻篇目	內　容　類　別				
	1 敬慎/憂患	2 戒逸樂	3 慎言	4 成語格言	5 以史爲鑒
清華簡《保訓》	"敬哉,毋淫"	"翼翼不懈"		"日不足,唯宿不祥"	"昔前人傳寶","舜舊作小人","微假中於河"
清華簡《周公之琴舞》	"敬之敬之";"嚴余不懈,業業畏忌";"惟克小心";"夙夜不懈"	"不　逸","弗敢荒在位","弗敢荒德"		"書之在視日,夜之在視晨……"(清華簡《説命下》同)	"叚哉古之人"
清華簡《祭公之顧命》	"敬恭之";"汝其敬哉"	"汝毋湆湆康康,厚顔忍恥"		"汝毋以戾兹皋辜,無時遠大邦。汝毋以嬖禦塞爾莊後,汝毋以小謀敗大慮,汝毋以嬖士塞大夫、卿士,汝毋各家相乃室"	"監於夏商之既敗,不則無遺後"
清華簡《皇門》	"朕寡邑小邦,蔑有耈耇慮事、屏朕位";"敬哉,監於兹"	"弗恤王邦王家,維偷德用"		"譬如戎夫……譬如梏夫之有媚妻……譬如舟主舟……"	"我聞昔在二有國之哲王……"
《逸周書·芮良夫解》	"敬思以德,備乃禍難,難至而悔,悔將安及";"惟以貪諛爲事,不勤德以備難"	"爾執政小子不圖善,偷生苟安"	"賢智鉗口,小人鼓舌";"我聞曰:以言取人,人飾其言;以行取人,人竭其行。飾言無庸,竭行有成。惟爾小子,飾言事王"	"我聞曰";"古人求多聞以監戒,不聞是惟弗知"	"商紂不道,夏桀之虐,肆無有家"
清華簡《鄭文公問太伯》	"戒之哉"	"孚淫媚於康,獲彼荆寵,爲大其宫"		"古之人有言曰:爲人臣而不諫"	"吾若聞殷邦,湯爲語而受亦爲語"
《逸周書·寤儆解》	"戒乃不興,憂其深矣……監戒善敗,護守勿失"	"不驕不吝"		"余聞曰:維乃予謀,謀時用臧"	"奉若稽古維王……余維與汝監舊之葆"
《逸周書·和寤解》	"敬之哉! 無競惟人,人允忠;惟事惟敬,小人難保"			"綿綿不絶,蔓蔓若何,毫末不掇,將成斧柯"①	

① 《戰國策·魏策一》載"《周書》曰'綿綿不絶,縵縵奈何? 毫毛不拔,將成斧柯'",與此接近。

續　表

文獻篇目	内　容　類　別				
	1 敬慎/憂患	2 戒逸樂	3 慎言	4 成語格言	5 以史爲鑒
《大雅·蕩》	"疾威上帝,其命多辟。天生烝民,其命匪諶";"曾是莫聽,大命以傾"		"流言以對"	"人亦有言:顚沛之揭,枝葉未有害,本實先撥"	"殷鑒不遠,在夏后之世";"雖無老成人,尚有典刑"
《大雅·抑》	"敬慎威儀,維民之則";"天方艱難,曰喪厥國。取譬不遠,昊天不忒。回遹其德,俾民大棘"	"顚覆厥德,荒湛於酒。女雖湛樂從,弗念厥紹"	"慎爾出話,敬爾威儀,無不柔嘉。白圭之玷,尚可磨也;斯言之玷,不可爲也";"莫捫朕舌,言不可逝矣。無言不仇,無德不報"	"人亦有言:靡哲不愚,庶人之愚,亦職維疾。哲人之愚,亦維斯戾"	
《大雅·桑柔》	"憂心殷殷,念我土宇"		"聽言則對,誦言如醉"	"人亦有言:進退維谷";"維此聖人,瞻言百里。……匪言不能,胡斯畏忌"	
欒武子之言(《左傳·宣公十二年》所記)	"訓之於民生之不易,禍至之無日,戒懼之不可以怠……無日不討軍實而申儆之於勝之不可保"	"民生在勤,勤則不匱"		"先大夫子犯有言曰:師直爲壯,曲爲老"	"紂之百克,而卒無後。訓以若敖、蚡冒,篳路藍縷"

先來説一下表中各篇言論關涉的人物或背景。清華簡《保訓》爲周文王晚年向武王口授治國"寶訓"的記録。《周公之琴舞》不少内容是周公等臣工對成王的"敬毖",這一點與《皇門》類似,此篇據《周書序》乃"周公會群臣於閎門,以輔主之格言"①,主要也是周公的言論。清華簡《祭公》(亦見《逸周書》)主要内容係老臣祭公臨終對穆王的諄諄告誡,這一點與清華簡《鄭文公問太伯》也類似。此篇據整理者説乃"太伯臨終時告誡鄭文公的言辭"("太伯有疾,文公往問之")。《逸周書·芮良夫解》《大雅·桑柔》,一般都認爲是芮良夫的作品,而芮良夫作爲周室之重臣也是公認的。《寤儆》篇據《周書序》,乃"武王將起師伐商,寤有商儆,作《寤儆》"②,篇中後段其實還有周公的話。《和寤》篇據《周書序》,乃"武王將行大事乎商郊,乃明德□衆,作《和寤》"③,則主要是武王的話。《大雅》之《抑》係"衛武公刺厲王,亦以自警也",它的箴儆意

---

① 黄懷信、張懋鎔、田旭東《逸周書彙校集注》,第 1131 頁。
② 同上,第 1127 頁。
③ 同上。

義前文已有論及。至於《蕩》之作,則係"召穆公傷周室大壞也。厲王無道,天下蕩然無綱紀文章,故作是詩也"①,而召穆公則同樣爲周室之重臣。晉國的欒武子(書)乃晉國名臣,歷仕景、厲、悼三公,乃晉國欒氏崛起之重要人物。由此可以看出,上述篇目言論或出自奮發有爲之君,或係之老臣、重臣(考慮到"攝政"的背景,周公的身份實兼"君"與"臣"),他們多閱歷豐富,謀略深遠。就内容上看,諸篇之間儘管在五大類内容上時有參差,但總體上講還是有着很大共性。比如它們都不約而同地强調"敬慎""戒懼",形式上對成語及格言也多有利用,並且對歷史經驗往往非常重視。再比如對"言"的問題也都予以重點關注:或者主張要出言謹慎,所謂"慎爾出話";或者主張對"言"要加以鑒別,所謂"以言取人,人飾其言",而其中凸顯的謹慎、敬戒的思想則又是一致的。至於《左傳·宣公十二年》所載欒武子的話則尤值得玩味。其時尚處晉楚邲之戰之時,欒書主要陳述晉國不當與楚戰的理由,這源於他對楚國長期以來奮發圖强的觀察:"楚自克庸以來,其君無日不討國人而訓之於民生之不易,禍至之無日,戒懼之不可以怠。在軍,無日不討軍實而申儆之於勝之不可保。"欒書所述,事起倉促之間,形式上可能與表中涉及的《皇門》《祭公》,甚至《蕩》《抑》《桑柔》等篇明顯有異——它並非爲某事布局命篇——但其所述却又與上述儆、戒類文獻多有相合:五存其四,其中所言楚人謹慎戒懼的憂患意識尤爲顯豁。其中像"紂之百克,而卒無後"又係"以史爲鑒";所謂"民生在勤,勤則不匱",其實意在告誡不能耽於逸樂。尤其是,其中既稱"訓",又稱"戒",而"民生在勤,勤則不匱"又係"箴之曰",再一次説明這類内容就其形式或體裁來説是相對靈活的,而其措意於儆、戒之功能則頗有共性。

二、儆戒箴訓文獻的"老成人"言
本質及其與道家思想之關聯

上述早期文獻中儆戒、規訓之類内容,如果要給他們一個統一名稱的話,我們認爲大都可稱爲"老成人"言,即"老成人"所説的話。關於"老成人",《詩》《書》中即已多見。《尚書·盤庚上》:"汝無侮老成人,無弱孤有幼。"②另外,《尚書·康誥》亦云:"汝丕遠惟商耈成人,宅心知

---

① 孔祥軍點校《毛詩傳箋》,中華書局 2018 年版,第 409 頁。

② 學者證以漢唐石經及鄭注,主前一句本當作"汝無老侮成人"(顧頡剛、劉起釪《尚書校釋譯論》,中華書局 2005 年版,第 947 頁),但"老侮成人"甚爲不辭,就以鄭注的"老、弱並輕忽之意"來説也很難講通。其實,此處足利本作"女亡老侮老成人",前面一"老"顯系誤衍,而後面"老成人"則是,故阮元以足利本爲是(顧頡剛、劉起釪《尚書校釋譯論》,第 947 頁),確屬有見。有意思的是,學者一方面謂前面當作"汝無老侮成人",但又認爲此句的意思"就是見老人而輕侮之"(顧頡剛、劉起釪《尚書校釋譯論》,第 947 頁),其實還是"侮老成人"的語序邏輯,亦證其中"老成人"確不可易。

訓。""耇"即"老"也,故"耇成人"即"老成人"。這句的意思是說"並求商之遺老賢人,亦不遠,汝心度量,可以知道矣"①。江聲曰:"商老成人,商之遺賢,若所謂殷獻民也。"②學者認爲"《史記·衛世家》'必求殷之賢人君子長者,問其先殷所以興所以亡,而務愛民',正釋此義"③,良是。另外,《詩·大雅·蕩》亦以商爲例,説"雖無老成人,尚有典刑",鄭箋云"老成人,謂若伊尹、伊陟、臣扈之屬",《正義》進一步説"於厲王則周、召、毛、畢之倫也"。如前所言,《蕩》之作是"召穆公刺厲王無道",然則《蕩》之篇其實也可以説是召穆公這個"老成人"之言。有此參照,其實像前述祭公、芮良夫、衛武公甚至身處周初動盪時局的周公等人,都可算"老成人"。且《逸周書·皇門》載周公的話說"嗚呼! 下邑小國,克有耇老據屏位",清華簡本作:"嗚呼! 朕寡邑小邦,蔑有耇耇慮事、屏朕位。"孔晁注"耇老,賢人也",與簡本之"耇耇"義同,應該就是本文所説的"老成人"。而且,簡本的"蔑有耇耇慮事、屏朕位",更能突出"耇耇"即"老成人"的重要作用。周"蔑有耇耇"或"老成人",亦證前述《尚書·康誥》"汝丕遠惟商耇成人",並非客套、辭令之語,而是出自實情。《逸周書》還曾有《耇德》(今亡)一篇④,學者謂"成人有德,故論之,指引舊臣也",又或謂"耇指商室舊臣言"⑤。從早期文獻的記載來看,這些"老成人"或"老成人"言在早期的國家治理中起到非常重要的作用,有下面文獻爲證:

1.《尚書·召誥》:"今衝子嗣,則無遺壽耇,曰其稽我古人之德。"

2.《尚書·酒誥》:"汝大克羞耇老惟君。"

3.《尚書·立政》:"桀德,惟乃弗作往任(老成人),是惟暴德,罔後。"

4.《尚書·秦誓》:"尚猷詢茲黃髮,則罔所愆。"

5.《詩經·小雅·正月》:"召彼故老,訊之占夢。"

6.《詩經·小雅·十月之交》:"不憗遺一老,俾守我王。"

7.《詩經·小雅·采芑》:"方叔元老,克壯其猶。"

8. 清華簡《周公之琴舞》:"黄耇維程。"

9. 清華簡《子犯子餘》:"猶叔是聞遺老之言,必當語我哉。"

10.《國語·周語上》:"肅恭明神,而敬事耇老。賦事行刑,必問於遺訓而諮於故實,不干所問,不犯所諮。"

11.《國語·晋語八》:"吾聞國家有大事,必順于典刑,而訪諮於耇老,而後行之。"

---

① 孫星衍《尚書今古文注疏》,第 361 頁。

② 顧頡剛、劉起釪《尚書校釋譯論》,第 1311 頁。

③ 曾運乾《尚書正讀》,華東師範大學出版社 2011 年版,第 170 頁。

④ 《周書序》中誤爲"考德"。

⑤ 以上參見黃懷信、張懋鎔、田旭東《逸周書彙校集注》第 1129 頁所引潘振、陳逢衡説。

12.《逨盤》:"天子其萬年無疆。者(諸)黃耇,保奠周邦,諫乂四方。"①

上述文獻之"壽耇""耉老""黃髮""故老""黃耇""元老""遺老",都當是"老成人",而所謂"遺訓""故實"云云,則當是"老成人"所言内容。他們受人尊敬("敬事"),是治國理政經驗之所取資——所謂"問於遺訓而咨於故實","訪諮於耇老,而後行之"即其顯例。此外,《禮記·文王世子》云:"凡祭與養老、乞言、合語之禮……命乞言。"鄭注:"養老乞言,養老人之賢者,因從取善言可行者也。""養老"以"乞言",可以説把"老成人"及"老成人"言的重要性已經説得很清楚了。無怪乎《逸周書·大匡解》云"法人惟重老,重老惟寶",以國老爲國之"寶"。類似觀念《國語·楚語下》亦有見,該篇記王孫圉曾稱觀射父、左史倚相二人爲國之"寶"。原因是觀射父其人"能作訓辭,以行事於諸侯,使無以寡君爲口實",而左史倚相其人則是"能道訓典,以叙百物,以朝夕獻善敗於寡君,使寡君無忘先王舊業",所謂"訓辭""訓典"均當與本文所説的儆戒箴訓之辭有關②。因爲此二人"能作""能道",故堪爲國之"寶",他們其實即是上述諸"老"或"老成人"。另外,《晋語一》記載:"郤叔虎曰:'既無老謀,而又無壯事,何以事君?'"既與"壯事"相對,這裏的"老謀",也當是與"老成人"言類似之深謀良策。再者,《左傳·哀公十一年》"季孫欲以田賦,使冉有訪諸仲尼",仲尼曰"丘不識也",對方不理解——"子爲國老,待子而行,若之何子之不言也",亦可見孔子作爲"國老""老成人"是執政者"問於遺訓""咨於故實"的重要取資。無怪乎,當夫子去世時,《左傳·哀公十六年》載哀公誄夫子之文稱:"旻天不吊,不憖遺一老"(當化自《詩·小雅·十月之交》的"不憖遺一老,俾守我王"),此雖不乏辭令色彩,但"一老"之稱應該與"國老"一樣,表明孔子同樣是時人尤其是國之執政者心目中之"老成人"。

據上述論證,知"老成人"在商周的治國理政中具有舉足輕重的地位③。當然,其地位之所以重要,還不僅僅在於他們多是國之重臣或老臣,關鍵是與他們有關的儆戒之類文獻與"成人"之間的關聯。然則,何謂"成人"呢?《大雅·思齊》云"肆成人有德,小子有造","成人"的"有德",對應"小子"之"有造",毛傳"造,爲也",鄭箋解爲"造成"④。《禮記·文王世子》:"樂正司業,父師司成。"⑤"父師"的"司成",應該就是爲了把"小子"培養爲"成人",則"父師"當多係

---

① "者",學者多以爲係"耆"字之誤,這樣"耆黃耇"就構成同義複指。其實,此字當讀爲"諸",修飾"黃耇"——"諸位黃耇,保奠周邦"——突出"黃耇"的輔政作用,非常合適。可參拙文《説逨盤銘文的"黃耇"》,待刊。

② 左史倚相道訓典的目的是"朝夕獻善敗於寡君",而《楚語下》下文即稱"人求多聞善敗,以監戒也",此語與《逸周書·芮良夫解》"古人求多聞以監戒"雷同,均重在"監戒"。

③ 本文成文較早,近來又見不少學者也關注到"老成人"或"耆老"在商周治國理政中的重要作用。可參劉巍《中國式法治——中國治理原型試探》,《史學理論研究》2020年第5期;代生《咨政耆老與先秦治國理政》,《暨南學報》2020年第10期。

④ 孔祥軍點校《毛詩傳箋》,第368頁。

⑤ 王文錦《禮記譯解》,中華書局2001年版,第275頁。

"老成人"或耆老。這説明"成人"需要相當的德行修爲。像《左傳・昭公二十五年》子太叔對趙簡子之問禮,説:"禮,上下之紀,天地之經緯也,民之所以生也,是以先王尚之。故人之能自曲直以赴禮者,謂之成人。"①這裏一則强調"禮"有經緯上下、天地之大用,然後説"人之能自曲直以赴禮"(人如果能"委屈其情"而求合於"禮"),才能算"成人",同樣是很高的要求。更爲大家熟悉的則是《論語・憲問》所載的"子路問成人",孔子回答説:"若臧武仲之知,公綽之不欲,卞莊子之勇,冉求之藝,文之以禮樂,亦可以爲成人矣。"②由此可見,"成人"需要在"知""勇""藝""禮樂"等幾方面都有特別的德業修爲和歷練,而具有這些綜合素質的一大標志就是能儆戒。《國語・晉語六》曾記韓獻子之言曰"戒之,此謂成人",下文還引張老的評價説"韓子之戒,可以成"③。他們都是把能"戒"看成是"成人"或"老成"的標志,而如前所述,儆、戒之類的文獻一個典型特徵就是"懲前毖後",措意於"戒"。無怪乎儆戒文獻的相關者如周公、祭公、芮良夫等多爲國之重臣或耆老。他們"歷觀成亡禍福之道"(後世所謂"歷覽前賢國與家"),用《芮良夫毖》中的話説,就是"道讀善敗,卑匡以戒"④(《逸周書・瘖儆解》"監戒善敗,護守勿失"近之)。從而積累了大量的有關立身、治國的格言、規訓(芮良夫就是這樣的人),而行爲方式則體現爲戰戰兢兢、謹小慎微,故而常常以己之閱歷和經驗來勸誡時王或人君。這裏要特別提到的是,清華簡第九輯還收有《成人》一篇,主要内容爲"成人"對君王(后)與"典獄""司正"等人有關刑獄的箴戒。其中對"四輔不輔""司正失刑""獄用無成""民多不秉德"等亂象充滿憂患,與上述儆戒類文獻多有相合,如"吉凶不易,恪哉毋怠,毋敗朕刑"等。由此看來,其人稱"成人",恐有深義⑤。還要指出的是,由儆戒這一核心要求看,可稱"老成人"的未必都是"老人"。《國語・周語下》解釋《周頌・昊天有成命》之"成王不敢康,夙夜基命宥密"時説:"成王不敢康,敬百姓也。……始於德讓,中於信寬,終於固和,故曰成。"⑥所謂"不敢康""敬百姓"與前述箴戒類文獻强調的謹慎、儆戒,不敢耽於逸樂如出一轍,而這樣才能"成"。可見,即便是年輕人,如果能經過儆戒、自持的主動修爲,也是可以"少年老成"的。因此,決定"老成人"或"老成人"言的關鍵還在於其克自儆戒的精神氣質。

上述凝練人生和治國經驗、重在儆戒的"老成人"言,特別是其多用格言成語、句式整齊、

---

① 楊伯峻《春秋左傳注》,第 1459 頁。

② 楊伯峻《論語譯注》,中華書局 1980 年版,第 149 頁。

③ 徐元誥《國語集解》,第 388 頁。

④ 《國語・晉語九》中也有近似的話,如"朝夕誦善敗而納之"。"善敗"云云,可以説是銘語中常用辭彙或主題。

⑤ 我們懷疑此"成人"恐是擬托,指的可能是泛稱的"一類人",即於資政多有襄助的"老成人"。此稱"成人"與清華簡《殷高宗問三壽》的"三壽"(少壽、中壽與彭祖)、上博楚簡《彭祖》稱"狗(耇)老"近同,都是標志性的擬稱或泛稱。而且,無論是"三壽"對殷高宗所講的話,還是《彭祖》篇"狗(耇)老"與彭祖所説,其實也多是"老成人"言。

⑥ 徐元誥《國語集解》,第 104 頁。

排比的特徵,最容易使我們想到的,就是《金人銘》。前文曾提及武王、衛武公於居所遍設箴銘,而《金人銘》恰恰是銘於金人之背的"銘",就形式及功能來講,他們同樣不乏共性。就内容來講,《金人銘》中的話同樣與上述"老成人"言多有相合。比如,它也反復言及"敬戒":"古之慎言人也,戒之哉";"安樂必戒,無所行悔"。關於"慎言",它也是三復斯言:"無多言,多言多敗";"口是何傷,禍之門也"。至於"温恭慎德,使人慕之","勿謂何傷,其禍將長;勿謂何害,其禍將大;勿謂不聞,神將伺人;焰焰不滅,炎炎若何。涓涓不壅,終爲江河。綿綿不絶,或成網羅。毫末不劄,將尋斧柯。誠能慎之,福之根也"①,同樣是主張敬慎,且充滿憂患意識。其中多有祈使、戒令意味的話,如"無多言,多言多敗;無多事,多事多患","無多言……無多事",告誡之意極强。而上舉清華簡《祭公之顧命》篇中祭公的話:"汝毋以戾兹皋辜,無時遠大邦。汝毋以嬖御塞爾莊后,汝毋以小謀敗大慮,汝毋以嬖士塞大夫、卿士,汝毋各家相而室"②,這種"汝毋……汝毋……"的排比句與"無多言……無多事"非常接近,勸戒的意味極濃,也充分凸顯了"老成人"的良苦用心。尤其是其中"綿綿不絶……"等句,與上舉《逸周書·和寤解》"綿綿不絶,蔓蔓若何,毫末不掇,將成斧柯"無論是形式還是内容都頗多雷同,表明它們有共同的思想來源。

不過,晚近學者對於《金人銘》有新的研究,認爲《金人銘》最初可能只有"慎言"部分的内容,其他和"慎言"無關者,可能都係陸續加進去的③。對此,我們有不同看法。其實,根據上文我們總結的以《芮良夫毖》爲代表的箴訓之辭内容上的要點,所謂"慎言"的内容,本來就只是"老成人"言的内容之一。而且,學者不但認爲今本《金人銘》之駁雜係後來累積而成,即便是在其看來所謂的"原本"《金人銘》(即只有"慎言"内容的文本),形成的時間也不會太早。其説謂"在戰國中晚期至秦的文獻中,强調'慎言'的箴語十分普遍"④,並以《武王踐阼》篇爲例,主"原本"《金人銘》創作於戰國中期。我們認爲這把《金人銘》形成的時間估計得過晚。其實,即便我們承認其説"原本"《金人銘》只有"慎言"内容,但"慎言"之類觀念的流行也並非要晚到戰國中期。我們上文就指出,强調"慎言"本來就是早期"老成人"言的固有内容,像《芮良夫毖》

---

① 其中有些話與《武王踐阼》非常接近。從性質上講,《武王踐阼》所提到的居所各處所設的"銘",我們也可以視爲各種"老成人"言的集合,它們大多具備我們前面表格中所列的五類内容。其中言敬慎如"毋曰何傷,禍將長;毋曰惡害,禍將大",言戒逸樂如"安樂必戒",言慎言如"皇皇惟謹口",用成語如"與其溺於人,寧溺於淵",言以史爲鑒如"所諫(鑒)不遠,視而(爾)所代(代)",此處《武王踐阼》文用上博楚簡本,釋文參侯乃峰《上博楚簡儒學文獻校理》,上海古籍出版社 2018 年版,第 312 頁。

② 參李學勤主編《清華大學藏戰國竹簡(壹)》,中西書局 2010 年版,第 174~175 頁。簡本異體字、通假字儘量以通行字轉寫。"大慮"之"慮"的釋讀參寧鎮疆《郭店楚簡〈老子〉"絶僞棄詐"證説》,《中華文史論叢》2020 年第 4 期。整理者當初參考今《禮記·緇衣》篇所引讀爲"作",其實是不對的。

③ 參鄔可晶《〈孔子家語〉成書考》第一章之第四節"出土文獻、傳世古書中的有關内容與《家語》金人銘章的比較",中西書局 2015 年版,第 113 頁。

④ 鄔可晶《〈孔子家語〉成書考》,第 131 頁。

本篇即言"言深於淵,莫之能測"。清華簡《説命中》載"且惟口起戎出羞",《説命下》"厥其禍亦羅於口"。另外,《小雅·正月》云:"好言自口,誘言自口。憂心愈愈,是以有侮。"《大雅·板》云:"上帝板板,下民卒瘅。出話不然,爲猶不遠。"《大雅·抑》云:"慎爾出話,敬爾威儀,無不柔嘉。白圭之玷,尚可磨也;斯言之玷,不可爲也。"上博楚簡《凡物流行》"能寡言吾(乎)?能一吾(乎)?夫此之謂小成"("寡言"可"小成",與"老成"形成對照)。"寡言"的主張與"慎言"近同。我們下文將會提到,清華簡第九輯所收《廼命》兩篇中也非常突出"慎密言語"的思想。另外,《國語·晋語一》有云:"且夫口,三五之門也,是以讒口之亂,不過三五。"此與《金人銘》"口是何傷,禍之門也"①非常接近。這些記載説明,"慎言"的觀念,古人早已有之,説戰國中期才有失之太晚。其實,從上述我們所列"老成人"言常見的五種内容來看,此類箴訓之辭本來就是不純粹的。以此反觀《金人銘》,它内容上的駁雜其實也是正常的。而且,其他部分雖不言"慎言",但總體上又都是强調恭謹、恪敬的憂患意識,這其實與箴訓之辭的核心主旨是一致的。

　　另外,上述《晋語一》"讒口之亂"的話係郭偃針對驪姬説的。值得注意的是,郭氏後面的話還提到:"商之衰也,其銘有之曰:'嘯嘯之德,不足就也,不可以矜,而祇取憂也。嘯嘯之食,不足狃也,不能爲膏,而祇權咎也。'"這段銘語無論就句式還是儆戒、憂患的精神氣質來講,都與《金人銘》絶類,而其時代竟是"商之衰也",可謂非常之早。《吕氏春秋·應同》亦載:"《商箴》云'天降灾布祥,並有其職',以言禍福人或召之也。"②前面郭偃的話稱"商銘",此處又云"商箴",看來此類箴銘之辭商代即已多見③。《禮記·大學》篇載"湯之《盤銘》曰'苟日新,日日新,又日新'",亦可證。與上舉"慎言"之事相關,殷墟卜辭還屢見"乍(作)口""多口""至口"等語,據學者研究,這些詞語涉及的辭例是指"由口舌議論所引起的禍患的事類"④。這不僅與上述作爲"商書"的《説命》中的"且惟口起戎出羞""厥其禍亦羅於口"相應,也側面説明商代存在針對"慎言"之類的箴銘是毫不奇怪的。另外,《逸周書·文傳解》兩次引到《夏箴》,語句也多有儆戒之義。雖然《金人銘》所載未必係孔子"觀周"的實録,但就周代箴訓文化背景看,要説孔子時代就有《金人銘》之類的銘語,應是完全可能的。《吕氏春秋·謹聽》云"《周箴》曰'夫自念斯學,德未暮'"⑤,即明云"周箴"。《左傳·襄公四年》記載魏絳的話:"昔周辛甲之爲大史

① 此句《説苑》本"口"作"曰",鄔可晶引裘錫圭先生説,以《説苑》本"曰"字爲是(參氏著《〈孔子家語〉成書考》,第116頁),恐非。其實,鄔文已注意到宋本《説苑》即作"口",而且《家語》亦作"口"。裘先生意見指"口是何傷"語不可通,然此句意在指出口易招禍,與《晋語》"且夫口,三五之門","讒口之亂"云云非常接近。而如果作"曰"的話,則"曰是何傷?禍之門也"則有主語無法落實的嫌疑。

② 王利器《吕氏春秋注疏》,巴蜀書社2002年版,第1292頁。

③ 張懷通教授指出箴訓之詞在商代或其前就已存在,應該是可信的。參氏著《〈逸周書〉新研》,第357頁。

④ 王貴民《試釋甲骨文中的乍口、多口、殉、葬和誕字》,《古文字研究》第二十一輯,中華書局2001年版,第122頁。

⑤ 王利器《吕氏春秋注疏》,第1321頁。

也,命百官,官箴王闕。於《虞人之箴》曰:'芒芒禹迹,畫爲九州,經啓九道。民有寢廟,獸有茂草,各有攸處,德用不擾。在帝夷羿,冒於原獸,忘其國恤,而思其麀牡。武不可重,用不恢於夏家。獸臣司原,敢告僕夫。'《虞箴》如是,可不懲乎?"①辛甲所引(句式整齊,多有用韵,且以"在帝夷羿……忘其國恤"爲史鑒,此均與前舉儆戒類文獻内容要素相合),僅爲《虞人之箴》,但依照"命百官,官箴王闕"的記載,可知這樣的箴銘之辭應該是很多的,然則從此濃郁的箴訓文化背景下孕育出類似《金人銘》那樣的東西,有什麼奇怪呢? 順便説一句,通覽前舉《晋語一》郭偃的話,開頭講"三季王之亡也宜",其亂象如"民之主也,縱惑不疚,肆侈不違,流志而行",中間又提到"讒口之亂","商之衰也,其銘有之曰"云云,最後還引士蔿對郭氏之言的回應"誠莫如豫,豫而後給。夫子誠之",不但强調"誠",而且要"豫"——韋注云"備也",意在凸顯謹慎敬誠的憂患意識,此與前述《芮良夫毖》以及今《大雅》之《抑》《桑柔》等詩體或"老成人"言的要素構成均相一致。總之,如果把上述信息綜合來看,相信對於銘語與箴訓文化之間的有機聯繫不難有一個深切的體會。

還要提到的是,20世紀70年代發現的馬王堆帛書有《稱》篇,學者注意到其内容多係彙集告誡世人的人生格言或諺語,李學勤先生曾經指出帛書《稱》篇的這種形式或内容其實與《逸周書·周祝》非常接近②。《周祝》的有些話其實同樣與措意於儆戒、憂患的"老成人"言非常接近。比如:

> 文之美而以身剥,自謂智也者,故不足。角之美,殺其牛,榮華之言,後有茅。凡彼濟者,必不怠。觀彼聖人,必趣時。石有玉而傷其山,萬民之患在□言及。時之行也勤以徙,不知道者福爲禍。時之從也勤以行,不知道者以福亡。故曰:費豕必烹,甘泉必竭,直木必伐。

《周祝》的上述内容不但與帛書《稱》篇接近,其基本思想與《金人銘》所載也多有相合,那就是趨利避害和措意於戒。而且,帛書《稱》篇乃《黄帝書》的一部分,李學勤先生指出其與《周祝》的關聯,也是從探討黄老道家思想淵源的角度立論的,暗示《老子》思想與這些文獻之間實多交集③。李學勤先生在討論《稱》篇與《周祝》關聯時,雖未提到《金人銘》,但曾專門就《逸周書·周祝》一篇的定名有過討論。在李先生看來,此篇之定名實與周代"祝"職關係密切。李先生舉《周禮》祝官即有大祝、小祝、喪祝、甸祝、詛祝等,並指清人朱右曾即注意到《儀禮》有所謂"殷祝""周祝",而且説"祝的職守在於文辭","他們在工作之中,積累輯集一些格言諺語,正是其職業的需要"。李先生的這些看法都極具卓識,這不但對我們認識《周祝》這樣的文獻性

---

① 楊伯峻《春秋左傳注》,第938~939頁。
② 李學勤《〈稱〉篇與〈周祝〉》,《簡帛佚籍與學術史》,江西教育出版社2001年版,第297頁。下引李説均見是文。
③ 李學勤先生《簡帛佚籍與學術史》還收録有《范蠡思想與帛書〈黄帝書〉》一文,專門論及此一問題,可以參看。

質有啓發性,對理解《金人銘》以及上述《吕氏春秋》所載《周箴》的性質也同樣如此。簡而言之,它們都應該是"郁郁乎文哉"的周文化特别是箴訓文化的産物,某種意義上也都可視爲"老成人"言。西周乃至春秋時代,這樣的箴訓文獻積累應該是非常可觀的,《金人銘》《周祝》《周箴》以及前舉《逸周書》中爲數衆多的儆戒類篇目其實都不過是"冰山"一角。當然,由於戰亂及秦火,這類文獻大多散佚了,今天才在出土文獻中偶露真容。其實除了像帛書《稱》篇,現在我們又有更多的出土文獻可以證明周代箴訓文化的文獻累積,就量來講是很可觀的。像與上舉《芮良夫毖》《周公之琴舞》同收在清華簡第三輯的就有《祝辭》一篇,文風古奥,頗多用韵,應該就屬於"周祝"之"辭"。清華簡第九輯又收有《迺命一》《迺命二》兩篇和《禱辭》,特别是《迺命》兩篇,其内容多是先人告諭後人的"禁戒之辭",如《迺命一》主要内容爲"誡命群臣忠君勤事、言語謹慎,勿强取豪奪"①,《迺命二》内容則爲"誡訓同宗子弟戮力同心、相收相保,忠君勤事、慎密言語,勿强取豪奪,以保全宗室"②。其内容其實與前述"老成人"言的五個特徵也多有相合,如强調敬慎,對待言語要謹慎,常懷憂患之思等。特别值得注意的是,語言上這兩篇最大的特色就是用了大量的"毋或"以引出禁戒之事,整理者已經指出,這種語言形式"與《左傳》《侯馬盟書》等所載盟誓相似",但却並没有"有如河""有如日""明神殛之"等背盟詛辭③。没有"有如河""有如日""明神殛之"等盟誓套語式的話,説明這顯然不是盟誓之詞,但"毋或"的高頻率使用却又與盟誓之詞存在交集,這其實説明作爲"老成人"言,它們之間存在共性。像《迺命一》開頭云"朕唯箴汝於兹",明言"箴",那其體裁是"箴"嗎? 顯然也未必。這再次説明作爲"老成人"言,其具體表現出的體裁可能非常靈活和多樣,像本文開頭所舉《左傳·襄公十四年》和《國語·周語上》的詩、書、曲、箴、誦,以及後面的銘、《周祝》等形式都可能成爲"老成人"言的載體。像《迺命》兩篇除了標志性的"毋或",還有如"汝毋……""毋……"引出禁戒之辭,這不禁讓人想到前舉清華簡《祭公之顧命》的"汝毋以戾兹皐辜,無時遠大邦;汝毋以嬖御塞爾莊后,汝毋以小謀敗大慮,汝毋以嬖士塞大夫、卿士,汝毋各家相乃室",而前面我們也提到其中排比式的"汝毋……汝毋……"與《金人銘》的"無多言……無多事"非常接近,勸戒的意味極濃,《迺命》兩篇這種"毋或"句式明顯也應與它們歸爲一類,都是長者訓誡後輩的語氣。如果説"毋或……""汝毋……"都是側重從反面告誡的話,類似的箴誡語同樣也有從正面立論者。上博楚簡有《彭祖》一篇,乃黄老道家文獻,此篇有"余告汝人綸(倫)……余告(汝尤)……余告汝禍……余告汝咎"這樣一組排比,相對於"毋或……""汝毋……"④,這無疑是從正面訓告,但

① 黄德寬主編《清華大學藏戰國竹簡(玖)》,中西書局 2019 年版,第 170 頁。

② 同上,第 175 頁。

③ 同上,第 170 頁。

④ 可参林志鵬《楚竹書〈彭祖〉校釋》,《宋銒學派遺著考論》,復旦大學出版社 2018 年版,第 53~54 頁。《彭祖》篇有些話與我們這裏討論的《金人銘》非常接近,如"戒之毋驕,慎終保(葆)勞"等,由此可見箴訓文體在語言和内容上的"交集"。

其措意於儆誡之意則是一致的。這既説明《祭公》《金人銘》《迺命》甚至《彭祖》等篇所記確實多爲"老成人"言,而"老成人"言就其形式及載體來講又可以是非常多樣的。

再回到《金人銘》文本性質的話題。就内容來講,《金人銘》除了前述學者指出的比較蕪雜外,更爲人熟知的是其與《老子》思想之間的關聯,特别是其中的卑弱處下思想,一度還有學者以爲是襲用《老子》。像其中"强梁者不得其死,好勝者必遇其敵",主張不能逞强。其他如"盜憎主人,民怨其上"①;"君子知天下之不可上也,故下之;知衆人之不可先也,故後之";"執雌持下,人莫踰之。人皆趨彼,我獨守此。人皆或之,我獨不徙。内藏我智,不示人技。我雖尊高,人弗我害,誰能於此? 江海雖左,長於百川,以其卑也。天道無親,而能下人,戒之哉",主張卑弱、退守、處下的思想,與《老子》的表述非常接近。如何看待這個問題,學者間分歧挺大。有學者據此説《老子》襲《金人銘》,而晚近學者則認爲係《金人銘》襲《老子》,並據以論證今本《金人銘》係累積而成,與《老子》相關部分正是後來加進去的。在筆者看來,學者在《金人銘》與《老子》間下非此即彼的因襲判斷,可能都係受"冰山"推理錯覺的誤導。具體來説,上述兩種截然相反的相襲模式,都意味着被襲一方才是相關思想的"原創者",類似思想均是"襲"之而來。晚近出土文獻的大量發現,使我們認識到早期文獻能流傳到今天的其實只是極少的一部分。在這樣有限的文獻中,當出現兩個文獻高度相似時,學者經常在其間作不恰當的"親緣"聯想。後來由於新發現的文獻大量增加,我們才知道相關思想或表述本來所在多有,只是由於散失的原因,致使其關聯性在現存文獻中才如露出水面的"冰山"般突出、醒目,因之不恰當的"親緣"聯想也就容易形成,這其實都是錯覺或假象。現在由前舉帛書《稱》、清華簡《迺命》等篇來看,這個問題就更容易明白了。而且,我們前面也提到當初李學勤先生關注《稱》與《周祝》的關聯,同樣也注意到它們與道家思想多有相合。具體到《金人銘》與《老子》之間的關係,我們甚至不需要借助出土文獻就可以輕易擊破上述非此即彼的相襲推理,這只需要我們把文獻考察的範圍適度放大即可。比如,論者提到的《金人銘》後半部分刻意强調卑弱處下的思想,其實既非《金人銘》的原創,也非《老子》所獨有。學者曾以《左傳》《國語》二書爲例,詳細舉證在周代的禮制原則中,强調卑弱處下本來就是其一貫的要求,時人關於這方面的言論非常多,它們都遠在《老子》書之前②。這裏只舉一個最典型的例子。《左傳·襄公二十二年》記載鄭國公孫黑肱臨終有一系列自貶、退處之舉,如"歸邑於公","黜官、薄祭。祭以特羊,殷以少牢","盡歸其餘邑"。而且,他還説:"吾聞之,生於亂世,貴而能貧,民無求焉,可以後亡。敬共事君,與二三子。生在敬戒,不在富也。"所謂"貴而能貧"與《老子》的卑弱處下有異曲同工之妙。順便説一句,《左傳》"君子曰"對公孫黑肱的評價説"善戒",而且引《詩》"慎爾侯度,用戒

---

① "强梁……"與"盜憎主人……"兩句,其實還是化用格言、成語,這是《金人銘》與"老成人"言共用思想資源的證據。

② 寧鎮疆、趙争《論周代禮學是〈老子〉思想最基礎的知識背景》,廖名春主編《顯微闡幽——古典文獻的探故與求新》,汕頭大學出版社 2016 年版,第 101 頁。

不虞",而此處引詩正出自《大雅·抑》,而此詩如前所言乃衛武公"刺厲王,亦以自警"。關於公孫黑肱的"善戒",其實他自己都說"生在敬戒",如前所述,謹慎敬戒恰是"老成人"言的典型特徵。《左傳》"君子曰"引衛武公的詩表彰此人,説明他們都是"老成人"之言,而其中卑弱處下之論又多與《老子》思想相合,我們能説這種思想是《老子》原創嗎?周代文獻中常見"懿德"一詞,學者最近結合新材料認爲傳統解"懿德"爲"美德"過於籠統,主張"懿德"當讀爲"抑德",而"抑德"即爲"抑戒之德"①,強調謙抑、克制和敬戒,而謙抑、克制與《老子》的卑弱退處可謂不謀而合。這再次説明《老子》思想與周代箴戒文化之間的深刻淵源。由此還要順便提及思想史上另一著名論題,那就是范蠡思想與《老子》的關係。《國語·越語下》中所載范蠡思想多有與《老子》相合者。如"天道盈而不溢,盛而不驕,勞而不矜其功"②,與《老子》第 9 章"富貴而驕,自遺其咎"③,第 22 章"不自伐故有功,不自矜故長",第 24 章"自伐者無功,自矜者不長",第 30 章"果而勿矜,果而勿伐,果而勿驕",思想上均相一致。其又云:"兵者,凶器也;争者,事之末也。"對兵事的謹慎,也與《老子》第 30 章"以道佐人主者,不以兵强天下。……大軍之後必有凶年",第 31 章"夫佳兵者不祥之器",意思相近。其中又云"柔而不屈,强而不剛",與《老子》第 36 章"柔弱勝剛强",第 52 章"守柔曰强",第 76 章"故堅强者死之徒,柔弱者生之徒。是以兵强則不勝,木强則兵。强大處下,柔弱處上",第 78 章"弱之勝强,柔之勝剛",幾乎如出一轍。《越語下》又云"强索者不祥",此與《老子》第 42 章"强梁者不得其死"非常接近。范蠡之説還非常强調"時",所謂"得時不成,反受其殃……得時無怠,時不再來",而《老子》對"時"同樣重視,如第 8 章謂"動善時"。古人評道家之學亦謂其"<u>與時遷移</u>,應物變化","有法無法,<u>因時爲業</u>……'聖人不朽,<u>時變是守</u>'"④,然則范蠡與《老子》之間亦存在相襲關係乎?顯然沒這麼簡單。實際上范蠡言論同樣是箴訓文化影響的結果,或者説也是"老成人"言,我們看《越語下》中還記范蠡引"先人有言曰'伐柯者其則不遠'"⑤,這話又與前舉《逸周書·和寤解》和《金人銘》中的相關格言式表述接近,在在可知范蠡的話其實與《老子》一樣,都是箴訓文化之"流",而不是非此即彼的相襲關係。

另外,前舉學者還説《金人銘》後面"天道無親,常與善人"(《説苑》本)與所謂"處卑""處弱"的道家思想"明顯脱節",並因此説《家語》本的"而能下人"是修飾的結果,但"天道無親"與

① 參沈培《由清華簡〈四告〉申論周人所言"懿德"的内涵》,復旦大學出土文獻與古文字中心網站 http://www.gwz.fudan.edu.cn/Web/Show/4707,2020 年 12 月 5 日。

② 徐元誥《國語集解》,第 575~580 頁。

③ 本文所引《老子》除非特別注明,一般以王弼本爲準。

④ 《史記·太史公自序》。《老子韓非列傳》載老子之言"君子得其時則駕,不得其時則蓬累而行",亦强調"時"。

⑤ 徐元誥《國語集解》,第 587 頁。

"而能下人"之間的"邏輯關係十分牽强,基本上没有成立的可能"①。其實,《家語》本的"天道無親,而能下人"句言説的重點明顯是在後面的"而能下人"而非"天道無親",即處下才能得"天道"的眷顧。這一點,學者也是承認的。另外,即便是《説苑》本的"常與善人"也並非如學者所言與"處卑""處弱"的思想(非道家專利)"明顯脱節"。這只需要看看早期文獻中"善人"的行事風格就可以知道了。篇幅所限,我們在此只舉兩個最典型的例子。《左傳·僖公二十四年》提到晋文公上臺成功後,介之推"不言禄",並批評那些接受賞賜的人是"貪天之功以爲己力",最後的結局是"遂隱而死"。晋侯對此的補救措施是"以綿上爲之田",而且説"以志吾過,且旌善人"。介之推既然是"善人",我們看他的行事風格:批評"貪天之功以爲己力",不就是《老子》"功成而弗居""功成、事遂,天之道"嗎? 甚至其最後的"隱而死"也與號稱"隱君子"的老子行事方式一致。另一則關於"善人"的例子需要討論及澄清的問題頗多,那就是晋國伯宗其人的遭際,這則關於"善人"的例子其實更攸關《金人銘》中"善人"能否與所謂《老子》處下謙退思想合拍的問題。《左傳·成公十五年》記伯宗被殺,韓獻子稱其爲"善人",並追述伯宗其人"好直言",其妻曾屢次告誡他"'盗憎主人,民惡其上',子好直言,必及於難"。關於"民惡其上"一句,前人多有誤解。學者曾有專文對此進行澄清②。我們認爲"民惡其上"之"上"不當解爲君上、官長,"上"當理解爲動詞性的凌越、凌駕,"民惡其上"即指百姓都討厭那些逞强争勝,喜歡出人一頭的人。如此,伯宗好"陵人"的特點就與《金人銘》下文所述密合。下文稱"君子知天下之不可上也,故下之;知衆人之不可先也,故後之",所謂"下之""後之"不正是反對凌駕於别人之上嗎? 另外,《國語·晋語六》亦載伯宗"言於朝"且沾沾自喜,因爲諸大夫都説他"智似陽子(處父)",但其妻却指出"陽子華而不實,主言而無謀"。伯宗竊喜的"智",在其妻看來是"華而不實",聯想到《老子》對"智"也多有排斥(第3章"常使民無知無欲,使夫智者不敢爲也";第19章"絶聖棄智";第27章"雖智大迷";第65章"民之難治,以其智多。故以智治國,國之賊。不以智治國,國之福"),而且力倡樸拙(第19章"見素抱樸";第28章"復歸於樸";第32章"樸雖小,天下莫能臣";第37章"化而欲作,吾將鎮之以無名之樸";第57章"我無欲而民自樸"),以"華而不實"爲忌。看來伯宗之事,能與《老子》相合之處實不在少。這一來意味着《金人銘》此處稱"善人",下文言論又多與《老子》相關,其實並無不妥;二來也説明在《老子》之前,主張謙下退處、以陵越别人爲忌的思想觀念本已非常流行,也就是説《老子》思想是有廣闊的社會及思想背景的,我們不能動輒又以爲是老子的"原創"。《左傳·昭公七年》還記孔子先祖正考父鼎銘,其語謂:"一命而傴,再命而傴,三命而俯。循牆而走,亦莫余敢侮。"③(《莊子·列禦寇》、上博楚簡《彭祖》篇亦有類似的話。)此銘講正考父其人隨着官

① 鄔可晶《〈孔子家語〉成書考》,第120頁。
② 寧鎮疆、龔偉《"盗憎主人,民惡其上"正詁——兼談〈金人銘〉、〈老子〉的相關問題》,《道家文化研究》第三十一輯,中華書局2017年版,第55頁。
③ 楊伯峻《春秋左傳注》,第1295頁。

階的"一命""二命""三命"逐漸隆升,其處世的態度反而是"僂"—"傴"—"俯",越來越趨於退處謙下。這種"反向思維"與《老子》書中所宣揚的"不争""處下"可以説有異曲同工之妙,而其時代又遠在《老子》前。依本文討論的"老成人"言來看,我們認爲此鼎銘可視爲正考父這位"老成人"的人生經驗總結。順便説一句,《左傳》中伯宗妻指其"好直言",《晉語五》其妻也以陽子爲例把"主言而無謀"視爲"華而不實",無疑都强調"慎言"觀念,這不但與學者所謂《金人銘》中的"慎言"部分相一致,同樣也是我們前面所論"老成人"言中的重要内容。

　　《金人銘》、正考父鼎銘中這些主張"不争""處下"的儆戒思想提醒我們,對於《老子》這樣的書同樣也應該放在早期箴戒文化的大背景下去認識。學者曾比觀《金人銘》、《老子》、上博竹書《彭祖》等文獻,並指出"道家咸取箴銘'規諫禦過'之思想,於人世之論多尚敬慎,並擅長編綴格言以説理"①,確屬洞見。換言之,堪爲《老子》思想標籤的"不争""無爲""處下"等思想,其實可以看作對世人趨利避害的勸戒,因此,《老子》一書不過是老子這位"老成人"人生經驗的總結而已。説《老子》思想可視爲"老成人"言,同樣於文獻有徵。《莊子·山木》篇云:"昔吾聞之大成之人曰:'自伐者無功,功成者墮,名成者虧。'孰能去功與名而還與衆人!"所謂"大成之人"實即"老成人",而其所説的"自伐者無功,功成者墮,名成者虧"則亦與《老子》思想多合(第22章"不自伐故有功",第24章"自伐者無功",第45章"大成若缺")。再者,《漢志·諸子略》載有《老成子》十八篇,屬道家。《列子·周穆王》篇也提到"老成子學幻於尹文先生",尹文先生告老成子之言有云"昔老聃之徂西也,顧而告予曰"②云云,然則亦屬托之老聃的道家一派。《漢志》所載《老成子》雖亡,但頗疑"老成子"之名,當亦係取"老成"持重之義而托名焉,而其内容亦當以"老成人"言爲主,彙集了關於成敗禍福的總結和思考。另外,馬王堆竹書又有《十問》篇,此乃言道家房中之書,其中托名黄帝、盤庚等古帝王問享壽養生之道。值得注意的是,這些古帝王所問享壽者除彭祖外,還有"耇老""大成"等人③,他們明顯是擬托之名,而"大成"又居其中,再次説明其爲道家文獻常見之擬托角色。

三、清華簡《芮良夫毖》與《老子》思想關聯舉證

　　下面我們就以清華簡《芮良夫毖》爲例,就其思想、語詞與《老子》的諸多關聯略作發覆。

　　1. 對"滿盈"、欲望的控制與警惕

　　《芮良夫毖》中王説不能"滿盈",芮良夫"毖"王與重臣時又提到如果"滿溢",就是"曰余未均",下文還批評臣下們"莫稱厥位,而不知允盈"的現象,其對"滿盈"的排斥與否定可見一斑。

---

① 林志鵬《宋鈃學派遺著考論》,第90頁。
② 楊伯峻《列子集釋》,中華書局1979年版,第99頁。
③ 裘錫圭主編《長沙馬王堆漢墓簡帛集成·陸》,中華書局2014年版,第141頁。

《老子》對"盈"的態度同樣如此,如《老子》第4章言"道冲而用之或不盈",第9章言"持而盈之,不如其已"(下文尚有"金玉滿堂莫之能守","滿堂"與前面之"盈"恰是"滿盈"之分疏),第15章言"保此道者不欲盈,夫唯不盈,故能敝不新成",第45章言"大盈若冲,其用不窮",凡此均與《芮良夫毖》對"滿盈"的否定絕類。《國語·越語下》也有"持盈"之說,甚至還言"兵者,凶器也"①,過去學者總以爲襲於《老子》,這是"冰山"一角的定勢思維;同理,《金人銘》中"江海百谷王"之類也不一定是襲自《老子》,他們其實只是有共同的知識背景而已。

　　人之所以"滿盈""滿溢",就在於貪婪和對欲望不加控制,對此《芮良夫毖》也提到"毋惏(婪)貪",即對貪婪提出批評。《老子》雖未見直接批評貪婪,但第22章說"少則得,多則惑",第44章說"甚愛必大費,多藏必厚亡",第46章說"禍莫大於不知足,咎莫大於欲得",均顯示對欲望無已而不加節制的排斥。關於對欲望無節制的批評,《芮良夫毖》又言"此心目亡極,富而無際","用莫能止欲,而莫肯齊好",其對"心目"之欲的批評,馬上又讓我們想到《老子》第12章——"五色令人目盲,五音令人耳聾,五味令人口爽,馳騁畋獵令人心發狂,難得之貨令人行妨。是以聖人爲腹不爲目,故去彼取此"。當然,《老子》此章所批評的欲望,"心目"之外尚有"音""味""貨"等等(第35章也有"道之出口,淡乎其無味"),但兩者對此的態度無疑是一致的。再者,《老子》第49章云"百姓皆注其耳目,聖人皆孩之"②,同樣顯示對"耳目"之欲的拒斥態度。其實,如果不苛求具體的"心目"之欲,《老子》書中籠統地談對欲望的拒斥就更多了,如首章云"常無欲,以觀其妙",第3章言"不見可欲,使民心不亂……常使民無知無欲",第19章云"少私寡欲",第34章云"常無欲,可名於小",第37章云"夫亦將無欲,不欲以靜,天下將自定",第57章云"我無欲而民自樸",第64章云"是以聖人欲不欲,不貴難得之貨",或言"無欲""不欲",或言"寡欲",雖在程度上有所不同,但思想傾向無疑是一致的。另外,《芮良夫毖》還批評"富而無際",對財富的競逐同樣也屬於對欲望不加節制的一大表現,所以同篇還言"恒爭於富,莫治庶難",而《老子》書中對聚斂財富同樣持消極或批評態度。像第9章云"金玉滿堂,莫之能守;富貴而驕,自遺其咎",第44章云"多藏必厚亡,知足不辱",第33章云"知足者富",第81章云"聖人無積:既以爲人己愈有,既以與人己愈多"等等,均是其例。

　　2."莫好安情(静),于可(何)有静(争)"與《老子》的崇"静"和"不争"

　　整理者解"安情"即安于情,"莫好安情"即没有人喜歡安於情。又謂:"可,宜也。"③王瑜楨則讀爲"安靖",並認爲下文當作"有静"④。曹建國亦讀"有情"爲"有静"(其總結說這段是"紛争不已")。網友 ee 則於《清華簡〈芮良夫毖〉初讀》一文後跟帖指出"'于可又静'應讀爲'于何

①　徐元誥《國語集解》,第576頁。

②　今王弼本無"百姓皆注其耳目"一句,前人早已指出屬脱漏,參樓宇烈《王弼集校釋》,中華書局1980年版,第130頁。

③　李學勤主編《清華大學藏戰國竹簡(叁)》,第152頁。

④　王瑜楨《〈清華大學藏戰國竹簡(叁)·芮良夫毖〉釋讀》。

有争'",其説甚是。"于可"讀爲"于何",意思約略與"何其""多麽"近之,表示驚訝或感嘆。今本毛詩中這樣的表達是很多的。《小雅·十月之交》"此日而食,于何不臧","于何"即相當於"何其"或"多麽"。俞樾謂:"于即吁字。于何不臧,猶云吁嗟乎何其不臧。"①《小雅·菀柳》"彼人之心,于何其臻",鄭箋"幽王之心,于何所至乎? 言其轉側無常,人不知其所届"②。《小雅·正月》亦有"哀我人斯,于何從禄",亦是其例。"于何"有時又作"云何",如《卷耳》"我僕痛矣,云何吁矣",《小雅·都人士》"我不見兮,云何盱矣"。《芮良夫毖》此處的"争",學者或認爲係《國語·周語上》"即周厲王與民争利之事",則不免過於指實。鄙意以爲此處之"争"實乃泛指,"于何有争",意在感嘆世人不能安分守己而馳騁於争逐,此與前面的"莫好安静"亦合。其下文還説"恒争於富",也是看出"争"乃禍亂之源。而且,周人也經常把與"不争"或"静"近似的詞並舉,或者説"不静"恰在於"争"。《大雅·江漢》:"四方既平,王國庶定。時靡有争,王心載寧。"所謂"平""定",即"安静"也,原因就在於"時靡有争"。《尚書·康誥》"今惟民不静,未戾厥心","民不静"的原因在於"未戾厥心",而"戾"常訓"定",亦即"安静"。《逸周書·月令》又云"欲静無躁,止聲色,……百官静事無刑",均强調"静"的重要性。金文亦屢見"不静""康静",如"於四方民亡不康静"(師訇簋《集成》4342 懿王)、"大嘩不静"(毛公鼎《集成》2841 宣王),"康静"義同"安静","不静"則陷於"争"。

　　上述周人對"静"與"不争"的强調,我們在《老子》中同樣可以找到很多的例子。關於"不争",如第 8 章"水善利萬物而不争……夫唯不争,故無尤",第 22 章"夫唯不争,故天下莫能與之争",第 66 章"以其不争,故天下莫能與之争",第 73 章"天之道,不争而善勝",第 68 章還説"善用人者爲之下,是謂不争之德"。至於强調"静",第 26 章"重爲輕根,静爲躁君",第 37 章"不欲以静,天下將自定",第 45 章"静勝熱……清静爲天下正"(此與上舉《逸周書·月令》的"欲静無躁"非常接近),第 57 章"我好静而民自正",第 61 章"牝常以静勝牡,以静爲下"。其第 15 章還説"孰能濁以静之徐清? 孰能安以久動之徐生? 保此道者不欲盈。夫唯不盈,故能蔽不新成",這又把"静"與上舉"不欲盈"結合起來了。

　　3."天之所壞,莫之能支;天之所支,亦不可壞。反反其無成,用皇可畏"與"天猶畏矣,豫命無成"

　　簡文"天之所壞,莫之能支;天之所支,亦不可壞",整理者指出其與《國語·周語下》"周詩有之曰'天之所支,不可敗也。其所壞也,亦不可支也'"相近③。另外,《左傳·定公元年》載"天之所壞,不可支也。衆之所爲,不可奸也",顯然亦與此有關。從文義及句式來看,"天之所壞"云云,頗類彼時諺語。《周語下》謂其出自"周詩",而且説"昔武王克殷,而作此詩也,以爲飫歌,名之曰'支',以遺後之人,使永監焉",那要"監"什麽呢? 其下文説:"夫禮之立成者爲

---

① 參林義光《詩經通解》,中西書局 2012 年版,第 224 頁。
② 孔祥軍點校《毛詩傳箋》,第 338 頁。
③ 李學勤主編《清華大學藏戰國竹簡(叁)》,第 153 頁。

飫,昭明大節而已,少典與焉。是以爲之日惕,其欲教民戒也。"①又是"惕",又是"戒",與《芮良夫毖》"用皇可畏"近似,都措意於儆戒和憂患,這與"老成人"言的精神氣質又相一致。

　　當然,《芮良夫毖》這兩句更值得注意的是"反反其無成"與"豫命無成"。整理者引《大雅·板》"上帝板板,下民卒癉",指"反反"當讀爲"板板"②。毛傳解"板板"即"反也",孔氏正義解爲"邪僻"或"反戾"。然則,如何理解這裏的"邪僻"或"反戾"呢? 網友"海天遊蹤"(蘇建洲)認爲"無成"似乎不能理解爲没有成就的意思,此處的"成"可能是指"必也""定也",即"成式""成命""成法"之"成"。"其無成"意思是説老天捉摸不定,所以很可畏③。同時,簡15"二啓曰: 天猷畏矣,豫(舍)命亡(無)成"的"無成"應與本簡的"無成"統一解釋④。這個看法已廣爲學者接受,我們認爲亦確。"無成"即"無定","豫(舍)命無定"即《詩經·大雅·文王》的"天命靡常"或《尚書》中"惟命不於常"(《康誥》)的意思,指天命反復無常,因此才"可畏"。《詩經》中這種對天命靡常、不可測度的抱怨,比比皆是。《大雅·板》下文還説:"敬天之渝,無敢馳驅。"鄭箋云:"渝,變也。"⑤即指天命變化、反側無常。另外,清華簡《越公其事》第二章:"今我道路修險,天命反昃(側)。豈庸可知自得?"⑥所謂"天命反側"與"板板其無定""豫(舍)命無成"的意思一樣,都是强調天命難知。又,上博楚簡《武王踐阼》有云"民之反仄,亦不可志"⑦,"反仄"即"反側","志"的意思與"知"同,這話的意思也是説民反復無常,不可確知。此與上述"天命反側""上帝板板"等句表達的意思都很接近。就此而言,我們認爲"反反其無成"之"反"以本字讀即可,毛詩的"板板"反而應該是"反反"之假借。《國語·晋語三》:"成而反之,不信。"⑧"成"了又"反",此乃"不信","不信"即難知。此條辭例再次説明"反"以本字讀即可。順便要提到的是,《左傳·昭公三十二年》衛彪傒評價晋魏舒所爲不法,預言他没有好下場,並没有引"天之所支"句(類似的話是見於次年即定公元年女叔寬語"天之所壞,不可支也。衆之所爲,不可奸也"),而就是引《大雅·板》"敬天之渝,無敢馳驅",這恐怕側面也説明這幾句與"天之所支"意思是差不多的。

　　《老子》中對這種天意反側的憂慮也時或有見。像著名的第58章云"禍兮福之所倚,福兮禍之所伏。孰知其極? 其無正。正復爲奇,善復爲妖",所謂"孰知其極? 其無正",即是對禍

① 徐元誥《國語集解》,第130頁。

② 李學勤主編《清華大學藏戰國竹簡(叁)》,第153頁。

③ 參王瑜楨《〈清華大學藏戰國竹簡(叁)·芮良夫毖〉釋讀》一文所引此説。

④ "豫命"學者多指出當讀爲"舍命",此與《鄭風·羔裘》的"舍命不渝"之"舍命"同義,"舍"當訓"發"(《小雅·車攻》"舍矢如破"),故"舍命"即"發命"或"發號施令"也。相關考證可參季旭昇《〈鄭風·羔裘〉"舍命"古義新證》,《詩經古義新證》,學苑出版社2001年版,第35頁。

⑤ 孔祥軍點校《毛詩傳箋》,第406頁。

⑥ 李學勤主編《清華大學藏戰國竹簡(柒)》,中西書局2017年版,第119頁。

⑦ 釋文可參侯乃峰《上博楚簡儒學文獻校理》,第312頁。

⑧ 徐元誥《國語集解》,第316頁。

福轉换不可捉摸的憂慮。"正"與"定"古音相近,常相假借,故"無正"即"無定"也,强調没有定準,不可捉摸。其第 73 章又云"勇於敢則殺。勇於不敢則活。此兩者或利或害。天之所惡,孰知其故",所謂"天之所惡,孰知其故"同樣是對天意難測的憂慮,而憂慮就要知所儆戒,此又可見《老子》思想與措意儆戒的"老成人"言之間的關聯。

4. "恤邦之不臧,毋自縱於逸,以嚣(遨)不圖難"

"恤邦之不臧,毋自縱於逸",即要恤念國家之敗政,不要放縱於逸樂,此與《尚書·康誥》的"無康好逸豫",同樣是措意於儆戒。其中"不圖難",即不圖念國家之艱難,《逸周書·芮良夫》云"爾執政小子,不圖大囏","圖大囏"即"圖難"也。"囏"與"難"左旁相同,而楚簡中"難"字右旁有較多變體,甚至有時就徑用"堇"表"難"。當然,更值得注意的是這幾句與《老子》的關聯,其第 63 章云"圖難於其易,爲大於其細",正言"圖難"。該章下文還稱"天下難事必作於易,天下大事必作於細"①,甚至第 64 章還説"爲之於未有,治之於未亂。合抱之木生於毫末,九層之臺起於累土,千里之行始於足下",强調"難"從"易"做起,"大"從"小"做起,積極應對、預作儆戒的精神與《芮良夫毖》所言是一致的。

5. "變改常術,而亡有紀綱"

所謂"變改常術"即變亂國家之常法。《國語·周語下》云:"夫子而棄常法,以從其私欲。""常法"即"常術",明顯與"私欲"構成對反。《老子》對"常"也是非常推崇的。其第 16 章云:"復命曰常,知常曰明,不知常,妄作,凶。"②第 55 章説"知和曰常,知常曰明",都强調"知常"。第 28 章屢言"常德",第 52 章謂要"習常",都是對"常術""常法"的推重。對"常"的强調,《老子》中還有另一關鍵語詞,即"自然"。第 64 章"以輔萬物之自然而不敢爲","輔萬物之自然"即輔萬物之故常也。第 23 章又云:"希言自然。故飄風不終朝,驟雨不終日。""飄風""驟雨"云者,顯然都是"反常"的。相鄰的第 24 章也説"企者不立,跨者不行",所謂"企者""跨者"顯然也不是"正常"的立行之道。《老子》這一形象的設譬,同樣表達的是對"常"或曰"自然"的推重。

結　語

上述文獻特別是出土文獻中大量措意於儆戒、憂患的"老成人"言,對我們思考《老子》一書的性質和年代學問題都是有益的啓示。從更廣泛的歷史背景看,我們認爲《老子》一書不過是周代箴訓文化的產物,是老聃這位"老成人"的"言"。《老子》一書所推崇的退守、不爭、無爲以及力戒滿盈的思想,其實與參透興衰成敗、禍福轉化的"老成人"之言完全一致。《漢書·藝

---

① 今本第 63 章這兩處文字未見郭店簡本,而帛書本已有。由《芮良夫毖》"圖難"一詞與之密合看,此兩句表達的觀念應該也是久有來歷的。

② 第 16 章這幾句郭店簡本未見,而帛書本有。

文志》說道家是"歷記成敗存亡禍福古今之道,然後知秉要執本,清虛以自守,卑弱以自持","歷記成敗存亡禍福古今之道"正是前述箴、毖、誦、諫等儆戒類文體所常有的思想,而正是這樣的思想環境才導致了"清虛以自守,卑弱以自持"的主張和選擇。本文開頭我們舉《左傳·襄公十四年》"史爲書,瞽爲詩,工誦箴諫,大夫規誨,士傳言",其中即有"史"職,而老子據傳爲守藏室之史,因此其諳熟箴、諫等文體是很自然的,前面所舉李學勤先生論周代祝職諳熟於文辭亦可爲明證。這裏要順便提到,《左傳》襄公十四年、三十年曾兩引仲虺的話,分別爲"仲虺有言曰'亡者侮之,亂者取之;推亡固存,國之道也'"和"《仲虺之志》云'亂者取之,亡者侮之;推亡固存,國之利也'"①,仲虺的話同樣有"老成人"言的箴訓特徵,而且所謂"國之道也""國之利也"云云,也與《老子》的某些表述非常接近(如第 65 章"故以智治國,國之賊;不以智治國,國之福"),這些都昭示《老子》一書鮮明的箴訓文化色彩②。再者,像前舉《芮良夫毖》《周公之琴舞》從其古奧艱澀的語言風格來看,時代都比較早。清華簡《迺命》二篇用語也每每與《尚書》周初八誥相合,顯示時代亦不晚。這些都提示我們,深受箴訓文化影響的《老子》不必晚到戰國時世。

從上文我們討論的出土及傳世文獻中的"老成人"言來看,它們在思想及文風上其實都多有共性。也就是說,措意於儆戒、趨利避害的"老成人"言其表述形式是非常多樣的,這也印證《老子》文本背後其實有更廣大的知識或觀念背景。從這個意義上說,上舉出土文獻的最大價值就是極大地拓寬了我們的文獻視野,從而可以在一個更爲完整的知識背景中來校正《老子》這樣一部古書的年代學或思想史坐標。換言之,此前由於文獻佚失太多,僅據有限的傳世文獻,很容易形成"冰山"式推理。像學者於《金人銘》和《老子》間所做的非此即彼的相襲判斷,其實就是惑於它們部分表述的高度相似性。現在新發現的文獻大量增加,我們才明白相關思想或表述本來所在多有,只是由於散失的原因,才使類似《金人銘》與《老子》之間的關聯在現存文獻中如露出水面的"冰山"般突出、醒目,因之不恰當的"親緣"聯想或"趨同"判斷也就容易形成,這其實都是錯覺或假象③。從這個意義上說,清華簡中的儆戒類文獻如《保訓》《芮良夫毖》《周公之琴舞》,以及雖然非標準的儆戒類文獻但其中不乏"老成人"言的《祭公》《皇門》《鄭文公問太伯》以及《迺命》《成人》諸篇,它們對於《老子》文本性質及年代學研究的價值都亟待深入挖掘。

[作者簡介] 寧鎮疆(1972—   ),男,山東郯城人。歷史學博士,現爲上海大學歷史系教授。主要從事先秦史、先秦文獻及思想研究,著有《〈老子〉早期傳本結構及其流變研究》《〈孔子家語〉新證》,先後在《歷史研究》《中國史研究》《學術月刊》等刊物發表學術論文 40 餘篇。

---

① 《左傳·宣公十二年》記晉隨武子云"仲虺有言曰'取亂侮亡,兼弱也'",顯然是對這兩句的總括。

② 有學者專門探討《老子》與"箴體"的關聯,獨具慧眼。參見侯文華《老子與先秦箴體》,《中國文學研究》2009 年第 3 期。

③ 即如前文提到的范蠡言論與《老子》思想多有相合,學者或以爲范蠡染於《老子》,參魏啓鵬《范蠡及其天道觀》,《道家文化研究》第六輯,上海古籍出版社 1995 年版,第 86 頁。

"象" 之 混 成 *

——《老子》認識論的結構基礎

王弘治

内容提要 本文主要從認識論爲切入口,對《老子》"象"之概念進行了全面剖析。通過梳理"象"的音義演變,我們認爲《老子》是最早將"象"引入先秦哲學體系的歷史文本。"象"的思想是由早期諸子分析"名實"的傳統演化沿革而來。《老子》以"象"易"名",結合"破壞的辯證法"解構了孔墨以來的"名實"討論的實體論思想。

關鍵詞 象 認識論 《老子》

中圖分類號 B2

《老子》思想歷來被歸爲偏向自然哲學,以"道"爲本體,以"道"作爲自然、政治、人生諸領域皆服從的根本法則和終極原點。《老子》的文本中,斷言了"道"處於不可由普通的感官經驗觸及的領域之中。從王弼之後,《老子》在玄學的解讀氛圍中,如何解釋"道"作爲抽象本體與經驗感知之間的聯繫,歷代的訓釋與研究實際是處於一種"混沌"的狀態。爲什麼"道"處於感知之外,甚至難以爲語言和概念範疇來規定,却依然可以使人認識到"道"在事物運行中的支配作用,並且主動去順從這種規律? 如果僅僅以"無中生有"式的"頓悟"來理解"道",我們認爲並不符合《老子》文本中有關"道"的認識論闡述。

《老子》當中,與"道"之認識論相關的概念主要是"名"和"象"。一般論者會建立一個"道—象—名"的三層認識結構①,認爲"名"即同於"言",屬於"絕聖棄知""絕智棄辯""多言數

* 本文分別爲國家社會科學基金項目"《經典釋文》音義辭典"(19FYYB008)、華東師範大學幸福之花先導基金重大研究專項"大數據視野下的老子思想源頭與涵義研究"(44300-19312-542500/005)、上海師範大學數字人文資源建設與研究創新團隊研究成果之一。

① 范鵬、范明德《老子和易傳關於象的學説》,《文史哲》1987 年第 5 期;張震《"象"的境界與"數"的真理》,《玉溪師範學院學報》2002 年第 6 期;方明、郭曉峰《〈老〉〈莊〉〈易〉中"象"的哲學體系及文化影響》,《遼寧大學學報》2013 年第 6 期。

窮"等《老子》中表述爲需要揚棄的最表層的、遠離甚至偏離"道"之本體的層次①,而"象"則是聯結不可靠的經驗世界與"道"之本體的紐帶。

"象"是通向"道"的認識途徑,我們基本認同這一看法。但有關於"道"的認識論結構,《老子》文本中還有值得進一步闡釋的空間。我們認爲,關於"象",前論中有三方面的不足:其一,未能説明"象"作爲一個哲學命題,在語源上是如何産生的;其二,未能將《老子》的"象"與《易》之"觀象""取象"作清晰的判分;其三,未能滿足《老子》文本各處有關"象"之作用的統一解釋。這三個環環相扣的問題,構成了我們關於《老子》認識論的結構基礎。

一、"象"之本義解析

(一)

"象"字從字形理據來看,無疑是動物大象的象形,然而"大象"的象形理據,是由何生成"形象""意象""肖似"等義項的?《韓非子·解老》中試圖用"大象"的理據來解釋《老子》中的"無物之象":

> 人希見生象也,而得死象之骨,案其圖以想其生也,故諸人之所以意想者皆謂之
> 象也。今道雖不可得聞見,聖人執其見功以處見其形,故曰:"無狀之狀,無物之象。"

這種解釋,如同《韓非子》中"自環爲厶,背厶爲公"的文字解析一樣,均屬於望文生義。"象"字在甲骨文中即已出現,甲骨金文中的"象"皆取其本義,至傳世文獻中,較早期的《詩經》中,除表示"大象","象"漸漸分化出了新的意象。《鄘風·君子偕老》"象服是宜",毛傳云:"尊者所以爲飾也。"這一用法,後來《説文解字》寫作"褖",義亦從毛傳。《廣雅·釋詁二》云:"裝,褖也。""象"表"裝飾、妝飾",顯然與"大象(動物)"或《韓非子》"意想"無關,實際是文字假借的結果。

在《今文尚書》中有兩個需要注意的"象"的用法,即《堯典》中的"歷象日月星辰"與"静言庸違,象恭滔天"。尤其是"象恭滔天",《史記·五帝本紀》中作"似恭漫天",以"似"來對譯"象"。僞孔傳釋爲"貌象恭敬而心傲很",這裏的"象"如作"肖似"或"形象",義兩通。但《五帝本紀》和僞孔傳的説法,如按上下文語境推敲,都未必可靠。

"静言庸違,象恭滔天"本義是形容共工行爲表裏不一。《漢書·王尊傳》引作"靖言庸違,象辠滔天",顏師古注云:"靖,治也;庸,用也;違,僻也。"上句句義甚明,即"修飾其言,而行爲邪僻"。"象恭滔天"與"静言庸違"意義上下相承。"滔天""漫天"互爲義訓,"漫"可從《荀子》

---

① 鄧曉芒《論中國哲學中的反語言學傾向》,《中州學刊》1992 年第 5 期。

中楊倞注"漫"爲"欺誑""誕漫""不實"等義,即"欺謾"之"謾","漫天"即"欺天"。從上下句之間相似的句法結構類推,"象恭"之"象",亦可從"襐"之義,即"外飾以恭"之義。歷來注釋家,皆受"象"之後起義項影響,釋爲"似",與同時代文獻中的"象"的義項用法不相符應。

解決"象恭滔天"的問題,再看"歷象日月星辰"一句。《五帝本紀》中改此句爲"數法日月星辰"。《尚書‧舜典》"象以典刑",僞孔傳云:"象,法也。"按司馬遷的理解,"歷象"是計算與取則之義。所以孔穎達疏云:"法爲仿法,故爲法也。""法"與"效法/仿效",一爲名詞,一爲動詞,兩者的派生關係是比較容易理解的。但這兩種義項,孰爲詞源,孰爲派生,就不是一言可定的。類似這樣的語義關係,除了"象"與"法"以外,還有很多相關的詞例。比如:"類""則""模/摹",都同時具備"法"/"效法"兩種用法。

"效法/仿效"的意思與"相似/肖似"的意思就非常接近了,有時不加辨析,不易區別。比如在早期的諸子文獻如《孫子》和《墨子》中:

(1) 夫兵形象水,水之形,避高而趨下。(《孫子‧虛實》)

(2) 先知者,不可取於鬼神,不可象於事,不可驗於度。(《孫子‧用間》)

(3) 爲宮室若此,故左右皆法象之。(《墨子‧辭過》)

(4) 人君爲飲食如此,故左右象之。(同上)

(5) 人君爲舟車若此,故左右象之。(同上)

如果《孫子》中沒有"象於事"這樣的動介結構作爲參考來說明這是"取象/取法"的意思,那"兵形象水"這樣的及物結構就很容易被理解爲"相似/肖似";同樣,《墨子》中如果沒有"法象"的聯合結構,單獨的"象"也很難確定其用法。對比看一個不那麼清晰的例子:

(6) 仲尼曰:"始作俑者,其無後乎!"爲其象人而用之也。(《孟子‧梁惠王上》)

這個例子,如果理解爲"相似/肖似",完全沒有問題,甚至可以從中推論出"肖像"的含義。但是通觀《孟子》,表示"相似/肖似"的意思,主要都是用"似"字,如"望之不似人君",甚至"類"在《孟子》中的用法都與"似"不同①,更遑論僅一見的"象"字,因此例(6)中的"象"依然是"效法/效仿"的意思。

"象"表示"相似/肖似"或"形象"的意思在先秦文獻中出現偏晚。如《荀子》中已出現使用"像"接近表"相似/肖似"義,如《彊國》"夫下之和上,譬之猶響之應聲,影之像形也"。《莊子》內篇"象"一見,如《德充符》"官天地、府萬物,直寓六骸,象耳目",顯然不是"相似/肖似"義,而

----

① 《孟子》中的"類"均爲體詞,無一例與"似"相同的可用爲謂詞的用法。"似"多作爲聯繫動詞,"類"絕無此種用法。

外篇、雜篇中"象"的用法就逐漸出現"形象"甚至"像偶"的意思,如《達生》"凡有貌象聲色者,皆物也",《田子方》"列禦寇爲伯氏無人射……當是時,猶象人也"。

綜本節所述,除却字形本義不論,"象"在早期文獻中主要有兩個用法:(1)"裝飾/妝飾";(2)"法/效法"。而後世常用的"相似/肖似""形象"等義項是在(2)的義項基礎上後起的。

"相似"和"效法(仿)"的差別,可以在詞彙搭配上看出端倪。從句法語義上講,A"效法"B,説明B一般都是在聲望、地位等方面高於A;而A"相似(於)"B則並没有這層意思。試看以下《史記》的兩個例子:

(1) 黄帝作寶鼎三,象天地人。(《史記·封禪書》)

(2) 旬始,出於北斗旁,狀如雄雞。其怒,青黑,象伏鱉。(《史記·天官書》)

寶鼎雖然貴重,但"天地人"三才顯然具有更高的價值聲望。而"旬始"作爲星象,於"伏鱉"何可取法,何從效仿? 當文獻中出現這樣的例子時,我們才能斷言,此處"象"的用法已經相當於"如"/"似"了。

(二)

"象"表示"法/取法"的意思,同表示"裝飾"一樣,應屬於"象"字的假借用法的結果,因此通過"象"的造字形體不可能探求"法/取法"義項的詞源,必須依賴"因聲求義"的方法,讀破字形,尋找相似的音義匹配關係。

"象",中古邪母陽韵上聲字。上古韵部歸陽部,陽部字目前各家構擬均比較統一: $*aŋ$。唯聲母構擬諸家争議較大。中古邪母屬齒音,但是從諧聲關係來看,邪母與以母關係極爲密切,以母的新派上古音構擬各家皆較一致,爲$*l$-,因此邪母應是以$*l$爲基音,並受前後附加成分的影響與以母分化[1]。還有一部分邪母字,與上古喉音有牽涉,如"彗""旬"等聲符,鄭張尚芳將這部分字的上古音擬爲帶s-冠音的$*ɢ$[2]。"象"字的諧聲系列較爲單一。潘悟雲根據藏文中的同源詞 glaŋ象,將"象"的上古音擬爲$*sɢlaŋʔ$[3]。

---

[1] 梅祖麟《古代楚方言中的"夕"字的詞義和語源》,《方言》1981年第3期。

[2] 鄭張尚芳《上古音系(第二版)》,上海教育出版社2013年版,第108頁。

[3] 潘悟雲《漢語歷史音韵學》,上海教育出版社2000年版,第318頁。有關"象"的構擬存在一些争論。如 Baxter & Sagart 認爲原始閩語"象"的聲母爲$*dzh$-,原始臺語、原始拉珈、原始勉語和原始越語中均含有濁塞擦音的特點,推斷"象"的上古漢語爲$*s.[d]aŋʔ$(Baxter & Sagart, 2014, *Old Chinese*, Oxford, p.140)。我們認爲漢語南方方言中,從《顏氏家訓·音辭》的時代即存在從(濁塞擦)邪(濁擦)相混的現象("南人以錢爲涎,……以賤爲羨"),部分邪母字在今南方方言中出現的塞擦音極可能是由早期擦音發展來的新音位變體,潘悟雲的構擬中也已經以$*s$-前綴解釋塞擦音的來源($*s$-前綴在上古漢語(轉下頁注)

有關“象”的上古音聲母中的喉音構擬，Boodberg 指出藏文 glaŋ 可與上古漢語中的“犅” ＊kˡaŋ 建立同源關係①。藏文中 glaŋ 作爲詞根，即爲“公牛”，“大象”有複合詞的形式 glaŋ-po-che，從字面意思來看，就是“大水牛”之義。《説文》“犅，特牛也”，即公牛義，“特”本義也爲公牛，“犅”爲獻祭用牛，更有强調壯健龐大義。“象”爲巨獸，其得義也與“龐大”義有關。其詞根來源，可聯繫同樣表示“大”義的“景”“京”：

　　景：＊kˡaŋʔ，《大雅·小明》：“介爾景福。”毛傳云：“介，景，皆大也。”
　　京：＊kraŋ，《大雅·文王》：“祼將於京。”《大雅·大明》：“曰嬪于京。”毛傳皆云：“京，大也。”

《魯頌·閟宮》“白牡騂剛”，以“剛”通“犅”，更可顯出“犅”的本義。“剛”，《國語·周語中》“旅力方剛”，韋昭注：“剛，强也。”與從“京”得聲的“勍”亦通。因此“犅”與“象”的詞根來源，皆當與表示强壯、力大有關。

（三）

“象”表示“法”義，可能有兩種來源：

其一，可能來自“綱”（＊kaŋ）。《大雅·棫樸》“綱紀四方”，《大雅·假樂》“四方之綱”，《大雅·卷阿》“豈弟君子，四方爲綱”，可見在周代“綱”已經從表示網之總繩的本義引申出準繩、準則之義。君子爲綱，則“左右象之”。

其二，可能來自“景”（＊kˡaŋʔ）。“景”是“光”（＊kʷaŋ）的同根分化詞。“景”既可表示日光，也可以表示由光而產生的“影”（＊qˡaŋʔ）。《墨子·經説下》“二光夾一光，一光者景也”。《墨子》中“景”也表示“鏡像”，《經下》“臨鑒而立，景到。多而若少，説在寡區”。後來《廣韵》就收此義項。

“景”爲物像，會産生出“效法／效仿”義，此變化可參考“則”的平行演變。據孫常叙説，“則”在金文中有一種繁體，左爲兩鼎相叠，右爲刻刀，其本義爲照原物象形而仿刻模具，後虚

（接上頁注）和藏緬語中是表示生命體的前綴，詳論見金理新《上古漢語形態導論》，黃山書社 2021 年版，第 137～145 頁）。原始越語等語言中的“象”的讀音形式，可能與漢藏語並無關係，而是受印度文化影響，借入的源自梵語的 gaja 大象。Schuessler 認爲藏文的 glaŋ 並非漢語“象”的同源詞，此詞僅見於與印度傳入文化有關的文獻中，當屬後起的詞義派生（Schuessler A., 2016, *ABC Etymological Dictionary of Old Chinese*, Univ. Hawaii Press, p.251）。我們認爲對比東南亞語言如越語、南島語中“象”的借用習慣，多由梵文而來，藏文不直接使用 gaja 的借詞形式，而以 glaŋ 來對譯，已然説明了義項之間的對應性及其詞形的固有傳統。文中上古音構擬形式，如無特別説明，均參考潘悟雲《漢語歷史音韵學》的構擬原則。

① Boodberg, Peter A. 1937. "Some proleptical remarks on the evolution of archaic Chinese." *HJAS* 2：329～372.

化爲"取則"義,並進一步固化爲名詞①。

以上兩種語義來源的假説均可説通。但第二種假説,同時也可以説明"象"表示"形象"的來源,即由"光影""影像"引申而來,解釋的經濟性略高。在《老子》的文本中,"象"的概念與"景"也有着極爲密切的聯繫。

二、"道象"與"易象"的差別

"道象"和"易象"的意義前説複雜,本文臨時使用這兩個術語,分別用於稱代《老子》中使用的"象"與《易傳》中的"象"。《老子》與《易傳》的"象",看似大同小異:《老子》所云"不可名",《繫辭》所云"言不盡意""立象以盡意","象"與"名""言"俱有對立與差別,但"道象"不能與"易象"作等量齊觀,早有論者提出《老子》"無物之象"與"易象"的區別②,但其概念生成的背景和指向也存在重大差異。

(一)"易象"晚起

我們不同意《老子》思想源自《周易》或者筮數傳統的觀點③。從概念生成的文本歷史來看,"易象"是相對晚出的。

首先,上文已經提及,"象"與"似"的意義不同,"象"表"相像""類似"的意思是晚起的,應當是從"景"所表示的"影像""形象"孳乳轉化字形而來的。而在《周易》中闡述"象"之意蘊最爲集中豐富的《繫辭》中,是這樣解釋"象"的:

(1) 夫象,聖人有以見天下之賾,而擬諸其形容,象其物宜,是故謂之象。

(2) 爻也者,效此者也。象也者,像此者也。

(3) 是故,《易》者,象也,象也者像也。

很明顯,《繫辭》就是從"肖似/相似"的後起意義來理解"象"的,因此才會用更後起的"像"字來爲"象"做釋義,這顯然是本末倒置的解釋。

其次,以"象"解《易》,這種傳統可能是從龜卜觀兆坼轉換而來的。《左傳》僖公十五年:"龜,象也,筮,數也,物生而後有象,象而後有滋,滋而後有數。"杜預以此注《左傳·僖公四年》"筮短龜長",以爲"象長數短"。龜爲卜,《易》爲筮,象數各有所擅,並不混一。

① 孫常叙《則、法度量衡、則誓三事試解》,《孫常叙古文字學論集》,上海古籍出版社 2016 年版。
② 范鵬、范明德《老子和易傳關於象的學説》,《文史哲》1987 年第 5 期。
③ 參見吕紹剛《〈老子〉思想源自〈周易〉古經嗎?》,《周易研究》2001 年第 8 期。

　　《左傳》的説法在考古資料中也能得到實證。古文字學界自唐蘭、張政烺以來,證明了"數字卦"的存在,特別是筮占之爻,是由四、五、六、七、八、九等數字形體演化而來①。《周易》的陰陽爻,來自數字奇偶,這種變化就能看出一種對筮占"由數轉象"的改造。即所謂《繫辭》所云"極其數,遂定天下之象"。

　　再次,在易學傳統中,"易象"這個概念早期是由"體"來表示的。《周禮·占人》:"凡卜筮,君占體,大夫占色,史占墨,卜人占坼。"鄭玄注:"體,兆象也。"《占人》中雖然卜筮連稱,但"體"本來自龜卜,《周禮·太卜》:"(三兆)其經兆之體,皆百有二十。"這裏的"體"指的都是灼龜兆坼之象。《周禮》經注中"體象"的用法,與《左傳》"龜象筮數"之説是相應的。

　　早期文獻中,"體"的用法還見於《尚書·金縢》所云"乃卜三龜……公曰:體,王其罔害",《詩經·氓》所云"爾卜爾筮,體無咎言",甚至下至《左傳》,在筮占中還使用"體"。

　　《左傳·閔公元年》:"初,畢萬筮仕於晉,遇《屯》之《比》,辛廖占之,曰:吉,《屯》固《比》入,吉孰大焉,其必蕃昌,震爲土,車從馬,足居之,兄長之,母覆之,衆歸之,六體不易,合而能固,安而能殺,公侯之卦也,公侯之子孫,必復其始。"此段以《屯》卦下卦爲震、《比》卦下坤爲坤,解説易象。"六體",即"土、馬、足、兄、母、衆"之所象。

　　"體"的用法,在《尚書》《詩經》和《左傳》中,是一個由龜卜到筮卜的變化過程。

　　《周禮》中與"體"相對的,還另有一個"象"的概念。《周禮·太卜》有"以邦事候龜之八命,一曰征,二曰象,三曰與,四曰謀,五曰果,六曰至,七曰雨,八曰瘳"。鄭玄注引鄭衆云:"象謂災變雲物,如衆赤鳥之屬有所象似。《易》曰天垂象見吉凶,《春秋傳》曰天事恒象,皆是也。"鄭衆認爲"象"在這裏表示的是自然現象的吉凶。而鄭玄自己的解釋是"象謂有所造立也,《易》曰以制器者尚其象",這是占卜興建造物的吉凶。總之,都不是《繫辭》中作爲《易》之本體的"易象"。換言之,"易象"之説即便在占筮易學的傳統内部,也是相對晚起的概念。

　　最後,識者早已指出《老子》"道象"是"無狀之狀,無物之象",而《易》之所象可爲實物。道象與易象的區別,從實質上講,還是哲學思辨與原始思維之間的區別。那《老子》"無物之象"的思想史意義究竟應該如何理解呢?

(二) 認識論背景下的"道象"

　　1. "道生萬物"?

　　《老子》中道與象的關係,在修辭上相當微妙。在《老子》十四章和二十一章中,道與象的關係闡述得最爲集中。《老子》十四章説,在廢黜感官之後,就進入到"無狀之狀,無物之象"的"惚恍"狀態,這對應《老子》二十一章的"道之爲物,惟恍惟惚"。"恍惚"是感知上的迷蒙狀態,這種狀態與《老子》十四章中的"希夷微"密切相關,在這種修辭表達中,"道"與"物"與其説是一種化生關係,毋寧説是一種"黜聰明"的認知反動,是在描述如何從紛繁的物相中體認"道"

---

① 詳參賈連翔《出土數字卦文獻輯釋》第三章《實占數字卦研究綜論》,中西書局 2020 年版。

之存在。這也就是《老子》四十章"反者道之動,弱者道之用。天下萬物生於有,有生於無"的本來用意。

"道"之所以成爲《老子》的核心概念,在於其本義是"規則"與"言説"兩種義項在此詞形(字形)下的統一①。在某種意義上,我們可以把"道"比附爲"真理",但這種"真理"並不是物質的生成本原,在《老子》四十二章中説得如此明確——"道生一,一生二,二生三,三生萬物"。關於"一二三"的本質還存在討論空間,但"道"絶不是萬物的直接生成來源,不能够跳過"一二三"而直接表述爲"道生萬物"。

"生"在《老子》當中的用法也不能被簡單認爲是發生學上的"生成"。《老子》三十章中説:"大道泛兮,其可左右。萬物恃之而生而不辭,功成不名有。""恃"字突出的是"生"所依仗的條件,也就是《莊子》中所説的"猶有所待"的"待"。"依仗"/"依賴"的關係,並不必然是化生,正如生命的生存依賴空氣,但無法説空氣化生出生命。《老子》七章:"天地所以能長且久者,以其不自生,故能長生。"這裏的"天地自生"的"生",河上公注以爲是自利其生的意思,王弼注"自生則與物争"也包含"自利"的意思,"利其生"也就是"使其生有所恃","天地相合,以降甘露",這就是"天地"以利衆生,而衆生恃天地而生。同理,將"天地"替換爲"道",萬物均恃道之所利,依自然之理而生。所以"道"是《老子》從物相中抽象總結出來的事物運行的究極原理,而非創生萬物的本原②。

《老子》中常以母子爲喻,論者以爲這是以生物孳生比喻道化生萬物,的確《老子》二十五章云:"有物混成,先天地生。寂兮寥兮,獨立不改,周行而不殆,可以爲天下母。吾不知其名,字之曰道,强爲之名曰大。"此處把"道"比爲"天下母",帛書又作"天地母",單獨來看,仿佛道與天地是母子生産的關係。但通觀《老子》全篇的"母子"之喻,主要是持本而知末的意思。

《老子》五十二章:"天下有始,以爲天下母。既得其母,以知其子,既知其子,復守其母,没身不殆。""有始"之説,即《老子》十四章中的"能知古始,是爲道紀"。《方言》有"紀,緒也","緒"就是"端始"的意思。參考《老子》三十二章:"始制有名,名亦既有,夫亦將知止,知止所以不殆。""始"爲"母","制"爲"裁割"之義,"始制有名"即同"樸散則爲器"。"復守其母",則相當於"知止","知止"則"復歸於樸"。因此,這裏的母子之喻,是一個從抽象("樸""母")到具體("名""器""子"),再從具體回到抽象的認知過程。

---

① 王弘治《"道"之析義》,《諸子學刊》第二十四輯,上海古籍出版社 2022 年版,第 1～15 頁。

② 曹峰對道家生成論有詳細的剖析,區分了具有"造物者"的强創生和無明確"造物者"的弱創生。《老子》的生成論可歸爲偏向於弱創生(曹峰《萬物生成:早期道家的四種推論》,《南國學術》2020 年第 4 期)。本文認爲"道"不具有創生性,可以視之爲"生"的必要條件。"物壯則老,是爲不道,不道早已。""道"不能必生物,但離"道"則必"早已"。《鶡冠子·夜行》云:"天文也,地理也,月刑也,日德也,四時檢也,度數節也,陰陽氣也。五行業也,五政道也,五音調也,五聲故也,五味事也,賞罰約也。此皆有驗,有所以然者。""所以然者",即"使然者",是使事物成立的普遍原理,而非"生之者"。

　　再如《老子》五十九章:"莫知其極,可以有國;有國之母,可以長久;是謂深根固柢,長生久視之道。"王弼注有"國之所以安謂之母",即"使國家穩定的方法/道理"。河上公注直接説:"母,道也。"這裏的"母"絕對不可能是創生、化生的關係,而應當理解爲"國所恃以生者"。《老子》此章强調的也是只有掌握"道"的治國原理,才能長生久視。

　　我們再回到《老子》四十二章,此章歷來的解釋都割裂前半"萬物"與後半"王侯"。如果我們放棄自然哲學的生成論,那麽這一章的前後兩半就能得到有機通釋。一般持生成論者,都把"萬物負陰而抱陽,冲氣以爲和"解釋爲"陰陽化生"之類的意思①。陰陽成爲思想概念、哲學概念,也相對晚近。早期文獻如《詩經·公劉》"相其陰陽",指的就是度審朝陽背陰的地勢,《老子》之"陰"與"陽"與《公劉》殆同。"萬物負陰而抱陽"者,即生物皆背陰而喜陽。"抱"爲懷抱義,《大雅·生民》有"是任是負",鄭箋云"任,抱也"。而同爲"懷抱"之義的"任"就是南方之"南"得義之由來。《尚書大傳》有"名曰南陽",鄭玄注"南,任也"。《詩經·鼓鐘》有"以雅以南",毛傳云:"南者,物懷任也。"古人以人體方位命名南北,朝陽之面爲任抱之面,故曰南;朝陰之面,爲背負所向之面,故曰北。

　　物性背陰喜陽,然萬物滋生,無春秋交替、陰陽迭代則不成,故云"冲氣以爲和"。背陰負北,物所惡者,亦人所惡也,故勝之反義爲負,失利爲敗北,而王者南面。孤寡不穀,亦人所惡,而王者不棄,是亦"冲以爲和"。背陰柔而獨取陽剛者爲强梁。物之負陰,人之所惡,此損者,而有益;强梁者,剛强者,人以爲益,剛則易脆,而不得其死。

　　三者爲衆,衆爲萬物;陰陽、好惡、强弱,萬物之狀也,二者相反而相生;二者同出,異名同謂,同則爲一,同謂之玄。綜上所述,《老子》四十二章的主旨仍然是在重複《老子》一章"有無相生"的玄象②,這不是一個所謂的宇宙萬物的生成模式,而是一個"道"與"名"之間認識論的結構重建。要認識《老子》"道象"的哲學意義,必須在摒棄簡陋的生成論模式的基礎上,從"名"的思想史演進入手進行重新探索。

　　2."道象"的思想來源

　　"道"與"名"的關係,是《老子》文本中關切的核心基礎問題,"無物之象"則是《老子》對"道/名"關係的一種總結,其思想來源,與"名"作爲認識世界的中介地位的討論密切相關。一般認爲,《論語·子路》中孔子提出的"正名"説,是先秦諸子時代首次正視"名"的問題。孔子把"名"作爲"言"的前提,是禮樂刑罰的基礎,"君子名之必可言也,言之必可行也,君子於其言,無所苟而已矣"。這段話,置"名"於言語的先決條件,因此孔子所説的"名"與道家、名家、法家所强調的"名實"問題的"名"是相通的。

　　諸子思想的覺醒,與東周春秋時代的"天命"社會秩序的崩潰變革息息相關。西周周禮制

---

① 參李鋭、張帆《〈老子〉内部章節關聯初探》,《諸子學刊》第二十五輯,上海古籍出版社 2022 年版,第 49～50 頁。

② 本文對《老子》的"玄"的認識,請參王弘治《"玄"之取象》,《諸子學刊》第二十五輯。

度所崇尚的“德”，不足以維繫天子、諸侯和大夫這些“有國有家”的既有統治，孔子提出“仁”來補足“天生德於予”的短板，用人的自發良善本性爲“禮制”的教條提供合法性，不遵守禮制就是違背爲人的天性。但基於情感的政治學説，在邏輯上却存在極大的漏洞。宰我挑戰孔子，認爲三年之喪與講設禮樂有衝突，孔子雖然批評宰我不仁，但没有實質解决矛盾，甚至於“正名”之説的提出，依照《史記·孔子世家》的説法，也是因爲在衛國遇到了蒯聵與衛出公争位的内亂後，出現了君臣父子究竟從誰的悖論，這典型就是《吕氏春秋·正名》所説的——“凡亂者，刑(形)名不當也”。

　　墨子有鑒於此，以“義利”補“仁”之不足。“義”者，“宜”也。《墨子·經上》云：“法異，則觀其宜。”《經説上》云：“取此擇彼，問故觀宜。”在遇到觀點相異的情况下必問故，問故則需辯理，辯理先乎名實。墨子强調“以名舉實”，“不以其名，以其取也”，“所以謂，名也；所謂，實也。名實耦，合也”。把“實”作爲考核“名”的基礎，唯宜於實效而實行有利，才是名之宜者①。

　　我們認爲，《老子》的道名思想是在《墨子》的名實關係的啓發下形成的②。深入闡釋這個思想繼承關係，需要另文詳述，本文僅提綱挈領地從《老子》一、二章的内容入手，描摹一下《老子》認識論的概貌。

　　本文認爲《老子》一章中存在一個二層級的認識結構——“道—名　欲”。“欲”不僅僅是物欲、欲望，同時包括人的基本的感官活動。《老子》一直强調的“五色”“五音”“五味”等，既是情欲，也是感官功能的極端體現。孔子云：“我欲仁，斯仁至矣。”同樣是基於直感的心理活動。

　　“欲”所交接的就是“實”的世界。“常有欲，以觀其徼”，我們之於外部世界首先是基於感官的刺激，“萬物生於有”，“有欲”才能感知“萬物”。但求知不能僅基於實感，這是《老子》對《墨子》批判儒家“仁”學説的繼承。“有欲”生於“無欲”，“常無欲以觀其妙”，這就進入《墨子》考核名實的認識階段。“有名萬物(天地)之母”，這强調要真正認識萬物，分析萬物，離不開“名”。但《老子》認爲，“名”並不僅僅來源於“實”，也不必然與名家、法家認爲的與“形”相應。《尹文子》云：“有形者必有名，有名者不必有形。”這個表述與《老子》差近，但《老子》在分析“名不必有形”時，有更加精妙的想法，那就是一般都會被認爲是《老子》思想標志特點之一的“樸素的辯證法”。

　　《老子》二章有八對相待而生的關係：美/惡、善/不善、有/無、難/易、長/短、高/下、音/聲、前(先)/後。深入分析此章的修辭特點，我們認爲八對關係大致可以分爲四組“範疇”，比較明顯的是“長/短”與“高/下”反映的是“空間”，“美/惡”與“善/不善”反映是事物的“性質”。

---

① 晋魯勝《墨辯注叙》云：“名必有形。”這是對墨子名實觀念的準確闡述。

② 有關《墨子》和《老子》之間的年代學和思想傳承的認識，一方面來自錢穆等學者的年代考據(錢穆《先秦諸子繫年》，商務印書館 2015 年版；馮友蘭《中國哲學史》，三聯書店 2009 年版)，另一方面也借鑒了當下利用數字人文的文本分析技術得出的文本相似度計算結果(高瑞卿、董啓文、方達、王弘治、方勇《數字技術下〈老子〉文本與先秦兩漢典籍的關係挖掘》，《情報雜志》2021 年第 10 期)。

"前/後"在郭店簡和帛書中都作"先/後",反映的是"時間";而"音聲相和"並非"和聲交互"之義,所形容的是聲音的綫性展開。《詩經·鄭風·蘀兮》:"叔兮伯兮,倡予和女。""倡和"就是先唱與後唱。《禮記·檀弓上》"婦人倡踴",鄭玄注爲"倡,先也"。據此,"音聲相和"與"先後相隨"應同歸爲"時間"範疇。最後"有/無"和"難/易",似乎類似於"零/一""一(簡單)/多(複雜)"的範疇關係,偏向於表示"數量"。

帛書甲乙本中,"有無相生"前没有通行本中有的"故"字,八句一氣呵成,後有"恒也"作爲總結。這裏的"恒"可以解釋爲"五常"之"常",也就是認識事物、衡量事物的基本標準,也就是"名"在屬於感官直觀的"欲"之後賦予"實"的認知框架。這種認知框架,比《尹文子》中的"名有三科"的分類還要更複雜,如果做一個很粗略的類比,與康德提出的包含時空作爲先天直觀和十二範疇的"知性"能力有某種程度的相似。康德思想分析了"知性不能直觀,感官不能思維"的認識層次,本文認爲《老子》的"名"和"欲"幾乎大致可以分別對應康德所説的"知性"和"感官"這兩個層次。雖然這只是一種毫無生成關係的簡單類比,但似乎能反映出人類智慧對世界認知的某些共性。黑格爾認爲中國思想家中老子的思想最接近哲學,或許也是嗅到了一點康德哲學的味道。

《老子》與康德哲學自然存在本質區別,《老子》提出"性質""數量""空間""時間"的四大範疇,其目的還是指出這些範疇内部形成的關係並非"實在",而是"相對"的辯證關係,用《老子》的術語,這些範疇的本質就是"相生",非彼非此,即彼即此,因此"名"所對應的並不全然是"實"。"有名,萬物之母",這是肯定《墨子》把對真理的認知從儒家的"欲"的直感提升到"名"的"概念"分析的知性層次。"無名,天地之始",這又是對《墨子》考核名實、衡量思想觀念是否成立之基礎的否定。這就是我們經由對《老子》二章的分析而得出的對"名可名,非常名"的理解。

《老子》否定了"以名舉實"的"實在論",由"無名"而進入到"道"。但我們認爲"道常(恒)無名"並非"道"等於"無名"。甚至於"道"也不應該從傳統的説法"以無爲本","道"是《老子》二章中四組"範疇"相待相成關係得以成立的終極原理。《老子》一章中的"有"與"無"就是《老子》二章中"有無相生"的關係,"有""無"這組概念在《老子》中不具有特别的意義。有無的關係,與《老子》五十八章"禍兮福之所倚,福兮禍之所伏"的關係是一樣的,福禍無本,"孰知其極"?《老子》用"冲""虚""静""久""樸""恍惚"等詞來形容"道",却從來没有直接以"無"來命名"道",而是表述爲"道常無名","道常無爲而無不爲","無"總是作爲一個對其他事物的"限定語"而存在的。"無"在《老子》的思想體系中,並不高於"有"。就如同"禍福"這種社會現象之間不存在高低之分。即便表述如《老子》四十章"天下萬物生於有,有生於無",也没有脱出剛才我們對於《老子》一章"非常名"的分析框架,這句話同樣不應該從生成論來解釋,它還是一種通過辨析"名"的相生關係來認識世界的方式。

3. 小結

這一節主要是對《老子》"無物之象"概念的思想來源進行鋪墊,我們試圖用認識論的視角對《老子》思想進行分析,並且整理出了一條先秦諸子認識論思想的簡單脉絡,在思想歷史發展的綫條上對《老子》的"道名"學説進行一個定位,進而明晰《老》與《易》的關係。《老子》的思辨性在哲學深度上大大超過易學思想。

《老子》把傳統的"先王之道"改造成爲了貫穿人類認知真理所有環節的"思辨之道",如果我們從《老子》逆推思想史的脉絡,比較西周以來對本原問題思考的不同,就會出現一幅《老子》三十八章所描述的下降圖式:"失道而後德,失德而後仁,失仁而後義,失義而後禮。""德"爲周公所立的周制,"仁"爲儒家,"義"爲墨家,這裏的"禮"不是直接來自周公制禮作樂的禮制,而是儒家後學"以詩禮發冢"的後起禮學。所謂的"失",是"自然"的消解過程,也就是從"無物之象"的"恍惚"逐漸變得"明智"的過程。

三、無 物 之 象

在上文建構的認識論基礎上,我們再來探討"象"在《老子》思想體系中的具體作用。《老子》中"象"凡五見:

(1)道沖而用之或不盈。淵兮似萬物之宗。挫其鋭,解其紛,和其光,同其塵。湛兮似或存。吾不知誰之子,象帝之先。(《老子》四章)

(2)視之不見,名曰夷;聽之不聞,名曰希;搏之不得,名曰微。此三者不可致詰,故混而爲一。其上不皦,其下不昧。繩繩不可名,復歸於無物。是謂無狀之狀,無物之象,是謂惚恍。迎之不見其首,隨之不見其後。執古之道,以御今之有。能知古始,是謂道紀。(《老子》十四章)

(3)孔德之容,唯道是從。道之爲物,唯恍唯惚。忽兮恍兮,其中有象;恍兮忽兮,其中有物。窈兮冥兮,其中有精;其精甚真,其中有信。自古及今,其名不去,以閲衆甫。吾何以知衆甫之狀哉?以此。(《老子》二十一章)

(4)執大象,天下往。往而不害,安平太。樂與餌,過客止。道之出口,淡乎其無味,視之不足見,聽之不足聞,用之不足既。(《老子》三十五章)

(5)上士聞道,勤而行之;中士聞道,若存若亡;下士聞道,大笑之。不笑不足以爲道。故建言有之:明道若昧,進道若退,夷道若纇,上德若谷,大白若辱,廣德若不足,建德若偷,質真若渝,大方無隅,大器晚成,大音希聲,大象無形,道隱無名。夫唯道,善貸且成。(《老子》四十一章)

五章之間,及與《老子》中的其他部分章節都可對讀。我們從中抽取關鍵性的問題一一進行疏解。

(一) "象" 與 "名"

"象"與"名"有某種程度的同構關係。《老子》的"道"不可名狀,但爲了稱引而"强爲之名",創造了"象"這個概念。

"象"這一概念出於"景"("影")。"象"與"名"的同構關係,可據《韓非子·功名》中所説的"名實相持而成,形影相應而立"而知。《墨子》言"名實",而諸子言"形名",議題相同,影像與形體的關係,被類比爲"名"與"實"的關係。《墨經》中討論光影關係的所謂"光學八條",與柏拉圖《蒂邁歐篇》中討論鏡像宇稱問題相仿佛,應當都是對思維與現實對應問題的延伸。

《老子》以一種"康德式"的哲學分析手段,在名實關係中,區分了感官直觀和認知範疇,而認知範疇又是一種辯證的互動關係,不具備實體。從而將人類認知真理的活動,從考核外部的名實,轉向内部的抽象體驗。名實對應的紐帶被解散,"名"不再是"實"的"所以謂"。《尹文子》説"有名者不必有實",而《老子》則認爲在"名"的背後存在着更爲抽象的"道"。"道"不在經驗可及範圍内,更不是"名"可以指稱的。《老子》二十五章云"字之曰道,强名之爲大",説明"道"僅是一個不得已的代稱,這就陷入了一種悖論:《老子》一再强調"道恒無名""道隱無名""繩繩不可名"[1],但又不得不使用五千言來闡發自己的思想。最後採用的指稱方法,就是選擇了"形/影(象)"—"實/名"同構式中用"名"對應的"象"。

從漢語史發展的角度來看,《老子》也很可能是把"象"作爲"景/影"的通假來使用的最早一批歷史文獻之一。除了"象"以外,《老子》貢獻了大量的新思想史術語,如"玄""妙"等,這是

---

[1] 有學者指出過"字之曰道"與"道恒無名"之間表述上的對立關係(參馮國超《論"字之曰道"的内涵及其對於認識老子思想的重要意義》,《哲學研究》2021 年第 1 期)。我們認爲解決這一對立問題最爲重要的是對《老子》二十一章"自古及今,其名不去,以閲衆甫"的解讀。"自古及今",帛書本皆作"自今及古",裘錫圭綜合前人所舉的傳世版本及王弼注的内容,認爲"自今及古"當是本貌(裘錫圭《〈老子〉第一章解釋》,《老子今研》,中西書局 2021 年版,第 110~111 頁)。"古/去/甫"可以形成一個聯貫的韵脚,先秦《詩經》古韵一般也是同調相押合優,因此"去"在這裏如處理爲讀上聲更合宜,如此其義就不當是"去除"。我們認爲"其名不去"的"去"讀上聲,很可能是"與/舉"的通假寫法。如《楚辭·自悲》"願離群而遠舉","舉"通"去"。《莊子·德充符》:"彼兀者也,而王先生,其與庸亦遠矣。"《莊子·達生》:"夫相收之與相棄,亦遠矣。"《韓非子·内儲説·七術》有"今夫袴豈特嚬笑哉? 袴之與嚬笑遠矣","與"通"去"。(王海根主編《古代漢語通假字大字典》,福建人民出版社 2006 年版,第 720~722 頁。)我們據此把"其名不去"讀爲"其名不舉","舉"就是"稱舉",《鹽鐵論·能言》"今道不舉而務小利",就是相似的用法。所以,《老子》二十一章中的"自今及古,其名不去",與"道恒無名"義無二致。《老子》二十一章的"衆甫"即"終始"義。遂州龍興觀碑"衆"即作"終"。《老子》二十六章"是以聖人終日行不離輜重",帛書甲本"終"作"衆",是皆通假之例。"甫"依王弼、河上公注皆"始"義。是"衆甫"爲"終始"之義也。因此,這裏與《老子》十四章"以御今之有,能知古始"亦同。《老子》二十一章基本可以視爲《老子》十四章的反復申命。

《老子》的重要貢獻。“名”是實指的概念，而“象”從修辭本源上講，還是一種新穎的比喻，更加能突顯“道”之“虚指”的色彩。

我們比附《墨子》“所以謂，名也；所謂，實也”的公式，可以説“所以謂，象也；所謂，道也”。但是《墨子》强調“名實耦”，而“象”與“道”的關係，並非耦合，而是“惚恍”。

(二)“惚　恍”

“惚恍”，字形又作“芴芒”“忽望”“忽芒”，又作“恍惚”“怳惚”“怳忽”“荒忽”“芒昧”。東漢高誘在《淮南子·原道訓》注中説：“怳忽，無之象。”既是“無”，何以有“象”？“惚恍”有如此多的字形，看來很像一個連綿詞，但同時也可以分析爲一個複合詞，“恍”與“惚”都有具體的實義，但又可以分析爲一個詞形的裂化。我們將通過分析“恍”和“惚”的詞形音義，説明《老子》如何創造性地使用這個術語的修辭内涵。

“恍”“荒”“望”“芒”一組字，聲母主要分爲喉音和鼻音兩組，這種現象，古音學界自李方桂以來，主要解釋爲上古清化鼻音的分化。“惚”“忽”和“昧”的聲母也是這種關係：

恍	$* q^{hw}a\eta\mathbb{?} > h^w a\eta$
荒	$* m̥^h a\eta > h^w a\eta$
望	$* ma\eta > m^w i e\eta$
芒	$* ma\eta > ma\eta$
忽/惚	$* m̥^h ud > huot$
昧	$* mɯds > muoi$

“恍”字的上古音構擬形式雖然不屬於清化鼻音，但另有從“兄”的字形“怳”。“兄”與“孟”是同根詞，根據“孟”的聲母，“恍/怳”所代表的詞根，也當有清化鼻音的來源，可能受方言或後代語音演變的影響，在諧聲上只能反映出喉音的特點。如果簡單從衆的話，我們認爲“恍”這一組字形的原始詞根很可能是接近於“荒”所代表的構擬形式。同理，“忽”“昧”的原始音形也當是接近“忽”的構擬形式。

“恍惚”“芒昧”，都有目不明視的意義。“昧”可表示“昏暗”，“昧旦”即天未明。而“恍”一系字，在音形上與“盲”（$* ma\eta$）極爲接近。《釋名·釋疾病》：“盲，茫也，茫茫無所見也。”《吕氏春秋·明理》“有晝盲”，高誘注：“盲，冥也。”據此，“恍惚”可以分析爲由“盲”與“昧”兩個詞根結合的複合詞，表示視覺受限的意義。這與“視之不見名曰夷（微）”相應。

但是，《老子》中“恍”“惚”連用時，却采用了與一般詞形不同的順序“惚恍”。這當然與前文“無狀之狀/無物之象”的韵脚連用有關。但《淮南子·人間訓》中也使用了“忽怳”這個詞形：

故黄帝亡其玄珠,使離朱、捷剟索之,而弗能得之也。於是使忽怳,而後能得之。

這一段文字與《莊子·天地》可做互文對讀:

黄帝遊乎赤水之北,登乎昆侖之丘而南望,還歸,遺其玄珠,使知索之而不得,使離朱索之而不得,使喫詬索之而不得也。乃使象罔,象罔得之。黄帝曰:"異哉! 象罔乃可以得之乎?"

《淮南子》的"忽怳"和《莊子》中的"象罔"究竟是什麽關係呢? 此則故事亦爲《太平御覽》所引,"象罔"在《太平御覽》中作"罔象"。"象罔"之義,前人多依字義解,王先謙《莊子集解》引宣穎云:"似有象而實無,蓋無心之謂。"即以"罔"釋"無"。"似有象而實無",與前述高誘所謂"無之象"一樣,能意會,難言傳。要破解這個"無之象",還是需要回到詞形。

"忽怳"(＊m̥ud qʰwaŋʔ)與"罔象"(＊maŋʔ sɢlaŋʔ)的詞形接近。"罔"字雖然從現在讀音上推是帶鼻韵母的上古陽部字,但在上古文獻中常與"無"通假,"罔"又多與"亡"通,"亡"在中古就有虞韵和陽韵的兩讀。因此,"罔"的上古詞源,很可能也有不帶鼻韵尾的 ＊maʔ 的形式。"象"的上古詞形前文已述,詞頭 ＊s-本爲表生命體的前綴,而在上古漢語中, ＊m-詞頭也有表示生物、生命體的功能[1]。前引藏文 glaŋ(公牛、大象),還可與上古漢語中的"犅"同源。"犅"字的聲符"岡"從"網"(＊mᵍlaŋʔ)得聲,"犅"的上古詞形很可能保留"網"的 ＊m-前綴。

把"罔"代表的上古音詞形作否定詞看,"罔象"就是一個複合詞;但如果把"罔"當作一個前綴來看,"罔象"就是一個裂化的連綿詞,就接近於"蝴蝶""螞蟻"的構詞一樣。這種假設在上古漢語裏有相仿的例子,如《詩經·大雅·文王》:"無念爾祖,聿修厥德。"毛傳云:"無念,念也。""無"(＊ma)在此處一般被認爲是一個發語詞,是詞根"念"之前的一個意義不明的前綴。因此"罔象"也有可能就是"象"這個詞根加 ＊m-前綴的裂化形式,"罔"僅是一個無實義的前綴詞頭,詞根仍然是"象"[2]。

通過詞形的梳理,"惚恍"/"罔象"/"象"這幾組概念之間就組成了一個很玄妙的修辭關係。它們的詞形音義關係,可以是同義而異形,也可能是反義的否定。"象",同時可能是"罔象"(非象),這不仍舊是《老子》二章中非彼非此,即彼即此的樸素辯證法關係麽?《老子》的行文看以飄渺不可琢磨,但其前後章節與概念構成間確實有嚴密的對應。

這種難以琢磨其"爲是還是爲非"的狀態,就是"惚恍"。"道"既可以是"復歸於無物",也

---

① 金理新《上古漢語形態導論》,第158~167頁。
② 從"惚恍"和"罔象"的詞形對應來看,"罔象"更可能是原形。《莊子》中的"象罔"也有可能是一個同根裂化的詞形,也有可能是後來受其他文獻中"罔象"爲水怪意義的影響再作了語序調整,以起區別。

可以“其中有物”；既可以是“視之不見”，也可以是“其中有象”。這種“測不準”的狀態，也就是所謂的“大象無形”①。

(三)“象 帝 之 先”

在《老子》五處“象”的用例中，“象帝之先”中的“象”，前人一般都解釋爲“肖似”義，這恐怕是有問題的。前文已經梳理過“象”的語義發展脉絡，“象”表示“肖似”義是後起的，《老子》中主要還是用“似”/“如”/“若”來表示“肖似”義，這與《孟子》等其他戰國時代文獻是一致的。

“象”在這裏也不能理解爲“襐”的通假，意義上講不通。如作《墨子》“左右象之”的“效仿/取法”義，句義上可以通，但置於傳統訓釋將“帝之先”理解爲“天帝之祖”的語境中，文義上會有問題。“帝之先”的説法除《老子》以外，別無出處，一般都理解爲《老子》強調的是“道”的地位要高於“帝”所代表的鬼神，這與“神得一以靈”，“以道莅天下，其鬼不神”的文句似乎可以對應。但如果“象”作“取法”義解，恰與《老子》中不以鬼神爲意的態度矛盾。“道法自然”，“帝之先”難道也包含“自然”的意蘊麽？《老子》中明明白白地擺出了“人法地，地法天，天法道，道法自然”的序列，“帝”無處厠身，把“帝之先”等同於“自然”顯然是強爲之説。由此可見，傳統對“象帝之先”的解讀在《老子》的思想結構中都是站不住脚的。

如果我們把“象帝之先”放入到“象”與“惚恍”的認知結構中去，問題就容易理解了。這裏的“帝”是“諦/諟”的通假，是“惚恍”的反義。郭店簡《六德》“君子不帝”，釋者以“帝”爲“諦”②。“諟”，《玉篇》云：“諦也。”兩字上古音義近通。《尚書·太甲上》“顧諟天之明命”，孔傳云：“諟，是也。”孔傳的“是”不當作代詞解，而是“是正”之義，即“明審”之義。《方言》卷六“諟譮，諟也”，郭璞注云：“諟亦審。”揚雄《甘泉賦》“猶仿佛其若夢”，《文選》注引《説文》云：“仿佛，相似不諟也。”“仿佛”與“恍惚”疊韻，語義近似。

由此，“象帝之先”可解爲“象諟之先”，即“道”當是“惚恍之象明審之前”的狀態，呼應前文的“湛兮似或存”。

---

① “大象無形”並非没有形體，而是無固定形體的意思。《鶡冠子·泰鴻》作“大象無成”，與《老子》四十一章“大器晚(曼)成”中的“成”，均可釋爲“定”。“成”與“定”可互訓。《國語·晋語二》“謀既成矣”，韋昭注：“成，定也。”《吕氏春秋·仲冬》“以待陰陽之所定”，高誘注：“定猶成也。”“大方”“大器”“大音”皆與“大象”的“無物”的性質一致，“無物之象”所代表的“道”是支持天下萬物存在的規律和原理，是以表面矛盾對立的兩種關係相輔相成，所以没有定形，也没有定象。“大器晚(曼)成”並非遲晚造就或不可造就，應當把“大器”解釋爲類似於柏拉圖的“理念”式的“器”，它是天下所有器的範式，但又不是任何一種固定而具體的器形。“大方無隅”即無固定的邊際，“大音希聲”即無固定的音高調式。《老子》三十五章“执大象”之“大象”亦可從此義。

② 陳偉《郭店竹書别釋》，湖北教育出版社 2002 年版，第 131 頁。

結　　語

　　"象"是理解《老子》認識論的樞紐概念,它是從早期諸子"名"學思想沿流申發而來的。《老子》利用古希臘詭辯式的"破壞的辯證法",對概念和人類理解的實存性發起了挑戰,對之後宋尹名學思想産生了重要的影響。"名實"觀念,逐步轉換爲"形名"觀念,可能就與《老子》對實體性的消解有關,"形"除了表示形體事物本身,也可以作"貌相"來理解,與"象"更接近,這種概念的轉換,反映出先秦思想對於"實體""實存"概念的一種認識轉變。

　　我們認爲《老子》是最早把"象"引入哲學觀念的歷史文本,其後的道家、名家、法家甚至易學思想都從中各取一枝,獲得影響。但後代文本中,對"象"的理解進一步脱離了"名"的認知範疇,《老子》二章中那種相當精密的範疇分析步驟被一步跳過了,對"象"的理解越來越玄學化,甚至於帛書本中第二章中"恒也"這個有關鍵意義的提示,在略早的郭店本中都不存在。但在先秦諸子中,對《老子》認識論的呼應依然存在,《韓非子·解老》有"凡理者,方圓、短長、粗靡、堅脆之分也。故理定而後可得道也",這種表述接近於《老子》對感官和認知的分析。而《荀子》中的"天官"説、"約定俗成"説,也似乎是有的放矢地對《老子》解構名實的反動和超越。

　　[作者簡介] 王弘治(1977—　),男,上海人。文學博士,現爲上海師範大學語言研究所副教授,兼任《東方語言學》副主編、"上古漢語研究叢書"副主編。主要從事漢語史兼及古典學研究,已在國內外發表中英文論文數十篇。

出土文獻與道家文化

——兼論中華文化之重構

湯漳平

内容提要 研究先秦諸子學,應當特別關注出土文獻的研究,否則很難在學術上有新的建樹。半個世紀以來,先後有四種簡帛本《老子》出土,引發學術界的極大關注,它除了廓清長期困擾學術界的諸多問題外,對於今日中華文化之重構意義尤其重大。

關鍵詞 出土文獻研究 《老子》與道家文化 中華文化之重構

中圖分類號 B2

一

2021 年 11 月,全國第八屆出土文獻與中國文學研究學術研討會在復旦大學召開。復旦大學的出土文獻與古文字研究中心和聊城大學中文系共同承辦了本次會議,我感到特別高興。因爲首次有專門從事出土文獻與古文字研究的學術界同仁參與到古代文學研究領域中來,這是很有意義的事情。我特別喜歡參加這種跨領域學者共同參加的會議。

記得 1986 年在河南時,我就參加過豫、鄂、湘、皖四省的楚文化聯席會議。2016 年,又參加過在湖北黃石舉辦的"中國端午節俗與屈原文化學術研討會"。參加這樣的會議,有不同學術界別的朋友一同探討相關的學術問題,視野特別地開闊,還可以見到一些原來只是在報刊登載學術論文時見到的朋友。復旦大學出土文獻與古代文字研究中心發布的科研成果,我過去關注得也不少,包括在網上的討論,但見到本人,感覺就特別親切。以後的會議,如果再能聯繫到考古學界的朋友一起參加,那就更有意思了。

我多次講過,我之所以關注出土文獻與文學史研究的關係,是因爲一次特別的機緣巧合。1980 年,我要到河南省社會科學院文學所研究先秦文學史的時候,當時的《復旦學報》主編王華良老師讓我去找陳子展先生。陳老非常認真地給我做了指導。陳老在這方面也是開風氣之先的。他和同時代的幾位在出土文獻研究方面有重要成就的學者關係都很好。他寫的《四堂詩》流傳甚廣,而且,他出版的兩部《直解》,只要我們認真地讀一讀,就會發現,其中引用了他當時所能看到的各種出土文獻的重要資料。陳老的研究方法,是我們在這方面應當學習的典範。

我在河南省社會科學院文學研究所工作的時候,原來確定的研究方向是道家與中國文學藝術,可是剛開了個頭,就趕上中日學者關於屈原與楚辭問題的論爭,學術研究者的責任,促使我捲入了這場爭論,前後達十幾年之久。所以我的道家研究,一直到九十年代才真正開始。我覺得我的運氣特別好,研究《楚辭·九歌》時,就找到了幾座楚墓卜筮簡的出土文獻資料。研究宋玉賦作,又讀到山東臨沂銀雀山竹簡的資料。待到正式研究《老子》時,前有馬王堆漢墓帛書,後有郭店戰國楚簡和北大漢簡的出土,實在是天助!

正是在四五十年間,有了這幾批《老子》簡帛書的出土,使我們能够與傳世本作一次認真的比較和研究,不僅僅是文字的校勘問題,這是浮在面上的,更重要的是提出了許多深層次的,值得認真思考的問題。

二

四種《老子》簡帛文獻的出土,引發了學術界衆多學者的關注和研究,如有關具體的結構、章節的調整、文字的校勘等等。有關這一方面的研究,出版的專著,發表的論文,已經數量不少。我們在已經出版的兩部《老子》著作中,也用了不少的篇幅進行討論,談及了相關的問題。尤其讓我們感到高興的是,北大簡《老子》的出版,爲我們提供了特別重要的版本依據,並可以和馬王堆漢墓《老子》帛書相互參照和比較,得以探討早期《老子》原始版本的狀況,獲得更加珍貴的資料。所以,我們在已出版的兩部《老子》中,都以帛書和北大簡的《老子》對傳世本進行認真的校勘和研究,修改了一些相關的內容。

但是本文不準備具體談某篇某章文字修改,更多地想談談有關出土文獻與中華文化重構的關係問題。

其實,關於《老子》簡帛的出土,不僅僅是這四次,北齊年間,徐州項羽妾的墓葬中也出土了一部簡書《老子》。那麼,這部書的時間就在秦末到楚漢之爭這一時期。在漢武帝之前這麼短的歷史階段就出土了這麼多部《老子》,我們從中可以看到一種特殊的文化現象,那就是《老子》在這一歷史時期受到的重視程度,也印證了《史記》和《漢書》關於這一時期社會文化狀態的記載,即在廢除了秦國的嚴苛法律之後,西漢前期真正將黃老之學作爲治國理政平天下的主要思想。

三

2011 年底,中共中央十七屆六中全會通過了《關於深化文化體制改革推動社會主義文化大發展大繁榮若干重大問題的決定》，我感到歡欣鼓舞。當時我剛好 65 歲退休，作爲和共和國一起成長的我們這一代，作爲曾經從事學術理論期刊工作長達三十多年的媒體人，感受尤其深刻。因此，我在福建省理論界舉辦的學習這一決議的研討會上發表了關於中華文化之重構的長篇文章，回顧了百年來有關中華文化的論爭史，也提出了我個人認爲應當如何重構的建議。我對於當時理論宣傳工作的狀況很不滿意，因此提出了非常尖銳的意見。我的二十分鐘發言，全場鴉雀無聲，眼睛都瞅着坐在前排的幾位省領導的反應。我很高興的是，發言之後，相關的省領導不僅没有責怪，還熱情地前來同我握手。廈大的老師事後跟我說："湯老師，只有你敢這樣說，我們不敢。"我回答說："只要是出於公心，我不知道有什麼好怕的。"

我特別高興的是，從 2012 年開始，方勇兄在做"子藏"工程的同時，提出了關於構建"新子學"的理念，並連續發表了系列文章，闡釋有關以"新子學"重構中華文化的思考。我們是多年的老朋友，他們的看法也正和我的思路一致，因此我便積極地支持他們的這項工作，並連續撰文加以呼應。我以爲，我們這一代學人，在埋頭作學問的同時，特別應時時刻刻關注中華文化重構的這一重大課題。毋庸諱言，在對待傳統文化問題上，從上世紀至今的一百多年間，我國的仁人志士作了大量的探討，提出了各種不同的方案，但至今仍未形成真正的共識。我黨百年來，歷任中央領導也同樣十分關注這一課題，尤其是在改革開放以後，我們吸取前輩們在探索道路上的經驗教訓，將這一問題提到十分重要的位置上，計劃安排得很到位。但僅僅上面重視、制訂計劃是不夠的，更加需要我們這些學術界的朋友共同深入探討。

不客氣地說，當我有機會踏進社會科學院，從事先秦文化研究起，就把重點放在這裏。"位卑未敢忘國憂"，這是千百年來我國學人的優秀傳統。我是在"文化大革命"後期臨畢業時，才認真學習了《道德經》與《孫子兵法》的，這兩部著作給我留下深刻的印象，對照當時荒誕不經的狀況，我深知這是不正常的，也是不可能持久的。在我走上工作崗位後，我也能作出自己的判斷，絕不做違心的事，不說過頭的話。雖然說在一定的時間裏會受到誤解，但時間會證明你所堅持的理念之是非曲直。

四

下面，我就由出土文獻《老子》所引發的聯想，談談有關中華文化重構問題的一些思考。題目非常大，說實在的，只有瞭解和熟悉中外多元的歷史和文化，才能更好地把這個問題說清楚。我不敢說自己在這方面已經很熟悉和瞭解了，但是，對於中華文化幾千年的歷史已經不知學了多少遍，不能說到現在還不熟悉，不瞭解。我非常奇怪的是，爲什麼一提重新建構中華文化，多數人首先想到的是儒家思想和文化，而極少有人提到道家文化。但是西方的學者對《老子》評價很高，而對儒家思想則並不那麼推崇，這難道不值得我們思考嗎？當然，我們無須以西方人的評價爲準的，但是應不應該思考一下這是爲什麼？我以爲應是和國人對道家，尤其老子的思想缺乏瞭解有關。盛行以階級鬥争爲綱的時代,不僅給今人劃分了各種各樣的階級成分,對於古人,也同樣是如此。可憐的老莊,都被劃爲没落的奴隸主階級,因此認爲他們的理論是要拉社會歷史往後退的,所以給他們的思想,也扣上了各種各樣的反動階級思想的帽子,自然只是屬於批判的對象,還有什麽價值可言。這其實是時代造成的悲哀。而作爲參照系的儒家,雖然説孔子一天到晚在那裏大駡禮崩樂壞,鼓吹要回到周公的時代,但畢竟和提出回到遠古時代不可同日而語。況且在幾千年中華文化發展史上,他的社會倫理觀念,他作爲教育家的光輝形象,還是一直得到歷代統治者的表彰的。所以我們一想到中華文化,便會首先想到儒家思想,這也是很正常的。

但是我們如果真正把中國歷史貫穿起來,認真深入地對歷朝歷代的狀況進行比較分析的話,就會得到不同的結論。

雖然如前所説,中國在大多數的朝代裏,都是以儒家思想作爲主要的統治思想的。但是,也有幾個朝代特别推崇道家的思想,並且取得了特别重大的成就。道家思想第一次在社會治理中的廣泛應用,應當是西漢前期約 70 年的時間。當時稱爲"黄老道家"。我們都知道,經過秦末長達數年的戰亂,到西漢初期,社會經濟凋敝不堪。在社會基本穩定之後,從漢惠帝起到漢武帝實行"獨尊儒術"之前,所執行的都是黄老道家的一套治國理念,出現了歷史上著名的"文景之治"。這是黄老道家首次顯示其在治國方面的有效性。到唐代,黄老之學又一次復興,從唐高祖李淵開始,將老子認爲祖先,頒發《先老後釋詔》:"令老先,次孔,末後釋。"對老子道家實行多種多樣優待政策。太宗、高宗、玄宗一以貫之,由是出現初唐的"貞觀之治",盛唐的"開、天盛世"。所以杜甫寫過"憶昔開元全盛日,小邑猶藏萬家室"。唐玄宗還開了皇帝親注《道德經》之先河。

唐玄宗在推廣和普及道家、老子學説方面,可謂不遺餘力。他繼太宗、高宗之後,於開元二十一年(733),命令全國上下,家家户户需備有《老子》一册。開元二十九年,設置"崇玄學"(後又改成崇玄館),要求天下士人學習"四子",即《老子》《莊子》《文子》和《列子》,並將其列爲科舉項目之一,稱爲"道舉"。

在二千多年的皇朝更替中,北宋一直被認爲是比較開明,比較重視文化和科學知識的朝代。這是和北宋的幾位皇帝在位時,都信崇《老子》所提出的治國理念直接相關的。其中宋太宗最爲突出,他曾經這樣説過:"清静政治,黄老之深旨也。夫萬物自有爲以至無爲,無爲之道,朕當力行之。"(《續資治通鑒長編》卷三四)《宋史》中,對他作了這樣的評價:"帝以慈儉爲寶,服浣濯之衣,毁奇巧之器,却女樂之獻,悟畋遊之非。絶遠物,抑符瑞,憫農事,考治功。……欲盡除天下之賦以紓民力,卒有五兵不試,禾稼薦登之效。"[1]一位封建帝王能够做到這樣是非常不容易的。皇帝身居高位,南面稱孤道寡,能够得到人間極品的享受,如果没有堅定的意志和信念,是難以克服那種聲色犬馬的誘惑的。唐玄宗前期還能够堅守正道,但最後

---

① 脱脱《宋史》第 1 册,中華書局 1985 年版,第 101 頁。

也是"漢皇重色思傾國",得到楊貴妃後,便"從此君王不早朝",因此,導致了異常慘烈的"安史之亂"的發生,使好端端的一個太平盛世變成了兵荒馬亂的亂世。這是何等悲慘的結局!

當然,可以成爲教訓的,不僅是唐玄宗和安史之亂。漢武帝"罷黜百家,獨尊儒術"之後,改變了自漢初實行的以黃老道家治國理政的國策,他仗着當時由文景之治後形成的強盛國力,開始了大規模的對外戰爭,致力於開疆拓土。儘管對匈奴的戰爭,有的是必要的,爲了解除來自北方的威脅。但是,也有一些戰爭,完全是爲了想要炫耀武力。多年連續作戰,導致國力和民力的雙重災難。司馬遷和他的父親司馬談都是大力肯定漢代早期所實行的治國理政的黃老道家思想的,司馬談的《論六家要指》,充分肯定道家在治國中的重要作用。司馬遷在《史記》中,也貫穿了這樣的思想理念。所以,我頗懷疑,雖然史書上記載,司馬遷是因爲李陵投降匈奴之事,惹怒了漢武帝,因此被處以宮刑。但我以爲,這其中,也必然包含着司馬氏父子與漢武帝在治國思想上的重大分歧。

古代的史官,職務地位雖然並不高,但左史、右史,記言、記事,留下的各朝《實錄》《會要》《起居注》,記錄了皇帝的一言一行,帶有監督皇帝的性質,當然,還有大臣們的奏章,目的在於讓帝王們也不敢隨意胡作非爲。雖然,這種制約畢竟是有限的,其前提是皇帝有一定的肚量,聽得進逆耳的忠言。對於動輒濫用生殺大權的帝王,再多的忠言也是沒有用處的。

五

封建時代的中國,是皇權政治的中國。從漢武帝開始,中國實行了"罷黜百家,獨尊儒術"的文化政策,但其實真正實行的是"陽儒陰法",或者說"外儒內法"。期間雖有如初盛唐一度提倡的"以道爲先"的階段性治國方針,但在中國數千年歷史長河中,它畢竟只是短暫的一個時期。爲什麼道家的美好理想難以實現? 究其原因,我以爲有兩個方面:一是道家提倡的大道,要求的是"天下爲公","民不獨親其親,不獨子其子"的社會理想。這種理想社會,和家天下自然是背道而馳的。只有到孫中山領導的辛亥革命,才真想實現這種理想社會。他的題字寫得最多的是"天下爲公",他的理想基礎,應該就是老子所推崇的古代理想國的思想。當然,這一時期西方民主政治也給了他深刻的影響。遺憾的是,他雖然奮鬥了一生,最終仍未能實現自己的目標,留下"革命尚未成功,同志仍須努力"的遺囑。但他的這種精神,永遠是我們應當肯定和繼承,並加以弘揚的。

翻開中華文化史,讓我感到很奇怪的是,僅僅五千言的《道德經》,爲什麼千百年來一直爭議不斷? 而且老子這位諸子百家爭鳴的開創者,他在中國文化史上的地位,也遠遠不及曾問道於他的孔子。

從漢代的司馬遷起,歷代的學者對於老子的生平、思想,都做過認真的研究。近百年來更是如此。我認爲,范文瀾的評價最爲中肯,他在《中國通史簡編》中指出:"老子是有極大智慧的古代哲學家。他觀察了自然方面天地以至萬物變化的情狀,他觀察了社會方面歷史的、政治的、人事的成與敗、存與亡、禍與福、古與今相互間的關係與因果,他發現並瞭解事物的矛盾性比任何一個古代哲學家更廣泛,更深刻。他把這種矛盾性稱爲道與德。在馬克思主義唯物辯證法傳入中國以前,古代哲學家中老子確是杰出的無與倫比的偉大哲學家。"①

"杰出的無與倫比的偉大哲學家"這個評價,可謂恰如其分。不過老子思想的核心和靈魂是治國安邦的理想,哲學思想只是他整個思想體系的一個部分。也有人將《老子》説成是兵書,因爲其中的内容講到如何對待戰爭的問題。至於一些懷有陰暗心理的人,則是將老子説成陰謀家,等等。可謂一葉障目,不見泰山。

我在寫完《論〈老子〉在我國文學史上的地位》一文後,原來準備續寫一篇《論老子〈道德經〉的整體結構》,用以糾正一些研究者對 81 章的篇章結構和邏輯關係的誤讀。可惜後來因爲研究方向的臨時變更,没有把文章完成。後來,我將其中的觀點在兩部《老子》的前言中作了簡要的説明,兹摘録如下:

> 對於《老子》一書的結構,歷來有一種看法,認爲它作爲一個體系並不完整,内容龐雜。這種看法,其主要原因是没有抓住全書的宗旨。也有的學者説,它的"體制和《論語》的語録式相類似",所不同的僅僅是"《論語》主於記言,此則主於説理","《老子》的文章全是説理的短篇"(詹安泰、容庚等合作《中國文學史》)。這實際上也是否認《老子》是一個完整的整體。其實《老子》這本書是一個關於中國古代理想社會的藍圖,這是貫穿全書的總綱。在這個綱領下,全書 81 章,有的章節間好像銜接性不强,然而這並不影響全書的完整性。因爲老子正是從各個不同的方面來談他的理想國的設計,各章之間往往有相對的獨立性。如第一章集中談他的宇宙觀,提出道的概念和性質;第二章則提出宇宙萬物矛盾對立統一的規律,並由此提出治政的總則;第三章是他的政治論,提出治政的一系列方針,等等,内容豐富而不亂,布局分明而自成一體。

我希望真想認真學習《老子》的人,要真正理解《老子》的結構與思想内涵,反復熟讀之,並加以認真思考,畢竟只有五千言。雖然老子説"信言不美,美言不信",然而,《老子》的語言之美,是歷代學者們公認的,我們認真誦讀之後自能體會。

六

在老子之後兩千多年的歷史中,《老子》經歷了幾次被誤讀,誤釋,從而受到世人誤解的

---

① 范文瀾《中國通史簡編》修訂本第一編,人民出版社 1964 年第 4 版,第 269 頁。

過程。

　　雖然我們常説,在中國傳統文化中,"儒道互補",是缺一不可的思維格局。然而,這是就士人的人格構成而言的。古代的士人進入社會,先有積極入世的儒家思想:"學成文武藝,貨與帝王家。"而當仕途受阻,遭受挫折便退而從道家思想中尋求心靈的慰藉與解脱。所以,"儒道互補"並非指各代王朝權力構成中的指導思想。究其原因,乃是兩家治國理念不同所導致的。我們前面已談到道家治國理想,只是在一些特殊時期得到提倡,大多數情況下是受冷遇的。家天下的皇帝,讓他實現"天下爲公",還要受諸多限制,自然打心眼裏不贊同,也就更不可能去實行了。

　　道家在中國歷史上,曾經經歷了多次的轉折,回顧這些歷史,可能有助於我們更好地理解爲何道家思想長期得不到應有的地位。

　　戰國時期,道家的傳承人形成兩個派別。在齊國稷下學宫中,出現了黄老之學,它是從治國理念上繼承老子的學説和思想,並加以發展的。正是這一學派,後來又影響了西漢前期的政治走向。它和唐代以《老子》爲家學,因而加以推崇的背景還是有所不同的。另一個派別,據説是老子真正傳人的楊朱,雖然他的主要學術著作没有流傳下來,但是他要求全身、保真、"不以物累形"(《淮南子·泛論》)和"不以天下大利易其脛一毛"(《韓非子·顯學》),顯然和莊子在思想上有共通之處。我們讀《莊子》,看到的是他希望成爲至人、神人、聖人,得以脱離現實的苦惱而逍遥遊。所以雖然我們往往把老莊連説,但莊與老其實並不同道,尤其在思考社會問題時,老子的思想儘管從超越時空的"道"説起,最終却歸結到現實社會的各種問題,尋求可能的解決方法。

　　1949年以來,在很長的一段時間裏,我們學術界在研究古代社會思想文化中,流行着一種庸俗社會學的觀點,動輒給古代人物劃階級成分,然後又根據他們劃定的成分,套用和解釋研究對象相關作品的思想傾向,從而往往曲解了古代傳統文化的内涵。老子研究中也是如此,什麽代表没落奴隸主貴族批判新興地主階級、拉歷史的倒車之類的説法可作爲代表。雖然每個時代都會有杰出人物的出現,但真正能够影響人類歷史進程的特殊人物,却不是每個時代都會出現的。是春秋戰國的特殊歷史時期,造就了一大批以老子、孔、孟爲代表的思想家。德國存在主義哲學家雅斯貝爾斯認爲,在世界文化史上,老子是2 000多年前"世界文化軸心時代"出現的對人類社會做出重大貢獻的文化巨人。

　　戰國時期,確實是諸子群星燦爛的時代。齊國臨淄稷下學宫的出現,是值得大書特書的一段文化記憶,諸子百家在這裏自由地發表各自的學術見解。有一種觀點認爲:現在存世的老子《道德經》,是稷下學宫中的楚國學者最後整理成書的。

　　和道家相比,戰國時代的儒家人才輩出。這也是由於孔子重視教育,門徒衆多,其中出現了許多杰出的人才。這裏我們特別要提到戰國中期的孟子和後期的荀子。我很懷疑,孟子的思想在一定程度上受到道家的影響。所以他能提出"民貴君輕"的思想,提出"天時不如地利,地利不如人和"的主張。這種重視民衆的觀念,在孔子那裏是不太有的。孔子注重的是恢復周禮,使"禮樂征伐自天子出","克己復禮,天下歸仁"。難怪明太祖朱元璋讀到孟子的"民爲貴,社稷次之,君爲輕"的説法後,勃然大怒,下令將孟子塑像逐出文廟。

荀子當然也是極有智慧的儒家代表人物。他生當戰國末世,知識淵博,曾在稷下學宫三爲祭酒。他留下的《荀子》一書,是一座藴藏豐厚的知識寶庫。不過我却對他的"性惡論"不以爲然。孟子認爲,人之初,是性本善的。而荀子却要説人生下來是性本惡的,所以他提出要用刑法來約束人性的惡,結果長出了韓非和李斯這兩個惡果,直接影響了秦代的暴政,當然也影響了此後二千多年的封建專制制度。

雖然孔子之後,儒分爲八,其弟子各自傳承了儒學的某一個方面,但對於儒家的經典,分歧並不大。倒是道家,在傳承的過程中,出現了明顯的異化,從而走向了不同的道路。漢武帝時期"獨尊儒術"之後,道家思想從臺上掉到了地下。雖然民間有人傳承,但其途徑却發生了明顯的變異,甚至可以説,許多背棄了老子的本意和宗旨。

西漢初期,傳承老子《道德經》的是河上丈人,他是爲《老子》作注的。但是,其内容很多是偏向於養生之道的。西漢後期,四川嚴君平作《老子指歸》,可惜未能完整流傳下來。

東漢末年,張道陵創立了五斗米道,並在此基礎上,將其發展成爲道教。道教將老子作爲教祖,而將《道德經》作爲道教的經典。他們還編造了大量離奇的神話故事神化老子,使得老子從民衆的代言人演變成高高在上的神仙,於是《道德經》也成爲可望而不可即的經典。

魏晋南北朝時期,玄學興起。《老》《莊》《易》合稱爲"三玄"。在這種文化背景下,王弼注《老子》,以玄學的觀念加以闡釋,使可知可道的"道",變成爲不可知不可道的玄學理論,並影響了此後的歷代學人。這是一次歷史性的轉折,也是老子的悲哀。老子在書中感嘆道:"吾言甚易知,甚易行。天下莫能知,莫能行。……夫唯無知,是以莫我知。"(七十章)而在第二十章裏,他描寫了自己的孤獨感。很遺憾的是,連這種感慨也被指斥爲"從反面抬高自己,貶低社會的一般人"(任繼愈《老子新譯》),這確實讓人無言。

我們現在討論中華文化之重構,正是希望通過反思歷史,分清是非善惡,提出一條適合中華文化健康發展的道路。這正是我們之所以在幾年間連續整理和出版兩部《老子》的初衷。

七

我們同樣應當承認,歷史的發展不可能是直綫前進的,期間會有各種曲折甚至倒退。不要以爲承認這種曲折和倒退就不光彩了。相反,我們要從這種曲折和倒退中找出原因,吸取教訓,推動歷史的進步。中國歷史中,有兩段特殊的歷史時期,是我們應當牢記的:一是宋朝的滅亡和元朝的崛起,二是清軍入關和明朝的滅亡。熟悉中國歷史的都知道有"崖山之後無中國,明亡之後無華夏"這句話。現在有些歷史學家認爲,這句話出自日本,所以是別有用心的,然後便大談國家版圖的擴大來證明這兩個朝代的所謂貢獻。我不想多談這段歷史,因爲説起來話就長了,我只想問問大家,如果不是這兩個特殊朝代的更替,中國社會發展,會是怎樣的狀况? 歷史學的許多學者認爲,宋朝在中國社會中是很特殊的,因爲它已經出現了資本主義的萌芽。所以,在中國歷史上,在世界史上是一個很值得珍視的時代。同樣,明朝的歷史,即使在晚明時期,社會依然發生很大的變化: 資本主義的一些經營方式已經産生,社會意識形態也發生了向資本主義過渡的迹象。我在讀明代歷史,讀筆記小説時深深感到,明人的思想觀念和過去的時代確實已有很大的不同,尤其到晚明更是如此,已經和西方文藝復興思潮有了初步的接觸,絶對不像18世紀的清朝政府那樣夜郎自大。

當然,重構中華文化,首先必須堅持以我爲主。二十一世紀的人類社會,同被稱爲世界文化的"軸心時代"相比,已經歷了三千年的發展史。三千年前,幾種不同形態的人類文明,至今也只有中華文明是一脉相承下來的,當然,其間也有短暫的異族文化的入侵,但畢竟時間不長。這樣漫長的歷史時期裏形成的中華文化,不僅是由漢族,而且也是由衆多的少數民族,共同塑造的,它也深度影響了周邊的鄰國,形成了東亞文化圈。今天我們談中華文化之重構,自然必須以中華文化爲主體。所謂"全盤西化"的主張,既不現實也不可能。

八

下面,我再談談關於學習西方文化的問題。毫無疑義,"全盤西化"的主張是錯誤的。上世紀八十年代末關於中西文化的討論中,有人以生爲中國人爲恥,這樣的人是不配稱爲"人"的。數典忘祖,不知其可。但有些人反對西方文化,把馬克思主義也作爲反對的對象,這也是荒唐的。且不説我們國家,我們的黨認可"指導我們思想的理論基礎是馬克思主義"。我們應該認真考察的是馬克思主義是如何産生的,它對今天的社會有什麽指導意義? 不久前,我和楊明兄同他的一位研究生談話時,還專門談到了這個問題。我們告訴他,不要聽時下一些人的胡説八道,以爲馬克思主義真的已經過時。我們在復旦上學的時候,讀了大量馬克思的著作,至今仍認爲,它對於我們這一生無論是學習、工作,都有指導意義。當然,他考察的當時的資本主義社會,今天已經有了很大變化。但是我們應該學習他的研究方法,學習他觀察問題的角度和分析問題的方法,而不是固執於一些具體的論述。例如他所寫的《路易·波拿巴政變記》,有關事件發生在一百多年前,當然是過時的評論,但是他那種分析整個大事件發生、發展的偶然性和必然性,你不能不感到佩服。我們要學的就是這種科學的分析方法。如果我們在後來幾十年的生活、工作中能够取得一些成績的話,也是和我們在學校學習期間的這種積纍有關。

其次,對於西方世界,對於西方文化,我們應該采取什麽樣的態度? 我想,可能對學習西方的科學技術,都是會一致贊同的。學習西方文化,則是要思考思考。而學習西方的制度和理念,則恐怕是摇頭的多。所以我主要談談後兩個問題。

我們上學的時候，一提到西方文化，總是要加上定語——"腐朽没落的西方文化"，聽到説好話的不多。但是我們瞭解不瞭解西方文化指的是什麽？它是怎麽發展起來的？没有十四到十六世紀的文藝復興，哪裏有今天的西方文化？西方文化是在和中世紀教會的鬥争中逐步發展起來的，它涵括了教育和藝術的各種門類，諸如音樂、戲劇、電影、電視、建築、雕刻等等，我們有什麽理由把它們都一股腦兒加上"腐朽没落"的定語呢？國人一獲得西方的文化大獎（如電影的奥斯卡獎，音樂的鋼琴、小提琴方面的獎），大家都會欣喜若狂。即使原來看不慣的摇滚樂，現在不也被接受並在年輕人中風行一時了嗎？所以我們應該根據不同情况加以區分。

當然，最受詬病的是西方的制度，似乎社會主義制度和資本主義制度是勢不兩立的。然而事實是否如此呢？從人類發展史來考察，應當承認，相比于封建領主制度，資本主義的制度還是有它的積極的和進步意義的。例如法國在十八世紀大革命後，就制訂並發布了《人權和公民權宣言》，這在當時無疑是具有進步意義的。第二次世界大戰後，聯合國也在 1948 年底制定並通過了《世界人權宣言》，同時，組成軍事法庭，審判那些殺人如麻的戰争罪犯。這當然是值得讚揚的，是人類社會發展的一種進步。現在的問題是：一些西方右翼分子，動輒無中生有地揮動人權的大棒，干涉他國内政。

九

最後，談談關於如何重構中華文化的一點思考。

"以史爲鑒"，這是古人留給我們的珍貴忠告。遺憾的是，後人往往對此置若罔聞，因此給中國社會的發展一次次造成灾難性的後果。在傳統封建專制社會中，這種悲劇的重演是無法避免的。但是我們共産黨人，既然堅定地認爲是優秀的民族文化的傳承人，就應該吸取歷史上的經驗教訓，在新的歷史條件下，從全球化的新視野，來思考這一重大課題。

應當真正實行"雙百方針"，形成寬鬆的學術氣氛，鼓勵學術争鳴。1990 年，我奉命到中央黨校理論宣傳研究班學習一年。畢業的時候，黨校領導要求我們寫一部闡述中國特色社會主義的理論與實踐的著作，作爲研究班畢業的集體研究成果。因爲知道我是《中州學刊》主編，他們便將有關"堅持雙百方針，繁榮社會主義的科學文化"這一部分内容的論述交給我。正值蘇東劇變發生，當時的氣氛是比較凝重的。"雙百方針"如何堅持？我依然把鄧小平同志指出的特別要糾正"左"的錯誤的意見寫進文章中。今天我們探討中國文化之重構這樣一個重要課題，尤其應該發揚子學精神，通過百家争鳴，真正選擇一條適合中華文化傳承創新發展的道路。年輕的學者比我們更有堅實的學術基礎，你們的視野也比我們更加開闊，大家一定能取得更大的成就！

　　[**作者簡介**] 湯漳平(1946—　)，男，福建雲霄人。曾任河南省社會科學院研究員，《中州學刊》副主編、社長，現爲閩南師範學院中文系教授、鄭州大學兼職教授。著作有《楚辭論析》（合著）、《屈原傳》、《出土文獻與〈楚辭·九歌〉》、《楚辭》（譯注本）等 10 餘部，曾在《文學評論》《文學遺產》《中州學刊》等刊物發表學術論文數十篇。

早期道家、道教"真人"觀念的產生與演進

徐克謙

内容提要 "真"和"真人"的概念最早都是莊子提出來的。"真"與"貞"在語源上有一定聯繫,皆具有指向超越與未知的本真存在的維度。《莊子》書中對"真人"的描繪雖然也帶有一些超自然的特徵,但主要還是表達修身養性、回歸自然、超凡脱俗、精神超越的道家理想人格境界。《莊子》之後,"真"與"真人"的概念在道家和道教話語中被廣泛運用,含義也有所演進與分化:一方面延續了莊子哲學意義上回歸自然、超凡脱俗、精神超越的意義;另一方面則是在宗教意義上強調服食登仙,通過修煉秘術獲得超自然的神力,從而永生不死。此後在道教話語中"真人"基本就是神仙,同時亦用作對修煉得道者的封號。

關鍵詞 莊子 真 真人 神仙 道家 道教

中圖分類號 B2

"真人"在道家和道教話語中是一個重要概念,從早期道家偏重於存養本性、體悟大道的"真人"到後來偏重於服食登仙、成爲神仙的"真人",有一個漸進的演變過程。而"真人"乃至"真"的概念都是莊子最早提出來的,這可以説是莊子對中國思想文化的一大貢獻。在現存的可以確定是與莊子同時代及以前的文獻中基本上没有"真"這個字,更不要説把"真"當作一個重要的哲學概念。現存儒家"五經"及《論語》《孟子》等書中都没有出現過"真"這個字。儒家講"盡善盡美",把"美"與"善"相聯繫,但幾乎從來没有提到"真"。到了《莊子》書中才突然大談"真",並進而提出了"真人""真性""真知"等等一系列概念。特別是"真人"概念,在《莊子》書中代表道家追求的一種極高的精神境界和人格理想。而到了秦漢時期的道教和民間信仰中,"真人"則成了宗教意義上的得道者和神仙的代名詞。但"真"這個字到底是怎麽來的?"真"與"真人"概念到底含有什麽哲學與宗教意藴?先秦道家"真人"概念與漢以後道教所謂"真人"概念有何聯繫與區別?這些問題還有待進一步討論。本文試圖結合有關文獻對"真"

概念進行語源學考察,並進而對早期道家、道教"真人"概念的起源、發展和演變作一簡要探析。

一、"真"與"貞"的關係及其哲學意蘊

《説文解字》對"真"字的釋義是"仙人變形而登天也"。清代段玉裁《注》認爲"此真之本義也"①。但"真"字的最初本義是否就是指仙人變形登天,這是很值得懷疑的。《説文解字》作者許慎是東漢人,東漢時先秦道家學説已經演變爲宣揚修煉成仙的道教的思想材料,神仙學説已成爲普遍的意識形態。許慎對"真"字的解釋,顯然是受了當時道教和神仙家觀念的影響,但却未必符合先秦時期莊子所謂"真"的本義。但若要從語源學上探究"真"這個字的來歷和最初的本義,却不太容易。因爲在現存傳世文獻中"真"這個字是在戰國中期以後産生的《莊子》書中才突然大量出現的。在此之前,已知可信的戰國中期以前的文獻中基本上未見有使用"真"這個字②。

但是,新出土的郭店楚墓竹簡本《老子》却提供了一個綫索,使我們有理由認爲"真"這個字可能與另一個常用字"貞"有密切關係。傳世的今本《老子》有三章包含"真"字,即二十一章"其精甚真",四十一章"質真若渝",五十四章"其德乃真"。今本《老子》的成書年代學術界是有爭議的,以前有些學者甚至認爲《老子》成書晚於《莊子》③。但郭店楚簡的發現至少證明在《莊子》之前已有一份近似於今本《老子》的文獻存在。然而值得注意的是,上面提到的今本《老子》中的三個"真"字,在郭店楚簡本《老子》甲、乙、丙三個版本中都沒有。二十一章完全不見於楚簡本。四十一、五十四章雖見於楚簡《老子》之"乙"本,但兩個"真"字均作"貞"④,字形分別作🄰、🄱。"貞"字的本義是占卜,是現存甲骨文獻中使用頻率最高的字。而"真"在甲骨文中却並沒有出現。現存商周金文中被認爲是"真"字的,在字形上其實與"貞"十分相似。如《殷周金文集成》編號 870 的"伯真甗"的"真",字形作🄲⑤,編號 10091－8 的"真盤"的"真"字形作🄳⑥,與"散氏盤"上的"貞"(🄴)⑦字形相似。關於"貞"字的字形構造,《説文》認爲是從卜、貝,同時又引京房説從卜、鼎省聲。而從甲骨文中的"貞"的字形來看,更像是一個鼎的形

① 段玉裁《説文解字注》,鳳凰出版社 2007 年版,第 673 頁。

② 徐克謙《論莊子哲學中的"真"》,《南京大學學報(哲學·人文科學·社會科學)》2002 年第 2 期。

③ 羅根澤《諸子考索》,人民出版社 1958 年版,第 257～278 頁。

④ 荆門市博物館《郭店楚墓竹簡》,文物出版社 1998 年版,第 118 頁。

⑤ 中國社會科學院考古研究所編《殷周金文集成釋文》第 1 册,香港中文大學出版社 2001 年版,第 578 頁。

⑥ 同上,第 6 册,第 92 頁。

⑦ 《殷周金文集成》編號 10176,《殷周金文集成釋文》第 6 册,第 134 頁。

狀。《説文》"真"字條還提供了一個古字"𥄂"①,下部也像是一個鼎,與《説文》解釋"真"字所謂"從匕從目從乚"不類。所有這些似乎都給我們一個提示,即"真"很可能源於"貞"。這兩個字可以説是形相似聲相近,所以我們有一定的理由推測它們可能是同源的。

《説文解字》解釋"貞"的本義爲"卜問",也即占卜。占卜的目的是消除疑問,尋求真相。"貞"在後來的引申義中也有正確、可信、可靠的含義,與"真"的一些語義也是相似的。這也使我們有理由進一步認爲"真"字源於"貞"。而占卜所要詢問的對象又指向某種屬於天與神靈的超驗性,這又使得與"貞"字密切相關的"真"概念帶有某種指向超驗、神秘境界的意涵。《莊子》的文本也提供了足够的材料證明"真"具有某種與超驗的、神性的"天"相關的屬性。"真"與"天"緊密聯繫,有時就是指"天"。例如在《漁父》篇孔子與漁父的對話中,漁父就説:"真在内者,神動於外……真者,所以受於天也,自然不可易也。故聖人法天貴真。"②

當然,"天"概念在中國古代哲學中本身就是很複雜的,有的時候就是"神"的代名詞,具有神性,所以早期西方傳教士有時直接就把《尚書》《易經》《詩經》中的"天"翻譯成"God(上帝)"。但是"天"在先秦哲學文本中也有自然、天生、非人工、原始等含義,所以我們就很難僅僅根據某個思想家對"天"的態度來判斷其爲有神論還是無神論。同樣,"天"這個概念在《莊子》文本中既有自然、自然性等等含義,但也不能排除其中包含某種超自然、超驗的神聖屬性。實際上"自然(nature)"與"超自然(supernature)"這種二維對立的觀念是近現代受西方思維方式影響而產生的,在中國古人如莊子那裏可能根本就沒有這種二維對立。中國古人所謂"天人"關係,不僅包括人與"自然"的關係,實際上也包括人與"超自然"的關係。也許對莊子來説,"自然的"和"超自然的"兩者之間本來就沒有區別,是可以兼容的,"自然的"和"超自然的"都屬於"天",二者並不矛盾。而由於"真"這個概念是與"天"密切相關的,所以"真"也同時兼有"自然""自發"的含義和"超自然""超驗"的神性特徵。

與"天"密切相關的"真"概念同樣也兼有上述"自然"與"超自然"兩種維度。一方面,"真"意味着自然性。如《莊子·馬蹄》説"馬,蹄可以踐霜雪,毛可以禦風寒。齕草飲水,翹足而陸",這都是天生的自然屬性,所以説"此馬之真性也"。而"落馬首,穿牛鼻"之類,則是人爲的,既非自然也非超自然,是對"真"的背離。對人本身來説也是如此。人天生有視、聽的能力,可以感知事物,這是人身上的"自然"。但是世俗的功名富貴的利誘,也會使人的自然真性喪失。如《莊子·山木》以螳螂只顧捕蟬,竟覺察不到黄雀在後,以及他自己意在黄雀,竟覺察不到虞人已經瞄上了他,來説明"見利而忘其真",也就是因利益的誘惑,喪失了起碼的自然直覺的真性。在莊子看來,世俗社會人們追求功利與虚榮,以至於要錢不顧命,要名不要命,都是屬於"見利而忘其真",背離了自然生命之"真"。

另一方面,"真"又指向某種人的認知無法通達的神秘境界,或人的力量無法抗拒的超自

---

① 段玉裁《説文解字注》,第 674 頁。

② 郭慶藩《莊子集釋》,中華書局 2012 年版,第 1027 頁。

然存在。例如在《莊子·知北遊》開頭一段寓言中,"知"對"無爲謂"一連三問:"何思何慮則知道? 何處何服則安道? 何從何道則得道?"三問而"無爲謂"不答。然而黃帝却認爲只有"無爲謂"達到了"真是":"彼其真是也,以其不知也",而其他人却皆"以其知之"而未能接近"真是"①。這個寓言的寓意即在於説明"真是"的境界是人類通常的知識無法通達的。然而不管人們知與不知,喜歡與不喜歡,"真"就是"真",它是絶對的超驗的存在。如《齊物論》篇所説:"如求得其情與不得,無益損乎其真。"②不管人類的探求是否能得到"真"的實情,對"真"本身的存在都不會有任何影響。正是在這一點上,"真"也顯示出與"貞"的某種聯繫,因爲"貞"也就是人們試圖借助占卜的方法來探究與通達那個超出他們自身認知能力的真實。

　　與"真"所代表的自然及超自然相對立的則是人爲、僞裝、精巧、老練、世故。因而,"真"又指向樸素、誠實、單純、拙樸、原始甚至粗陋等語義。"真"是與"人爲"相對立的概念,伯樂以種種人爲的工具和技巧來治馬,工匠以規矩繩墨來對天然的木材進行斧鑿加工,這都屬於違背"真"、破壞"真"的行爲。而"人爲"二字合起來也就是"僞",因此"真"又與"僞"相對立。"真"就是不僞裝、不做作、不勉强,自然而然的誠實袒露。故《漁父》篇説:"真者,精誠之至也。不精不誠,不能動人。故强哭者雖悲不哀,强怒者雖嚴不威,强親者雖笑不和。真悲無聲而哀,真怒未發而威,真親未笑而和。真在内者,神動於外,是所以貴真也。"③而"歸真"與"返樸"又是聯繫在一起的。遠離複雜的社會禮俗,没有奢侈享樂,没有對財富、名譽、權力等等身外之物的貪欲,這樣的生活就是"真",就像《莊子》書中提到的許多隱士,過着清净、簡單、樸素乃至簡陋的生活,他們是向"真"回歸的人。由此"真"又進而成爲與一切人爲建構的習俗、常規、禮儀等等相對立的概念。《田子方》篇那個"解衣般礴贏"的畫師之所以被宋元君視爲"真畫者"④,恰是因爲他與那些循規蹈矩,恪守世俗禮儀規範的畫師不同,表現出剥離了世俗禮儀裝飾的"真"相。反過來也就是説,那些遵循禮儀,老於世故,依照常規亦步亦趨的畫師則顯得比較假、比較僞。所以《漁父》篇説"法天貴真"也就意味着要"不拘於俗"。

　　總的來説,"真"這個概念具有指向自然、質樸、簡單、率性的維度,由此生發出道家崇尚自然、抱樸守素、返璞歸真的精神追求,形成了道家提倡的在世俗社會中清净淡泊、自然率性、逍遥自在、安貧樂道、隨遇而安的道家人格類型。同時"真"這個概念又與"天""道""天地精神"等超越範疇密切相關,具有明顯的超自然、超驗的神聖維度。《天下》篇説:"不離於宗,謂之天人。不離於精,謂之神人。不離於真,謂之至人。"⑤"天人""神人""至人"與所謂"宗""精""真"

① 郭慶藩《莊子集釋》,第726～731頁。

② 同上,第61頁。

③ 同上,第1026頁。

④ 同上,第716頁。

⑤ 同上,第1061頁。

這些超越的、終極的源頭相連而不分離,因而都不只是生活在世俗社會的俗人。這種超驗的神聖維度又爲後來道教"真人"概念的形成提供了基礎。

二、《莊子》書中的"真人"

"真"的概念在《莊子》書中又具體呈現爲"真人""真知""真性"等概念。

《莊子》書中有一系列經常提到的理想人格的名稱,如"賢人""聖人""大人""至人""真人""神人"等等,其中出現頻率最高的是"聖人"。但是"聖人"是先秦諸子文獻,特別是儒家文獻中經常出現的一個普遍的理想人格名稱,並非道家或莊子所特有。"聖人"通常指古代的聖王、道德高尚的政治人物,或者人類社會中特別聰明且有德的人。在儒家話語中,"聖人"是達到完美道德境界的人,是儒家最高的理想人格。"聖人"在後代也時常用來特指孔子。儒家的道德教化就是要使人首先成爲"君子",並以成爲"聖人"作爲最終目標。

雖然《莊子》文本中的"聖人"在某些方面有別於儒家"聖人",但大體上還是可以與儒家的"聖人"歸爲一類,他們通常都是很有智慧、很有才能且道德高尚的人。然而,"聖人"在《莊子》文本中並不代表道家最高的理想人格。"聖人"的智慧和思想境界雖然也很高,但總體上還是在現實社會政治層面,尚未能超凡脫俗,上升到更高境界。《則陽》篇戴晋人以"蝸角觸蠻"的寓言說魏王,他離開後,魏王感嘆曰:"客,大人也,聖人不足以當之。"①由此可知,聖人的境界還比不上"大人"。而且"聖人"形象在《莊子》書中甚至並不總是正面的,在《莊子》有些篇章中,"聖人"還是被批判的對象,特別是《馬蹄》《胠篋》等篇,把"聖人"罵得狗血噴頭,說他們"毀道德以爲仁義"②,破壞了民衆素樸天然的人性,使人"争歸於利,不可止也"③,此皆"聖人之過"。認爲"聖人之利天下也少而害天下也多"④,甚至把"聖人"看成是天下不得太平的根源,"聖人不死,大盗不止"⑤。很明顯,儘管在《莊子》文本中有時對"聖人"也有正面的肯定,但總體來說"聖人"不是《莊子》書中典型的道家理想人格。

《莊子》書中提到的人格類型的序列由低到高分別爲"小人""君子""賢人""聖人",在此之上更有"大人""至人""真人""神人"。後來《黄帝内經素問·上古天真論》中提到的"真人""至人""聖人""賢人"的次序可以與此印證⑥。仔細閲讀《莊子》文本不難發現,只有"至人""真人"

① 郭慶藩《莊子集釋》,第 886 頁。

② 同上,第 345 頁。

③ 同上,第 349 頁。

④ 同上,第 354 頁。

⑤ 同上,第 359 頁。

⑥ 張志聰《黄帝内經集注》,浙江古籍出版社 2002 年版,第 6～7 頁。

"神人"才是《莊子》書中具有代表性的道家理想人格。其中"神人"處於最高級别,但"神人"已經基本不是人而是神,非常人所能企及,如《逍遥遊》篇所説:神人是"不食五穀,吸風飲露。乘雲氣,御飛龍,而遊乎四海之外。其神凝,使物不疵癘而年穀熟……大浸稽天而不溺,大旱金石流土山焦而不熱"①。顯然,這已經超出了現實人類能力所及。而"真人""至人"雖然也有某些超自然的性能,但並不像"神人"那麽"神",所以在道家看來,普通人經過修煉,還是可以企及的。至於"真人"和"至人"兩者,根據《莊子》書中的描繪,他們在許多方面是一致的,或相通的。《天道》篇引老聃的話説:至人"極物之真,能守其本"②;《天下》篇説"不離於真,謂之至人"③。可見"至人"與"真"也是緊密聯繫的。因此可以認爲"真人"與"至人"是一樣的,在道家話語中都是人通過修道可以達到的最高人格境界。

　　《莊子》書中關於"真人"的描述主要見於《大宗師》《刻意》《田子方》《列禦寇》等篇。最詳細的一段見於《大宗師》篇:

　　　　何謂真人? 古之真人,不逆寡,不雄成,不謨士。若然者,過而弗悔,當而不自得也。若然者,登高不慄,入水不濡,入火不熱。是知之能登假於道者也若此。古之真人,其寢不夢,其覺無憂,其食不甘,其息深深。真人之息以踵,衆人之息以喉。屈服者,其嗌言若哇。其耆欲深者,其天機淺。古之真人,不知説生,不知惡死;其出不訢,其入不距;翛然而往,翛然而來而已矣。不忘其所始,不求其所終;受而喜之,忘而復之,是之謂不以心捐道,不以人助天。是之謂真人。若然者,其心志,其容寂,其顙頯:淒然似秋,煖然似春,喜怒通四時,與物有宜而莫知其極。……古之真人,其狀義而不朋,若不足而不承;與乎其觚而不堅也,張乎其虚而不華也;邴邴乎其似喜乎! 崔乎其不得已乎! 滀乎進我色也,與乎止我德也;厲乎其似世乎! 謷乎其未可制也;連乎其似好閉也,悗乎忘其言也。……故其好之也一,其弗好之也一。其一也一,其不一也一。其一與天爲徒,其不一與人爲徒。天與人不相勝也,是之謂真人。④

莊子描繪的"真人"似乎已經具備了一些普通人所不具備的能耐,例如"入水不濡,入火不熱"之類。這種能耐在今人看來顯然是非現實的,超自然的。這爲後來道教對"真人"進行神格化的提升準備了材料。但考慮到莊子文章善於虚擬、誇張的浪漫主義文學特徵,《莊子》書中這些描繪更像是一種文學性的誇飾,或是一種對於真人所能達到的極高精神境界的隱喻,而非一種事實性的陳述。正如我們不能將《莊子》書中的許多寓言都理解爲對客觀事實的陳述一

①　郭慶藩《莊子集釋》,第31～35頁。
②　同上,第489頁。
③　同上,第1061頁。
④　同上,第231～239頁。

樣,我們也不必對這種誇張的文學描寫信以爲真。以"得意而忘言"的方法來看,莊子之意其實就是在表明"真人"的精神已經達到與道同一、與天合一的境界,因此對現實世界的任何局面、任何變化都能泰然處之、坦然面對、隨遇而安、無入而不自得;世俗之人的利害、得失、生死之憂,對他們來説,早已不足挂懷;他們只是順應自然、與日月天地四時的變化保持同一節律而已。

當然,我們也不能排除有這種可能,即從莊子乃至先秦哲人的觀點來看,"自然"與"超自然"之間並没有絶對的界限,二者没有本質的差别,都屬於"天",都在"道"的統攝之下,都是"天道"的運行,只是層次境界有所不同而已。因此人如果按照道家的方法認真修煉,使自己上升到與道爲一,與天地爲一的境界,就的確可以獲得那種常人覺得難以置信的能力。至於當代有學者用西方哲學比附莊子的"真人",比如把"真人"比附於尼采的"超人",把"真人""真性"等與存在主義意義上"真實的自我"相比,等等,這些郢書燕説式的現代闡釋雖然也很有意義、很有趣味,但恐怕並非莊子原意。

《莊子》書中提到"至人"的次數也不少,雖然描述没有像對"真人"那麼具體詳細,但我們還是可以看出"至人"與"真人"的特徵在許多方面都是共同的,例如至人也像真人一樣,具有"潛行不窒,蹈火不熱,行乎萬物之上而不慄"[1]的心態或能力,面對生死、得失、利害,他們可以無動於衷,"死生無變於己,而况利害之端乎!"[2]世俗的功名富貴對他們來説只是枷鎖,他們順物自然,與天爲徒,與自然之道爲一等等。總之,"真人""至人"是莊子道家人生哲學的人格體現,具體呈現着道家無爲、自然、淡泊名利、逍遥遊世、忘懷得失、不計成敗、超越生死等等思想觀念。他們雖然"遊"於世俗,但却保持着精神的超越與自由。

莊子又説"有真人而後有真知"[3]。"真人"與"真知"是緊密相連的。但是莊子所謂"真知"也不可以從西方哲學認識論的意義上去理解,"真知"也不是"真理符合論"意義上的"真理"或者"真實的知識"。實際上莊子對人類通過感覺器官和心智來獲得對客觀世界的真實知識的能力是懷疑和否定的。首先,因爲"夫知有所待而後當"[4],而"其所待者特未定也"[5]。也就是説認識的對象本身就是變動不居的,怎麼可能用十分肯定的知識將其記録下來呢?其次,認識的主體自身,也不具備評判知識是否正確的合法性:"民溼寢則腰疾偏死,鰌然乎哉?木處則惴慄恂懼,猨猴然乎哉?三者孰知正處?……"[6]再次,人類心智也不足以通過辯論和邏輯推導出絶對正確的知識,如《齊物論》篇中所説:

---

① 郭慶藩《莊子集釋》,第 632 頁。

② 同上,第 102 頁。

③ 同上,第 231 頁。

④ 同上。

⑤ 同上。

⑥ 同上,第 98 頁。

　　既使我與若辯矣,若勝我,我不若勝,若果是也,我果非也邪? 我勝若,若不吾勝,我果是也,而果非也邪? 其或是也,其或非也邪? 其俱是也,其俱非也邪? 我與若不能相知也,則人固受其黮闇,吾誰使正之? 使同乎若者正之? 既與若同矣,惡能正之! 使同乎我者正之? 既同乎我矣,惡能正之! 使異乎我與若者正之? 既異乎我與若矣,惡能正之! 使同乎我與若者正之? 既同乎我與若矣,惡能正之! 然則我與若與人俱不能相知也,而待彼也邪?①

　　總之,在經驗世界,人是無法判斷什麽是絕對的"真知"的。但同時,莊子也承認,即使在經驗世界,人們的所謂"知識",也還是有"小知"與"大知"的區別,"小知不及大知"。那麽"小知"與"大知"的區別在哪裏呢? 在莊子看來,區別就在於人所處的境界不同。每個人在其當下所處的境界,都認爲自己當下的知識是真知。只有當他超越了這個境界,上升到一個更高的境界,他才會如夢初醒,發現以前的知識是錯誤的。這就是《秋水》篇所謂"井鼃不可以語於海者,拘於虛也;夏蟲不可以語於冰者,篤於時也;曲士不可以語於道者,束於教也"②。隨着境界的提升,人的"知"也會得到提升,逐步從"小知"走向"大知"。但是,由於人們"方其夢也,不知其夢也。夢之中又占其夢焉,覺而後知其夢也"③,所以,在現實世界中誰也不知道自己所處的境界是不是已經達到了終極的"大覺",因而也就無法確定自己當下所知是否"真知"。在莊子看來,經驗世界的"知"雖然有大有小,但最大的"知"也不能算"真知"。"真知"在經驗世界是不可能的。要想獲得"真知",就必須突破天人隔閡,上升到超越的"真"境界,也就是由經驗世界進入超驗世界,成爲與道爲一,與天爲一的"真人"。

　　這種打破了天人之間的界限,貫通天人,與道合一的"真知",實際上就是處於"真"的狀態。這已經不是世俗經驗通常理解的以語言文字表達出來的知識了。莊子以一系列技藝寓言來表達這種狀態。例如"輪扁鑿輪""梓慶削鐻""吕梁丈夫蹈水""佝僂丈人承蜩"等等。對於輪扁、梓慶、吕梁丈夫、佝僂丈人等等完全熟練掌握了某種高超技藝的人來説,他們對做這件事的技能的掌握,已經達到出神入化、天衣無縫、鬼斧神工的境界,以至於他們自己已經與做這件事的"道"本身完全融爲一體,也就是達到了技進乎道,藝通乎神的境界,因此,他們已經不知道如何用語言來對象化地表述有關這個技藝或"道"的知識,也没有必要再用語言來表述這種知識了。通過修道最終成爲"真人"並獲得"真知"的境界也與此相似,絕對"真"的境界是一個無法言説也無需言説的境界。因此,對於拘泥於世俗層面經驗世界所謂知識的人來説,莊子所謂"真知"幾乎近似於"無知",甚至是一種昏睡的狀態。如《知北遊》篇所描述,那種

---

① 郭慶藩《莊子集釋》,第112頁。

② 同上,第562頁。

③ 同上,第110頁。

"形若槁骸,心若死灰"①的"睡寐"狀態,就是"真其實知"②。在莊子看來,修煉到這種超越的境界,才算獲得"真知",成了"真人"。顯然,這一過程已經超出了一般認識論意義上的獲得知識的過程,而是一種類似於進入神聖超越境界的宗教體驗。可見,《莊子》關於"真人"的描述已經爲後來道教把"真人"發展爲得道成仙者做了鋪墊。

三、秦漢時期"真人"概念的演進

在《莊子》之後,"真"這個詞的使用逐漸變得普遍起來。"真人"這個概念也更加頻繁地出現於道家或道教的不同文本中。但對"真人"含義的理解却出現了分化的傾向。一種傾向,主要還是從哲學意義上闡發,強調"真人"就是精神上與道合一的人,他們只是在思想上、精神上超越世俗,不同於衆,但肉體上並不具備超自然的神秘能力。另一方面,也出現了在宗教意義上進一步發展"真人"含義的傾向,把《莊子》文本中關於"真人"的一些帶有文學誇張色彩的描述作爲宗教修煉追求的實質性目標,即通過修煉獲得超自然的能力,最終成爲不死的神仙。

《説苑》卷二十有一段可能是出自已經亡佚的《鄧析子》一書的材料,説鄧析經過衛國,看見五個老人"俱負缶而入井,灌韭"③,效率非常低,就下車教他們用機械灌溉,提高效率。但是老人們却説:"吾師言曰:'有機知之巧,必有機知之敗。'我非不知也,不欲爲也。子其往矣,我一心漑之,不知改已!"④鄧析離開後,心裏悶悶不樂,他的弟子説:這些老頭是什麽人啊,真不知好歹,不但不肯接受新技術,還搞得我們老師很不開心,我們去把那幾個老家伙殺了吧。可是鄧析却制止説:"釋之。是所謂真人者也。可令守國。"⑤這個《鄧析子》應該不是春秋時期鄭國那個與子産同時的鄧析所作,而應該是戰國時期的著作。這個故事的思想内涵與《莊子·天地》漢陰丈人的寓言如出一轍。鄧析稱那些不願使用機械的老人爲"真人",這還是從抱樸守素、崇尚自然簡樸生活的哲學意義上來理解"真人"的,這些"真人"尚未表現出超自然的神奇能力。《呂氏春秋·先己》曰:"凡事之本,必先治身,嗇其大寶。用其新,棄其陳,腠理遂通。精氣日新,邪氣盡去,及其天年。此之謂真人。"⑥此所謂"真人"也還是從修身養性,回歸自然生命之本真的意義上來説的。漢初賈誼《鵬鳥賦》曰:"衆人或或兮,好惡積意;真人淡漠兮,獨

---

① 郭慶藩《莊子集釋》,第 734 頁。

② 同上。

③ 劉向撰,向宗魯校證《説苑校證》,中華書局 1987 年版,第 513 頁。

④ 同上,第 514 頁。

⑤ 同上。

⑥ 許維遹《呂氏春秋集釋》,中華書局 2009 年版,第 70 頁。

與道息。"①這裏也只是從遠離世俗,潔身自好的意義上來理解"真人"的。

但與此同時,也出現了從長生不老、生命不朽等超自然意義上來定義"真人",將"真人"神仙化的傾向。如《黄帝内經》就認爲"真人"是與道合一,永生不死的:"與道合同,惟真人也"②;"余聞上古有真人者,提挈天地,把握陰陽,呼吸精氣,獨立守神,肌肉若一,故能壽敝天地,無有終時,此其道生"③。《淮南子》書中多處講到"真人",一方面沿襲了《莊子》書中的"真人"論述,强調"真人者,性合於道"④,"真人立於天地之本"⑤;另一方面進一步發展了"真人"超越生死,具有超自然能力的方面,明顯强化了"真人"具有超越現實世界的宗教信仰意義,如《淮南子·本經訓》説"莫死莫生,莫虚莫盈,是謂真人"⑥。《俶真訓》篇描寫"真人"道:

> 若夫真人則動溶於至虚,而遊於滅亡之野,騎蜚廉而從敦圉,馳於方外,休乎宇内,燭十日而使風雨,臣雷公,役夸父,妾宓妃,妻織女,天地之間,何足以留其志!⑦

顯然,《淮南子·俶真訓》中的"真人"已經比《莊子》書中的"真人"具有了更多的神性,他縱横馳騁於天地宇宙之間,與神靈同在,甚至可以統帥諸神,他已經完全不是現實世界中的人,也不只是修煉道術的高士,而是上升爲具有呼風唤雨、驅使鬼神的超自然能力的神靈了。

秦漢之際,已有方術之士用"真人"之名來推廣長生不死之術。據《史記·秦始皇本紀》記載,方士盧生曾遊説秦始皇説:"臣等求芝奇藥仙者常弗遇,類物有害之者。方中,人主時爲微行以辟惡鬼,惡鬼辟,真人至。人主所居而人臣知之,則害於神。真人者,入水不濡,入火不爇,陵雲氣,與天地久長。今上治天下,未能恬惔。願上所居宫毋令人知,然後不死之藥殆可得也。"⑧始皇聽了以後深信不疑,表示極其仰慕"真人",並希望自己成爲"真人"。從此秦始皇就自稱"真人",不稱"朕"。顯然,秦始皇所仰慕追求的,顯然已經不是哲學意義上的道家人格,而是真正能長生不老的神靈。司馬相如迎合漢武帝對神仙道的喜好,作《大人賦》以獻,其中説:"邪絶少陽而登太陰兮,與真人乎相求。"⑨雖然賦中的描寫可理解爲只是一種文學表現手法,是借用神話元素,迎合漢武帝對神仙境界的嚮往,但"真人"在這裏明顯已具有"神仙"的

---

① 蕭統編,李善等注《六臣注文選》,中華書局 1987 年版,第 258 頁。

② 張志聰《黄帝内經集注》,第 498 頁。

③ 同上,第 6 頁。

④ 何寧《淮南子集釋》,中華書局 1998 版,第 521 頁。

⑤ 同上,第 106 頁。

⑥ 同上,第 589 頁。

⑦ 同上,第 128~129 頁。

⑧ 司馬遷《史記》,中華書局 2014 年版,第 328 頁。

⑨ 同上,第 3705 頁。

含義。所以漢武帝讀後，飄飄然有凌雲之志。顯然，這些"真人"已經具有了宗教神學的超自然性質。

伴隨着道教的産生和流行，"真人"逐漸成爲道教修煉成仙者的名稱。得道的人便能與諸神交結，也就是成了神仙。《太平經》裏就記録了許多真人與神人的問答，神人相當於天師，真人就是天師的弟子。他們的關係有點類似於佛祖及其最初成佛的一批門徒的關係。在《太平經》中，真人的地位甚至還在仙人之上。如曰："六人生各自有命，一爲神人，二爲真人，三爲仙人，四爲道人，五爲聖人，六爲賢人，此皆助天治也。神人主天，真人主地，仙人主風雨，道人主教化吉凶，聖人主治百姓，賢人輔助聖人，理萬民録也，給助六合之不足也。"①能够"主天""主地""主風雨"的，顯然都已經是神靈，而不是人。

東漢時期，用"真人"指長生不死的神仙，已經比較普遍。例如東漢王逸作《九思》，其中道："隨真人兮翱翔，食元氣兮長存。"②自注曰："真，仙人也。"可見在當時把"真"理解爲"仙"已經是很普遍、很正常的了。由此我們就不難理解許慎《説文解字》爲什麽會以"仙人變形而登天"來解釋"真"這個字。東漢王逸的《楚辭章句》，也往往用漢代道教神仙永生不死之"真人"概念來解讀屈原等人的文學作品。例如《離騷》中"跪敷衽以陳辭兮，耿吾既得此中正"句，王逸注曰："得此中正之道，精合真人，神與化遊。"③《遠遊》："軒轅不可攀援兮，吾將從王喬而娛戲！"王逸注："上從真人，與戲娛也。"④《惜誓》："念我長生而久仙兮，不如反余之故鄉。"王逸注曰："言屈原設去世離俗，遭遇真人，雖得長生久仙，意不甘樂，猶思楚國，念故鄉。"⑤可見東漢時把"真人"理解爲神仙，其實已經是一種通行的觀念了。當然，儘管"真人"是神仙，普通人也是有可能成爲"真人"的。但其途徑已經逐漸偏離了早期道家通過内心修煉達到精神超越的意義，而是更多地借助於煉丹吃藥之類的宗教法術，如後代《雲笈七籤》所云"欲作地上真人，必先服食藥物"，"欲作真人，當先服制仙丸"⑥。

這種神仙化的"真人"説也遭到來自主流儒家學者或唯物主義者方面的抨擊和壓制。《漢書》卷七十五《李尋傳》載：初，成帝時，齊國有個叫甘忠可的方士，僞造《天官曆》《包元太平經》十二卷，自稱是從天帝派來的"真人赤精子"處修得了大道，以此教授他人，廣爲傳播。劉向就上奏章，控告甘忠可假借鬼神，欺上惑衆，將他打入大牢治罪。但還没有判決，甘忠可就病死了。然而他的學生還在私下傳授其學説。哀帝初即位，有人把他的書拿出來獻給皇上，皇上叫劉向的兒子劉歆來處理這件事。劉歆認爲這些書都不可施行，理由是與儒家"五經"的

---

① 王明《太平經合校》，中華書局 1979 年版，第 289 頁。

② 洪興祖《楚辭補注》，中華書局 1983 年版，第 327 頁。

③ 同上，第 25 頁。

④ 同上，第 166 頁。

⑤ 同上，第 229 頁。

⑥ 張君房《雲笈七籤》，中華書局 2003 年版，第 2245 頁。

精神不相符合①。東漢末年,政治衰敗,各地叛亂頻發。其中也有人打着“真人”的旗號舉兵造反,遭到官方誅殺②。

　　王充《論衡·道虛》對當時流行的道教修道成仙的神奇傳説提出許多質疑,其中也涉及所謂“真人”。他提到當時傳説有個叫文摯的道人,會看病。他用激怒的方法治好了齊王的病。但齊王因爲被激怒,所以執意要殺死文摯。而文摯居然真的是“入水不濡,入火不燋”③,放到鍋裏煮都煮不死。然而最後把鍋反扣到他身上,却把他悶死了。王充説,文摯“既能烹煮不死,此真人也”④,但却又被悶死,可見此種傳説荒誕不經,斥其有“五虛”。並指出:“世見文摯爲道人也,則爲虛生不死之語矣。”⑤王充認爲世上只有長壽的人,没有所謂不死的真人。對道教所謂“真人食氣”“食氣者壽而不死”⑥的説法提出了質疑。

　　隨着道教的進一步發展與流行,“真人”的名號也被更加廣泛地用來指道教中的修煉得道者。唐以後老子被封爲“玄元皇帝”,而莊子、列子、文子、庚桑子這些先秦道家先哲,也分別被封以“南華真人”“冲虛真人”“通玄真人”“洞靈真人”之號,這實際上也就等於是把道家的先哲神格化爲道教的神祇,完成了哲學的道家向宗教的道教的轉變。

　　“真人”據説是不死的。人類是否最終可以實現長生不死,成爲傳統道教嚮往的“真人”,從人類已有的經驗來看是不可能的。但現在隨着生物工程、人工智慧以及“元宇宙”等科學技術的發展趨勢看,有人認爲將來人類實現在一定意義上的長生不老乃至不死甚至是有可能的。然而,人類如果僅僅是肉體生命的不死,心靈和精神得不到提升,或者仍然爲功名利禄、塵俗事務所煩擾,那就如莊子所説:“壽者惛惛,久憂不死,何苦也!”⑦因此,即使未來科學技術可以幫助人類延年益壽,長生久視,我們仍然需要學習借鑒古代道家、道教關於精神修持的學説,追求精神的超越提升、心靈的逍遥自由,這樣才能真正享受至美至樂的生活。

　　[作者簡介] 徐克謙(1956—　　),男,江蘇江都人。復旦大學哲學博士,三江學院文學與新聞傳播學院教授,南京師範大學文學院退休教授、博士生導師。從事先秦諸子思想、先秦兩漢魏晋南北朝文學的教學與研究,發表中英文學術論文近百篇,出版著作《莊子哲學新探——道·言·自由與美》《先秦思想文化論札》《儒家中道哲學的歷史淵源與當代價值》等十多種。

---

① 班固《漢書》,中華書局 1962 年版,第 3192 頁。

② 范曄《後漢書》,中華書局 1962 年版,第 293 頁。

③ 黄暉《論衡校釋》,中華書局 1990 年版,第 328 頁。

④ 同上。

⑤ 同上,第 329 頁。

⑥ 同上,第 336 頁。

⑦ 郭慶藩《莊子集釋》,第 608 頁。

《老子指歸》對老子無爲思想的玄學化重構

李秀華

内容提要 嚴君平的《老子指歸》不僅語言玄妙,而且思想也很玄奧,是魏晋玄學的先聲。該書非常重視對老子無爲思想的闡發,把老子很多素樸的觀念引向了玄遠的境地。嚴君平將"道"與"德"合爲"道德"一詞,又從《周易》引入"神明""太和"等概念,用以拓展老子無爲思想的形上基礎,意欲清晰地勾連形上與形下世界。他又對老子的"無爲""有爲"概念進行改造,提出了"無爲之爲""有爲之爲"等反常規性且帶悖論性的新概念,旨在釐定"無爲"與"有爲"之間的真正差別。同時,嚴君平進一步明確了無爲與自然這兩個概念之間的内在統一性,以及兩者互爲因果的關係。在此基礎上,他糅合《周易》《莊子》關於性命的觀念,大力發展了老子的無爲自化思想。從《易》《老》《莊》三玄合一的角度看,嚴君平所闡釋的無爲思想更富空想性和思辨性,呈現出玄學化的特徵,在老子無爲思想發展史上具有承上啓下的地位。

關鍵詞 嚴君平 《老子指歸》 無爲 自然 玄學化

中圖分類號 B2

嚴君平在西漢末年所著的《老子指歸》,是《老子》注書中較早且有特色的一部。儘管此書曾遭遇後世一些學者的質疑,被視作僞書,但他們給出的證據都不足以否定《老子指歸》爲嚴君平所著這一事實。與其他注書相比,《老子指歸》的注疏風格獨具一格,幾乎都是不受原文約束的長篇大論,語言整齊而又鋪張,近於駢賦。這種風格顯示了作者多是借助《老子》來闡述自己的觀點,當然也對我們準確把握作者的思想帶來了困難。據統計,《老子指歸》(今僅存七卷)共出現"無爲"一詞約 93 次,佚文中出現約 11 次[①];"無事"一詞約 33 次,佚文 1 次;"不

---

① 本文有關《老子指歸》的統計數據,均以王德有點校的《老子指歸》(中華書局 1994 年版)及其收録的佚文爲依據。

爲"約 70 次,佚文中約 11 次。這些數據非常清楚地反映了無爲思想在《老子指歸》中的分量。嚴君平以老莊思想爲内核,擴展了無爲思想的形而上基礎,提出了"無爲之爲"的新概念,並發展了老子"萬物自化"的思想主張,在一定程度上是對老子無爲思想的重構。相較於之前的學者,嚴君平在闡述老子無爲思想時更具系統性和思辨性,是老子無爲思想玄學化的先聲。

一、拓展老子無爲思想的形而上基礎

《老子》文本中有"道",有"德",但未有"道德"一詞。嚴君平合道經與德經之名,大量使用"道德"一詞,《老子指歸》七卷約出現 74 次,佚文約 17 次。它的地位和作用與"道"是一致的,也是《老子指歸》哲學概念中的最高範疇。這一最高範疇——道德,順理成章地成了嚴君平無爲思想的形而上根據。《老子》中,道是無爲唯一的形而上根據。除"道""德""道德"以外,嚴君平還從《周易·繫辭下》引入"神明"一詞,從《周易·乾卦·彖》引入"太和"一詞①,來建構其無爲思想的形而上基礎。據統計,《老子指歸》七卷中出現"神明"一詞約 86 次,佚文約 18 次;出現"太和"一詞約 25 次,佚文約 7 次。如此頻繁地出現這些詞語,顯然説明嚴君平是將它們視作固定的哲學概念來使用。他認爲,道德、神明、太和是天地萬物的存在根據。嚴君平説:"天地所由,物類所以,道爲之元,德爲之始,神明爲宗,太和爲祖。"②又説:"夫天人之生也,形因於氣,氣因於和,和因於神明,神明因於道德,道德因於自然,萬物以存。"③天地萬物都是有形質的,太和、神明、道德都是無形質的,氣則是連接它們之間的媒介,勾連無有。天地萬物的本原在於道德、神明、太和,又因它們而生而成。當然,在嚴君平看來,天地萬物的總根源仍在於道德,神明、太和不過是道德的作用形態,或者説是派生物。《得一》篇説:"一者,道之子,神明之母,太和之宗,天地之祖。於神爲無,於道爲有,於神爲大,於道爲小。"④道至大至無,一爲道的直接派生物,神明、太和、天地則依次由一而生。如此,神明、太和都要順從於道德,服從於道德,所以《至柔》篇説:"道德至靈而神明賓,神明至無而太和臣。"⑤

道德能爲無爲提供形而上的根據,是基於它本身具有虛無與無爲兩大根本性質。老子講道的虛無較有理性思辨,嚴君平描述道的虛無則有點誇張,顯得更加神秘、玄遠。他説:"是故,無無無始,不可存在,無形無聲,不可視聽,禀無授有,不可言道,無無無之無,始未始之始,

---

① 詳見丘樂媛《〈老子指歸〉"無爲"思想的易學淵源》,《周易研究》2011 年第 6 期。"太和",《周易》作"大和"。"大""太"二字,古時常通用。

② 王德有點校《老子指歸》,第 3 頁。

③ 同上,第 17 頁。

④ 同上,第 9 頁。

⑤ 同上,第 20 頁。

萬物所由,性命所以,無有所名者謂之道。"①嚴君平效仿《莊子·齊物論》"有有也者,有無也者,有未始有無也者,有未始有夫未始有無也者"這樣層層向前否定的邏輯,把道的虛無性推入到了近似於絶對的狀態,只能用"無無""無始""無無無之無""始未始之始"這樣的新詞語來形容,甚至説它"不可存在"。這似乎與莊子"道惡乎往而不存"(《莊子·齊物論》)的觀點相左。但嚴君平又説:"夫道以無有之有,通無間,遊無理,光耀有爲之室,澄清無爲之府,出入無外而無圻,經歷珠玉而無朕。"②表明道並非是絶對的無,本質上是"無有之有",是一種不能像有形物質那樣存在的存在,它無所不在,無所不能,却無迹可尋,即如《爲學日益》篇所説:"道德之化,變動虛玄,蕩蕩默默,汎汎無形,潢潒慌忽,渾沌無端,視之不見,聽之不聞,開導禀授,無所不存,功成遂事,無所不然。"③

神明、太和由道德派生,同樣禀承了道德的虛無與深微,《含德之厚》篇所謂"道德虛無,神明寂泊,清濁深微,太和滑淖"④,正説明了它們之間的這種共通性。尤其是神明,它的虛無之性與道德最接近。嚴君平説:"一以虛,故能生二。二物並興,妙妙纖微,生生存存,因物變化,滑淖無形,生息不衰,光耀玄冥,無嚮無存,包裹天地,莫睹其元,不可逐以聲,不可逃以形,謂之神明。"⑤又説:"有物俱生,無有形聲,既無色味,又不臭香,出入無户,往來無門,上無所蒂,下無所根,清静不改,以存其常,和淖纖微,變化無方,與物糅和,而生乎三,爲天地始,陰陽祖宗,在物物存,去物物亡,無以名之,號曰神明。"⑥這些繁蕪的描述,無非是在説神明虛無精微却不死寂,生息變化却無迹可尋,最終歸根於清静,正是《生也柔弱》篇所謂:"柔弱虛静者,神明之府也。"⑦根據嚴君平的這些描述,他提出的這一"神明"概念與老子"弱者道之用"的意涵最相近,應該就是道德産生作用時的表現形式。

道德産生作用時的這一表現形式,换成另一種説法即是無爲。《道生》篇説:"是故天地人物,含心包核,有類之屬,得道以生而道不有其德,得一而成而一不求其福。萬物尊而貴之,親而憂之而無報其德。夫何故哉?道高德大,深不可言,物不能富,爵不能尊,無爲爲物,無以物爲,非有所迫,而性常自然。"⑧"不有其德""不求其福""無爲爲物""無以物爲""性常自然",都是道德作用於萬物時的"弱者"狀態。《天下有始》篇又説:"夫道之爲物,無形無狀,無心無意,不忘不念,無知無識,無首無向,無爲無事,虛無澹泊,恍惚清静。其爲化也,變於不變,動於不

---

① 王德有點校《老子指歸》,第17~18頁。
② 同上,第21頁。
③ 同上,第36頁。
④ 同上,第55頁。
⑤ 同上,第18頁。
⑥ 同上,第110頁。
⑦ 同上。
⑧ 同上,第46頁。"憂",汲古閣刊本作"愛",當從。

動,反以生覆,覆以生反,有以生無,無以生有,反覆相因,自然是守。無爲爲之,萬物興矣;無事事之,萬物遂矣。是故,無爲者,道之身體而天地之始也。"①由此可見,無爲不僅是道德的作用方式,也是道德固有的一個屬性。

作爲道德作用於萬物的不同表現形式②,神明、太和都承襲了道之無爲這一根本的方式。《大成若缺》篇説:"道德無爲而神明然矣,神明無爲而太和自起,〔太和〕無爲而萬物自理。"③道德無爲於神明而神明自然,神明無爲於太和而太和自然,太和無爲於萬物而萬物自然,無爲是它們根本的作用方式,自然則是一切存在的根本法則。所以嚴君平説:"且道德無爲而天地成,天地不言而四時行。凡此兩者,神明之符,自然之驗也。"④天地生於道德,道德無爲,所以天地不言。這是道德神明而天地自然的表現形式。

通過上面的討論,我們知道,嚴君平在老子思想的基礎上,爲其無爲思想重構了一個由道德、神明、太和等概念組成的形而上基礎。它們本身所具有的虛無和無爲這兩大性質,就決定了人類社會也必須以無爲的方式存在和發展。聖人作爲人類社會的最高代表,他毫無私意地完全順從了道德、神明、太和,是無爲而存、無爲而行的典範。《至柔》篇説:"是以聖人虛心以原道德,静氣以存神明,損聰以聽無音,棄明以視無形,覽天地之變動,觀萬物之自然,以睹有爲亂之首也,無爲治之元也,言者禍之户也,不言者福之門也。是故絶聖棄智,除仁去義,發道之心,揚德之意,順神養和,任天事地,陰陽奉職,四時馳騖,亂原以絶,物安其處。"⑤《上德不德》篇又説:"是以大丈夫之爲化也,體道抱德,太虛通洞,成而若缺,有而若亡,其静無體,動而無聲,忠信敦愨,不知爲首,玄默暗昧,樸素爲先,損心棄意,不見威儀,無務無爲,若龍若蛇,違禮廢義,歸於無事,因時應變,不豫設然,秉微統要,與時推移,取捨屈伸,與變俱存,禍亂患咎,求之於己,百祥萬福,無情於人。"⑥聖人拋棄了個人的一切感官感覺,斷絶了個人的一切思慮意念,捨棄了社會的一切禮儀規範,做到虛心、静氣,完全與道德、神明、太和合體,處以無爲,行以無爲。

嚴君平認爲,理想的君主就是聖人,所以聖人管理社會自然也是效仿道德、神明、太和,采取無爲而治的方式。《不出户》篇説:"故聖人之爲君也,猶心之於我、我之於身也,不知以因道,不欲以應天,無爲以道世,無事以養民,玄玄默默,使化自得,上與神明同意,下與萬物同

---

① 王德有點校《老子指歸》,第48頁。

② 嚴君平説:"我性之所禀而爲我者,道德也;其所假而生者,神明也;其所因而成者,太和也;其所托而形者,天地也。"(王德有點校《老子指歸》,第23頁。)非常清楚地描述了道德、神明、太和、天地對於萬物存在着各自不同的作用形式。

③ 王德有點校《老子指歸》,第26頁。

④ 同上,第22頁。

⑤ 同上。

⑥ 同上,第7頁。

心,動與之反,静與之存,空虚寂泊,使物自然。"①《治大國》篇亦説:"是以明王聖主之治大國也,若柄纖微,若通小水,若察秋毫,如聽無有,若亡若存,若非若是,如形如留,如爲如休,爲在爲不爲之域,化在有無有之野,福微利鮮,言希禁寡,動於無形,功留四海。夫何故哉? 以道爲父,以德爲母,神明爲師,太和爲友,清静爲常,平易爲主,天地爲法,陰陽爲象,日月爲儀,萬物爲表,因應爲元,誠信爲首。"②聖人(明君聖主)幾乎泯除個人的一切意志和行爲,徹底地隨順道德、神明、太和,並效法天地,自身無爲而萬物自然。比之老子而言,嚴君平引入"神明""太和"等概念,雖然讓形上(道)與形下(器)之間的連接更加具體明確,但這種糅合却使得無爲思想蒙上了一層更加玄妙莫測的面紗,其理論的空想性和消極性大大超過了老子。

二、提出"無爲之爲""有爲之爲"的新概念

就現存文獻而言,"無爲之爲"這個詞語應該是最早見於《老子指歸》,嚴君平也是第一個將它作爲一個哲學概念來使用的學者。據統計,《老子指歸》中出現"無○之○"這一模式的詞語約有 34 個,"不○之○"這一模式的詞語約有 13 個。具體情況如下:

"無○之○"模式的詞語: 無無之無(出現 3 次)、無有之有(2 次)、無爲之爲(8 次)、無聲之聲(3 次,佚文 2 次)、無象之象(2 次)、無名之名(1 次)、無貨之貨(1 次)、無事之事(3 次)、無心之心(3 次)、無身之身(2 次)、無存之存(1 次)、無設之設(1 次,佚文 1 次)、無形之形(2 次,佚文 2 次)、無用之用(2 次)、無聞之聞(1 次)、無樂之樂(1 次)、無欲之欲(2 次)、無狀之狀(1 次,佚文 1 次)、無象之象(2 次,佚文 1 次)、無清之清(1 次)、無福之福(2 次)、無功之功(1 次)、無德之德(1 次)、無禍之禍(1 次)、無思之思(1 次)、無求之求(1 次)、無教之教(1 次)、無圖之圖(佚文 1 次)、無色之色(佚文 1 次)、無味之味(佚文 1 次)、無計之計(佚文 1 次)、無慮之慮(佚文 1 次)、無鴻之鴻(佚文 1 次)、無緒之緒(佚文 1 次)。

"不○之○"模式的詞語: 不道之道(佚文 1 次)、不德之德(1 次)、不名之名(佚文 1 次)、不言之言(3 次)、不化之化(1 次)、不知之知(1 次)、不教之教(1 次)、不用之用(1 次)、不巧之巧(1 次)、不明之明(1 次)、不生之生(1 次,佚文 1 次)、不欲之欲(1 次)、不爲之爲(1 次)。

上述數據説明,"無○之○""不○之○"模式詞語的大量使用,確實是《老子指歸》中的特殊現象,是嚴君平一種有意識的創造。韓國學者元正根撰寫了《淺析〈老子指歸〉的思維方式——"無○之○"與"不○之○"》一文專門討論這個問題。他認爲,嚴君平所使用的詮釋語言與老莊等道家學者一樣,都是體驗性語言。元正根説:"嚴君平的語言不是單純的對象性語

① 王德有點校《老子指歸》,第 34 頁。
② 同上,第 68 頁。

言,而是通過主客一體的體驗方式所形成的體驗性語言。即將不能用對象性語言固定並表現的事物,通過主體體驗確認,並用日常用語進行記述及指示。當用日常語言説明非其所能説明之存在時,不得不使用違反日常語法與一般論法的悖論性語言與文字,因此可能被慣於日常邏輯的人認爲是無稽之談。倘若不通過語言超越語言而單純停留在日常語言的對象性表現方式,就無法正確捕捉道家哲學的本質内涵。"①嚴君平所用"無○之○"與"不○之○"模式的詞語,就是違反常規語法和帶有悖論性的語言。"無○""不○"顯然否定了"○",但"之"字又表明"無○""不○"是修飾和限定"○"的,最終還是肯定了"○"。這樣就把否定某物和肯定某物統一在了同一個詞語中,此即反常語法和帶有悖論性。

當然,這種反常規性和帶有悖論性的語言並非嚴君平首創,《老子》講"無狀之狀"(十四章),《莊子》講"無用之用"(《人間世》)、"不道之道"(《齊物論》《徐无鬼》)、"不射之射"(《田子方》)、"不形之形"(《知北遊》)、"不際之際"(《知北遊》)、"不知之知"(《知北遊》)、"不言之言"(《徐无鬼》),《吕氏春秋》講"不見之見"(《仲夏紀·大樂》)、"不聞之聞"(《仲夏紀·大樂》)、"不教之教"(《審分覽·君守》)、"不利之利"(《慎行論·慎行》),《淮南子》講"無外之外"(《精神訓》)、"無内之内"(《精神訓》)、"無聲之聲"(《繆稱訓》)、"無病之病"(《説山訓》)、"無患之患"(《説山訓》)、"無音之音"(《説林訓》)。可見,從《老子》到《淮南子》,這種特殊的語言得到了較大的發展。

基於前面的統計數據,我們可以這樣説,嚴君平在《老》《莊》基礎上把它發展到了頂峰。這種反常規性和帶有悖論性語言的大量使用,爲我們準確理解嚴君平的思想造成了一定的障礙。元正根認爲:"道家哲學中的'無'和'不'的否定性表現並不局限於單純否定個體孤立的實體性,其重點在於強調宇宙萬物整體統一性的肯定性表現。即強調所有事物並非另外固定爲某一實體,而是與其他事物具有統一的關係。"②對此,我們基本認同。例如,老子談無爲,並非絶對不爲,而是要無不爲,重點在於肯定性表現;談不爭,正是由於不爭而天下不能與之爭,重點還是在於肯定性表現。當然也有例外,比如老子談無欲或者不欲,雖然並非絶對排斥欲望,但對此基本持否定態度。可見,嚴君平所使用的這些特殊語言,落脚點幾乎全部在於肯定性表現。

在"無○之○"與"不○之○"模式的這些詞語中,"無爲之爲""無事之事""不爲之爲"合在一起的出現頻率最高,可以看成是無爲概念的另一種表述,其他詞語的意涵也都與無爲精神是相通的。元正根對嚴君平使用"無爲之爲"的意圖進行了分析,他説:"將'無爲'進行'另外'解釋時,'無爲'則表示没有任何另外的個別行爲。即不是無所作爲的一動不動,而是在没有另行的特定的對象性行爲的情況下與整體融爲一體。但,如'無'與'不'的否定性表現,不管它是故意與否,倘若只按字面解釋,則被歪曲理解的可能性很大。即,有可能被理解爲没有任

---

① 元正根《淺析〈老子指歸〉的思維方式——"無○之○"與"不○之○"》,《中國哲學史》1999 年第 3 期。

② 同上。

何東西的相對‘無’。爲防止出現這種誤解,提出‘無○之○’‘不○之○’的思維方式。它爲了避免‘無’與‘不’等否定性表現所具有的誤解的發生,采取了肯定的表現方式。即‘○’在没有另外存在的狀態下,和整體融爲一體,並以此保持自己的獨自性。根據這一思路,嚴君平將老子的‘無爲’規定爲‘無爲之爲’,使對解體個體孤立行爲的否定表現與能和整體融爲一體的肯定性表現相統一這一事實更加充分地體現出來。”①根據元正根的分析,我們知道,嚴君平提出的“無爲之爲”與老子原有的“無爲”概念並没有本質上的不同,只是爲避免人們對於無爲的誤解、曲解,即理解爲“無所作爲的一動不動”,而采用肯定的表達方式來强調無爲是一種個體與整體不割裂、自融合的行爲。這顯然是對老子“爲無爲”“無爲而無不爲”觀念的提煉式表述,相當於重構了老子的“無爲”概念。

除此之外,嚴君平提出“無爲之爲”概念還有一個目的,就是説明“無爲”不能按照世俗行爲的標準來衡量,它很難爲一般人所理解和接受。嚴君平説:“天下惘惘,昧昧喟喟。不知若瞉,無爲若雛。生而不喜,死而不憂。閔閔輓輓,性命有餘。莫有求之,萬福自來。夫何故哉?人主不言,而道無爲也。無爲之關,不言之機,在於精妙,處於神微。神微之始,精妙之宗,生無根蔕,出入無門。常於爲否之間,時和之元。故可聞而不可顯也,可見而不可闟也,可得而不可傳也,可用而不可言也。柄而推之,要而歸之,易爲智者陳,難爲淺聞者言也。何則? 廣大深遠,而衆人莫能及也;上而若反,而衆人莫能入也;淡淡濫濫,而世人莫能聞也;窅窅冥冥,而俗主莫能行也。”②又説:“故無狀之狀,可視而不可見也;無象之象,可效而不可宣也;無爲之爲,可則而不可陳也;無用之用,可行而不可傳也。”③從這些文字可以看出,無爲之爲的特點就在於精妙神微,它似乎無本無源,因爲它本身即本即源;無爲之爲可以被直覺、被效用,却不能被言傳、被陳述,也就是不可言説性。正是由於無爲之爲的不可言説性和精妙神微,一般人和一般的君主就很難理解和踐行它了。

顯然,無爲之爲只能是道德的行爲,以及聖人順從道德的行爲。《道生》篇説:“是故知道以太虚之虚無所不稟,知德以至無之無無所不授;道以無爲之爲品於萬方而無首,德以無設之設遂萬物之形而無事。故能陶性命,冶情意,造志欲,化萬事。”④道德至虚至無,無爲於萬事而萬事化,無設於萬物而萬物成,此即是道德的無爲之爲。《天下有始》篇説:“是以聖人退爲之爲,去事之事,體道之心,履德之意,統無窮之極,秉自然之要,翔於未元,集於玄妙。聰作未聞,明作未見,萌芽未動,朕圻未判,昭然獨睹,無形之變,通於無表,達於無境,毫毛之惡不得生,赫赫之患不得至,爲之行之,絶言滅慮,積柔體弱,反於無識,誅暴救寡,與神同化,無敵之

---

① 元正根《淺析〈老子指歸〉的思維方式——“無○之○”與“不○之○”》,《中國哲學史》1999 年第 3 期。

② 王德有點校《老子指歸》,第 22 頁。

③ 同上,第 58 頁。

④ 同上,第 45 頁。

不勝,無事之不爲。"①《以正治國》篇又説:"上順道德之意,下合天地之心,危寧利害,視民若身。體無形之形,處太陰之陰,發無爲之爲,揚無聲之聲。"②聖人能摒棄私有的心意、思慮、智巧,自覺體悟、隨順和踐行道德的心意,達到所謂玄妙不測的無形、無表、無境的狀態,因此可以無敵,可以無不爲。此即是聖人的無爲之爲。

　　爲更好揭示"無爲之爲"的重要性,嚴君平基於"無○之○"與"不○之○"的模式又構建了"有○之○"模式的詞語。據統計,《老子指歸》中這一模式的詞語有 6 個,另有"○之○"模式的詞語 3 個,具體情況如下:有爲之爲(1 次)、有聲之聲(1 次)、有名之名(1 次)、有貨之貨(1 次)、有功之功(1 次)、有德之德(1 次)、"言之言"(1 次)、"爲之爲"(2 次)、"事之事"(1 次)。就現存文獻而言,"有爲之爲"也是嚴君平首次提出的新詞語。這些詞語所反映的行爲或含義正是"無爲之爲"的反面。換句話説,無爲之爲所要排除的正是所謂"有爲之爲""事之事"之類的世俗行爲或觀念。因此,嚴君平又提出無爲之爲乃是"絶言之道""止爲之術"的新看法。他説:"故言言之言者,自然之賊③也;爲爲之爲者,喪真之數也;無爲無言者,成功之至而長存之要也。是以聖人言不言之言,爲不爲之爲。言以絶言,爲以止爲。絶言之道,去心與意;止爲之術,去人與智。"④"言之言""爲之爲"都屬於世俗行爲(多以"有爲之爲"稱之)一類,它們常常破壞人的自然真樸之性。因此,得道的人以"不言之言""不爲之爲"的行爲來消除個人的私心、意志、有爲和智巧,即用一種超越世俗行爲的行爲來制止世俗行爲,這就是嚴君平所提出的"絶言之道"和"止爲之術"。

　　在這裏,嚴君平將老子溫和的"損之又損"的無爲之法改換成了一種直接反對和放棄世俗一切行爲的道術。這主要緣於他對世俗行爲(有爲之爲)效用的否定。他説:"夫有形鎌利不入無理,神明在身,出無間,入無孔,俯仰之頃經千里。由此言之,有爲之爲,有廢無功;無爲之爲,遂成無窮,天地是造,人物是興。有聲之聲,聞於百里;無聲之聲,動於天外,震於四海。言之所言,異類不通;不言之言,陰陽化,天地感。"⑤世俗之行爲,即有爲之爲、有聲之聲、言之所言,總是有它們的局限性,甚至會產生不良的後果。從這個方面説,嚴君平所提出的"有爲之爲",是對老子"有爲"概念的更清晰的理論重構。在他看來,只有這些超越世俗行爲的行爲,即無爲之爲、無聲之聲、不言之言,才能够達到常人難以企及和想象的效果。《爲無爲》篇説:"神明之數,自然之道,無不生無,有不生有,不無不有,乃生無有。由此觀之,憂不生憂,喜不生喜,不憂不喜,乃生憂喜。故居禍者得福,居福者得禍,禍福之主,在於元首。爲之無形,聽

①　王德有點校《老子指歸》,第 49 頁。

②　同上,第 61 頁。

③　"賊"原作"具",據學津本改。

④　王德有點校《老子指歸》,第 94 頁。

⑤　同上,第 21～22 頁。其中,"有聲之聲"句是由《淮南子·繆稱訓》"有聲之聲,不過百里;無聲之聲,施於四
　　海"發展而來。

之無聲,無形聲則深遠。故無功之功大,而有功之功小,有德之德薄,而無德之德厚。是以聖人不爲有,不爲亡,不爲死,不爲生,遊於無有之際,處於死生之間,變化因應,自然爲常。"①聖人不會被世俗的行爲所困,如執於有、執於無、執於死、執於生,因爲他領悟到了自然之道的"無爲之爲"和"無功之功"。很顯然,聖人這些超越世俗行爲的行爲也只是效仿道德、天地而已。

嚴君平認爲,道德、天地與人類社會的行爲並不割裂,相反它們在本質上是人類一切行爲的根源。《爲學日益》篇説:"道德之化,變動虛玄……功成遂事,無所不然。無爲之爲,萬物之根。由此觀之,不知之知,知之祖也;不教之教,教之宗也;無爲之爲,爲之始也;無事之事,事之元也。凡此數者,神明所因,天地所歸,玄聖所道,處士所傳也。"②《聖人無常心》篇又説:"道德無形而王萬天者,無心之心存也;天地無爲而萬物順之者,無慮之慮運也。由此觀之,無心之心,心之主也;不用之用,用之母也。"③人類的行爲,諸如認知、教化、行動、行事等,都應該從本根開始,采取因順道德、天地的方式。若肆意地妄作妄爲,無疑是切斷了與道德、天地之間的根源性聯繫,當然爲嚴君平所反對。

嚴君平根據老子"修之於身""修之於鄉""修之於國""修之於天下"的説法,總結出了世俗之人在"治身""治家""治國""治天下"等方面的一些妄作妄爲。嚴君平説:"貪生利壽,唯恐不得;強藏心意,閉塞耳目;導引翔步,動摇百節;吐故納新,吹煦呼吸;被服五星,飲食日月;形神並作,未嘗休息。此治身之有爲也。廢釋天時,獨任人事;賤強求貴,貧強求富;飢名渴勢,心常載求;衣食奢泰,事過其務。此治家之有爲也。富國兼壤,輕戰樂兵;底威起節,名顯勢隆;形嚴罰峻,峭直刻深;法察網周,慘毒少恩;諸侯畏忌,常爲俊雄;公强求伯,伯强求王。此治國之有爲也。祖孝悌,宗仁義,修禮節,教民知飾;修治色味,以順民心;鐘鼓琴瑟,以和民志;主言臣聽,主動臣隨;表功厲行,開以恩厚;號令聲華,使民親附;諸事任己,百方朝仰。此治天下之有爲也。"④從中可以看出,嚴氏口中的"有爲"明確是指那些違背道德、天地之性的妄作妄爲,他從《老子》中歸納出十三字予以體現:實、有、濁、擾、顯、衆、剛、強、高、滿、過、泰、費(見《出生入死》篇)。與此相反,無爲則是順從道德、天地之性的自然行爲。嚴君平説:"夫立則遺其身,坐則忘其心;澹如赤子,泊如無形;不視不聽,不爲不言,變化消息,動静無常;與道俯仰,與德浮沉,與神合體,與和屈伸;不賤爲物,不貴爲人;與王侯異利,與萬姓殊患;死生爲一,故不別存亡。此治身之無爲也。春生夏長,秋收冬藏;奉主之法,順天之命;内慈父母,外絶名利;不思不慮,不與不求;獨往獨來,體和襲順;辭讓與人,不與時争。此治家之無爲也。尊天敬地,不敢忘先;修身正法,去己任人;審實定名,順物和神;參伍左右,前後相連;隨時循理,曲

---

① 王德有點校《老子指歸》,第 77 頁。
② 同上,第 36 頁。
③ 同上,第 39 頁。
④ 同上,第 42~43 頁。"附",原書作"俯",今據汲古閣刊本改正。

因其當,萬物並作,歸之自然。此治國之無爲也。冠無有,被無形,抱空虛,履太清,載道德,浮神明,秉太和,驅天地,馳陰陽,騁五行,從群物,涉玄冥,遊乎無功,歸乎無名。此治天下之無爲也。"①可見,這些行爲徹底地消除了個人主觀意志,是與道德、神明、太和完全合拍的自然而然的行爲。對此,嚴氏也歸納出十三字予以體現:虛、無、清、静、微、寡、柔、弱、卑、損、時、和、嗇(見《出生入死》篇)。若從現實世界的角度看,這些行爲決非常人所能,染有強烈的玄虛色彩。顯然,嚴君平的無爲思想更加突出了"務虛"的形而上特點,無疑是玄學化的先聲。

三、進一步明確無爲與自然的統一性

在老子哲學中,自然與無爲都是道的性質,本質相同,緊密相聯,例如老子説過"輔萬物之自然而不敢爲"(六十四章),也説過"我無爲而民自化"(五十七章),只是未能將兩者的統一性加以明確。嚴君平注解《老子》,緊緊扣住這些命題,不僅將兩者的統一性明確,還對兩者的這種關係作了深層論述。據統計,《老子指歸》所存七卷及佚文,共出現"自然"一詞約98次,並有10多次是將"自然"與"無爲"相聯繫來闡述其主張。

從形而上的層面説,自然是道德的固有屬性,甚至是本質屬性。嚴氏説:"夫天人之生也,形因於氣,氣因於和,和因於神明,神明因於道德,道德因於自然。"②又説:"道德之教,自然是也。自然之驗,影響是也。凡事有形聲,取捨有影響,非獨萬物而已也。夫形動不生形而生影,聲動不生聲而生響,無不生無而生有,覆不生覆而生反。故道者以無爲爲治,而知者以多事爲擾,嬰兒以不知益,高年以多事損。由此觀之,愚爲智巧之形也,智巧爲愚之影也。無爲,遂事之聲也;遂事,無爲之響也;智巧,擾亂之羅也;有爲,敗事之網也。"③在天地萬物化生的過程中,自然是最終的決定因素,即使是道德也需要通過自然來彰顯其作用,正所謂"道德因於自然"。所以,道德給人們的啓示就是自然。嚴君平試圖以形與影、聲與響的物象規律來説明自然的含義。形不生形而生影,聲不生聲而生響,這些都是基於事物根本性質而本來如此的結果。因爲事物不能同時擁有兩個形體,只能生出自己的影子。同理,一個聲音不可能同時又是另一個聲音,它只能得到自己的回響。這樣的結果就是自然的結果,這樣的運行原理就是自然的法則,是人爲所不能達到,不能改變的。

但我們還應該注意到,若没有形就必定没有影,没有聲就必定没有響,歸納起來説,就是若無此本就必無此末。因此,自然還展現爲本存而末生的自發狀態。真樸與智巧之間,真樸爲本,智巧爲末;無爲與遂事之間,無爲爲本,遂事爲末。世俗的人不明白這一點,總是舍本求

---

① 王德有點校《老子指歸》,第42頁。"姓",原書作"性",今據汲古閣刊本改正。

② 同上,第17頁。

③ 同上,第96～97頁。

末,顯然違背了自然的法則,其結果往往具有很大的危害性。得道的人懂得守本,即懂得順從道德而爲,懂得順從自然而爲,懂得"以無爲爲治",不做干擾和破壞自然的行事。從這個方面看,自然與無爲在本質上是統一的。任何割裂這兩者的統一性,都不能真正體悟和順從道德。《行於大道》篇説:"道德釋自然而爲知巧,則心不能自存,而何天地之所能造,陰陽之所能然也? 天地釋自然而爲知巧,則身不能自生,而何變化之所包,何萬物之所能全? 故虚無無爲無知無欲者,道德之心而天地之意也;清静效象無爲因應者,道德之動而天地之化也。何以明之? 莊子曰: 道之所生,天之所興,始始於不始,生生於不生。存存於不存,亡亡於不亡。凡此數者,自然之驗、變化之常也。故人之動作,不順於道者,道不祐也;不順於德者,德不助也;不順於天者,天不覆也;不順於地者,地不載也。夫道德之所不祐助,天地之所不覆載,此患禍之所不遠而福德之所不近也。"①按照本存而末生的邏輯,"不始"生"始","不存"生"存","不亡"生"亡",此即自然的明驗。道德、天地若失掉了自然這一根本法則,那麼就失掉了虚無、無爲、無知、無欲的"心意"(精神内核),導致"不始"不能生"始","不存"不能生"存","不亡"不能生"亡",也就不可能自存自生。如果不能明白本存而末生這個道理,不能守住自然與無爲這個根本,人們的行爲舉動就容易背離道德,私用智巧,從而帶來禍害。

嚴君平相信,自然不僅是道德、天地的本質屬性,同時也是萬物的本質屬性,只不過萬物的這一本質屬性仍是由道德、天地所賦予。《言甚易知》篇説:"夫無形無聲而使物自然者,道與神也;有形有聲而使物自然者,地與天也。神道蕩蕩而化,天地默默而告,蕩而無所不化,默而無所不告,神氣相傳,感動相報,反淪虚無,甚微以妙,歸於自然,無所不導。"②據統計,《老子指歸》所存七卷提及"物自然"7次,"事物自然"2次。可見,萬物自然也是嚴君平有意突出的一個觀念。在嚴氏看來,萬物自然的根據在於道德、天地的自然屬性,正是這一屬性讓萬物能本着自己的屬性存在和發展,即如《天之道》篇所説:"是以天地之道,不利不害,無爲是守,大通和正,順物深厚,不虚一物,不主一所,各正性命,物自然矣。"③道德、天地不失無爲,"不虚一物""不主一所",萬物才能"各正性命",本着自己的屬性存在和發展。反過來,道德、天地也因之才能"無所不化""無所不告""無所不導"。因此,在某種程度上説,又是萬物自然造就了道德、天地的"無爲而無不爲"。可見,自然與無爲之間是互爲因果的關係。

值得指出的是,嚴君平在"物自然"的基礎上又提出了"性命自然"的新説法。據查,《老子指歸》所存七卷直接出現"性命自然"一詞2次,又有"性命同於自然""性命比於自然"的稱謂,出現"若性自然"2次,出現"性常自然""情性自然""自然之性"各1次,佚文還出現了"此物之性而自然之理也"④的句子。這些情況充分説明,"性命自然"的觀念已深入嚴氏之心。嚴君平

---

① 王德有點校《老子指歸》,第50~51頁。

② 同上,第94頁。

③ 同上,第113頁。

④ 同上,第146頁。

也是首位明確提出這一觀念的學者①。相比"物自然"而言,"性命自然"的提法更加明確了自然是萬物本性的觀點。換句話説,就是自然已內化於任何事物之中,成了事物完成自我的内在驅力。得道的人明白這一點,就會守住根本,"動而由一",防止人爲(有爲)對自然之性的干預和破壞②。《其安易持》篇説:"是故聖人化之以道,教之以身,爲之未有,治之未然,不置而物自安,不養而物自全,動與福同室,静與禍異天,窅窅冥冥,莫觀其元,治之未亂,正之未傾,禁奸之本,制僞之端,閉邪之户,塞枉之門,萌牙未動,形兆未生,絶之未見,滅之未存,教以無教,導以無名,知以無知,狀以無形,治不得起,亂不得生。天下無爲,性命自然。"③得道的人做什麼事都唯道是從,所以能够守住事物先天的性質,諸如未有、未然、未亂、未傾、未動、未見、未存、無教、無名、無知、無形等,而不是依靠後天的人爲來改造事物。這樣,事物必定會順着自己先天的性質存在和發展,此便是性命自然,天下也因此可以無爲而治,無爲而治反過來也可以保障事物的性命自然。

嚴君平這種萬物自然、性命自然的觀念,讓他進一步發展了老子的"自化""自正"思想。據統計,《老子指歸》所存七卷及佚文,出現了"物自生""物自成""山川自起""萬物自正""使民自守""萬物自得""天地自行""天下自已""萬物自理""天下自化""海内自明""天下自信""萬物自均""使民自然""天地自作""萬物自象""百蠻自和""性命自全""太平自興""事物自當""海内自寧""萬民自化""萬民自富""萬民自正""萬民自樸""事情自達""萬物自通""使下自公""天下自平""使下自克""使民自伏""使下自當""使民自明""物自安""物自全""令事自事""萬物自生""群自托""物自王""物自歸""物自治""物自爲之化""萬物自取""物自生""物自亡""物自得""物自從""物自顯""物自情""萬事自明""萬物自化""天地自理""物物自得當"等衆多諸如此類的表述。這類表述具有共同的特點,就是都以一個"自"字體現出萬事萬物的自主性和自發性。這類表述也非常雄辯地説明,嚴君平在論述道德自然的同時注意强調萬物自然、性命自然這個主張。這一主張的實質,就是反對人們以不合乎道德的行爲對事物自然本性的干擾和破壞。對於統治者來説,施行無爲而治,就是爲事物自然的存在和發展提供最佳

---

① 就現存文獻而言,僅《莊子·天運》:"吾又奏之以無怠之聲,調之以自然之命,故若混逐叢生,林樂而無形;布揮而不曳,幽昏而無聲。"(郭慶藩《莊子集釋》,中華書局1961年版,第507頁。)把"自然"與"命"相聯,但與自然之性的含義還是有明顯不同。

② 非獨得道之人如此,即使天、地、神、谷、侯王也不例外。《得一》篇説:"凡此五者,得一行之,興而不廢,成而不缺,流而不絶,光而不滅。夫何故哉? 性命自然,動而由一也。是故使天有爲,動不順一,爲高得卑,爲清得裂,陰陽謬戾,綱弛紀絶,和氣隔塞,三光消滅,雷霆妄作,萬物皆失。使地有爲,動不順一,爲直得枉,爲寧得發,山川崩絶,剛柔卷折,氣化不通,五行毁缺,百穀枯槁,群生疾疫。使神有爲,動不順一,爲達得困,爲靈得歇,變化失序,締滯消竭,盛衰者亡,弛張者歿。使谷有爲,動不順一,爲有得亡,爲盈得渴,虚實反覆,流澤不入。使侯王有爲,動不順一,爲貴得賤,爲正得蹶,亂擾迷惑,事由己出,百官失中,喪其名實,萬民不歸,天地是絶。"(王德有點校《老子指歸》,第11頁。)

③ 王德有點校《老子指歸》,第80頁。

條件。

嚴氏激烈地痛陳了統治者有爲之治所帶來的惡果,他説:"逮至仁義淺薄,性命不真,不睹大道,動順其心,陷溺知故,漸漬愛恩,情意多欲,神與物連,深謀逆耳,大論迕心,非道崇知,上功貴名。是以作術治數,集辭著文,載之篇籍,以教萬民,綱紀天地,經緯陰陽,剖判人事,離散祖宗,淳樸變化,設僞萬方,轉移風俗,傾正敗常,改正易服,萬事盡彰,鐘鼓琴瑟,間以竽笙,升降進退,飾象趨翔,禮儀三百,威儀三千,分舛並爭,興事僞文,以辯相詘,以巧相勝,毫舉毛起,益以無窮。是以天下背本去根,嚮末歸文,博學深問,家知户賢,甚者擬聖,以立君臣,同意者無能而官,異心者功大而亡。是以天下騷騷,不遑其親;追習纖纖,務順其君。故和五味以養其口,肥香甘脆,不顧群生;變五色以養其目,玄黄纖妙,不計民貧;調五音以養其耳,極鐘律之巧,不憂世淫;高臺榭,廣宫室,以養其意,不懼民窮;馳騁田獵以養其志,多獲其上,不順天心。凡此數者,非以爲善務也,以悦其君也。天下相放,養僞飾奸,消滅和睦,長暴之原,浸以爲俗,巧利爲賢,損民大命,以增民勞,傷人美性,以益民煩。當此之時,溪谷異君,四海各王,尊名貴勢,強大爲右,忿爭相踰,力正任武,強者拘弱,衆者制寡,以亂代治,以非圖是,臣弑其君,子弑其父,爭之愈大,莫之能守,求者甚衆,得之者寡,道路悲憂,盡言軍旅,詢詢謷謷,至相烹煮。夫何故哉? 飾文益事,務以相序也。"①幾乎是罄竹難書。在這段長篇痛訴中,嚴君平指出有爲政治的實質就是"背本去根""嚮末歸文"。根據我們前面的分析可知,"背本去根""嚮末歸文"等於是抛棄道德,去追求無本之末,顯然違背了本存而末生的自然法則,必然干擾和破壞事物性命自然的本性。所以,最好的治理就是要返歸道德,依賴於事物的自主性和自發性。

嚴氏接着上文説:"是以聖人釋仁去義,歸於大道,絶智廢教,求之於己,所言日微,所爲日寡,消而滅之,日夜不止,包以大冥,使民無恥,滅文喪事,天下自已,損之損之,使知不起,遁名亡身,保我精神,秉道德之要,因存亡之機,不爲事主,不爲知師,寂若無人,至於無爲。天地自作,群美相隨,萬物自象,百蠻自和。萬民蚩疑,不知所之,隨明出入,托於四時,優遊精神,不外心志,意中空虚,如木之浮,如壤之休,不識仁義,不達禮儀,心不知欲,志不知爲,行步蹎蹎,瞻視顛顛,語言默默,意氣玄玄,外似禽獸,中獨異焉,寂而不爲,若無君臣,不爲而治,敦厚忠愨,至於大安,神休精息,性命自全。萬物相襲,與道德鄰。夫何故哉? 主無教令而民無聞也。是以將取天下常於無事,不言爲術,無爲爲教,無欲爲寶,不知爲要,能行以道,無不開導。"②又在《大成若缺》篇説:"不顯仁義,不見表儀,不建法式,不事有爲。上欲不欲,天下自化。敦厚樸素,民如嬰兒,蒙蒙不知所求,茫茫不知所之。其用不窮,流而不衰。不耕自有食,不織自有衣,暑則静於倮,寒則躁於裘。無有忌諱,與麋鹿居,被髮含哺,相隨而遊。主有餘德,民有餘財,化襲萬物,無所不爲。……天道自卑。無律曆而陰陽和,無正朔而四時節,無法度而天下賓,無賞罰而名實得,隱武藏威,無所不勝,棄捐戰伐,無所不克,無號令而民自正,無文章而海

① 王德有點校《老子指歸》,第36～37頁。
② 同上,第37～38頁。

內自明,無符璽而天下自信,無度數而萬物自均。是以嬴而若絀,得之若喪。無鐘鼓而民娛樂,無五味而民食甘,無服邑而民美好,無畜積而民多盈。夫何故哉? 因道任天,不事知故,使民自然也。……爲之愈亂,治之益煩,明智不能領,嚴刑不能禁。是無爲者,有爲之君而成功之主也,政教之元而變化之母也。"①這兩段描述,幾乎是否定了人類所有的文明成果,嚴氏似乎要退回到完全原始、完全自然的社會中去。在這個社會裏,没有仁義、禮儀、律曆、正朔、法度、賞罰、號令、文章、符璽、度數、鐘鼓、五味、服邑、積蓄,甚至不需要勞動,人們就像動物、嬰兒一樣没有私心,没有欲望,敦厚素樸,政府就像不存在一樣,一切都依從於道德,自足於天,自全於己。無爲與自然是這個社會的根本特徵,整個社會的和諧運轉都自此出。可見,比之老子的小國寡民,嚴君平所描述的這個理想社會要更加排斥人類文明,更加富有空想性,自由主義色彩也更强。

值得注意的是,在闡述老子無爲自化思想的過程中,嚴君平融入了"萬物自生""萬物自理"等一些新的思想成分。"萬物自生"反映的是事物起源及其產生問題。在老子哲學中,萬物根源於道,也產生於道,所謂"道生一,一生二,二生三,三生萬物"(四十二章),"天下萬物生於有,有生於無"(四十章),"道生之,德畜之,長之育之,亭之毒之,養之覆之"(五十一章)。但嚴君平並没有完全接受這些觀點,他説:"是故虚無無形微寡柔弱者,天地之所由興,而萬物之所因生也……萬物之原泉,成功之本根也。"②又説:"道德不生萬物,而萬物自生焉;天地不含群類,而群自托焉;自然之物不求爲王,而物自王焉。故天地億萬,而道王之;衆陽赫赫,而天王之;陰氣滲滲,而地王之;倮者穴處,而聖人王之;羽者翔虚,而神鳳王之;毛者蹠實,而麒麟王之;鱗者水居,而神龍王之;介者澤處,而靈龜王之;百川並流,而江海王之。凡此九王,不爲物主,而物自歸焉;無有法式,而物自治焉;不爲仁義,而物自附焉;不任知力,而物自畏焉。何故哉? 體道合和,無以物爲,而物自爲之化。"③一方面承認萬物的根源在於道德,但另一方面又不承認道德產生了萬物。嚴氏從《莊子》"物固自生"、《淮南子》"萬物將自理"的觀點中受到啓示,更加詳細地提出了萬物自生、自理的主張④。這一主張還在《得一》篇、《勇敢》篇中出現。《得一》篇云:"一者,道之子……不生也而物自生,不爲也而物自成。"⑤《勇敢》篇亦云:"夫天地之道,一陰一陽,分爲四時,離爲五行,流爲萬物……爲善者自賞,造惡者自刑。故無爲而物自

---

① 王德有點校《老子指歸》,第 27～28 頁。

② 同上,第 18～19 頁。

③ 同上,第 85 頁。

④ 關於自生,《莊子·在宥》説:"汝徒處無爲,而物自化。墮爾形體,吐爾聰明,倫與物忘;大同乎涬溟,解心釋神,莫然無魂。萬物云云,各復其根,各復其根而不知;渾渾沌沌,終身不離;若彼知之,乃是離之。無問其名,無窺其情,物固自生。"(郭慶藩《莊子集釋》,第 390 頁。)關於自理,《淮南子·繆稱訓》説:"欲知天道,察其數;欲知地道,物其樹;欲知人道,從其欲。勿驚勿駭,萬物將自理;勿撓勿攖,萬物將自清。"(何寧《淮南子集釋》,中華書局 1998 年版,第 755 頁。)

⑤ 王德有點校《老子指歸》,第 9 頁。

生,無爲而物自亡,影與之交,響與之通。不求而物自得,不拘而物自從,無察而物自顯,無問而物自情。"①道德不生萬物,也只是"流爲萬物"。可見,嚴氏引入萬物自生、自理的這個主張,目的是要更加徹底地突出道德的無爲。不過,他並没有將這個主張一以貫之,與其他觀點存在自相矛盾的地方。如《以正治國》篇説:"道德變化,無所不生。"②既然無所不生,那麼萬物自然也是由道德産生,顯然不能自圓其説。

結　語

綜上所述,《老子指歸》所闡釋的無爲思想,相對於《老子》原書來説,顯得更爲玄遠,其思辨性、空想性、消極性要强烈得多,在一定程度上是對老子無爲思想的玄學化重構,也對魏晋玄學家闡釋無爲思想産生了影響。這主要體現在以下四個方面:其一,率先糅合《周易》《老子》《莊子》三玄的思想觀念來闡釋無爲。嚴君平從《周易》引入"神明""太和""性命"等概念,又吸取《莊子》"不道之道""無無""自生"等觀念,使其無爲思想呈現出玄遠幽奧的特徵。其二,重視建構無爲思想的形而上基礎。老子談論無爲,一般只强調"道"是其形而上基礎,嚴君平則擴展爲"道""德""道德""神明""太和",顯示了很强的本體論意識。魏晋玄學也明顯具有這個特點。其三,擅長運用本末的方法論闡釋無爲與自然兩個概念。嚴君平提出"無爲之爲""有爲之爲"等新概念,意在從根本上揭示無爲是道德之爲,而非絶對的一無所爲,有爲乃背離道德之爲,屬於末流。他在闡述無爲與自然的内在統一性時,同樣運用了本存而末生的方法論。魏晋玄學中,這一方法論也很常見。其四,注重發展老子的"自化""自正"思想。這直接影響了魏晋玄學家,王弼講"萬物自相治理",郭象講"塊然自生",講"獨化於玄冥",都與嚴君平的這些思想一脉相承。同時,嚴君平談"性命自然",談"審分明職",也直接啓發了郭象的性分之説。總之,《老子指歸》所闡釋的無爲思想,雖然在邏輯的嚴明與理論的深度上不能與王弼、郭象等人相比,但也明顯體現出了玄學化的特徵,具有承前啓後的學術地位。

[作者簡介] 李秀華(1976—　　),男,江西新餘人。文學博士、哲學博士後,現爲台州學院教授,主要從事先秦兩漢諸子學研究,主持和參與國家社科基金課題多項,著有《〈淮南子〉學史》《〈淮南子〉許高二注研究》等,已發表學術論文 30 餘篇。

---

① 王德有點校《老子指歸》,第 102～103 頁。
② 同上,第 62 頁。

製名而言道

——《莊子》中和黃帝相關的人物命名寓意選釋

田勝利

內容提要　《莊子》寓言故事中和黃帝相關聯的人物較多,而且這些人物多屬於虛設,具有特意的命製性質。該類人物的稱謂命名大都富含寓意,可以分爲顯豁型和隱晦型兩種,《徐无鬼》篇黃帝一行人的稱謂是後者的典型代表。張若、謵朋寓意以張開之狀向外求取和以言辭問求道之所在。方明、昌㝢寓意以明合道而失道。昆閽、滑稽寓意執守於多和以言辭多智來求道而悖道。居前的張若是擴張性的,居後的昆閽則是守多,是收縮性的,與之搭配的謵朋、滑稽都是善於言辭之人,一前一後,相互對稱而又相互呼應,能構成一個意義圓融的整體。製名而言道,體現出了《莊子》對於人物的調遣藝術。

關鍵詞　《莊子》　言道　人物　製名　寓意

中圖分類號　B2

《莊子》寓言故事中和黃帝相關聯的人物有離朱、無爲謂、廣成子、北門成等近二十人,散見於《在宥》《天地》《天運》《知北遊》《徐无鬼》等各篇之中。這些人物有不少是虛設的,稱謂命名的寓意有的較爲顯豁,如知、象罔、無爲謂等是其例,有的則較爲隱晦,《徐无鬼》篇中的黃帝一行人是典型代表,相關文字如下:

> 黃帝將見大隗乎具茨之山,方明爲御,昌㝢驂乘,張若、謵朋前馬,昆閽、滑稽後車。至於襄城之野,七聖皆迷,無所問塗。適遇牧馬童子,問塗焉,……黃帝再拜稽首,稱天師而退。

方明、昌㝢、張若、謵朋、昆閽、滑稽六人,成玄英疏:"方明滑稽等,皆是人名。"①俞樾《莊子人名考》稱:"按: 皆寓名而《釋文》均無説,下文七聖皆迷,謂黃帝與此六人。"②成疏僅標注爲人名,

---

① 郭象注,成玄英疏《南華真經注疏》,中華書局 1998 年版,第 473 頁。
② 俞樾《莊子人名考》,方勇總編纂《子藏·莊子卷》第 117 册,國家圖書館出版社 2011 年版,第 172 頁。

俞氏指出六人皆寓名。關於寓名一説,衆多注家皆已指明,兹列舉數家如次:

> 林希逸:七聖,黄帝與方明、昌寓、張若、謵朋、昆閽、滑稽也,此等人名皆是寓名①。
> 林疑獨:方明至滑稽,皆製名,喻各執一偏,道之散也②。
> 陸西星:方明、昌寓、張若、謵朋、昆閽、滑稽兼帝爲七聖,皆寓言也③。
> 陳榮選:方明等名皆是寓言④。

六人的稱謂是否屬於虚設,尚存不同意見和分歧。即使實有其人,《莊子》亦有對其靈活化用。本文認同這一系列人物命名是寓名的觀點,結合時人在此論題上的已有成果,對系列相關的命名寓意予以進一步考察和索隱,作爲探討《莊子》人物調遣藝術研究的嘗試。

一、盛張言説求道而失道:張若、謵朋、 喫詬的命名寓意

張若、謵朋,是《徐无鬼》篇中黄帝所率車隊的兩位先導。他們先於馬車而行,應當是走在最前面。張若,古注罕有論及其具體寓意,近現代以來,對此的解析有較大拓展和挖掘,鍾泰《莊子發微》釋爲:"張大也。"⑤高競艷《莊子譯注評》曰:"虚構的人名,指張大的人。"⑥馮學成《禪説莊子》稱:"'張若',長了翅膀的人。"⑦宋小克《上古神話與文學》稱:"意謂語言'恣縱不儻',鋪張揚厲貌。"⑧幾位學者的觀點有利於推進對於張若這一稱謂命名寓意的探討。

張若寓名的寓意重心當在前一字,張,《説文》稱:"攺弓弦也。"段玉裁注:"攺,各本作施,今正。攺,敷也。"⑨敷即展開,張的本義有開弓引弦之義。張若指張開之貌,是一種盛張有力而外向性的摹狀。張若爲黄帝駕車的記載也見於後世文獻《雲笈七籤》,相關文字寫道:"張若、力牧爲行軍左右別乘,以容光爲大司馬,統六師兼掌邦國之九法。"⑩力牧,見於《史記·五

---

① 林希逸著,周啓成校注《莊子鬳齋口義校注》,中華書局1997年版,第378頁。
② 褚伯秀《南華真經義海纂微》,中華書局2018年版,第1016~1017頁。
③ 陸西星《南華真經副墨》,中華書局2010年版,第360頁。
④ 陳榮選《南華經句解》,方勇總編纂《子藏·莊子卷》第78册,第313頁。
⑤ 鍾泰《莊子發微》,上海古籍出版社2002年版,第560頁。
⑥ 高競艷《莊子譯注評》,崇文書局2018年版,第364頁。
⑦ 馮學成《禪説莊子:田子方、徐无鬼》,東方出版社2015年版,第142~143頁。
⑧ 宋小克《上古神話與文學》,暨南大學出版社2013年版,第231頁。
⑨ 段玉裁《説文解字注》,上海古籍出版社1988年版,第640頁。
⑩ 張君房編《雲笈七籤》,中華書局2003年版,第2170頁。

帝本紀》,張守節《正義》有如下記載:

> 《帝王世紀》云:"黄帝夢大風吹天下之塵垢皆去,又夢人執千鈞之弩,驅羊萬群。帝寤而嘆曰:'風爲號令,執政者也。垢去土,后在也。天下豈有姓風名后者哉?夫千鈞之弩,異力者也。驅羊數萬群,能牧民爲善者也。天下豈有姓力名牧者也?'於是依二占而求之,得風后於海隅,登以爲相。得力牧於大澤,進以爲將。黄帝因著《占夢經》十一卷。"①

能執千鈞之弩,驅羊萬群,是力大而善牧的形象描寫,力牧和張若作爲黄帝出征時的别乘,需要張弛有度而向外馳騖,力牧多力且善牧羊,故委以此任。張若一名,含有張開而有力之義,這是能駕好車的重要前提,之所以任命此二人爲左右别乘,或在於依名托事。

"張"用於專有稱謂,寄寓張大、張開、擴大之意,又見於《山海經》中的單張之山。《北山經》記載:"又北百八十里曰單張之山,其上無草木……有鳥焉,其狀如雉而文首,白翼黄足,名曰白鵺。食之已嗌痛,可以已痸。"②李炳海先生稱:"白鵺所居之處稱爲單張之山,《説文解字·吅部》:'單,大也。'單指的是大,張謂擴大。單張這個名稱表示的是一種張力,是向外延展的態勢。白鵺所具有的藥物效應是疏通人的生理功能,使之内外暢達,這與單張之山的名稱在意義上是相通的。"單張之山和生長在其山上的生靈,在意義上有相通之處,都取其張大,能與他物相貫通,或能使他物疏通之義。

由此而來,在《莊子》的黄帝傳説和《山海經》記載的系列神話傳説中,張用作稱謂時,因字求義可以提供一條破譯相關名物義涵的重要綫索。《徐无鬼》篇黄帝車隊中的先導張若指張開之貌,屬於外向型,這與"收視返聽"、向内合道的取向是相悖的,故而不能得道,只能迷失於通往道的路塗之中。

謵朋,高競艷《莊子譯注評》稱:"虚構的人名,指知識廣博的人。"③宋小克《上古神話與文學》曰:"謵朋,意謂滔滔不絶,肆意漫延的'無端崖之辭'。"④鍾泰《莊子發微》作謵庨。釋爲:"所習者廣也。'庨'音侈,今各本並作'朋'。《釋文》作'庨',云:'崔本作庨。'庨、庨一也,兹從崔本。《釋文》又云:'本亦作朋。'案:作'朋'者,古文'多'字作'夛',形與'朋'相似而誤也。"⑤幾位學者的解釋值得借鑒。謵,從言習聲,《説文》稱:"言謵讋也。"讋,《説文》:"失氣言,一曰不止也。"不止也,即謂多。習,《説文》:"數飛也。"數次反復也包含多義。謵,當指言辭多。謵

① 司馬遷撰,裴駰集解,司馬貞索隱,張守節正義《史記》,上海古籍出版社 1997 年版,第 6 頁。

② 郝懿行《山海經箋疏》,中華書局 2019 年版,第 92～93 頁。

③ 高競艷《莊子譯注評》,第 364 頁。

④ 宋小克《上古神話與文學》,第 231 頁。

⑤ 鍾泰《莊子發微》,第 560 頁。

和言語有關,馬叙倫先生指出:"古人名隰朋者甚多,隰朋即謵朋,隰謵聲皆談類也。朱駿聲謂朋即鳳字,則謵當爲習。《説文》曰:'習,鳥飛也。''屠''廖'皆'倗''弸'等字傳寫之誤。"①馬先生關於謵和談類有關的揭示是可信的。郭慶藩《莊子集釋》則指出:"'謵'音習。元嘉本作謂。"元嘉本將謵作謂,謂字從言胃聲,同樣和言談有關。

朋,甲骨文字形爲𝕧,"象以綫或繩將貝穿成串的形狀"②。貝成串,就數量而言,也包含多之義。朋在傳世文獻中,也可指多之義,如《書·益稷》"朋淫於家",孔安國傳:"朋,群也。"《文選》記載謝莊《宋孝武宣貴妃誄》云"臨朋違怨",李周翰注:"朋,衆。"謵朋的朋,又作屠、廖,對此,郭慶藩《莊子集釋》有如下記載:

> "屠"舒氏反。崔本作廖,本亦作努,蒲登反。徐扶恒反。盧文弨曰:今書作謵朋。慶藩案屠,崔本作朋,蓋多朋字常相混。古文多字作努,形與朋相似而誤。《史記·五帝紀》鬼神山川,封禪與爲多焉,徐廣曰:多,亦作朋。《漢書·霍去病傳》校尉僕多有功,師古曰:功臣侯表作僕朋。皆傳寫之誤也。③

朋、屠、廖,孰爲正字或較難釐清,但從這一組相近的字形來看,構形字符皆含多字,多的含義或當蘊含於此組字之中。鍾泰先生釋廖音侈,對應"所習者廣也"之廣,是取侈字的字符廣爲訓。廖,音侈,侈即含有多義。朋字,劉文典《莊子補正》指出:"'張若、謵朋',《治要》引作'張若、謵廖'。"④廖,本指門栓,從户從多,同樣含有字符多,古時常見的門栓有單個的、成雙的,也有由兩個以上構成的一組門栓。一扇門,尤其是大門,往往不只一個單一的門栓。門栓多一點往往牢固程度也會高一些。

謵,指言辭多,朋字亦有多的意義,謵朋作爲人名,寓意當指言辭甚多之人,也可説是善於言辭之人。《徐无鬼》篇黃帝一行中,謵朋作爲車隊的先導,寓意當是以言語問道,道本不可以言求取,自然和道相悖,故而迷失於往見大隗的路塗中。

謵朋寓意以言辭求道而失道,相似的命名還見於《天地》篇中的喫詬。關於喫詬,郭象注:"聰明喫詬,失真愈遠。"成玄英疏:"喫詬,言辨也。離言不可以辨索。"⑤後代的注家多本於此,張默生《莊子新釋》集注云:"喫詬,成、宣俱云:言辯也。《集韵》云:力静也。阮云:求道於聰明辯論間,則失真愈遠也。"⑥關於喫詬一名,先賢解釋甚明,和《徐无鬼》篇謵朋所指具有趨同

---

① 馬叙倫《莊子義證》,方勇總編纂《子藏·莊子卷》版第 153 册,第 351 頁。
② 趙誠《甲骨文簡明詞典——卜辭分類讀本》,中華書局 2009 年版,第 257 頁。
③ 郭慶藩《莊子集釋》,中華書局 2004 年版,第 831 頁。
④ 劉文典《莊子補正》,安徽大學出版社、雲南大學出版社 1999 年版,第 665 頁。
⑤ 郭象注,成玄英疏《南華真經注疏》,第 237 頁。
⑥ 張默生《莊子新釋》,新世界出版社 2007 年版,第 197 頁。

性,都和言談有關。《莊子》主張道是不可言說的,故《天地》篇中作爲道的喻體玄珠遺失後,喫詬索之而不得,謞朋的寓意當與之相似。

《徐无鬼》篇黄帝一行七人,張若、謞朋前馬,是指在車隊前作先導,張若之名意指張開之貌,寓意擴張性的向外求索。謞朋和喫詬一樣,命名寓意以言辭問道求道,言說是把話說出來,屬於一種外向、顯露性的動作,和張若的製名寓意具有相通性。道本"窈窈冥冥""昏昏默默",不可見也不可辯,故求而不得,愈求愈失。這三位人物的設置,某種意義上講,是因言外求於道而悖道。

二、明察求道而悖道:方明、昌寓的命名寓意

方明,鍾泰《莊子發微》稱:"明也。"[1]高競艷《莊子譯注評》曰:"虛構的人名,指明白的人。"[2]馮學成《禪說莊子》曰:"'方'是指地理,'明'就是有智慧,有很大的智慧,並熟悉地理的人駕着馬車。"[3]宋小克《上古神話與文學》稱:"'方明'與'離朱'義通,意謂此人視力好,適合駕車。若從求道的角度看,方明則代表人的感官。"[4]這些解釋是準確的。方明,作爲寓名,使之駕車,大抵取義於其指對地理方位、方向明白之人。方明作爲明乎方位之人的稱謂,寓意是顯豁的,這在後代的演變中也能得到印證,相傳爲鄭玄、阮諶等所撰的《三禮圖》記載:"方明,木。方四尺。設六色:東青,西白,南赤,北黑,上玄,下黄。設六玉:上圭,下璧,南方璋,西方琥,北方璜,東方圭。方明者,上下四方之神明,天之司盟。"[5]作爲上下四方的神明,方明的稱謂自然指的是方位的明察者。其名又見於《文心雕龍·祝盟》篇,所取含義一致。《徐无鬼》篇中方明作爲黄帝一行車隊的駕車人,其名其事具有一致性,同樣可視爲因名托事。方明爲御而迷道,是以明索道而失道。

昌寓,鍾泰《莊子發微》釋爲:"盛美也。《齊風·猗嗟》之詩:'猗嗟昌兮。'毛傳:'昌,美好也。''寓',同宇。"[6]高競艷《莊子譯注評》釋爲:"虛構的人名,指盛美的人。"[7]這一解釋可供參考,如果把昌釋爲美好,那麽昌寓迷失於求道之塗的原因則較難落實。

① 鍾泰《莊子發微》,第 560 頁。

② 高競艷《莊子譯注評》,第 364 頁。

③ 馮學成《禪說莊子:田子方、徐无鬼》,第 142 頁。

④ 宋小克《上古神話與文學》,第 230 頁。

⑤ 鄭玄、阮諶等撰《三禮圖》,參見董治安主編《兩漢全書》第 27 册,山東大學出版社 2009 年版,第 15748 頁。另,關於方明,中華書局 1960 年影印本《太平御覽》卷四八〇引作方盟,或誤。

⑥ 鍾泰《莊子發微》,第 560 頁。

⑦ 高競艷《莊子譯注評》,第 364 頁。

昌,《説文·日部》稱:"美言也。從日從曰。一曰日光也。《詩》曰:'東方昌矣。'"昌字從日從曰,和太陽有關,亦可指明,《文選》收録王融《永明九年策秀才文》稱"昌言所安",吕延濟注:"昌,明也。"①

關於寓,鍾泰先生指出的寓同宇是可信的,宇,《説文·宀部》稱:"屋邊也。從宀亏聲。《易》曰:'上棟下宇。'𡩩,籒文宇從禹。"段玉裁注:"宇者言其邊,故引申之義又爲大。《文子》及《三蒼》云:上下四方謂之宇,往古來今謂之宙。上下四方者,大之所際也,《莊子》云:有實而無乎處者,宇也。有長而無本剽者,宙也。有實而無乎處,謂四方上下實有所際而所際之處不可得到。……禹,聲也。"②通過籒文可知,寓,即宇。昌寓,合而觀之,當指明於上下四方之人,亦當是一位對地理方向、方位很明瞭之人,和方明具有相似的功能指向,寓意也一致,故而黄帝命其二人駕御。據鍾泰先生的釋讀,方明爲御,昌寓驂乘,是指方明居左爲御,黄帝居中是乘車之人,昌寓爲驂乘,居右爲車右,是陪同黄帝的乘車人。方明和昌寓爲黄帝駕車,迷失於求道之塗,是在於因明並不能索求得道,以明察索道而失道,在離朱索玄珠的寓言中能得到很好印證。

離朱,《天地》篇稱:"黄帝遊乎赤水之北,登乎昆侖之丘而南望,還歸,遺其玄珠。使知索之而不得,使離朱索之而不得。"玄珠,曹礎基注:"玄妙的珍珠,比喻天道。遺其玄珠,比喻失去了天道。"關於離朱索之而不得,成玄英疏:"非色不可以目取也。"張默生注:"離朱,古之明目者,見《駢拇》注。此處喻明察也。"③張氏提及的《駢拇》篇有這樣的文字:"雖通如離朱,非吾所謂明也。"如果把道視作"玄珠"的話,則"以向明而失之",以明求道是悖道而行,是不能得道的。

方明、昌寓二人,作爲黄帝一行中的兩位,是黄帝的駕車人,是陪同在黄帝身邊的"光明使者",二人的稱謂寓意和離朱一樣,寄寓着明察之意。《莊子》之道是玄妙的,是不可明示的,故用方明、昌寓兩位駕車,只能是與道相失,迷失於求道的路塗中。

三、守多善辨求道而違道:昆閽、滑稽、滑介叔的命名寓意

昆閽,鍾泰《莊子發微》稱:"守其混同也。《説文》:'昆,同也。'昆又與混同。閽,守門者,故用作守義。"④高競艷《莊子譯注評》釋爲:"虚構的人名,指守混同的人。"⑤宋小克《上古神話

---

① 蕭統編,李善等注《六臣注文選》,中華書局 2012 年版,第 676 頁。

② 段玉裁《説文解字注》,第 338 頁。

③ 張默生《莊子新釋》,第 197 頁。

④ 鍾泰《莊子發微》,第 560 頁。

⑤ 高競艷《莊子譯注評》,第 364 頁。

與文學》釋爲："昆，衆多之義。閽，刖足，守門之賤人也。"①學者們的這些解釋是值得借鑒的。

昆，"衆、臮、昆在甲骨文中是一個字，均作 𝌀、𝌁、𝌂 等形。這些形體其實是並列三個或兩個人字，取衆人聚集之形。其中多數字在人上增一日字，取衆人日出而作之意。"②李炳海先生進一步指出："昆的本義是指人員衆多，是衆人聚集之象，後來泛指衆多，所謂的昆蟲，就是指數量衆多之蟲。"③這一解釋是可信的。昆作爲稱謂，有些也包含着多之義，昆侖山的得名，蓋緣於該座神山"品物衆多，洋洋大觀，同時又條理分明，秩序井然"。昆用作人名，《漢書·古今人名表》記載有昆辯，顏師古注："齊人也，靖郭君所善，見《戰國策》，而《吕覽》作劇貌辯。"④爲何會出現用不同的文字來指稱同一人呢？字義可相互貫通或是原因之一。劇，可指多，《荀子·非十二子》："猶然而材劇志大，聞見雜博。"王先謙《荀子集解》："劇，繁多也。"⑤該人名又作齊貌辨，見《戰國策》卷八。齊，《説文》："禾麥吐穗上平也。"齊本指禾麥的生長狀態，後世有齊同、齊全之稱，也含有衆多之義。昆辯其人，確實亦多言善辯，在傳寫過程中，其稱謂除了形誤之外，也有可能出現以意義相通的文字代替。略爲類似的案例如《史記·酷吏列傳》記載："莊助使人言買臣，買臣以《楚辭》與助俱幸，侍中，爲太中大夫，用事。"⑥文中提及的莊助，在《漢書》卷六十四則稱爲嚴助，記載爲："嚴助，會稽吳人，嚴夫子子也，或言族家子也。"⑦作爲姓氏的莊和嚴，意義相通而予以了更換，同樣是莊改爲嚴，還見於另一著名歷史人物嚴君平，嚴君平"原姓莊，名遵，字君平。班固作《漢書》，避明帝劉莊諱，更莊爲嚴，稱爲嚴君平"⑧。

閽，守門者，表達的是守護之義。閽，用於人名，也往往取義於此，《楚辭·離騷》曰："吾令帝閽開關兮，倚閶闔而望予。"《楚辭·遠遊》稱："命天閽其開關兮，排閶闔而望予。"帝閽、天閽，都指的是天帝的守門人，閽指從事守門者。這種稱謂在後代也有出現，揚雄《甘泉賦》曰："選巫咸兮叫帝閽，開天庭兮延群神。"帝閽爲掌管天門的人。

昆閽，取其常見的兩個義項組合來看，即可釋爲衆多人物的守護者，這符合昆閽在黄帝一行車隊中的職責定位。"昆閽、滑稽後車"，指"在車後相從也"⑨。居於車隊的後部位置，是整個車隊一行衆多人員的守護者。作爲七聖之一的昆閽寓意指的當是對於多的一種守護、執守。道是一，是"至簡"，"道不欲雜，雜則多，多則擾，擾則憂，憂則不壽矣"。又"回曰：敢問心

① 宋小克《上古神話與文學》，第 231 頁。

② 尹黎雲《漢字字源系統研究》，中國人民大學出版社 1998 年版，第 25 頁。

③ 李炳海《原始宗教靈物崇拜的載體——洋洋大觀而又井然有序的昆侖》，《世界宗教研究》2005 年第 1 期。

④ 班固撰，顏師古注《漢書》，中華書局 1962 年版，第 945 頁。

⑤ 王先謙《荀子集解》，中華書局 1988 年版，第 110 頁。

⑥ 司馬遷撰，裴駰集解，司馬貞索隱，張守節正義《史記》，第 2370 頁。

⑦ 班固撰，顏師古注《漢書》，第 2775 頁。

⑧ 嚴遵《老子指歸》，中華書局 1994 年版，第 3 頁。

⑨ 鍾泰《莊子發微》，第 560 頁。

齋。仲尼曰: 若一志,無聽之以耳而聽之以心,無聽之以心而聽之以氣"等等。昆闇的寓意是守多,故而與《莊子》之道相左,因此在求道的路塗中,只會迷失,而不能到達道境。

滑稽,鍾泰《莊子發微》稱:"言辭辯捷不窮屈也。"①高競艷《莊子譯注評》稱:"虛構的人名,指言辭雄辯不窮的人。"②宋小克《上古神話與文學》釋爲:"供貴族取樂之倡優也。"③幾位學者的解釋是值得參考的。

滑稽,其意可指善言辭,且多智,《史記·樗里子甘茂列傳》記載:"樗里子滑稽多智,素人號曰'智囊'。"司馬貞《索隱》寫道:"滑音骨。稽音雞。鄒誕解云'滑,亂也。稽,同也。謂辯捷之人,言非若是,言是若非,謂能亂同異也'。一云滑稽,酒器,可轉注吐酒不已。以言俳優之人出口成章,詞不窮竭,如滑稽之吐酒不已也。"④張守節《正義》也稱:"滑讀爲淈,水流自出。稽,計也。言其智計宣吐如泉,流出無盡,故楊雄《酒賦》云'鴟夷滑稽,腹大如壺'是也。"⑤用滑稽來形容人,往往指其言辭滔滔不絕,也是多智的一種外顯。《莊子·徐无鬼》篇用滑稽作爲虛設的人名,大抵所取的寓意也在於此。

滑稽,善言辭而多智慧,在《莊子》虛設的另一人物稱謂滑介叔上也能得到體現。《至樂》篇記載:

> 支離疏與滑介叔觀於冥伯之丘,昆侖之虛,黃帝之所休。俄而柳生其左肘,其意蹶蹶然惡之。支離疏曰:"子惡之乎?"滑介叔曰:"亡,予何惡! 生者,假借也。假之而生生者,塵垢也。死生爲晝夜。且吾與子觀化而化及我,我又何惡焉!"

曹礎基注:"支離疏、滑介叔,都是虛設人物。支離表示忘形,滑介表示忘智。"⑥曹先生的注本之於成玄英疏,相關文字是這樣的:"支離,謂支體離析,以明忘形也。滑介,猶骨稽也,謂骨稽挺特,以(遺)忘智也。欲顯叔世澆訛,故號爲叔也。"⑦滑釋爲骨稽,亦即滑稽。介釋爲挺特,取其特別突出之義。關於滑介叔,賈學鴻教授有如下釋讀:

> 滑介叔,確實指"骨稽挺特"之義。骨稽則多智,可以與物推移,宛轉"曼衍"。文中的滑介叔先是因爲"柳生其左肘"而受驚生厭,可是,回答支離疏的詢問時又能安

① 鍾泰《莊子發微》,第 560 頁。
② 高競艷《莊子譯注評》,第 364 頁。
③ 宋小克《上古神話與文學》,第 231 頁。
④ 司馬遷撰,裴駰集解,司馬貞索隱,張守節正義《史記》,第 1776 頁。
⑤ 同上。
⑥ 曹礎基《莊子淺注》,中華書局 2007 年版,第 208 頁。
⑦ 郭象注,成玄英疏《南華真經注疏》,第 360 頁。

時處順,委運乘化,體現出滑介的特徵。介,謂特立超俗,不與衆人同。滑介叔的回答確實體現出他獨特、超俗的一面。①

滑體現滑稽多智,介,體現多智而達至挺立超群的狀態,故成疏稱之謂"忘智"。滑介叔的前兩字表達的是與智合一而又挺立超群的一種狀態和境地。滑介叔和支離叔一起出現,都非實名,"支離叔者,言其形不正也。滑介叔者,言其心無智也。此莊子製二子之名而寓其意。夫形不正者,能忘於形。心無智者,能忘於智。忘形忘智,則其於死生了然矣"②。滑介忘智,支離忘形,故而死生無感於心,能達至樂之境。

《徐无鬼》篇中的滑稽,善辯而多智,寓意以言辭和智慧求道。這樣的做法往往被置於否定的一端,《齊物論》記載:"若是而可謂成乎,雖我亦成也;若是而不可謂成乎,物與我無成也。是故滑疑之耀,聖人之所圖也。爲是不用而寓諸庸,此之謂'以明'。"滑疑,曹礎基注:"謂能言善辯,能亂是非異同。滑,亂。疑,同稽,同的意思。"③在這裏,滑疑取義大抵同於滑稽。圖,指的是去除、革除。滑疑之耀,是聖人革除的對象,屬於否定的對象。善辯多智也是一種守多的表現,和昆閽的製名寓意具有相通性,故所求非道也。

四、虛設製名言道而詮道:因名求義的合理性和可行性

《莊子》中和黃帝相關聯的人物命名往往有一定寓意,多爲虛設。就黃帝本身而言,其往見廣成子、使象罔等索其玄珠、以咸池之樂曉喻北門成三種修道境界等,已然是經過改造加工的道家式人物,偏離了史籍中關於黃帝的記載,具有符號化傾向。

《徐无鬼》篇中"黃帝將見大隗"的故事,林疑獨有如下解釋:

> 大隗,道之强名。具茨,喻艱棘難至。……此寓言於黃帝六臣者,學道所賴以求至其所。襄城,喻中道。野,言其無適莫④。

林氏因名求義,揭示出了太隗、具茨的深層次寓意,在方法上是可取的。近人鍾泰《莊子發微》有更詳盡的辨析:"'大隗'以喻大道。'大'讀太,司馬、崔本作泰隗可證。'具茨',喻道之無所

---

① 賈學鴻《〈莊子〉名物研究》,人民出版社 2016 年版,第 254 頁。
② 王雱《南華真經新傳》,方勇總編纂《子藏·莊子卷》第 19 册,第 670 頁。
③ 曹礎基《莊子淺注》,第 23 頁。
④ 褚伯秀《南華真經義海纂微》,第 1016～1017 頁。

不具,而又次第井井也。"①黄帝一行往見大隗於具茨之山,是求道之喻。張若、詻朋前馬,爲車隊先導,寓意以張開之狀向外求取和以言辭問求道之所在。方明、昌寓居中爲御、驂乘,寓意以明合道而失道。昆閽、滑稽後車,是車隊的守護者,寓意執守於多和以言辭多智來求道而悖道。居前的張若是擴張性的,居後的昆閽則是守多,是收縮性的,與之搭配的詻朋、滑稽都是善於言辭之人,一前一後,相互對稱而又相互呼應,能構成一個意義圓融的整體。

因名求義,王雱《南華真經新傳》在這方面用力最勤。對於《莊子》中的人物命名寓意,林希逸有不同的觀點,其在首篇《逍遙遊》中寫道:"肩吾、連叔皆未必實有此人,此皆寓言,亦不必就名字上求義理,中間雖有一二亦可解説,而實不皆然也。"②綜觀《莊子》中衆多的人物或名物,像闉跂支離無脤、甕㼜大癭、儵、忽、混沌、天根、無名人、知、象罔、罔兩、無爲謂、泰清、無窮、無爲、無始、無有、光曜、少知、知和、意怠等諸名,客觀上講,來源是多途徑的。像最末的稱謂意怠,即"是取其怠慢無能的特點而命名"③,凡此皆屬於較爲典型的虛設稱謂,其中既有以形製名,也有以義製名的情形。因名求義,自有寓意蘊含其中,意義較爲顯豁。另有一類,或依托實有的人物稱謂而寄寓新意,如湯,俞樾《莊子人名考》有這樣的論斷:"又按:簡文云:'一曰:湯,廣大也;棘,狹小也。'是以湯、棘皆爲寓名,未考《列子》,然《莊》《列》本多寓言,謂是寓名亦得也。"④又"司馬云:'支離,形體不全貌;疏,其名也。'按:下有'支離其形'句,故舊解如此。然漢有複姓'支離',見《廣韵·五支》注,《莊子》書《至樂》篇有'支離疏',《列禦寇》篇有'支離益',則'支離疏'自是人姓名,藉以寓形體不全之意,正猶湯廣大、棘狹小矣"⑤。《齊物論》中出現的齧缺、王倪,王雱稱:"齧缺者,道之不全也。王倪者,道之端也。莊子欲明道全與不全而與端本,所以寓言於二子也。"⑥《德充符》出現的常季,王雱曰:"常者,習其庸常,季者,物之少稚,以其庸常少稚而不足以知聖人,故曰常季。此莊子製名而寓意也。"⑦這一類人物的稱謂或有所本,居於虛實之間,《莊子》對它的運用屬於一種舊瓶裝新酒式的改造而製名。《徐无鬼》篇黄帝一行,大抵亦屬於此類。

《莊子》製名寓意和人物調遣,往往能構成一個個成體系的群體,有的在音節形式上呈現鮮明特徵,如《大宗師》篇中的子犁、子來、子輿、子祀;子琴張、孟子反、子桑户;《至樂》篇中的支離叔、滑稽叔;《知北遊》篇中的泰清、無窮、無始、無爲,光耀、無有等人物稱謂,在一個組群内,人物稱謂的音節設置相同,整齊而劃一。更多的時候,則是一個群體内的人物稱謂往往構

---

① 鍾泰《莊子發微》,第 560 頁。

② 林希逸著,周啓成校注《莊子鬳齋口義校注》,第 8 頁。

③ 曹礎基《莊子淺注》,第 233 頁。

④ 俞樾《莊子人名考》,第 135~136 頁。

⑤ 同上,第 143 頁。

⑥ 同上,第 389 頁。

⑦ 王雱《南華真經新傳》,方勇編纂《子藏·莊子卷》第 19 册,國家圖書館出版社 2011 年版,第 459 頁。

成一個意義關聯體,王駘、申徒嘉、叔山無趾,三人依次出現於《德充符》篇,對此,王雱《南華真經新傳》寫道:

> 申徒者,教民之官也。嘉者,善之至也。此莊子製名而寓意。然申徒嘉者,賢人也。故次於王駘而言之。嘉雖外兀而德內充,德雖充而人未最,此所以未免於師也。故曰"與鄭子產同師於伯昏無人"。……叔者,敠於伯仲也。山者,有形之最大也,此亦莊子製名而寓意也。以其次於申徒爲第三,故曰叔而已。以其有德之大也,故曰山而已①。

王氏的分析理路是值得借鑒的,王駘不言,申徒嘉有言,叔山無趾善言,合道程度確有一定區分,具有一定的邏輯層級,可以視爲一組有意義關聯的人物稱謂群體。《應帝王》篇中的儵、忽、渾沌,成玄英疏:"南海是顯明之方,故以儵爲有;北是幽暗之域,故以忽爲無;中央既非北非南,故以渾沌爲非無非有者也。"②混沌本是一種天地未分之際的狀態,自然沒有尊卑、輕重、上下、高低、美醜、南北、是非、對錯等分別樣態的存在,三者構成一個雙層相疊對立的寓意統一體。《知北遊》篇中的泰清、無窮、無爲、無始、光耀、無有,成玄英有如下疏解:

> 泰,大也。夫至道宏曠,恬淡清虛,囊括無窮,故以泰清無窮爲名也。……至道玄通,寂寞無爲,隨迎不測,無終無始,故寄無窮無始爲其名焉。……光耀者,是能視之智也。無有者,所觀之境也。智能照察,故假名光耀;境體空寂,故假名無有也。而智有明暗,境無深淺,故以智問境,有乎無乎?③

前一組虛設的人物泰清、無窮、無爲、無始,是合乎道而意義相近的命名寓意組合。後一組虛設的人物是光耀和無有,光耀雖是無形無聲之物,但能爲人所見,尚處於有無的狀態,無有是無何有之無無狀態,二者是意義關聯而又有所對立的命名寓意組合。《莊子》製名寓意呈現出的這種群體性特徵,和《徐无鬼》篇中黃帝一行人的命名寓意是一致的,具有相通性。

　　《莊子》一書對於人物的調遣運用,是以言道說理爲重心的,即便是源自真實歷史的人物,也有靈活運用和有意改寫的情形存在,《田子方》中的"莊子見魯哀公",成玄英疏:"莊子是六國時人,與魏惠王、齊威王同時,去魯哀公一百二十年。如此言見魯哀公者,蓋寓言耳。"④《盜跖》篇中的柳下季、盜跖、孔子會面交談的故事,成玄英疏:"(柳下季),姓展名禽,字季,食采柳

---

① 王雱《南華真經新傳》,第471~475頁。
② 郭象注,成玄英疏《南華真經注疏》,第178頁。
③ 同上,第432~433頁。
④ 同上,第410頁。

下,故謂之柳下季。亦言居柳樹之下,故以爲號。展禽是魯莊公時,孔子相去百餘歲,而言友者,蓋寓言也。"①今人曹礎基注:"據《左傳》,展禽是魯僖公時人,至孔子生時年八十餘歲,若至子路之死,則已百五六十歲。故孔子和他交朋友的説法,是假設之辭。"②盗跖,或曰黄帝時大盗,或曰春秋戰國時期人,没有定説,三人會面屬於虚擬能形成一致看法。《田子方》篇中文王授政臧丈人的故事,曹礎基注:"臧丈人即姜太公。《史記·齊太公世家》有説太公以釣魚引起文王重視,但没有説姜太公夜裏逃走的事。可見作者是借史實加虚構寫寓言。"③從史實來看,姜太公受到文王、武王的重視,是西周開國元勛,自然没有逃遁一説,這是莊子對實有人物的改造運用。《徐无鬼》篇孫叔敖、市南宜僚、孔子的會面交談故事,曹礎基注:"孫叔敖是楚莊王的國相,當時孔子還没有出世。孔子死在魯哀公十六年,當時市南宜僚還没有在楚國做官。《左傳·宣公十二年》記楚國有個熊相宜僚,與孫叔敖同時,但離孔子很遠。可見作者在這裏説的是寓言。"④在這些寓言故事中,《莊子》採用的都是對歷史上實有其人其事的改造和化用,是一種藝術化的虚設和調遣。

總的來看,《莊子》中人物的命名稱謂,或虚或實,或真或幻,既有想象虚擬,也有來源於現實的成分;既有我們人類自身的言説,也有假自然山川名物的問答。虚設而言道,製名而寓意,構成了一個色彩斑斕的人物世界。某種意義上講,因名求義,結合相關故事,理解系列人物命名的寓意,是走近《莊子》之道的門徑之一。

[作者簡介] 田勝利(1982—),男,湖南常德人。現爲北京師範大學文學院副教授,主要從事先秦兩漢文學及文獻研究。著有《漢代焦氏林辭研究》,發表學術論文數十篇。

---

① 郭象注,成玄英疏《南華真經注疏》,第562～563頁。
② 曹礎基《莊子淺注》,第349頁。
③ 同上,第250頁。
④ 同上,第295～296頁。

《孟子》《莊子》言辭觀辨析*

——從"言"在早期儒、道思想中的地位差異説開來

劉　潔

内容提要　"言"參與了儒家"仁""德""禮""君子"等核心概念的建構。"言"在道家核心思想"道"中並不存在，爲説明"道"，老子不得不言，主張"言"順應自然規則，反映事實，反對誇張之言。《孟子》的言辭觀强調"言"基於德和"聖人之言"的傳統，崇尚"聖人之道"，多次稱引堯、舜，引用《詩》《書》等儒家經典，注重"言"的道德化傾向。"言"在《莊子》之"道"思想體系中處於末流。莊子認爲"言"屬有形之物，對"德不形"有阻礙。莊子"大而無用"的言辭觀不帶主觀性，特點是不符合實際，是對舊有"榮華"之言、"成心"之言的挑戰，"寓言""重言""卮言"是"大而無用"言辭觀的細化和實踐。《孟子》《莊子》言辭觀具有相似性，都將"言"視作表達各自"道"的途徑，均注意到"言"的局限性。二書言辭觀的差異性也較爲明顯，對"言"的態度不同，對"言"的關注點也不同。《莊子》對儒家言辭觀的基礎仁義禮制，對孟子"聖人之言"的言辭觀均持批判態度，儒道言辭觀具有單向互動性。

關鍵詞　《孟子》《莊子》　言辭　觀念　思想

中圖分類號　B2

　　作爲儒道兩家的代表著作，《孟子》《莊子》在學術史、文化史上均占據一定位置，屬於戰國諸子的典範之作。受"百家争鳴"時代風氣的影響，《孟子》《莊子》中有部分篇章涉及"言"的相關問題，二書形成了各自的言辭觀念且具有明顯差異。目前，學界對《孟子》中的論辯藝術、"知言養氣"、"言意關係"，對《莊子》的言説方式、"三言"（"寓言""重言""卮言"）説法、"言意關係"、"言"與"道"的關係、"不言"等問題均有探討①，而將二者的言辭觀念作對比的研究則相對

---

* 本文爲蘭州城市學院博士科研啓動基金(LZCU‐BS2019‐55)資助項目階段性成果。

① 關於《孟子》的"論辯"，如胡發貴《"好辯"與良知：孟子"好辯"詮解》，《江海學刊》2006 年第 6 期；劉全志《論孟子"好辯"的話語依據及來源》，《江西社會科學》2019 年第 6 期。關於《孟子》"知言養氣"説，如郭淑新《孟子"知言"説考析》，《中國哲學史》2013 年第 2 期。關於《孟子》"言意關係"，如龐慧《諸子(轉下頁注)

較少①。實際上,《孟子》《莊子》的言辭觀念很具代表性,通過二者的對比研究,既可展示戰國時期截然不同的兩種言辭觀念,又可從言辭視角切入,對儒、道兩家的思想有更細化的瞭解。在上述背景下,本文嘗試就《孟子》《莊子》二者言辭觀念由何而來、言辭觀念背後的思想體系、言辭觀念包含的具體內容等問題展開論述。

一、"言"在早期儒、道思想中的地位差異

"言"是《論語》《老子》經常論及的概念,在這兩部早期儒、道著作撰述過程中,貫穿着各自言辭觀的實踐②。但這尚不足以說明"言"在早期儒、道思想中的地位和差異,因爲儒、道的思想體系架構中本身已包含"言"的成分。

(一)"言"與儒家之"仁""德""禮"

《論語》中"言""辭"均已含"言語"意義,且出現頻率較高③。孔子學說的最終目的之一在於施政,而"言"是通向政治理想的必由之路之一。《論語・爲政》載:"多聞闕疑,慎言其餘,則寡尤;多見闕殆,慎行其餘,則寡悔。言寡尤,行寡悔,禄在其中矣。"④"慎言""則寡尤",而"言

(接上頁注)言意觀的學派差異》,《南京大學學報》2017 年第 5 期。關於《莊子》的言說方式,如張文望和沈立岩的《沉默書寫與"不言"觀照——莊子著述方式抉隱》,《漢字文化》2022 年第 18 期;陳少明《生命的精神場景——再論〈莊子〉的言述方式》,《中山大學學報(社會科學版)》2020 年第 3 期;陳贇《言說的困境及其回應方式——從孔子到莊子》,《安徽師範大學學報(人文社會科學版)》2019 年第 4 期。關於《莊子》的"三言",如鄧曉芒《論莊子的修辭哲學——從莊子的"三言"説開去》,《四川大學學報(哲學社會科學版)》2021 年第 2 期;劉書剛《莊子"卮言"與其"言"之觀念論析》,《文藝理論研究》2017 年第 1 期。關於《莊子》的"言意關係",如張慶利《〈莊子〉中的"言"與"意"及其文學意義》,《遼寧師範大學學報(社會科學版)》2018 年第 1 期。關於"言"與"道"的關係,如陳之斌《道中之言與言中之道:莊子道言關係新探》,《哲學動態》2016 年第 2 期。關於"不言",如黃克劍《莊子"不言之辯"考繹》,《哲學研究》2014 年第 4 期,等等。

① 如鍾福强《不辯與不得不辯:孟子與莊子的言辯觀念比較研究》(《管子學刊》2021 年第 2 期)、尹旖《〈孟子〉和〈莊子〉論辯藝術比較》(長沙理工大學碩士學位論文,2012 年)。

② "言",從詞性看既包含名詞的語言,也包含動詞的言説,從内容看既包含自述性話語,也包括有對象的論辯。所以,論及"言"的語句屬於"言"的範疇,而著述本身也是對於"言"的實踐,也體現了一定的言辭觀念。

③ "言"在《論語》中出現 126 次,分爲三類:作爲名詞"言語"(59 次);作爲名詞,表示一個字或一句話(9 次);作爲動詞"説"。"辭"在《論語》中出現 5 次,分別表示拒絶、辭托(3 次),言辭(1 次),解釋、解説(1 次)。參見楊伯峻《論語譯注》,中華書局 2009 年版,第 243、305 頁。

④ 何晏注,邢昺疏《論語注疏》,阮元校刻《十三經注疏》,中華書局 2009 年版,第 5348 頁。以下凡引《論語》正文僅標注篇名。

寡尤"是求"禄"的訣竅之一,是從政過程中需關注的要素。可見,"慎言"並不是不關注"言",反而是重"言"的表現。實則,"言"不僅關乎政治,更是儒家思想建構中的必要元素。

孔子主"仁","仁"是儒家思想的核心要義,"言"是成"仁"的途徑之一。《論語·子路》云:"剛、毅、木、訥近仁。""訥"指言的謹慎。之所以强調"訥",是因爲孔子關注到言和行的張力:"始吾於人也,聽其言而信其行。今吾於人也,聽其言而觀其行。"(《論語·公冶長》)在儒家看來言行不一會違背"仁",損傷"仁"。儒家思想中,"德"是與"仁"緊密相關的另一概念①。"德"包含"仁","仁"本身即爲一種。儒家"德""仁"概念的核心都講求道德品質②。孔子認爲,"言"是德的呈現方式之一,但"言"具有迷惑性:"有德者必有言,有言者不必有德。"(《論語·憲問》)先"德"而後"言",才是善言。"巧言亂德。小不忍,則亂大謀。"(《論語·衛靈公》)花言巧語會敗壞"德"。要之,"言"的規範是成爲有"德"之人的必須環節,儒家之"言"具有"德"的指向性。"禮"是儒家思想的另一核心要素,尊"禮"是達"仁"的環節,"禮"是"仁"的外在表現,而"言"是儒家禮儀制度建構的必要組成。《論語·顏淵》載:"顏淵問仁。子曰:'克己復禮爲仁。一日克己復禮,天下歸仁焉。爲仁由己,而由人乎哉?'"從禮儀方面規約自己,是達到"仁"的途徑。孔子亦將"言"納入"禮"的範疇,《論語·子路》載:"名不正,則言不順;言不順,則事不成;事不成,則禮樂不興;禮樂不興,則刑罰不中;刑法不中,則民無所錯手足。故君子名之必可言也,言之必可行也。君子於其言,無所苟而已矣。""正名"的解釋歷來衆説紛紜。楊伯峻認爲,皇侃《義疏》引鄭玄的《注》所説"正名謂正書字也,古者曰名,今世曰字"的説法不太妥當,進而提出"名不正"應是"名分上的用詞不當","孔子所要糾正的,只是有關古代禮制、名分上的用詞不當的現象,而不是一般的用詞不當的現象"③。從邏輯推演看,"言順"是從"名正"到"民錯手足"的中間一環,不可或缺。"名不正"即禮儀制度上的僭越和無序,會引發"言不順",説明"言"參與了禮儀制度的構建,"言"和禮儀之"名"存在邏輯上的因果聯結,"言"能體現"名"是否"正"。"君子"是儒家的理想人格,孔子曰:"君子義以爲質,禮以行之,孫以出之,信以成之。君子哉!"(《論語·衛靈公》)鄭玄注曰:"孫以出之謂言語。"④"言"在君子人格養成中居重要位置,是君子需要時常以謙遜態度約束的對象,説明不當之言對君子人格亦有

---

① 馮友蘭曾論及《論語》中"仁"的内涵問題,將《論語》中的"仁"大致分爲兩類,有些"是'四德'(仁、義、禮、智)或'五常'(仁、義、禮、智、信)之一,而居其首;有些是全德之名,包括諸德"。具體來説,"作爲四德之一的仁,是一種道德範疇倫理概念;對於它的討論,是倫理學範圍之内的事。作爲全德之名的仁,是人生的一種精神境界;對於它的討論,是哲學範圍之内的事"(馮友蘭《對於孔子所講的仁的進一步理解和體會》,《孔子研究》1989 年第 3 期)。

② 《論語》中"德"作爲"行爲、作風、品質"6 次,"恩德、恩惠"4 次,"道德"27 次,"品質"1 次(參見楊伯峻《論語譯注》,第 294 頁)。除"恩德、恩惠"外,其餘類型都富含"道德品質"内涵,和"仁"相近,都是可通過後天修煉達到的境界。

③ 楊伯峻《論語譯注》,第 132～133 頁。

④ 何晏注,邢昺疏《論語注疏》,第 5469 頁。

損害。此外,"君子九思"之"言思忠"也表明言語與内在德性的一致性亦是君子的特質之一。

孔子的"言辭"觀念和儒家思想緊密關聯。儒家思想注重對個體道德品質的塑造,强調後天教化和自我敦促,相信通過"禮"的規約,可讓個體在道德層面趨於完善,進而達到"君子"標準。"言"作爲人的自然能力,在實際生活中富有多種可操作性,既可尊禮含德,亦可巧言僭越。"言"的開放性和現實的不可或缺性決定了"言"在儒家理論建構中占據一定位置。孔子發現了對"言"規約的重要性,因爲不當之言會損害儒家的"仁""德""禮",以及"君子"人格的構建,所以孔子的言辭觀增加了對"言"的道德約束性。如果喪失這一點,儒家思想體系的建構將缺失一定的完整性。

(二)"言"與道家之"道"

"道"是老子思想的核心概念,亦是道家哲學思想的中心。《老子》首章曰:"道可道,非常道;名可名,非常名。無名天地之始,有名萬物之母。故常無欲,以觀其妙;常有欲,以觀其徼。"①老子强調"道"的不可言説性、"道"的概念的不可界定性。"道"是"由無形質落實向有形質的一個活動過程"②。在"道"從"無"③至"有"的演化過程中,"有"屬於末流,"無"才是根本。而"言"屬於"有"的範圍,在"道"的本質與内核中,並無"言"的存在。所以《老子》四章曰:"是以聖人處無爲之事,行不言之教。"《老子》二十七章有"善言無瑕讁","善言"指善於行"不言之教"④,説明"不言之教"不容易産生過錯。道家的理想人格"聖人"所施行的也正是"不言"的教導。老子亦言:"知者不言,言者不知。""知者不言",王弼注曰:"因自然也。"⑤"言者不知",王氏注曰:"造事端也。"⑥所謂"因自然"也符合"道"的特點,所以"道"與"言"相背離,"言"的一大特點在於"造是非","不言"更貼近"自然",便更接近於"道","希言自然"亦是同理。

雖然"言"與"道"相背離,但爲了解説何爲"道",老子不得不"言"。《老子》四十一章云:"上士聞道,勤而行之;中士聞道,若存若亡;下士聞道,大笑之,不笑不足以爲道。故建言有之:明道若昧,進道若退,夷道若纇。上德若谷,大白若辱,廣德若不足,建德若偷,質真若渝,大方無隅,大器晚成,大音希聲,大象無形。道隱無名,夫唯道善貸且成。""建言"即"立言"⑦,"建言"的内容均圍繞着老子之"道",從抽象之"道"層層展開至"大音""大象",説明老子立

---

① 王弼注,樓宇烈校釋《老子道德經注校釋》,中華書局 2008 年版,第 1 頁。以下凡引《老子》正文僅標注篇名。
② 陳鼓應《老子注譯及評介》,中華書局 2009 年版,第 59 頁。
③ 老子的"無","乃對於具體事物之'有'而言,非即是零"(馮友蘭《中國哲學史》,重慶出版社 2009 年版,第 147 頁)。
④ 陳鼓應《老子注譯及評介》,第 169 頁。
⑤ 王弼注,樓宇烈校釋《老子道德經注校釋》,第 147 頁。
⑥ 同上。
⑦ 參見陳鼓應《老子注譯及評介》,第 222 頁。

“言”的根本在於闡明其學說本身。在這一背景下，老子對“言”的評價標準突出内容主旨，不在形式花樣。《老子》七十章云：“吾言甚易知，甚易行，天下莫能知，莫能行。言有宗，事有君。夫唯無知，是以不我知。知我者希，則我者貴，是以聖人被褐懷玉。”老子認爲自己的言論很容易理解，很容易實行，但天下人却不理解，也不實行，言論的要義在於主旨，行事的關鍵在於根據。老子云：“信言不美，美言不信；善者不辯，辯者不善。”王弼注曰“實在質也”，“本在樸也”①。説明老子之“言”重質實。“善者不辯，辯者不善”表明老子對巧辯之“辯”是反對的②。老子又云：“大辯若訥。”王弼曰：“大辯因物而言，己無所造，故若訥也。”③老子所謂最好的“辯”是要完全依照事物的真實情况言説，不存在虚造誇飾的成分，還是强調“言”要重質實。相比儒家，老子言辭觀的特點是，削弱了“言”本身的地位和功用，没有對“言”設置過多的道德限制與禮儀規範，崇尚實事求是，主張“言”要順應自然而然的規則，真實反映事實，不做誇張和虚渺的修飾。

二、《孟子》言辭觀辨析

孟子作爲孔子的繼承者，不僅在思想理論方面對早期儒家思想有繼承和創新，在言辭觀念方面同樣也是如此。

（一）“言”基於德

孔子言辭觀中，“言”參與了“仁”“德”“禮”的構建。孔子曰：“言忠信，行篤敬，雖蠻貊之邦，行矣。言不忠信，行不篤敬，雖州里，行乎哉？立則見其參於前也，在輿則見其倚於衡也，夫然後行。”（《論語·衛靈公》）孔子認爲“言”是否“忠信”關乎個體能否立身於世。孔子在《周易·文言傳》中提出“修辭立其誠”：“君子進德修業。忠信，所以進德也；修辭立其誠，所以居業也。”④這裏的叙述中心在於修“德”，而“修辭”所要立的“誠”即爲“德”，也就是説言辭的標準即爲“德”。之所以要在《周易》這裏講“修辭立其”“德”，是因“孔子喜《易》並不是篤信卜筮，而是關注《周易》卦爻辭中所體現的思想（德義）”⑤，這與儒家一貫的理論主張相吻合。孔子言辭觀背後的支撑已經具有道德化傾向，孟子則繼承了這一言辭觀念。

孟子思想的核心是“仁義”，是對孔子“仁”學説的一種深化與拓展。孟子有“仁之實，事親

---

① 王弼注，樓宇烈校釋《老子道德經注校釋》，第 191 頁。

② 參見陳鼓應《老子注譯及評介》，第 349 頁。

③ 王弼注，樓宇烈校釋《老子道德經注校釋》，第 123 頁。

④ 王弼等注，孔穎達疏《周易正義》，阮元校刻《十三經注疏》，第 27 頁。

⑤ 王齊洲《“修辭立其誠”本義探微》，《文史哲》2009 年第 6 期。

是也;義之實,從兄是也"①。"仁義"的本質屬性圍繞着德。孟子之"德",是由内向外表現的德,是一種有形的德。孟子曰:"君子所性,仁、義、禮、智根於心。其生色也睟然,見於面,盎於背,施於四體,四體不言而喻。"(《盡心上》)"仁、義、禮、智"既是"四德"的細化,也屬於道德範疇。"不言而喻"並不是完全剥離言語在表現"德"的方面所發揮的作用,而是指"仁、義、禮、智"會首先表現在肢體等外在形態上,而後才是言語。這段話的叙述重心並不在言語本身,但"仁、義、禮、智"外化的過程也説明了"言"與"四體"一樣,都以人内在的道德爲基礎。

最能體現孟子之"言"基於德的是其"知言養氣"説②。《公孫丑上》載:

> "敢問夫子惡乎長?"曰:"我知言,我善養吾浩然之氣。""敢問何謂浩然之氣?"曰:"難言也。其爲氣也,至大至剛;以直養而無害,則塞於天地之間。其爲氣也,配義與道;無是,餒也。是集義所生者,非義襲而取之也。行有不慊於心,則餒矣。……"
>
> "何謂知言?"曰:"詖辭知其所蔽,淫辭知其所陷,邪辭知其所離,遁辭知其所窮。……"

針對公孫丑的提問,孟子回答:"我知言,我善養吾浩然之氣。"接着,公孫丑詢問何爲"浩然之氣",待孟子回答後,公孫丑提問"何謂知言"。這裏的問答順序和孟子"言"基於德的言辭觀念十分契合,德必然先於言,進而表現在言上。孟子的回答内容也印證了這一點。孟子認爲"浩然之氣"建立在"義"的基礎上,是"義"在心中累積的結果,需要配合"義"與"道"才能存在,説明"浩然之氣"的根源還是在於個體内在的德性修養。"塞於天地之間"指出"浩然之氣"由内向外生發的特點,與上一段引用的"仁、義、禮、智根於心。其生色也睟然,見於面,盎於背,施於四體"具有相似性。人是天地之間的存在,人的語言、形貌、行爲都屬於天地之間的存在,都是"浩然之氣"充塞的客體對象。所以建立在道德之上的"浩然之氣",自然能够向外流露在人的行爲和語言之中。在這一基礎上,孟子進一步闡釋了"知言"的可能性。"詖辭""淫辭""邪辭""遁辭"都是從反面出發,强調道德的偏差在言語上的具體體現。"知言"存在的前提正是外在的"言"和内在的"德"之間存有一致的關聯性。

孟子"言"基於德的言辭觀念還體現在遊説過程中:

① 趙岐注,孫奭疏《孟子注疏》,阮元校刻《十三經注疏》,第5923頁。以下凡引《孟子》正文僅標注篇名。
② 楊澤波認爲,孟子"好辯","用他自己的話説就是'知言'。……孟子不是爲好辯而好辯,而是爲了捍衛孔子之道而不得不辯"(參見楊澤波《孟子評傳》,南京大學出版社1998年版,第385頁)。楊澤波已關注到孟子"知言"等"辯"言對孔子之道的體現,但没有進一步指出孔子之道的"德"的屬性,也没有指出孟子"辯"言的"德"的特點。梁濤則明確提出了"知言"之"言"的"道德"屬性(參見梁濤《孟子解讀》,中國人民大學出版社2010年版,第97頁)。

孟子謂宋句踐曰："子好遊乎？ 吾語子遊。人知之，亦囂囂；人不知，亦囂囂。"

曰："何如斯可以囂囂矣？"

曰："尊德樂義，則可以囂囂矣。故士窮不失義，達不離道。……"（《盡心上》）

朱熹云："遊，遊説也。"①趙岐云："囂囂，自得無欲之貌。"②孟子認爲遊説過程中，始終要内心秉持德、義，至於外在的窮達變化，都不應影響内的仁義堅守。遊説過程中，言辭仍然是對内心的真實反映，即需要以德、義爲基礎。"言"對"德"的呈現性在《孟子》中隨處可見。孟子曰："自暴者，不可與有言也；自棄者，不可與有爲也。言非禮義，謂之自暴也；吾身不能居仁由義，謂之自棄也。仁，人之安宅也；義，人之正路也。"（《離婁上》）再如孟子云："心之所同然者何也？ 謂理也，義也。聖人先得我心之所同然耳。故理義之悦我心，猶芻豢之悦我口。"（《告子上》）孟子在孔子的基礎之上，進一步加强了"言"在修"德"過程中的作用，並對這一觀念進行了系統化、深入化、理論化，而"言"基於德則是對孟子這一言辭觀念的總體概括。

（二）"聖人之言"的傳統

"聖人之言"的説法在孔子那裏已經存在。子曰："君子有三畏：畏天命，畏大人，畏聖人之言。小人不知天命而不畏也，狎大人，侮聖人之言。"（《論語・季氏》）"聖人"是儒家的最高理想人格，位置在"君子"之上，堯、舜等人可位於聖人之列，但他們並非時時都符合"聖人"標準③。所以，孔子感慨道："聖人，吾不得而見之矣！ 得見君子者斯可矣。"（《論語・述而》）"聖人之言"的字面意思指"聖人"所説的話。"聖人"標準既然在孔子那裏很難達到，而堯舜這類非常接近聖人的人也早已不可得見，所以"聖人之言"更可能是"聖人"迹象，而典籍記載正好符合這一特質。要之，"聖人之言"的内涵不僅指道德修養很高的人的言語，也包含三代以來的經典之言，在儒家看來，《詩》《書》《禮》《易》《春秋》等先秦典籍中的很多内容都屬於聖人之言的範疇。"聖人之言"的思想也體現了前文中孟子"言"基於德的這一言辭觀念。"聖人之言"的核心要素是"聖人"，而後才是"言"，"聖人"是"言"的前設條件。"聖人"是儒家的理想人格，最突出的特質是道德楷模，極高的道德修養使"聖人"處於"仁"之上，但"聖人"的本質仍需具備"仁"。"聖人"和"君子"的共同特點都是"德"，"德"包含"仁"。所以"聖人之言"的傳統仍然體現了儒家言辭觀一以貫之的"言"參與了"德"的建構的這一觀點。

孟子崇尚"聖人之道"，其言辭觀和"聖人"緊密相連。孟子説："故觀於海者難爲水，遊於

---

① 朱熹《四書章句集注》，中華書局 2012 年版，第 358 頁。

② 趙岐注，孫奭疏《孟子注疏》，第 6016 頁。

③ 《論語・雍也》載："子貢曰：'如有博施於民，而能濟衆，何如？ 可謂仁乎？'子曰：'何事於仁，必也聖乎！ 堯舜其猶病諸！ 夫仁者，己欲立而立人，己欲達而達人。能近取譬，可謂仁之方也已。'"此章中，孔子認爲堯舜也難以達到"聖"的標準。

聖人之門者難爲言。"(《盡心上》)在聖人的門下受教過後,很難被其他的言論所折服,説明聖人之言是所有言辭中的最高水平,領略過聖人之言後,其他言辭便不足觀之。《滕文公下》中,公都子問孟子如何看待别人評價他"好辯",孟子集中談論了自己的言辭觀念。首先,孟子否定了自己"好辯",認爲"辯"是一種被大環境裏挾後不得不爲的權宜之計,並不符合自己的本心。而後,孟子進一步詳細解釋了導致其不得不"辯"的大環境。在回顧了堯、舜的事迹後,孟子指出"堯、舜既没,聖人之道衰"。孟子延續了孔子對堯、舜的聖人評價體系,認爲堯、舜之後,聖人之道就衰微了。然後,孟子提到孔子爲改變"世衰道微"的局面而創作《春秋》的情況。最後,孟子提出"我亦欲正人心,息邪説,距詖行,放淫辭,以承三聖者。豈好辯哉? 予不得已也"。何爲"三聖",趙岐注曰:"以奉禹、周公、孔子也。"①何爲"聖人之徒",趙岐注曰:"孟子自謂能距楊、墨也。徒,黨也。可以繼聖人之道,謂名世者也,故曰聖人之徒也。"②孟子將禹、周公、孔子皆視作聖人,這既繼承了孔子對禹、周公的舊有看法,也在此基礎上作了擴展,將孔子也納入聖人之列。而後,孟子自謂聖人門徒,也説明孟子心中一直存有聖人理想,尊崇聖人之道。再則,此章以"好辯"爲中心,而孟子所談皆爲聖人,所嚮往的也是聖人之道,而孟子認爲自己好辯的最終目的是爲了繼承聖人之道。可見,孟子心中存有一種通過"言"來弘揚聖人之道的觀念,而《春秋》等經典著作屬於"聖人之言",自然是他所推崇的。

孟子的言辭觀裏有"聖人之言"的傳統。一方面,孟子在言談中屢次引用聖人事迹,這是對"聖人之道"的言辭實踐。《孟子·滕文公上》載:"孟子道性善,言必稱堯舜。"這裏從第三者視角記録孟子談論堯舜,而更多時候孟子則以第一人稱口吻直接引述堯舜:如《滕文公上》第四章③談論天下治理問題時,孟子引用堯、舜、禹的事迹;《滕文公下》第九章再次論及堯、舜、禹;《離婁上》第二章談君臣之道時引述堯、舜;《離婁下》第二十八章論及舜,第二十九章論及禹;《萬章上》第七章提及"堯、舜之道";《萬章下》第六章講述堯對舜的君臣關愛;《告子上》第六章引述堯、舜的善行;《告子下》第十五章列舉"舜發於畎畝之中"的事迹;《盡心上》第四十六章談論堯、舜的"智"和"仁";《盡心下》第六章講述舜成爲天子前後的事迹。這些材料説明,堯、舜等聖人是盤桓在孟子心中的理想人格,因而孟子的言辭活動始終以堯、舜等聖人爲中心,依托"聖人之道"展開。另一方面,孟子多次引用《詩》《書》等儒家經典,將其作爲對"聖人之言"的另一種呈現。《論語》已指出《詩經》在言辭活動中的重要性,《季氏》篇載:"不學《詩》,無以言。"孟子將這一理念進行了高頻率地實踐④。《孟子》引《詩》32 次,引《尚書》18 次,還引了《論語》《禮》《志》等其他典籍。在孟子看來,《詩》《書》等儒家經典是聖人之言,其中蘊含的

---

① 趙岐注,孫奭疏《孟子注疏》,第 5904 頁。

② 同上。

③ 爲論述方便,本文參考了楊伯峻《孟子譯注》的章節劃分。

④ 楊澤波的《孟子評傳》一書已關注到《孟子》引《詩》現象,專門談論了"孟子論《詩》"中的"不以文害辭""以意逆志"等問題,但没有涉及"聖人之言"的傳統(參見楊澤波《孟子評傳》,第 378～382 頁)。

"德"的内涵正是對儒家思想的展示。所以,孟子不僅善於引用經典,還善於闡釋經典,其解《詩》的角度也緊緊圍繞着儒家思想。《告子下》中,公孫丑問《小弁》之詩,孟子答曰:"固哉,高叟之爲詩也! 有人於此,越人關弓而射之,則己談笑而道之;無他,疏之也。其兄關弓而射之,則己垂涕泣而道之;無他,戚之也。《小弁》之怨,親親也。親親,仁也。固矣夫,高叟之爲詩也!"公孫丑又問"《凱風》何以不怨?"孟子答曰:"《凱風》,親之過小者也;《小弁》,親之過大者也。親之過大而不怨,是愈疏也;親之過小而怨,是不可磯也。愈疏,不孝也;不可磯,亦不孝也。孔子曰:'舜其至孝矣,五十而慕。'"這次解《詩》過程中,孟子圍繞的中心是"仁"和"孝",雖然其解《詩》的邏輯有詭辯論的嫌疑,但正好展示了孟子引《詩》的主觀道德化傾向,這一傾向與"聖人之道"的儒家思想始終保持一致。孟子對《詩》《書》等儒家經典的引用也保有一些批判意識,但批判的立足點也是維護聖人之道。《盡心下》:

> 孟子曰:"盡信《書》,則不如無《書》。至於《武成》,取二三策而已矣。仁人無敵於天下,以至仁伐至不仁,而何其血之流杵也?"

趙岐注曰:"孟子言武王以至仁伐至不仁,殷人簞食壺漿而迎其王師,何乃至於血流漂杵乎。故吾取《武城》兩三簡策可用者耳,其過辭則不取也。"[1]對於《詩》,不論是正面的闡釋,還是反向的批判,孟子維護聖人之道的立場始終不變。這一立場展示了其言辭觀念背後的道德傾向和聖人傳統。

　　總體來看,孟子的言辭觀中,"言"是能夠展現"德"的存在,所以孟子善於"知言",能够通過"言"來辨別發言之人内心的道德修養情況。同時,孟子充分發揮了"言"對"德"的正面呈現性,無論是"言"基於德,還是"聖人之言"的傳統,始終反復強調"言"對"德"的積極宣傳作用,從而充分宣揚了儒家思想的道德化傾向。

三、《莊子》言辭觀辨析

(一)"言"在《莊子》思想中的地位

　　《莊子》的言辭觀和其哲學思想緊密相關。"道"是道家哲學思想的最高理念。莊子之"道",講求齊同"死生、存亡、窮達、貧富、賢與不肖、毀譽"[2]等一切是非對立面,講求從"外天下""外物""外生""朝徹""見獨""無古今""不死不生""無不將""無不迎""無不毀""無不成",而至"攖寧","游心於物之初",最後慢慢接近於"道"。"道"的内核包含了自然而然,一切人爲

---

① 趙岐注,孫奭疏《孟子注疏》,第 6035 頁。
② 郭慶藩《莊子集釋》,中華書局 2012 年版,第 212 頁。以下凡引《莊子》正文僅標注篇名。

的、是非的,都與"道"兩廂背馳。在莊子看來,語言文字在"道"的傳播中處於末流,並不是其思想的核心内容。《大宗師》云:

> 南伯子葵曰:"子獨惡乎聞之?"曰:"聞諸副墨之子,副墨之子聞諸洛誦之孫,洛誦之孫聞之瞻明,瞻明聞之聶許,聶許聞之需役,需役聞之於謳,於謳聞之玄冥,玄冥聞之參寥,參寥聞之疑始。"

女偊在回答南伯子葵從哪裏學習"道"的問題時,反向梳理了"道"的授受過程。女偊從文字中學習"道",文字從誦讀那裏得來"道",然後依次是從見解洞徹、耳聞心許、待時行使、吟咏嗟嘆、幽渺深遠、參悟寥廓那裏得來"道",而參悟寥廓則是從不能推測大道的起始那裏得到的①。"疑始""參寥""玄冥"均屬於感悟性質的存在,和"道"的本質更爲貼近,而"於謳"雖然屬於大範圍的"言",但其特點在於遵從真實情感,自由抒發,不屬於言辯意義上的"言辭"。正如林希逸所云"謳者,言之不足而咏歌之也,於,嗟嘆也,言其自得之樂也"②。真正屬於言辭範疇的"洛誦之孫""副墨之子"則處於"道"傳播過程的末流。

莊子講"德",而"德"在老子那裏已經存在。《老子》五十一章云:"道生之,德畜之,物形之,勢成之。是以萬物莫不尊道而貴德。道之尊,德之貴,夫莫之命而常自然。故道生之,德畜之:長之、育之、亭之、毒之、養之、覆之。生而不有,爲而不恃,長而不宰,是謂玄德。""道爲天地萬物所以生之總原理,德爲一物所以生之原理,……物固勢之所成,即道德之作用,亦是自然的。"③道家的"德"和"道"具有一致性,同樣講求自然而然,更多指向天生具有的德行,而不是後天雕塑之"德",和儒家的"德"並不相同。莊子之德講求的也是自然而然的"德",他所舉出的至德之人,都追求一種内德不外露的境界。在莊子看來,"言"屬於"形"所包含的範疇,是一種外化的東西,並不是至德之人所崇尚的内容。《德充符》中,無論是王駘的"不言之教",還是哀駘它令人們感到"未嘗有聞其唱者也,常和人而已矣",都説明莊子存在一種對"言"並不十分重視的傾向,認爲"言"對其"德不形"有阻礙作用,所以用"和人"來强調對"言"的忽略性。此外,儒家倡導修"德",對民衆施行教化。但道家並不以此爲樂,其至德之人講求的是,内德充實,外來自來應驗,而不是至德之人主動讓"人則從是也",因爲至德之人"何肎以物爲事乎"!

莊子對"言"的態度存在複雜性,在《齊物論》中詳述了"言"的産生過程及其地位:

> 有有也者,有無也者,有未始有無也者,有未始有夫未始有無也者。……

---

① 參見方勇《方山子文集》第 14 册,學苑出版社 2020 年版,第 169 頁。
② 林希逸著,周啓成校注《莊子鬳齋口義校注》,中華書局 1997 年版,第 112 頁。
③ 馮友蘭《中國哲學史》,第 148 頁。

天下莫大於秋豪之末,而太山爲小;莫壽於殤子,而彭祖爲夭。天地與我並生,而萬物與我爲一。既已爲一矣,且得有言乎?既已謂之一矣,且得無言乎?一與言爲二,二與一爲三。自此以往,巧曆不能得,而況其凡乎!故自無適有以至於三,而況自有適有乎!無適焉,因是已。

莊子首先叙述萬物的生成過程,萬物生出後才有形體,而形體從"無"中産生,在萬物産生前,世界空洞而至虛,一無所有。這是對《老子》四十章"天下萬物生於有,有生於無"的進一步細化。接着,莊子講"言"和"物"的關係,認爲天地之間萬物齊同,物我合一。但"物我合一"這句話一旦説出,就産生了"言"。萬物爲一加上"物我合一"這句話就成了二,在二的基礎上再纍加,就産生了三,以此類推,即使善於計算的人也算不出來了。莊子自嘲,爲了説明大道的産生情況,他已經從無言至有言了,達到了三,何況是那些從有言至有言的百家辯士呢?感慨之際,最後莊子認爲自己不用再往下説了,唯有因任自然而已。"言"實在是爲了給世俗之人解釋清楚大道才産生的,是勉爲其難的存在。"言未始有常,爲是而有畛也。"莊子認爲,"言"最初産生的時候並沒有是非分別,而是後來爲了論證何爲"是",才有了確定的界限,有了是非之分。可見,"言"産生後,分爲兩類:一類是順應大道的因循自然之言,即從"無言"到"有言";一類是帶有主觀偏見的論辯是非之言,即從"有言"到"有言"。所謂"辯"者,屬於後者。莊子認爲:"聖人懷之,衆人辯之以相示也。故曰辯也者有不見也。"聖人並不主張辯,辯論意味着没有見到道的廣大。聖人與衆人、不辯與辯,高下立見,而"辯"是對大道的背離。從根源看,"言"在莊子的最高思想境界中是被否定的對象,而"辯"則是否定又否定的對象,屬於糟粕的糟粕。

要之,莊子的思想體系中,"言"並不是道家核心思想"道"的組成部分,也不是從無形的"道"中産生了有形的"物"之後,莊子提出的"齊物"之論思想的組成部分,而是再往下,爲了説明"齊物"之論的思想,進而出現了"物我合一"的第一句言。"言"的地位低於大道、"齊物"之論,最高的境界中没有"言"的存在,"言"是大道剝離了幾次以後出現的,是大道的糟粕,是爲了闡明"齊物"之論而不得不出現的,所以"無言"要高於"有言"。莊子眼中的得道者形象——真人,"連乎其似好閉也,悗乎忘其言也",這種無心而忘言的狀態才是得道者對"言"的態度。當然,莊子對"言"也並非徹底否定,爲了闡明"道"的哲學思想,莊子和老子一樣,也不得不"言"。

(二)"大而無用"的言辭觀

用"大而無用"來描述"言"的現象是《莊子》的特色。《逍遙遊》中,肩吾對連叔説:"吾聞言於接輿,大而無當,往而不返。吾驚怖其言,猶河漢而無極也;大有徑庭,不近人情焉。"肩吾認爲接輿的話是"大而無當"的,猶如銀河的無邊無際,這種"大而無當"之言與"常言"相距甚遠,不符合人之常情,這是對"大而無當"之言的否定。其後,連叔批評肩吾:"然,瞽者無以與乎文章之觀，聾者無以與乎鐘鼓之聲。豈唯形骸有聾盲哉！夫知亦有之。是其言也，猶時女也。"連叔認爲肩吾就像瞽者、聾者一樣，不能認識到接輿之言的價值，這是對批評"大而無當"之言的否定。這種否定又否定的方式，在邏輯上加强了對"大而無當"之言的肯定。接着，惠子評價莊子之言"大而無用"："今子之言，大而無用，衆所同去也。"惠子將莊子的"大而無用"之言說成是衆人都會抛棄的對象。其實，"大而無用"的評價與其説出自惠子，不如視作莊子的自况。從"大而無當"到"大而無用"，莊子崇尚的言辭觀念是統一的。所謂"無當"突出不着邊際，而惠子批評莊子"大而無用"時的前設語境是莊子談論了"大瓠"，而"無當"是對"大"的延伸，所以"大而無當"與"大而無用"在本質上是一回事，都指言辭誇大且不符合實際。

"大而無用"言辭觀産生的邏輯基礎是：

> 夫隨其成心而師之，誰獨且無師乎？奚必知代而心自取者有之？愚者與有焉！未成乎心而有是非，是今日適越而昔至也。是以無有爲有。無有爲有，雖有神禹且不能知，吾獨且奈何哉！
>
> 夫言非吹也，言者有言。其所言者特未定也。果有言邪？其未嘗有言邪？其以爲異於鷇音，亦有辯乎？其無辯乎？道惡乎隱而有真僞？言惡乎隱而有是非？道惡乎往而不存？言惡乎存而不可？道隱於小成，言隱於榮華。故有儒墨之是非，以是其所非而非其所是。欲是其所非而非其所是，則莫若以明。（《齊物論》）

莊子認爲，如果世人都用自己的成見來作爲判斷是非的標準，那麼誰没有標準呢？所以"是非皆出於成心"[1]。"成心"指主觀偏見，是産生"是非"的根源。道家主張泯滅一切是非，莊子反對"成心"，並認爲其與無心而吹的天籟不同。陳繼儒云："言者，物論也，乃人聲，非若吹萬之可比也。"[2]"言"相比自然天籟本就屬於下等，而引發是非論辯的"成心"之言和有聲無辯的小鳥叫聲之間究竟有無區別呢？一切具有是非的論辯都不足以作爲衡量萬物的標準。"道隱於小成，言隱於榮華"，大道被小智者的一孔之見所遮蔽，至言被浮誇不實的言辭所遮蔽[3]。《列禦寇》載："仲尼方且飾羽爲畫，從事華辭，以支爲旨。"孔子的言辭被視作"華辭"，與此處"言隱於榮華"相呼應，説明孔子言辭在《莊子》中是被視作遮蔽"至言"的"華辭"，是批判的對象，而儒、墨這類引發是非的論辯之言，自然是《莊子》反對的言辭。"榮華"之言和"成心"之言在本質上具有一致性，都是對"至言"的遮蔽，是製造是非的漩渦。

在上述背景下，莊子提出了符合道家思想的言辭觀，即"大而無用"的言辭觀，其特點是不符合實際，不帶有主觀性。《莊子·天下》曰："以天下爲沉濁，不可與莊語。"林希逸云："莊語，

---

① 方勇《方山子文集》第 14 册，第 42 頁。
② 陳繼儒《莊子儁》，轉引自方勇《方山子文集》第 16 册，第 244 頁。
③ 方勇《方山子文集》第 26 册，第 245 頁。

端莊而語誠實之事也。"①"大而無用"言辭觀與"莊語"相對,"不可與莊語"催生了"大而無用"之言的誕生,其表現是《莊子》言辭的漫無邊際、無所設限,將言辭玩弄於手掌之間,詼諧變幻,而"寓言""重言""巵言"是對"大而無用"言辭觀的進一步細化和具體實踐。

"寓言",《史記·老子韓非列傳》云:《莊子》"其著書十餘萬言,大抵率寓言也。"②"寓言"是《莊子》中出現頻率最高的語言特點。《莊子》的"寓言"屬於"藉外論之",有天馬行空之感。《孟子》的言辭講求切合實際,不虛誇,要語約而意豐。如"君子之言也,不下帶而道存焉"(《盡心下》)。朱熹注曰:"古人視不下於帶,則帶之上,乃目前常見至近之處也。舉目前之近事,而至理存焉,所以爲言近而指遠也。"③孟子認爲君子之言,不在浮華,而在於借助淺近的、常見的事理來體現真理。所謂淺近、常見即限定了言的範圍,不說虛無誇張不實之言。但莊子將孟子的這一觀念視爲"莊語",並認爲當今之世太過污濁,"不可與",所以《莊子》與《孟子》在言辭風格上截然不同。《莊子》的寓言最是誇張、離奇惝恍,皆非"目前之近事",不僅有"不知其幾千里"的大魚、大鳥,甚至有"不食五穀""吸風飲露"的藐姑射山神人,還有與人對話的骷髏。世間可聞而不可見,甚至不可聞的荒誕情節,在《莊子》中都可見到,充分展示了"大而無用"言辭觀不切實際的特點。

"重言","謂引證先哲時賢的話,來使人信以爲真"④。《寓言》篇:"重言十七,所以已言也。"林希逸云:"已,止也。已言,可以止其爭辯也。"⑤說明《莊子》反對爭辯,借助"重言"的目的是爲了止住"爭辯"。但是,莊子的"重言"不同於儒家崇奉"先王之言"的傳統,所謂的"先王之道"和聖哲名人在莊子眼中都是可以隨時被拿來調侃的對象,都可以讓他們以"代言者"的形象出現,藉以表達莊子自己的觀點和思想。《大宗師》中,孔子稱贊孟孫氏簡化喪禮的行爲,並以贊同"大道"者的形象出現,這一立場正處於儒家思想的對立面,與現實中極爲看重喪禮的孔子形象背道而馳。這一充滿挑釁的言說方式說明,莊子並不認同儒家所謂的先王之道和聖人之言。"重言"的方式建立在虛構的基礎上,在世俗人看來,也是不符合實際史實的荒誕之言,體現了"大而無用"言辭觀的不切實際性。

"巵言"是隨文勢而不定出現的零星之言,屬於漫無邊際的閑談,是隨遇而安之言,屬於無心之言。《寓言》篇載:

> 巵言日出,和以天倪,因以曼衍,所以窮年。不言則齊,齊與言不齊,言與齊不齊也,故曰無言。言無言,終身言,未嘗不言;終身不言,未嘗不言。有自也而可,有自

---

① 林希逸著,周啓成校注《莊子鬳齋口義校注》,第 505 頁。

② 司馬遷《史記》,中華書局 1982 年版,第 2143 頁。

③ 朱熹撰《四書章句集注》,第 381 頁。

④ 方勇《方山子文集》第 15 册,第 817 頁。

⑤ 林希逸著,周啓成校注《莊子鬳齋口義校注》,第 432 頁。

也而不可;有自也而然,有自也而不然。惡乎然? 然於然。惡乎不然? 不然於不然。惡乎可? 可於可。惡乎不可? 不可於不可。物固有所然,物固有所可,無物不然,無物不可。非巵言日出,和以天倪,孰得其久! 萬物皆種也,以不同形相禪,始卒若環,莫得其倫,是謂天均。天均者天倪也。

"巵言"體現了《莊子》的言辭觀念和道家思想相關聯的地方。"不言"則物理自然會整齊劃一,"言"和物理之間本身就不能齊同,即"言"和莊子"齊同萬物"的思想之間具有鴻溝,而帶有片面性的主觀之"言"和齊一的物理之間更不能齊同,所以要"無言"。但"無言"並不是禁言,而是"無心之言"①,即"要説一些没有主觀成見的話"②。如果這樣,即使終身説話也像没有説話一樣,即使終身不説話,也能通過悟透萬物之理和"不言之教",最終獲得説話的效果。"無言"和"大而無用"之言具有一致性,没有主觀成見意味着没有具體的針對對象,没有明確的指向觀點,而"無"和"無用"都屬於否定性詞彙,它們所否定的對象都是"言",這一點和道家對"言"的局限性認識保有一致性,和《齊物論》反對"成心"之言的觀點也是一脉相承的。《莊子》對"言"的這種可與不可的隨性態度,正和道家的核心思想相吻合,即自然而然,所以世間一切可與不可的紛争都有其存在的道理,而無心之"巵言"能"和以天倪",遵守自然運行的規律,從而流傳久遠。

這段話透露了《莊子》對言辭的幾個看法。首先,"言"具有雙重性,可存也不可存,並非一定要存;其次,"言"與物理之齊同之間存在鴻溝,説明言並不能表達"齊物之論",就更不能準確表達"道",這與老子的"道可道,非常道"一脉相承;最後,"言"還是需要符合自然運行的規則,即"和以天倪",所以帶有"主觀成分"的言,即争辯之言是《莊子》所否定的,而"大而無用"之言、"無言"才是符合自然運行規則的"言"。可見,《莊子》對"言"的評價標準與世俗相異。"言"屬於有形的事物,是道家所否定的對象。因而《莊子》的言辭觀中貫穿着一種"大而無用"的思想,這一思想的存在既是對"言"的否定,也包含了對既有"言"之傳統的挑戰。同時,莊子"大而無用"的言辭觀念與道家既有的思想體系之間也存在一致性。

四、《孟子》《莊子》言辭觀比較

雖然《孟子》《莊子》言辭觀的具體內容不同,儒、道思想也具有一定差異性,但二書的言辭觀却具有一些相似性。一方面,二者都將"言"視爲表達自己思想的途徑,重視"言"對"道"的

---

① 林希逸著,周啓成校注《莊子鬳齋口義校注》,第433頁。
② 方勇《方山子文集》第15册,第684頁。

展現。"在孟子看來,言很重要,因爲'言'爲心聲"①。關於"道",孟子曰:"仁也者,人也。合而言之,道也。"(《盡心卜》)"仁""人"合起來是"道","道"是人施行"仁"。所以孟子之"道"仍圍繞儒家思想的核心——"仁",並充滿了實踐性,如"守約而施博者,善道也"(《盡心下》),將可廣泛施行的"道"稱作"善道"。孟子之"道"注重可操作性與可推廣性。孟子的"言"基於德和"聖人之言"的傳統背後運行的邏輯是,借助"言"表述"道"。莊子也將"言"視作表述其"道"②的媒介,"大而無當"的言辭實踐正是對"道"的展示。雖然儒家之"道"和道家之"道"不同,但《孟子》《莊子》均强調了"言"必須能够正確反映"道"的内容,反對遮蔽"道"或歪曲"道"的"言"。孟子反對"詖辭""淫辭""邪辭""遁辭"的原因是這四類言辭均對儒家之"道"有損害。莊子反對"辯"③,因爲"辯"意味着有對有錯,有是有非,而莊子之"道"主張泯滅一切是非,"辯"是背離大道的表現。另一方面,二者都關注到了言辭的局限性。子曰:"天何言哉?四時行焉,百物生焉,天何言哉?"(《論語·陽貨》)孔子注意到"言"在自然運行面前的無力感,自然雖無言却蘊含着大道的現象。孟子曰:"天不言,以行與事示之而已矣。"(《萬章上》)延續了孔子的觀點。孟子又曰:"不仁者可與言哉?""不仁而可與言,則何亡國敗家之有?"(《離婁卜》)孟子感受到了在打動不仁之人的過程中的"言"的無效性。道家亦是如此,《老子》首章中的"道可道,非常道",直接説明了"言"在表現"道"方面的局限性。《老子》二章有"是以聖人處無爲之事,行不言之教","不言之教"被莊子所繼承④,"言"並不是"教"的唯一途徑,"言"並不能充分展示所"教"的内容,反而是"不言"更有效。《莊子·知北遊》云:"天地有大美而不言,四時有明法而不議,萬物有成理而不説。""不言""不議""不説"强調"言"在天地萬物、四季變化面前的局限性,説明自然之道是"言"所不可言説的。

　　《孟子》《莊子》的言辭觀具有差異性,這是由儒、道學説的思想張力決定的。"言"是儒家仁義的外化形式,是儒家思想的必要組成部分,不僅以工具化的形式出現,更是構成其禮儀制度完整性不可或缺的成分。《孟子》總體上認可"言"的作用,但對"言"有比較高的"道德"方面的要求,認爲"言"必須要遵從具有仁義禮智的"本心"而闡發"道",充分展示了"言"對"道"的表述功能。《莊子》繼承了《老子》的言辭觀念,認爲一切試圖以"名",即下定義的方式來進行的邏輯活動,都是違背大道的,言辭在《莊子》的思想體系中處於末流,"無言"要高於"言","不言之教"要高於有言之教。而"辯"更處於"言"之末流,是製造是非的方式,所以更爲莊子所不

---

① 楊澤波《孟子評傳》,第 362 頁。

② 莊子之"道"前文已言,此處不再贅言。

③ 莊子所反對的"辯"指通過有形的具體的言辭來論辯是非,也就是我們通俗意義上所理解的"辯"。《莊子·齊物論》中有"大辯不言"的説法。鍾泰云:"大辯不言,老子所謂'善言不辯'也。"(鍾泰《莊子發微》,上海古籍出版社 2002 年版,第 50 頁)王雱曰:"大辯默識,不假分别,故曰'不言'。"(王雱《南華真經新傳》卷二,四庫全書本)可見"大辯"的特點是不辯是非,某種程度而言是通俗意義上的"辯"的對立面。

④ 參見《莊子·德充符》等篇目。

屑。莊子基於對言辭弊端的認識,以及對世間紛繁複雜争論的無奈,最終以戲謔的方式,借助"寓言""重言""卮言",賦予"言"新的形式,即不包含主觀性的言。這種"言"是對"莊言"的挑戰,符合道家的思想理論。《莊子》雖然看似總體上否定了"言",但也認識到了"言"在表述"道"中的作用,反對"榮華"的"小言詹詹",但還是期待能够有"炎炎"之"大言",因爲"榮華"的"小言"不足以表現"道"。

《孟子》《莊子》的言辭觀具有一定的單向互動性[1],《莊子》多處論及儒家言辭觀,並提出自己的批判觀點,從另一角度展示了二者言辭觀的差異性。一方面,《莊子》對儒家的仁義禮制作了批判。儒家言辭觀建立於儒家思想之上,《莊子》對儒家言辭觀的基礎持批判態度。莊子首先對儒家的仁義思想和是非之辯持否定態度。《大宗師》中,堯教導意而子要"躬服仁義而明言是非",但在許由看來,"躬服仁義"是在意而子臉上施行"黥"刑,而"明言是非"則是在意而子身上施行"劓"刑。説明"仁義"和"是非"是上天給予人的懲罰,是對人先天完整身形的破壞,更是對大道的根本背離。儒家的言辭觀建立在仁義的思想之上,是以辯明是非爲出發點,所以儒家之言在莊子眼中是被否定的。莊子認爲:"畸人者,畸於人而侔於天。故曰:天之小人,人之君子;人之君子,天之小人也。"(《大宗師》)"畸人","遊於方外而與世俗相異的人"[2]。林希逸云:"蓋以禮樂法度皆非出於自然,必剖斗折衡,使民不争,而後爲天之君子也。"[3]儒家禮樂制度下的"君子",在莊子看來,只是小人而已。莊子對儒家的禮樂文化持反對意見。他借叔山無趾之口説出"孔丘之於至人,其未邪? 彼何賓賓以學子爲? 彼且蘄以諔詭幻怪之名聞,不知至人之以是爲己桎梏邪?"(《德充符》)儒家禮樂文化在莊子看來都是束縛手脚的桎梏而已。《德充符》又言:"故聖人有所遊,而知爲孽,約爲膠,德爲接,工爲商。聖人不謀,惡用知? 不斫,惡用膠? 無喪,惡用德? 不貨,惡用商?"宣穎説:"約束之體,乃膠漆也,非自然而合者。"[4]約束似膠,能把不同的事物勉强硬拉在一起,正如儒家的禮儀把君臣、夫婦等關係固定起來。所以禮儀對人的約束,就像膠粘起來一樣把人們禁錮住了。"德爲接",是説把布施德惠當成收買人心的手段。這個"德"和"德充符"的"德"不同,"德充府"之"德"指内在的自然本性之德,這個"德"指浮在表面的、有形的德,而非内在的與性、天相吻合的德,和儒家的德基本等同。在上述背景下,莊子對基於"德"的孟子的言辭觀念持批判態度。《人間世》中,莊子借孔子之口説:"而强以仁義繩墨之言術暴人之前者,是以人惡有其美也,命之曰菑人。"莊子認爲,在言辭中貫之以儒家仁義思想的做法是行不通的,這是在用別人的醜來襯托自己的美,是要招致灾害的。在莊子看來,儒家的言辭之中已經帶有了仁義的偏見,這種言辭本身就是是

---

[1] 《莊子》對儒家言辭觀做了評論,但孔子、孟子並未對《老子》《莊子》的言辭觀念進行評論,所以儒道兩家的言辭觀雖然具有互動性,但只是單向互動。

[2] 方勇《方山子文集》第 14 册,第 178 頁。

[3] 林希逸著,周啓成校注《莊子鬳齋口義校注》,第 118 頁。

[4] 宣穎撰,曹礎基校點《南華經解》,廣東人民出版社 2008 年版,第 45 頁。

非之論。

另一方面,推崇"聖人之言"是《孟子》的言辭特點,而《莊子》對"聖人之言"持批判態度。外篇《天道》認爲:"世之所貴道者,書也。書不過語,語有貴也。語之所貴者意也,意有所隨。意之所隨者,不可以言傳也,而世因貴言傳書。世雖貴之,我猶不足貴也,爲其貴非其貴也。"世俗之人都把書視爲最珍貴的傳道工具,書不過是用語言文字寫就的,而語言所貴重的是它背後的意思,而真正的意思是不能用語言表達出來的,但世俗之人卻把語言文字當作意思本身,從而看重語言文字,因而將書保留下來,但其實書並不珍貴。接着,《天道》篇引出齊桓公和工匠輪扁的對話:"桓公讀書於堂上,輪扁斫輪於堂下,釋椎鑿而上,問桓公曰:'敢問:公之所讀者,何言邪?'公曰:'聖人之言也。'曰:'聖人在乎?'公曰:'已死矣。'曰:'然則君之所讀者,古人之糟魄已夫!'"作者借助輪扁之口,對書中的"聖人之言"給予了批評。最後,輪扁又進一步針對這一批評做出了解釋:"古之人與其不可傳也死矣,然則君之所讀者,古人之糟魄已夫!"認爲古人不可傳授的東西,即真正的意思,早已隨着古人一起逝去,所以現在流傳下來的古書和古書中所謂的"聖人之言"都是過時的糟粕而已。與此一致,《天運》篇中老子調侃了孔子對《詩》《書》《禮》《樂》《易》《春秋》的研治:"幸矣,子之不遇治世之君也!夫六經,先王之陳迹也,豈其所以迹哉!今子之所言,猶迹也。夫迹,履之所出,而迹豈履哉!"這裏,老子評價六經是先王陳舊的足迹,這段話所展現的言辭觀念和《莊子》全書的言辭觀念具有一致性。比之《論語》《孟子》,《莊子》很少引用既有經典,不多的幾處引用也基本不涉及《詩》《書》等儒家經典。

以上從"言"在儒道兩家思想中的地位差異入手,分述了《孟子》《莊子》言辭觀的具體内容,並將二者進行了簡要的比較。《孟子》《莊子》各自的言辭觀念並不是單純針對"言"的論述,"言"是孟子、莊子各自理論體系的組成結構,反映了二人從知識論上升到道德論、哲學論的思考路徑。所以《孟子》《莊子》言辭觀念背後複雜的思想邏輯,值得進一步發掘和探討。

[作者簡介] 劉潔(1988—),女,甘肅蘭州人。華東師範大學文學博士後,蘭州城市學院文史學院副教授。主要研究先秦兩漢文學與文化及諸子學,在《甘肅社會科學》《晋陽學刊》《中國社會科學報》等刊物發表論文近 10 篇。

基於志的自主：
孟子自主觀念新詮[*]

高　菱

内容提要　康德雖然被視爲“自主”的發明者，但自主哲學問題可遠溯至古希臘詩劇《安提戈涅》。通過對“自主”的再問題化，可超越對自主的康德—牟宗三式解讀。孟子哲學不僅可以被理解爲“自主哲學”，還可被詮釋爲“關於自主的哲學”。相較於弗蘭克福特與德沃爾金的欲望層級模型，孟子哲學蘊含着感—欲—志的心志層次。志既具有反身性，又涉及他人之欲的滿足，關乎人倫世界和普遍之道的追求。“基於志的自主”觀念爲揚棄當代自主哲學論爭中個人與群體、主觀與客觀、形式與實質的分裂提供了方案。

關鍵詞　自主　孟子　感　欲　志

中圖分類號　B2

一、重訪《安提戈涅》：自主的再問題化

自主(autonomy；autonomos)之爲哲學問題，並未得到充分的討論。在學術界，一般將康德視爲“自主”的發明者①。但自主的問題史可上溯至古希臘。自主的英文 autonomy 根源於

* 基金信息：2020 年國家建設高水平大學公派研究生項目(國家留學基金)。

① 牟宗三肯定了自律道德才是真正的道德，“真正的道德原則(決定行動之原則)必須以法則爲首出……善由自律的道德法則來決定，不是由外面的對象來決定。康德這一步扭轉在西方是空前的，這也是哥伯尼式的革命”。見氏著《圓善論》，《牟宗三先生全集 22》，臺北聯經出版社 2003 年版，第 177 頁。另可參考施尼溫德著，張志平譯《自律的發明》，三聯書店 2012 年版。

古希臘語，由 autos 與 nomos 構造而成。Autos 意爲自我，而 nomos 則關涉規範、禮法以及禮法背後的共同體。Autonomos 首見於詩哲索福克勒斯的不朽名著《安提戈涅》①。《安提戈涅》作於公元前 442 年左右，曾激發了諸如黑格爾、克爾凱郭爾、海德格爾、拉康、裘蒂斯·巴特勒等哲學家的思考②。

《安提戈涅》的主綫是克瑞昂與安提戈涅之間的衝突。在全劇的第四場開頭，歌隊長對安提戈涅説："這人間就只有你一個人由你自己作主（autonomos）。"③在黑格爾的《安提戈涅》解讀中，有兩種不同的 nomos，一是自然的、神的法則，一是城邦的、政治的法則，它們相互對抗。然而，在《安提戈涅》中，其實有三種不同的 nomos。也即個人的 nomos，自然的 nomos，以及城邦的 nomos。因爲，克瑞昂的法令乃是他爲城邦制定的，這種法令既不同於家庭的禮法，也不同於城邦的禮法，而是對禮法本身的損益。這種損益在"傲慢"與"狂妄"的克瑞昂看來，具有城邦禮法的意義。但在安提戈涅和海蒙看來，這只是一種個人的"成見"：autonomos 在希臘語境中，本有"獨斷"的涵義④。正如海蒙指出的，克瑞昂的 nomos 並不是共同體的禮法，而僅僅是個人的規則。前者深入城邦的客觀性之中，而後者僅僅具有主觀價值，只適用於他"一個人的城邦"。相反，看似違背城邦 nomos 的安提戈涅，在對神法的追求中，試圖賦予城邦禮法以自然的制約，使其具有永恒的、客觀的價值。可以設想，如果一個城邦共同體完全忽視了自然的親緣倫理，那麼共同體得以維繫的最源初的血緣和情感關聯便被截斷，共同體將分崩離析。這裏的安提戈涅，相較於克瑞昂，更像是"守死善道"，維繫共同體價值與秩序的君子了。

不僅安提戈涅是城邦中的自主者，她與自己的對手克瑞昂都在踐行着 autonomos⑤。而他們之間性命攸關的鬥爭，實際上點出了這樣的問題：規範的根基在主體之内，還是主體之外？ 自我的規範如何具有普遍的效力？ 個人與禮法共同體的關係爲何？ 個人自主是否能够同時包容對他人的成就？ 對《安提戈涅》的具體分析，並非本文的焦點，我們在此可以簡要總結《安提戈涅》所揭示的自主哲學的問題性（problematic）。

首先，auto-nomos 關乎 autos，也即自主的現實承擔者。這裏的問題是，自我究竟意指

---

① Sophocles, *Antigone*, Mark Griffith ed., Cambridge University Press, 1999, p.268.

② "没有安提戈涅，你們（我們）每個人本來都是可以心安理得的。"參見張文江《漁人之路和問津者之路》，上海文藝出版社 2020 年版，第 203 頁。

③ 伯納德特著，張新樟譯，朱振宇校《神聖的罪業》，華夏出版社 2005 年版，第 126 頁。

④ Henry George Liddell & Robert Scott, *A Greek—English Lexicon*, Oxford：Clarendon Press, 1996, p.281.

⑤ "雖然安提戈涅和克瑞翁的原則衝突確實反映了家庭倫理與城邦倫理的衝突，但是他們相似的人格特質却揭示出一種更深層次的衝突，這一更深層次的衝突並未發生在安提戈涅與克瑞翁之間，而是發生在安提戈涅與家庭、克瑞翁與城邦之間，其實質是强大個體的自然力量與人類共同體的習俗規範之間的不可擺脱也不可調和的張力。"參陳斯一《〈安提戈涅〉中的自然與習俗》，《古典學研究》2021 年第 2 期。

什麽。是原子式的自然個體,還是共同體的成員,是社會角色的扮演者,還是先驗理性的施行者,抑或不斷在轉化中的歷史性的自我? 到底靈魂(心,引申爲具有智慧和創造力的自我)與身體(身,引申爲自然的、本然的存在),何者構成本真的自我,或爲自主的實現奠定基礎?

其次,auto-nomos 關乎 nomos,也即禮法、規範及其背後的文明共同體。這裏的問題是,習俗、禮法與規則的規範性之源到底何在,是自然還是人爲,是天還是人? nomos 及其指向的共同體,究竟是 autos 的限制還是條件,是自我生成與實現的助力還是阻力?

第三,就 auto-nomos 的整體,也即自主而言,如何保證自我給出的律令不僅僅局限於個體的主觀價值,不是一種自大和成見,而是具有普遍價值與客觀性? 自主是否意味着個人抛棄外在的禮法,完全由自我另立規矩? 與之相關,自主究竟是程序性的,還是實質性的? 前者僅僅關注自我有能力給出律法,强調主觀價值的正當性,而後者還關注律法的内容,要求考慮共同體生活的實質維度。引申而言,自主究竟是一種普遍具有的自然資質,還是需要不斷完善的實踐智慧?

第四,作爲 autos 的個人在何種意義上,可以對客觀的 nomos 加以製作和損益? 後者又在何種意義上,有助於培育人的自主品格,使其更爲明智? 也即是説,我們可以期待並應當塑造一種怎樣的禮法制度?

回溯自主之爲哲學問題的古典根源,目的是消解關於自主的既成觀念,將它再度問題化。我們不妨借用李晨陽"價值組合"(value configuration)以及哈特、羅爾斯、德沃爾金等人對 concept 和 conception 的區分來加以説明。

首先,李晨陽指出,在每個價值體系内部,"各種不同的價值可以指向相同或者不同的,甚至相反的方向"。而"價值體系之間的不同……主要表現爲它們價值組合方面的不同。因爲任何價值體系都必須對其内部的價值做出自己的價值組合"①。在此,我們將價值體系替換爲哲學概念或觀念,那麽可以説,每一種對自主(autonomy)的理解,都是對如下幾對參數的不同設定與安排。它們是:

(1) 天(自然;神;超越主宰)與人

(2) 心(理性)與身(非理性、情感意志等)

(3) 個體性(己)與關係性(群)

(4) 程序性與實質性

(5) 主觀性與客觀性

(6) 權利(普適性;起點預設;自然的)與責任(特殊性;終點目標;人爲的)

例如,如果一種自主觀念更偏重個體性—程序性—主觀價值,那麽它就可能是自由主義的個體自主觀念;如果我們賦予關係性—實質性—客觀價值更多的比重,便可能得出女性主

① 李晨陽《道與西方的相遇》,中國人民大學出版社 2005 年版,第 186 頁。

義所主導的關係自主觀念。

因此，在將自主哲學化、問題化的同時，我們更清楚地看到，並不存在着唯一的自主觀念。事實上，我們擁有一個 concept of autonomy（自主的普泛概念）以及許多的 conceptions of autonomy（自主的特殊概念）。concept 對應着較爲抽象的、總體的層次，展示出我們關注的問題；而 conception 則爲抽象的 concept 充實了特定的内容和規定①。比如，羅爾斯與諾奇克可以有關於正義的不同特定概念，但我們可以説，他們都在討論"正義"問題。後一個"正義"即指向普泛概念。同樣，自主的特定概念總是涉及對一系列前提的規定和一系列哲學問題的回應，不同的答案或"價值組合"將爲抽象的自主概念提供豐富而特別的内容：康德的自主、伯林的自主、牟宗三的自主和儒家的自主，都是特定的自主概念。他們分有不同的前提，給出了不同的論證，用自主去解答不同的問題，但都是對普泛自主概念的哲學深化。

二、牟宗三基於孟子的"自主哲學"詮釋

具體到孟子自主觀念的詮釋，自牟宗三以來，學界主要從"本心"（心性本體）的角度將孟子理解爲"自主倫理學"或"自主哲學"，但忽視了孟子哲學蘊含一種"關於自主的哲學"。後者同樣重要，在今天依然具有學術與實踐價值。而從本心角度將孟子單純理解爲"自主哲學"，並未脱離康德式自主的藩籬，已經難以參與到自主哲學的新進討論中。

在此，我們必須區分"自主哲學"與"關於自主的哲學"②。所謂"自主哲學"，即將自主視爲倫理學哲學的根本標準：他們的哲學架構，皆以自主觀念爲基礎，進而排斥一切非自主的因素。在"自主哲學"或"自主倫理學"看來，一種倫理學説如果不建立在個人的"自主"能力上，便根本不可能成其爲倫理學説。但"關於自主的哲學"，則不必將自主視爲唯一的倫理學價值或基礎概念。比如，功利主義可以支持以欲望滿足爲基礎的"自主"觀念，但"自主哲學"絕對不能承認之。施尼温德（J. B. Schneewind）總結了後康德時代，自主哲學討論重新興起的五種根據：（1）自由意志與行動哲學；（2）醫學倫理學與生命倫理學（bio-ethics）；（3）女性主義；（4）政治哲學中的自由主義以及對自由主義的批評；（5）康德倫理學的復蘇③。在"自主哲學"以外，每一種其他的哲學流派都可能擁有自己的"自主"觀念。

---

① 本文出於區分兩種概念的便利，也將抽象的 concept 譯爲概念，取其概略之義；而將 conception 譯爲觀念，取觀字有眼能見的具體之義。

② 參蕭陽對"美德倫理學"和"關於美德的倫理學"的區分。蕭陽著，高菱譯《論"美德倫理學"何以不適用於儒家》，《華東師範大學學報（哲學社會科學版）》2020 年第 3 期。

③ J. B. Schneewind, "Autonomy after Kant", in Oliver Sensen ed., *Kant on Moral Autonomy*, Cambridge University Press, 2013, p.164.

在《心體與性體(一)》中,牟宗三即將性體之性與康德的"意志之自律"①聯繫起來,它們都可被理解爲一種"道德的性能"或"道德的自發性"。而性體之體,則是"道德的創造實體"。在牟宗三看來,心體必依性體而立義,也即是"道德的本心":"非血肉之心,亦非經驗的心理學的心,亦非'認識的心'(cognitive mind),乃是内在而固有的、超越的、自發、自律、自定方向的道德本心。"②

可以説,心之自律在牟宗三"道德的形上學"構建中具有奠基性的意義。他也借用自律道德和他律道德的差異,將儒家區分爲横攝系統與縱貫系統、本質倫理與方向倫理等。强調"唯是心之自主、自律、自決、自定方向真正是道德",而荀子、朱子─伊川系,則被視爲"别子爲宗"的另類③。

牟宗三借用禪宗雲門三句,"截斷衆流""涵蓋乾坤""隨波逐浪",將道德的形上學分爲三個層次。而康德的自律道德可以相應於"截斷衆流"句。具體而言,牟宗三指出"必須把一切外在對象的牽連斬斷,始能顯出意志底自律,照儒家説,始能顯出性體心體底主宰性。這是'截斷衆流'句,就是本節開頭所説的關於道德理性底第一義"④。道德理性之第一義,即"道德性當身之嚴整而純粹的意義",此義可"融攝康德《道德底形上學之基本原理》中所説之一切"⑤。

但牟宗三對康德既有承襲,又有批評。首先,牟宗三批評康德"尊性卑心而賤情",只承認道德意志,而否認道德情感。牟宗三認爲道德情感可以"上下其講":"下講,則落於實然層面,自不能由之建立道德法則,但亦可以上提而至超越的層面,使之成爲道德法則、道德理性之表現上最爲本質的一環。"因此,牟宗三判斷康德"對於超越之心與情則俱未能正視也。若以儒家義理衡之,康德的境界,是類乎尊性卑心而賤情者"⑥。

其次,牟宗三批評康德僅將自由自主的意志(性體)視爲設準,而非真實呈現。在牟宗三看來,康德的論證方法可以被概括爲"由道德法則底普遍性與必然性逼至意志底自律,由意志底自律逼至意志自由底假定"⑦。康德只將意志自由(也即自律)理解爲設準,因而懸置了自律倫理的"絶對必然性"問題。牟宗三認爲道德律令不能僅僅具有理論的可能性,還應當具有現實性。"如果自由只是一假設,不是一呈現,(因非經驗知識之所及),則道德律、定然命令等必

---

① 牟宗三《心體與性體(一)》,《牟宗三先生全集 05》,第 44 頁。而在更特殊的意義上,牟宗三對康德的批評,則建立在以"心之自律"代替"意志之自律"上,説詳後文。

② 同上。

③ 同上,第 92 頁。

④ 同上,第 143 頁。

⑤ 同上,第 121 頁。

⑥ 同上,第 131～133 頁。

⑦ 同上,第 138 頁。

全部落了空，而吾人亦不知其何以會是一呈現，這點正是康德所未能參透的。"①

第三，牟宗三批評康德對性體只有認識的說、經驗的說，而無實踐的說、體證的說。自由意志之爲設準而非實現，並不是實踐哲學或實踐理性底極限，而只是經驗知識和思辨理性（"聞見之知"）底極限。康德不能正視道德真理與道德主體之實踐的呈現，而實踐哲學實踐理性實可衝破此界限，"唯衝破此界限，道德始能落實，道德的'形式上學'始能出現，而人始可真爲一'道德的存在'，其最高目標是成聖"②。

第四，牟宗三强調道德心之自律並非康德意義上的道德意志之自律，此道德心可涵攝意志和情感。康德之所以不能"實踐的說"，因爲康德的意志被理性化，進而排除了情感的道德作用。但實踐理性的純粹形態不屬於人，只屬於神，所以自由意志的實體無法在實踐中呈現出來。這也使得康德難以圓滿回答"人何以能感興趣於道德法則"③的問題。在牟宗三看來，"所謂'感興趣於道德法則是直接地感，不是因着什麼別的東西而感。反過來，就是：單是這道德法則本身就足以使我們感興趣，不須任何經驗或感性的東西之助。這意思正好同於孟子所說的'理義之悅我心，猶芻豢之悅我口'。'芻豢悅口'是經驗的、感性的；但'理義悅心'卻是理性的、純粹的。但依康德，理義何以能悅我心，我心何以能直接悅理義，這卻是不可能被說明的"④。

康德的主體框架是理性與情感的二分⑤，但牟宗三之"心"則涵攝情感與理性，進而超越了康德的二分。此"心"實不同於康德經驗意義上的情感、意念，而是可以上提爲超越的"本心"。"如是，理義必悅我心，我心必悅理義，理定常、心亦定常、情亦定常。"⑥若是"下落而爲私欲之心、私欲之情，則理義不必悅心，而心亦不必悅理義，不但不悅，而且十分討厭它"⑦。"康德對於'感興趣'所直指的'道德之心'與'情'不能正視，因而遂使這'感興趣'之感成爲偶然的現象，並不能使之提立起而有心體上之必然性。"⑧牟宗三則指出，自主自由自律的意志就是本心⑨，此心自給法則，故也自然地悅這法則。

---

① 牟宗三《心體與性體（一）》，《牟宗三先生全集 05》，第 160～161 頁。

② 同上，第 166 頁。

③ "'純粹理性如何其自身就能是實踐的'，其確切的意義當該就是'這特種因果性如何能真實地呈現'。這問題完全同於'人何以能直接感興趣於道德法則'，'道德法則何以能使吾人有興趣'。這些句子都是同意語，說的是一個意思。這問題正是道德實踐底要害處。"同上，第 167～168 頁。

④ 同上，第 155 頁。

⑤ 李明輝《儒家與康德》，廣西師範大學出版社 2021 年版，第 9 頁。

⑥ 牟宗三《心體與性體（一）》，《牟宗三先生全集 05》，第 171 頁。

⑦ 同上，第 169 頁。

⑧ 同上。

⑨ 同上，第 171 頁。

它願它悦,它自身就是興趣,就是興發的力量,就能生效起作用,並不須要外來的興趣來激發它……康德言意志自律本已函着這個意思。只是他不反身正視這自律的意志就是心,就是興趣、興發力,遂把意志弄虚脱了,而只著實於客觀的法則與低層的主觀的興趣①。

通過將意志自律轉換爲心之自律,以心説意志②,牟宗三指出"心與理義不單是外在的悦底關係,而且即在悦中表現理義、創發理義。理義底'悦'與理義底'有'是同一的。悦是活動,有是存在,即實理底存在(存有或實有)"③。因此,牟宗三認爲孟子比康德更圓熟有力,因爲康德無孟子的心性義,不能將意志自律視爲人之性,而僅將自由視爲設準;同時,康德又不能肯定心悦理義,其自律倫理學的實踐動力不足④。

最後,牟宗三試圖將康德納入他"道德的形上學"體系中的一環,由"道德底形上學"和"道德的神學"走向"道德的形上學"。在牟宗三看來,康德基於自由意志所構建的自律倫理學僅僅相應於"截斷衆流"句,其中的實踐理性只是形式地建立。但康德並未能切入"涵蓋乾坤""隨波逐浪"這後兩義。因之,"康德只就其宗教的傳統而建立'道德的神學'却未能四無傍依地就其所形式地透顯的實踐理性而充分展現一具體的'道德的形上學'"⑤。

總結牟宗三對康德自主哲學的述評,可見,牟宗三雖與康德在如何充實自主觀念上存有差異,但他仍舊繼承了康德自律倫理學的哲學基礎。"西方論道德,康德前皆是他律,至康德始主自律。"⑥而"孟子的基本義理正好是自律道德,而且很透闢,首發於二千年以前,不同凡響,此則是孟子的智慧,雖辭語與思考方式不同於康德"⑦。

自牟宗三以康德解讀儒家,將儒家視爲自主倫理,便承受着批評。如黄進興在《優入聖

---

① 牟宗三《心體與性體(一)》,《牟宗三先生全集 05》,第 171 頁。

② "孟子反之,故一切皆實,其故皆在以'心'説意志也。此心當然是超越的義理之心。"牟宗三《圓善論》,《牟宗三先生全集 22》,第 30 頁。

③ 牟宗三《心體與性體(一)》,《牟宗三先生全集 05》,第 172 頁。

④ "孟子比康德爲圓熟而有力,蓋因康德無孟子之心性義並不以'意志之自律'爲人之性故,而自由又爲設準故,又不能説'心悦理義'故,實踐之動力不足故。"(牟宗三《圓善論》,《牟宗三先生全集 22》,第 180 頁。)楊澤波也指出道德自律和道德無力問題。"從理論結構上分析,朱子的理論的確是由知識之是非而不是由道德本心決定的,牟宗三對此的批評十分精當。但以知識之是非決定道德只會使其理論只存有不活動,喪失活動性,這屬於'道德無力',而不是康德所説的道德他律。牟宗三對道德他律概念的運用並不是嚴格遵循康德原意的。"參楊澤波《"道德他律"還是"道德無力"——論牟宗三道德他律學説的概念混亂及其真實目的》,《哲學研究》2003 年第 6 期。

⑤ 牟宗三《心體與性體(一)》,《牟宗三先生全集 05》,第 145 頁。

⑥ 牟宗三《圓善論》,第 18 頁。

⑦ 牟宗三《圓善論·序言》,《牟宗三先生全集 22》,第 11 頁。

域》中，質疑了以"道德自主"來理解儒家的合法性。在黃進興看來，道德自主無法從康德倫理的體系中剖出①。李明輝作爲牟宗三的哲學同道，據理力争，針對牟宗三自主詮釋所遭遇的批評，作出了有力的回應，深化了儒家與康德在自主問題上的關聯。李明輝認爲康德與儒家主流，儘管在道德主體的框架上存在差異，但都屬於自主哲學。換言之，自主哲學之成立，可以具有不同於康德的獨立源頭。自主之爲一種哲學特質，也不爲西方哲學所獨具。這爲我們從哲學觀念及其問題的角度，深入闡釋儒家的自主觀念及其哲學内涵，提供了學理的支撐。

不過，牟宗三的"道德的形上學"，依然未能擺脱一種思辨的構造。牟宗三認爲心性本體必活動而呈現，而康德則不能解悟此一境界。但牟宗三也承認，唯有聖人才能够真正做到"道德的存在"②。這與康德將自由意志視爲設準，並無根本差異。另一方面，牟宗三將心性本體化、普遍化，將自主視爲道德的排他性特徵，進而將荀子、朱子等視爲他律的儒家異端。這並不能覆蓋自主的全部内涵，也是一種較爲狹隘的自主觀念。這一看法，似乎没有看到荀子哲學的自主面向，以及禮樂制度本身與自主的内在關聯，進而導致了自主觀念的抽象化與絶對化。儘管牟宗三對康德有所批評，但其自主哲學依然屬於廣義的康德式自主哲學，通過設立某種本體性的自我(意志、心性等)來爲自主奠基。以 autos 而自給 nomos，與康德的自主觀念一樣，都藴含着主體運用自身的先驗能力(自由意志或心性本體)，排除動機上的經驗影響，而給出具有普遍性的道德法則的涵義。在此詮釋中，《安提戈涅》所揭示的自主者之間、群己之間的衝突與互動，皆被理論地消解了③。

三、孟子自主觀念新詮

以上分析要在説明，基於心性本體預設的自主哲學僅僅是自主觀念之一種。我們可以借用康德—牟宗三式的自主學説來闡發孟子，但却不必局限於對心性本體及其現實轉化的辨析(如四端之心、良知、性體等)。實際上，孟子哲學同樣藴含着"關於自主的哲學"。在孟子與齊宣王的對話中，便集中體現了心之感、欲、志的不同形態。本節將對此展開分析，從更爲具體的層面理解孟子哲學所支撑的自主觀念。

(一) 心 之 感

曰："臣聞之胡齕曰，王坐於堂上，有牽牛而過堂下者，王見之，曰：'牛何之?'對

---

① 實際上，黃進興的批評也忽視了對"自主哲學"和"關於自主的哲學"之區分，此不詳論。參黃進興《優入聖域：權力、信仰與正當性》，陝西師範大學出版社 1998 年版，第 48 頁。

② 牟宗三《心體與性體(一)》，《牟宗三先生全集 05》，第 166 頁。

③ 因而在康德之外，還有自由主義的個體自主觀念，他們强調積極自由(自主)的危害，主張個體自主應避免受到"普遍規範"的壓制。

曰:'將以釁鐘。'王曰:'舍之! 吾不忍其觳觫,若無罪而就死地。'對曰:'然則廢釁鐘
與?'曰:'何可廢也? 以羊易之!'不識有諸?"曰:"有之。"曰:"是心足以王矣。百姓
皆以王爲愛也,臣固知王之不忍也。"王曰:"然。誠有百姓者。齊國雖褊小,吾何愛
一牛? 即不忍其觳觫,若無罪而就死地,故以羊易之也。"曰:"王無異於百姓之以王
爲愛也。以小易大,彼惡知之? 王若隱其無罪而就死地,則牛羊何擇焉?"……曰:
"無傷也,是乃仁術也,見牛未見羊也。君子之於禽獸也,見其生,不忍見其死;聞其
聲,不忍食其肉。是以君子遠庖廚也。"王說曰:"《詩》云:'他人有心,予忖度之。'夫
子之謂也。夫我乃行之,反而求之,不得吾心。夫子言之,於我心有戚戚焉。此心之
所以合於王者,何也?"……"今恩足以及禽獸,而功不至於百姓者,獨何與? 然則一
羽之不舉,爲不用力焉;輿薪之不見,爲不用明焉,百姓之不見保,爲不用恩焉。故王
之不王,不爲也,非不能也。"(《孟子·梁惠王上》)

齊宣王見牛觳觫而心有不忍,故以羊易牛。孟子指出"王若隱其無罪而就死地,則牛羊何擇
焉"。可見,牛羊皆是祭祀之物,但因齊宣王的見與不見,而有生死之異。顯然,若宣王未見
牛,則不會有不忍之心的當下發動,也就不會有繼之而來的以羊易牛。齊宣王在此展現出一
種接受性的共情[1]。與追求無偏私的理性主義相對,情感主義的倫理學是一種有遠近、親疏差
異的倫理學。在同等條件下,當自己的親人與陌生人同時需要幫助,而我們只能幫助其中一
人時,情感主義倫理學或關懷倫理學要求我們幫助自己關係更近、擁有更多共情的親人。在
此,齊宣王的行爲顯然符合關懷倫理學或情感主義倫理學的主張。

心之感總是當下發動,具有即時性、接受性,也即受到情境條件的制約。若牛未觳觫,則
齊宣王便不會不忍其死。就此而言,若僅強調當下的感—受,人的知行活動便缺乏恒定、長期
與普遍的品格。孟子指出"君子遠庖廚",認爲有不忍之心的君子不會從事庖廚宰殺動物的活
動。但這種"遠庖廚"的原則並不能够普遍化(universal law),只是一種個體準則(maxim)。

正是因爲心之感的當下性、偶發性與接受性,使得感覺無法推而廣之。孟子批評齊宣王
"今恩足以及禽獸,而功不至於百姓者,獨何與"。這一問題的答案就在孟子對不忍之心的戚
戚之感中。所謂"推恩",就是要將受到激發的當下之感,推廣爲一種恒定的志意,並落實於具
體的政治綱領和制度計劃中。換言之,推恩本身不能僅僅局限於感的當下性、自發性,而要加
以超越、揚棄。

進一步説,"不能",是能力問題;"不爲",是意志問題。心之感(共情)具有自發性質,基於
人的情感能力[2];"爲不爲"則超越了單純的情感層面,還涉及意志的規定和目的的引導。與心
之感相對,志具有統帥性、長期性和恒定的品格,不僅涉及當下之感,還涉及對長遠目的的認

---

① 參斯洛特著,王江偉、牛紀鳳譯《陰陽的哲學》,商務印書館 2018 年版。

② 儘管"感"依然以人的四端心爲本源,但未能得到擴充,還處於萌芽、自發的狀態。

識，以及由感而生發展開的推論過程。

> 曰："挾太山以超北海，語人曰'我不能'，是誠不能也。爲長者折枝，語人曰'我
> 不能'，是不爲也，非不能也。故王之不王，非挾太山以超北海之類也；王之不王，是
> 折枝之類也。老吾老，以及人之老；幼吾幼，以及人之幼。天下可運於掌。《詩》云：
> '刑於寡妻，至於兄弟，以禦於家邦。'言舉斯心加諸彼而已。故推恩足以保四海，不
> 推恩無以保妻子。古之人所以大過人者無他焉，善推其所爲而已矣。今恩足以及禽
> 獸，而功不至於百姓者，獨何與？ 權，然後知輕重；度，然後知長短。物皆然，心爲甚。
> 王請度之！ 抑王興甲兵，危士臣，構怨於諸侯，然後快於心與？"(《孟子·梁惠王上》)

在孟子對能與爲的進一步闡發中，"老吾老以及人之老，幼吾幼以及人之幼"的倫理原則，雖然
以親親之愛或共情(感)能力作爲前提，但這種倫理的充擴——"舉斯心加諸彼"，已經蘊含了
一種更深層次的"權""度"，也即理性的自覺。通過引入心的權度，心之感超越了自發的性質，
而具有了自覺的品格，並且與恒定、長期的意志規定連接起來。正是這種理性權度、恒定意志
的參與，使得孟子的倫理主體逐漸展現出自主的品格。

(二) 心之欲及其超越

隨着對話的深入，齊宣王表明自己也有"權度"，此即"王之所大欲"。

> 王曰："否。吾何快於是？ 將以求吾所大欲也。"……曰："然則王之所大欲可知
> 已。欲辟土地，朝秦楚，莅中國而撫四夷也。以若所爲求若所欲，猶緣木而求魚
> 也。"……曰："然則小固不可以敵大，寡固不可以敵衆，弱固不可以敵强。海内之地
> 方千里者九，齊集有其一。以一服八，何以異於鄒敵楚哉？ 蓋亦反其本矣。今王發
> 政施仁，使天下仕者皆欲立於王之朝，耕者皆欲耕於王之野，商賈皆欲藏於王之市，
> 行旅皆欲出於王之塗，天下之欲疾其君者皆欲赴愬於王。其若是，孰能禦之？"(《孟
> 子·梁惠王上》)

如果說感主要表現了一種情感的接受性，那麼欲則具有主動的品格，並總是在積極尋求外物。
大欲與一般的欲不同，大欲不是尋求即時性的滿足，而是呈現爲對長時段目標的籌劃。宣王
之大欲，即"辟土地，朝秦楚，莅中國而撫四夷也"。儘管如此，大欲依然呈現爲心之欲，而非心
之志。

欲的特點，首先在於向外的意向性，"人生而静，天之性也；感於物而動，性之欲也"(《禮
記·樂記》)。欲望總是離不開對外物的需求；其次，欲總是我的欲望，且側重於個體，而缺乏
共同體的維度，换言之，我們很難說存在集體、共同體的欲望。《禮記·樂記》言，"獨樂其志，

不厭其道;備舉其道,不私其欲",在此,欲與私人的需求相應,而志則具有普遍性、公共性的維度(道);第三,欲不具有反身的維度,缺乏對個體心性的明覺,也不具有精神成長的向度。在此意義上,孟子認爲"養心莫善於寡欲"(《孟子·盡心下》)。①

欲望是個人自主爭論的核心議題。在西方的個人自主性討論中,一個自主的人應該具有欲望的層級結構,也即一階欲望和二階欲望(或二階意願)。弗蘭克福特(Harry Frankfurt)是欲望層級學說的代表人物。他認爲,只有當自我能够形成二階的意願,在不同的欲望中作出認同和拒斥,他才可能形成本真的自我,並成其爲人②。

按照欲望層級學說,宣王顯然是自主的行動者。所謂"大欲",即同一般意義上的感性欲望相區别。大欲的滿足,需要長期性的準備和努力。當其他的欲望與大欲相衝突,也需要意志參與,摒除其他"小"欲的干擾。在弗蘭克福特和德沃爾金(Gerald Dworkin)看來,人之爲人,正在於他有抉擇欲望(區分小欲大欲)的意願能力。

然而,不同於專注欲望層級的自主學說,孟子哲學隱含着另一重區分。在孟子"養心莫善於寡欲"的論述中,心的涵養同時意味着欲的消減。這是因爲,欲望總是向外,而缺乏反身的維度,並不以主體的成就爲目標。換言之,欲望是既成主體對外物的渴求。當高揚個體的欲望,那麼外物自身的規定和欲求也難免被遮蔽。宣王之大欲在於"辟土地,朝秦楚,蒞中國而撫四夷",但孟子指出,他的方法無法實現自己的欲望("緣木而求魚")。這是因爲,天下作爲具有普遍性的政治秩序,無法通過個體的欲望、暴力來建構。天下本身,蘊含着民心、民欲的滿足與實現。通過反本、發政、施仁,也即推究欲求的根據和實現方法,大欲應該内涵萬民之欲——"使天下仕者皆欲立於王之朝,耕者皆欲耕於王之野,商賈皆欲藏於王之市,行旅皆欲出於王之塗,天下之欲疾其君者皆欲赴愬於王"。

孟子認爲真正的大欲應當内涵着他人之欲的滿足,這無疑形成了一種新的二階意願的結構:一階意願是天下之民的意願,而二階意願則是使一階意願能够實現的意願。這一要求便涉及形式自主與實質自主的區分。

以欲望是否得到自我的認同爲爭論焦點,個人自主的討論往往分成兩個陣營。其一是形式的自主,其二是實質的自主。形式的自主又可稱爲程序自主。兩者的主要爭論點在於,自主者的欲望内容是否應該受到干涉。在程序自主者看來,只要主體的一階欲望經過了二階的反思程序,就實踐了人的自主品格;而實質自主的觀點則認爲,一個人的選擇如果會破壞其自主能力,這一選擇就不能被認定爲自主的。

芬伯格(Joel Feinberg)曾指出,李思曼(David Riesman)所區分的"内在導向"(inner-

---

① 孟子與荀子對欲望的看法有所不同。荀子在確認欲望自發性的同時,也肯定了人之欲的合理性。

② 可參考 Harry G. Frankfurt, "Freedom of the Will and the Concept of a Person", *The Journal of Philosophy*, Vol. 68, No. 1; Gerald Dworkin, *The Theory and Practice of Autonomy*, Cambridge University Press, 1988, p.17.

directedness)和"他人導向"(other directedness)一樣都不是本真性的形式①。因爲内在導向者可能在童年將外界的教條内化，從而與他人導向者一樣，都不能進行理性批判和欲望的二階修正。這種所謂的内在導向者只是看起來更獨立，但他聽從的不是外界，而是來自上一代的聲音。這便是形式自主所難以回應的"扭曲的欲望"問題。

但無論是程序的自主還是實質的自主，都面臨着個體與群體的緊張。以個人的欲望—意志作爲自主的衡定準則，難免以個人的欲求消解他人的欲求或以主觀價值解構文明、社會的實體性内容。在孟子看來，這種基於個體欲望的自主，無疑也僅僅是脱離人倫社會的虚構罷了，並不具有實質的、客觀的價值。

孟子以内涵他人之欲的欲望籌劃（也即志）爲實質的自主，不同於形式上的、内容無涉的欲望選擇。在此，孟子給出了與個人自主性不同的理論架構。

首先，儘管一階欲望與二階欲望的區分，内涵着反身的維度。但這裏的反身，也即對自我欲望的一種選擇，在實質上並不涉及自身的成就與轉化。在此意義上，一階欲望和二階欲望都是既成主體的個人欲望，這樣的欲望具有形式與抽象的特點，未能容納他人之在和文明歷史的實體性内容。因而，個人自主總是難以避免對其價值的質疑，因爲抽象的欲望總是以肯定自我而否定他物（人）爲特點。孟子通過引入他人之欲，構建了一種新的志欲層級，一階欲望是個體的欲望，二階欲望則是對不同個體欲望的容攝。換言之，欲望總是預涵着人與群的衝突，而志則内涵着人與群的統一。

其次，對欲望是否屬於本真自我的討論，忽視了對實現欲望的手段、過程和價值目標的關注。在這裏，齊宣王雖然有大欲，但却無法實現大欲，或者説，宣王不明白天下不能成爲欲望的對象。而本真自我作爲一種形上的預設，進一步將個人與實在相剥離。只有通過引入他人之在，個體的存在才能具有現實形態。而對二階欲望的討論，不能局限於欲望的生成理論，還要涉及欲望的實現方法與價值目的。僅僅能够產生欲望的存在者，很難稱爲自主的主體。

最後，孟子通過引入他人之欲，讓齊宣王領會到天下的實體性内容。個人之欲的消解，同時意味着養心反本的開啓。後者超越了欲的外在索求，而走向了志的明覺。宣王在最後便指出，"吾惽，不能進於是矣。願夫子輔吾志，明以教我。我雖不敏，請嘗試之"。宣王請孟子輔其"志"，呈現出由"感"而"大欲"而"志"的提升過程，也揭示出感、欲、志這三種不同的心志形態。

（三）基於志的自主

孟子所討論的"志"，與欲望層級理論中的二階欲望（second order desire）或意願（volition）並不等同。意願局限於個體對欲望的選擇，而孟子所給出的志，則具有不同於個體

---

① Joel Feinberg, "Autonomy", *The Inner Citadel: Essays on Individual Autonomy*, Chritsman ed., New york: Oxford University Press, 1989.

欲望的内涵。

　　孟子曰:"羿之教人射,必志於彀;學者亦必志於彀。大匠誨人,必以規矩;學者
　　亦必以規矩。"(《孟子·告子上》)

孟子以射喻志。志總是指向了一個目標,這一目標不是欲望的對象,而是一種更高層次的精神指向或人格目標。學者必志於彀,關聯起孔子之"志於學"與"爲己之學"。學者之志在學以爲己,以成己成人爲目標。故射有不中,必反求諸己。在此,射不是對象的攫取,而是對自己人性能力的練習與檢驗。與弗蘭克福特、德沃爾金以欲説志的趨向相比,孟子揭示了志不同於欲的另一維度,並凸顯了自主品格的反身内涵與實踐趨向。

　　同時,孟子並没有將志理解爲抽象的個體能力。在弗蘭克福特看來,二階欲望或二階意願將人與頑鈍(wanton)區分開來,後者在嚴格意義上並不屬於人。頑鈍的本質特徵在於,他們並不關心自己的意志。頑鈍不僅指所有具有一階欲望的非人類動物,也可以指年幼的兒童,甚至是成人。成人也可能多多少少表現得像個頑鈍,或頑鈍地去行動。他們"無所用心"(《論語·陽貨》),"日選擇於物而不知所貴"(《荀子·哀公》)。值得注意的是,頑鈍並不意味着缺乏理性。他們可以很好地去完成一階欲望推動自己去做的事情。但如果你問他們,你究竟想要做什麼,他們便不知所措,茫然不覺,隨波逐流而已。與康德哲學相比,弗蘭克福特將理性與意志區分開來,兩者並不等同。

　　但在這一思想形式中,二階意願便成爲人的本質規定。由於人之爲人以意志爲前提,便忽視了意志形成的現實過程和具體背景。在此思路下,自主並不具有層次或質的區分。

　　曰:"無恒産而有恒心者,唯士爲能。若民,則無恒産,因無恒心。苟無恒心,放
　　辟,邪侈,無不爲已。及陷於罪,然後從而刑之,是罔民也。焉有仁人在位,罔民而可
　　爲也?是故明君制民之産,必使仰足以事父母,俯足以畜妻子,樂歲終身飽,凶年免
　　於死亡。然後驅而之善,故民之從之也輕。今也制民之産,仰不足以事父母,俯不足
　　以畜妻子,樂歲終身苦,凶年不免於死亡。此唯救死而恐不贍,奚暇治禮義哉?王欲
　　行之,則盍反其本矣。五畝之宅,樹之以桑,五十者可以衣帛矣;雞豚狗彘之畜,無失
　　其時,七十者可以食肉矣;百畝之田,勿奪其時,八口之家可以無飢矣;謹庠序之教,
　　申之以孝悌之義,頒白者不負戴於道路矣。老者衣帛食肉,黎民不飢不寒,然而不王
　　者,未之有也。"(《孟子·梁惠王上》)

孟子在實質上提出了兩種不同類型的自主。一種是民的一階自主,以個人欲望的選擇、滿足爲前提,也即"基於欲的自主";一種是士君子的二階自主,以自我與他人的成就爲志的目標,具有公共性、普遍性的内涵,也即"基於志的自主"。

　　對於民來説，無恒産則無恒心，無恒心則無不爲。無不爲體現出個人對自己的行爲缺乏制約，是自主能力匱乏的表現。而恒定的心志狀態又需要一定的外在條件，換言之，自主的品格應該表現爲實際的狀態，而非抽象的觀念。芬伯格提出"autonomy as condition"，在現實條件的意義上理解自主，在芬伯格看來，事實上的自主(de facto self-government)總是預設了運氣。一個運氣糟糕的人，比如生而貧苦或者生爲奴隸，就難以在事實上達成自主的品格①。

　　孟子要求"制民之産"，無疑有見於良好社會應該爲人形成恒心提供政治和經濟保障。但若要求在完美的社會條件下，人才具有自主的品質，顯然又忽視了自主品格對外物的克制作用。基於恒産的自主，有可能走向對物的依賴(異化狀態)。實際上，基於志的自主品格並不是在完善的社會條件下才能得到培育和展現。孟子便肯定，與民有恒産才有恒心相比，士無恒産依然能够具有恒心。後者體現了二階的(基於志的)自主品格。

　　　孟子曰："待文王而後興者，凡民也。若夫豪杰之士，雖無文王猶興。"(《孟子·
　　盡心上》)
　　　王子塾問曰："士何事？"孟子曰："尚志。"(《孟子·盡心上》)

凡民待文王而後興，意味着民的自主品格尚依賴於外部環境的支持，才能逐漸成熟；而豪杰之士則無文王猶興，體現了相對於環境的自我主導能力，其自主品格已經成熟且穩定。豪杰之"士"尚其志，也即以志爲自己的存在規定。

　　　古之人，得志，澤加於民；不得志，修身見於世。窮則獨善其身，達則兼善天下。
　　(《孟子·盡心上》)
　　　居天下之廣居，立天下之正位，行天下之大道。得志與民由之，不得志獨行其
　　道。(《孟子·滕文公下》)

孟子認爲有志之士，窮不失義、達不離道。士以志而立，得志之達與不得志之窮，皆以有志(自主)爲前提。志既指向了自我的完善，又指向了普遍價值與理想共同體(廣居、正位、大道)的建立。故"窮則獨善其身，達則兼濟天下"，"得志與民由之，不得志獨行其道"。可見，基於志的自主體現爲對公共之善的追求，對成己成人的志願；以及對完善物質條件的超越，對環境依賴的克服。

　　　孟子曰："説大人，則藐之，勿視其巍巍然。堂高數仞，榱題數尺，我得志弗爲也；
　　食前方丈，侍妾數百人，我得志弗爲也；般樂飲酒，驅騁田獵，後車千乘，我得志弗爲

---

① Feinberg, "Autonomy", *The Inner Citadel: Essays on Individual Autonomy*, Chritsman ed.

也。在彼者,皆我所不爲也;在我者,皆古之制也,吾何畏彼哉?"(《孟子·盡心下》)

這裏的"堂高數仞,榱題數尺","食前方丈,侍妾數百人","般樂飲酒,驅騁田獵,後車千乘",體現爲優渥的條件與欲望的滿足,但孟子得志弗爲,藐而視之,表現出志對於欲的揚棄。

芬伯格也承認,有時候正是壞的運氣激發了個人的自主性,此時的自主體現爲一種自立或者自足(self-reliance)。然而,這種自立自足的自主,依然不是基於志的二階自主。

> 匡章曰:"陳仲子豈不誠廉士哉? 居於陵,三日不食,耳無聞,目無見也。井上有李,螬食實者過半矣,匍匐往將食之,三咽,然後耳有聞,目有見。"孟子曰:"於齊國之士,吾必以仲子爲巨擘焉。雖然,仲子惡能廉? 充仲子之操,則蚓而後可者也。夫蚓,上食槁壤,下飲黃泉。仲子所居之室,伯夷之所築與? 抑亦盜跖之所築與? 所食之粟,伯夷之所樹與? 抑亦盜跖之所樹與? 是未可知也。"(《孟子·滕文公下》)

陳仲子在某種意義上,也體現了自立、自足的品質。但陳仲子的自足只是欲望的自我滿足,疏遠於社會人倫和他人之欲,還談不上對公共之善的追求。孟子批評陳仲子的自足是"蚓而後可",表明這是一種近乎簡單生物的自足或自主,未能進於志的層面。與陳仲子相對的,則是舜、傅説、膠鬲、管夷吾、孫叔敖、百里奚等人。

> 故天將降大任於是人也,必先苦其心志,勞其筋骨,餓其體膚,空乏其身,行拂亂其所爲,所以動心忍性,曾益其所不能。人恒過,然後能改;困於心,衡於慮,而後作;徵於色,發於聲,而後喻。入則無法家拂士,出則無敵國外患者,國恒亡。然後知生於憂患而死於安樂也。(《孟子·告子下》)

在艱苦的環境下,他們不是通過減少外物的需求,來達到一種自足,而是將困難視爲自我成就與成就他人的積極要素,動心忍性,增益不能。相較於陳仲子,他們才體現出中國文化中理想的自立形象,也是孟子"基於志的自主"觀念的具體承擔者。

結　語

除了以心性本體來闡釋孟子的"自主哲學",我們還能從更一般的"關於自主的哲學"角度,分析孟子哲學中所蘊含的感、欲、志之辯。通過對三者的分析,本文指出,孟子提供了一種基於志的二階自主觀念。其中,感—欲—志體現爲層級結構,爲自主的可能奠定了內在基礎。但此層級結構又與弗蘭克福特與德沃爾金基於二階欲望或二階意願的心志層級結構不同。

孟子之志兼具反身性與涉他性，體現出對公共價值與普遍之道的追求。從個體與關係的角度看，孟子的二階自主並未將個人與群體、他人對立。自主的發展、成熟内涵着走向人倫政治共同體的要求。其次，孟子既肯定了一階的形式自主(基於個人欲望的滿足)，又提出理想的二階自主。後者同時將他人之欲的滿足作爲個人自主的實質内容。第三，通過引入他人之在，以深入人類文明共同體的普遍之道爲追求，自主揚棄了單純的主觀形式(如黑格爾所謂"任性")，而具有客觀價值。總而言之，孟子的自主觀念揚棄了個人與群體、主觀與客觀、形式與實質之間的分裂，對當代自主哲學的論争無疑具有啓發意義。

[**作者簡介**] 高菱(1991—)，男，四川綿陽人。華東師範大學思勉人文高等研究院博士生，日本東京大學聯合培養，美國邁阿密大學訪問學生。主要從事中國哲學研究，已發表論文、譯文數篇。

《孟子》"知言養氣"章若干問題辨正

王海成

内容提要 《孟子》"知言養氣"章以"不動心"爲主題。"不動心"即不動志,指人在道德實踐的過程中當如何立志,及立志之後如何不爲富貴利誘、恐懼威逼等改變。孟子"不動心"之道的關鍵在於"知言"和"養氣"。"知言"指通過明辨是非,爲自己所立之志提供道德理性的保證。"養氣"則包括"浩然之氣"的生和養兩個問題。其一,孟子認爲,"浩然之氣"是"集義所生者",即爲人先天具有,人之善端一萌,此氣即生。其二,孟子認爲,"養浩然之氣"的關鍵在於"以直養",順人之善端之萌而行即是"直","直"即是"養","不直"即是"害"。

關鍵詞 知言 養氣 浩然之氣 孟子

中圖分類號 B2

《孟子》"知言養氣"章素稱難解,後世儒者對其中若干關鍵字句的理解相差甚大,當代研究者亦聚訟不已。本文試圖從這幾個關鍵字句切入,以期在對其求得合理解釋後,再從整體上對這一章進行解釋。

這段對話由孟子和公孫丑之間關於"不動心"的探討而引發。孟子提到的北宫黝、孟施舍、曾子之養勇,以及告子和他自己的知言、善養浩然之氣皆與此有關。在對話中,孟子先是評論了北宫黝、孟施舍、曾子的"不動心"之道,然後又直接評論了告子的"不動心"之道,最後孟子正面提出了自己的不動心之道:"我知言,我善養吾浩然之氣。"其中,孟子對告子不動心之道的評論,關於浩然之氣"以直養而無害"和"是集義所生者,非義襲而取之"的論述是理解此章的關鍵,也是學界聚訟的焦點。

一、"不得於言,勿求於心; 不得於心,勿求於氣"辨正

孟子概括其"不動心"之道的要點爲二:一曰知言,二曰善養浩然之氣。其對"知言"的正

面闡述即"詖辭知其所蔽,淫辭知其所陷,邪辭知其所離,遁辭知其所窮",這句話並不難理解,歷來甚少歧義。其對告子的"不動心"之道的評論亦涉及"言"的問題,但歧解甚多。孟子曰:"不得於心,勿求於氣,可;不得於言,勿求於心,不可。"孫奭曰:

> 孟子答孫丑,以謂告子言人有不善之言者,是其不得於言者也,故不復求其有善心。告子意以謂人既言之不善,則心中亦必不善也,故云不得於言,勿求於心。人有不善之心者,是其不得於心者也,故不復求其有善辭氣。告子意以謂人心既惡,則所出辭氣亦必不善也,故云不得於心,勿求於氣。孟子言之,以謂人有不善之心,故勿復求其有善辭氣,則如告子之言可也;如人但有不善之言,便更不復求其心之有善,則告子之言,以爲不可也。①

孫奭把"氣"理解爲"辭氣",即今所謂語氣。他理解的告子不動心之道爲:他人以不善之言加我,其言不善則心亦不善,故不必求其心如何;他人之心若不善,則其言其辭氣亦必不善,故不必求其辭氣如何。孟子認爲,人有不善之心,則勿求其辭氣如何,可;但人有不善之言,不一定是其心不善,故不求其心,不可。如果我們把孟子對告子的評論單獨拿出來,孫奭的理解也不是不可以,但如果我們將其放在"知言養氣"章的語境中來看,則這一理解却並不合適。孟子對告子的評價緊接着其對北宮黝、孟施舍和曾子的"不動心"之道的評價,如果這裏的"氣"如孫奭理解的只是"辭氣",則這句話和上文有何聯繫,和下文的"浩然之氣"又有何聯繫? 且告子此語和"不動心"又有什麼關係呢?

朱熹對這句話的理解有前後之異:

> 問:"知言在養氣之先,如何?"曰:"知是知得此理。告子便不理會,故以義爲外。如云'不得於言,勿求於心',雖言亦是在外事,更不管着,只强制其心。"問:"向看此段,以告子'不得於言'是偶然失言,非謂他人言也。"曰:"某向來亦如此説,然與知言之義不同。此是告子聞他人之言不得其義理,又如讀古人之書不得其言之義,皆以爲無害事,但心不動足矣。不知言便不知義,所以外義也。"②

此一節,公孫丑之問。孟子誦告子之言,又斷以己意而告之也。告子謂於言有所不達,則當舍置其言,而不必反求其理於心;於心有所不安,則當力制其心,而不必更求其助於氣,此所以固守其心而不動之速也。孟子既誦其言而斷之曰,彼謂不得於心而勿求諸氣者,急於本而緩其末,猶之可也;謂不得於言而不求諸心,則既失於

---

① 趙岐注,孫奭疏《孟子注疏》,北京大學出版社 1998 年版,第 80~81 頁。
② 黃士毅《朱子語類彙校》,上海古籍出版社 2016 年版,第 1320 頁。

外,而遂遺其内,其不可也必矣。然凡曰可者,亦僅可而有所未盡之辭耳。①

上面所引的兩段文字,第一段出自《朱子語類》,第二段出自《四書集注》,後者可視爲朱子晚年定論。可見,朱子早年曾將"不得於言"之"言"理解爲自己之言,則告子"不動心"之道爲:己偶有失言,但心未有不善,則不必反求之於心;而心有不善,則應於心上糾正,而不應當求之於氣。後來,他又認爲,"不得於言"之"言"是他人之言,則告子"不動心"之道爲:如果聽了他人的話却不能理解,則應該放在一邊,不必用心去思索其中的義理;而心有所不安,則當用力制心,不必更求助於氣。孟子肯定"不得於心,勿求於氣",但否定用力强制其心而使之不動。

王夫之釋告子之"不得於言,勿求於心"曰:

> 天下之理,本非吾心之所有而不可勝窮。即是非得失之不能解了者,姑且是與爲是,非與爲非,因應乎天下,聽物論之不齊而無庸其察。若求於心者,役心於學問思辨以有得,而與天下争,則疑信相參,其疑愈積。不如聽其自得自失於天地之間,可以全吾心之虛白,而緣虛生白、白以無疑之可不動其心也。②

其釋告子之"不得於心,勿求於氣"曰:

> 他只認定此昭昭靈靈底便作主人,却將氣爲客感之媒,但任着氣,便攬下天下底事物來,去外面求個義以與物争。乃能勝乎物者,物亦能勝之矣,故即使吾心有不能自主之時,亦且任之而俟其自定,如公子牟之所謂勿"重傷"者是已。若求助於氣,則氣本濁而善流,有所勝,即有所不勝矣。蓋氣者吾身之與天下相接者也,不任其所相接者以爲功,則不求勝於物,而物固莫能勝之,斯以榮辱利害之交於前而莫之動也。③

船山以老莊釋告子,即以告子爲老莊一派,或受其影響的學者。則其釋告子之"不得於言,勿求於心"爲於他人之言之是非,不必關心,即他人之言與我之言不同,亦不必强行與之辯。其釋告子之"不得於心,勿求於氣"則爲:任心而不任氣,即"動心"之時即任其自定,情緒波動任其自然平復,而不當以氣强制其心,使其不動。

當代研究者對此亦有不同的看法。楊澤波認爲:"'得言'就是'知言','不得於言'就是'不知言'。……對於一種道理、一種學説不能瞭解(不得於言),便應該把它擱放起來,不去管它,不去追究其思想根源(勿求於心)。告子如此不重視言,與孟子的'知言'大相徑庭,孟子當

---

① 朱熹《四書章句集注》,中華書局 2016 年版,第 231～232 頁。
② 王夫之《讀四書大全説》,《船山全書》第六册,岳麓書社 2011 年版,第 923 頁。
③ 同上,第 924 頁。

然要説'不可',給予批評了。"①張松輝、周曉霞認爲："總括這段話：告子認爲,一個人的言與心是絶對統一的,没有好的言,就不會有好的心;没有好的心,也就不必要求他有好的氣。而孟子對告子的思想作了一些修訂,認爲心是最主要的,一個人有好的心,但不必一定會有好的言;有了好的心,還要求有好的氣;好的心統帥好的氣,好的心與好的氣相互配合,就一定能够做出好的事情。"②陸建華則曰："不能由'言'而知言之'理',則不必求意、求理於心,更不可能由言、由理而求心;不能知'心'之所向,則不必求心願於氣,更不可能由心而求氣。由告子此句的意思可知,在告子看來,言(理)出於心,由心而有言(理),但是,可以由言(理)而求心;心本於氣,由氣而有心,但是,可以由心而求氣。這樣,在言(理)、心、氣三者關係中,告子認爲氣是最爲根本性的存在。"③

　　上述研究者的觀點各有所據,但於義仍有所未安。張松輝的觀點近於孫奭,我們在前面已經提出過質疑;陸建華的觀點則與告子之原意相去甚遠。而如朱子所言,"不得於言"爲不能領會他人言中之意,或如楊澤波所言"不得於言"就是"不知言",則此"不知"之結果從何得來? 如果没有立心去求他人言中之意,知與不知皆無從談起。换言之,當我們説不能領會他人之言,或不知他人言中之意時,此必已是立心以求之後了,而不是在立心以求之前。如此,則這一理解必於下文之"勿求於心"相矛盾。

　　我們認爲,告子所謂"不得於言"中的"不得"意爲不相合、不相契。"得"的這一用法,我們可以略舉數例:

> 仕則慕君,不得於君則熱中。(《孟子·萬章上》)
>
> 内不得於心,外不應於器,故不敢發手而動弦。(《列子·湯問》)
>
> 期重於信義,自爲將,有所降下,未嘗攄掠。及在朝廷,憂國愛主,其有不得於心,必犯顔諫争。(《後漢書·銚期傳》)

例一中的"不得於君",趙岐釋爲"失意於君"④,而"失意"不是臣子不理解君主之意,或君主不理解臣子之意,而是君臣之意見不相合、不相契。在君尊臣卑的前提下,君臣之意見不相合、不相契的結果必是臣子失意於君。例二中的"不得於心",張湛注曰："心、手、器三者互應不相違失而後和音發矣。"⑤這裏"不得於心"是指心手不相應。例三中,"其有不得於心,必犯顔諫争"指銚期對於不合於心之事敢於諫争。

---

① 楊澤波《孟子氣論難點辨疑》,《中國哲學史》2001 年第 1 期。

② 張松輝、周曉霞《〈論語〉〈孟子〉疑義研究》,湖南大學出版社 2006 年版,第 300 頁。

③ 陸建華《孟子之氣論——兼及心、性、氣三者的關係》,《中原文化研究》2015 年第 5 期。

④ 趙岐注,孫奭疏《孟子注疏》,第 244 頁。

⑤ 張湛注《列子》卷第五,四部叢刊本。

告子所謂"不得於言"是指他人之言與我不相合,不相契,即他人與我在某一問題上的觀點、立場不一致,乃至相互對立。"不得於言,勿求於心"意爲:他人與我在某一問題上的觀點、立場不一致,乃至相互對立時,我不用心去思考其中的原因,不去深入探討、辨明其中的道理,而是將它放在一邊,不去管它。這種對待"言"的態度即莊子所謂"兩行",但却是孟子所反對的,故孟子曰"不可"。"不得於心,勿求於氣"意爲:他人與我在某一問題上的觀點、立場不一致,乃至相互對立,我在反復立思考其原因,辨明其中的道理後,仍然認爲我是而他非。在這種情況下,亦不必任氣而與之發生衝突,"求於氣"即今所謂動氣。孟子認爲"志壹則動氣,氣壹則動志",即當人爲善之志堅定、專一時,氣必伴隨之而成爲行動的助力;但若一旦任氣而爲,則爲善之志亦有可能爲氣所牽動,而喪失初心。人在極端氣憤或惱羞成怒的情況下,往往會做出自己平時不會去做且事後必後悔的事,此即"氣壹動志"。

孟子肯定告子的"不得於心,勿求於氣",但只是"可"而已,不是完全的肯定。換言之,孟子認爲,"不得於心,勿求於氣"固然可以,但"勿求於氣"之外呢? 是否還可以做得更好呢? 當孟子之世,楊墨爲天下之顯學,天下之言不歸楊則歸墨。孟子曰:"予豈好辯哉? 予不得已也。"(《孟子·滕文公下》)在孟子看來,如果儒者不起而辯之,則必至於楊墨之言盈天下而仁義充塞,以至於率獸而食人。故孟子不遺餘力地批判楊墨,並多次和告子等人辯論。孟子對告子"不得於言,勿求於心;不得於心,勿求於氣"的評論表達了自己對"言"的態度:他人之言與我不合,不當置之不理,而應該返求諸心,反復推尋、思量;反復推尋、思量之後,仍覺得我直他曲,亦不當動氣而與之衝突,而應當以理與之辯論,以求"正人心,息邪説,距詖行,放淫辭"之效果。當然,欲達到這一效果必須具備"知言"之道,故孟子又從正面闡述其"知言"之道,即"詖辭知其所蔽,淫辭知其所陷,邪辭知其所離,遁辭知其所窮"。

二、"集義"與"義襲"辨正

孟子以浩然之氣爲"集義所生者"。何謂"集義"? 趙岐曰:"集,雜也。密聲取敵曰襲。言此浩然之氣,與義雜生,從内而出。"[1]朱熹曰:"集義,猶言積善,蓋欲事事皆合於義也。"[2]趙岐以"集義"爲與義雜生,即與之共生;朱熹以"積善"釋"集義",則"集義"之"集"意爲"積累"。當代研究者多贊同朱熹的解釋,例如:

> 黄玉順:"注疏把'集'解釋爲'雜',這是不對的。所謂'集義',就是集聚仁義之

---

① 趙岐注,孫奭疏《孟子注疏》,第75頁。

② 朱熹《四書章句集注》,第233頁。

心。所以這種正義感或'浩然之氣'能够'配義',即與義相匹配、一致。"①

彭國翔:"孟子'浩然之氣'是'集義所生者,非義襲而取之也'的話,一方面表明了義的内在性,另一方面也指出了'浩然之氣'的産生來自義的積累(集)。"②

張奇偉:"'集義'並非仁義觀念的積淀,而是仁義道德踐履的結果。並且,孟子認爲養'浩然之氣'是一個長期的道德踐履過程,並非一朝一夕的事情,即他説的'非義襲而取之也'。"③

陳徽:"'集義'("配義與道")既是'浩然之氣'滋生的前提,亦是其'發育''壯大'的道德基礎。自始至終,'集義'皆與'養氣'工夫須臾不可相離。"④

從趙岐以"與義雜生"釋"集義"到朱子以"積善"釋"集義"是後人關於孟子浩然之氣的解釋史中非常關鍵的一個轉折。但細讀原文,這一轉折又以對孟子相關論述的一個重要誤解爲前提:對於浩然之氣,孟子先曰"以直養而無害",繼曰"是集義所生者";"以直養而無害"探討的是如何養氣的問題,"是集義所生者"探討的則是浩然之氣的來源問題。後人雖名此章爲"知言養氣章",但此章涉及的不只"養氣"一個問題,而是浩然之氣的"生"和"養"兩個問題。孟子只説浩然之氣是"集義所生者",並没有説浩然之氣是"集義所養者"。焦循曰:"集爲雜,雜爲合,合爲配,一也。生爲育,育爲養,一也。義爲直,直爲縮,一也。取爲求,一也。"⑤焦氏此説顯然忽視了生、養二字在意義上的區別。《老子》五十一章曰:"故道生之,德畜之,長之育之,成之熟之,養之覆之。生而不有,爲而不恃,長而不宰,是謂玄德。"生之者、育之者、養之者、成之者……此皆可以爲一而没有區別,但生之、育之、養之、成之等過程仍有明確的區分。生、養二者最明顯的區別在於,前者是短時行爲,被生者存在則生這一行爲即告完成;而後者是一個持續的過程,被養者存在則養這一行爲便可以一直持續下去。如果我們把"集義"理解爲"義之積累",則必然面對一個難題:這個浩然之氣究竟"集義"到什麼程度才生呢?是一次、兩次,還是一天、兩天呢?對此,孟子没有回答,朱子及以後的歷代研究者也没有回答。以"集義"爲孟子養氣之要,一方面導致對孟子提出的真正的養氣的關鍵環節即"以直養而無害"的忽視,從而對孟子養氣工夫論整體理解上出現偏差;另一方面,又遮蔽了這一章所探討的另一個重大問題,即浩然之氣的來源問題。而趙岐注"浩然之氣,與義雜生,從内而出"緊扣"是集義所生者"中的"生"字,更爲合理。

孟子在下文又接着説:"我故曰告子未嘗知義,以其外之也。"孟子在仁義内外之辯中曾批

① 黄玉順《養氣:良知與正義感的培養》,《中國社會科學院研究生院學報》2014年第6期。

② 彭國翔《"盡心"與"養氣":孟子身心修煉的功夫論》,《學術月刊》2018年第6期。

③ 張奇偉《孟子"浩然之氣"辨正》,《中國哲學史》2001年第2期。

④ 陳徽《孟子"義襲"説辨正》,《孔子研究》2021年第3期。

⑤ 焦循《孟子正義》,中華書局2017年版,第219頁。

評告子的"義外"之説。告子的"義外"之説認爲,"義"没有内在的根據,人的道德行爲完全依據於行爲的對象及具體情境;而孟子主"義内"之説,即人的道德行爲的根據是先天的、在内的。據告子的"義外"之説,則與之雜生的浩然之氣也就没有了内在的根據,此氣便不是人先天具有、與生俱來的,而是在外的。浩然之氣若是在外的,則其所謂"集義而生"便只能是"義襲而取之",此正是孟子所批判的觀點。而據孟子的"義内"之説,與之共生的浩然之氣也是在先天的、在内的,有一道德行爲,則浩然之氣便於此處萌生,此即所謂"是集義所生者"之意。

如果説"是集義所生者"是孟子正面提出的自己的觀點,則"非義襲而取之"便是與之相對的,孟子所要批判的觀點。如何理解"義襲而取之"對於理解孟子浩然之氣的來源問題有重要的參考價值。後世儒者和當代研究者對"取之"的理解並無分歧,即自外取此浩然之氣,分歧在於如何理解"義襲"兩字:

> 趙岐:"密聲取敵曰襲。"①
>
> 朱熹:"所謂'義襲而取之者',襲如用兵去襲奪之意,如掩人不備而攻襲之。謂如所行之事以爲義而行之,才行得一件事合義,便以爲浩然之氣可以攫挐而來,夫是之謂襲。"②
>
> 焦循:"趙氏以密聲取敵解襲字,而未詳'義襲而取'之意。推其解集義而生爲從内而出,則義襲而取乃自外而取矣。氣合義而生,則有此氣,即有此義,故爲人生受氣所自有者。義襲而取,則義本在氣之外,取以附於氣耳。若然,則義不關於内,即所行義有不附,將於心無涉矣。"③
>
> 楊伯峻:"那一種氣,是由正義的經常積累所産生的,不是偶然的正義行動所能取得的。"④
>
> 楊海文:"任何時間,任何地點都這樣做,就是'集義';只是選擇特定的時間、地點做好事,就是'義襲'。一如既往地按照正義的方式做事,而不是搞突擊行動,才能養好這股氣。時時刻刻如此,絶不能偶爾爲之。"⑤
>
> 李景林:"'義襲'是行爲偶然的合'義',即把'義'作爲一個外在的規則來施行。"⑥

① 趙岐注,孫奭疏《孟子注疏》,第75頁。

② 黄士毅《朱子語類彙校》,第1341頁。

③ 焦循《孟子正義》,第219頁。

④ 楊伯峻《孟子譯注》,中華書局2010年版,第60頁。

⑤ 楊海文《"浩然之氣"與孟子的人格修養論》,《社會科學戰線》2018年第12期。

⑥ 李景林《"浩然之氣"的創生性與先天性——從馮友蘭先生〈孟子浩然之氣章解〉談起》,《社會科學戰線》2007年第5期。

楊儒賓：“要配義與道，一定要符合真正的道德，不可襲取外貌，勉强摹畫，勉强摹畫的結果，於行事之功效，或不無可取；於自家性命成長，却了無助益。所謂‘配義與道’，一方面是曉解一種義理，對之確信，此可稱爲‘明道’；一方面是常作他所認爲是應該作的事，此可稱爲‘集義’。合此兩方面，就是‘配義與道’。”①

陳徽：“就訓詁與文法而言，‘義襲’之‘義’亦指道義，在此爲名詞，作狀語，義爲‘以義’……”②

趙岐以“密聲取敵”釋“襲”，但未詳釋“襲而取之”。焦循“推其解集義而生爲從内而出，則義襲而取乃自外而取矣”的結論和孫奭基本一致，應該是符合趙岐原意的。朱熹釋“義”爲“合義”，則“義襲而取之”爲：人行一合義之事，便能從外襲取此浩然之氣，其對“襲”的理解與趙岐基本一致。今人多在朱熹釋“義”爲“合義”的基礎上，以“掩襲”釋“襲”，從而將“義襲”理解爲“襲義”，即以“義”爲掩飾而實質上的非“義”行爲。按今人的理解，則此語當爲“是集義所生者，非襲義而取之也”。問題在於將“義襲”理解爲“襲義”是否合理？從語法上分析，在原文“義襲而取之”中，義是襲、取的主語，而在今人的理解中，義成了襲的賓語，襲、取的主語省略了。這樣對原文文字順序的變動根據何在呢？因此，“非義襲而取之”的字面意思就是：（浩然之氣）不是道德行爲從外面襲取而來的。

今人誤以“積善”釋“集義”，故連帶而將“非義襲而取之”中的“義襲”理解爲與“積善”相對的偶然的合義之行爲，乃至更進一步理解爲以“義”爲掩飾的非道德行爲。我們認爲，“非義襲而取之”中的“義”字和“集義”及“告子未嘗知義”中的“義”字的意義並無區别，三者指的是同一個“義”，即道德行爲的泛稱。如上文所論，“集義所生”爲與義雜生、共生之意，則與之相對的“義襲而取”就是如焦循所言“乃自外而取矣”之意。浩然之氣如果是自外取得，則意味着它是獨立於人的客觀存在，不是人先天就具有的而是需要人通過後天的努力去求取的。這和孟子關於浩然之氣“是集義所生者”的觀點完全對立，故孟子强調“非義襲而取之”的重點在於否定“取之”，即否定浩然之氣是從外面取來的。在孟子性善論的思想架構中，浩然之氣本就是人先天具有，不假外求的，即不需要“取之”的。不管這個浩然之氣是通過何種方式“取之”，即不管是通過真正的“義”行，還是襲“義”而取之，都是不對的。

孟子之前的儒家極少言氣，故如果只在先秦儒家的思想脉絡中考察，孟子的氣論是極爲突兀的。因此，近代自郭沫若以來，多有研究者認爲孟子之氣論受稷下道家氣論的影響。如白奚就認爲：“孟子心性學説中的‘浩然之氣’‘存夜氣’之説，是吸收改造了《管子》中道家學派的心氣理論。”③他還進一步指出：“孟子對《管子》心氣論的引進和改造利用，突出地表現在他

---

① 楊儒賓《儒家身體觀》，上海古籍出版社 2019 年版，第 174 頁。
② 陳徽《孟子“義襲”説辨正》，《孔子研究》2021 年第 3 期。
③ 白奚《稷下學研究》，生活・讀書・新知三聯書店 1998 年版，第 160 頁。

的'浩然之氣'的提出。……孟子是把《内業》'浩然和平,以爲氣淵'的提法引進了他的心性論中,從而提出了'浩然之氣'的概念。"①孟子對稷下道家的精氣説不是簡單地吸收借用,後者對前者的影響主要在於爲其提供了思想的背景,二者在氣(浩然之氣、精氣)與人的關係問題上的觀點却有本質的不同。《管子·内業》曰:"是故此氣也,不可止以力,而可安以德。不可呼以聲,而可迎以音。敬守勿失,是謂成德。德成而智出,萬物果得。"據此,在稷下道家精氣説中,精氣是獨立於人的客觀存在,人需要"安以德",即通過内在的修養使身體成爲"精舍"而獲得精氣。孟子所批判的"取之"本質上與稷下道家精氣説中的"安以德"具有一致性。則孟子的這一批判極有可能正是針對稷下道家精氣説的這一觀點,或簡單吸取這一觀點而言氣的儒家學者而言。

三、"以直養而無害"辨正

孟子養氣説的核心是"以直養而無害"。何謂"以直養"? 朱子有兩種解釋:

> 浩然是廣大流行之意,剛是堅勁,直是無委曲。②

> "以直養"是"自反而縮","集義"是"直養"。然此工夫須積漸集義,自能生此浩然之氣,不是行一二件合義底事能摶取浩然之氣也。集義是歲月之功,襲取是一朝一夕之事。從而掩取,終非己有也。③

> 蓋天地之正氣,而人得以生者,其體段本如是也。唯其自反而縮,則得其所養;而又無所作爲以害之,則其本體不虧而充塞無間矣。④

朱子以"集義"爲"直養",這一觀點爲後人普遍接受。但在上一節我們已經指出,孟子説浩然之氣是"集義所生","以直養而無害",生、養二字有别。朱子以"集義"釋"直養",忽視了這一區别。因此,我們更贊同朱子以"無委曲"釋"直"之説,但究竟如何理解孟子的"以直養而無害"呢?

1. "直"是"無委曲"。孟子對"直"的論述較少,但孔子在《論語》中却多次論及"直",並表示肯定。在大多數情況下,孔子所説的"直"並不是指正直、依法辦事等品行,而是指人在遇事之當下情感、天性的自然流露。在《論語》中,孔子對微生高的"直名"頗不以爲然。他説:"孰

---

① 白奚《稷下學研究》,第176頁。
② 黄士毅《朱子語類彙校》,第1320頁。
③ 同上,第1331頁。
④ 朱熹《四書章句集注》,第231頁。

謂微生高直？或乞醯焉,乞諸其鄰而與之。"(《論語・公冶長》)孔子不認爲微生高"直",其依據是有一次有一個人向微生高要點醯,但微生高家裏没有,他就去鄰居家裏借了一點給這個人。對此何晏引孔安國注曰:"乞之四鄰,以應求者,用意委曲,非爲直人。"①在孔子看來,微生高"乞諸其鄰而與之"不是人之常情。"直人"在這種情況下應該很自然地告訴鄰人,有就有,没有就没有,毋須太多顧慮。微生高的"用意委曲"在於顧慮太多,其行爲違背了常人遇事當下的自然反應。李洪衛指出:"孔子關於'直'的論述,概括起來有偏重主觀屬性與偏重客觀屬性兩個方面。"②所謂偏重主觀屬性之"直"即是指主體内心的當下反應。不少研究者對《論語》中的"直"的這一意義已經有所探討。如馬永康認爲:"對於《論語》中的'直',可以按照許慎在《説文解字》中提出的基本義'直爽'獲得一致的理解。當下本念,是理解'直爽'義的關鍵所在。這與後來宋明理學所强調的'初念''轉念'具有一定的傳承關係。"③朱子此處所謂"無委曲"之"直"與孔子在評價微生高時提到的"直"意義一致,不是指個人道德上的正直,或性格上的剛直,而是指人遇事當下順此一念之初心而行,不違逆亦不委曲此一念之初心。孟子認爲人性本善,人皆有不忍人之心,故見孺子入於井而有惻隱之心。此惻隱之心即是人遇孺子入井時之初心。但此惻隱之心還不是行動,還不是直;人順此惻隱之初心而不違逆之,見孺子入於井而匍匐往救之,此方是直。人若見孺子入井顧及自身之安危而不往救之,即違逆此惻隱之初心,便是不直;人若以爲救之而可邀譽於鄉黨或可納交於孺子之父母而往救之,則其救之之行爲亦非出於惻隱之初心,亦爲不直。

2. "直"即是"養"。孟子的"養氣"説並不是孤立的,而是其道德修養論的重要組成部分,故應該將其放在這一思想背景中來考察。孟子的道德修養論以性善論爲前提。楊國榮先生指出:"按孟子的看法,作爲一個以先天善端爲本(過程),理想人格的塑造不應當理解爲一種外在的强制性灌輸,而更多地表現爲對内在本性的順導。"④孟子的道德修養論並不强調道德規範對人的行爲的範導,而更重視通過引導人去反觀内省,自覺此本善的人性,自信自己有此本善的人性爲基礎,只要不斷地去"存心",做"擴充"和"求放心"工夫,就能够臻於聖人的道德境界。孟子曰:"凡有四端於我者,知皆擴而充之矣,若火之始然,泉之始達。苟能充之,足以保四海;苟不充之,不足以事父母。"(《孟子・公孫丑上》)本善的人性在遇事當下自然萌動而表現爲"善端",這裏的"擴而充之"並不是就本善的人性上再有所加,而是指不斷地順此本善的人性的自然萌動去行動,行得一事則此"善端"即擴充得一分。不充之,則連"事父母"這樣的基本的道德要求也達不到;充而至其極,則可以博施於天下,使四海之人皆受其益。

浩然之氣是"集義所生者",即與本善的人性一樣皆爲人先天具有。但如同"四端"需要不

① 何晏注,邢昺疏《論語注疏》,北京大學出版社1998年版,第67頁。

② 李洪衛《孔子論"直"與儒家心性思想的發端——也從"父子互隱"談起》,《河北學刊》2010年第2期。

③ 馬永康《直爽:〈論語〉中的直》,《現代哲學》2007年第5期。

④ 楊國榮《孟子的哲學思想》,華東師範大學出版社2021年版,第127~128頁。

斷"擴充",人方能切實爲善,浩然之氣亦需不斷"以直養而無害",方能至大至剛,塞於天地之間。如上文所論,順此本善的人性的自然萌動去行動就是"直",它對"善端"本身而言是"擴充",對浩然之氣而言則是"養"。若"不直",則浩然之氣便受其"害"。譬如,人第一次見孺子入井,不匍匐往救之,反以諸般理由爲自己辯護,或曰客觀條件不允許,或曰自己不具備救的能力。如此,則下次再見孺子入井,即使自己可以往救之也必有更多理由而不往救之。此即是"害","害"則氣餒。

　　"集義"(積善)和順本善的人性的自然萌動去行動的"直"雖具有外在的一致性,但"集義"(積善)本身並不涉及行爲的内在根據和動機。而外在的道德行爲如果没有内在根據和動機的保證,容易流爲無源之水,無本之木,難以長期堅持;另一方面,外在的道德行爲如果没有内在根據和動機的保證,則亦並不能真正有助於道德人格的養成。當代研究者顯然意識及此,並試圖做出解釋。陳徽曰:"'集義'屬於'由仁義行','義襲'當屬於'行仁義'(否則,其便屬於"由仁義行",則"義襲"亦不復爲"義襲"矣)。"[1]"由仁義行"是以内在的本善的人性爲根據而進行的道德行爲,"行仁義"則只是行爲遵守外在的道德規範。陳徽的這一解釋爲"集義"(積善)找到内在的根據,但將"集義"解釋爲"由仁義行"是缺乏文字根據的。因此,所謂"以直養"並不是"集義",即積善,而是"直"即是"養","不直"便是"害"。

　　3."勿忘"和"勿助長"。對於"必有事焉而勿正,心勿忘,勿助長也"一語,歷來有兩種讀法:"心"字若連上讀,則此句可斷爲"必有事焉而勿正,心勿忘,勿助長也";"心"字若連下讀,則此句可斷爲"必有事焉而勿正心,勿忘,勿助長也"。朱熹曰:"必有事焉而勿正,趙氏、程子以七字爲句。近世或並下文心字讀之者亦通。"[2]可見,在朱子所處的時代,這兩種讀法就已經出現。本文無意深入探討這一問題,因爲如朱子所言,這兩種讀法都可以説得通,且對這一段語意的理解都没有本質性的影響。

　　從語意上講,"必有事焉而勿正,心勿忘,勿助長也"及其後揠苗助長的寓言是接着"以直養而無害"説的,都是對"養氣"的進一步闡釋。"以直養而無害"是對養氣工夫的本質的概括,"勿忘""勿助長"則是針對常人養氣過程中最可能出現的兩種偏差而提出的警示。"忘"和"助長"分别對應寓言中的兩種行爲:其一,"以爲無益而舍之者,不耘苗者也";其二,"助之長者,揠苗者也"。"忘"即"不耘苗",是以爲養氣無益,而不去做養氣的工夫。浩然之氣雖至大至剛,塞於天地之間,但這只是其應然狀態,不是其本來如此、生來如此,而是不斷滋養,從而生長、壯大之後的結果。"助長"即"揠苗",是在養氣的過程中,急於養成至大至剛的浩然之氣,不是"以直養"而是有意爲善,有意爲善則不管這個意是善是惡,皆是"以不直養"。"以不直養"的表面效果同於"以直養",如同揠苗後苗看起來就像長高了一樣,但這樣的苗是斷了根的苗,不能再生長,太陽一曬就死掉了,故"以不直養"不是"養"而是"害"。

① 陳徽《孟子"義襲"説辨正》,《孔子研究》2021 年第 3 期。
② 朱熹《四書章句集注》,第 233 頁。

四、"知言養氣"章總釋

"知言養氣"章篇幅較長,爲了討論的方便,本文根據孟子和公孫丑對話過程中主題的轉換將其分爲四段:

(一)公孫丑問曰:"夫子加齊之卿相,得行道焉,雖由此霸王不異矣。如此,則動心否乎?"孟子曰:"否。我四十不動心。"曰:"若是,則夫子過孟賁遠矣。"曰:"是不難,告子先我不動心。"

(二)曰:"不動心有道乎?"曰:"有。北宮黝之養勇也,不膚撓,不目逃,思以一豪挫於人,若撻之於市朝。不受於褐寬博,亦不受於萬乘之君。視刺萬乘之君,若刺褐夫。無嚴諸侯。惡聲至,必反之。孟施舍之所養勇也,曰:'視不勝猶勝也。量敵而後進,慮勝而後會,是畏三軍者也。舍豈能爲必勝哉? 能無懼而已矣。'孟施舍似曾子,北宮黝似子夏。夫二子之勇,未知其孰賢,然而孟施舍守約也。昔者曾子謂子襄曰:'子好勇乎? 吾嘗聞大勇於夫子矣:自反而不縮,雖褐寬博,吾不惴焉;自反而縮,雖千萬人,吾往矣。'孟施舍之守氣,又不如曾子之守約也。"

(三)曰:"敢問夫子之不動心,與告子之不動心,可得聞與?""告子曰:'不得於言,勿求於心;不得於心,勿求於氣。'不得於心,勿求於氣,可;不得於言,勿求於心,不可。夫志,氣之帥也;氣,體之充也。夫志至焉,氣次焉。故曰:'持其志,無暴其氣。'""既曰'志至焉,氣次焉',又曰'持其志無暴其氣'者,何也?"曰:"志壹則動氣,氣壹則動志也。今夫蹶者趨者,是氣也,而反動其心。"

(四)"敢問夫子惡乎長?"曰:"我知言,我善養吾浩然之氣。""敢問何謂浩然之氣?"曰:"難言也。其爲氣也,至大至剛,以直養而無害,則塞於天地之間。其爲氣也,配義與道;無是,餒也。是集義所生者,非義襲而取之也。行有不慊於心,則餒矣。我故曰,告子未嘗知義,以其外之也。必有事焉而勿正,心勿忘,勿助長也。無若宋人然:宋人有閔其苗之不長而揠之者,芒芒然歸。謂其人曰:'今日病矣,予助苗長矣。'其子趨而往視之,苗則槁矣。天下之不助苗長者寡矣。以爲無益而舍之者,不耘苗者也;助之長者,揠苗者也。非徒無益,而又害之。""何謂知言?"曰:"詖辭知其所蔽,淫辭知其所陷,邪辭知其所離,遁辭知其所窮。生於其心,害於其政;發於其政,害於其事。聖人復起,必從吾言矣。"

第一段引出全章主題:不動心。公孫丑問孟子如果"加齊之卿相",能否"不動心",孟子答以"四十不動心"。公孫丑認爲,如果孟子真能"四十不動心",則他遠遠地超過了孟賁。孟子的回答其實是話裏有話,見公孫丑不能明白其言外之意,故又言如果只是"不動心",則告子比他還更早做到這一點。由此,第一段不僅提出全章主題,也引出第二段孟子對北宮黝、孟施舍等人之"養勇"的評價和對告子不動心之道的評價。"不動心"是這此章探討的中心話題,對此,歷代儒者和當代研究者皆無異議。但由於中國哲學中"心"的多意性,理解此章主題的關鍵在於如何理解"不動心"之"心"。朱子曰:"任大責重如此,亦有所恐懼疑惑而動其心乎?"[1]一般而言,恐懼疑惑亦可謂之動心,故其所謂"恐懼疑惑而動其心"實爲"恐懼疑惑而動其志"。在這裏,"心"即是志,"不動心"即是不動志,也就是不改變志。孟子在下文評價告子的"不動心"之道時説:"志壹則動氣,氣壹則動志也。今夫蹶者趨者,是氣也,而反動其心。"在這句話中,"動志"即"動心",此亦足證《孟子》此章所探討的"不動心"問題,實質上是"不動志"的問題。因此,這一章探討的主題就是:人在道德實踐的過程中,當如何立志,志立之後又如何不爲富貴利誘、恐懼威逼等所改變。

第二段是孟子對北宮黝、孟施舍等勇者的"不動心"之道的評價。在第一段對話中,公孫丑把孟子視爲和孟賁一樣的勇者,將二人簡單地放在一起比較。孟子對此並不滿意,因爲勇者之"不動心"和他的"不動心"有本質的不同。孟賁是勇者,北宮黝、孟施舍亦是勇者。北宮黝不受辱,不以辱之者的身份、地位而動此不受辱之心,故"惡聲至,必反之";孟施舍無懼,不因敵人之强弱衆寡而動此無懼之心。勇者之所以不動心,憑藉的是血氣之勇,故其不動心之道的關鍵在於"養勇"。這也是爲什麼公孫丑問以"不動心有道乎",而孟子以二人的"養勇"之道答之的原因所在。二人之"養勇"無他,就在於行其勇。行其勇則勇者愈勇,此即"養勇";一旦有絲毫遲疑退縮即是"害勇"。與北宮黝相比,孟施舍"守約"的原因在於:不辱需要辨別何者爲辱,何者爲不辱,無懼則更爲簡易直接,只憑此血氣之勇去行便是。孟子當然不滿意於二人之勇,故又借曾子之口而提出"大勇"。北宮黝、孟施舍之勇爲血氣之勇,"大勇"可稱之爲義勇;二者都以無懼爲外在表現,其内在區別則在於能否"自反"。勇者不知"自反",故其勇缺乏正義性、合理性的保證,終將至於亂,此即孔子所謂"君子有勇而無義爲亂,小人有勇而無義爲盗"(《論語·陽貨》)。勇者之勇存在的問題也是勇者的"不動心"之道存在的問題。在前面,我們已經指出,"不動心"即不動志,也就是不改變志,但如果沒有"自反",我們如何保證志的正義性、合理性呢?

第三段是孟子對告子"不動心"之道的評價。孟子將告子的"不動心"之道概括爲"不得於言,勿求於心;不得於心,勿求於氣"。告子的"不動心"之道涉及言、心、氣的關係,"不得於言,勿求於心"是不因言動心,"不得於心,勿求於氣"是不因氣動心。孟子否定前者而肯定後者。其肯定"不得於心,勿求於氣"是因爲這裏的"氣"和勇者不動心所憑藉的血氣之勇性質相同,都不能爲"心"(即志)提供道德和合理性的擔保;其否定"不得於言,勿求於心"是因爲作爲"心"(即志)之合乎道德和合理性擔保的道德理性必然表現爲和道德有關的思想,而這個思想

---

① 朱熹《四書章句集注》,第 230 頁。

又必須以言爲載體。"不得於言,勿求於心"也就是放棄將"心"(即志)質諸道德理性,以爲其合乎道德尋求一堅實的基礎和前提,故孟子必須否定這一點。

第四段是孟子正面闡述自己的"不動心"之道。楊國榮先生指出:"孟子將自己的特點概括爲兩條:一是知言,即善於分析別人的言辭;二是善養浩然之氣,即培養内在的道德境界。"①即孟子將自己的"不動心"之道概括爲兩個方面,即"知言"和"善養浩然之氣"。用宋明儒的話來説,"知言"是本體之學,而"養氣"是工夫之學。從字面意義上講,"知言"固是分析別人的言辭,但這並非"知言"的目的,其目的在於"知善",即通過辨析義理,以確證此"心"(志)的道德根據和合理性。而"浩然之氣"又是和勇者的血氣之勇、告子所謂氣不同性質之氣,此氣不是血氣之勇,而是"配義與道"的氣,是一種内在的道德力量。"知言"的目的是知善,但知善並不一定行善,行善亦不能保證一直行善。從知善到行善,從行善到爲善人,這個過程始終需要内在的道德力量的保證,故需要"善養浩然之氣"。

[作者簡介] 王海成(1982—　),湖南祁東縣人。哲學博士,現爲西北農林科技大學馬克思主義學院教授。主要從事古代哲學、倫理學研究,出版著作《黄老學派的政治哲學研究》,發表學術論文30餘篇。

---

① 楊國榮《孟子的哲學思想》,第18頁。

荀子"萬物皆得其宜"的幸福思想論[*]

許建良

内容提要 荀子認爲欣喜等是人的基本自然情感,萬物是幸福的主體,幸福的衡量準則是適宜,離開"萬物皆得其宜",不可能存在個人之適宜;適宜的標準不在社會而在個人,適宜的基礎是"相持而長"的實現,即人的欲望與自然物質資源的可持續發展,這才是幸福的保證。在社會的層面,合理利用自然資源最爲重要,萬物和諧共存是人幸福的家園。在個人的層面,最爲重要的是權衡欲望的滿足與欲望可能帶來的危害這兩者之間的關係,争取最大幸福的實現,以平和的心態來對待禍福。在整體上,荀子的幸福思想體現出與道家思想融合的特色。

關鍵詞 萬物 福 禍 宜 道

中圖分類號 B2

進入 21 世紀,隨着世界幸福報告的出臺,幸福問題也爲衆人所矚目。當我們身處能源枯竭、生態失衡、種族歧視等重重危機的地球村,思考如何接近幸福的生活這一問題時,利用古代文化資源來潤滑幸福生活的實踐,不失思考的價值。在古代幸福文化資源裏,儒家的集大成者荀子關於幸福生活的運思,雖然已引起不少思考①,且都具備參考的價值,但是,一個不可

---

* 本文係國家社科基金後期資助項目"先秦因循哲學論"(17FZX018)系列成果之一。

① 如張方玉《德性幸福與功利幸福的融合致思——論荀子對儒家幸福原則的改良》(《唐都學刊》2014 年第 4 期),從德性幸福與功利幸福的視角考察,認爲荀子幸福思想體現了"合性僞""統理欲""兼義利"的特徵,致力於實現德性原則與功利原則的融通,"兩得"成爲荀子幸福原則的特質所在。崔雪茹、張倩《荀子幸福觀析論》(《成都理工大學學報》2015 年第 2 期),則從社會幸福、個人幸福的角度,認爲只有國家昌盛個人才有可能得到幸福,主張修養德行來促進幸福。孫偉《荀子德福觀的再分析——基於與亞里士多德的比較》(《武漢大學學報》2016 年第 5 期),從荀子對"榮"和"辱"的運思來折射"德"和"福"的關係,闡述通過修養可以獲得幸福的觀點。

忽視的問題是,幸福雖然存在與倫理緊密聯繫的方面,但幸福不能簡單地混淆於倫理的域場來進行審視。諸如德性幸福和功利幸福、德與福等,可以說就是這方面的嘗試;但這無法揭開荀子幸福思想的大門,諸如萬物是幸福的主體、"宜"是幸福的目標等本質性的問題,似乎仍是一片處女地。而這些是能夠直接與世界的幸福思想接軌的問題,這也是本文寫作的基本動機。本文從幸福是人的基本情感之一、幸福的目標是"宜"、幸福的對象是萬物、幸福的社會擔當、幸福的個人義務等視野,來具體展開。

一、幸福是人的基本情感之一

要理清荀子的幸福思想,自然需要從何謂幸福開始。

1. 何謂幸福

幸福作爲一種欣喜而快樂情感的持續的體驗,雖然在得到體驗的時點,它無法離開外在境遇來展示,但是,這一情感是人本性生來就具有的。

(1) 快樂是人的自然情感

荀子認爲,"天職既立,天功既成,形具而神生,好惡、喜怒、哀樂臧焉,夫是之謂天情"①,就是具體的説明。自然的職能已經確立,自然的功績已經形成,人的形體具備而精神産生,愛好與厭惡、欣喜與憤怒、悲哀與快樂蘊藏在人的形體和精神裏面,這稱爲自然的情感。顯然,這裏的"天職""天功""天情",昭示的都是自然的特性。

迄今對荀子的研究,往往重視的是荀子性惡的思想,荀子也以性惡論而著稱,但這是片面的認識。在先秦儒家思想家那裏,我們從《孟子》中可以概觀告子自然本性的圖畫,諸如"生之謂性","食色,性也"(《孟子・告子上》),告子又反對孟子性善的思想,"性猶湍水也,決諸東方則東流,決諸西方則西流,人性之無分於善不善也,猶水之無分於東西也"(同上),就是佐證。在強調本性自然方面,荀子與告子的思想是契合的②。

(2) 快樂情感是本性的動態圖畫

在中國思想史上,荀子較早地區分了本性與情感的關係,強調情感是本性的動態表現,"生之所以然者謂之性。性之和所生,精合感應,不事而自然謂之性。性之好、惡、喜、怒、哀、樂謂之情"③。本性是沒有人爲的自然,欣喜與憤怒、悲哀和快樂是從本性表現出來的不同的樣態。

總之,在荀子那裏,情感的港灣是本性,它們都是沒有人爲的自然。其思想體現出與道家

① 王先謙《荀子集解》,中華書局 1988 年版,第 309 頁。

② 參見許建良《先秦道家的道德世界》,中國社會科學出版社 2006 年版,第 18~20 頁。

③ 王先謙《荀子集解》,第 412 頁。

的融合性。

2. 幸福需要的基礎

在荀子的視野裏,幸福不是空中樓閣,它需要堅實的基礎。基礎的主要内容就是物質富裕和"相持而長"。

(1) 富裕

幸福不能離開基本的物質條件,荀子説:

> 故先王聖人爲之不然。知夫爲人主上者不美不飾之不足以一民也,不富不厚之不足以管下也,不威不强之不足以禁暴勝悍也。故必將撞大鐘、擊鳴鼓、吹笙竽、彈琴瑟以塞其耳,必將錭琢、刻鏤、黼黻、文章以塞其目,必將芻豢稻粱、五味芬芳以塞其口;然後衆人徒、備官職、漸慶賞、嚴刑罰以戒其心。使天下生民之屬皆知己之所願欲之舉在是於也,故其賞行;皆知己之所畏恐之舉在於是也,故其罰威。賞行罰威,則賢者可得而進也,不肖者可得而退也,能不能可得而官也。若是則萬物得宜,事變得應,上得天時,下得地利,中得人和,則財貨渾渾如泉源,汸汸如河海,暴暴如丘山,不時焚燒,無所臧之,夫天下何患乎不足也……《詩》曰:"鐘鼓喤喤,管磬瑲瑲,降福穰穰。降福簡簡,威儀反反。既醉既飽,福禄來反。"此之謂也。[1]

古代的帝王聖人知道君主不美化、不裝飾就不足以統一民心,財産不富足、待遇不優厚就不足以管理臣民,不威强就不足以禁止殘暴而戰勝凶悍。所以一定用音樂來滿足人聽覺的需要(即"塞其耳"),一定用文飾來滿足人視覺的需要(即"塞其目"),用食糧、五味來滿足人的味覺(即"塞其口");然後增加隨從、配備各種官職、重獎賞、嚴刑罰來儆戒人心,使天下所有的人都知道自己所希望得到的和所害怕的,全在君主這裏了,所以君主的獎賞能實行,其處罰有威力;這樣賢者得進、不肖者得退,能與不能者都能得到適合自己的官職;萬物就得到適宜境遇,突發的事件就得到相應的處理,上得到天時,下得到地利,中得到人和,於是財物滾滾而來就像泉涌,多得没有地方來儲藏,没有任何擔心不足的必要;正如《詩經》所言,幸福既成熟厚實,又寬舒廣大,福禄來歸久長。

在此值得注意的是,適宜境遇的獲得就在豐足。豐足不僅要保證個人的生活需要,即"塞其口",而且要滿足個人耳目的需要,即以音樂等"塞其耳",以文飾等"塞其目",然後完備社會職能部門,實行賞罰,使能、不能都能獲得自己爲社會服務的位置,天時、地利、人和實現協調共作,社會趨於富足。荀子注意到適宜所需要的一定的條件,這些條件不僅包括物質方面的基本需要的滿足,而且包括耳目欲望的滿足,尤其是音樂不僅能够滿足人的聽覺的需要,而且能够消解人内心的憂慮,從而爲人獲得健康生活的心理條件提供服務,健康的心理是幸福生

---

[1]　王先謙《荀子集解》,第186~187頁。

活的基本條件之一。這些無疑是值得注意的。豐足是通向幸福的第一步。

(2)"相持而長"

荀子的視野是宇宙的,他不僅强調社會治理的"今以夫先王之道,仁義之統,以相群居,以相持養,以相藩飾,以相安固邪"①。即先王的治理之道,用仁義來統領民衆,使他們互相群居、互相持守育養、互相禮儀而爲、互相安康穩固;而且推重在人與自然之間的"相持而長",如"人生而有欲,欲而不得,則不能無求;求而無度量分界,則不能不争;争則亂,亂則窮。先王惡其亂也,故制禮義以分之,以養人之欲,給人之求,使欲必不窮於物,物必不屈於欲,兩者相持而長,是禮之所起也"②,就是回答。人生來就具有欲望,所以,君王制定禮來規定人們享受欲望的權分,其基本的前提是滿足人們的欲求;但滿足欲求的基本前提是,人的欲望必須與自然物産資源保持基本一致,這樣人和自然萬物都能在自己的本性軌道上實現生長和繁榮,即"相持而長"。没有"相持而長",人就没有基本的生活的環境,自然無法接近幸福。

在總體上,荀子不僅把幸福快樂視爲人的基本的情感,這爲人追求幸福的生活奠定了人性的基礎,而且關注幸福的物質和環境的因素,這些因素不僅包括物質方面的基本需要的滿足,而且包括耳目欲望的滿足,尤其是音樂不僅能够滿足人的聽覺的需要,而且能够消解人内心的憂慮,從而爲人獲得健康生活的心理條件提供幫助,健康的心理是幸福生活的基本條件之一。這些無疑對 21 世紀地球村的居民如何處理人與自然相協調的關係具有積極的啓發意義。

二、幸福的目標是"宜"

中國古代思想家對幸福的運思,其最爲關鍵的是對幸福目標的設定,這就是"宜",這與今天世界每年發布的幸福報告中"幸福評價指數"具有異曲同工的效用,這是獨特的中國古代謀劃幸福的智慧。荀子對此也有自覺的認識,其運思將通過以下的視角來展示。

1."萬物皆得其宜"

荀子幸福的目標是"宜",他認爲,"君者,善群也。群道當則萬物皆得其宜,六畜皆得其長,群生皆得其命。故養長時則六畜育,殺生時則草木殖,政令時則百姓一,賢良服"③。在詞義學的層面,"宜"的意思在形容詞的層面是適合、適宜。在名詞的層面,分爲兩個方面:一是通"儀"的情況,其意思是適宜的準則;一是通"誼",其意思是合理的道理、行爲。這裏的意思在形容詞層面得到定位。社會的統治者,善於管理群體。群體的原則得當則萬物都會獲得適宜的位置,六畜都能得到應有的生長,一切生物都能得到應有的壽命。所以飼養適時則六畜

---

① 王先謙《荀子集解》,第 63 頁。

② 同上,第 346 頁。

③ 同上,第 165 頁。

就生育興旺,砍伐種植適時則草木就繁殖茂盛,政策法令適時則老百姓得以統一,有德才的人得以被任使。

對人而言,無論才能如何,能否獲得適合自己能力的社會位置,那是能否勝任工作、發揮自己能力的關鍵,如果能夠得心應手地行進在工作軌道上,那個人能夠最大限度地體驗到與自己本性相吻合的舒適的情感,這一體驗無疑是愉悦自己生活的。

2. "宜"的標準在個人

個人在社會的位置是否適宜,有一個衡量的標準,這就是"宜"在名詞層面表現爲適宜的準則。準則適宜與否,實際上也有個基於什麽準則的問題。在荀子那裏,"宜"的標準在個人。下面的資料就是具體的説明:

> 君子之所謂賢者,非能遍能人之所能之謂也;君子之所謂知者,非能遍知人之所知之謂也;君子之所謂辯者,非能遍辯人之所辯之謂也;君子之所謂察者,非能遍察人之所察之謂也;有所正矣。相高下,視磽肥,序五種,君子不如農人;通貨財,相美惡,辯貴賤,君子不如賈人;設規矩,陳繩墨,便備用,君子不如工人……若夫謫德而定次,量能而授官,使賢不肖皆得其位,能不能皆得其官,萬物得其宜,事變得其應……言必當理,事必當務,是然後君子之所長也。①

君子的所謂賢,並非説完全能他人之所能;君子的所謂知,並非説完全能知道他人之所知;君子的所謂辯,並非説完全能辯他人之所辯;君子的所謂明察,並非説完全能究察他人之所察;存在規則。觀察地勢的高低,識別土質的貧瘠與肥沃,安排各種莊稼的種植季節,君子不如農民;流通貨財,鑒別好壞,衡量價格的高低,君子不如商人;設置規矩,彈劃墨綫,完善各種器具,君子不如工人。至於評估德行來確定等級,衡量才能來授予官職,使有賢者、不肖者都得其社會的位置,能、不能者皆得其到官職,萬物都得其適宜的安置,突發的事變都得其相應的應對,言説定符合道理,做事定符合職分,這些才是君子所擅長的。

荀子的幸福目標的"宜",儘管迄今沒有得到聚焦,但有着非常豐富的思想,他所謂"宜"的基準在個人,而不是社會。換言之,沒有統一而固定不變的"宜",離開個人的本性就沒有所謂適宜的問題。

三、幸福的對象是萬物

荀子幸福運思不僅在於把"宜"作爲幸福目標,而且在於把萬物作爲幸福的對象。也就是

---

① 王先謙《荀子集解》,第122～124頁。

說,萬物是幸福的主體,上面論述幸福目標的"萬物皆得其宜",實際上已經揭示了幸福的主體是萬物。下面嘗試在荀子整體思想的聯繫中來佐證這一觀點的合理性。

1. 宇宙的視野

與儒家孔子聚焦個人一己相異,荀子的思想體現出與道家融合的傾向,他的整體視野是宇宙。衆所周知,道家莊子較早地使用了宇宙的概念,諸如"旁日月,挾宇宙"①,"善卷曰:余立於宇宙之中,冬日衣皮毛,夏日衣葛絺。春耕種,形足以勞動;秋收斂,身足以休食;日出而作,日入而息,逍遙於天地之間而心意自得。吾何以天下爲哉!悲夫,子之不知余也"②,就是佐證。這顯示了宇宙是人生存的舞臺的思想傾向。

荀子的視野也是宇宙,他也使用了這一概念,即"虛壹而静,謂之大清明。萬物莫形而不見,莫見而不論,莫論而失位。坐於室而見四海,處於今而論久遠,疏觀萬物而知其情,參稽治亂而通其度,經緯天地而材官萬物,制割大理,而宇宙理矣"③。即認爲能够達到虛静專一的境界,這是最大的清澈澄明。萬物顯示於人都是有形的,其存在符合一定的理則,理無不宜而分位不失。這樣的人坐在屋裏而能看見整個天下,處在今而能論古,通觀萬物而知其實情,檢驗社會的治亂而能通曉其法度,治理天地而能區別萬物的特性並加以利用,使物盡其才,控制利用萬物,掌握大理,而整個宇宙得到了治理。顯然,在荀子的視野裏,人是萬物宇宙中的一分子。

2. 運用天道來營養人道

荀子强調:"道者,非天之道,非地之道,人之所以道也,君子之所道也。"④道是人之所以爲人的存在,這無疑存在推重人的傾向。但是,荀子强調人道,關鍵在"人有氣、有生、有知,亦且有義,故最爲天下貴也"⑤,人的這一界定,賦予人在宇宙中獨特的責任,所以,人需要用禮來作爲分際以區分萬物的權分,從而達到"裁萬物,兼利天下"⑥的目的,即成就萬物,從而兼備利益天下。這就是人的責任擔當。

因此,在總體上,荀子推重以自然之道來進行社會的治理,即"大天而思之,孰與物畜而制之?從天而頌之,孰與制天命而用之?望時而待之,孰與應時而使之?因物而多之,孰與騁能而化之?思物而物之,孰與理物而勿失之也?願於物之所以生,孰與有物之所以成?故錯人而思天,則失萬物之情"⑦。以天爲大而思慕它,比不上把它當作物資積蓄起來而管理它;因循

---

① 郭象注,成玄英疏《南華真經注疏》,中華書局 1998 年版,第 51 頁。

② 同上,第 549 頁。

③ 王先謙《荀子集解》,第 397 頁。

④ 同上,第 122 頁。

⑤ 同上,第 164 頁。

⑥ 同上。

⑦ 同上,第 317 頁。

天道而頌揚它,比不上掌握自然規律而運用它;盼望時令而等待它,比不上因時制宜而使用它;因依萬物的自然增殖,比不上施展人的才能而使之化而多之;思慕萬物而以之爲物,比不上管理好萬物不失去它們;寄希望於究明萬物產生的原因,比不上認同存在客觀原因的萬物:故放棄人而思慕天的話,則違背了萬物的真實情況。

承認萬物的客觀存在,而不追求究明萬物的存在的原因,這是以接受的態度來認可萬物的存在,而不是以給予的態度來賦予人關於萬物存在原因的思考。這無疑是接近道家的思維。萬物始終是荀子思維的重心。

3. "順其類者謂之福"

就人而言,荀子强調情感等的自然性:

> 天職既立,天功既成,形具而神生,好惡、喜怒、哀樂臧焉,夫是之謂天情。耳目鼻口形能,各有接而不相能也,夫是之謂天官。心居中虛以治五官,夫是之謂天君。財非其類,以養其類,夫是之謂天養。順其類者謂之福,逆其類者謂之禍,夫是之謂天政。暗其天君,亂其天官,棄其天養,逆其天政,背其天情,以喪天功,夫是之謂大凶。聖人清其天君,正其天官,備其天養,順其天政,養其天情,以全其天功。如是則知其所爲,知其所不爲矣,則天地官而萬物役矣。①

喜好與厭惡、悲哀與快樂等都是自然情感;人體耳朵等功能各自具有自己的對象,它們不能互相替代;心處於身體中部空虛的胸腔内,用來管理這五種感官。人類能管理好其他萬物,實現天然的供養;順從物類的規則稱爲幸福,違背物類的規則則是禍害,這稱爲自然的治理;如果違背自然的規則,必然趨於凶惡的境遇。聖人能够因循自然規則而行爲,成全自然的功效。像這樣,就能知道爲和不爲的理由所在,天地盡職而萬物被使用。

荀子强調自然規則,其視野是萬物的,作爲人,最爲重要的是遵循自然規律來享受自然功效的營養,從而使萬物都能得到合理的使用。尤其是强調因順萬物各自的規則而行爲的思想,直接把能否因順萬物各自的規則稱爲幸福,這不僅顯示荀子把萬物作爲幸福主體的特點,而且體現出他對萬物互相關聯性即"類"的强調。這是值得重視的地方。

四、幸福的社會擔當

人的生活需要通過群體來實現這一事實昭示,不僅人需要對群體承擔一定的責任,而且社會也必須對人履行相應的義務。在幸福的問題上也一樣,社會必須爲個人幸福生活的實現

---

① 王先謙《荀子集解》,第 309～310 頁。

創造必要的條件,這就是社會的擔當。其主要内容則在以下幾個方面得以展示。

1. 安樂百姓

荀子强調社會治理主要在使民衆安逸快樂幸福,要實現這個,主要需要做好兩個方面的工作:

(1) 資源的充分使用

荀子認爲:"故天之所覆,地之所載,莫不盡其美,致其用,上以飾賢良,以下養百姓而安樂之。夫是之謂大神。"①天地自然資源必須合理利用,使它們盡量致其用,既可以福利賢良人士,也可育養民衆而使他們安逸快樂,這就是社會的大治。社會治理必須以使民衆安逸健康快樂爲追求。

(2) 安樂的工具是禮儀

在荀子的心目中,禮義的産生在於調控因人的欲望而來的紛争,"生而有欲,欲而不得,則不能無求;求而無度量分界,則不能不争;争則亂,亂則窮。先王惡其亂也,故制禮義以分之"②,就是具體的説明。調控欲望,以防止争亂的出現而最終導致走向窮途末路。

但是,不得不注意的是,在荀子那裹,禮義不僅僅是防止紛争的出現,而且是民衆養生安樂的依靠,如曰"故人莫貴乎生,莫樂乎安,所以養生安樂者莫大乎禮義。人知貴生樂安而棄禮義,辟之是猶欲壽而歾頸也,愚莫大焉"③,就是具體的昭示。對人而言,没有比生更貴重的,没有比安逸更快樂的。前者屬於養生的事務,後者則是安樂的事務,没有比禮義更能完成這兩個事務的了。换言之,禮義具有養生安樂的特殊的功能。

總之,在社會的層面,荀子認爲不僅强調安樂民衆的重要性,而且把禮義之美作爲實現民衆養生安樂的保證。同時重視養生的基本問題,其實,禮本身就是要解決"養"的問題的,即"故禮者,養也。芻豢稻粱,五味調香,所以養口也;椒蘭芬茝,所以養鼻也;雕琢、刻鏤、黼黻、文章,所以養目也;鐘鼓、管磬、琴瑟、竽笙,所以養耳也;疏房、檖貌、越席、床笫、幾筵,所以養體也"④。養口、養鼻、養目、養耳、養體都屬於禮的事務,這充分表明荀子所謂禮對人的基本需要的聚焦和重視;没有基本需要的滿足,就無幸福可言。

(3) 禮儀的關鍵在"分"

荀子認爲,禮儀要在現實生活中産生有效的作用,關鍵在"分","上莫不致愛其下而制之以禮……君臣上下,貴賤長幼,至於庶人,莫不以是爲隆正,然後皆内自省以謹於分,是百王之所以同也,而禮法之樞要也。然後農分田而耕,賈分貨而販,百工分事而勸,士大夫分職而聽,

---

① 王先謙《荀子集解》,第162頁。

② 同上,第346頁。

③ 同上,第299頁。

④ 同上,第346~347頁。

建國諸侯之君分土而守"①,就是這個意思。君主無不愛護其下而用禮來制御他們,君臣上下,貴賤長幼,直到平民百姓,沒有不以禮爲最高的準則,然後都内心反省而謹守本分,這是歷代聖王所相同的政治措施,也是禮制法度的關鍵。然後,農民分田而耕種,商人分貨而販賣,各種工匠分擔具體的事務而努力,士大夫分職而理政,諸侯國的國君分封一定的領土而守衛。這些"分田"等依據的準則就是本分。

"分"的意思是分際、分限,表明的是界限,包括名位、職責、權利的限度,諸如職分、權分就是具體的表示。無疑,荀子的"分"存在等級性。

2. 規避禍害

荀子認爲幸福是與禍害互相依存的,"神莫大於化道,福莫長於無禍"②顯示的是,沒有禍害就是一種幸福。在這個意義上,對禍害的規避實際上就是對幸福的做功。

(1) 現實存在"失宜"的情況

萬物能否維持在適宜的境遇,這也是荀子考慮的一個問題,他認爲,適宜不是生來具有的,也不是永恒不變的。荀子反對墨子節用的主張,認爲這會導致國家的貧窮,萬物則會失去適宜的境遇。他説:

> 墨子大有天下,小有一國,將蹙然衣粗食惡,憂戚而非樂,若是則瘠,瘠則不足欲,不足欲則賞不行……將少人徒,省官職,上功勞苦,與百姓均事業,齊功勞,若是則不威,不威則罰不行。賞不行,則賢者不可得而進也;罰不行,則不肖者不可得而退也。賢者不可得而進也,不肖者不可得而退也,則能不能不可得而官也。若是則萬物失宜,事變失應,上失天時,下失地利,中失人和,天下敖然,若燒若焦。③

就墨子而言,管理天下或諸侯國會穿粗布衣服、吃劣質食品,憂愁地反對音樂,如此則奉養薄而無法滿足民眾的欲望需求,更無從實行獎賞;沒有獎賞,那賢者就不可能得到提拔任用。另一方面,則會減少僕從、精簡官職,崇尚辛勤,與老百姓做同樣的事情、有同樣的功勞,如此則沒有威嚴,無法實行懲罰;沒有懲罰,那不肖者就不可能遭到罷免貶斥。賢者不能進、不肖者不辭退,能與不能不可能得到各自的職位。這樣的情況,萬物就失去了各自的適宜的境遇,遇到事變也沒有應對,上錯失天時,下喪失地利,中失掉人和,天下處於一片災難之中。

荀子把賞罰作爲社會的激勵機制,但賞罰必須得中,諸如"君子之求利也略,其遠害也早,其避辱也懼,其行道理也勇。君子貧窮而志廣,富貴而體恭,安燕而血氣不惰,勞倦而容貌不

---

① 王先謙《荀子集解》,第 220～221 頁。

② 同上,第 4 頁。

③ 同上,第 185～186 頁。

枯,怒不過奪,喜不過予⋯⋯是法勝私也"①,就是佐證。即使處在怒火的情況下,也不過分地處罰別人;即使處在欣喜的狀態下,也不過分地獎賞別人,這是"法勝私"的要求。因此,賞罰不是施行者個人情緒的發泄。這是非常重要的。這樣使每個人都能獲得適宜於自己的位置。賞罰需要基本的經濟條件的支持,所以,過分地強調節用,對於節約資源當然存在一定的意義,但是,對開發資源缺乏驅動力。荀子強調人的基本欲望的滿足,而且關注內心情感的疏通,對墨子非樂的否定就是佐證。

(2) 規避禍害

荀子關於快樂幸福的思考,並沒有簡單地停留在幸福單一的問題上,而是在與禍害相聯繫的層面來對幸福進行審視的,這一點上,他的思想體現出與中國古代幸福思想總體特徵的一致性;因此,規避禍害的產生自然成爲實現幸福的事務。荀子説:

> 萬物同宇而異體,無宜而有用爲人,數也。人倫並處,同求而異道,同欲而異知,生也。皆有可也,知愚同;所可異也,知愚分。執同而知異,行私而無禍,縱欲而不窮,則民心奮而不可説也。如是,則知者未得治也,知者未得治則功名未成也,功名未成則群衆未縣也,群衆未縣則君臣未立也。無君以制臣,無上以制下,天下害生縱欲。欲惡同物,欲多而物寡,寡則必爭矣。故百技所成,所以養一人也。而能不能兼技,人不能兼官。離居不相待則窮,群而無分則爭。窮者患也,爭者禍也,救患除禍,則莫若明分使群矣。強脅弱也,知懼愚也,民下違上,少陵長,不以德爲政,如是則老弱有失養之憂,而壯者有分爭之禍矣。事業所惡也,功利所好也,職業無分,如是則人有樹事之患,而有爭功之禍矣⋯⋯故知者爲之分也。②

萬物並存於宇宙而形體各不相同,不存在適宜與否的問題而對人都有用,這是客觀規律。人類群居同處,追求相同而路徑相異,欲望相同而認知相異,這是人的本性。都有適合的,智者和蠢人相同;適合的理由是相異的,智者和蠢人相分。地位相同而認知相異,行私而沒有灾殃,放縱欲望而沒有窮盡,那人將奮起爭競而不可悦服。像這樣,那麼有智慧的人就不能實現治理,他們的功業和名望就不能成就,群衆沒有等級序列,君臣關係沒有確立。沒有君主制約臣下,沒有上制約下,天下的灾害產生於欲望的不斷放縱。人們需要和厭棄之物相同,需要多而物少,物少就必然發生紛爭。故各行各業所製成的產品,是爲供養一人。但能者不能兼做二事,人不能兼有官職,人離群索居而不互相依靠就會陷入困境,群居而沒有分際就會發生爭奪。陷於困境是一種憂患,爭奪是一種灾禍。救治憂患、驅除灾禍,則沒有比明確個人的分際而推行社會群體更好的了。強暴威脅弱小,智者恐嚇愚人,民衆違抗君上,年輕的欺凌年長

---

① 王先謙《荀子集解》,第35~36頁。

② 同上,第175~177頁。

的,不以德來治理政事,如此那年老體弱的人就會有失去扶養的憂愁,而身强力壯的人則會有分裂相争的禍患。勞役是厭惡的所在,功利是喜好的所在,官職和其他的事務没有職分的規定的話,像這樣,那人就會有樹立己事的憂慮而産生争功的禍患,所以智者給人們製定具體的分際來加以區分。

顯然,"分"的確立,旨在規避禍害,規避禍害則是對幸福的接近。

3. 社會的"班治"

荀子的對"能群"的界定,在社會的層面就是如何有效管理的問題。他説:

> 善生養人者也,善班治人者也,善顯設人者也,善藩飾人者也。善生養人者人親之,善班治人者人安之,善顯設人者人樂之,善藩飾人者人榮之。四統者俱而天下歸之,夫是之謂能群……省工賈,衆農夫,禁盗賊,除奸邪,是所以生養之也。天子三公,諸侯一相,大夫擅官,士保職,莫不法度而公,是所以班治之也。論德而定次,量能而授官,皆使人載其事而各得其所宜。上賢使之爲三公,次賢使之爲諸侯,下賢使之爲士大夫,是所以顯設之也。修冠弁、衣裳、黼黻、文章、瑑琢、刻鏤皆有等差,是所以藩飾之也。故由天子至於庶人也,莫不騁其能,得其志,安樂其事,是所同也。衣暖而食充,居安而遊樂,事時制明而用足,是又所同也。[1]

善於生養人、治理人、任用安置人、文飾人的事務,就是"能群"。具體而言,善於養活撫育人,人們就親近;善於治理人,人們就安逸;善於任用安置人,人們就快樂;善於文飾人,人們就贊美。這四個要領具備了,天下的人就會歸順。減少手工業者和商人,增多農民,禁止小偷强盗,鏟除奸邪之徒,這是生養的方法。天子配備太師、太傅、太保三公,諸侯配備一相,大夫獨掌官職,士謹守自己的職責,無不按照法令而秉公辦事,這是治理的方法。審察德行來確定等級,衡量才能來授予官職,使每人都承擔其事務而都獲得與其才能相適合的職務。上賢擔任三公,次等賢才做諸侯,下等賢才當大夫,這是任用安置人的辦法。帽子衣裳的裝飾有一定的等級差别,這是文飾的方法。所以,從天子到百姓,没有誰不想施展其才能、實現其志向、安逸愉快地從事其事務,這是各人都相同的;穿暖而吃飽,住得安適而玩得快樂,事情辦得及時、制度明瞭而財用充足,這些又是各人共同的願望。

顯然,生養、班治、任用、文飾,都屬於群體的事務,從基本的生活需要,到社會層面的按法治理,再到任用方面的依據才能而授予具體職位,最後到文飾的事務,從生活基礎到審美文化,都成爲社會爲個人幸福必須履行的事務,這些做好了,民衆才能"居安而遊樂",實現生活的幸福,從而實現社會"安樂百姓"的目標。

---

① 王先謙《荀子集解》,第237~238頁。

五、幸福的個人義務

幸福不是從天上掉下來的,所以,除了社會需要承擔自己的任務以外(即做好安樂民衆的基本工作,爲民衆實現幸福生活創造客觀環境),幸福的主體或對象是萬物,人是萬物之中的最貴者,顯然必須承擔更大的責任。

1. 人性的"待事而後然"

衆所周知,荀子在强調自然人性即"不待而自然"的因素外,同時也正視其"待事而後然"①的因素,諸如"可以爲堯、禹,可以爲桀、跖……在埶注錯習俗之所積耳,則堯、禹則常安榮,爲桀、跖則常危辱;爲堯、禹則常愉佚……堯、禹者,非生而具者也,夫起於變故,成乎修爲,待盡而後備者也"②,就是具體説明。就人而言,"不待而自然"的本性,如哀樂等基本情況是相同的,但堯、禹和桀、跖的差異並非來自基本的自然本性,而是源於"修爲"工夫的不同,堯、禹則是"待盡而後備"。換言之,堯、禹的安逸、快樂源於"待事而後然"的效果。

2. 己物關係

在堯、禹的安逸、快樂的處境裏,他們的心境無疑是平和的,自己的欲望與外物處在"相持而長"的狀態。在荀子那裏,由於哀樂、喜怒等情感都是本性在動態層面的表現,在這個意義上,"待事而後然"能否順利拓展人性,使人獲得幸福的體驗和狀態,實際上要求個人的修爲必須在調節好欲望的軌道上進行。也就是説,欲望的問題實際就是如何處理好自己與外物的關係的問題。審視人的生活實踐,在人與外物的關係上,往往表現出兩種情況。

(1) "以己爲物役"

無法有效調控欲望的話,自己往往成爲欲望的奴隸,爲外物所控制。荀子説:

> 志輕理而不重物者,無之有也;外重物而不内憂者,無之有也。行離理而不外危者,無之有也;外危而不内恐者,無之有也。心憂恐則口銜芻豢而不知其味,耳聽鐘鼓而不知其聲,目視黼黻而不知其狀,輕暖平簟而體不知其安。故嚮萬物之美而不能嗛也,假而得間而嗛之,則不能離也。故嚮萬物之美而盛憂,兼萬物之利而盛害。如此者,其求物也,養生也? 粥壽也? 故欲養其欲而縱其情,欲養其性而危其形,欲

① 如曰:"故陶人埏埴而爲器,然則器生於工人之僞,非故生於人之性也。故工人斲木而成器,然則器生於工人之僞,非故生於人之性也……夫感而不能然,必且待事而後然者,謂之生於僞。"見王先謙《荀子集解》,第437~438頁。

② 王念孫以"是又人之所生而有也,是無待而然者也,是禹、桀之所同也"爲衍文,故刪去。同上,第63頁。

養其樂而攻其心,欲養其名而亂其行……夫是之謂以己爲物役矣。①

没有輕視理則而不看重物質利益的,没有在外看重物質利益而内心不憂慮的,没有行爲背離理則而在外不危險的,没有外在危險而内心不恐懼的。内心憂慮恐懼,味覺、聽覺、視覺等都無法正常發揮功能,享受不到相應的快樂的滿足。即使得到短暫的滿足,憂慮恐懼仍然不能離身。所以享受了萬物之美而加大的憂慮,占有了萬物的利益而更有害。一言以蔽之,使自己成了物質利益的奴役。

在自己與外物的關係裏,自己成了犧牲品。

(2)"重己役物"

另一種情况則正好相反,自己在外物的誘惑下,始終保持清醒的頭腦,做自己的主人。荀子説:

> 心平愉,則色不及傭而可以養目,聲不及傭而可以養耳,蔬食菜羹而可以養口,粗布之衣、粗紃之履而可以養體,局室、蘆廉、稾蓐、尚机筵而可以養形。故無萬物之美而可以養樂,無執列之位而可以養名。如是而加天下焉,其爲天下多,其私樂少矣,夫是之謂重己役物。②

心境平静愉快,則顔色雖不如平庸而可調養眼睛;聲雖不如平庸而可調養耳朵,粗飯、菜羹也可調養口胃,粗布做衣、粗麻鞋也可保養身體,狹窄的房間、蘆葦做的簾子、破舊的桌案也可保養體態容貌。所以,雖然没有享受到萬物之美而仍可培養樂趣,雖無權勢封爵的地位而仍可育養名望。像這樣而把統治天下的權力交給他,他就會爲天下操勞多,爲自己的享樂考慮少,這就叫做看重自己而役使外物爲自己所用。

把欲望保持在基本需要的滿足,不論是基本的生活需要,還是社會地位權勢的欲望,在這最爲基本的欲望的滿足中,確立幸福快樂的基點。值得注意的是,這裏的"重己役物",其重點並不是對外物的役使,而是以調整自己的欲望爲重心,這是值得注意的。

3."以道制欲"

人的欲望由於是本性在動態層面的樣態,所以,它不是固定不變的存在。

(1)人的欲望没有止境

就欲望而言,人存在不知足的情况,即"人之情,食欲有芻豢,衣欲有文繡,行欲有輿馬,又欲夫餘財蓄積之富也,然而窮年累世不知足,是人之情也"③;但"從人之欲則埶不能容,物

---

① 王先謙《荀子集解》,第431~432頁。

② 同上,第432頁。

③ 同上,第67頁。

不能贍也"①,聽從欲望的發展,物産就無法滿足人的需要,這是客觀的事實,"待事而後然"也無法離開這個前提。

(2) 對欲望的權衡

對欲望必須進行一定的權衡,權衡必須在預測能够帶來的結果上進行。荀子説:

> 見其可欲也,則必前後慮其可惡也者;見其可利也,則必前後慮其可害也者;而兼權之,孰計之,然後定其欲惡取捨。如是,則常不失陷矣。凡人之患,偏傷之也。見其可欲也,則不慮其可惡也者;見其可利也,則不顧其可害也者。是以動則必陷,爲則必辱,是偏傷之患也。②

看見可欲念的東西,則須前後考慮其可能帶來厭惡的一面;看到可利益的東西,則須前後考慮其可能帶來危害的一面;兩方面權衡而仔細考慮,然後決定是追求欲念還是立足預測帶來的厭惡而停止追求。這樣就不會陷入困境。大凡人們的禍患,往往是片面性害了他們:看見可欲念的東西,就不考慮其可能帶來厭惡的一面;看到可利益的東西,就不反顧其可能帶來危害的一面。故行動起來就必然陷入困境,做事就必然受辱。

這裏荀子明顯昭示了預警的重要性,不能簡單地止步於欲望的滿足,同時需要預測滿足欲望可能帶來的後果,顯示出效果論的特點。

(3) "以道制欲"

荀子不僅重視對欲望以及可能帶來效果的權衡,而且強調用道來調控欲望,即"君子樂得其道,小人樂得其欲。以道制欲,則樂而不亂;以欲忘道,則惑而不樂"③。即君子以得道爲快樂,小人以欲望的滿足爲快樂。前者是用道來調控欲望的結果,這樣快樂而不惑亂;後者是追求欲望而忘却道的情況,這樣的結果只能是惑亂而遠離快樂。

其實,在荀子那裏,不僅道在欲望的調控中具有準則的價值,而且快樂幸福本身也可以助人入道,"若馭樸馬,若養赤子,若食餒人,故因其懼也,而改其過;因其憂也,而變其故;因其喜也,而入其道;因其怒也,而除其怨:曲得所謂焉"④,就是例證。意思是侍奉暴君就像駕馭未訓練過的馬,就像撫養初生的嬰兒,就像喂饑餓的人吃東西一樣,所以依憑他畏懼時使他改正錯誤,依憑他憂慮時使他改變過去的行爲,依憑他高興時使他走入正道,依憑他發怒時使他除去怨恨,這樣就能處處達到目的。顯然,荀子注意到了心理感情對人行爲的影響。正是在這個前提下,他直接提出用道爲標準來權衡禍福的運思:

---

① 王先謙《荀子集解》,第 70 頁。
② 同上,第 51 頁。
③ 同上,第 382 頁。
④ 同上,第 253 頁。

　　凡人之取也,所欲未嘗粹而來也;其去也,所惡未嘗粹而往也。故人無動而不可以不與權俱。衡不正,則重縣於仰而人以爲輕,輕縣於俛而人以爲重,此人所以惑於輕重也。權不正,則禍托於欲而人以爲福,福托於惡而人以爲禍,此亦人所以惑於禍福也。道者,古今之正權也,離道而内自擇,則不知禍福之所托。①

　　大凡人們求取時,所求從來沒有完全得到;捨棄時,所惡從來沒有完全去掉。所以人們無論什麽行動,都不能不進行權衡。秤如果不準,那麽重的東西挂上去反而會翹起來,而人們就會把它當作是輕的;輕則反之,這樣人們就對輕重困惑了。權衡的東西如果不準確,那禍害寄寓在欲念裏而人們以爲是追求幸福,幸福會依附於所惡中而人們把它當作禍害。這也是人們對禍福發生困惑的原因。道是從古到今正確的衡量標準,離開了道而由内心擅自抉擇,那就會不知道禍福依存什麽了。

　　人對欲念必須在相反層面進行預測,從而決定是否追求欲念的滿足,還是簡單選擇遠離欲念發生的危害。禍福的權衡必須以道爲準則,不然無法對欲念形成有效的調控。

　　4. 以和理福

　　在荀子那裏,幸福除通過道來調控欲望外,還有以諧和來操理幸福。

　　(1) "和一之道"

　　荀子主張群居和一之道,這樣的社會是以禮儀來作爲管理工具的。他説:"故先王案爲之制禮義以分之,使有貴賤之等,長幼之差,知愚、能不能之分,皆使人載其事而各得其宜,然後使穀禄多少厚薄之稱,是夫群居和一之道也。"②在這樣的社會裏,人際之間雖然存在等級差異,但是大家都能獲得各自的適宜的境遇,物質利益也依據禮儀的規定來確定,與其社會位置相一致,呈現的是和諧的氛圍。

　　(2) "福事至則和而理"

　　諧和不僅是群居的狀態,而且認爲人的情緒高興時也應安和地應對事情,"喜則和而理,憂則静而理"③,表示的就是這個意思。欣喜時則安和地加以接受,憂慮時則冷静地加以處理。"福事至則和而理,禍事至則静而理"④,則從一般的事實的層面表達了相同的意思。這裏直接以幸福和禍害的事情爲話題,幸福的事情出現時要安和地去接受和對待,禍害的事情出現時要冷静地加以處理。顯然,後面是前面的延伸,無論是欣喜、憂慮的情感,還是幸福、禍害的事情,都必須用安和的心態來接受和冷静的心態來處理。

　　幸福生活的實現,個人的主要任務就是要調控好自己的欲望,處理好與外物的關係,不能

① 王先謙《荀子集解》,第 430 頁。

② 同上,第 70~71 頁。

③ 同上,第 43 頁。

④ 同上,第 110 頁。

讓外物主宰自己,有效調控欲望在於在欲望和與之相反層面可能出現結果的預測,從而規避禍害的發生,使幸福最大化。

荀子關於幸福的運思具有非常獨特的價值意義。他不僅沿襲古代禍福辯證思考的特點[1],而且基於宇宙的視野,把人作爲萬物之一的存在,在人的欲望和自然物產資源兩個視角的交叉上聚焦幸福的問題,營築了"相持而長"的基礎,這是幸福的基本平臺,沒有這個平臺就不可能有幸福生活可言;所以,物產資源和欲望成爲如何實現幸福的主要問題。在資源的利用問題上,他合理利用資源的思想明顯地具有可持續發展的眼光,告知人類不能爲了目前的利益而忘却資源本身的生長規律,這對人類敲響了警鐘,在 21 世紀的今天仍然具有積極的意義。在欲望調控的問題上,他依據道來調適欲望的運思無疑體現出積極的意義,他的道自然是宇宙之道,即"群居和一之道";但在欲望調適的問題上,尤其值得注意的是,在欲望延伸的層面對相反結果產生可能性的預測,然後再決定是滿足欲望還是遠離禍害(遠離禍害就是放棄欲望),這實際也是一種對幸福的接近,因爲荀子強調"福莫長於無禍"。另外,他把欣喜與人的入道直接相連(即"因其喜也,而入其道"),這對社會如何創造最好的途徑爲個人幸福的實現、欣喜情感的噴發服務提出了要求,在心理的層面爲我們構建幸福社會給出了借鑒,幸福與社會的有序實際是相輔相成的,這非常具有啓發的價值。同時,他對在幸福面前保持安和的心態的運思,也是非常獨特的。最爲值得注意的是,他的幸福思想體現的特點是"萬物皆得其宜","宜"在體現道家特色的同時,也在幸福的域場如何顯示中國文化特色做出了獨特的貢獻,它也是獨特的中國的幸福指數。總之,荀子幸福的運思,更多地體現了與道家思想融合的特色,這是必須注意的地方,諸如宇宙、萬物[2]等的重視就是例證。

[作者簡介] 許建良(1957——　),男,江蘇宜興人。日本國立東北大學文學博士,現爲東南大學哲學與科學系教授、博士生導師,日本國立大阪大學客員研究員,日本國立東北大學客員研究員,中國社會科學院應用倫理研究中心客座研究員。主要從事中國哲學、道德思想史、中外道德文化比較、經營倫理、日本中國思想研究等研究。專著有《先秦道家的道德世界》《先秦儒家的道德世界》《現代化視野裏的經營倫理——日本文化的背景》等。

---

[1] 參考"禍兮福之所倚,福兮禍之所伏"(《老子》五十八章)。
[2] 有關老子萬物的思想,可參許建良《先秦哲學史》,上海三聯書店 2014 年版,第 20~26 頁。

人是"人"：荀子人學研究[*]

沈順福

内容提要 孟子提出自然人性論。荀子反對之,倡導一種積極有爲的人生觀。這種有爲行爲的起點便是人心。荀子將人心分爲兩個部分,一部分是惡心,另一部分是善心。荀子將惡心定義爲性,形成了自己的狹義人性論。針對惡心或惡性,荀子主張化性起偽。這便是教化。教化立足於兩個條件,一個是外部存在如聖賢或經典,另一個是内在依據即善心。聖賢是性偽合。成聖的内在依據即善心同於孟子的人性。荀子繼承了孟子的人性論,並因此形成了廣義人性論。廣義人性論繼承了孟子自然人性觀念,並提出後天的人爲努力也是成人的基礎。人的本質不能僅限於先天稟賦,而且離不開後天之偽。人即"人"。荀子將古代儒家人學理論推向一個新高度。

關鍵詞 荀子 人性 人學

中圖分類號 B2

荀子是先秦儒家的重要代表人物之一。可是,二程曾評價曰:"荀子極偏駁,只一句'性惡',大本已失。"[①]自此之後,荀子背上了失去"大本"的大黑鍋,遊離於儒家傳統或道統之外,成爲儒家的另類。事實上,這顯然是一樁冤案。本文認爲,荀子的人性論可以分爲兩個部分,即狹義人性論和廣義人性論。從狹義人性論來看,荀子主張性惡論。從廣義人性論來看,荀子從未失去大本。不僅如此,在對人的認識上,荀子不僅繼承了孟子的觀點,而且改進與完善了孟子的人學思想,即人不僅是自然人,更是人爲人,並因此而將傳統儒家人學理論推向一個新階段,人即"人"。

一、從自然性到有爲心

先秦時期的孟子開闢了傳統儒家的性本論傳統。性本論傳統不僅認爲人天生有善性,而

* 本文爲國家社科基金後期資助重點項目"傳統儒家心靈哲學研究"(20FZXA005)階段性成果。

① 程顥、程頤《二程集》,中華書局 2004 年版,第 262 頁。

且倡導一種順性自然的人生觀。孟子曰："堯舜,性者也;湯武,反之也。動容周旋中禮者,盛德之至也。……君子行法,以俟命而已矣。"①率性而爲便能够成爲聖賢。率性即自然。順性自然的人生觀是性本論的必然結論。雖然順性自然能够成聖成賢,但是,却有些消極。這種消極的人生觀遭到了荀子的批判,進而提出了一種與之相反的人生觀,這便是有爲的、積極進取的人生觀。荀子認爲,人總該做點什麼。荀子曰:"不聞不若聞之,聞之不若見之,見之不若知之,知之不若行之。學至於行之而止矣。行之,明也;明之爲聖人。聖人也者,本仁義,當是非,齊言行,不失豪厘,無他道焉,已乎行之矣。"②不聞不如聞、聞之不如見、見不如知、知不如行,最終付諸行動是最好的方案。這一現實邏輯體現了荀子積極主動、追求實幹的精神。荀子把這種積極主動的行爲方式叫做"僞":"心慮而能爲之動謂之僞;慮積焉,能習焉,而後成謂之僞。正利而爲謂之事。正義而爲謂之行。所以知之在人者謂之知,知有所合謂之智。所以能之在人者謂之能,能有所合謂之能。"③僞即人爲。這種人爲活動產生於人心的籌劃與抉擇。在人心基礎上所發生的行爲,如事、行、知、智等都屬於僞。僞即有意的行爲。

有意的行爲首先體現爲學。荀子曰:"學不可以已。青,取之於藍,而青於藍;冰,水爲之,而寒於水。木直中繩,輮以爲輪,其曲中規,雖有槁暴,不復挺者,輮使之然也。故木受繩則直,金就礪則利,君子博學而日參省乎己,則知明而行無過矣。"④學習不可以終止。只有通過不斷地學習才能够參省自己,才能够知道,宛如登高山、臨深淵而知天地之廣大。人只有通過學習,才能够改變自己,並最終成聖人。學習直接指向仁義之道與聖人教化等,即學習是主動地接受聖賢的教導。和荀子倡導學習相比,孟子顯然不關注於此。人們不但要學,而且還要練習和積累。荀子曰:"性也者,吾所不能爲也,然而可化也。積也者,非吾所有也,然而可爲也。注錯習俗,所以化性也;并一而不二,所以成積也。習俗移志,安久移質。并一而不二,則通於神明,參於天地矣。"⑤我們可以通過後天的"注錯習俗"而化自然的、有缺陷的人性,從而改變自身的行爲。"彼求之而後得,爲之而後成,積之而後高,盡之而後聖,故聖人也者,人之所積也。……故人知謹注錯,慎習俗,大積靡,則爲君子矣。"⑥通過自身後天的不懈努力,百姓可以爲聖賢、爲君子。後天的努力完全可以成就自己的理想。"心慮而能爲之動謂之僞。"⑦故意行爲("僞")產生於心。

有意的行爲產生於欲。荀子十分重視欲的作用與地位。荀子曰:"有欲無欲,異類也,生

---

① 楊伯峻《孟子譯注》,中華書局 2008 年版,第 267 頁。

② 王先謙《荀子集解》,《諸子集成》(2),上海書店 1986 年版,第 90 頁。

③ 同上,第 274 頁。

④ 同上,第 1 頁。

⑤ 同上,第 90～91 頁。

⑥ 同上,第 91 頁。

⑦ 同上,第 274 頁。

死也,非治亂也。欲之多寡,異類也,情之數也,非治亂也。"①有欲爲生,無欲爲死。因此,生存必定有欲。欲分兩個部分或兩個階段。第一個階段是感官之欲。它是人的感官對外物的直接反應。其二是人心之欲,它是人心借助於感官而產生的深層次的知性反應。荀子曰:"所以知之在人者謂之知,知有所合謂之智。所以能之在人者謂之能,能有所合謂之能。"②知是人類的主動行爲。荀子曰:"性不知禮義,故思慮而求知之也。"③人天生本不知禮義,只能借助於思慮等活動而知禮義。知即思慮活動。荀子曰:"故其知慮足以治之,其仁厚足以安之,其德音足以化之,得之則治,失之則亂。"④治理國家的最重要手段便是知或籌劃。知是一種故意而主動的行爲。荀子曰:"夫人雖有性質美而心辯知,必將求賢師而事之,擇良友而友之。"⑤這種故意活動的行爲主體便是心。人天生具備能够辨知之心,包括知辨等在内的各種故意行爲皆生於人心。

人心是人類主動行爲的本源。荀子曰:"心者,形之君也,而神明之主也,出令而無所受令。自禁也,自使也,自奪也,自取也,自行也,自止也。故口可劫而使墨云,形可劫而使詘申,心不可劫而使易意,是之則受,非之則辭。"⑥心具備"自使""自取""自奪"等主動行爲的能力。人心具備主動性,是一切主動行爲的本源,比如求,荀子曰:"欲不待可得,所受乎天也;求者從所可,所受乎心也。"⑦求是一種主動行爲。這種主動行爲的源頭是人心。人心是本。這種本源因此而成爲行爲的主宰者。這便是"君"。荀子曰:"耳目鼻口形能各有接而不相能也,夫是之謂天官。心居中虚,以治五官,夫是之謂天君。"⑧人天生的五官最終服從人心。人心是人類行爲的主宰者。荀子曰:"凡觀物有疑,中心不定,則外物不清。吾慮不清,未可定然否也。"⑨人心不定,便會認知不清,並最終導致誤亂人行。心是人類有意行爲的主導。這便是荀子確立的一個重要行爲原則:主動行爲即僞產生於人心。那麼,這個本源之心具有哪些性質呢? 或者説,作爲本源的人心是否可靠呢? 心是善還是惡的呢? 這便是荀子要回答的一個重要問題。

二、心惡與性惡

荀子意識到人心在人的生存進程中的主導者地位,並據此建構了比較完善的心靈理論。

① 王先謙《荀子集解》,第 283～284 頁。
② 同上,第 274 頁。
③ 同上,第 293 頁。
④ 同上,第 117 頁。
⑤ 同上,第 299 頁。
⑥ 同上,第 265 頁。
⑦ 同上,第 284 頁。
⑧ 同上,第 206 頁。
⑨ 同上,第 269 頁。

荀子曰:"耳目鼻口形能各有接而不相能也,夫是之謂天官。心居中虛,以治五官,夫是之謂天君。"①人天生具備耳目口鼻以及心臟等器官。這些天然的器官,荀子稱之爲天官。其中,心專門管理五官的活動。同時,心也依賴於耳目五官的活動。荀子曰:"然則何緣而以同異?曰:緣天官。凡同類同情者,其天官之意物也同。故比方之疑似而通,是所以共其約名以相期也。形體、色理以目異;聲音清濁、調竽、奇聲以耳異;甘、苦、鹹、淡、辛、酸、奇味以口異;香、臭、芬、鬱、腥、臊、漏庮、奇臭以鼻異;疾、癢、凔、熱、滑、鈹、輕、重以形體異。"②心與五官相結合,共同完成人的認知活動。在儒家哲學史上,這是首次探討了人的思維活動。它將人的意識活動分爲兩個部分,即五官活動與心臟活動。不同的五官爲我們提供不同的感覺,如眼睛提供視覺、耳朵提供聽覺等。這些感覺最終匯總於心。"心有徵知。徵知,則緣耳而知聲可也,緣目而知形可也。然而徵知必將待天官之當簿其類,然後可也。五官簿之而不知,心徵知而無説,則人莫不然謂之不知。此所緣而以同異也。"③心與各種感官相互合作,最終完成認知任務。在認知活動中,最終者是心:"説、故、喜、怒、哀、樂、愛、惡、欲以心異。"④心是最終決定者。荀子曰:"心不使焉,則白黑在前而目不見,雷鼓在側而耳不聞,況於使者乎?"⑤心能够主導人的耳目活動。沒有心,便無感覺。真正的認知是二者的結合,並最終落實於心。這便是心知。用現代學術術語來説,耳目之知是感覺,而心知則是知覺。感覺最終進入知覺而協助知覺才能發揮作用。這樣,作爲感覺的耳目之知,與作爲心知的知覺合起來形成心知。心知即理智活動。

　　這類主導人的思想與意識活動的心,荀子對其進行了分解和定性,即荀子將心分爲兩類,一類是惡心,另一類善心。如小人之心,荀子曰:"小人反是:致亂而惡人之非己也;致不肖而欲人之賢己也;心如虎狼,行如禽獸,而又惡人之賊己也。"⑥小人心如虎狼。這種虎狼之心自然是壞心或惡心。"勞知而不律先王,謂之奸心。"⑦心術不正者懷有奸心。奸心也是壞心。壞心還包括好利之心。荀子曰:"若夫目好色,耳好聽,口好味,心好利,骨體膚理好愉佚,是皆生於人之情性者也;感而自然,不待事而後生之者也。"⑧人天生不僅有耳目之欲,而且有好利之心。這種好利之心便是"利心":"今之所謂處士者,無能而云能者也,無知而云知者也,利心無足,而佯無欲者也,行僞險穢,而强高言謹愨者也,以不俗爲俗,離縱而跂訾者也。"⑨今日之假

①　王先謙《荀子集解》,第 206 頁。

②　同上,第 276～277 頁。

③　同上,第 277～278 頁

④　同上,第 277 頁。

⑤　同上,第 258 頁。

⑥　同上,第 12～13 頁。

⑦　同上,第 61 頁。

⑧　同上,第 291 頁。

⑨　同上,第 63～64 頁。

士，心懷利心而不知足，假冒有道者招搖於市。這種利心便是惡心。利心、奸心、邪心等都是壞心或惡心。荀子曰：“體倨固而心執詐，術順墨而精雜污；横行天下，雖達四方，人莫不賤。”①懷揣惡心者人人鄙賤之。有此類心的人便是賤人或惡人。有學者認爲“《性惡》的主旨是性惡、心善論”②，顯然不全面。荀子也有明確的心惡論。

人天生有惡心。荀子曰：“故人心譬如盤水，正錯而勿動，則湛濁在下，而清明在上，則足以見鬚眉而察理矣。微風過之，湛濁動乎下，清明亂於上，則不可以得大形之正也。心亦如是矣。故導之以理，養之以清，物莫之傾，則足以定是非決嫌疑矣。小物引之，則其正外易，其心内傾，則不足以決粗理矣。”③人天生之人心，在生存過程中並不可靠。微風動盪，自然渾濁不明，從而顛倒是非，帶來邪惡。故荀子主張心術：“故相形不如論心，論心不如擇術。形不勝心，心不勝術。術正而心順之，則形相雖惡而心術善，無害爲君子也。形相雖善而心術惡，無害爲小人也。君子之謂吉，小人之謂凶。”④一個人的好壞不在於相貌，而在於人心。人雖然有惡心，只要有心術治理它，也可以改邪歸正。荀子曰：“人何以知道？曰：心。心何以知？曰：虚壹而静。心未嘗不臧也，然而有所謂虚；心未嘗不兩也，然而有所謂壹；心未嘗不動也，然而有所謂静。人生而有知，知而有志。志也者，臧也。然而有所謂虚，不以所已臧害所將受謂之虚。心生而有知，知而有異。異也者，同時兼知之。同時兼知之，兩也。然而有所謂一，不以夫一害此一謂之壹。心卧則夢，偷則自行，使之則謀。故心未嘗不動也，然而有所謂静，不以夢劇亂知謂之静。未得道而求道者，謂之虚壹而静。”⑤荀子之所以提出“虚壹而静”的理論，原因在於人心的不可靠或邪惡。它包括兩心、動心和臧心。所謂兩心，即由於人心的局限，常常產生片面的認識，即“偏見”；所謂動心，即人的意識活動常常自行其是，是不確定的，它能够給人帶來危險；所謂臧心即喜好的成見，它也容易影響人們的正確認識。總之，不可靠的人心常常會帶來危險的行爲，因而需要進行處理。這一處理方式便是“虚壹而静”。“虚壹而静”，説到底，乃是虚無人心，不讓它活動。這種被禁止活動的人心自然是惡心。荀子曰：“心枝則無知，傾則不精，貳則疑惑。以贊稽之，萬物可兼知也。身盡其故則美。類不可兩也，故知者擇一而壹焉。”⑥心可能會產生懷疑（“枝”）與自滿（“傾”）。這些都是心的不足之處。只有虚壹而静才能避免這些不足。

這種惡心是天生的。荀子曰：“若夫目好色，耳好聽，口好味，心好利，骨體膚理好愉佚，是

---

① 王先謙《荀子集解》，第 17 頁。

② 梁濤《荀子人性論辨正——論荀子的性惡、心善説》，《哲學研究》2015 年第 5 期。

③ 王先謙《荀子集解》，第 267 頁。

④ 同上，第 46 頁。

⑤ 同上，第 263～264 頁。

⑥ 同上，第 266 頁。

皆生於人之情性者也；感而自然，不待事而後生之者也。"①好利之心，乃是天生之自然。因此，這種好利之心是天生之性。利心是性。荀子曰："今人之性，生而有好利焉，順是，故爭奪生而辭讓亡焉；生而有疾惡焉，順是，故殘賊生而忠信亡焉；生而有耳目之欲，有好聲色焉，順是，故淫亂生而禮義文理亡焉。"②人不僅天生好利之心，而且伴隨着耳目之欲。這種利益之心、耳目之欲，便是天然之性。荀子將包括利心在內的天然稟賦統統叫做性。其中，利心或惡心也是性。這便是荀子人性觀：將壞心叫做性，或者說，人性即壞心。這便是荀子的狹義人性論：人性僅僅指惡心。人性即惡心。

　　人性與惡心的同一關係體現於情欲活動中。一方面，荀子認爲人的情欲是人性的活動。荀子曰："今人之性，飢而欲飽，寒而欲暖，勞而欲休，此人之情性也。"③人欲是人性的本能反應。"夫好利而欲得者，此人之情性也。"④情欲是人性的活動。因此，欲即人性的活動。荀子曰："性者，天之就也；情者，性之質也；欲者，情之應也。以所欲爲可得而求之，情之所必不免也。以爲可而道之，知所必出也。故雖爲守門，欲不可去，性之具也。"⑤情和欲都是人性的自然活動。另一方面，荀子又認爲，人的情欲是人心的活動。荀子曰："夫人之情，目欲綦色，耳欲綦聲，口欲綦味，鼻欲綦臭，心欲綦佚。"⑥心欲爲情。情也是人心的活動。情是心情。同理，欲是心欲。荀子曰："今之所謂處士者，無能而云能者也，無知而云知者也，利心無足，而佯無欲者也，行僞險穢，而強高言謹愨者也，以不俗爲俗，離縱而跂訾者也。"⑦利心之所求便是人心之欲。欲是心欲。"說、故、喜、怒、哀、樂、愛、惡、欲以心異。"⑧欲的不同在於心的不同。欲是人心之欲。合起來說，人的情欲便是人心的活動。這樣，人的情欲活動便有了兩個行爲主體，即心與性，情欲是人性之情欲，也是人心之情欲。作爲不當情欲活動的主體，心與性是同一個東西，惡心即惡性。荀子乃以性釋心。

三、善心與善性

　　爲了改變人類天生本心的邪惡性質，荀子主張虛壹而靜。然而這種方式無疑是一種消極

①　王先謙《荀子集解》，第 291 頁。
②　同上，第 289 頁。
③　同上，第 291 頁。
④　同上，第 292 頁。
⑤　同上，第 284 頁。
⑥　同上，第 137 頁。
⑦　同上，第 63～64 頁。
⑧　同上，第 277 頁。

的方式,即它僅僅號召人們不要怎樣、放棄什麽等,缺乏積極的應對。這顯然不是荀子所希望的。荀子有更積極的想法。這便是化性起僞論。荀子曰:“今人之性,飢而欲飽,寒而欲暖,勞而欲休,此人之情性也。……故順情性則不辭讓矣,辭讓則悖於情性矣。用此觀之,人之性惡明矣,其善者僞也。”①順性情便會失禮節、亂人倫,社會混亂,因此是邪惡的。我們只能用禮樂之道來改造人性。這便是化性起僞。化性起僞需要兩個必要要素,即内在之心和外在之道。

　　化性起僞的第一個要素是内在之心。比如能知之心,荀子曰:“凡以知,人之性也;可以知,物之理也。以可以知人之性,求可以知物之理,而無所疑止之,則没世窮年不能遍也。”②天生之性包含認知能力。人的認知能力的載體便是心。至少從認知的角度來看,荀子認爲這種能够認知的心有用。這類心是值得肯定的好心,是“善心”:“夫樂者,樂也,人情之所必不免也。……先王惡其亂也,故制雅頌之聲以道之,使其聲足以樂而不流,使其文足以辨而不諰,使其曲直繁省廉肉節奏,足以感動人之善心,使夫邪污之氣無由得接焉。”③樂教的目的便是感動人的“善心”。“善心”即好心。這種好心或善心不僅是天生的,而且是可以信賴的善心。這種善心,荀子有時候又稱之爲“仁心”:“辭讓之節得矣,長少之理順矣。忌諱不稱,袄辭不出。以仁心説,以學心聽,以公心辨。”④人有三心——公正的公心、好學的學心以及布道的仁心。其中的仁心,無論怎麽解讀,都不排除其善良性質。在荀子那裏,只有聖賢與師長才有資格講學傳道。他們的心靈便是仁心。荀子曰:“人主,仁心設焉,知其役也,禮其盡也,故王者先仁而後禮,天施然也。”⑤這種仁心無疑是善良的好心。荀子曰:“禮以順人心爲本,故亡於禮經而順於人心者,皆禮也。”⑥禮順從人心。反過來説,由心而産生的行爲自然合理。這樣的心和孟子的辭讓之心幾乎無二。這種人心自然是善良的。荀子曰:“今使塗之人伏術爲學,專心一志,思索孰察,加日縣久,積善而不息,則通於神明,參於天地矣。”⑦“專心一志”的提法見於孟子。《孟子》曰:“今夫弈之爲數,小數也。不專心致志,則不得也。弈秋,通國之善弈者也。使弈秋誨二人弈,其一人專心致志,唯弈秋之爲聽。一人雖聽之,一心以爲有鴻鵠將至,思援弓繳而射之,雖與之俱學,弗若之矣。”⑧孟子的專心論與荀子的專心論所講内容基本一致。這種可以被執著之心,自然是善良的心。

　　在孟子那裏,四端之心是性。專心致志即守性、養性。那麽,荀子之仁心是不是性呢? 荀

---

① 王先謙《荀子集解》,第 291 頁。

② 同上,第 270 頁。

③ 同上,第 252 頁。

④ 同上,第 282 頁。

⑤ 同上,第 322 頁。

⑥ 同上,第 324 頁。

⑦ 同上,第 296 頁。

⑧ 楊伯峻《孟子譯注》,第 204 頁。

子曰："今人之性,目可以見,耳可以聽。夫可以見之明不離目,可以聽之聰不離耳,目明而耳聰,不可學明矣。"①人的耳目心知等能夠讓人明白。這種能力無疑是積極的、善的能力。產生這些善的能力的材質自然是好心。這些好心便是人天生之性。這種天生之性,無疑是肯定的、善的本性。這類天性,荀子並沒有完全否定。這便是荀子的廣義人性論。在廣義人性論中,人或物的自然稟賦皆是性。荀子曰："生之所以然者謂之性;性之和所生,精合感應,不事而自然謂之性。"②天生具備的東西便是性。人性即自然稟賦:"性者,天之就也;情者,性之質也;欲者,情之應也。以所欲爲可得而求之,情之所必不免也。以爲可而道之,知所必出也。故雖爲守門,欲不可去,性之具也。"③性是包括人類在內的自然物天生既有的東西。這種天生之性中,不僅有不好的材質或内容,也有好的材質與内容。那些不好的材質即利心、壞心,荀子將其定義爲性。這構成了荀子狹義人性論。而那些好的材質、善心,雖然荀子並沒有將其稱作性,但是這並不意味着荀子不承認它們的作用與貢獻。它們也是基礎性要素。荀子曰:"性者本始材樸也,僞者文理隆盛也。無性則僞之無所加,無僞則性不能自美。性僞合,然後成聖人之名,一天下之功於是就也。"④性僞相合而成聖賢。這裏所説的"性"顯然不是荀子所定義的惡性,而是與之對立的天生的、善的材質。聖人產生於天生材質(性)與後天努力(僞)的共同作用。如果沒有先天的、善的材質,便沒有了"性僞合"。聖賢的成就不僅需要禮義之道,而且需要以人性爲本。"天地生之,聖人成之。"⑤聖賢是天生人性與後天教化共同作用的結果。反過來説,天性也是成聖之本。作爲聖賢之本的天生善心,和孟子所言之性一樣存在。荀子何曾失去"大本"?

善心是性。因此,作爲性的心需要養。荀子曰:"君子養心莫善於誠,致誠則無它事矣。唯仁之爲守,唯義之爲行。誠心守仁則形,形則神,神則能化矣。誠心行義則理,理則明,明則能變矣。變化代興,謂之天德。"⑥誠即誠實於本性。誠心即誠性。這種善良之心或性是成就聖賢的根據。這便是守:守護自己的本性。"善之爲道者,不誠則不獨,不獨則不形,不形則雖作於心,見於色,出於言,民猶若未從也;雖從必疑。"⑦心分兩半,善心與惡心。誠即從善性而抑惡心。荀子曰:"天下無二道,聖人無兩心。"⑧無兩心即專心、保持本有之本心(即性)。這種本心或性也是天生固有的材質。它類似於孟子所説的仁義之性。牟宗三認爲:"禮法制度

———————

① 王先謙《荀子集解》,第290頁。

② 同上,第274頁。

③ 同上,第284頁。

④ 同上,第243頁。

⑤ 同上,第118頁。

⑥ 同上,第28頁。

⑦ 同上,第29頁。

⑧ 同上,第258頁。

是外在的,雖由人之積習而成(即僞),却决不會由人之主觀虛構而僞。其根不在内,必在外。是則聖人之僞,必於外有根據。此根據,荀子未明言。"①此斷言不合實際。荀子從未否定成爲聖賢的内在根據即天生材質。在荀子思想中,成人不僅有外部條件,而且離不開内在根據。這種能够成爲聖賢的内在根據便是天生稟賦,類似於孟子的人性。有學者據此指出:"荀子肯定了人先天所具有的仁義德性,這個就是人之所以爲人的根。"②荀子思想中也包含了善性或德性内涵。廖名春先生指出:性惡論"充分説明荀子固然强調人性有惡的一面,但他並没有説人性的全部内涵皆爲惡。因此,將荀子的'人之性惡'這一命題,理解成'人性皆惡''人之性便全部是惡',顯然是錯誤的"③。這便是荀子的廣義人性論。在這一理論體系中,荀子完全繼承了孟子的性善論。

有學者將荀子的人性理解爲性樸論:"當他(荀子)主張養欲給求,順性而行時,他對此持肯定的態度。當他持後一態度時,他實際上否定了性惡論。在這種情况下,他實際上以人的自然欲望爲善,或起碼以之爲不善不惡。此時他變成了性善論者,或性無善無惡論者。"④這一觀點得到不少學者的支持與接受⑤。到了荀子之時,人性不再限於早期儒家即孔子性樸論,人性不再是白板,人性已經被定性。從狹義人性論來看,人性是惡的材質;而從廣義人性論來看,人性不僅有惡質,且不缺善質。人也天生具備美質與善心。在此基礎上進行加工,便可以成才、成人。唐君毅曰:"此心既以'排去此之相反之可能'爲事,便只能説其爲一'定然必然的向道之心'。如道爲善,則此向道之心,亦必定然必然爲善者。"⑥這種"向道之心"或材質便是成人的内在根據或條件。

四、教化即感應

化性起僞的第二個要素是人道。荀子曰:"何謂衡? 曰:道。……心知道,然後可道;可道然後能守道以禁非道。以其可道之心取人,則合於道人,而不合於不道之人矣。以其可道之心與道人論非道,治之要也。何患不知? 故治之要在於知道。"⑦治理天下的正確方式便是知道。所謂知道即讓心知道、接受道。只有知道之後,人們才能循道而爲。在心與道之間,荀

① 牟宗三《名家與荀子》,吉林出版集團 2010 年版,第 152 頁。

② 陳光連、黄磊《荀子論德性如何向善》,《南昌大學學報(人文社會科學版)》2018 年 4 期。

③ 廖名春《荀子人性論的再考察》,《吉林大學社會科學學報》1992 年第 6 期。

④ 周熾成《逆性與順性——荀子人性論的内在緊張》,《孔子研究》2003 年第 1 期。

⑤ 陸建華《性樸、情欲與性惡:荀子人性論的三個層面》,《學術界》2017 年第 10 期。

⑥ 唐君毅《中國哲學原論》,中國社會科學出版社 2005 年版,第 37 頁。

⑦ 王先謙《荀子集解》,第 263 頁。

子指出："心也者,道之工宰也。道也者,治之經理也。心合於道,説合於心,辭合於説。"①以往的學術界如王先謙曰："工能成物,宰能主物,心之於道亦然也。"②這段解釋的意思是：心是道的主宰。其實不然。這裏的"之"字,《説文解字》曰："之,出也,象艸過屮,枝莖益大,有所之。一者,地也。"③之即出生之義,而非僅僅指"的"。據此,我們可以作如下解釋：心,道爲之提供主宰,即道是心的主宰。這完全符合荀子的思想：初生之心並不可靠,它需要道來改造。如,"聖人者,人道之極也"④。聖人是知道者,代表了道。聖人以言明道,其現實形態便是聖人創作的經典。在儒家哲學史上,荀子首次揭示了經典與聖賢的關係。荀子曰："然則禮義法度者,是生於聖人之僞,非故生於人之性也。"⑤禮義法度等並不是人的本性。它是後天的聖賢制定並教給民衆的東西。經典是聖賢所作。它們不僅飽含了人倫之道,而且富含聖人氣質,是道與氣的天成之物,因此是合理的氣質之物。這種蘊含善良之道的氣質之物使感應成爲可能。

　用道來改造人心的活動,通常稱之爲教化,其具體方法便是氣質感應。氣質感應需要感者與應者。其中,感者便是聖賢創作的經典,而應者便是未開化的民衆。具體説來,便是初始之心或自然之性。現代哲學常常將心理解爲精神、性理解爲性質。這和古代人的想法相悖。古代人的心指心臟,而性字由心生組成,我們可以將其解讀爲"初生之心"。在荀子那裏,初生的利欲之心叫做性。無論是心,還是性,都有一個共同點,那就是氣質之物。心是心臟,自然是氣質之物。這無需多言。那麽,性是否也是氣質之物呢？荀子曰："水火有氣而無生,草木有生而無知,禽獸有知而無義,人有氣、有生、有知,亦且有義,故最爲天下貴也。"⑥人有氣、有生。作爲生命的人首先是氣質之物。作爲人的最初形態即性,自然也是氣質之物。荀子曰："材性知能,君子小人一也。好榮惡辱,好利惡害,是君子小人之所同也;若其所以求之之道則異矣。"⑦性即材質。材質自然屬於物理實體。"夫賢不肖者材也,爲不爲者人也,遇不遇者時也,死生者命也。"⑧人天生之材分爲賢與不肖者。這便是善才與惡才。材也叫質。比如能知之心,荀子曰："今使塗之人者,以其可以知之質,可以能之具,本乎仁義法正之可知可能之理,然則其可以爲禹明矣。"⑨人天生具備的能知之心便是材質,也叫性。荀子曰："夫人雖有性質

①　王先謙《荀子集解》,第281頁。

②　同上。

③　湯可敬《説文解字今釋》中册,岳麓書社1997年版,第829頁。

④　王先謙《荀子集解》,第237頁。

⑤　同上,第291頁。

⑥　同上,第104頁。

⑦　同上,第38頁。

⑧　同上,第346頁。

⑨　同上,第296頁。

美而心辯知,必將求賢師而事之,擇良友而友之。"①人不僅天生惡性,而且稟賦美質。人的自然稟賦不僅有邪惡之材,而且不乏善良之質。這些材質便是氣質之物。正是這些氣質之物,使教化成爲可能。

　　教化的基本原理是氣質感應。氣質感應説是中國傳統學説。《周易》曰:"子曰:同聲相應,同氣相求。水流濕,火就燥,雲從龍,風從虎。聖人作而萬物睹。本乎天者親上,本乎地者親下,則各從其類也。"②《周易》認爲同氣之間相互感應,即善氣呼善氣、惡氣招惡氣。荀子接受了《周易》的感應理論,曰:"君子潔其辯而同焉者合矣,善其言而類焉者應矣。故馬鳴而馬應之,非知也,其埶然也。"③自然界存在着同類相應的現象,如牛鳴牛應之、馬鳴馬應之等。這種同類感應機制或原理體現在禮樂教化中便是"和":兩氣相應。它具體表現爲以禮樂中的善氣來激發教化對象身中的善氣,從而變化對象身上的氣質。這一變化過程便是感化。

　　教化便是由善的氣質之物在學習過程中激發民衆身上的相應氣質。這種氣質便是民衆固有的氣質之性。荀子曰:"生之所以然者謂之性;性之和所生,精合感應,不事而自然謂之性。性之好、惡、喜、怒、哀、樂謂之情。"④天生之物叫做性。這種天生之性具備感應的功能。這種感應活動是一種氣質活動,即,只有氣質才能够産生感應。氣質之性發而爲情。情因此是氣質主體的表現形態,比如怒氣、怨氣、喜氣等情,無不是氣。感應即用一種氣質來激發被教化者身上的同類氣質。比如聖人所創作的禮樂經典,便可以"使其聲足以樂而不流,使其文足以辨而不諰,使其曲直繁省廉肉節奏,足以感動人之善心,使夫邪污之氣無由得接焉。"⑤禮樂産生於聖王,是聖王的氣質體現。也就是説,禮樂等飽含了聖賢氣質。這種飽含了聖賢氣質的經典成爲感者,在教化過程中,能够激發被教化者身上的同類氣質如善心。這便是"感動人之善心"。

　　氣質感應僅僅是成才的開始。它需要擴充和光大。這便是"大心"。由於荀子將人心分爲兩類,即善心與惡心。故,針對這兩類心,荀子采取了不同的策略。荀子曰:"君子大心則敬天而道,小心則畏義而節;知則明通而類,愚則端愨而法;見由則恭而止,見閉則敬而齊;喜則和而理,憂則静而理;通則文而明,窮則約而詳。"⑥荀子一面主張"大心",即擴充善心,同時也主張"小心",即抑制邪惡之心。大心即光大善良之心,如志,荀子曰:"是故窮則必有名,達則必有功,仁厚兼覆天下不閔,明達用天地理萬變而不疑,血氣和平,志意廣大,行義塞於天地之

---

① 王先謙《荀子集解》,第 299 頁。

② 朱熹《周易本義》,《四書五經》上,天津市古籍書店 1988 年版,第 3 頁。

③ 王先謙《荀子集解》,第 28 頁。

④ 同上,第 274 頁。

⑤ 同上,第 252 頁。

⑥ 同上,第 26 頁。

間,仁智之極也。"①君子能够做到血氣和平、志意廣大而充塞於世間。這種可以擴充的氣質物,便是君子之心。這和孟子的養浩然之氣十分相似。荀子主張以誠養心。荀子曰:"君子養心莫善於誠,致誠則無它事矣。唯仁之爲守,唯義之爲行。誠心守仁則形,形則神,神則能化矣。誠心行義則理,理則明,明則能變矣。"②誠可以養心。被養護的心自然是值得肯定的善心、仁心。故,荀子主張養體怡情:"故天子大路越席,所以養體也;……孰知夫禮義文理之所以養情也!"③禮義可以養性情。與禮義相應的性情自然是善的性與情。

養心怡情便是養氣。荀子提出了"治氣養心之術":"血氣剛强,則柔之以調和;知慮漸深,則一之以易良;勇膽猛戾,則輔之以道順;齊給便利,則節之以動止;狹隘褊小,則廓之以廣大;卑濕重遲貪利,則抗之以高志;庸衆駑散,則劫之以師友;怠慢僄棄,則照之以禍灾;愚款端愨,則合之以禮樂,通之以思索。"④善心本是氣質之心,養心自然是養氣質之物。養氣質之物的最好方式便是以氣治氣。這便是同類感應。荀子曰:"志意致修,德行致厚,智慮致明,是天子之所以取天下也。"⑤修志意便是擴充善的氣質。在荀子看來,這類東西無疑是成聖成賢的基礎之一:"是故窮則必有名,達則必有功。仁厚兼覆天下不閔,明達用天地理萬變而不疑,血氣和平,志意廣大,行義塞於天地之間,仁智之極也。"⑥血氣和平而致善。善的血氣即性是仁義的本源、成人的根據,自然是積極的、好的。

養性的重要方式之一便是無爲。荀子曰:"故大巧在所不爲,大智在所不慮。"⑦尊性的方法便是遵守天地自然無爲之道,順性之自然而無爲,"上察於天,下錯於地,塞備天地之間,加施萬物之上,微而明,短而長,狹而廣,神明博大以至約"⑧。成聖賢便是由微而明、由短而長、由狹而廣。這便是擴充本性。無爲與擴充本性的養性方式表明:荀子也相信人的天生本性中包含着某些值得肯定的東西。這些東西是善性或德性。

結　語

孟子以仁義爲性、倡導人禽之辨,開啓了古代儒家思考人的本質的哲學傳統。該傳統以

---

① 王先謙《荀子集解》,第 154 頁。

② 同上,第 28 頁。

③ 同上,第 232～233 頁。

④ 同上,第 15～16 頁。

⑤ 同上,第 36～37 頁。

⑥ 同上,第 154 頁。

⑦ 同上,第 207 頁。

⑧ 同上,第 105 頁。

仁義之性爲本源,認爲率性自然可以成聖賢,因而倡導一種自然而消極的人生觀。對此,荀子並不滿意。荀子認爲,如果順其自然,雖然仁義之性得以擴充與完善,但是,好利之欲也會盛行。利欲横行不僅會産生争奪,更會帶來灾難。因此,荀子認爲,孟子的路綫行不通。荀子之所以得出上述結論,原因在於荀子的性惡論。荀子的人性論由兩個部分組成,即狹義人性論和廣義人性論。狹義人性論認爲,人天生之性屬於邪惡氣質之物。這種性是惡的。這便是衆所周知的性惡論。按照性惡論,人天生有惡性。如果順其自然,人的天然惡性便會横行,社會便會失範並因此走向混亂。順其自然的道路是萬萬不可的。因此,荀子明確反對孟子的性本論。和孟子的性本論相反,荀子倡導一種積極人本論,即主張用人爲的教化來改造人性,引導民衆積極向善成聖賢。

徹底的性惡論顯然無法回答"磨磚成鏡"的難題。於是,廣義人性論出場。廣義人性論認爲,人性是人的自然的稟賦。這一自然稟賦,不僅有邪惡之材,而且也有善良之質。荀子將其中邪惡之材定義爲性。這便是狹義人性論的觀點。至於其餘部分即善良之質,荀子顯然是承認的。他有時候稱之爲善心,有時候稱之爲仁心,等等。總之,在荀子看來,人類天生不僅有惡性,而且也有善心。這種善心也屬於人類的自然稟賦。這種自然稟賦的善心,在孟子思想體系中便是性。善心理論,按照孟子的觀念,屬於人性論。因此,荀子的善心論也是一種人性論。這便是廣義人性論的内容。正是這個善心使教化、成聖賢成爲可能,即性僞合而成聖賢。其中的"性"便指那些能够成就聖賢的材質,如善心。聖賢來源於這些材質。善心(荀子)或德性(孟子)是聖賢之本。這是二者的相同處。這種相同處體現了荀子對孟子思想的吸收與繼承。由此可以斷定,荀子吸收了孟子的人性論,即將人的自然稟賦的善心視爲成聖成賢的本源。因此,有學者指出:"在孟、荀之間並不存在性善與性惡的矛盾和對立,千年的争訟不過是一場因'心術之公患'(蔽於"名"而不知"實")而産生之誤會。"[1]孟荀之間具有内在一致。不僅如此。荀子善心説與孟子的善性説也有不同。在孟子那裏,人性是本,聖賢是果。人性是聖賢的唯一本源。荀子部分接受了孟子的本源論,即也贊同善心是本,聖賢是果。不同的是,荀子認爲,聖賢之果並非只有一個本源。這便是性僞合而成聖賢:聖賢來源於先天之材質與後天努力的共同作用。"僞"是聖賢産生的另一個必要來源。後來的董仲舒便將"人"("僞")和天地並列,稱之爲"本"。荀子顯然已經意識到了人爲努力(即僞)的重要性。

孟子以性作爲人禽之辨的標志:人性是人的本質標志,並因此而區別於禽獸。但是,性概念偏重於自然性。在自然性面前,人只能消極地接受。這可能是人性概念的一個先天不足。荀子放棄了這個人性概念,荀子所説的"人之性"並非作爲本質的人性,而是作爲自然稟賦的物性,"人之性等同於物之性"[2]。這並不意味着荀子放棄了對人的本質的追問。荀子曰:

① 路德斌《性善與性惡:千年争訟之蔽與失——對孟、荀人性善惡之辨的重新解讀》,《國學學刊》2012年第3期。

② 沈順福、喬建《人性即物性:荀子性論新説》,《西南民族大學學報(人文社會科學版)》2022年第10期。

"人之所以爲人者何已也？曰：以其有辨也。飢而欲食，寒而欲暖，勞而欲息，好利而惡害，是人之所生而有也，是無待而然者也，是禹桀之所同也。然則人之所以爲人者，非特以二足而無毛也，以其有辨也。今夫狌狌形狀亦二足而無毛也，然而君子啜其羹，食其胾。故人之所以爲人者，非特以其二足而無毛也，以其有辨也。夫禽獸有父子，而無父子之親，有牝牡而無男女之別。故人道莫不有辨。"①人之所以爲人的標志是什麼呢？人的天然禀賦並不是人禽之別的依據。或者説，人的自然禀賦不足以成爲人的本質。否則的話，猩猩也可以叫做人了。人和動物的區別在於人"有辨"。"有辨"即有禮有義。荀子曰："水火有氣而無生，草木有生而無知，禽獸有知而無義，人有氣、有生、有知，亦且有義，故最爲天下貴也。力不若牛，走不若馬，而牛馬爲用，何也？曰：人能群，彼不能群也。人何以能群？曰：分。分何以能行？曰：義。"②人與禽獸的區別在於人有義、禽獸則無義。義是人的本質所在。這和孟子的人性論觀念基本一致，即二者均將仁義視爲人類之道，視爲人的本質所在。不同的是，孟子認爲，人天生禀賦這一本性，而荀子則認爲後天的禮儀教化等才是成聖成人的重要條件。教化之僞即"人"。人産生於"人"。在這一點上，荀子顯然將儒家人學理論推上了一個新高度——他看到了人爲對於人的存在的意義、將人由自然人轉爲人爲人。

[作者簡介] 沈順福(1967—　)，男，山東大學儒學高等研究院、山東大學易學與中國古代哲學研究中心教授、博士生導師。2011年教育部新世紀優秀人才支持計劃入選者。主持或曾經主持過國家社科基金項目、教育部人文社科基地重大項目等若干，出版有《人性的歷程》，在《現代哲學》《倫理學研究》《哲學研究》等雜志發表論文100多篇。

---

① 王先謙《荀子集解》，第50頁。
② 同上，第104頁。

新子學與新道家：章太炎哲學之典範意義及思想遺産*

李智福

内容提要　以《齊物論釋》爲代表的章太炎之學通過解釋經典的方式建構一個縝密而周延的哲學體系，解經只是形式，建構哲學體系才是鵠的，章太炎諸子學是治諸子學以觀照時代從而返本開新的典範。截斷衆流，涵蓋乾坤，以阿賴耶識爲基礎，以齊物哲學爲會歸，章太炎系統地構建起他的認識論、人生生存論、政治哲學、倫理學、文明論、價值論、道德哲學等哲學理論。無論從哲學的深刻性，還是從周延性和系統性來説，他都是一個世界性的哲學家。晚近以來，在古今中西交匯中，中國傳統學術面臨着貞下起元、一陽來復的思想使命，《齊物論釋》以莊學與佛學爲立論根基，與西方學術思想進行深度對話，回應一整套西方啓蒙叙事話語，章太炎可謂是近代新道家、新子學的集大成者。治學精神上，章太炎哲學滲透着自覺的理性精神和去魅意識；治學内容上，章太炎觀照着人類從本以來的究竟問題，如生死、自由、平等、正義；學術倫理上，章太炎哲學始終透顯着一種上學而下達的平民意識，"以百姓心爲心"多次出現在論著中絶非偶然。在當下這個所謂"思想家淡出，學問家凸顯"(李澤厚語)的時代，百年前章太炎的哲學遺産尤爲可貴。

關鍵詞　章太炎　齊物論釋　新子學　新道家

中圖分類號　B2

引　言

在晚清民國所謂三千年未有之大變局時代，中國學術由三教同源的"道出於一"轉變爲中

---

* 本文爲國家社科基金後期資助項目"章太炎莊學思想研究"(19FZXB065)階段性成果。

西差異的"道出於二"（王國維語），章太炎、康有爲、嚴幾道、梁啓超是當時真正在古今中西交匯的意義上進行哲學思考並取得思想建樹的有數哲學家。即章太炎而言，他的哲學建構是基於莊佛互補互攝而構建起來的，其中最重要的還是莊學，佛學所有者莊學有之，佛學所無者莊學亦有之，在章太炎哲學成熟或定型時期的《國故論衡》《齊物論釋》《莉漢微言》《檢論》等著作中，百千法門同歸莊周，莊學要旨歸本齊物，章太炎通過詮釋《齊物論》而構建起一套系統而精深的哲學體系。回顧過去百年的中國哲學史或學術史、思想史發展，章太炎可能是第一位有真正的哲學自覺意識的哲學家，而不僅僅是有學問的革命家。以哲學反思和哲學構建爲基礎，章太炎在最大程度上觀照了他的時代，其"正法眼藏"能同時看到東西哲學的長短利害和古今文明的際會離合，而這一切的一切最終都結穴於莊子的齊物哲學，齊物意味着究竟意義上的平等，也意味着究竟意義上的自由，"消遥任萬物之各適，齊物得彼是之環樞"（《莊子解故叙》），這是比康有爲的大同世界和馬克思的共産主義更具終極性意義的自由—平等世界。故我們説，章太炎不僅是"有學問的革命家"（周豫才語），也不止是"清學殿軍"（梁啓超語），甚至也不止是寬泛意義上的"思想家"（姜義華語），而是一個不折不扣的哲學家。就傳統學術的創造性轉化而言，章太炎之學是新道家、新子學的治學典範；就其哲學特質而言，他觀照了人類從本以來的究竟問題，比如生死、自由、平等、正義、文明等。周雖舊邦，其命維新，在三千年未有之變局下，章太炎在最大程度上觀照他的時代；但就其哲學的周延性和究竟性而言，其哲學遺産則超越他的時代而澤被後世，其治學有"一字千金"之襟抱自負，諒非虚言也。

一、哲學自覺與體系建構

正如哲學没辦法被給出一個嚴格的定義一樣，我們似乎不能在嚴格的意義上判攝一個學人或思想者是否是哲學家。然而，研習中西哲學史的經驗告訴我們，哲學首先是對時代精神的反思，密涅瓦的貓頭鷹總是在黄昏起飛，只有在静穆的理性中才能檢視到時代的實相；同時，這種反思或沉思必須達到一定的深度而不是過眼雲烟一般的轉瞬即逝，後者只是意見而没有上升到普遍真理的深度。究竟達到怎麼樣的深度才能稱之爲哲學，我們不妨以一種方便法門檢視之，即是否有巴門尼德、柏拉圖、亞里士多德意義上的哲學本體論或存在論構建（東方哲學家與之類似的有釋迦牟尼、老子），或者説是否有對世界存在第一性的追問，或者説是否有康德意義上的系統認識論構建，並以此爲基礎而構建起一套以嚴密邏輯論證方式爲支撑的哲學體系，至少一個典範意義上的哲學家應該具備此種品質。當然，寬泛意義上的哲學或哲學家究竟是什麽，我們没辦法作出具體説明，只能説哲學或哲學家是家族類似性的存在而没辦法給出嚴格定義。

即便我們不在寬泛的意義上而是在嚴格的意義上定位哲學家，即便退一萬步講承認西方哲學才是典型的哲學，章太炎也無疑是一位典型的哲學家。撰寫於 1908 年 10 月，針對當時學界把包括周秦諸子、佛學、西學等在内的哲學視爲"不合於科學之定理""無用之玉厄"等謬論,章太炎撰寫《規〈新世紀〉哲學及語言二事》一文對哲學這一學科進行反思:"哲學者,一渾淪無圻埒之名,以通言、别言之異,而袤延之度亦殊。上世哲學爲通言,治此者亦或闓明算術,推尋物理,乃至政治、社會、道德倫理諸言,亦一二陳其綱紀。此土與印度、希臘皆然。是一切可稱哲學者,由其科目未分。歐洲中世,漸有形上、形下二途,而政事、法律,亦不可比於形下。近人或以文學、質學爲區,卒之説原理者爲一族,治物質者爲一族,極人事者爲一族。若夫萬類散殊,淋離無紀,而爲之躐尋元始,舉群醜以歸於一,則哲學所以得名,乃如道德倫理之説,特人類所以相齒,而近世往往附着哲學之林,此則失諸糅雜。"[1]哲學本無定名,外延與内涵皆不明,無論古代中國或古代希臘,把包括算數、物理乃至政治、社會、道德、倫理所有學問都歸攝於哲學之下。歐洲中世紀以來,學科始有形上與形下之分,哲學逐漸從各種學科中獨立出來,"萬類散殊,淋離無紀,而爲之躐尋元始,舉群醜以歸於一,則哲學所以得名",哲學即"躐尋元始""歸於一"之學。出版於1910年的《國故論衡》之《明見》篇,此文依據《荀子·解蔽》而將哲學稱之見學,"九流皆言道。道者彼也,能道者此也。白蘿門書謂之陀爾奢那,此則言見,自宋始言道學,理學、心學皆分别之名。今又通言哲學矣。道學者,局於一家;哲學者,名不雅故,縉紳先生難言之。孫卿曰:'慎子有見於後,無見於先;老子有見於詘,無見於信;墨子有見於齊,無見於畸;宋子有見於少,無見於多。'(《天論》)故予之名曰見者,是葱嶺以南之典言也。見無符驗,知一而不通矣,謂之蔽。釋氏所謂倒見、見取。誠有所見,無所凝滯,謂之智。釋氏所謂正見、見諦。自縱橫、陰陽以外,始徵藏史,至齊稷下,晚及韓子,莫不思湊單微,斟酌飽滿。天道恢恢,所見固殊焉。"[2]見即見識,是通過經驗世界而見於實相世界,見即智慧,哲學流派的不同正在於所見不同,與之類似,在《建立宗教論》中,章太炎認爲古今中西所有哲學家莫不有本體論觀照並在本體基礎上而構建哲學體系,只有有本體論自覺的思想家才能被稱爲哲學家。章太炎可能是中國近代以來最早對哲學這一學科進行自覺而嚴肅之學術反思的學人。

正因爲有高度的哲學自覺,章太炎强調以治史的方式治經,以治哲學的方式治子。其治學特色可以概括爲"以樸學立根基,以玄學致廣大"(許壽裳語),所謂玄學即哲學(如《菿漢微言》第13條稱"康德以來治玄學者,以認識論爲最要")。同時,就其本人的學術特色而言,他有着自覺的本體論和認識論建構,其對本體和認識的系統學説是通過類似於佛教判教的方式而建構起來的。在古今中西所有哲學流派中,他判佛教實相爲究竟實相——世界本相,《明見》篇所謂"今之所準,以浮屠爲天樞,往往可比合"[3];在對佛教内部各派的判攝中,他認爲"以分析名相始,以排遣名相終"的法相學能經得起理性的去魅,在科學昌明的時代呼唤彌勒(慈氏)

① 章太炎《規〈新世紀〉哲學及語言二事》,《太炎文録補編》,《章太炎全集》(一九),上海人民出版社2018年版,第322頁。

② 章太炎《國故論衡先校本》,《章太炎全集》(一四),第131頁。

③ 同上。

主世；在對莊與佛的對比判攝中，他最終回真向俗，貶佛尊莊，以莊學的"真俗並建""妄不離真"來取代"明真廢俗""真妄相分"的作爲出世間法的佛法。不過，他貶佛崇莊、回真向俗不是全部揚棄佛法，而是將佛學之真諦與莊學之俗諦相證相攝，構建起一套真俗並建、世出世法兩不相壞的圓融之學，賀麟先生以柏拉圖"走出洞穴"而後"回歸洞穴"這種哲人造境來比喻太炎之學的超邁圓融之境，可謂差強人意。

截斷衆流，涵蓋乾坤，以阿賴耶識爲基礎，以齊物爲會歸哲學爲會歸，章太炎系統地構建起他的認識論、人生生存論、政治哲學、倫理學、文明論、價值論、道德哲學等哲學理論。無論從哲學的深刻性，還是周延性和系統性來説，他都是一個世界性的哲學家，他的哲學言説對象不再是傳統中國哲學的三教離合（包含此但不止於此），而是與西方哲學家（從蘇格拉底、柏拉圖、亞里士多德以至於笛卡爾、康德、黑格爾、叔本華直至達爾文、斯賓塞等）進行深度對話，並對之做出系統而深刻的批判和回應。他意識到啓蒙之可貴，但也意識到啓蒙的不究竟，冀圖以莊學和佛學對啓蒙進行再次啓蒙；他承認自由平等是一切哲學的最高價值，不過與西方哲學的有限性、不周延性的自由平等相比，佛學特别是莊學的自由平等才是究竟的自由平等；他意識到世間法是世道人生的常道，不過只有建基於出世間法之上的世間法才能讓世間衆生得到福祉；他意識到進化本來是世界實相，但進化之功却不能盲目樂觀，俱分進化比單綫進化更符合歷史進化的人類經驗。總之，章太炎哲學表現出驚人的深刻性、系統性和圓融性。姜義華認爲章太炎哲學是一場夭折的哲學革命，因爲他的哲學没有改變當時的中國，也没有辦法與世界哲學展開真正的對話而改變世界，此論誠然不誤。不過，就其哲學本身而言，可謂是自洽圓融、論理透徹、深刻犀利而能成一家之言，回顧過去百年的中國哲學史發展，鮮有能出其右者①，或許，稍晚於章太炎的熊十力及其弟子牟宗三等少數人才可以與之相媲美。即便包括熊十力在内的後世新儒家對章太炎不認可，但我們看到章太炎對熊十力的影響是無所不在的，翻檢《熊十力全集》，章太炎是少數能入其法眼的學者。甚至説，章太炎在很多關鍵問題上已經著新儒家之先鞭，比如熊十力的體用不二、種現不二，牟宗三的兩層存有論、自由無限心等學説，我們都能在章太炎的哲學中微見端倪。只是，大概章太炎哲學最終走的是莊佛互濟之路，這與以賡續宋明道統爲自覺的新儒家終究不是一路人，故兩派漸行漸遠並不難理解。

在今天理性的去魅時代，以普遍性信念爲訴求的哲學不應該再局限於狹隘的道統意識，而應該有更雄渾的哲學氣象，牢籠中西古今爲我所用。哲學作爲對世道人生進行終極觀照的學科，其先天地拒絶畫地爲牢、閉門造車，而應該攝入實相、尊嚴、平等、自由、正義、意義等原初價值理念而進行深入的哲學反思和思想建設，這些哲學理念原本具有超越古今中西的普遍意義。"荆人有遺弓者，而不肯索，曰：'荆人遺之，荆人得之，又何索焉？'孔子聞之曰：'去其荆而可矣。'老聃聞之曰：'去其人而可矣。'故老聃則至公矣。"（《吕氏春秋·貴公》）無論孔子的"去其荆"還是老子的"去其人"，都隱喻哲學對地域、時空甚至家國的超越，正如黑格爾所言，

---

① 可參考陳少明《〈齊物論〉及其影響》，北京大學出版社 2004 年版，第 163 頁。

哲學没有祖國,真理之所在即祖國之所在。當然,章太炎不是没有家國,只是他寶愛家國的方式不是對所謂神州慧明、孔孟道統的賡續,而是對中華民族語言文字、圖與版章、歷史典章的保存和維護。其通過佛學所發皇的"依自不依他""自尊其心"和通過莊學所發皇的"世情不齊,文野異尚"等理論皆在爲中華民族的獨立與尊嚴進行辯護。

　　章太炎晚年給弟子朱希祖信中説:"經史小學,傳者有人,光昌之期,庶幾可待。文章各有造詣,無待傳薪,示之格律,免入歧途可矣。惟諸子哲理,恐將成《廣陵散》耳。"①章太炎此語非常沉痛,這是一代大哲的曠世悲音,他晚年糾心於他的諸子學後繼無人,可見其儼然將自己定位爲一個哲學家,樸學僅能立根基,玄學才能致廣大;音韵訓詁不過爲管籥,周秦諸子乃爲其堂奥。章太炎强調追求真理才是學問的本質,他一直恪守着以追尋真理爲鵠的的治學自覺,這正是一個哲學家之爲哲學家的本色所在,弟子錢玄同曾爲他不能繼承夫子的"性與天道"而深表遺憾,性與天道正是對哲學的隱喻。總之,無論是章太炎對哲學這一學科的自覺反思還是其强調以治哲學的方式治子,抑或更難能可貴的是他以理論自覺的方式進行系統的哲學構建,都表現出一個典型的哲學家的特色,章太炎"運用古今中外的學術,糅合而成一家言的哲學體系,在近世他是第一個博學深思的人"②,侯外廬的這種評騭堪爲公允。我們看到,過去百年的中國學界將章太炎定位爲革命家、學問家、清學殿軍、古文經學家、佛學家、思想家等等,這些固然不錯,但我們還要注意到,章太炎先生是一位不折不扣的哲學家,而且是典型意義上的哲學家。

二、新道家與新子學

　　自西學東漸以來,中國學術從天下時代進入世界時代,在西學的對照下,中國傳統儒釋道三教的離合同異幾乎可以忽略不計,"他們的相似性與親緣性,遠遠大於他們的差别性"③。王國維在考察中國近代學術時指出:"自三代至於近世,道出於一而已。泰西通商以後,西學西政之書輸入中國,於是修身齊家治國平天下之道乃出於二。光緒中葉新説漸勝,逮辛亥之變,而中國之政治學術幾全爲新説所統一矣。"④當"道出於一"的傳統學術面對"道出於二"的近代學術時,粗暴地揚棄或盲目地固守都不符合學術思想本身發展的辯證法,也不足以應對時代變局。正如經歷周秦之變後的漢初出現大量新學一樣,晚清民國的中國知識界也表現出鮮明的新學特色,换言之,在古今中西交匯中,中國傳統學術面臨着貞後起元、返本開新的思想使

---

①　章太炎《語朱希祖》,《章太炎全集》(一九),第 493 頁。

②　侯外廬《近代中國思想學説史》,上海生活書店 1947 年版,第 861 頁。

③　陳贇《自由之思:〈莊子·逍遥遊〉的闡釋》,浙江大學出版社 2020 年版,第 1~2 頁。

④　王國維《論政學疏》,謝維揚、房鑫亮主編《王國維全集》(第 14 卷),浙江教育出版社 2009 年版,第 212 頁。

命，新儒家、新道家、新子學、新經學、新法家、新墨學、新史學、新文學等應運而生。以此而視章太炎的莊學詮釋學，章太炎可謂是近代新道家、新子學的集大成者；如果把他的"四聖學""新四書"看成是新經學系統，那麼他也是一位新經學的大師；就他的荀學詮釋學以及他對商鞅、韓非以及對"五朝律"的推重來説，他又是一位新法家。此部分檢討在何等意義上説章太炎是近代新道家或新子學的集大成者。

　　所謂新道家，最初是馮友蘭《中國哲學簡史》以及《中國哲學史》（兩卷本）對魏晉玄學家的稱呼，魏晉玄學既屬於新經學家也屬於新道家，他們構建新的經學系統（"三玄"），並進行全新的哲學詮釋。上世紀八十年代，熊鐵基等在考察先秦—秦漢間道家思想譜系時將《吕氏春秋》《淮南子》《文子》等稱之爲秦漢新道家，以與老子、莊子等春秋戰國舊道家相區分。所謂當代新道家，最初由董光璧在《當代新道家興起的時代背景》（載《自然辯證法通訊》1991 年第 2 期）一文中提出，隨後，董光璧又出版《當代新道家》（華夏出版社 1991 年版）一書。董光璧將物理學家、科學史家湯川秀樹、李約瑟、卡普拉等稱爲當代新道家，"此三人的新科學世界觀和新文化觀的哲學基礎早已蘊含在道家思想中，三人自覺不自覺地塑造了當代新道家的形象"[①]。當下學界，則有許抗生與賴錫三出版兩部同名著作《當代新道家》[②]，嚴靈峰、熊鐵基、陳鼓應、劉笑敢、方勇等著名道家研究學者雖未以新道家相標榜，但無疑屬於當代新道家的典型人物。陳鼓應之"道家主幹説"對"古"的重新釐定和劉笑敢《老子古今》對"今"的現實關懷都讓我們看到道家思想發展到今天依舊具有歷久彌新的生命力，而嚴靈峰、熊鐵基、方勇等對道家叢書的彙編意味着在他們的經典世界中道家可謂首屈一指。劉劍梅《莊子的現代命運》（商務印書館 2012 年版）則給我們展現了近代文人學者思想中揮之不去的莊周幽靈。

　　雖然當下學界對新道家的定義各有所見，但我們依舊需要強調，新道家之所以能稱爲新道家至少需要滿足三個條件：其一，新道家之道。新道家必須持守道家之道，必須以道家經典爲研究對象，在他的經典世界或古典視域中，道家經典著作或道家人物應該具有主體性地位，至少應該具有極其重要的位置，這樣，新道家才能與新儒家、新法家、新墨家等相區別開來。其二，新道家之新。新道家對道家思想的詮釋必須有所創新，新道家應該在古今中西的學術交匯中實現道家的創造性發展，以道家爲主體對西學或現代性之挑戰作出接引、回應或批判，實現道家的返本開新。其三，新道家之家。中國古典語境中對學而成家（"成一家之言"）其實是一種非常高的期許，如劉勰《文心雕龍·序志》所自道："敷贊聖旨，莫若注經，而馬鄭諸儒，弘之已精，就有深解，未足立家。"劉勰之所以放棄注經而論説文章就在於他認爲鄭馬諸儒已經對群經作出深解，自己再去注經則很難成家，故退而求其次。《莊子·秋水》所言"大方之家"是對造詣較深之學者的稱呼，《漢書·藝文志》所稱"諸子十家，其可觀者九家而已"，

---

① 張京華《説新道家——兼評董光璧〈當代新道家〉》，《阜陽師範學院學報》1998 年第 2 期。

② 許抗生《當代新道家》，中國社會科學文獻出版社 2014 年版；賴錫三《當代新道家：多音複調與視域融合》，臺灣大學出版中心 2011 年版。

能成家並能達到"可觀"之學的並不多,達到司馬遷"究天人之際,通古今之變,成一家之言"者則更少。故新道家作爲一家之言應該對道家研究有突破性建樹,只有具有深度哲學詮釋、能有系統論説、能在最大意義上用道家哲學實現對時代之觀照的,才能稱之爲新道家。這應該是非寬泛意義上對新道家内涵的界定,至於寬泛意義上的新道家則非本文所能論及。以此而觀中國古代道家學説的發展譜系,先秦道家《老子》《莊子》而下,戰國晚期一直到秦漢時期應該是新道家的早期發展,他們突破老莊道家而發展出道法家甚至實現儒道法合流,以《淮南子》爲其集大成者,可稱之爲秦漢新道家;漢末一直到魏晋時期,這是新道家發展的一個高峰,以何晏、王弼、阮籍、嵇康、向秀、郭象、葛洪、僧肇、陶潛等爲代表,可稱之爲魏晋新道家;隋唐新道家應該以成玄英、李榮等重玄學爲主;宋明以來的道家詮釋主要是以儒解莊或三教合流,兩宋代表人物有王安石、王元澤、吕惠卿、褚伯秀、林希逸,可謂是兩宋新道家;明末清初的諸大儒在家仇國恨中將以儒解莊推進到非常高的水平,釋覺浪、方以智、王船山是這個時期新道家的代表,可以稱之爲明清新道家;晚近以來,可以稱之爲近代新道家的則有魏源、嚴復、章太炎、周樹人、劉師培、湯用彤、聞一多、鍾鍾山等。

其中,章太炎的新道家思想最成系統,胡適之先生認爲,與乾嘉學派相比,太炎之《齊物論釋》能"貫通全書","太炎精於佛家的因明學、心理學、純粹哲學,作爲比較印證的材料,故能融會貫通,於墨翟、莊周、惠施、荀卿的學説裏面,尋出一個條理系統"[1]。胡適之評騭章太炎的《國故論衡》云:"(此書)是古文學的上等作品。這五十年中著書的人没有一個像他那樣精心結構的;不但這五十年,其實我們可以説這兩千年中只有七八部精心結構,可以稱作著作的書,如《文心雕龍》《史通》《文史通義》等,其餘的只是結集,只是語録,只是稿本,但不是著作。章炳麟的《國故論衡》要算是這七八部之中的一部了。他的古文學工夫很深,他又是很富於思想與組織力的,故他的著作在内容與形式兩方面都能成一家言。"[2]胡適之注意到章太炎著作遠邁前修時賢之處恰恰在於其學説有很强的組織力和結構性,故其書爲國史上有數的幾部可堪稱"一家之言"的著作之一,當然,不僅是《國故論衡》,還有《齊物論釋》,且後者之結構性和體系性更遠勝前者。另外,康有爲對莊子評價非常高,如其聲稱"莊子贊孔子極精,自贊孔子以來,未有過莊子者"[3],"自孔子外,《莊子》爲第一書"[4],康有爲最後把自己的哲學理想歸結爲"諸天遊",這是大同世界之後的終極自由世界,其論證方式和理想圖景與莊子哲學有着驚人的一致性,其"諸天遊"在某種程度上可以説是"乘光騎電"版的逍遥遊[5]。從這個意義上説,以"天遊化人""遊存父"爲名號的康有爲也是一位新道家,其學兼具新儒家與

---

[1] 胡適《中國哲學史大綱》,東方出版社 1996 年版,第 23 頁。

[2] 胡適《五十年來中國之文學》,《胡適文存二集》,臺灣遠東圖書公司 1979 年版,第 219 頁。

[3] 康有爲《萬木草堂講義》,《康有爲全集》(第二册),中國人民大學出版社 2007 年版,第 281 頁。

[4] 同上,第 145 頁。

[5] 可以參考馬永康《顯微鏡、望遠鏡與康有爲的悟道》,《海南大學學報》2019 年第 1 期。

新道家兩性①。

　　如陳少明教授所指出的，"不要以爲章氏古色古香的觀念是思想閉塞的表現，《齊物論釋》提及的西學知識，包括邏輯思想方面，均非常準確。可見其以佛釋莊，不是眼界的局限，而是自覺的選擇。《齊物論釋》對西學引述雖然不多，但西學却扮演很重要的角色，即作爲章氏陳述自己思想的一個潛在的參考系而起作用。其實，没有一個真正的近代思想家能忽視西學的存在"②。誠如斯言，近代新道家的突破之一即在於通過對道家哲學的重新詮釋而與西學展開深度哲學對話，如我們前文所指出，嚴復與章太炎是兩種道家詮釋學的典型，嚴復在道家經典中讀出進化、自由、平等、民主、契約、不干涉主義等近代啓蒙學説；章太炎的莊學詮釋學則在揭示自由與平等的同時對啓蒙以來的自由、民主、平等、進化等學説進行批判、反思和重建。與嚴復相比，章太炎的道家詮釋學更深刻也更周延。章太炎以《齊物論釋》爲代表的系列道家詮釋學著作可謂是道家式的舊内聖開出新外王，若以我們前文所言"新道家"的三個標準衡量此部著作，我們會看到：其一，在章太炎思想最成熟時期的經典世界中，《莊子》具於核心地位，其所言"命世哲人，莫若莊氏"，"經國莫若《齊物論》"，"(《齊物論》)爲内外之鴻寶"云云，皆可證《莊子》在其經典世界中的中樞地位。其二，就章太炎莊學詮釋學的創新力度而言，他以"求真"與"致用"相結合而契入莊學詮釋學。以法相學和自然科學爲莊學去魅是謂"求真"；以莊學的齊物—逍遥爲近代的平等—自由學説進行張本，用究竟平等爲世俗平等夯實基礎，以莊學的自然—平等精神對近代的進化—文明學説進行遮撥，破文明滅國之隱憂，以莊學的世間法—逍遥遊精神對佛學的出世間法—涅槃道進行還原，没有走向虚無的出世主義，此即所謂"致用"。可以説章太炎的莊學詮釋學是典型的新莊學。其三，就深刻性和體系性而言，《齊物論釋》以阿賴耶識—如來藏自性清净心爲本體，以原型-經驗關係或相分—見分關係爲認識論，以理事無礙、種現不二爲辯證法，以真俗並建爲哲學歸宿，以衆同分心爲觀照對象，以無漏善爲道德倫理學説，構建了一套自覺與西方哲學家康德、黑格爾、蒲魯東、斯賓塞等進行思想對話的哲學體系，是真正能成一家之言的新道家學説。就章太炎莊學思想之深刻性、論證之縝密性以及對世道人生的悲憫心而言，章太炎是中國近代新道家之集大成者，《齊物論釋》真正地實現了其自我期許的"以古經説爲客體，新思想爲主觀"的治學信念，此書"堪稱體現太炎治子風格的學術經典"③。道家原本是諸子百家之一，當下學界以方勇教授爲代表的"新子學"研究正方興未艾。方教授提倡"新子學"的關懷之一是回應西學的挑戰，在傳統經學結束的現代社會中，諸子學承擔着回應西方學術的使命，然而，在中西會通之風的影響下，難免存在"中國性的要求是隱退的，我們在别人的理論和語言中討論自己，學術常常成了凌空的浮辭"，職

---

① 關於康有爲的莊子詮釋學，可參考魏義霞《康有爲對莊子的定位與近代哲學視界中的莊子》，《中國哲學史》2009 年第 3 期；邢益海《從康有爲看今文經學與莊學》，《經典與解釋》2010 年第 33 輯。

② 陳少明《排遣名相之後——章太炎〈齊物論釋〉研究》，《哲學研究》2003 年第 5 期。

③ 同上。

是之故,"'新子學'的主要構想是以返歸自身爲方向,借助釐清古代資源,追尋古人智慧,化解學術研究中的内在衝突。所謂返歸自身,就是要平心静氣面對古人,回到古代複合多元的語境中,把眼光收回到對原始典籍的精深研究上,追尋中國學術的基本特質。這是'新子學'研究的目的"①。"新子學"的研究注重"對原始典籍的精深研究"固然没有錯,但我們依舊需要强調,即便是前現代性的"道出於一(三教合一)"變成近現代性的"道出於二(中西異道)",我們依然能看到更高層面的"道出於一",即古今中西學術之間在元倫理學、元政治哲學、元道德哲學、元認識論方面可能存在着在更高層級的一致性,故王國維指出"學無新舊也,無中西也,無有用無用也"②。《莊子·天下》"古之道術"與"今之方術"之間的區分可能也適合中西之間的統一性和差異性,即中西之間在道術的層面可能具有一致性的訴求,比如對實相、仁義、自由、平等、正義、諧和等基本人倫社會的元價值的訴求存在着一致性,而在方術層面又有着種種殊相,比如本體論方面或重形而上學或重經驗人事(實用理性),認識論方面或重先驗或重經驗,哲學論證方面或重形式論證或重體證和直觀,哲學叙事方面或重抽象(邏輯)或重具象(隱喻),政治哲學方面或重個人(個體正義)或重整體(社會正義),終極實體方面或重神體或重道體,等等,中西學術皆是作爲"古之道術"之一端的"方術"。故"新子學"的研究任務即在充分理解古代子學經典的前提下與西方學術展開深度對話,互相遮撥,同異交發,舊内聖開出新外王,讓前現代的諸子學在現代社會中真正地發用流行,或許捨此而别無他路。

在這個意義上説,章太炎的莊學詮釋學則是新子學研究的典範(當然還有其荀子學),他一方面以法相學解莊,回歸經典本身,讓莊學變成像法相學一樣經得起科學理論論證的哲學,這是在近代科學昌明之世的不二選擇;另一方面他以莊學觀照現代社會,爲西方啓蒙以來的文明再次啓蒙,實現舊内聖開出新外王。章太炎莊學詮釋學既有回歸經典、寶愛傳統的文化守成主義信念,又有直面現代、回應西方的現代性思想使命,其莊子學對二者進行了完美的縮結,這種研究應該成爲"新子學"研究的典型範式。如陳寅恪所指出:"真能於思想上自成系統,有所創獲者,必須一方面吸收輸入外來之學説,一方面不忘本民族之地位。此二種相反而適相成之態度,乃道教之真精神,新儒家之舊途徑,而二千年吾民族與他民族思想接觸史之所昭示者也。"③王國維亦指出:"中西二學,盛則俱盛,衰則俱衰。風氣既開,互相推助。且居今日之世,講今日之學,未有西學不興而中學能興者;亦未有中學不興而西學能興者。"④嚴復亦有類似的見識:"西學不興,其爲存也隱;西學大興,其爲存也章。蓋中學之真之發現,與西學

① 方勇《再論"新子學"》,《光明日報》2013 年 9 月 9 日版。
② 王國維《國學叢刊序》,《觀堂集林》(下),河北教育出版社 2001 年版,第 875 頁。
③ 陳寅恪《馮友蘭〈中國哲學史〉上册審查報告》,轉自馮友蘭《中國哲學史》,華東師範大學出版社 2000 年版,第 1 頁。
④ 王國維《國學叢刊序》,《觀堂集林》(下),第 875 頁。

之新之輸入，有比例爲消長者焉。"①在現代社會中研究前現代的諸子學應該具備這種中西學術之間"興則俱興""比例消長"之見識和眼光，新儒家牟宗三强調治中國哲學應該重視"舊内聖開出新外王""返本開新"，馮友蘭强調"貞下起元""照着講與接着講並重"等治學意識至少應該成爲未來"新子學"研究的方向。當然，前現代的諸子學之於現代性的西學可以是接應性的求同，也可能是批評性的存異；可以是以諸子學補西學之不足，也可以是以現代西學反哺諸子學的未盡之處。凡此種種都應該是新子學研究的任務，新子學絶非故步自封而回到乾嘉考據的矩矱或回到程朱陸王的窠臼，也不是像"五四"新文化運動那樣徹底反傳統而把儒墨道法看成封建社會的"四大家臣"(聞一多語)，這是一種荒謬的文化虚無主義。晚周諸子學是周秦之變前夜的哲學思想，他們"越世高談，自開户牖"(《文心雕龍·諸子》)，其固然首先在於回應他們時代所面臨的王綱解紐、禮崩樂壞之變局，但只有將時代變局放在普遍性和周延性的哲學思考中，才能對暫時性和特殊性的時代問題作出更好的觀照。亦即是説，時代性和普遍性的辯證統一是晚周諸子學甚至是所有哲學的特質，劉勰論諸子云："身與時舛，志共道申；標心於萬古之上，而送懷於千載之下。金石靡矣，聲其銷乎！"(《文心雕龍·諸子》)這裏强調的正是諸子學是時代性與永恒性的統一，當代"新子學"的研究之所以有意義正是以承認諸子學具有普遍性和周延性爲前提的。"常念周秦哲理，至吾輩發揮始盡，乃一大快"②，章太炎的諸子學研究正是以子學中的普遍性問題一方面爲西學進行張本，一方面對西學進行批判而彌補其不足。

　　章太炎自况其學云："一於周孔，而放棄老莊釋迦深美之言。……大抵六藝諸子，當別其流，毋相紛糅，以侵官局。樸學稽之於古，而玄理驗之於心。事雖繁賾，必尋其原，然後有會歸也；理雖幽眇，必徵諸實，然後無遁辭也。以是爲則，或上無戾於古先民，而下可以解末世之狂醒乎？"③章太炎爲諸子學之復興鼓與呼，既要稽之於古又要驗之於心，既要無戾於古先民又要解末世之狂醒，無論就其治子方式還是現實關懷來説，章太炎的諸子學都應該成爲新子學研究的典型範式，就其對包括莊子和荀子在内的整體諸子學研究來説，亦可謂近代新子學研究之集大成者。

三、章太炎之哲學遺産

　　作爲一位哲學家，作爲一位身處中國從前現代到現代過渡階段的哲學家，章太炎對於今日中國哲學研究的意義是不言而喻的。無論是作爲哲學普遍性的漢語哲學研究還是作爲哲

---

① 嚴復《〈英文漢詁〉卮言》，《嚴復集》(第1册)，中華書局1986年版，第156頁。

② 章太炎《與吴承仕四》，《章太炎全集》(一五)，第400頁。

③ 章太炎《與吴承仕一》，《章太炎全集》(一五)，第398頁。

學特殊性的中國哲學研究,章太炎都在他的時代做到了極致,正如他自稱其學"提要鈎玄,妙達神恉;而非略舉大綱,爲抄疏之業"①,此洵非自我矜誇之語。然而,過去百年的中國學術史發展的一大事實是,章太炎哲學被時代"夭折"(姜義華語)或在"思想史上被排遣"(陳少明語),其實,如我們前文所徵引,章太炎生前已經意識到其諸子學和哲學可能會成《廣陵散》之絕響,無論是"讀不斷,當然也看不懂"《訄書》的周樹人,還是對"夫子言性與天道,皆懵無所知"的錢玄同,章太炎哲學被學界的拒絕或許從他的弟子輩既已開始,更遑論其餘。如章太炎之夫子自道:"曲高則今人寡和,義精則古人寡倡。"②一個偉大的哲學家被時代所湮没,不僅是一個哲學家的悲劇,更是時代的悲劇,"吾亦能高咏,斯人不可聞",前者爲小悲劇,後者爲大悲劇,但哲學史的經驗告訴我們,百年以來影響之小,無礙千年之後的影響之大,"百齡影徂,千載心在,豈不痛哉"(章太炎引《文心雕龍》以自況,見《自述學術次第》),章太炎之著作原本就是寫給更久遠的歷史,藏諸名山而傳之其人。如果深入研讀以《太炎文録初編》、《太炎文録續編》、《太炎文録補編》、《訄書》(包括初刻本和重訂本)、《齊物論釋》、《國故論衡》、《檢論》等爲代表的章太炎哲學著作,天梯石棧,示我周行,其哲學見識會令大部分二十世紀後半期中國哲學的研究黯然失色,即便與三代新儒家相比,其見識也毫不遜色。當然,任何對哲學水平的高下相比毫無意義,我們只是通過這種方式呼吁應該重視章太炎哲學在二十世紀中國哲學發展史上的重要意義。章太炎學問遍及四部,博大精深,古今中西,兵醫法政、三教九流,莫不論及。以下,我們只能從哲學方面簡單總結一下章太炎的哲學遺產。

第一,章太炎哲學滲透着自覺的理性精神和去魅意識。章太炎稱近代社會爲科學昌明之世,在近代知識論、理性精神興起的時代,前現代的哲學必須經過理性的去魅才能真正對這個時代有所觀照。章太炎治學首先强調求是,甚至認爲求是比致用更重要,致用只有以求是爲前提才能真正地實現致用。佛教諸派中,法相學是最重視邏輯推理、名相(概念)分析、有認識論自覺的學派,現代文明應該是一個"彌勒主世(慈氏)"的時代,故以法相學爲莊子圓理(陳少明)可能是章太炎以佛解莊的第一義諦。《齊物論釋》至少在形式上將莊學變成一種"語必徵實,言必盡理"的理論科學。

第二,章太炎哲學具有縝密的理論周延性。《齊物論釋》以佛解莊真,真正地實現了其自詡的"使莊生五千言字字可解"(《自述學術次第》)的治莊抱負。在佛與莊的互相格義中,他言不虛發,以小學爲根基,以玄學致廣大,使得華梵之間的格義建立在堅實的基礎之上。其學真俗並建,以世間法與出世間法兩不相壞實現莊佛會通,實現對莊學與佛學的真正平章,比如强調莊子既通俗又明真,俗是真正的俗,故莊子以百姓心爲心,但莊子絲毫没有放棄真,故《齊物論釋》結尾强調"豪分有對,即翳垢猶在,而法身未彰也"(《齊物論釋定本》);莊學的究竟義還是要涅槃,輪迴只是方便法門,然而又强調方便法門很重要,甚至可以與究竟涅槃等量齊觀。

---

① 章太炎《自述學術次第》,《章太炎全集》(一九),第 495 頁。
② 章太炎《與吳承仕十六》,《章太炎全集》(一五),第 407 頁。

又比如，在《國家論》中，他一面强調國家如糞水一樣可惡，不必愛國，另一方面則又强調正如莊稼端賴糞水才能豐收一樣，愛國又具有必要性。爲實現學術論證的周延性，章太炎治學有着很强的自我批評精神，比如《齊物論釋》對《明見》篇否定莊子的自我批評，《菿漢微言》對自己論學而不守儀法的批評，《檢論》對《訄書》時代思想的批判，晚年以孔孟對自己之前崇尚莊佛的批評，反身批判、自我檢討是章太炎治學的一大特色。

第三，章太炎哲學一大特色是融會貫通。如《齊物論釋》可謂是莊學、佛學、西學之間互相格義，他將莊子的真宰、佛學的阿賴耶識、康德的原型觀念進行内在的會通，將莊子論夢、佛陀論夢、康德論夢、孔子做夢等進行内在的比較會通；《檢論》對釋迦、老子、孔子、顏回、莊子進行會通，將他們的一以貫之之道會歸爲無我，無我實爲忠恕之道的前提；《菿漢微言》對"域中四聖"的哲學會通，他判攝中國四聖爲大乘菩薩，其共同特質是斷所知障而不斷煩惱障。就其整體哲學而言，其問題意識處處彰顯着東方前現代時期哲學與西方現代性哲學之間的會通，值得注意的是，章太炎重視融會貫通而不廢縝密論證，大處著眼，小處著手，兵器一車，寸鐵殺人，這使得他的會通建立在堅實的文獻和義理之基礎上，其學説具有極强的説服力。

第四，章太炎哲學關心人類社會從本以來的最核心價值，即平等—自由問題。章人炎認爲一切世間法出世間法不過是平等問題，與平等相伴的孿生子則是自由，整部章太炎哲學特別是莊學詮釋學最後歸宿爲平等—自由問題。其平等觀包括民與民之間的平等、統治者與被統治者的平等（取消階級）、文明與野蠻之間的平等、民族國家或各文明體之間的平等、各宗教之間的平等，各種職業之間的平等……其自由則包括各文明體或民族國家的獨立自主，每個生命個體不被壓迫不被束縛的自由，每個個體運用自由意志的自由，每個生命個體勘破生死之關從而自主生死的自由、作爲義務倫理的道德自由……他的平等自由觀建基於佛學與莊學的基礎之上，與世俗的平等自由相比，"體非形器，故自在而無對；理絶名言，故平等而咸適"，建立在究竟實相意義上平等自由是究竟平等和究竟自由。

第五，章太炎哲學始終透顯着一種上學而下達的平民意識。章太炎哲學有一種類似"無知之幕"的前提預設，進入幕布之前每個人可能都是顛連無告的一介平民。他提倡民主而反對代議，因爲代議者可能只是達官貴人的代議者；他提倡佛學而反對涅槃，因爲對於廣大百姓來説涅槃就如黄河變清、高岸爲谷一樣幾乎不可能；他呼吁商韓之治而反對嚴刑苛法，地獄的鐵床銅柱成爲他的夢魘；他提倡學術獨立而又不得不建議學者首先要學會謀生，因爲只有自食其力才不至於成爲百姓的剥削者，即便這在今天幾乎是不可能的，但其論斷却令人警醒。章太炎哲學在宏大的理論叙事背後是平民主義的立場，"（平生）取於林下風者，非爲慕作清流，即百姓當家之事，小者乃生民常道"①，《自述學術次第》將其一生學風歸攝於斯。

---

① 章太炎《自述學術次第》，《章太炎全集》（一九），第508頁。

結　　語

　　今天這個時代,按照李澤厚的説法,是一個"思想家淡出,學問家凸顯"的時代,没有思想的學術正如乾嘉時代一樣蒼白。在這種蒼白的學術語境中回顧百年前的晚清民國,我們看到,東方元氣會注於康章兩脉,淋漓酣暢,跌宕起伏,思想之脉搏與時代之危局相磨相蕩,冷風熱血,優遊風議,所謂"國家不幸詩家幸,賦到滄桑句便工"(趙翼),詩人如此,哲人亦然。門人劉文典回憶章太炎在日本最後一次講莊子的情景:"有一天下午,章先生正在拿佛學印證《莊子》,忽然聽見巷子裏賣號外。有一位同學買來一看,正是武昌起義的消息,大家喜歡得直跳起來。從那天起,先生學生天天聚會,但是不再談《説文》《莊子》,只談怎樣革命了。"①劉文典此處所謂"章先生正在拿佛學印證《莊子》"之底稿或腹稿正是《齊物論釋》,我們看到,章太炎在佛學和莊學中既没有逃佛也没有逃莊,《齊物論釋》在周匝的學術論證中隱藏着對家國天下之深沉憂患。至此,我們不妨摘録章太炎先生《玉山吟社席上即事》(1899 年)一詩,以告此文之終結云爾。

　　　　　　　唾壺擊破轉心驚,彈指蒼茫景物更。
　　　　　　　滿地江湖吾尚在,棋枰聲裏俟河清。

　　[作者簡介] 李智福(1982—),男,河北井陘人。哲學博士,現任教於西北政法大學哲學與社會發展學院,副教授。主要從事中國古代哲學、經典與解釋、近代學術思想等方面研究。在《哲學研究》《哲學動態》《中國哲學史》《現代哲學》《諸子學刊》《中山大學學報》《鵝湖月刊》等期刊發表學術論文多篇。

---

① 劉文典《回憶章太炎先生》,《劉文典全集補編》,黄山書社 2008 年版,第 95 頁。

寫本意義與物態價值

——在北京"《方山子手稿四種》新書發布會"上的發言(摘登)

■ 洪文雄

（學苑出版社社長）

　　各位先生,各位同仁,大家下午好! 我是學苑出版社社長洪文雄。各位專家學者能在百忙之中參加方勇先生《方山子手稿四種》新書發布會,首先,我代表出版社對大家表示熱烈的歡迎和衷心的感謝!

　　學苑出版社一直堅持傳承和發揚中國傳統文化,致力於中華典籍點校整理、學術研究、傳播普及等各類成果的出版推廣工作,致力於爲學界同仁做好出版服務工作,多年來已得到各位同仁的關心與支持並建立了密切的聯繫。方勇教授是學苑出版社的好朋友,今天在座各位,還有各單位沒來的老師們,許多都是學苑出版社的老朋友和支持者,有些在二十多年前,我們就建立了緊密的聯繫。你們的信任和支持,是出版社難得的財富,學苑出版社今天能在出版等多方面取得一系列成績,離不開各位學界同仁給我們的支持。所以今天我要特別感謝方勇先生對我們出版社的信任和支持,也特意把大家邀請在一塊,在出版社共同舉行這次新書發布會。

　　方勇先生是《莊子》研究和子學研究大家,他的許多學術著作包括《方山子文集》都是在我社出版的。出版當代學術名家的手稿,這對我們出版社也是一個嘗試。手稿是一個時代的文化記憶,也是作者研究歷程的生動展現,《方山子手稿四種》原大彩色影印出版,我們既推介方勇先生的學術成果,也期望以之展現一代學人之治學風采。這批手稿原件目前已經入藏國家圖書館"名人手稿文庫",更爲本書的出版增添了光彩。在此,我代表出版社再次祝賀方勇先生的新書成功出版,同時也希望學界各位同仁繼續支持和關心出版社的發展,讓我們一起爲傳播中華優秀傳統文化以及增強中華文化自信做出一些貢獻。謝謝!

■ 戰葆紅

（學苑出版社總編）

　　尊敬的各位領導、嘉賓,各位專家學者,大家下午好! 今天,我們相聚在這裏,爲方勇教授

《方山子手稿四種》的出版召開新書發布會,非常感謝各位的到來!

我叫戰葆紅,是學苑出版社總編,也是方教授在學苑出版社出版的全部圖書的責任編輯。我與方教授是北大校友,相識於 2006 年,此後愉快地合作了十餘年,一同出版了 8 册的《莊子纂要》,後來又出版了 9 册的修訂版《莊子纂要》,還有《存雅堂遺稿斠補》《存雅堂遺稿集成》,《"新子學"論集》共 3 輯,方教授家鄉浦江縣的《浦江文獻集成》凡 286 册,以及目前已經出版 13 種的《諸子研究叢書》。與方教授的合作非常愉快,他廣闊的學術視野、對文化大格局與國家命運的深切關注常常令人感動。一起做一些對學界有益的事情,這是方教授與我們出版社一直以來的共同目標和前進動力。

2020 年 6 月,《方山子文集》在我社正式出版,精裝 31 册,包括方教授各類著作十九種,大致可分爲《莊子》研究、"子藏"、"新子學"、文化普及、地域文化研究和雜纂六個系列,可稱爲對方教授豐碩的個人學術研究成果及其對諸子學事業巨大貢獻的一次全面總結。該集自出版以來,在學界引起了很好的反響,故而我社徵得方教授同意,再次出版《方山子手稿四種》,收錄方教授主要手稿影印出版,包括《莊子學史》《莊子詮評》《南宋遺民詩人群體研究》《方鳳集(輯校)》四種,手稿原件共 4 000 餘頁,總重量凡 30 斤。這批手稿反映了方勇教授治學生涯中前期的主要成就,手稿中的塗抹修改痕迹是其精益求精治學態度的充分體現。《方山子手稿四種》可與《方山子文集》相得益彰,讓讀者更好地了解方勇教授學術發展的過程與概貌。該批手稿原件已被國家圖書館"名家手稿文庫"收藏保存。

學苑出版社和我都非常榮幸能出版方教授的著作,也希望方教授能夠將更多著作放在我們學苑出版社出版,更希望在座各位嘉賓在我社出版大作。在這裏我代表學苑出版社感謝方教授,以及華東師範大學對我社學術出版工作的大力支持,也再次感謝各位嘉賓的到來!

■ 方　勇
(華東師範大學中文系教授、先秦諸子研究中心主任)

各位專家、各位學者,下午好!今天大家在百忙之中來參加這個新書發布會,我表示十分感謝!這批手稿的出版經歷了一系列過程,剛才戰葆紅總編已經進行了簡單介紹,實際上我需要講的也幾乎是這些話。

2020 年 6 月,《方山子文集》出版,我們在國家圖書館召開了一個發布會,社會各方面反映比較好,所以學苑出版社規劃繼續出版我的手稿,我當然是支持的。去年 10 月,國家圖書館副館長張志清先生當面與我商量,是否能將手稿捐獻給國家圖書館收藏保存。張志清先生當時説,他們第一批收藏的是魯迅的手稿,第二批是梁啓超的手稿,第三批是聞一多的手稿,我這裏是第五批了。我覺得這是非常好的一個機會,就答應了。但是因爲疫情,直到前兩天,這批手稿才送到國家圖書館,正式簽訂協議,並舉辦了一個捐贈儀式。

對於捐贈手稿,我心裏其實還稍微猶豫了一下,因爲對於這些手稿,我是比較珍視的。我不是什麼名家,但這些稿子寫出來很辛苦,那時候一年最多只能寫 10 萬字,還要不停地謄抄草稿、打印校對。後來我把十餘年的手稿收集整理,還上秤稱了一下,發現剛好是 30 斤。2001 年用電腦寫作以後,速度能增加一倍多,一年可以寫出 20 多萬字,所以不可能再回過頭來用筆寫了,用手寫的只有我的日記了,這也等於我不再有新的手稿。所以對待這些手稿,我真的很珍惜,還特意從浙江老家托弟弟定做了一個很大的樟木箱子來保存,避免今後丟失了。這批手稿捐出去以後,我手上就沒有我著作的手稿了。我記得前天捐完手稿,我還站在手稿前面好好地摸了摸它們,想到以後摸不到這些辛苦寫成的手稿了——我對這些手稿,是真的有感情。這些捐出去的手稿,跟今天出版的這套書內容是完全對應的,我還可以在出版的書裏看一看手稿的影印件,這麼一想,那手稿捐出去我也能接受了。手稿的捐贈大概就是這麼一個過程。

這些手稿從我碩士畢業開始寫,一直寫到評上教授以前,一共寫了 30 斤稿子,捐出去以後,我還老在想這批稿子,所以真的是有感情的。大家現在寫文章都不用筆寫,傳統的書寫模式發生了改變,所以手稿能被保存一點下來也是好的,相當於綫裝書,清末以來就沒有了,所以保存一點比較古老的傳統綫裝書也有點意義。出版這批手稿,我也是很猶豫的,跟戰葆紅總編也說過幾次,出手稿的一般都是比較有名的學者,我也沒做出什麼成績來,影印出版這些手稿大概不太合適。大約猶豫了一年時間,最後我還是答應了,因爲現在如果不出版,可能以後就懶於再出版了,這是我出版手稿的原因。影印出版手稿成本很高,實在很不容易,這批手稿是彩印出版,成本就更高,現在《方山子手稿四種》問世,確實應該好好感謝學苑出版社和戰葆紅女士。

昨天晚上北京大學張雙棣教授與我聯絡,他因爲多種原因來不了現場,但他表示:“《方山子手稿四種》影印出版,這是學術界的一件大喜事,這部著作與《方山子文集》相得益彰,且更具有一種學術的親切感,更能體味到方教授的治學精神。”我覺得“大喜事”算不上,但從影印手稿中確能看出書寫者細改塗抹的過程,使讀者能有一種親切感,這可能是這批手稿出版最有意義的地方。

我就講這些,謝謝大家!

■ **文貴良**

（華東師範大學中文系主任、博導）

尊敬的各位領導、各位嘉賓,大家好! 首先,請允許我代表華東師範大學中文系,熱烈祝賀方勇教授的《方山子手稿四種》新書出版。前幾天,舉辦了方勇教授的手稿被國家圖書館收藏的捐贈儀式,在此也熱烈祝賀方勇教授的 4 000 頁手稿被國家圖書館收藏! 借此機會,衷心感謝學苑出版社的洪文雄社長、戰葆紅總編以及參與編輯的所有工作人員! 謝謝你們爲此付出的辛勤勞動! 同時,衷心感謝今天撥冗參加座談會的綫上綫下的專家學者!

前年,2020 年 10 月 11 日在國家圖書館舉辦《方山子文集》新聞發布會,那時上海疫情不嚴重,我是到會議現場致辭的,那也是我被任命爲系主任後做的第一次致辭。我在致辭中談了我對方勇教授學術研究的粗淺認識：方勇教授的學術研究三位一體,底層是廣博的文獻整理,中層是獨特的闡釋創見,頂層是開放的文化關懷,三者形成了他"新子學"構想的學術大廈。方勇教授"新子學"的學術構想,是譚嗣同、梁啓超、章太炎等晚清學人在中西文化碰撞中所開始的中國文化創造性轉化的延續,是探索中國學術話語主體性問題的積極嘗試。

去年,也就是 2021 年 10 月 11 日,爲了慶祝華東師範大學建校 70 周年和華東師大中文系建系 70 周年,我們中文系與華東師大圖書館和國際漢語文化學院聯合舉辦了華東師範大學作家與批評家文獻展,展出了許杰先生、徐中玉先生和錢谷融先生等學術名家和格非、李洱等著名作家的手稿、照片以及書籍等珍貴文獻。那一件件文獻資料,綻放出時代的光輝、煥發着個人的生命,一定程度上展現了華東師大中文系學科在七十年風雨烟雲中不斷壯大的歷程!

今天,在電腦普及化的時代,手寫文字資料越來越少,而成規模的手寫文字資料更爲珍稀。方勇教授的手稿,規模大、成體系、書法精美、學術含量高。《方山子手稿四種》的出版,具有重要的學術意義和現實意義。小而言之,爲我們華東師範大學在作家文獻和批評家文獻兩個系列之外,開闢出了學者文獻的系列,爲我們學校的文獻藍圖添上了濃墨重彩的一筆;大而言之,爲二十一世紀中國學術界留下了珍貴的文獻資料,成爲上世紀改革開放以來中國學者取得豐碩成果的物質見證。

最後,祝方勇教授手稿越寫越多,先突破一萬頁! 祝方勇教授身體健康、學術長青!

■ 李炳海

（中國人民大學中文系教授、博導）

非常榮幸出席今天的發布會,也向方勇教授表示祝賀,這是一件大喜事! 古代文人從司馬遷開始,對自己的著作都是非常珍惜的,所謂藏之名山,傳之其人,這是歷代中國古代學人的一個理想。對於方勇教授來講,現在已經開始走到了這一步,我也爲此感到高興。出版的《方山子手稿四種》,除了《方鳳集(輯校)》之外,其餘三種書我手邊都有,感謝方勇教授的慷慨惠贈,我讀過之後也感到受益匪淺。他點校的《南華雪心編》《南華真經義海纂微》等等,都是我平時經常翻閱的重要參考書。

在這個網絡時代和手機時代,要出版手稿很不容易,所以我也對國家圖書館、對學苑出版社給予的支持感到很溫暖,這是對我們古代文史工作者的一種激勵,證明我們的工作還有價值。已經出版的手稿和鉛字的圖版,它們的價值是不一樣的。比如説《章太炎全集》出版之後,它的整理者往往提到這位前輩的手稿原來是如何寫成的,後來又是怎麼修改的。我相信我們在讀《方山子手稿四種》的時候,也會從其中的斟酌取捨和反復琢磨中體會到做學問的精細與艱辛。不但我們會從中受益,後人也會受益,因爲讀手稿和讀打印文稿的感覺是不一樣的。

我手頭時常翻閱的手稿只有一部,就是張亞初先生的《商周古文字源流疏證》,一共是四本,一翻這套書我就又找回了過去的感覺,這可能也是一種戀舊情結,但不管怎麼樣,這種感覺是與讀打印書籍不一樣的,所以能够出席今天的大會也是我的榮幸。最後説明一下,我實際是名副其實的"網盲",因爲我不會上網,也不會電腦,只好讓夫人來給我操作,那我就借船出海。最後再次表示祝賀,謝謝大家!

■ 孫明君

（清華大學人文學院黨委書記、博導）

真的非常高興,方勇先生也是我的老同學、老朋友,從以前在北京大學讀書的時候,到現在都是同學。今天看到方勇先生取得了更高的成就,不僅出版了那麼多的著作,而且他的手稿現在由國家圖書館收藏,由學苑出版社來出版,對於我們這些學者和朋友來説,都是一件值得非常高興的事情。

方勇老師這一批手稿主要是對於《莊子》的研究,方勇老師在學術上起步的時候,也是從《莊子》開始起步的。他自碩士時起,長期致力於對《莊子》的研究。我自己也是非常喜歡《莊子》的,我在碩士的時候也寫過《莊子》,但是我後來就離開了《莊子》,方老師一直都在《莊子》這個領域堅持耕耘,所以我對方老師非常佩服,一直向他學習。他完成的這些著作,對於我們這些學習《莊子》的人來説,都是必讀的。

我一直到現在寫有關《莊子》的文章時,首先第一步先讀《莊子》的書,先讀方老師的書,然後再來看一看學術界有哪些研究。但是方老師非常難能可貴的一點是,他沒有停止對《莊子》的研究,他後來又進一步地轉向諸子學,上到了一個更高的領域。他從一個《莊子》研究的領袖人物,後來成爲全國的諸子學研究的領袖人物,這對於學術界的影響是非常大的。我感覺到我在方老師後邊一直都是望塵莫及,一直都是追着方老師跑,但方老師跑得越來越遠,我越來越跟不上。這次看到方老師的手稿也能够出版,就像剛才李老師所説的,我們可以讀到方老師正式出版的著作,以及他的研究過程。現在,我們也可以看到方老師在他的手稿上是怎麼修改的,有些話進行修改之後,對於後學研究來説也是非常重要的,我自己也是對此非常好奇,也想要早日能够看到方老師的手稿上面是怎麼寫的。總之,作爲老朋友,我對於方老師手稿的出版和被收藏都感到非常高興。

我再次向方老師表示熱烈的祝賀,謝謝!

■ 杜澤遜

（山東大學文學院院長、博導）

各位老師、各位專家,尊敬的方老師,剛才聽介紹,有好幾位都是非常熟悉的老師,就不再一一問候了。方勇教授是非常著名的學者,關於《莊子》研究、南宋移民詩人群體研究都有多種著作,諸子百家文獻的整理研究也已經出版了大量成果。方老師是一位非常勤奮,成績非常大的先生。他這次把手稿四種捐給國家圖書館收藏,同時學苑出版社影印了這四種手稿,有《莊子學史》《莊子詮評》《南宋遺民詩人群體研究》《方鳳集(輯校)》。在方勇先生的諸多成果當中,這四種著作都是非常好的,有一定的代表性。根據介紹,手稿有 4 000 多頁,30 多斤,這些都非常寶貴,剛才方老師介紹説把手稿捐出去,他用手摸了摸這些手稿,手裏頭就没有這些著作的手稿了。我想方老師對手稿的感情是非常深的,因爲一頁一頁、一字一字來寫,來思考,來醞釀的過程,它是方老師智慧的結晶、勞動的成果,因而非常不容易,非常地寶貴。

剛才有老師提到,我們現在時代變化非常大,從中國開始有書,祖祖輩輩讀書都是翻書,到了我們這個時代,變成了數據庫。需要找材料的時候,翻書速度非常慢,用數據庫就能又快又全,大大縮短了研究寫作的周期。除了一般性統計之外,對材料進行分析還需要人工完成。總的説來,分析的過程還是没辦法由電腦完成的,但是資料庫會大大地縮短研究、寫作的周期。那麽由持續兩三千年的翻書變成了查資料庫,之前跑圖書館,爲了查書要出差,海外的書既不知道有没有,知道了也拿不到,這些情況很多人都有記憶。現在有了國際互聯網,像哈佛大學、日本東京大學、京都大學,還有早稻田大學,它們的文庫都把珍貴的書挂出來。國家圖書館第一批挂了 16 000 種善本書,我參加了這個會議,我非常高興,非常感謝有這樣一些圖書館願意把書挂出來供讀者使用。無論從技術上,還是從其他層面,把書挂出來都已經没有障礙了,但是我們絶大部分的大學圖書館都不願意挂出來。我想這主要是不捨得,現在國家要我們創辦一流大學,從這個認識出發,就覺得看人家的很方便,而自己的不想往外挂。在這個境界上,離一流大學還有很大的距離。

另外就是書信,以前名家的信劄非常寶貴,而現在早就寫電子郵件、寫短信、寫微信,不再寫往郵局郵筒裏投的手寫信件了。在大概二十年前,我讀在職的博士,英語老師是外國的老教師叫勞意斯,他的課我一句也聽不懂,但是每節課都要去,這是個信義。老師經常要求寫作文,有一次我交了一篇作文,這個作文的題目叫"Email",我在作文裏寫,現在寫電子郵件不寫信了,但是全世界的博物館收藏的都是手稿而不是 Email,Email 便捷又經濟,但是它不是手稿,這種手稿的消失還是有一定的遺憾的。我就想到了"無可奈何花落去",我不會用英文表達,我查詞典發現上面有個對應的成語,"followers will die, do what one may",我就把它抄上了。我的這位英語老師勞意斯非常高興,就在課堂上念我的這篇作文。我想這是二十年前的事情,我們現在不是寫電子信件,而是發微信,將來是什麽情況也很難去想象了。

方勇教授説他還在寫日記,那應該是手寫的日記。我寫日記也是在 2000 年以後的事情,2000 年以前在北京參加《四庫存目叢書》,和羅琳先生朝夕相處。那個時候没有記日記,2000年以後開始在小本子上記日記,直到現在我也在記,記的量也比較大了。另外我也保存了很多朋友的來信,那個時候自己往外寫的信覺得可以保存,但是複印一頁需要兩毛錢,捨不得,就基本没有複印。那麽保存的都是朋友的來信,羅琳先生的信我一封不落都留着,這些師友的信件有一大箱加一小箱。但是後來就收不到手寫的信了,我自己也不寫了。

所以這個變化可以説是兩三千年以來巨大的變化。這個變化直接涉及我們的寫作和教學工作,包括圖書館編目工作的生存狀態。我感覺這個變化絶不只是一個外表形式,它直接涉及我們的思維模式。從這個角度説，方勇教授4 000多頁的手稿是絶好的紀念手稿，因爲我們幾千年的寫手稿的時代，受到數字化、國際化、信息化等新形式的衝擊，基本上要終止了。手稿的意義不僅僅在於手寫，不是説手寫了就有意義，當然手寫本身具有意義。但這是知名學者有學術含量的手稿，加上系統的深厚的學術内涵，它的意義更大。學苑出版社把它影印出來，在流通方面讓更多的讀者能够看到這部書，將來出現了電子版的影印手稿，流通就更廣泛了。出版的一個巨大好處就是固化，手稿經過編輯精心地做編輯工作、排版工作，成爲合法的、有書號的出版物，它就固化了，出版物和手稿的原始狀態還是有差距的。

我和羅琳先生參與整理以前的影印書的時候，許多人認爲影印書就是照相出版，其實影印書和原書之間還有相當的距離，這並不是説影印書被我們篡改了。但是影印書要經過很複雜的整理過程、鑒定過程、著録過程才能呈現給我們的讀者。所以這個影印手稿它不是一個非常簡單的過程，也要經過比較複雜專業的編輯印刷過程，還要考慮裝潢這些重要問題。

方勇教授這四部書的手稿原件保存在國家圖書館，同時被學苑出版社精心出版，在文化上是一種貢獻。對方勇教授的這種做法，對國家圖書館的收藏，對學苑出版社的出版，我向這三個方面都表示致敬。我要説的就這些，謝謝！

■ **馮國棟**
（浙江大學文學院院長、博導）

各位先進，各位同仁，大家下午好！非常高興也非常榮幸有這樣一個機會來參加方老師的《方山子手稿四種》發布會。首先還是對方老師表示祝賀，雖然方老師這些書已經正式出版，但是現在以手稿的形式出版還是有別樣的意義。方老師是我們浙大文學院的杰出校友，我們也感到非常榮幸。第二個是表示欽佩，剛才戰總編説了，方老師全集有十九種著作，他今年也給我們贈送了一套全集十九種著作。十九種著作本身就是一個非常大的體量，現在還有4 000多頁，30多斤的手稿，我覺得這體量讓我非常震撼，我對方老師的工作表示欽佩。

我們這一輩人其實已經很少有手稿，但是我們古籍所的束景南老師，他的《陽明年譜長編》也是全部手寫的，現在也有出版社要來幫忙把它出版。還有杜澤遜老師《四庫存目標注》的手稿我也見過。我看到這些前輩學者的手稿，我就想起傅杰老師曾經説過一句話，他説："相形於老一輩，我們其實没有怎麽'讀'過書！"我想套用他這句話，那就是："相形我們的前輩，我們根本没有'寫'過什麽書！"

剛才杜澤遜老師也講了，其實對於我們做古籍的，做書籍史的人來説，我們確實處於一個非常大的變革時代。我説這個變革有兩方面的意義：一個是我們載體的變革，就是紙和電子介質的變革。我們知識的載體從三千年來的有形介質變成了無形的介質，這種介質是非常抽象的，這個介質不再是一個可見、可觸、可感，甚至可嗅的載體，它完全變成一個非常抽象的載體，這是第一個變革。第二個變革，我想就是手寫和電腦書寫的交替，或者説我們由非常具象的書寫，變成了一個非常抽象的書寫。我們以前的書寫是可以控制而且具象的，我們在寫的時候它就呈現在我們的眼前了。但我們現在的書寫就變成了一種非常抽象的書寫,我們首先要把它編成一個碼,然後電腦再將這個碼變成一個圖像。可以説,這是一個二次書寫的過程。以前的書寫是一次性的,所寫即所見;現在的書寫是二次性的,所寫非所見,中間要經過一個轉換的過程,我們甚至不知道這個轉換過程的機制是什麽。所以説,書寫方式由一種直接的書寫變成了一種非常間接的書寫。載體的抽象性與書寫的抽象性二者叠加,形成了現在知識生産不同於以往的特點。

這些書寫形式的變化和載體的變化,我覺得它的連結點就在手稿上,手稿既依存於紙這種"老舊"的載體,同時它的書寫方式也是非常傳統的。隨着上述兩個變革的加劇,我想手稿會成爲一種越來越珍稀的東西。所以對於我們這一輩學者來説,基本上就沒有手稿了。我在碩士階段寫論文的時候還曾經用手寫過,但是博士階段以後就再沒有手寫的東西了。所以我覺得手稿是非常珍貴的東西,也是一個見證我們時代變革的東西。我前兩天聽了一個故事,説是著名作家麥家的鍵盤被拍賣,其實這也是一種風尚的變化,也是一種我們書寫形式變化的非常重要的表徵。

當然剛才杜澤遜老師也講了,在研究過程中因爲電子介質的介入,我們研究確實變得非常便捷。但我覺得在便捷的同時,我們失去了兩個東西:一個是失去了温度和温情。我記得我博士論文寫好之後,我的論文當然是電子本,打印好之後交給我的博士生導師陳允吉老師。陳老師寫了二十多頁的評改意見,書稿上紅字滿篇。我拿回來之後非常感動,感覺這是老師心血的凝聚。當然,我現在也給學生改論文,但都是在 Word 上用修改模式改,改完之後可能也是紅紙滿篇,但是我已經感覺不到那種温度和温情了。就像剛才杜澤遜老師説的"無可奈何花落去",它確實變得沒有温度和温情。另一個就是我們失去了書稿的"版本"。我們現在的電子書寫,其實沒有幾稿的觀念了。儘管我們會在 Word 上存稿,有記録是 2002 年 7 月 6日寫的,這是 2002 年 8 月 6 日寫的,這是 2004 年的 7 月寫的,每次改動我們都會保存,但是我們不可能把所有改的過程存下來,這確實是一個非常遺憾的事情。

我們都知道一個故事,黃庭堅在開封大相國寺的書攤上,買到了宋祁《新唐書》的一個稿本,據説黃庭堅的作文水平就此大大提升了。爲什麽他作文的水平大大提升了呢? 就是因爲宋祁的手稿上有他的一些塗抹痕迹,黃庭堅從這個手稿上獲得了作文之道。我想方老師的手稿出版,能讓更多的人看到方老師文章的修改過程,也會讓更多的學者學到方老師的作文之法。

這就是我想要説的。好,謝謝大家!

■ 馬世年

（西北師範大學文學院院長、博導）

方勇老師的《方山子手稿四種》出版,我首先代表西北師範大學文學院向方老師表示熱烈的祝賀! 這是一套"熟悉"而又"特别"的書。説它"熟悉",是因爲其內容我們很早就接觸過、學習過,了解其中的思想主張與學術貢獻;說它"特別",是因爲它又不同於普通的學術著作,是數字時代依然保留着的作者手迹。我們讀它,更多是試圖走進一位學者早年的著述歷史與學術場景,真可謂是"書卷多情似故人"。一句話,我們由此可以了解方勇老師更爲豐富的精神世界。

剛才,幾位先生都充分肯定了方勇老師的學術成就,特別是在諸子學方面的貢獻。我的理解,方老師的《方山子手稿四種》,其價值與意義主要有三個方面:

一、學術歷程的真實見證

方勇先生是一位特別勤奮,也非常高産的學者,著述豐碩。此前,他已經出版了煌煌巨著《方山子文集》,凡 31 册,共計 19 種著述,1 600 餘萬字,包括《莊子》研究、《子藏》、"新子學"、文化普及、地域文化研究和雜纂等 6 個系列。其中,他最爲學界所知的《莊子》研究系列有《莊子詮評》《莊子學史》《莊學史略》《莊子纂要》《莊子書目提要》《莊子十日談》《莊子今詁》等 7 種,代表了《莊子》研究的前沿成果。可以説,《方山子文集》幾乎涵蓋了方老師迄今爲止的全部學術成果。而本次出版的《方山子手稿四種》則包括《莊子學史》《莊子詮評》《南宋遺民詩人群體研究》《方鳳集(輯校)》,是方老師早些年學術著作的手迹,也是他早期學術研究工作的真實再現。

這樣看來,這兩部書的特點就很明顯了:就方老師的研究而言,《方山子文集》見其"全",而《方山子手稿四種》則見其"真"。這個"真",就是作者研究過程與寫作情境的真實。戰葆紅總編説:"其塗抹修改痕迹是其精益求精之治學態度的充分體現,可與《方山子文集》相得益彰,讓讀者更好地瞭解方勇教授學術發展的過程與概貌。"《方山子手稿四種》就是對方勇老師早年學術歷程的真實見證,這也是其作爲物質樣態所具有的特別價值。

二、學者個性的親切展現

手稿也是對學者個性一個很好的展示途徑。個性是一位學者獨具魅力,也特別可貴的方面。這種學術個性有三種體現:一是日常中的側面,二是著作中的側面,三就是手稿中的側面。認識一位學者,可以通過這三個側面得到更爲立體,也更爲深層的理解。

所以,我們在日常生活當中所看到的是方勇老師日常中的側面———一位豪爽熱情的師友;我們讀《莊子學史》等書所看到的是他著作中的側面———一位嚴謹思辨的專家;而今天我們從《方山子手稿四種》當中所見到的則是他手稿中的側面,是方老師早年的學者形象與學術側影,這也是大家此前關注較少的。

特別要説到的是,手稿所體現出來的方老師的學術自信,這是平常不太容易看到的方面。方老師對於自己所從事的研究工作是充滿信心的,因而也是全身心投入的,他將其當作自己畢生的事業。這一點通過翻閱《方山子手稿四種》就可以感受出來。從手稿中,我們所看到的是他對於學術的執著、堅持以及熱愛,從而感受到二十多年前方老師治學時熱情、專注的狀態。而且,這些手稿如此完整地保存下來,也是難能可貴的,可以看出方老師的用心。在電腦寫作之前,大家基本都是通過手寫形式來寫作的,手稿其實並不大被關注。而這二十多年來,隨着電腦寫作的普及,書寫形式發生了巨大的變化,傳統的手稿已經完全被電子文稿所替代,以前的手稿在數字媒介的變化面前也大多"雨打風吹去",能夠保存下來的並不多了。這樣看來,方老師的手稿能夠完整保存並被國家圖書館收藏,也正體現了他對於自我學術工作的珍愛與信心,是一個"有心人"。

三、寫本學意義

《方山子手稿四種》還體現出了特別的寫本學意義。傳統的文獻形態,有銘刻、寫本、印本以及電子文本等不同的形式。而我們今天所說方老師的手稿,就是一種典型的寫本。它儘管已經影印出版成爲專書,但本質上還是寫本的形態。我們知道,寫本不同於以前的刻本,也不同於現在的印刷本,它的文獻價值更多體現在獨特的手寫意義上。每一個寫本都是一種情感、溫度、故事的綜合體現,用伏俊璉老師的話說,每一種寫本實際上就是一個有機的生命綜合體。我們閱讀學者的手稿,所感受到更多的就是蘊含於其中的情感與溫度。

方老師前面專門講到了《莊子詮評》一書的寫作。他說:"《莊子詮評》開筆於 1987 年 7月,經過將近四年的不懈努力,最終形成了 80 萬字的初稿,隨後陸永品先生精心修改一過,我又在此基礎上作了一些推敲、增删。今所見字勢規整、筆致清新的朱筆,即爲陸永品先生手迹,其他朱字或塗改之處則爲我的筆迹。"我想,這些字裏行間所存留的信息就是手稿作爲寫本的獨特價值。我們從中能夠看出這樣一個寫本所凝聚的研究者的信息:他工作的過程、所付出的具體的勞動、研究者的合作與深度的交流等等。這也就是我們在閱讀寫本時感受到的情感、溫度和學者故事。

重視手稿、收藏手稿、保護手稿、研究手稿,就是通過追尋思想軌迹,來觸摸書寫歷史,保存文化記憶。更重要的是,從手稿手迹可見寫作者的心迹。一句話,就是發掘其寫本意義。譬如,我們可以通過《方山子手稿四種》,看方勇老師在研究過程中,何時思緒流暢,何時猶豫反復以至於修改塗抹——這些信息是《方山子文集》那樣的排印稿無法呈現的,也是我們不能忽視的。

此外,《方山子手稿四種》對於當下的漢字書寫也有着特別的意義。在今天這樣一個數字化的時代,漢字書寫已經被輸入法所替代,漢字的書寫正成爲一項面臨危機而日漸衰微的技能。尤其是對於中小學生而言,漢字書寫的嚴肅性不斷遭到挑戰——語音輸入、文本打印等成爲常態,而手寫形式越來越少。這也是當前漢字傳承當中非常嚴重的問題。如何應對這種危機? 我想,除了學校課堂、各類書法課程以及"漢字書寫大賽"等努力之外,還應重視另一種有效的途徑,那就是書寫示範的作用。對於學生來說,那些書寫認真、書法精美的書寫作品,本身就是很好的學習對象,具有範本的價值。要讓學生通過書寫範本的閱讀與學習,領略漢字書寫之美,發現日常書寫的意義,《方山子手稿四種》就有着這樣的作用。進一步說,在這個幾乎要完全數字化的時代,我們總要留給自己一些私人化的記憶——漢字書寫就是這樣的個性記憶。

最後要說的是,方老師對我們學校幫助很多,對我個人也關懷良多。現在他的《方山子手

稿四種》出版,我在欽佩之餘,更覺親切。再一次向方老師表示祝賀！也向國家圖書館、學苑
出版社致敬！

■ 李若暉
（中國人民大學國學院教授、博導）

　　謝謝各位專家學者！首先要向方老師表示誠摯的祝賀,也向學苑出版社表示感謝。手稿
應該說是一個非常重要的中國傳統文化的物質形式。但是方老師應該是以手稿寫作的最後
一代,他處在這樣一個文化轉型的過程當中,親身經歷了從寫手稿到電子寫作的轉型過程。
像我們現在都是用電腦寫東西,我讀研已經是 90 年代了,碩士論文就是用電腦寫的。現在都
是速食制文化,不要說沒有手稿,比如說像我現在出書發文章的清樣,我都是把需要校改的那
一頁掃描了,再用圖片修改模式在上面做修改。比如說要改哪個字,打一個圈,然後一條綫引
出來再改,全部都是修改模式做出來的,電子版直接發過去,當天就可以把問題解決掉。這樣
的話不但沒有手稿,甚至連清樣都沒有紙本。

　　所以現在感覺真是時代不同了,在我們所做的這個行當,也就是人文學術,更準確地說是
人文和藝術,它應該說是人類的"人之爲人"這種思想最後的守護者。但是現在我估計大概只
有畫家還在用手拿着筆畫。我們學術上的形式改變並不只是個人寫作方式的簡單改變,實際
上這是一種慢文化的消失。因爲像我們這種人文學科和其他很多學科不同,和理工科不同,
和社會科學也不同,這些學科年輕人是出成果的主力。當然我們現在這個行業也差不多這
樣。一般來說特別是我們做古典的,把那些書讀完都至少要十年二十年,那麼你真正能够進
入創作期的話,其實應該是中年以後。所以你看當年黃侃先生五十歲之前不寫書的,爲什麼？
就是因爲他覺得積累不够,所謂"觀天下書未遍,不得妄下雌黃"。但是我們現在用大數據找
資料看看論文,任何一個年輕人一上來就可以洋洋萬言,寫本書幾十萬言,一年一本書都沒有
問題,更不要說一年寫多少篇文章,現在有的年輕學者一年二三十篇文章都是沒問題的。那像
這樣的一種快文化,實際上就是數量消滅品質,技術消滅了思想。所以我也在想,我們這個行當
如何來堅守一種文化,一種思想,我想如果能在某種程度上恢復慢文化應該是可以的,當然這也
只是一個空談,就是說恢復到慢下來的文化只是個夢想。但是恢復到這樣一種腦袋帶動手,而
不是手帶動腦袋的時代,才是我們這個學科真正的使命所在。我就講這麼多,謝謝大家！

■ 于雪棠
（北京師範大學文學院教授、博導）

　　各位專家學者,大家下午好！這裏我特別感到榮幸能參加方勇老師這套書影印出版的發
布會。我是後輩,一直在學習方老師的著作。最近幾年也在做《莊子》研究,所以方老師的書
我經常讀,尤其是《莊子學史》和《莊子纂要》。手稿的出版是件特別好的事情,向方老師表示
祝賀！我對學苑出版社也充滿敬意,這是一個功德無量的事情。手稿具有收藏的意義,入藏

國家圖書館充實了他們的"名家文庫"。正如方老師所説,手稿捐給國家圖書館以後,他和自己的作品都再難碰面,我們一般的讀者就更難見到了。那麽,這個影印版的出版就顯得非常有必要,也非常有價值,它便於傳播,能讓更多的人看到並學習。

對方老師個人而言,這套書的出版是一個學術階段性的總結。對我們學術界的人而言,尤其對像我這樣的晚輩,還有我學生以及以後的學子,它的價值是非常大的。手稿目前剛剛發行,還没有廣泛地爲人所知,隨着它的傳播,其意義會逐漸顯現出來。

從文獻學角度看,我有一個直觀的感受: 如果四種手稿各自單獨出版,與它們同時出版還有所區别。同時出版集中呈現了方老師在不同階段的學術研究,有在河北大學的,有博士後期間的,有在上海任教期間的,時間段很長。那麽,從中可以看到一位非常優秀的學者在不同時段的研究方向、研究的問題及思考的過程,這是四種手稿合在一起出版的一個意義。

從學術傳承和學者合作的角度而言,這四種手稿還有自己的特色。其中有一套是《方鳳集》,作者是方老師的先祖,這就具有家族學術傳承的意義。《莊子詮評》手稿,還有陸永品老師的修改痕迹,從而能看到兩代學者的合作。《南宋遺民詩人群體研究》中有一部分是方老師的夫人謄寫的,可見學術伉儷的合作。

從學術史的角度而言,方老師這套手稿的出版也具有特殊的意義。剛才幾位老師都談到,我們現在都是電腦寫作,電腦寫作和以前手工書寫相比,是基本學術生産方式的一個巨大改變。方老師這 4 000 多頁、30 斤重的手稿,就是時代轉變的歷史見證品,因而格外珍貴。

發布會開始之前,我和冷衛國老師一起欣賞,我們都説方老師的字也特别好,秀逸雅正,除了學者風範之外,還有很鮮明的文人氣息。在手稿當中能够看到更多在印刷本中看不到的内容,這對我們晚輩具有特别大的激勵作用。

總之,手稿及其影印出版具有多方面的意義。

■ 冷衛國

（首都師範大學文學院教授）

我特别榮幸能來參加這樣一次發布會和座談會。因爲和方老師認識很多年了,1998 年方老師當時還在北大做博士後的時候就認識。昨天下午接到方老師的電話,邀請我參加今天的會議,我當時就表示了感謝。謝謝方老師給了我這樣一個學習的機會。

通過今天這樣一個機會,我主要表達兩層意思。第一層是向方老師致敬,第二層是向出版社表示祝賀。向方老師致敬,是因爲方老師這些年一直在做《莊子》研究和"新子學"的體系構建方面的工作。方老師是著名學者,也是學界的一個旗幟性人物。我個人也拜讀過方老師的博士論文,還有方老師贈給我的《莊子學史》。每當我拜讀方老師的論著時,我都深受教益。

同時向學苑出版社表示祝賀。剛才我和于老師翻看了方老師的手稿。我認爲學苑出版社在選題上眼光非常獨到,做了一件功德無量的事情。因爲手稿是不可再生的、獨一無二的學術資源,以後確實就再也没有了。另外這個手稿集的印刷也特别精美。雖然是影印的,但從中可以看出編輯人員、編輯團隊工作態度是非常認真的,付出了很多的辛苦。因爲在影印的過程中很容易出現倒頁、錯頁的情況。在此也向編輯團隊表達我的欽佩之意。

這部手稿的出版,我認爲有三個方面的意義。第一個方面的意義,對作者方老師來説,他的手稿通過出版可以得到形態的固化,通過固化以後,這個手稿可以化身千百,從而得以更好地保存。第二個方面的意義,對出版社來説,手稿是獨一無二、不可再生的,而且這種資源會越來越少。我認識一個很好的朋友,他是國內翻譯日本文學最有名的翻譯家,他説他從不用電腦。我問他爲什麽不用電腦?用電腦寫作速度也快,修改起來也方便,稿子交給出版社,出版也方便。他説:"我不會用電腦,這不是我的劣勢,反而是我的優勢。有朝一日,我的手稿價值,就是獨一無二的。"第三個方面的意義,對讀者來説,讀者讀手稿和讀鉛字的感覺是不一樣的。通過手稿,看到方老師書寫的文字,看到他的塗抹的痕迹,從中可以看到方老師整個思維運作的過程和學術研究的態度等等,所以手稿具有更爲立體化、多面性的效果,而鉛字都是一樣的模樣。當我們看方老師的手稿時,撲面而來的是一種書卷氣,一種文人氣,而且是屬於那個年代的一種書體。魯迅先生講過,如果要寫作文,最好的方式是找到名家的手稿,而且是不同的手稿。然後從他修改的痕迹進行揣摩,來反推這個作家寫作的過程。所以我認爲學苑出版社出版的方老師手稿,給我們提供了研究中國經典的一個範本。我們通過這樣一個範本,可以看到方老師學術的歷程、寫作的風格等等。因此,我認爲方老師手稿的出版,從作者、讀者、出版社三方來説,至少具有上述三個方面的意義。

最後,再次向方老師致敬!

■ 張洪興
（東北師範大學中文系教授、博導）

各位領導、各位專家、方老師,下午好!首先祝賀方老師《方山子手稿四種》出版。近兩年來,方老師先是出版了 31 册的《方山子文集》;前幾天經過方老師整理,魏際昌先生的《紫庵文集》得以出版;今天又有幸見證了《方山子手稿四種》的出版,實在是碩果累累!我 2006 年博士畢業之後,進入華東師範大學中文系博士後流動站,隨方老師研究先秦文學,2008 年出站,到現在已經 16 年了。這 16 年期間,方老師在 2008 年初創刊了《諸子學刊》,同年 10 月方老師的成名作《莊子學史》出版,2010 年啓動《子藏》編纂工程,2011 年出版了《子藏》的莊子卷,2012 年提出了"新子學"的理念,同年還出版了《莊子纂要》,並被評爲教育部長江特聘教授。方老師的這些成就,讓我們這些學生大有"高山仰止"的感覺。方老師現在已經是子學的名家,也是當下學術發展的重要引領者,作爲學生我也深感榮幸。王國維在《人間詞話》中提出"古今之成大事業、大學問者,必經過三種之境界",我們在方老師身上就能看到這三種境界,方老師是有大毅力、大格局、大情懷的學者。這一點我一直深感佩服,這是一般人很難做到的。

在"大毅力"方面,方老師生於 1956 年,雖然出身於書香世家,但因當時諸多客觀條件的限制,在學校教育方面並沒有受到很好的教育;但是,憑着對古代文學和中國文化的熱愛,方老師通過刻苦自學,在中學任教一段時間後仍能考入河北大學中文系,攻讀碩士學位,隨後進入杭州大學中文系攻讀博士學位,1999 年從北大博士後出站後到華東師大任教。從方老師的經歷我們可以看到,想要成就一番事業是很困難的,但是他以自己的絕大的毅力、絕大的韌性一步步走向了學術的高峰。

在"大格局"方面,2015 年方老師在接受《中國教育報》記者采訪時,曾引用了夏承燾先生的一句話説:"大學者是出題目的,小學者是做題目的。"方老師可以説是夏先生所説的這種大學者。他的思想,他的治學思路,尤其是"新子學"的提出,是能够引領學術潮流的。

在"大情懷"方面,方老師祖上多有碩儒顯宦,有經世濟民的情懷。這種情懷在方老師身上也體現得尤其突出。我們知道,方老師一直有重構中國學術、中國文化的願望,或者説至少在這方面成就一番事業。在我看來,方老師承繼了中國傳統的士大夫情懷,力争在學術方面有突破、有貢獻。作爲學生,我們都應以方老師爲榜樣。

近幾年來,有關手稿的整理、出版與研究方興未艾,這是很"中國化"的學術活動。一方面,中國文字是表意文字,指事、象形、形聲、會意、轉注、假借各具特點,而"書寫"則是一個體認、沉潛或者説潛移默化的過程,這與拼音文字不同,只有寫下來才能有更爲深入的理解與把握。而當下由於電腦的普及,用筆的"書寫"已少之又少,這無疑削弱了漢字的藝術表現力和審美特性,學術界對手稿的關注或正基於此種原因。另一方面,學術名家的手稿呈現了原生態的學術"景觀",包括原稿、修改的筆迹甚至塗抹之處,都能看出他們的匠心之所在,足以讓後學觀摩與學習並進而把握其學術精髓——我們從《方山子手稿四種》中可以看到方老師在學術上精益求精的心路歷程,這實在是一種難得的體驗,這對我們學生來説,既是一種鞭策,又是一種鼓舞。

最後祝方老師身體健康,祝方老師學術之樹常青。謝謝大家!

■ **賈學鴻**
(揚州大學文學院教授、博導)

《方山子手稿四種》的出版,應該是當今網絡時代的一個獨特新聞。首先,感佩方先生在學術上的細緻用心;其次,要感謝國家圖書館和學苑出版社的文化責任感和前瞻性視野。能够參加方老師手稿的出版發布會,我感到非常榮幸,也留下一點兒遺憾。榮幸的是,發布會上又見到了這麽多的老朋友。特別是戰葆紅老師,已經近 20 年没見了,非常興奮。遺憾的是,看到會場桌上擺着方老師的手稿大作,只能通過鏡頭遠遠地豔美,没法親自到現場拜讀。

我是方老師帶的第二届博士生。2004 年至 2007 年我在上海華東師範大學讀博,但自2002 年起,我就開始聽方老師講《莊子》。認識方老師已經二十年,這 20 年的歷程也是我對老師瞭解不斷加深的過程。

方老師給我的第一感覺是,他有着堅定的學術定力。他的執著,使得任何外界環境的變化都干擾不了他。相比之下,我就比較容易受外界影響,有時不免產生惶惑或動搖。記得有一次,我無意中説出研究這些有什麽用,方老師説:"在我當中學老師的時候就有很多人説這個没有用,這麼多年也一直有人這麼説,可是我一直在做,從河北到浙江,從杭州到北京,現在準備定居上海,不是挺好嗎?"我們談這個話題的時候,他已經是華東師大的教授。方老師在用生活化的語言暗示我,走好這個過程,還得要有自己的心力! 他不擅長安慰人,但不經心的談話,實際是在開導學生。這個特點,要經過多年的瞭解才能體會出來。

在方老師的人生中,除了學術還是學術,生活中的其他事情,都縮小到基本爲零的狀態。方老師對物質看得很輕,他把全部精力和財富都放在了學術上。他的設計經常出人意料,或者説,在一般人看來,他總做一些"花錢買無用"的事。他經常強調,學術研究要具有前瞻性,要有宏大的設想。有一次跟方老師聊天,他説寫小文章只是起步,要著眼於長遠角度,給後人留下一些東西。我當時想,活着的事還没搞明白,哪還管得了身後事。現在看來,當時我的想法很幼稚,過來之後才領悟到方老師的大格局。

方老師的學術之路是從研究《莊子》開始的,而且起步很早。我覺得到現在爲止,方老師已經把《莊子》的思想精髓内化成自己的精神和行動了。他經常讓我感到吃驚,因爲他最初談的一些設想,我往往覺得事重功微,意義不大。可是等他做好了,我才發現原來這些事情大有用處。所以,我慢慢體味到,方老師已經能嫻熟駕馭《莊子》的思想,可見他在研究《莊子》時下的功夫之深,非常人所能企及。後來我時常把他誤稱爲"莊老師"!

説到讀書的三種狀態,一種是以消遣爲目的的大衆式閱讀,一種是以應用爲目標的學習式閱讀,還有一種就是以身心交流爲旨趣的體驗式閱讀。從事學術研究,需要領會其中的思想或方法,屬於研究性的,應該由學習式閱讀上升到更深層的體驗式閱讀,讀人讀心,把閱讀視爲一種精神的愉悦。我覺得這是一種身心合一的道家境界。這種感覺,只有在古籍和紙質的手寫稿中才能獲得。這便是手寫稿或者親筆簽名有巨大價值的一個原因。

目前我珍藏了兩部手稿書,一本是裘錫圭先生的《文字學概要》,全書一律手寫,行楷字體,大小如一,比排版字體還要規整漂亮。再有就是前幾天從網上購入的張亞初先生的《商周古文字源流疏證》,全都是手寫,修改的痕迹歷歷在目,翻開封頁就能感受到當年已經是 80 歲高齡的老先生嚴謹的治學態度。手寫稿,就像是作者的心血和活的靈魂。現在,方先生的手稿也問世了,希望能够儘早一睹爲快。

手寫稿收藏的另一價值是它的書寫文化意義。電腦和科技的發展,讓我們的書寫更加方便、舒適,但同時也促使人更加懶惰和享受,從而流失了靈性。我這一代人還是讀紙書過來的,對古籍也有一定的接觸,感覺有墨香,有質感,還有種與古人對話的體驗,非常好。而現代的年輕學子多數是看電子書,包括做筆記都直接記在平板電腦上,基本不寫字了。讀紙質書的快樂,很多人已經感受不到,至於讀手稿的快感,當然更難識其味了。手稿出版的意義,正在於此吧。

我們從事人文研究工作,實際上與當下電子信息技術的發展是逆向而動的。從紙質書籍、手寫文字中,我們可以追尋作爲人的本色特徵,這與《莊子》回歸生命的主張却一脉相承。《方山子手稿四種》的問世,爲讀者借助文字與方老師交流創造了機會,讓讀者可以從更深層次和更廣維度瞭解方老師。由此推想,未來 50 年、100 年後,那時候的人還能看到我們這個時代的學者是如何寫書和研究學問的,也是一大幸事。

回想起來,認識方老師也是緣於紙質文本。2002 年我到上海,根本不認識方老師,到了華東師大,我就去中文系的走廊看老師們的課表,尋找跟自己方向一致的課。我一看方老師講《莊子》,就跑去聽了課。後來才得知他在河北大學待過,而且還到我的家鄉涿州的航空學校做過報告。這下緣分就來了,後來就做了他的博士。其實,方老師當時根本就没看好我,因爲理想的生源去了更好的學校,我才有幸被録取。所以説這份緣分,應是來自系裏的紙質課表。受方老師的影響,我開始重視文獻功夫,並與原來在東北師範大學強調思想和靈性的熏陶相結合,形成南北融合的治學理路,希望也能在學術領地努力做點事情。

另外,《方山子手稿四種》能出版,我覺得不能不感謝學苑出版社,他們多年來一直保持着學術本色,爲廣大學者和學術研究事業做出了很大貢獻。這種以文化效益爲重的出版理念,令人欽佩! 國家圖書館的收藏,也從更高層面上表現出對書寫文化的重視。他們通力合作,使這種文字文化得以長存和延續,不僅具有人文價值,更彰顯出一種社會文化的價值,從而引發人們對當下書寫文化的深深思考,非常有意義。謝謝大家!

■ **孫興民**

(人民出版社編審)

各位領導、各位專家學者,大家下午好! 非常高興能參加方勇教授《方山子手稿四種》的發布會。我和方勇教授相識已經三十多年了,方教授是一位非常勤奮和高産的學者,我在人民出版社工作,所以我們在工作上有非常密切的交流,《方山子手稿四種》中的《南宋遺民詩人群體研究》和《莊子學史》都是由我社出版的。

《南宋遺民詩人群體研究》是方教授少有的諸子學研究之外的成果,研究方法新穎,開南宋遺民詩人群體研究先河,獲得學界廣泛好評,該書入選我社年度十大優秀學術著作,並於 2011 年再次增訂出版。《莊子學史》是方教授又一心血之作,從 1997 年開始動筆到 2008 年完稿,前後歷時十一年,近二百萬字,其材料之豐富、體量之龐大、體例之完備、探討之廣泛在衆多學術史著作中顯得出類拔萃。是書由我社於 2008 年精裝 3 册出版,首次發行達 5 000 套,引起了極好的社會反響,獲得上海市第十届哲學社會科學優秀成果獎一等獎、教育部第六届高等學校科學研究優秀成果獎一等獎。2017 年,方教授對《莊子學史》進行了全面增補後,全書 310 萬字,以簡體横排和繁體豎排兩個版本精裝 6 册再次發行 5 000 套。

今天,我們看到《南宋遺民詩人群體研究》和《莊子學史》手稿出版,又知道原件已經入藏國家圖書館"名人手稿文庫",與衆多名人先賢手迹並陳供人瞻仰觀摩,我以爲這正體現了兩書無可替代的學術價值。謝謝!

(尹蘇伊、陳雨晴、蘇怡、曾怡、陳煒潔據 2022 年 7 月 13 日發布會現場録音整理而成)

朝鮮時期《莊子》接受研究

——以三部莊子學著述爲中心

史上玉

内容提要　本文考察了在性理學盛行的朝鮮時代，作爲道家經典的《莊子》在朝鮮半島的接受情况。文章主要以朝鮮時期有關莊子的三部專書爲切入點，觀察朝鮮學者對莊子的接受態度、闡釋策略以及價值取向。從這三部朝鮮莊子學著作可以發現，朝鮮士人在儒學思想傳統下，對莊子采取有所保留的接受態度，其注釋帶有明顯的"以理注莊"特色，以及與中國本土相比，朝鮮學者更加看重《莊子》的文學價值。

關鍵詞　《莊子》　朝鮮時期　以理注莊　文學性闡釋

中圖分類號　B2

近年來，在東亞問題和東亞漢文化圈研究的浪潮下，朝鮮半島歷史文化研究成爲一個重要的學術增長點。歷史上的朝鮮文化深受中華文化影響，對道家思想的接受是其中重要的一個側面。關於朝鮮半島的道教研究、道家思想接受研究以及朝鮮時期莊學研究，前賢已有一定的成果①。本文關注的是，在以儒學爲官方意識形態的李氏王朝時期，也就是"朝鮮時期"(1392—1910)，作爲道家經典的《莊子》和莊學在朝鮮半島的接受情况。

這一時期的李氏王朝以儒教立國，其特色是獨尊朱子，性理學流行。相反，道家和佛家都被視爲異端，《莊子》亦在異端之列。在這樣的思想背景下，《莊子》一書呈現怎樣的流傳樣態，朝鮮士人對其接受又如何，是一個饒有趣味的問題。

---

① 朝鮮半島的道教研究如：孫亦平《道教在韓國》(南京大學出版社 2016 年版)、黄勇《高麗社會的道教信仰》(《勵耘學刊》2021 年第 2 輯)等。道家思想接受研究如：張愛民《老莊思想對朝鮮半島文化與文學的影響》(《齊魯學刊》2011 年第 4 期)、[韓] 李延佑《莊子思想傳入韓國及其影響》(中國蒙城莊子學會編《國際莊子學術研討會論文集》，安徽文藝出版社 2000 年版，第 120～121 頁)、[韓] 金京玉《韓國老莊思想研究之變遷》(沈善洪主編《韓國傳統文化·文化卷》，學苑出版社 2001 年版，第 157～164 頁)等。朝鮮時期莊學研究如：[韓] 朴素晶《韓國〈莊子〉研究：回顧與反思》(《諸子學刊》第三輯，上海古籍出版社 2009 年版)等。

一、朝鮮王朝《莊子》著録和傳播情況

若要全面瞭解朝鮮時期莊子的接受狀況,就要看《莊子》及其相關著述在當時傳播和被討論的情況。

從目録學考察來看,朝鮮壬辰之亂(1592—1598)以前,有關《莊子》的條目僅見《清芬室書目》卷三"壬辰以前刻本及鈔本(外人撰述)"部分《莊子虛齋口義》記載兩條,以及卷五"壬辰以前活字本(朝鮮人撰述)"部分《南華真經大文口訣》記載一條。此外《清芬室書目》的編者李仁榮在《莊子虛齋口義》條交代"按隆慶乙亥本《考事撮要》慶州册板有此書"[①],但考今本《考試撮要》却未見,當是在戰火中被損毀故遭删去。壬辰之後,朝鮮國力逐漸恢復,於正祖時期(1776—1800)文教大備,興修了一系列王室書目,包括《奎章總目》《西庫藏書録》《内閣訪書録》《大畜觀書目》等,都有《莊子》及其注本記載。如王室書目的代表《奎章總目》載《老莊翼》十本、《南華經》四本、《南華經副墨》十一本[②],且均有解題,反映編修者對於莊書的認識。而作爲"東本目録"的《西庫藏書録》也收録《南華經》二件,一件六册,一件五册[③],説明《莊子》亦在朝鮮本國刊印。不過,《南華經》在朝鮮書目中雖有所存,但種類和數量屈指可數,遠遠比不上其顯學朱子性理學,甚至也比不上佛學相關著録,可見莊學在朝鮮王朝並不流行。《朝鮮王朝實録》的記載直觀反映了朝鮮王室及士大夫對於莊子的態度。《成宗實録》記載:

> 承政院啓曰:"殿下欲講《莊子》等書,以觀其非。臣等竊謂,自祖宗朝,經筵不講此書。若於夜對,下問未解處則猶可也;經筵官進講則不可。"[④]

《莊子》不僅不能在經筵進講,而且不能在正規科舉考試中引用。《宣祖實録》記載"老、莊之語,科文有禁"[⑤],原因是"至於科場,初見君父之贄,不可不禁其書,能壞人心術"[⑥]。這一狀況一直延續

---

① 張伯偉《朝鮮時代書目叢刊》第八册,中華書局2004年版,第4590～4591頁。
② 同上,第二册,第229～230頁。
③ 同上,第一册,第636頁。
④ 《成宗實録》(三),《朝鮮王朝實録》第10册,韓國國史編纂委員會1981年版,第428頁。
⑤ 以殿試試卷,傳於政院曰:"他文不之見,適偶見李涵文,用莊子語起頭。科文,與常時恒用之文有異。況對策,乃初見君父之贄禮。用老、莊語者,事目當削去,宜削去,言於試官,他試卷,亦察見。"仍傳曰:"取用如此之文,試官亦推考乎? 考啓。"殿試試官海原府院君尹斗壽啓曰:"老、莊之語,科文有禁,而臣等具以鹵莽,不見《莊子》全文,只於他文書移用之處,或得見之。今承上教,始知魚涸,待江决等語,出於《莊子》。極爲惶恐待罪之至。且此他餘試券,皆臣所科次,今若更爲察見,不無後弊。令政院議處如何?"答曰:"勿爲惶恐。允。"見《宣祖實録》(四),《朝鮮王朝實録》第24册,第60頁。
⑥ 同上,第214頁。

到朝鮮末期,一直到憲宗(1834—1849)的時候,仍然在辨别某語詞是出自《莊子》還是朱子①。

　　與此同時,莊子之書其實一直禁而不絶。比如成宗時雖經筵罷講《莊子》,但仍"賜大内殿使元肅四書、六經、《韵府群玉》、《韵會》、《翰墨大全》、《事林廣記》、《莊子》、《老子》各一件,從其請也"②,而宣祖時"頃見庭試論,多用莊子議論"③。王室及官僚其實一直都有對莊子的瞭解,如世宗(1418—1450)曾"分賜鑄字所印《莊子》於文臣"④,世祖(1455—1468)時期曾將《莊子》與《易》《禮記》《杜詩》等並列爲文臣須讀之書⑤,孝宗(1649—1659)在與臣子的應對中還談到莊子⑥,《景宗實録》(1720—1724)記載了一個放迹山水的臣子讀《莊子》的事迹⑦等。可見莊學不受官方支持,但莊書從上到下一直都有流傳的基本情況。

　　而對於朝鮮時代(1392—1910)的《莊子》研究情況,如韓國學者朴素晶所言:"關於莊子的書至今爲止只找到如下三種而已:西溪朴世堂(1629—1703)《南華經注解删補》,南谷權瑎(1639—1697)《漆園采奇》,南塘韓元震(1682—1751)《莊子辨解》。"⑧從這三種《莊子》研究著作的産生時間來看。權瑎《漆園采奇》著於 1680—1681⑨,朴世堂《删補》大約著於 1680—1682⑩,而韓元震《莊子辨解》産生於 1716 年⑪。三部書産生的時間相差不過半個世紀,而從十七世紀後半

<hr />

① 《憲宗實録》(全),《朝鮮王朝實録》第 48 册,第 498 頁。

② 《成宗實録》(四),《朝鮮王朝實録》第 11 册,第 61 頁。

③ 《宣祖實録》(四),《朝鮮王朝實録》第 24 册,第 214 頁。

④ 《世宗實録》(五),《朝鮮王朝實録》第 6 册,第 678 頁。

⑤ "今所揀文臣百七人,分授《易》、《易學啓蒙》、《禮記》、《周禮》、《左傳》、《綱目》、《宋元節要》、《杜詩》、李白、東坡、《莊子》、《老子》、《列子》,立期畢讀。"見《世祖實録》(二),《朝鮮王朝實録》第 8 册,第 89 頁。

⑥ 上曰:"宋孝宗不用朱子,甚可恨也。然言他人事甚易,未知予之自爲者,何如也。"時烈曰:"莊子云:'用志不分,乃凝於神。'此雖外家説話,先儒取之。臣恐聖德未能純粹,工夫未能精一也。"(《孝宗實録》(二),《朝鮮王朝實録》第 36 册,第 151 頁。)又,上召對玉堂講官,講《心經》。注下有引莊子語者,上曰:"古人之論莊、老,孰優孰劣。"贊善宋浚吉曰:"莊周達士也,老氏高人也,其學自不同。今所謂道教,即老氏之學,而道士又其支流餘裔也。宋之真宗,可謂中主,而未免惑於道教,甚可恨也。"同上,第 120 頁。

⑦ 《景宗實録》(全),《朝鮮王朝實録》第 41 册,第 199 頁。

⑧ [韓]朴素晶《韓國〈莊子〉研究:回顧與反思》,《諸子學刊》第三輯。

⑨ [韓]權瑎《漆園采奇》(韓國國立圖書館數字圖書館 1731 年版)序:"歲庚申冬蟄居西陬,於羈泊牢騷中無以消遣,取南華一帙讀之⋯⋯上之七年仲春永嘉權瑎序。"庚申爲肅宗六年(1680),可見權瑎此書始作於 1680 年,完成於 1681 年。

⑩ 《南華經注解删補》序落款"庚申九月二十日西溪樵叟書",而《年譜》顯示朴世堂肅宗八年(1682)"注莊子",可知朴世堂注本大約完成於 1680～1682 年之間。(本文所據版本爲韓國國立圖書館數字圖書館電子版,6 卷 6 册,四周雙邊,半頁十一行二十字,小注雙行,表題"南華經"版心題"南華經"。)

⑪ 《莊子辨解》序文中有"丙申冬日,南塘散人識"的交代,可知其作於肅宗丙申,也就是 1716 年。參見[韓]韓元震《莊子辨解序》,《南塘集》卷三十一,《標點影印韓國文集叢刊》第 202 輯,景仁文化社 2000 年版,第 164～165 頁。

期到十八世紀中葉,正是朝鮮朱子學面臨轉型、實學由興而盛的時期,關於莊子的三種書在這一時期出現並非偶然。

二、三部莊子學專書的著述宗旨和編纂體例

三部書雖産生時間相近,但著述條件、内容和旨趣都千差萬别,正好可以藉以觀照莊子在朝鮮朱子學轉型時期的複雜接受態勢。

其中,權瑎《漆園采奇》並非針對莊學進行哲學探討的著作,而是按照編者喜好,對莊子原文進行了一定的删選。權瑎自道其創作動機曰:"不佞少從事墳典,未嘗一窺蒙莊氏之門,爲其言之吊詭也。歲庚申冬,謫居西陬,於羈泊牢騷之無以消遣,取南華一帙讀之。"① 可見《漆園采奇》是在"羈泊牢騷"的情況下藉以消遣之作。他在序言説:"六經之在天地,日月如也。若南華者,亦猶之名山大川,奇花異卉乎? 日月固不可一時無,而山川花卉之可以玩人目者,亦烏可無耶? 要不至喪志耳。"但也認爲"第其抵仁義,譏聖人,卮言重言突兀横恣以自放於明教之外……有不可盡取之者。"② 從中可以見到在儒學傳統之下,權瑎對莊子採取原本回避,後來即使欣賞,也僅是部分接受的態度。至於其體例,權瑎在序中也有所交代,稱"敢以愚意,妄加删節,每一篇中,亦有取不取,蓋采其華擷其英……於三十三篇,得之十二三焉。凡爲卷二,爲章七十有二,章各有標題"③。可見題名之爲"采奇",有"采華擷英"之意。書中專門選取《莊子》一書中奇警的寓言,並爲之加上標題。比如《齊物論》一篇就采集了"鯤鵬喻大""堯由相讓""姑射神人""越人章甫""瓠樗有用"幾個故事。

相較之下,朴世堂的《南華經注解删補》是一部嚴肅的學術著作。朴世堂(1629—1703)生活於與朝鮮仁祖七年到肅宗二十九年之間,他32歲時(朝鮮顯宗元年,1659)參加科舉,"擢增廣甲科第一名"④ 並授成均館典籍,本有光明的仕途,但因不滿黨争傾軋⑤,40歲罷職,此後大部分時間在石泉洞聚徒講學。晚年發憤著書,52歲至63歲完成其最重要的著作——《四書思辨録》,在此期間又注釋了兩部道家經典——《老子道德經注》(53歲)和《南華經注解删補》(54歲)。

---

① [韓] 權瑎《漆園采奇》,第1頁。
② 同上,第1~2頁。
③ 同上,第2頁。
④ [韓] 朴世堂《西溪集》卷二十二《年譜》,《標點影印韓國文集叢刊》第134輯,景仁文化社1996年版,第437頁。
⑤ "是時懷川主時論。當路諸人競相和附。進退與奪。唯視其向背。公獨持謙議。不肯隨其俯仰。於是側目者衆。公知不可有爲於世。乃嘆曰與其屈志辱身。聽其翕張。豈若潔吾身行吾志。以終於畎畝間哉。戊申罷官歸石泉田舍。初亦間出應命。後遂稱病篤終不起。"見[韓] 朴世堂《西溪集》卷二十一《謚狀》,《標點影印韓國文集叢刊》第134輯,第432~433頁。

朴世堂在研讀"四書"之外,又注釋老莊,有着深刻的社會根源。因爲明清易代、壬辰之亂、政權交替、土地私有化等一系列國際國内重大事件,17 世紀以後的朝鮮後期被稱爲"近代社會的萌芽期"①,社會環境的變動引發了思想領域的變動。在主流性理學之外也出現了一批與之分軌的學者,他們不再滿足於采用朱熹的理論和話語解釋儒家經典,而是直接上溯六經,或旁及道家學説,尋求學問的本真。作爲一位具有進步思想和改革意識的士子,朴世堂的經典注疏亦本着從實際出發的實學精神。"他主張須及早排除性理學沉溺於無用無效、高遠深奥之學理的學風,恢復原初儒學的精神,以'日常而淺近的實際'爲研究對象。"②對於被傳統性理學視爲異端的老莊之學,他也抱着批判地吸收的態度,認爲:"如老莊之説,雖舛聖人大法,又不至都無可采。乃爲説者所亂,使其意不明。"③所以要爲其做一番箋釋,吸收其中有助於性理學的部分。在交代其注釋主旨的序言中,朴世堂回避了儒道之間的矛盾,將莊子辯難的矛頭轉向惠子:"莊子雖多譏刺諸子,並論儒墨,其著書本爲與惠施之流辨,故《逍遥遊》及《天下》兩篇皆以惠子終之。……而世未有言之者,故今特發之。"④大有爲莊子澄清和回護之意,同時也是對自己注莊行爲的辯解。在卷首序言之後,有《采集諸家姓氏》,交代此書所參考的底本,卷末爲《南華經附録》,收録司馬遷《莊子列傳》、王安石《莊子論》、蘇軾《莊子祠堂記》等歷代關於莊子的議論文字。正文則采取集注加自注的形式,先采各家注釋,並對其進行删減融匯,再加上自己的按語,申明己意,是爲"删補"。

《删補》正文,先録莊子原文,再輯録各家注釋,間或附上自己的按語。比如《逍遥遊》第一"齊諧者,志怪者也。諧之言曰:鵬之徙於南冥也,水擊三千里,摶扶摇而上者九萬里,去以六月息者也"一段話之後,小字注文爲:

> 郭氏象云:鯤之化鵬,非冥海不足以運其身,非九萬里不足以負其翼。翼大則難舉,故摶扶摇而後能上九萬,一去半歲,至天地而息也。
> 林(希逸)云:齊諧所志述,皆怪異之事,莊子引此以證。
> 焦(竑)云:齊諧,或云人名,或云書名。風上行,謂之扶摇。
> 按:鵬徙南冥,必六月而得息,言其遠也。⑤

集注加自注的方式,在古書注釋中並不鮮見,尤其是對於注本豐富的經典,這樣的體例既能充分吸收和體現前人的成果,又能補充發明自己的見解;既有材料搜羅之功,又有闡發己意之

① [韓]崔英辰《韓國儒學思想研究》,東方出版社 2008 年版,第 134~135 頁。
② [韓]金兑勇《論朝鮮儒者朴世堂的〈新注道德經〉》,《宗教學研究》2017 年第 3 期。
③ [韓]朴世堂《西溪集》卷七《答尹子仁書》,《標點影印韓國文集叢刊》第 134 輯,第 123 頁。
④ [韓]朴世堂《南華經注解删補》第一卷《逍遥遊》,第 5 頁。
⑤ 同上,第 6 頁。

效,體現出較高的學術價值,故而廣爲注家采用。在朴世堂之前,《莊子》一書已有多個集注本,《删補》正文前的《采集諸家姓氏》共列四十家,其中褚伯秀的《南華真經義海纂微》和焦竑的《莊子翼》皆爲集注加自注的形式。但相對於褚伯秀和焦竑的全文引録,朴世堂對諸家注文進行了大幅度的融匯删减。如《逍遥遊第一》堯讓許由一節末,"庖人雖不治庖,尸祝不越樽俎而代之矣"一句,焦竑引郭注與朴世堂引郭注分别如下:

> 郭注:庖人尸祝,各安其所司;鳥獸萬物,各足於所受;帝堯許由,各静其所遇;此乃天下之至實也。各得其實,又何所爲乎哉? 自得而已矣。故堯許天地雖異,其於逍遥一也。①
> 郭云:庖祝各安其所司,堯許各静其所遇,又何爲乎哉,自得而已矣。②

這種轉録,無異於在原注的基礎上,進行一次再創作,較之全文引録更需要編者全面領會注文,費一番提煉點化的工夫。而在這樣做的過程中,朴世堂也更能在注解中融入自己的理解,證成自己的觀點,使其成爲一部更具個人化和異域特色的注本。

因此,朴世堂的莊子注本不僅僅是一部具有學術價值的經典注釋本,而且也是一部藉以表達個人思想和心態的個人化注本,具有强烈的時代性和地域性特色。這一點從《南華經注解删補》一書的題名也可以略窺一斑。在中國古代注釋史上,稱爲"删補"的著述在明代大量出現,"删補"之作,大多根據一底本删益③。在底本基礎之上,又有所删减和補充④。而"删補"之用意,不僅在於使原作更加條暢貫通,更利於閱讀理解,"以令上下貫通,彰其未達之意"⑤,更重要的是,藉以表達個人的學術旨趣。如朱熹《詩集傳》的《詩經删補》的作者徐奮鵬自序:

> 於是乎泳之遊之,紬之繹之,爲之鑱其劇蔓,爲之補其漏略,爲之疏其理脉,爲之暢其論説,爲之浹其筋髓,爲之足其意趣,毫不敢忤其原旨,毫不敢哆其浮靡,直以一生性靈,偕紫陽公寄傲風雅之林。⑥

---

① 焦竑《莊子翼》,《四庫提要著録叢書》子部 123 册,北京出版社 2010 年版,第 402 頁。

② [韓] 朴世堂《南華經注解删補》第一卷《逍遥遊》,第 14~15 頁。

③ 如《删補頤生微論》的底本是《頤生微論》,參見高希言、朱平生、田力《中醫大辭典》,山西科學技術出版社 2017 年版,第 604 頁。《傷寒明理論删補》的底本是《注解傷寒論》,參見裘沛然主編《中國醫籍大辭典》,上海科學技術出版社 2002 年版,第 1648 頁。

④ 如《大學續衍精義删補要覽》之命名:"於真氏、丘氏二書大有所删益,故曰'删補'。"見山右歷史文化研究院編《山右叢書》初編 6 册,山西人民出版社 1986 年版,第 203 頁。

⑤ 裘沛然主編《中國醫籍大辭典》,第 1648 頁。

⑥ 轉引自張洪海《〈詩經〉評點史》,上海社會科學院出版社 2018 年版,第 227~228 頁。

"直以一生性靈"之説,透露出虛心感悟、切己體察,又將一己之性靈匯入"删補"的作注方式。這也與朴世堂"集數十家注解,撮其精且要者,衮爲一書,間以己意,闡明本旨"①旨歸相類。因而朴世堂《删補》,不僅僅是一個網羅諸家的集注本,更有一己之性靈存焉。

與二者雖然排斥但積極接受的態度相反,三十多年後問世的韓元震的《莊子辨解》則對莊子持否定批判態度。韓元震將莊子思想定性爲"彌近理而大亂真""賊道之甚者"。所以他恨不得"焚絶其書",其討論莊子,完全是爲了使國人免遭其荼毒:"是書之行於天下久矣。……既不能焚絶,則無寧就其書而明辨之。"至於其辯解,則僅止於《莊子》內篇,原因是"蓋以內篇既明,餘不待解説而明矣"②,所以他僅給《莊子》內篇作了箋注。

由此可見,三部書的價值並不相同。權瑎《漆園采奇》是莊子原文的删減采輯本,韓元震《莊子辨解》則從性理學角度對莊子思想持激烈批判的態度,二書一則未能對莊子原文做任何闡釋,一則成見過深影響對莊子本身的解讀。因而正如朴素晶指出,"在三種朝鮮時代的《莊子》研究當中,刊行時期最早、學術價值最高、給人影響最廣的是在韓國唯一的《莊子》全文注解本《南華經注解删補》"③。無怪乎編於 1810 年的《洪氏讀書録》"莊子"條説:"世所傳者,有郭象、呂惠卿、焦竑注,而唯林希逸《口義》及本朝朴世堂集注盛行。"④可見至遲 1810 年,也就是在朴世堂去世後一個世紀内,朴書已成爲韓國最受歡迎的莊子注本之一。

三、異域之眼：理學視野下的莊學解讀

總體而言,朝鮮學者是秉承朝鮮儒學以理爲主的思想綱領對《莊子》進行解讀的,故而其箋注按語中,無不帶有性理學的視角。

韓元震的《莊子辨解》,是朝鮮儒學理氣心性之辨的一環。韓元震在經筵進講時曾"詳論自古正學異端之辨"曰:"理者純善無惡,氣者有善有惡。主於理者爲正學,主於氣者爲異端"⑤,"儒者以理爲性道……異端之學,皆認氣爲性道"⑥。在對《莊子》內篇的箋注中,韓元震完全是以上述"正學"和"異端"的標準來理解莊子、批評莊子的。

莊學和儒學最大的不同,在於莊子崇尚自然,主張齊物,儒學崇尚道德,主張區分物我與

① [韓] 朴世堂《西溪集》卷二十二《年譜》,《標點影印韓國文集叢刊》第 134 輯,第 435 頁。

② [韓] 韓元震《莊子辨解序》,《南塘集》卷三十一,《標點影印韓國文集叢刊》第 202 輯,第 164～165 頁。

③ [韓] 朴素晶《韓國〈莊子〉研究:回顧與反思》,《諸子學刊》第三輯。

④ 張伯偉編《朝鮮時代書目叢刊》第八册,第 4283 頁。

⑤ [韓] 韓元震《經筵説下》,《南塘集》卷六,《標點影印韓國文集叢刊》第 201 輯,第 151 頁。

⑥ 同上,第 150 頁。

善惡。韓元震持儒學觀點,不認同自然齊物,主張人物性異,善惡分明,於是在《莊子辨解·應帝王》中箋注道"聖人以理爲道,故以主善去惡爲復其道之本然。然老莊以氣爲道,故以不擇善惡爲復其道之本然"①,明顯含有批判的意味。

道家自然之氣,澹一虛明,但韓元震認爲氣"有善有惡",實乃"清濁粹駁,有萬不齊"②。他從理學太極生陰陽的觀點來説明,莊子所謂天地之初的"混沌",也就是澹然清虛之氣,並非萬物的本原,而只是"前陽"既滅之後的"陰静"之氣。他説:"周之見乎氣者,蓋限於今天地已辟之後,而僅能就此,推其未生者而謂之道,實不知其此天地未生之前,即是一陰之静,而此陰之前又是陽動,動静無端,陰陽無始,而動静陰陽之上,更有所謂太極之道也。"(《莊子辨解·養生主》)"澹一清虛"之氣既然失去了宇宙本源或"道之本然"的合法地位,那麼就不能作爲"復性"的依據。

在韓元震看來,莊子的根本錯誤,在宇宙生成論上,是只知"氣"不知"理"。與此相應,在人性論上,是"有見於心,無見於性"。而主心還是主性,主理還是主氣,正是"吾儒"和"異端"的區別。莊子論心,有明鏡止水之喻,本喻内心平静靈覺,韓元震就此而發議論:"明鏡止水之喻,吾儒亦用之。周之於心,不可謂無見也。……鏡之照物粗者或有所差,水之鑒形小者或有所遺……而應物之際,專任是氣者,不能無所差矣。"(《莊子辨解·德充符》)也就是説,即使莊子所謂心如明鏡止水,也是鏡之"粗"者或水之"小"者,不能至大至全。由此看來,韓元震所認爲的莊子"彌近理而大亂真"之處,正像曹玟煥總結的那樣,在於"認氣爲理""認心爲性"③。

由上可知,韓元震以性理學思想對莊子從天道觀到人性論進行了全方位的批判,並在批判中證成其"吾儒""正學"的體系,實踐了他在序言中所説的指出其"異端"和"亂真"之處,以使人心歸正的宗旨。不過,他站在理學形而上的高度上,認爲莊子所説的"道"僅是"形氣之粗",確乎指出了莊學的"氣"不像"理"已經成爲一個高度抽象的概念本體,而仍然沒有脱離自然界所有的具象形質的特點,這一點是有其道理的。

相對而言,由於"集注加自注"的體例限制,朴世堂的注釋更爲貼近莊子原文,而較少理論的發揮。但作爲儒學信仰者,朴世堂的思想底色是儒家,因此注釋亦帶有明顯的"以理注莊"色彩。這主要表現在以下四個方面:

其一,在自注按語中,朴世堂常常引用性理學思想資源。這突出體現在朴世堂以"四書"語彙注莊上。比如對《大宗師》"知天之所爲,知人之所爲者,至矣"④的解釋,朴世堂按:

---

① [韓] 韓元震《莊子辨解·應帝王》,詳見[韓] 曹玟煥《〈莊子辨解〉中韓元震對莊子思想的理解》(《諸子學刊》第十七輯,上海古籍出版社 2018 年版)注文。

② [韓] 韓元震《經筵説下》,《南塘集》卷六,《標點影印韓國文集叢刊》第 201 輯,第 151 頁。

③ [韓] 曹玟煥《〈莊子辨解〉中韓元震對莊子思想的理解》,《諸子學刊》第十七輯。

④ [韓] 朴世堂《南華經注解删補》第二卷《大宗師》,第 1 頁。

知天之所爲者,猶所謂性之者,猶所謂自誠明者,故能盡天理。知人之所爲者,猶所謂反之者,猶所謂自明誠者,故能明人事。①

"誠明"之論,"盡天理"之言,出自《中庸》,更受到朱子《中庸章句》的影響。《中庸》第二十一章"自誠明者,謂之性;自明誠者,謂之教",注曰:"自,由也,德無不實而明無不照者,聖人之德。所性而有者也,天道也。先明乎善,而後能實其善者,賢人之學。由教而入者也,人道也。"②

在朱子哲學體系中,存在着理與氣、道心與人心、天理之公與人欲之私的二元分析。朱子認爲,人之本性皆蘊含有道心,也就是"性命之正",但每個人氣質禀賦不同,只有聖人才能盡其理、全其性,率性而合道。普通人就需要在聖人的教化下,通過明善而復其性。對讀朴世堂按語與《中庸章句》,可知按語中"性之者"對應的是《中庸》所謂的"自誠明者",乃"聖人之德","反之者"對應的是"自明誠者",乃"賢人之學"。這裏,朴世堂巧妙借用了《中庸》的思想體系,來解釋莊子的"天之所爲"與"人之所爲"兩個概念。

其二,"以理注莊"的另一表現是,朴世堂注莊有時看似沿襲前人説法,但却在其中悄然灌注了儒學内涵。在《應帝王》"聖人之治也治外乎,正而後行,確乎能其事而已矣"③一句的注釋中,朴世堂按:"言聖人之爲治也……得乎天命之正而後行,確然無所奪其慮而能盡乎其性分之内而已,此蓋所謂自正以正衆生者也。"④這裏的"性分之内",看似沿用了郭注"全其性分之内而已"⑤的提法,但郭象所謂"性分之内"指的是全身養性範圍之内的事,郭注有云:"夫六合之外,謂萬物性分之表耳。……故聖人未嘗論之。若論之,則是引萬物使學其所不能也。"⑥可見其所謂"性分之内"與"性分之表"相對,"全其性分之内"指的是要"知止","不爲其所不能"⑦。而朴世堂之注釋,顯然没有這層莫向外求的規勸之意,而是借此闡發聖人之治和内聖外王的境界。其實這一借用也是由朱子而來。"性分的概念本出自郭象,朱子則由此闡明儒家教育具有積極的社會功能,即人安其性分,盡其職分。"⑧這就改造了郭注"性分"的内涵,使其成爲修齊治平的一環。《大學章句序》有云:"(生民)氣質之禀或不能齊,是以不能皆有以知其性之所有而全之也。一有聰明睿智能盡其性者出於其間,則天必命之以爲億兆之君師,使

---

① [韓] 朴世堂《南華經注解删補》第二卷《大宗師》,第 1 頁。
② 朱熹《四書章句集注》,中華書局 2015 年版,第 32～33 頁。
③ [韓] 朴世堂《南華經注解删補》第二卷《應帝王》,第 51 頁。
④ 同上,第 51～52 頁。
⑤ 郭慶藩《莊子集釋》上册,中華書局 2012 年版,第 297 頁。
⑥ 同上,第 91 頁。
⑦ 同上,第 298 頁。
⑧ 陳來《近世東亞儒學研究》,北京大學出版社 2018 年版,第 6～7 頁。

之治而教之,以復其性。……而其所以爲教,則有皆本之人君躬行心得之餘,不待求之民生日用彝倫之外,是以當世之人無不學。其學焉者,無不有以知其性分之所固有,職分之所當爲。"①明乎此,當知朴世堂"自正以正衆生"之由來。

其三,在面對莊子思想與儒家思想齟齬不合的地方,朴世堂就會采取批判的視角,直言莊子的"舛於聖人"之處。比如在面對莊子明顯的相對主義論述時,朴世堂就嚴詞批判之,顯示出其正視物質差異的學術立場。在《齊物論》"鰌與猿猴"寓言的注釋中,朴世堂發表了自己的觀點:

> 莊子之言可謂辯矣……彼以鰌猿麋鹿猵狙之不同好而欲明天下之無同,是鰌猿麋鹿猵狙與人異性,宜其所好之不同。……至於善惡,奚獨無辨。好善惡惡,人之性也,以善爲是而以惡爲非,天下之所同也,安得曰天下無同是同非哉。率莊子之道,則是以人而爲鰌猿麋鹿猵狙而後可也。②

最後,朴世堂注莊的儒學立場,還可以從其對歷來有争議的《盜跖》《漁夫》等篇的處理上看出來。面對《莊子》中"非毁聖賢"之作,朴世堂采取了蘇軾以來的處理方法:

> 《莊子》如《盜跖》、《説劍》、《漁夫》等篇,古人固嘗以爲非莊子之書,而以吾所見《馬蹄》、《胠篋》,亦非莊子之書也。唯《讓王》一篇頗疑其多出於莊子之手。史遷謂莊子著書詆訾孔子之徒。都過其實。蓋語雖譏戲而意實尊慕。且其精理入神。如識性亦莫如莊子。所謂隨其成心而師之。誰獨且無師者。深合率性性善之旨。非荀楊之比。殆隱居放言者類之。故曰王道之餘也。③

不僅在辯僞方面較前人更爲激進,而且"語雖譏戲而實尊慕"之説,也繼承了王安石"不以辭害志"的解莊方法,更與蘇軾"陽擠而陰助"的觀點如出一轍,將莊子思想整合到了儒學系統中。

四、朝鮮學者對於《莊子》文采的重視

莊子之行文跳蕩,變幻莫測,爲歷代共識。如《莊子·天下》就稱其文爲"謬悠之説,

---

① 朱熹《四書章句集注》,第1頁。

② [韓]朴世堂《南華經注解删補》第一卷《齊物論》,第59頁。

③ [韓]朴世堂《西溪集》卷二十二《年譜》,《標點影印韓國文集叢刊》第134輯,第444頁。

荒唐之言,無端崖之辭"①。郭象稱"其言宏綽,其旨玄妙"②,林希逸言"其筆端鼓舞變化,皆不可以尋常文字蹊徑求之"③等。但古代中國學者還是更看重其作爲道家經典的思想價值。而朝鮮學者則不僅注重對莊子思想的辨析,而且頗爲看重《莊子》一書的文采,不僅將其作爲一種哲學書,也將其作爲一種文學書。這成爲朝鮮時期《莊子》接受的一個突出特點。

就看重《莊子》的文學價值而言,最爲典型的莫過於《漆園采奇》。《漆園采奇》編者權瑎稱贊莊子之文采曰"其義高遠,騁辭雄博","誠天下之奇文哉"。只因"其文奇者固自奇,然其篇篇句句,不過一旨一律,或至晦僻而難究,支誕而無當"④,故有采擷之舉。因此《漆園采奇》不啻一部以文學欣賞爲旨趣的選學著作。

《莊子辨解》作者韓元震雖不認同莊子的思想,但也承認"喜其文章之古奇"。而且在《辯解》中屢次稱贊莊子文字之奇:

> 《莊子辨解·齊物論》:蓋周之見處亦高矣,其文亦奇矣。然自有周書以來,注家非一,而未有能識其見處,解其文字者,則周之自期於萬世者,亦可謂不誣矣。
>
> 《莊子辨解·齊物論》:此篇蓋周之文,用意最深者⋯⋯若論其文字之體,則句句神,字字奇,熟讀可見。
>
> 《莊子辨解·應帝王》:一篇之中,屢更其端,面目常新,若無倫序,而指意所存,却自不亂。一串貫來,條理整暇,而變化出没,藏其妙用,使人驟看,莫覺其然。此正莊生爲文高處,手段能處。他篇仿此。

因此曹玟焕認爲,韓元震是從兩個立場來理解《莊子》的:"一個是文學的立場,一個是哲學的立場。"⑤

如果説權瑎《漆園采奇》欣賞莊子文章之奇,韓元震《莊子辨解》又指出了莊子的爲文之高、手段之能,朴世堂則在具體注釋中,真正解讀了莊子"爲文高處"和"手段能處"。在朴世堂的按語中,隨處可見對於莊子爲文之法的闡釋,不過他並非直接嘖嘖稱奇,而是着重對上下文文理進行闡發。如《齊物論》"惟達者知通爲一,爲是不用而寓諸庸"一句,自郭象以下,注家皆僅言達者道通之意。如郭注言:"唯達者無滯於一方,故寄當於自用,自用者,莫不條暢而自得也。"這樣雖大意得解,但落實到字句關節,"達者知通爲一"與"爲是不用而寓諸

---

① 郭慶藩《莊子集釋》下册,第1091頁。

② 同上,上册,第3頁。

③ 林希逸著,周啓成校注《莊子鬳齋口義校注》,中華書局1997年版,第1頁。

④ [韓] 權瑎《漆園采奇》序,第1~2頁。

⑤ [韓] 曹玟焕《〈莊子辨解〉中韓元震對莊子思想的理解》,《諸子學刊》第十七輯。

庸"之間有何聯繫,恐初學者尚不可曉。朴世堂則注出:"爲是,言爲此之故,不用,言不用爲是非,亦猶上文'是以、不由'也。"①不僅注出"爲是""不用"二字的意思,而且指出此句"亦猶上文'是以、不由'也"。"是以""不由"乃"是以聖人不由而照之於天"句。這樣一來,"爲是不用而寓諸庸"的意思就豁然冰釋。從此一例可以看出,朴世堂作爲一個異域讀者,對於《莊子》原文中省略、指代、轉折處尤爲措意,善於旁引内證,致力於明確其所指,增進讀者對原文的理解。

與此相類似的是,朴世堂對於莊子筆端鼓舞之處,也多有連貫補充,使讀者得以貫通前後。如"北冥有魚……其視下也亦若是則已矣"一節,朴世堂按:"此一節解者皆不同莊子之意,豈不以野馬塵埃以其輕微之至故爲息者所吹而能飛……則九萬里之間,凡風之積者豈可量哉? 此鵬之大所以得憑而飛也,故下文又以明夫風積之厚而後乃可以負大翼也。"②莊子行文,迷離倘恍,汪洋恣肆,在講完鯤鵬之大之後,突然接"野馬也,塵埃也,生物之以息相吹也",讓人摸不着頭腦。朴世堂按語,則根據自身的生活體驗,貫通了文脉,指出野馬塵埃,是講渺小之物,也要憑風而動,天之蒼蒼,則説明天地之間,風之積者無量,故有下文"九萬里,風斯在下矣"之文。朴世堂還常作提挈勾勒段落大意的文字,讓讀者免於只見樹木不見森林的困擾。如"齧缺問於王倪"一段之後,朴注曰"上言惡知是非之辨,此更以不知利害爲問者,蓋以爲是非起於利害也"③,在貫通上下文的同時,聯繫現實,做出明確易懂的解釋。如此之類,不勝枚舉。

值得一提的是,莊子思想在朝鮮的影響也更多體現在文學而不是哲學方面。正如韓國學者李延佑所説:"雖然從哲學角度來看,'莊子學'没有經歷過發展期,可是它文學方面的影響不小,在文學方面老莊思想的影響深刻。"④張愛民也説,"與在哲學領域經常受到批駁不同,老莊哲學對朝鮮半島文學的影響是比較大的"⑤,並且從寓言、詩歌、時調、小説、詩話幾個方面論述了老莊思想對朝鮮文學的影響。由此可見,雖然在性理學意識形態的籠罩下,莊學思想很難得到良好的發展,但莊子自然與逍遥的人生態度和汪洋恣肆的奇崛文風,則以其獨特的魅力,深深吸引着異域的讀者。

綜上,朝鮮時期由於其特定的性理學思想環境,莊子傳播並不發達,但也出現了三部《莊子》研究專著,這三部莊學著作題旨體例各異,呈現出朝鮮士人莊學接受的多種樣態。朝鮮時期的莊子研究,普遍都帶有以性理學批判莊學的色彩,顯示出特定的文化環境對於莊學接受

---

① [韓] 朴世堂《南華經注解删補》第一卷《逍遥遊》,第 42~43 頁。

② 同上,第 7 頁。

③ 同上,第 60 頁。

④ [韓] 李延佑《莊子思想傳入韓國及其影響》,中國蒙城莊子學會編《國際莊子學術研討會論文集》,第122 頁。

⑤ 張愛民《老莊思想對朝鮮半島文化與文學的影響》,《齊魯學刊》2011 年第 4 期。

的影響。而朝鮮士人對《莊子》文學性的重視以及莊子對朝鮮文學的影響,不啻莊學在異域土壤開出的花朵。

[作者簡介] 史上玉(1993—　),女,山西忻州人。現爲南京大學文學院古代文學專業博士研究生。主要研究方向爲唐宋文學、中國哲學等,已發表相關學術論文多篇。

日本近代之前的"莊子學"研究概述

王澤宇

内容提要 莊子學在日本近代之前的發展,依時間順序大致可分爲以貴族知識分子爲接受主體的飛鳥至平安時代,以禪學僧侶爲受衆代表的五山時代和以專業學者爲研究中心的江户時代。其中飛鳥至五山時代以接受和化用莊子文句及思想爲主,到江户時期則出現了專門疏解《莊子》的作品。就其影響来看,莊子不僅潛潤進日本的法律條令、文藝作品及歷史典籍之中,還促進了日本"三教合一"及各類門派和學術團體的生成及發展,這不僅是道家文獻在日本近世之前傳播軌迹的重要反映,同樣也是《莊子》文獻在日本學者不自覺的接受當中逐漸顯性化的最直接體現。

關鍵詞 莊子學 平安 五山 江户 接受史

中圖分類號 B2

目前史學界對於日本近代之前的定義,普遍限定在明治時期(1868)之前,在這一階段,對於《莊子》,日本學人已經完成了由被動接受至主動研究的角色轉換,爲日本近代至現代莊子學研究的開展奠定了堅實的基礎。與儒家文化不同的是,《莊子》由於"棄尊卑""藐君上"等特點,從未受到日本統治者的正面提倡[1],但它總以潛滋暗移的影響,默默改造着日本人的精神世界。芳賀矢一在《國民十論》中將日本人的特性概括爲十點,其中便有"愛草木,喜自然","樂天灑脱"等特性,這無疑與因任自然的莊子哲學有着潛藏暗匿的思想聯繫。另外,范作申在總結日本人的性格時曾説:"日本人默默地承受現實給予的一切。即使有時出現相互矛盾或者完全對立的事物、現象,日本人會同時承認這種完全矛盾或者對立的現象、事物,不懷疑,不拒絶。由於日本人彼此間富於寬容、姑息的感情,所以他們能够面對各種各樣的思想采取

---

[1] 奈良時代學者葛井廣成曾指出:"玄以獨善爲宗,無愛敬之心,棄父背君,儒以兼濟爲本,尊卑別序,致神盡忠。"大野出也指出:"老莊思想的政治論可以對無政府狀態積極容忍,其延伸就是對統治者施以無用論。從這個角度來看,老莊思想對於當時的當政者來説是必須鎮壓的思想。"(原日文,筆者譯。)見[日]大野出《日本の近世と老莊思想》,ぺりかん社1997年版,第1頁。

積極融洽的立場。"①這種涵容是非,不辨彼我,以"爲是不用而寓諸庸"的態度處理問題的方法,與《齊物論》所言之觀點可謂不謀而合。因此很難説日本人的性格養成,没有受到莊子思維的影響。在這種對莊子哲思的持續受容下,日本近代之前的莊子學研究也取得了相當輝煌的文化成就。

一、飛鳥至平安時代:以貴族知識分子爲主體的莊子學

《莊子》究竟何時傳入日本,目前還無確切定論,學界多認爲在公元五世紀末時《莊子》已經輸入日本諸島,但這也只是作蠡測猜想而已②。根據目前已有材料可知,日本於公元七世紀頒布的《十七條憲法》是最早可證《莊子》傳入日本的文獻,其中引用《莊子》文句者甚多,故劉韶軍言:"老莊之書何時傳到日本,並無明確記載,推古天皇聖德太子御製《三經義疏》,已明確徵引《老子》,《十七條憲法》中也引用《莊子》,可知,最晚在小野妹子出使隋朝時,《老》《莊》就已傳到日本。"③

《十七條憲法》是由聖德太子制定並推行的日本第一部成文法典,於公元604年(推古天皇12年)正式頒布,全文采用道德訓誡的形式,來進行法律法規的申明。而在這短短一千餘字的十七條法令中,直接或間接引用中國典籍的條目已經多達十三條二十一款。吴廷璆指出:"《憲法》内容多出自中國儒、法、道諸子百家及佛教思想,儒家思想居多。儒家的三綱五常,可以説是《憲法》的核心思想。"④通過統計可以得知,在《十七條憲法》中有十一條都或多或少地言及儒家義理,影響不可謂不大。但除儒家思想外,道家思想,尤其是莊子思想也受到了聖德太子的關注。收藏於《群書類從》第六十四卷,以及《大日本佛教全書》第一一二卷的《上宫聖德法王帝説》是聖德太子最早的個人傳記和史實集録,作者已不可考,目前學界普遍認爲其成書時間應早於《日本書紀》,具有極高的史料價值。在這篇文章裏有這樣一段記載:"王命能悟《涅槃》常駐五種佛性之理……且知經部、薩婆多兩家之辨。亦知三玄,五經之旨……號曰上宫御製疏。"⑤這裏的王和上宫即指聖德太子,"知三玄"則證明聖德太子曾接觸並知曉《莊

① 范作申《日本傳統文化》,生活·讀書·新知三聯書店1992年版,第27頁。

② 見王家驊《儒家思想與日本文化》,臺灣淑馨出版社1994年版,第3~5頁;王迪《日本における老莊思想の受容》,國書刊行會2001年版,第49頁;黄華珍、張仕英主編《文學·歷史傳統與人文精神》,中國社會科學出版社2003年版,第2頁;張谷《道家思想在日本上古的傳播和影響》,人民出版社2013年版,第13頁。

③ 劉韶軍《日本現代老子研究》,福建人民出版社2006年版,第190頁。

④ 吴廷璆《日本史》,南開大學出版社1997年版,第45頁。

⑤ 佛書刊行會編《大日本佛教全書》第一一二卷,佛書刊行會1912年版,第44頁。

子》的相關内容,故在治國理念裏引入莊學思想,便也成爲合情合理之事。如《憲法十七條》中的第十條,就明顯化用了《莊子》中的文句:

> 十曰,絶忿棄瞋,不怒人違。人皆有心,心各有執。彼是則我非,我是則彼非。我必非聖,彼必非愚,共是凡夫耳。是非之理,詎能可定。相共賢愚,如環無端。是以彼人雖瞋,還恐我失,我獨雖得,從衆同舉。①

其中"彼是則我非,我是則彼非"一句,當源出於《莊子·齊物論》:"以是其所非,而非其所是。欲是其所非而非其所是,則莫若以明。"家永三郎、築島裕在注解《聖德太子集·十七條憲法》時,也釋明"彼是則我非,我是則彼非"與"以是其所非,而非其所是"二者爲相鑒相依之關係②。聖德太子之所以取用《莊子》凡俗之人是非無斷,互爲攻訐的文字比附,其用意乃在於消解飛鳥時代朝堂之中的政治分歧,以便穩定國家秩序,收攏士族人心。

　　除直接引用外,其他法令中的道家印記,也難説不和《莊子》文本有關。例如法令第三條中:"君則天之,臣則地之。天覆地轉,四時順行,萬氣得通。"③就與《莊子·在宥》篇中的"主者,天道也;臣者,人道也。天道之與人道也,相去遠矣,不可不察也"有異曲同工之象。雖然莊子將臣道比附爲人道,聖德太子將臣子比附爲地,但人道與地同處下方,均爲主、天之副,其内理本無異。其"四時順行"也證明聖德太子崇尚自然,不違逆天道,注重順應四季之時令,雖歷代學者均認爲其出自《論語·陽貨》之"四時行焉,百物生焉"④,但究其治國要旨來看,其想陳説的不單單是順行時令,更有着潛藏暗隱的治國之思,這點便與《莊子·説劍》中"上法圓天以順三光,下法方地以順四時,中和民意以安四鄉"的表述有冥冥之間的内在契合了。上順天光,下順四時,中和人道是《説劍》篇中"諸侯之劍"的立意旨歸,其通天、地、人三才之氣象,自然爲深諳中華掌故的聖德太子所喜愛,同時也適應彼時日本的政治需求,故其内旨應與《莊子》文義有或明或隱的關係。

　　除聖德太子外,日本天皇對莊子也情有獨鍾。例如日本第五十四代天皇仁明天皇,就是著名的莊學擁躉。據《續日本後記》記載,仁明天皇曾讓皇宫内深諳"三玄"之道的春澄善繩爲其精講《莊子》,仁明天皇聽得津津有味,絲毫不感到枯燥與疲倦。日本第五十九代天皇——宇多天皇,也對道家經典青眼相視。據藤原行成《本能寺切》和《菅原文草》所録菅原道真《九日後朝侍朱雀院同賦閒居樂秋水應太上天皇製並序》的詩作原文來看,宇多天皇在晚年退位

---

① [日]家永三郎、[日]築島裕《日本思想大系·聖德太子集》,岩波書店1970年版,第18頁。

② 同上。

③ 同上,第12頁。

④ [日]家永三郎、[日]築島裕《日本思想大系·聖德太子集》,[日]谷川士清《日本書紀通證》,[日]河村秀根《書紀集解》,[日]内藤湖南《日本文化史研究》等均持此觀點。

後,頗爲欣賞道家思想,其序言曰:

> 閑居屬於誰人,紫宸殿之本主也;秋水好於何處,朱雀院之新家也。非智者不樂
> 之,故待我君之歡脱屣;非玄談不説之,故遇我君之逐虛舟。①

"紫宸殿之本主"便是指宇多天皇,"閑居"二字透露出了宇多天皇的生活特點,這與莊子的寧静閑適的樂遊理念,似有相合之處。而"秋水好於何處,朱雀院之新家也"則説明宇多天皇移居朱雀院後,常優遊自處,閑然自樂,似頗得莊周"逍遥"之情。尤其是"非玄談不説之"的特點,證明了宇多天皇從内心深處對道家理念及其方法論是相當認可的,所以才有了魏晋士人那樣終日談玄的喜好。在他執政期間,曾命大臣藤原佐世編撰《日本國見在書目録》②用以記録日本所藏漢籍的情况,這是日本已知最早的一部目録學著作。其中道家典籍共收録六十一種,四百五十八卷,有關《莊子》的著作共二十一部,二百五十九卷,數量相當龐大,並且賈彦盛《莊子義疏》五卷,續行仙集解《莊子疏》五卷,方守一《莊子音義》十卷,冷然院《莊子音訓事義》十卷③,無名氏《莊子私義記》十卷、《莊子後撰》廿卷、《莊子序略》一卷、《莊子要難》十八卷、《莊子字訓》一卷、《莊子音義》二卷、《南華仙人莊子義類》十二卷等十一部莊子學書目於中國各類史志目録均未見記載。其間的大部分作品爲釋字與音注類著作,此類作品於唐時减少,故大抵爲魏晋時人佚失的作品,因此《日本國見在書目録》具有部分填補唐宋目録學空白的作用。

日本學者對《莊子》的接受與運用,除了體現在法令條文與官學目録中,還體現在對過往歷史進行裝點與建構上,比如在《古事記》的序言裏,就有這樣的表述:

> 夫混元既凝,氣象未效,無名無爲,誰知其形。然乾坤初分,參神作造化之首,陰
> 陽斯開,二靈爲群品之祖。……道軼軒後,德跨周王,握乾符而總六合,得天統而包
> 八荒。乘二氣之正,齊五行之序,設神理以獎俗,敷英風以弘國。④

---

① [日]菅原道真《菅家文草·菅家後集》,[日]川口久雄校注《日本古典文學大系》第七十二,岩波書店1966年版,第164頁。"故遇我君之逐虛舟"的"虛舟"典故,源出於《莊子·山木》:"方舟而濟於河,有虛船來觸舟,雖有惼心之人不怒。有一人在其上,則呼張歙之。一呼而不聞,再呼而不聞,於是三呼邪,則必以惡聲隨之。向也不怒而今也怒,向也虛而今也實。人能虛己以遊世,其孰能害之!"這説明宇多天皇極其認可"虛己以遊世"的莊周思想。

② "室生寺本"爲目前所見之《見在目》唯一祖本,其抄寫時間不晚於平安朝末、鐮倉初,現收藏於日本宫内廳書陵部。現今流傳的諸多傳鈔本、刊本、影印本如《續叢書類從》本、《古逸叢書》本、《日本書目大成》本等都脱胎於"室生寺本"。本文所列《見在目》所收之《莊子》書目,亦取自"室生寺本"。

③ 需要注意的是,《莊子音訓事義》十卷雖標記"冷然院",但不爲日本學人所撰,根據矢島玄亮的觀點:"注有'冷泉院'的是天德四年以後的圖書,注有'冷然院''冷然院本''冷然院録'的,則是火灾劫餘圖書。"由此可證,該書乃"冷然院"舊藏之漢典,而非爲院部人員所寫。見[日]矢島玄亮《日本國見在書目録——集證與研究》,汲古書院1984年版,第129頁。

④ [日]安萬侣《古事記》上卷並序,日本紅葉山文庫藏,日本慶長十九年寫本。

《古事記》作爲日本第一部歷史典籍,記述了從日本建國前的神話傳説至推古天皇時期的歷史内容,爲文臣安萬侣於和銅五年(712)完成。在上述文字中,我們不難看出,"夫混元既凝,氣象未效,無名無爲,誰知其形。然乾坤初分,參神作造化之首,陰陽斯開,二靈爲群品之祖"的表述頗具莊周神采。首先,"混元既凝"代表了日本國誕生之前,世界那種渾朦空洞的狀態,其中的"混元"與《莊子·應帝王》中的"混沌"頗有相類之迹。張谷指出:"'混元'可能是'混成''混沌'與'元氣'融合形成的概念。"①很顯然,此處"混元既凝"的概念是道家"元氣"思想的翻版複刻②。安萬侣認爲日本國家誕生的地點,是元氣聚攏的道域之境。在《大宗師》中,莊子就對"大道"的特點進行了概括:"夫道有情有信,無爲無形。"莊子認爲大道具有不可明説,且無法窺其形迹的特點。在《莊子·則陽》篇中,作者更是直接點出了道體"無名故無爲,無爲而無不爲"的特徵,借此來對比安萬侣所描述的日本誕生前那種"無名無爲,誰知其形"的虛無狀態可知,《古事記》此處之表述應當是源於對《莊子》文辭的繼承。另外,范作申指出:"日本的《古事記》多次提到'白''黑'……却很少提及'黄''緑''褐''茶'。"③究其原因,大抵是因爲《莊子》一書中,與"道"相關的顔色,只有"黑""白"二色。在莊子的哲學體系當中,"道"常隱於幽黑之地,求道之人只有内心虛空才能悟發出道意,此即《人間世》所言"虛室生白"。由此來看,《古事記》對"道"或彰或隱的提及,應當發端於《莊子》。

此外,日本最早的漢文詩集《懷風藻》④、《萬葉集》以及空海《文鏡秘府論》、吉田兼好《徒然草》都化用了《莊子》中的相關文句,這反映出在早期日本社會,隨着精神文明的逐步覺醒,《莊子》文化也隨之浸潤至貴族群體的文藝作品中。

二、五山時代:以禪學僧侣爲主體的莊子學

公元 1189 年,除掉平氏政權的源賴朝一舉消滅了最後割據於陸奥國地區的奥州藤原氏家族,從而完成了日本國的統一。自此,日本歷史的車輪進入長達 675 年的幕府統治時期。但在文學史上,日本並没有産生所謂"幕府文學"的概念,而是由另一個詞來概括鎌倉至室町

---

① 張谷《道家思想在日本上古的傳播和影響》,第 26 頁。

② "混元"一詞爲道教思想的核心語彙,如《太清金闕玉華仙書八極神章三皇内秘文》中言"混元無物,寂悄無聲",《雲笈七籤·混元混洞開闢劫運部》言"混元者,記事於混沌之前,元氣之始也"等等。雖然"混元"出現在道教典籍中,但其思想無疑源出於老莊的"元氣"理念。安萬侣或許參看了中國的道教典籍進而萌生了以宇宙生成論誕育日本國家的想法,但究其根要,仍舊不出老莊思想。

③ 范作申《日本傳統文化》,第 7 頁。

④ 《懷風藻》有"文藻我所難,莊老我所好"(越智直廣江《述懷》),"道德承天訓,鹽梅寄真宰"(大友皇子《述懷》);《萬葉集》有無名氏"藐姑射山上,望之在近旁"等莊學詩歌。

幕府時期(1192—1602)的文學作品,那就是"五山文學"①。之所以稱其爲"五山文學",是因爲在日本中世時期,以臨濟宗爲主導的日本禪寺受到幕府統治者的支持,之後依據中國南宋"五山""十刹"的官寺制設立了日本的"五山十刹"制度②。因此,這一時期的莊子學成就,便是由"五山禪寺"中的僧人群體所創造的。

日本自平安時代起,便通過派送遣隋使與遣唐使的方法,獲得了種類繁多的老莊注疏類文獻。在這個基礎上,渡華禪僧開始進一步開拓老莊學,並携帶更多的解老、解莊文獻返回日本。鎌倉初期,京都泉涌寺的開山祖師俊芿首先造訪中國,並在華居住長達十二年,閱讀了諸多中土經典,是五山時期第一位有明確文獻記載的通曉莊子學説的禪僧。按照他的個人傳記《泉涌寺不可棄法師傳》的記載,俊芿熟稔各種中國典籍,其中便包括《莊子》之書。書中對他的描述是:"孔父老莊之教,相如揚雄之文,天文地理之籍,診脉漏刻之方,銘汰混清,洞達深致。"③由"洞達深致"四字便可知俊芿對於上述典籍並不是泛泛閱讀,而是具備一定學術見解。根據《泉涌寺不可棄法師傳》的記録,俊芿遊歷中國後,帶回了大量的中土書籍,其中有儒家和道家典籍256卷,雜書463卷等等④,這些書中應當包含有《莊子》書目,只是如今都沒有保存下來。但不可否認的是,這些書對當時五山學問僧瞭解和研習《莊子》具有一定幫助,五山僧人後來在詩作中大量援引《莊子》文句,應當與俊芿的携書之功是分不開的。

在俊芿之後,偉仙方裔是第二位著録於典籍的《莊子》習誦者,據《扶桑禪林僧寶傳》記載:

> 甫三歲,父殁。六歲欲出家報極之恩,母忻然,許之。投本都鑊阿寺明范爲童子。范見其額異,甚器許。師夙夜勤學不輟,三學之外,旁及詩書莊老之文。⑤

這是偉仙方裔的弟子對其師的追述,從"旁及詩書莊老之文"可以看出,偉仙方裔是知曉莊子

---

① 五山文學中有大量關於莊子的詩歌,如惟肖得巖"戰伐雙蝸角,功名一鼠肝"(《東海璚華集·題扇面》),雪村友梅"大鵬側翅飛不上,塵埃野馬何蒼蒼"(《岷峨集·送開先腴知客遊峨眉》),絶海中津"一笑問真宰,百年何寂寥"(《蕉堅集·冬日懷中峰舊隱》)等等,都可見莊子對於五山文僧的創作影響是十分巨大的。

② 日本的"五山",最初指的是設立在鎌倉地區的五山寺廟,即由鎌倉幕府所敕封的"關東五山",分別是"建長寺,圓覺寺,净智寺,壽福寺,净妙寺";後來室町幕府建立的京都五寺乘勢而起,逐步取代了"關東五山"的宗教地位而居於正統,史稱"京都五山",分別是"天龍寺,建仁寺,東福寺,相國寺,萬壽寺"。除此之外,建立在"五山"之上的京都"南禪寺"也非常出名,故而進入了日本佛教的核心系統,這三者相加總計十一座寺廟,史稱"五山十刹"。

③ [日]望月信亨、高楠順次郎《大日本佛教全書》第七十二卷,信瑞撰《泉涌寺不可棄法師傳》,鈴木學術財團1972年版,第53頁。

④ 同上,第56頁。

⑤ [日]望月信亨、高楠順次郎《大日本佛教全書》第七十二卷,性潡高泉撰《扶桑禪林僧寶傳》,鈴木學術財團1972年版,第171頁。

之言的。另外,按《扶桑禪林僧寶傳》和《净因寺偉仙裔禪師傳》等材料的記載,偉仙方裔的老師是明范,曾教授偉仙方裔老莊之學。明范生卒年不詳,據王迪考證,明范應生活在足利尊氏時代,並於曆應、康永、貞和、觀應、文和、廷文年間擔任鑁阿寺學頭(校長),同時教授徒衆老莊之學①。由此可知,明范也是一位熟稔莊子典籍的僧人。另外,生長於静岡駿河的圓爾辨圓也是推動五山老莊學發展的關鍵人物,雖然没有史料明確記載他通曉老莊義理,但他同樣爲日本帶回了珍貴的老莊書籍。按照《普門院經論章疏語録儒書等目録》的記載可知,圓爾辨圓帶回的《莊子》相關典籍有兩部,分别爲《莊子疏》和《莊子經》②。另據王勇、大庭修主編《中日文化交流大史大系·典籍卷》的記述,圓爾辨圓所携《莊子》之書爲"《莊子疏》十卷,《莊子》一部(缺卷一至卷五)"③。此缺卷《莊子》應爲《普門院經論章疏語録儒書等目録》所載之《莊子經》,但具體是何種版本的《莊子》經文,兩書均無記載。

　　要之,鐮倉時代的莊子學發展整體呈低迷態勢,雖然不乏旁涉老莊典籍的禪學僧衆,但疏解《莊子》典籍的材料太少,並且大多没有流傳下來,因此對於日本莊子學研究的整體進程而言影響甚小。而進入室町時代後,莊子學的發展似略有抬頭之勢。

　　首先,是日本官方學校把《莊子》納入了常規課程内。在日本平安時期,國屬的教育機構大學寮均以教授儒家經典爲主要課程内容,並不認可老莊思想,但足利學校却一反常態,在文安三年六月(1446),便頒布了所謂的"校規三條",其中第一條,即是對"老莊之學"的文化地位予以充分重視,甚至提升到了和"四書""六經"同等重要的地步。校規言:"三注、四書、六經,《列》《莊》《老》《史記》《文選》外,於學校不可講之段,爲舊規之上者,今更不及禁之。"④可見《莊子》在此時,已經成了足利學校學生的必讀書目,由此占據了一定的文化地位。

　　其次,寺廟禪僧在給弟子講授佛法時,也穿插了對《莊子》典籍的講解。比如月翁周鏡,就曾把《莊子》一書納入授課體系,爲弟子及周邊僧廟的禪僧講授《莊子》文獻。根據《陰涼軒日録》的記載,文明十八年六月(1486),月翁周鏡所開設的"《莊子》講讀"課程,受到一衆弟子及鄰近僧侣的歡迎。聆聽該課程的有龜泉集證、横川景三、春陽景杲和景徐周麟等人,均爲五山時期著名的學問僧及寺廟住持,可見月翁周鏡的"《莊子》課程"還是頗具吸引力與影響力的⑤。

　　最後,林希逸"三子口義"的引入,在日本掀起了一場道家思想的狂飆突進運動,其中最引人注目的便是《莊子鬳齋口義》。雖然《老子鬳齋口義》在德川時期也牢牢占據着日本老子學界的統治地位,但這是在林羅山的批點與大力扶持下,江户士人才開始重視林注《老子》的,此時距離

① 王迪《日本における老莊思想の受容》,第158頁。

② 見[日]上村観光《禪林文芸史譚》,大鐙閣1919年版,第351頁。

③ 王勇、大庭修主編《中日文化交流史大系·典籍卷》,浙江人民出版社1996年版,第52頁。

④ [日]川上廣樹《續足利時代事迹考》,汲古書院1976年版,第84頁。

⑤ 見[日]季瓊真蕊、龜泉集證《蔭涼軒日録》,佛書刊行會編《大日本佛教全書》第133册,東京佛書刊行會1990年版,第346頁。

《老子口義》傳入日本已經過去近百年的時間,正如武內義雄在《日本老莊學》中所指出的那樣:

> 在林羅山加了訓點的林注《老子》和其以口語解釋的抄本出版之後,《河上公注》
> 就銷聲匿迹了。之後關於老子的書目只有林注在不斷地出版,這件事足可證明從足
> 利到德川的老莊學完全轉變了。①

而林希逸的《莊子鬳齋口義》則不然,自惟肖得巖首推《口義》後②,"講讀《口義》"成了五山僧人最爲熱衷的文化活動,其研讀風氣一時競尚。根據土井洋一《莊子抄について》一書的記載,林希逸的《莊子鬳齋口義》在室町時代已然受到了五山學問僧的重視:

> 在本抄的《莊子鬳齋口義》注釋中可以看到,基於對林希逸《口義》的叙述,已經
> 由五山僧開始了。……這些出自禪僧之手的講述,都未能流傳至今。③

由土井洋一的叙述可知,相對於《老子鬳齋口義》到江户時期才被學人所重視,室町時代的五山僧人已經開始關注林氏之《莊子口義》了。但由於時間久遠,這些五山僧人講述《口義》的材料都佚失,我們無法探知這些禪僧究竟是怎樣理解並吸收《莊子鬳齋口義》一書的思想精髓,只能知曉在五山文化的中後期,禪僧瞭解莊子,大多是通過林希逸的《莊子鬳齋口義》來進行閱讀與研究。

　　按照《梅花無盡藏》的記載,天隱龍澤、萬里集九、伯容見雍就曾根據《口義》誦讀《莊子》,一華建怤也曾編輯、整理過林希逸《口義》的注抄④。另外,室町時期的皇室講師清原宣賢也曾以《口義》爲底本來爲學徒及皇室成員講讀《莊子》,其子清源國賢後將其講稿整理成《莊子抄》付梓刊印,一時風靡日本;臨濟宗大禪月舟壽桂的别集《幻雲文集》也記載他以《口義》爲依據在研治《莊子》⑤;《羅山年譜》慶長元年條下亦記載英甫永雄曾依據《口義》講讀《莊子》,並讓少年的林羅山協助自己校理林書原文,羅山弟子曰:"先生十四歲,今兹永雄講《南華口義》,其所援用,屢請先生校出之。"⑥在林羅山於慶長七年給僧人祖博寫的《答祖博》信件中,還留有一條

---

① [日]武內義雄《武內義雄全集》卷六《日本老莊學》,角川書店 1978 年版,第 231 頁。(原爲日文,筆者譯。)

② 據林羅山《老子口義跋》可知:"本朝古來讀《老》《莊》《列》者,《老》則用河上公,《莊》則用郭象,《列》則用張湛,而未嘗有及希逸《口義》者,近代南禪寺沙門巖惟肖嘗聞《莊子》於耕雲老人明魏,後惟肖始讀《莊子希逸口義》,爾來比比皆然。"見《羅山林先生集》卷第六十六,日本紅葉山文庫寬文二年刊本。

③ [日]土井洋一《莊子抄について》,清水堂株式會社 1992 年版,第 150 頁。(原爲日文,筆者譯。)

④ [日]萬里集九《梅花無盡藏》卷一、卷六,日本國立國會圖書館藏寫本。

⑤ [日]月舟壽桂《幻雲文集》卷五《遊雲説》,日本國立國會圖書館藏大永七年刊本。

⑥ [日]鈴木健一《林羅山年譜稿》,ぺりかん社 1997 年版,第 23 頁。

材料可證英甫永雄所講《莊子》之書即爲林氏之《口義》：

> 今晨講《莊子》，比年之奇事也。忽思丙申年，東山十如院僧永雄讀此書未果，距今殆七年於此。余時十有四歲，傾耳於側，雄以希逸《口義》讀之，余恨其不果。①

不難看出，《莊子》在這些僧人口中一度成爲顯學，甚至形成了與魏晋士人終日談玄一般的"論莊"雅好。根據芳賀幸四郎在《中世禪林の學問および文學に関する研究》的統計，五山時期研治老莊的僧人約有三十九人②，王迪在此基礎上進一步考索，推斷出專治莊子者有十六人，老莊兼治者有十三人③。其勢不可謂不大。但由於受林希逸《莊子鬳齋口義》的體例影響較深，五山禪僧在談及莊子義理時，大多保持了"口義"的特點，即以講説和對談爲主，且口語化嚴重，没有形成明確的著述意識，因此一些珍貴的解莊材料没有形成文字保存下來，此恰如土井洋一所言，"這些出自禪僧之手的講述，都未能流傳至今"④，這不能不説是一種遺憾。

需要説明的是，在五山學問僧當中，並非所有人都囿於林氏《莊子鬳齋口義》的束縛。在該書廣泛傳播之前⑤，五山禪僧大多依據自我對於《莊子》的獨特理解來進行其義理的闡發與修正，如中巖圓月、虎關師煉等人，均在自我的文集當中，留有解莊的文字或專論。我們先來看虎關師煉對於莊子的看法。

虎關師煉爲日本臨濟宗僧人，生於京都，俗姓藤原，法名師煉。他對於莊子的看法以質疑爲主，這首先就體現在他認爲《莊子》一書乃剽竊之作：

> 始予讀《莊子》，愛其玄高奇廣，以爲諸子之所不及也。後得《列子》，向之玄高奇

---

① ［日］林羅山《羅山林先生文集》卷三《書二》，日本國立公文書館藏，日本寬文二年紅葉山文庫刊本。

② ［日］芳賀幸四郎《中世禪林の學問および文學に関する研究》，日本學術振興會 1956 年版，第 190～214 頁。

③ 王迪《日本における老莊思想の受容》，第 154～157 頁。

④ ［日］土井洋一《莊子抄について》，第 105 頁。（原爲日文，筆者譯。）

⑤ 林希逸《莊子鬳齋口義》何時傳入日本已不可查，但據林羅山三子林恕給小野壹《莊子鬳齋口義棧航》所寫的序言可知，最早擁有林氏《口義》的人是"明魏"："南朝之仕臣有右大將長親，花山家之庶流也，號'耕雲老人'，又曰'明魏'。侍南朝帝講《周禮》《儀禮》。瑞龍山南禪寺僧巖惟肖就明魏學郭象注，其後惟肖悦希逸《口義》，以是爲講，廢郭氏注專用《口義》。"同時林恕又言及了明魏所處的時代："曾聞耕雲叟明魏講《莊子》，想其生於南北分争之世，而有感於蝸角之蠻觸乎？果其尋隱放之迹而得逍遥之樂乎？"（見日本延寶八年山本景正刊本《莊子口義棧航》寬文元年（1661）林恕序。）因此至遲在日本南北朝時期（1336～1392），《莊子口義》已流傳至日本，但直到惟肖得巖（1360～1437）時才逐漸被推廣至全國。對此，王迪總結道："惟肖得巖等禪僧的論述雖然没有保存至今，但《莊子鬳齋口義》在落入室町時代的惟肖得巖之手之前，早在南北朝時期就已爲人所知了。"見王迪《日本における老莊思想の受容》，第 169 頁。（原爲日文，筆者譯。）

廣皆《列子》之文也，只周加潤色，故令我愛其文耳矣。夫文者，立言有難矣，好言者易矣。蓋《列子》先而《莊子》後，故《列子》之文簡易者，立言而已。周秉撮而脩飾焉，故周文奇艱婉麗。或曰：“莊周識高才博，豈必采於禦寇乎？只其所載事偶同乎？”予曰：“不然，莊子已立《列禦寇》一篇，不爲不見《列子》，多收其事，周不廉矣！中世以來，文章陵逢，沿襲剽竊，出己者鮮矣。《莊子》者，中古剽竊之文乎？”①

歷代治莊、解莊學者，或疑《莊子》外雜篇非莊周本人所作，或疑有秦漢士人摻其文入《莊子》原書，但極少有人認爲《莊子》全書乃襲仿他書所做。雖然五山僧人中，不乏抨擊莊周虛無誇誕之文風者，如臨濟宗禪僧大休宗休就云，“蓋《南華真經》，莊座主荒唐之説也。遽然化蝶，栩然入南華，然而不近梅，雖誇大椿八千之春秋，不奈朝菌一日之榮焉，予所不取也”②，但尚無一人提及莊子之書爲仿襲僞造之作。而在這段文字中，虎關師煉直接將《莊子》一書的原創性與獨特性全部推倒，並直言，自己之前喜愛《莊子》，無非是欣賞其中的“玄高奇廣”之文，甚至認爲其冠絶諸子，爲晚周學者之至文也。但當其翻閲《列子》後，却發現《莊子》之“玄高奇廣皆《列子》之文也”，莊周只是在《列子》的基礎上稍加潤色便纂成己書，屬於“述而廣之”的著作，這實是壯子學術史上石破天驚的論見。

中巖圓月則與之相反，他對莊子之愛浸入骨髓。他曾自撰《贊莊子》以表示對南華真人的崇敬：“大言毋倪至理詣兮，荒唐傲倪又何帛兮。”③在上州隱居期間，中巖圓月又建造寺廟，取名“吉祥寺”，然後在寺内建庵，取名“止止庵”，這顯然取典自《莊子·人間世》中“虛室生白，吉祥止止”一語。不僅如此，他還撰寫了《道物論》與《鯤鵬論》來表達自己對於莊子哲思的見解。如在《道物論》中，他便以莊子之“道”直比爲佛理之“性”，其言曰：

> 以本爲精，以物爲粗，莊子所説之風也。所謂本者，道也，物乃事迹也。爲道之精，不迷其理，以能遠其本而明性也。吁！性之難明也，吾知之矣。以感物之欲，動而適情也，物本無咎，寔以情欲之，則違本悖理，迷而不寤，故性被翳鬱，冒不明焉，不亦悲哉！然彼事物有萬不同，皆由道所行之迹也。今人之所能行者，用足也，足之履而遺迹焉？有愚人於此執迹焉，足猶以物爲本之類爾，是迷寤精粗之分也。④

在莊子眼中，“道”爲先天之根本，是萬物的最終歸宿與源發之所，而外物均由大道派生而來，

---

① ［日］虎關師煉《濟北集》卷第二十《通衡》之五，日本國立公文書館藏，和學講談所慶安三年刊本。

② ［日］國訳禪學大成編輯所編《國訳禪學大成》第二十四卷《圓滿本光國師見桃録》，二松堂書店 1930 年版，第 88 頁。

③ ［日］中巖圓月《東海一漚集》卷一，日本國立公文書館藏，日本和學講談所明和元年刊本。

④ 同上，卷三。

這點得到了中巖圓月的支持。他言:"謂本者,道也,物乃事迹也。"道爲本,物爲陳迹,物只是道體之附庸,這顯然與莊子本義契合。與此同時,莊子指出,從精粗角度來説,道爲精,物爲粗,道難懂,而物易得,這種物便是我們所説的"外物",這種外物不僅僅是財貨飲食等明見之物,其他諸如名譽、得失、是非、榮辱等影響心性的因素亦全部爲"外物"之屬。莊子認爲,如果刻意追求"外物",便會影響自身對於道體的領悟,甚至走向死亡,如其《齊物論》中所言:"與物相刃相靡,其行盡如馳,而莫之能止,不亦悲乎!"而正因世間衆人都有自己的一己之情、一己之私和一己之智,才將大道遮蔽甚至消解,故莊子喟然嘆曰:"道隱於小成,言隱於榮華。"因此,若要了悟真道,便須將個人情欲、智識等外物盡數抛却。中巖圓月作爲漢學宗師,自然明晰莊周真義,他也認爲外物的糾纏會磨損道體的完整,但他將莊子之"道"過渡成了佛教的"心性"概念,即通"道"是爲了"明心見性",這就潛在出現了"以莊解佛"之態。此外,莊子認爲,求得先王之精要在"道",而不在"法",就如求履不得取迹一般,"脚印"是先王治世時所留下的痕迹,但此痕迹並不同於先王之道。中巖圓月顯然冥悟了莊子的義旨,他也認爲佛之根要在"明心見性",即從自我内理出發以探求心性本源,而不在尋求外物。可見,中巖圓月不僅將"道"等同成了佛教的"性",甚至連莊子的得"道"之法,也轉換成了佛教的求"性"之方。

　　而在《鯤鵬論》中,中巖圓月又表現出了對鯤鵬"逍遥"之姿的多所嚮往:

　　　　何當吾化成無名人而乘是鳥,拍莊子肩於壙埌之野,從遊於八極之表,不亦快哉!……鯤體渾渾然而未具魚體之卵也,潛伏而微小之甚也。然其養之志氣浩大,不知其幾千里也,雖云微潛亦龍種耳。莊子氣象之傲可見矣![1]

在此處,中巖圓月希望自己也可以化成"無名人",進而乘着飛鳥,自由快適地遨遊於天地之間。"無名人"出自《莊子·應帝王》:"天根遊於殷陽,至蓼水之上,適遭無名人而問焉。"此處的"無名人"便是得道之人,《老子》中有所謂"無名天地之始"的説法。莊子"褒無貶有",他認爲一切有行迹的東西都爲"道"之糟粕。而"無名人"則專帶有"無"的特質,是"聖人無名"的絶佳例證,因此中巖圓月希望自己也能像莊子筆下的得道者一樣,逍遥於無爲之境,自得於天地之間,並且乘坐着"飛鳥"自由地遊蕩。同時,中巖圓月指出鯤雖爲小魚,但在莊子筆下,却擁有了浩大的志向,可稱爲"龍種耳",故言:"莊子氣象之傲可見矣!"對於莊子這種"傲氣"之象,中巖圓月没有表現出否定的態度,而是流露出了一種對强者的傾慕。在《莊子》原文中,"鯤"並未與"龍"産生關係,但中巖圓月却將其引爲"龍種",雖明指爲鯤,但暗喻莊子,他認爲莊子就如沉潛之"鯤"一般,其勢雖小,但氣象開闊,與飛龍無異。在《莊子》一書中,孔子就曾以龍來比喻老子,現在中巖圓月又以龍來比附莊子,認爲其"志氣浩大",不可遏阻,説明在中巖圓月看來,莊子跟老子一樣,已然是一位聖人了。

---

[1]　[日]中巖圓月《東海一漚集》卷三。

三、江户時期：以專業學者爲主體的莊子學

慶長三年(1598)，豐臣秀吉在伏見城死去，臨死前任命"五奉行"爲其六歲遺孤豐成秀賴的"付家老"，同時由"五大老"組成"合議"團隊，負責處理國家的日常事務，"太閣藏入地"(即豐臣秀吉的個人領土及資財)則由德川家康與前田利家總攬。隨着時間的推移，德川家康愈發壯大，"關原合戰"後，德川家康已成爲日本最有實力的大名。慶長八年(1603)，後陽成天皇任命德川家康爲"征夷大將軍"，並准允其在江户設立幕府，歷史的車輪遂駛入江户幕府時期。與戰國其他大名不同的是，德川家康極其重視文教，早在 1593 年，他便召當時的大儒藤原惺窩爲其講解《貞觀政要》及其他漢籍，那時德川家康還没有建立幕府，僅僅是一個普通的將軍，被豐臣秀吉封爲"關八州"，但其對漢典文化的重視，却實實在在打開了日本系統研究漢學的大門。在江户幕府建立後，德川家康開始獎勵文教，並鼓勵學者研習漢學，於是涌現出大批研究上古史及上古語學的人物，其文治風尚一時無兩。後陽成天皇曾這樣評價德川初期鮮活的文化氛圍："紀綱整肅於朝中，車書混一於海内，加之萬機餘暇，孳孳學術。惜白駒忙於畫窗，跋紅燭轉於夜几。不啻校訂本朝國史，特設經史子集之庫。"①在德川幕府建立之前，由於戰亂頻發，知識分子爲避免戰禍，往往出家爲僧，這就使大多數的漢學秘要與典籍珍文藏匿於寺廟之中。但隨着國家的日漸安定，"五山文化"開始走向世俗，加之德川家康對文教的大力提倡，日人對漢籍的搜羅與研習達到了空前繁盛的地步。日本莊子學研究的黄金時期，也在此時放射出了最耀眼的光芒。

江户時期的莊子學發展可大致分爲四個時期，即林氏《口義》的興盛期、郭象《莊子注》的復興期、"以儒解莊"的古學期和"以莊解莊"的詮釋期，下面筆者將進行詳細論述。

我們先來看林氏《口義》的興盛期。郭象《莊子注》自平安時代起，便爲日人閱讀《莊子》的首選，但自鐮倉末期始，林希逸的《莊子鬳齋口義》因爲通俗易懂加之儒佛之氣濃厚，受到五山文僧的歡迎而逐漸占據上風，郭象《莊子注》遂被世人所遺忘。江户初期，朱子學派的集大成者林羅山繼惟肖得嚴後大力倡導"三子口義"②。在《答祖博》中，他便明言："足下以郭象注、玄英疏一一辨拆，可謂勤矣。余思注疏離古，而未若《口義》之爲明快也。"③由於其在日本學術界

---

① (宋) 江少虞撰，[日] 僧瑞保跋《新雕皇朝類苑跋》，日本國立國會圖書館藏，日本元和七年刊本。
② "三子口義"即林希逸所批解的《老子鬳齋口義》《莊子鬳齋口義》及《列子鬳齋口義》。大野出指出："在日本近世，老莊思想之所以能够被接受，並得以延續下去，離不開《老子鬳齋口義》的闡釋和林羅山這一思想家的存在。在近世初期，若將羅山重新選擇《老子鬳齋口義》這件事，説成是決定了日本近世老莊思想的命運也不爲過。"(原日文，筆者譯。)見[日] 大野出《日本の近世と老莊思想》，第 2 頁。
③ [日] 林羅山《羅山林先生文集》卷三。

與政治界的地位崇高①,遂使江户初期(十七世紀中至十八世紀中)的莊子學研究全部聚焦於林氏《口義》之上,並由此催生出了松用退年《莊子抄》②、小野壹《莊子口義棧航》③、山本洞云《莊子口義諺解》④、毛利琥珀《莊子口義俚諺抄》⑤等多部標解林氏《口義》的作品。其中松永氏《莊子抄》十卷爲和文謄録林氏《口義》並爲其作日文標點之作,山本氏《莊子口義諺解》十一卷及毛利氏《莊子口義俚諺抄》十卷均以日語俗文譯介《莊子口義》,其於傳播、助讀《口義》方面成效顯著,但就莊子學研究的整體推動而言,則收效甚微。小野氏《莊子口義棧航》十卷雖同樣爲疏解《口義》之作,但其序言中保留了大量早期《口義》在日本傳播與接受的史料,故值得關注,同時其對《口義》引文用典的剖析,亦爲揭露林氏援佛、儒之理釋莊的用意增添了事實論據。朱子學派圍繞郭注進行疏解的作品目前僅存有五井蘭州《莊子郭注紀聞》⑥一書,但其新見較少,因此未實質性地推動郭注的研究。

進入十八世紀中葉,由於古學派的異軍突起,維護"王道"的朱子學派受到了很大衝擊⑦,莊子學也由此進入了一段被批駁及否定的時期。對朱子學派率先發起攻擊的是古學派的創始人物伊藤仁齋,他對朱子學派的唯心理念非常不滿。因受明代吳蘇原的影響,伊藤大力提倡"蓋天地之間一元氣而已"⑧,而否定朱熹的"理氣二元論",尤其是宋儒以理爲天地本原的看法,是仁齋最爲反對的一點,故而高倡復古,以期弘揚漢儒以太極爲一元氣的相關理論。需要説明的是,其派雖曰"復古",但伊藤仁齋所欲恢復的是先秦《論》《孟》之學,他曾言"吾無家法,

---

① 林羅山自 1605 年(慶長 10 年)起侍奉德川家康,禄米三百表,至德川家綱時,已歷任四代將軍的侍講。在政治方面,羅山負責起草外交文書和諸法度,對整頓幕政有貢獻。在文化方面,他大力發展儒學,將其師藤原惺窩帶有宗教色彩且停留在修身、齊家的宋學觀念,提到治國、平天下的高度,是日本"京師朱子學派"的開創者之一及主要代表人物,在日本歷史上具有重要地位。

② [日] 松用退年《莊子抄》,日本静嘉堂文庫藏,日本正保二年寫本。

③ [日] 小野壹《莊子口義棧航》,日本延寶八年山本景正刊本,嚴靈峰編《無求備齋老列莊三子集成補編》第42～44 册,臺灣藝文印書館 1972 年版。

④ [日] 山本洞云《莊子口義諺解》,日本國立國會圖書館藏,日本文禄十五年寫本。

⑤ [日] 毛利琥珀《莊子口義俚諺抄》,日本元禄十六年刊本,日本弘化三年複刻,日本九州大學文學部圖書館藏。

⑥ [日] 五井蘭州《莊子郭注紀聞》,日本静嘉堂文庫藏钞本。

⑦ 古學派雖以復古之名爲教義,但實際上乃提倡一種新學,即以復古之名將傳統學術從朱子學中解放出來。朱子學代表封建地主階級,是統治階級的正統思想,古學派則代表不當權派,作爲封建社會裏民間學者的異端思想。其具體派别可劃分爲兩支,一支以伊藤仁齋及其子伊藤東厓爲代表的"崛河學派",一支以荻生徂徠及其徒太宰春台爲代表的"萱園學派"(又稱古文辭學派),他們主張氣一元論,而否定朱熹之理、氣二元論,在整個江户時期,古學派都積極地反對朱子學派的相關理論。見朱謙之《日本哲學史》,人民出版社 2002 年版,第 64 頁。

⑧ [日] 伊藤仁齋《語孟字義》卷一,日本國立國會圖書館藏,日本寶永二年刊本。

就《論語》《孟子》正文理會,是吾家法耳"①,並親撰《論語古義》與《語孟字義》加以詳細闡説,認爲《論語》言教而道在其中,《孟子》言道而教在其中。不難看出,伊藤學説之内理仍以儒家精義爲要。在這種思想進路的指導下,伊藤自然會將老莊之學視爲"異端"。比如他對莊子將人倫所需之物在不辨禮義的情況下就視爲"外物"的看法極其厭惡,故怒斥其爲"儒者"不當用也:

> 問吾,聞富貴爵禄外物也,爲其所誘,可乎? 曰:"富貴爵禄皆人事之所不可無者,只當辨禮義,豈可徒以爲外物而厭之也哉? 子猶泥於舊見,不嚴洗滌,此意後來必至於厭人事,樂枯寂,遠日用而廢人倫,甚不可也。今夫飲食、衣物非外物乎? 然不服飲食,不御衣服,枵腹裸體而居,不五日十日而必隕軀命……如此儒者或以錙銖、軒冕、塵芥、富貴爲高,世間亦以超然退舉蔑視人事爲至,皆不知道之甚也。若夫不辨禮義而徒有惡外物之心,必爲異端。'外物'二字本出《莊子》,非儒者之所合用也。"②

不僅對莊子的細部思想仁齋予以攻伐,對於老莊思想整體的歷史地位,仁齋仍以白眼視之,甚至將其定義爲毀國廢邦之法,必欲除之而後快:

> 老莊之説盛於戰國秦漢之際,浮屠之法後漢永平八年始來於漢土。唐虞三代之時,皆無之。然天下泰平,黎民壽考,治皆及數百年時,不以無二氏而害其治也。秦皇、漢武、唐玄宗、宋徽宗最信道教,然政治日壞,國俗日隳。……不以有二氏而救其亂也。……太平則豈非有之而無益於天下,無之而無損於天下乎? 若堯舜孔子之道,一日離之,則天下君臣父子夫婦昆弟朋友皆失其所,豈非不可須臾離之道乎?③

又稱:

> 問,老莊之學聖門指爲異端,然雖好之,似亦無甚害。曰:"老莊之害,徵之於小,則固難見,徵之於大,而後其害章章矣。士庶人之輩好之,則必惡禮法,厭拘撿,故至於墜業敗家而止,此害之小者也。若夫大人好之,則其害及於家國天下,人心日傷,風俗日壞,亂亡尋至,可不懼乎?"④

---

① [日]伊藤仁齋《童子問》卷下,日本公文書館藏,日本文化十二年刊本。
② 同上,卷上。
③ 同上。
④ 同上,卷下。

不僅伊藤仁齋持此看法,被視爲古學派先驅的山鹿素行亦有此見地。山鹿素行早年師承林羅山,倡三教一致説,後歸附朱子學,成爲古學派的重要引路人。山鹿年輕時,曾雅好老莊,根據其《年譜》及筆記《配所殘筆》的記述可知,正保三年(1647),年方二十五的山鹿素行便爲衆弟子講授《莊子》,之後在慶安三年(1650),山鹿素行三十歲時,又一次爲徒衆講授《齊物論》,按《配所殘筆》云:

> 我等事自幼年迄壯年,勤朱子之學,依之其時我等述作之書,皆屬程朱之學,中時好老莊,以玄玄虛無爲本,此時別貴佛法。……然我等不器用之故,仕程朱之學而陷於持敬靜坐之工夫,覺人品沈默,老、莊、禪作略較朱子學活達自由,性心之作用,天地一枚之妙用高明,何事亦以本心自性之所用,故無所滯,打破乾坤萬代不變之理,惺惺灑落,無所存疑。[1]

由此可見,山鹿素行在此時對老莊"本心自性""活達高妙"的理論無有存疑,持完全接納態度。但在三十五歲時,山鹿素行的思想發生了驟變,他由原來倡導"三教合一"的學士轉爲了獨奉朱子學説的信徒。朱子學説所特有的排除異端屬性,使山鹿素行徹底從學莊、敬莊之徒轉爲了批莊、詆莊之士。此外,當時的集權政治環境也不允許山鹿素行繼續持奉莊子之學。故在《修教要録》裏,他便第一次對老莊之學予以了正面回擊:

> 近來竊思,學是何?僅修身。以此體認身上時,始覺父子之間,君臣之際,知不致、行不力,於兹去意見,棄高遠,近思則向所爲皆放僻邪異,向所言皆背天惑人之言,故事物交接之則悖戾天地。……故今以修身爲的,以道源、學問、力行爲三要,表題號《修教要録》。[2]

其中"去意見""棄高遠"數語專爲老莊所發,老莊學説虛無空泛,迂遠而闊於事情的特點,在此處被山鹿素行斥爲"放僻邪異""背天惑人"之言。他認爲,只有用心體認朱子的"格物"之學,才是通往修齊治平的常道。要以親身實踐來體悟聖哲精妙,而不是靜坐以緣求虛空的道體。在此進路下,他開始批駁老莊:

> 老莊者,知者之過也。令老莊治天下,天下可治平,其治平之實,教化之篤,他何能乎?不得其實、其篤則不可謂治平之極也,是不切於事理。以形器法度爲芻狗,以

---

① [日]山鹿素行著,島津學堂訳編《山鹿素行全集》卷十二,帝國報德會本部1925年版,第593~594頁。
② 同上,卷三,第162頁。

視聽言動爲非性命之理，寄思於玄談清論之高，以風流相尚，皆老莊餘流之弊也。①

即使在老莊二者之間，山鹿也認爲莊子之學劣於老子之甚，如“《列》《莊》之二書者，《老子》之注解也。其學既至，《列》《莊》專爲放蕩”②，“莊子者，踈闊而渡利口，不及老子尤遠”③，等等，都是其詆斥莊子之證。

在山鹿素行及伊藤仁齋對莊子的持續貶抑下，“古學派”分化出了另一支旁系血統，其領袖人物便是赫赫有名的荻生徂徠。與伊藤等人不同的是，徂徠學派並不否定莊子，而是否定對莊子之説加以臆改的宋儒群體。荻生徂徠早年曾研習朱子派著作，並長時間研究《大學諺解》一書，這使其“遂得不借講説遍通群書”④。徂徠後來在芝街增上寺開設私塾，所授内容亦爲程朱之學。但正德四年(1714)，四十九歲的徂徠與伊藤仁齋交惡，於是作《萱園隨筆》三卷以批駁仁齋的“古學”教義，但其内裏仍標榜“朱子學”。五十歲後，徂徠接觸了李攀龍、王世貞的著作，對其“文必秦漢，詩必盛唐”，不讀宋以後諸書的“文章立教”及復古主張大加贊賞，於是盡廢舊學並轉而投身先秦古籍的研治，明確提出要用“古語”直接對話上古文本，以此來究明先秦古典原義，從而獲悉“先王之道”。這套方法被稱爲“古文辭學”之法，其學派亦被稱爲“古文辭學派”，其核心理念就是對三代書目直接進行研讀，並對宋儒以儒典或天理肢解先秦典籍的做法予以強烈批判。自此，荻生徂徠不僅攻伐伊藤仁齋，也攻擊宋儒，其門下弟子亦踵武其志，對宋儒諸説乃至其批解的先秦古著大加撻伐。林希逸作爲宋儒的代表人物之一，自然難逃被攻訐的命運。比如荻生徂徠就曾作《莊子國字解》用以撥正宋儒之繆，其中對林氏《口義》的批評尤爲顯著：“漢以前之書籍，《老》《莊》《列》之類，蓋人知見，林希逸之解則不佳。”⑤其門生太宰春台亦指出：“林希逸老列莊《口義》最爲純劣，淺學不足取已。”⑥

在此情形之下，徂徠的弟子及再傳弟子，都對林氏《口義》進行了審查，並多以門户之見抨擊林注。如太宰春台之徒渡邊操便撰《莊子口義愚解》二卷⑦，其中不乏“其説含糊”“可笑可笑”(《齊物論》解)，“潰潰不明”(《人間世》解)，“林氏不善讀本文”(《德充符》解)，“大呵大呵”(《大宗師》解)等譏嘲之語，同時還用“鬳齋理學餘醉未醒乎”，“動輒言理字，宋學之餘臭可憎”

---

① ［日］山鹿素行《山鹿語類》卷三十五，日本公文書館藏嘉永六年寫本。

② 同上。

③ 同上。

④ ［日］念齋原《先哲叢談》第六卷，有朋堂書店 1923 年版，第 1 頁。

⑤ ［日］大日本思想全集刊行會編《大日本思想全集》第七卷《答問書》下，大日本思想全集刊行會 1931 年版，第 138 頁。

⑥ ［日］太宰春台《紫芝園漫筆》卷五，日本公文書館藏，日本昌平坂學問所寫本。

⑦ ［日］渡邊操《莊子口義愚解》，日本寶曆十二年植村藤三郎等刊本，嚴靈峰編《無求備齋老列莊三子集成補編》第 44 册。

(《養生主》解),"理學之毒,令虜齋昏沉"(《人間世》解)等明顯帶有學派攻擊性質的話語來批駁《口義》。雖然渡邊氏打壓林氏的意圖甚爲明顯,但究其疏解結果來看,他對林氏注文的指斥大多是切合實際的,因此可視爲對林氏注本的洗淘之作。就這樣,在徂徠學派近百年的持續抵制下,林氏《口義》逐漸退出歷史舞臺,郭象《莊子注》重新受到關注。

受徂徠先師重"古辭"的影響,服部南郭將解莊較爲貼合上古語義的郭象《莊子注》重新置於學術殿堂的最高端,並親自爲其校正字句,是爲《考訂郭注莊子》①,莊子學研究進程遂由此過渡到了"郭象《莊子注》的復興期"②。在此時期,圍繞郭象《莊子注》產生了對其進行日文訓點的千葉玄之所著的《訓點郭注莊子》,以及對其進行全面評析的《郭注莊子核玄》,此爲服部南郭之徒杜多秀峰所著,凡十二卷。在序言中,杜多大贊郭氏注莊之偉大:"夫莊子説道也,猶河漢無極也。卓哉! 郭子玄上究淵源,下通溢流。……其言約而致遠,辭豐而理融。"③認爲郭象實是千古解莊之第一人。相較之下,戶崎淡淵所作《郭注莊子考》則更爲審慎一些,雖然他亦言"每篇字句之間,得其意者,莫如郭説矣"④,但在實際的箋注過程中,戶崎氏還是指出了四十餘處郭象錯解莊子之意處,並有相當一部分指瑕可資勘正郭注。此外,還有西山元所作《莊子南華真經標注》二十四卷,用以標解郭注晦隱之語。在徂徠諸生的大力倡導下,郭注成了江戶中晚期最爲盛行的解莊注本,並一直延續至今。

服部南郭之後,古文辭學派已經日漸式微,龜井昭陽所作《莊子瑣説》二卷爲古文辭學派的莊子學成果作了一個較好的收尾,是整個江戶時期解莊最爲精良的注本之一,其所言"以不辯齊'物之論'"(《齊物論》注);"養生之主者,神也"(《養生主》注);"以'無心''隨變'涉世也"(《人間世》注)等觀點,對於揭示莊子本旨頗有裨益⑤。

進入十八世紀後半葉,"朱子學"略有重振之勢,與此同時折衷學派、陽明學派與獨立的自由學者亦紛紛出現,疏解《莊子》已不單單是圍繞某個中國注疏本在進行探討,而是開始深入《莊子》文本內部,以此來探求莊子及其門派廣袤無垠的哲學機理。由於受程朱及陽明之學影響較大,各學者在箋解《莊子》時,多帶有以儒解莊的精神底色,這便進入了江户莊子學的第三個時期,即"以儒解莊"的古學期。在此階段,"朱子學"的承繼人物中井履軒作有《莊子雕題》十卷,葛西因是撰有《莊子神解》一卷。中井氏雖然也提倡"讀《莊子》只以莊解之可也,切不當

---

① [日] 服部南郭《考訂郭注莊子》,日本國立公文書館藏日本元文四年,日本京都藤花房刊本。

② 郭象《莊子注》自平安時代起,便爲日人閲讀《莊子》的首選,但自鐮倉末期始,林希逸的《莊子虜齋口義》因爲通俗易懂加之儒佛之氣混雜遂受五山文僧歡迎而逐漸占據上風,郭象《莊子注》遂被世人所遺忘。之後在徂徠學派的大力宣導下,郭象《莊子注》受到了重視,並且被系統地研究。

③ [日] 杜多秀峰《郭注莊子核玄·序》,日本文化元年壬枝軒刊本,嚴靈峰編《無求備齋老列莊三子集成補編》第45～46册,第3～4頁。

④ [日] 戶崎淡淵《郭注莊子考》卷一,日本内閣文庫藏,日本昌平阪學問所寫本。

⑤ [日] 龜井昭陽《莊子瑣説》,松霧堂書店,日本大正九年寫本。

引《論》《孟》所據焉"①,但在具體的操作過程中,中井履軒依然運用了諸如"無古無今,無始無終,法太極,其理不違,然莊子口中無太極兩字,文字宜避"②(《知北遊》解)的宋儒"太極之理"來解構莊子,由此也沾染了以儒解莊的先哲遺氣。葛西因是則比之更甚,其所作《莊子神解》雖僅解內七篇文字,但却處處洋溢着禮義仁說的聖王氣息。在他看來,《莊子》除却僞作四篇外,其餘二十九篇,均應《中庸》"成己仁也,成物知也,性之德也,合外內之道也"之義而自成三類。其中,內篇爲其"骨體",故應"成己"之義;外篇"施及天下萬物",故合"成物"之旨;雜篇兼有內外思想之精,故"合外內之道者也"。並且認爲《莊子》中的文句多源自對儒家諸語的仿習,如在《人間世》"以信遠則必忠之以言"的批文中,葛西因是言:"《論語》:'葉公問政,子曰:近者說,遠者來。'莊子點化作此文。"③在《德充符》"自要者而猶若是"一句下,葛西因是注云:"自《孟子》'過孟賁遠矣'語來。"④幾乎將莊子的整個學說都覆蓋在了儒家的羽翼之下。

有些獨立學者雖然不歸屬某一學派,但其箋解《莊子》的思路却與朱子學派的人物無二。其中較有代表性的是巖井文,其所作《莊子集注》是明治之前日本唯一一部以集注方式系統疏解《莊子》的著作,其引書多達十七家,涵蓋了自魏晉至清中期各家最爲重要的莊子學注疏作品。與前人"以儒解莊"不同的是,巖井文並未將儒門義理與莊子學說建立內在聯繫,而是從莊文駁孔處入手,以忽隱忽顯的邏輯關係以及段落原文的結構特點,來證實莊子並非詆訾孔子。如其言:"凡駁孔子,非實駁孔子,駁偏辭於孔子之學者也,故凡駁孔子段後,必揚孔子,爲此書之例。"⑤(《齊物論》注)與此同時,他還將此法運用在了甄別僞作上,比如對《盜跖》一文進行箋釋時,巖井文就言:"此篇譏趨名利事僞巧者,此篇譏孔子下不復揚孔子,與例不合,爲非周所作者是。"⑥(《盜跖》注)

稍晚一些的獨立學者,如昭井全都,亦有濃厚的儒門義理思想。昭井全都在江户一朝乃至在日本近現代的《荀子》研究者中,都是首屈一指的大儒,其成果甚至得到了章太炎的認可:"是時荀學則已失其綱紀,全都生千四百紀以後,獨能高驪長駕,引其微綸,鈞既沈之九鼎,而出之絶淵。其學術雖在伏、賈、董、韓間,其功則逾遠矣。"⑦在經受儒學數十年的精神洗禮下,昭井全都成了江户時期最爲純粹的"以儒解莊"學者,在其箋注中,幾乎全部是用儒家的精義、要理來詮解莊子,在其著作《莊子解》二卷中,他不僅用儒家的"正名"思想來疏解《齊物論》等

---

① [日]中井履軒《莊子雕題》卷三,日本明治十一年寺町雅文手抄本,嚴靈峰編《無求備齋老列莊三子集成補編》第47册,第112頁。

② 同上,卷七,第278頁。

③ [日]葛西因是《莊子神解》第二册,日本內閣文庫藏,日本文政五年刊本。

④ 同上,第一册。

⑤ [日]巖井文《莊子南華真經集注》卷一,日本內閣文庫藏,日本文政八年刊本。

⑥ 同上,卷九。

⑦ 章炳麟《昭井氏遺書序》,[日]關儀一郎編《日本儒林叢書》第六册,東洋圖書刊行會1929年版,第1頁。

篇章,甚至連《中庸》《論語》中的筆法、文法也被挪之以類比莊子的創作手法。此外,昭井氏還撰有《莊子論》一篇,在其開篇他便言:"莊子論德者也,非論道者也,其意蓋以爲德源也,道流也。源濁則流濁,源清則流清。是故德修則道出於治,而百禄在其中矣。⋯⋯何謂德? 曰:'存心術也。'故心術正則德修矣,德修則人服焉,人服而天下歸之,湯武是已。"①很明顯,昭井全都並未將莊子"道"與"德"的概念釐清,而是簡單地將"德"與儒家的"德政""德治"觀念參混一談,進而將"道"想象成了聖王爲施展"德政"所采取的必要手段而次居其後,莊子之道亦只是彰顯聖人之德的其中一種方式而已。在其另一篇專論《莊子説》中,昭井又將莊子著書之緣起歸總於仲尼仁義之説衰敗而"不堪其憤懣",故言:"孔子之學不得施展,後世先王之治則不可復歸,是莊子所以不堪憤懣也。後之學者皆宗孔子者也,然而徒唱仁義談禮樂,主刑名法術而皆忘其本,自安於小成以爲得矣,是以愈説而愈枝,愈治而愈亂,終使聖人之道破碎割裂不可復見其全體,是莊子所以益不堪其憤懣,著斯書也。"②昭井全都以儒術解莊的意圖之明顯、用力之精勤,由此可見一斑。

　　自十九世紀伊始,清儒的考據風尚影響到了日本,日本學者開始仿習清儒治書之法,對先秦文本的校勘、辨僞、輯佚等工作投入更多的精力,於是涌現出了一大批精於考釋的著作,如安井軒息的《管子纂詁》,太田全齋的《韓非子翼毳》,竹添光鴻的《左傳會箋》等等,皆是旁徵博引,全解訓詁,以審慎的考量與復驗爲方法來箋注漢著的作品,因而成爲了傳諸後世的不朽名作。江户時期的莊子學進程也由此進入了最爲輝煌的時期,即"以莊解莊"的詮釋期。在這一時期,日本學者於莊子學義理、考據等方面取得了重大成果,其中義理方面最具代表性的是帆足萬里的《莊子解》一卷,而考據方面則以岡松辰的《莊子考》五卷爲最。

　　我們先來看帆足萬里的《莊子解》。帆足對莊子義理箋釋的最優之處在於,他對莊子"内聖外王"的理念予以了清晰闡述。他首先指出,莊子求以"内聖"的關鍵在於"息争",在他看來,無論大鵬還是蜩與學鳩,都是因爲"争競之心"而產生彼我之分殊,進而譏嘲對方,疲於攀争,産生了所謂的"小知不及大知""小年不及大年"的説法。因此要實現真正意義上的逍遥自由,就必須破除"争競之心",方能"自樂其樂"。在滿足"息争"的要求後,"知命安心"便成爲由内聖至外王的過渡因素。在帆足氏看來,天道是萬物都應遵循的規律,但天道賦予每個人的命運不同,即"道"的體現方式不同,這種方式的差別在於"命"的迥異,因此需要每個個體知命、順命,這樣便能適應變化多端的外部世界,因此他言:"事其心以知命,安心爲事也。"③經由此,"外王"之勢就可應運而生了。他在《天道》篇中言:"静而聖,動而王,居則有聖人之德,動則有王者之功也。人樂,與人同樂者;天樂,則自樂其天耳。"④帆足萬里在此展現的邏輯是,

① [日]昭井全都《莊子論》,[日]關儀一郎編《日本儒林叢書》第六册,第 3 頁。
② [日]昭井全都《莊子説》,[日]關儀一郎編《日本儒林叢書》第六册,第 110 頁。
③ [日]帆足萬里《帆足萬里文集》卷下《莊子解》,帆足紀念圖書館編,1926 年版,第 429 頁。
④ 同上,第 456 頁。

"静"對應"聖人之德",在消解内心的"争競"之意後,則個體可自得"天樂",並進而完成修飭己身的"内聖"目的。而内心充盈以至可以與外界相接時,個體的狀態便由静轉動,由内隱而趨於外顯,在破除内心彼我之分的執念而能與自然和諧地相處後,便具有了交接萬物的可能。在此之時,"動"便形成了"王者之功",此之樂便由原來的"自樂"變爲了"與人同樂",這便完成了由"内聖"而至"外王"的演化進程。用圖譜演示便是:

$$静 \to 息争 \to 養生 \to 内聖 \to 有聖人之德 \to 自樂其天$$
$$動 \to 知命 \to 大悟 \to 外王 \to 有王者之功 \to 與人同樂$$

不難看出,帆足萬里眼中外王的最高境界,就是與萬物和諧地共處,並且將己之"天樂",推衍爲萬物之"同樂"。馮友蘭在《中國哲學史》第十章《莊子及道家中之莊學》亦指出:"'天地固有常'等,乃自然的,天然的,即所謂'天'也。'放德而行,循道而趨',即隨順人及物之性也。……隨順人及物之性,即與天和,即天樂也。"[1]不難看出,馮氏理論,應當是對帆足萬里觀點的進一步深化。

岡松辰的《莊子考》則長於訓詁,尤其擅長以詳審的解詁、嚴謹的考證來對具體的句子進行辨析。其方法,便是從字的形、音兩方面來考量該字的具體用意,其考釋成果,如"《字書》載正字通,郭象古本'喁'作'枆',今無考,是知古或有作'枆'者。蓋'喁'與'枆'同,'喁然',虛大貌"[2](解《逍遙遊》"非不喁然大也");"'術'與'述'同。左春谷曰:'《邶風》:"報我不述。"'《釋文》:'述,本亦作"術"。'《祭義》'結諸心、形諸色,而術省之',注:'術'當作'述'。是術,述字同"[3](解《人間世》林希逸注"術暴人之前者")等,均可資後人參鑒。

最後,宇津木益夫的《解莊》十二卷成爲江户晚期至明治前期的集大成之作,這是整個江户時期,獨立評注《莊子》三十三篇全本的唯一著作(其餘學者多擇篇箋注)。該書不以郭注或林注爲宗要,而是對中國自魏晋以降至清中晚期的數十家著者之作予以詳細審視,並只取其認爲貼合莊意的注文引入己書,之後再附以短評或己見,對日本乃至中國莊子學的發展與改良都有助推之功。

江户晚期的學者除了對《莊子》字詞及本義每有探求外,對郭注及林注之外的文評作品也進行了詳細的審查,比如林雲銘的《莊子因》就受到了日本學者的矚目,誕生了兩部爲其補注的著作,即渾暉辰(1750—1822)《校訂增注莊子因》(附《莊子闕誤同異考》)[4]和秦鼎、東條保

---

① 馮友蘭《中國哲學史》,商務印書館 2014 年版,第 239～240 頁。

② [日]岡松辰《莊子考》,日本明治四十年中野鍈太郎排印本,嚴靈峰編《無求備齋老列莊三子集成補編》第45 册,第 25 頁。

③ [日]岡松辰《莊子考》,嚴靈峰編《無求備齋老列莊三子集成補編》第 45 册,第 78 頁。

④ [日]渾暉辰《校訂增注莊子因》,日本寬政四年平安風月莊左衛門大阪泉八兵衛合刊本。

《標注補義莊子因》①。焦竑的《莊子翼》也受到了關注,有小出立庭以日文爲其標點、斷句的《翻刻日文標點莊子翼》②。同時還有有井范平(生卒年不詳)對文震孟、歸有光《南華真經評注》加以訓點的作品《新刊莊子評注》③。此外,馬淵會通還撰有《莊子文訣》一卷,用以剖析莊子《逍遥遊》及《齊物論》的句詞文法,此乃日本唯一一部專門探討莊子語言特色的作品。

最後,隨着商品經濟的快速發展,町人文化逐步興起,小説及戲曲作品開始登上日本文學舞臺。嚴紹璗指出:"他們(町人)在經濟上富裕的同時,也逐步地進入文化領域,江户時代的哲學、文學、史學等,都具有庶民文化的特點。原先,文化在平安時代由貴族所掌握,在五山時代由僧侣所掌握,在江户時代它開始走向城市民衆之中,文化由社會某一階層所壟斷的局面被打破了,其接觸面有了較寬闊的拓展。"④在世俗文化的有力推動下,《莊子》中恢詭譎奇,神幻多變的寓言故事,成了民間文人最爲青睞的援引素材,並由此誕生了佚齋云山《田舍莊子》⑤、信更生《繪圖都莊子》⑥、月亭滿麿《浮世莊子》⑦、田長與《面影莊子》⑧等特色鮮明的小説及寓言故事作品。

以上便是今可查閱的莊子類文獻,但根據《解題叢書》⑨、《書目集覽》⑩、《漢學者傳記及著述集覽》⑪、《江户時代にあける唐船持渡書研究》⑫、《近世漢學者著述目錄大成》、《近世漢學者傳記著作大事典:附系譜年表》⑬、《國書總目錄》⑭、《倭版書籍考》、《國超朝書目》、《正齋書籍考》、《辨疑書目錄》、《掌中目錄》、《古梓一覽》、《典籍概見》、《掌中書名便覽》、《古刻書跋》、《活版經籍考》、《禁書目錄》、《官版書籍解題目錄》、《昌平阪禦官板書目》⑮以及嚴靈峰《周秦漢

---

① [日]秦鼎補義,東條保標注《補義莊子因》,日本國立國會圖書館藏,日本明治二十三年松村九兵衛刊本。

② [日]小出立庭《翻刻日文標點莊子翼》,日本寬延四年勝村治右衛門刊本。

③ [日]有井范平《新刊莊子評注》,日本國立國會圖書館藏,日本明治二十七年弘文館刊本。

④ 嚴紹璗《漢籍在日本的流布研究》,江蘇古籍出版社 1992 年版,第 50 頁。

⑤ [日]佚齋云山《田舍莊子》,岩波書店 1990 年版。

⑥ [日]信更生《繪圖都莊子》,日本享保十七年野田彌兵衛袋屋士良兵衛刊本,另有日本寶曆三年藤屋善七刊本。

⑦ [日]月亭滿麿《浮世莊子》,日本晴光館編《滑稽小説集》,日本明治三十八年刊本。

⑧ [日]田長與《面影莊子》,日本道家道學院藏,日本天明四年刊本。

⑨ 國書刊行會編《解題叢書》,國書刊行會 1916 年版。

⑩ [日]禿氏祐祥編《書目集覽》(全二册),東林書房 1928 年版。該書《享保書籍目錄》著録有《廣成子》,但未言撰者爲誰。

⑪ [日]小川貫道編《漢學者傳記及著述集覽》,關書院 1935 年版。

⑫ [日]大庭修主編,《江户時代にあける唐船持渡書研究》,關西大學東西學術研究所叢書 1967 年版。

⑬ [日]關儀一郎、關義直編《近世漢學者著述目錄大成》,東洋圖書刊行會 1941 年版;[日]關儀一郎、關義直編《近世漢學者傳記著作大事典:附系譜年表》,琳琅閣書店、井上書店 1971 年版。

⑭ [日]岩波熊二郎《國書總目錄》,岩波書店 1963 年版。

⑮ 《倭版書籍考》至《昌平阪禦官板書目》,並見[日]長澤規矩也、[日]阿部隆一所編《日本書目大成》第二、三册,汲古書院 1979 年版。

魏諸子知見目録》①的相關記載可知,如今存世狀況不明或已經佚失的江户時期解莊著作,尚有林羅山《頭書莊子口義》,南霞主人《莊子國字解》,服部南郭《考訂唐陸德明莊子音義》,菅玄同《頭書莊子》,盧草拙《天地一指論》,那波方《莊子叢話》,田子龍《莊子國字解》,角田青溪《莊子翼解》,澀井太室《莊子通義》,本居宣長《莊子摘腴》,片山世璠《莊子類考》,重野樗軒《莊子箋》,皆川淇園《莊子繹解》,市川鶴鳴《讀莊子》,小田谷山《標注訓點莊子》,渡邊之望《莊子古粕》,冢田大峰《莊子箋注》,萩原大麓《莊子考》,龜田鵬齋《莊子獨了》,鎌田柳泓《莊子譯説》,大菅南坡《莊子考》,伴徙義《莊子聞書》《莊子解》,米谷金城《莊子十論》,久保築水《莊子解》,中山城山《城山手批莊子》,龜井昭陽《莊子縠音》,三宅橘園《莊子辨疑》,金子鶴村《莊子解》,僧云室《莊叟解意》,鳥海松亭《莊子獨斷》,東條一堂《郭注莊子標注》《莊子道德字義並性命》,澤徽《讀莊子》,三野謙谷《莊子覆言要言》,齋藤象《莊子文評》,堤它山《莊子詮》,塘公愷《莊子詮》《莊子全解》,仁科幹《莊子解》,伊藤逸彦《莊子考》,佐藤惟春《莊子闡釋》《莊子筌蹄》,太田晴軒《莊子考》,中井乾齋《莊子集覽》,土井有恪《莊子抄解》等四十六部作品。而這僅僅是可資查證的注家及著作,歷史上真正存在的莊學研究者,應比此數目還要多。正如王迪在《日本における老莊思想の受容》中所指出的那樣:"江户時代的老莊研究者多達一百七十多家,但近半數都只在書目中留名。"②雖然大部分的莊子學著作都没有流傳下來,但就已知作品來看,江户時期的莊子研究呈鼎盛態勢,不僅有注疏本,還有評點本、抄録本、讀書札記等多種體式的著作出現,比之中國明清時期的莊子學研究盛況而言,亦無有遜色之處。

結　語

《莊子》在日本社會,雖然不及《論》《孟》等儒家典籍的影響範圍廣,但它在個體學人及上層貴族之間,依舊産生了强大的集群效應,促使日人在自己的作品中不自覺地吸納《莊子》中的營養元素,從而爲日本律法的完善、民族創生理論的建構以及文藝作品的寫作提供了原生素材。與此同時,江户時期的莊子學作品亦具有傳世之功,它們不僅在訓詁、校勘等方面加速了莊子版本的完善,還展現出了獨屬於日本學者的箋注風格。出於轉益多師和精益求精的考慮,由接受轉爲獨立思考,是江户時期日本學者的創作共識和民族特色。同時精緻細膩的東洋文化,也是日本學者着力傾注的重點。在中國典籍的校勘與研究方面,日本學者總是不由自主地將自己的生長文化與精神世界傾入其中,形成了帶有和風色彩的研究作品。前者如風俗習慣和祭典儀式,後者如庭院、建築、書畫的審美範疇等等,都被自動帶入了日本學者的研

---

① 嚴靈峰編《老列莊三子知見書目》(中編),中華叢書出版社 1965 年版。

② 王迪《日本における老莊思想の受容》,第 275 頁。(原文爲日文,筆者譯。)另,江户時期的老子研究者要遠多於莊子,史料留存的可資查證的莊子學研究者應不出筆者統計之數目。

究路徑當中,因此常在疏解《莊子》之時,傾透出自己對於本國文化的構思與暢想。從此視角來看,莊子不僅影響了日本學人,更影響了其背後數千年的日本文化,這應當是莊子思想匯入域外文化並促使其進一步修正與完善的最直觀體現。

[作者簡介] 王澤宇(1993—　　),男,山西太原人。現爲華東師範大學中文系中國古代文學專業博士生,主要研究方向爲諸子學及海外漢學,已發表學術論文多篇。

20 世紀《莊子》英文選譯本述介

于雪棠

內容提要 從選譯的内容、形式及讀者對象等角度劃分,20 世紀《莊子》英文選譯本大體可分爲三類:注譯論結合的研究型、主題類編型和普及型。中國本土學者,美籍華裔學者,英、美、德各國學者,均有相關譯著且影響廣泛。譯者的身份也多種多樣:學者、詩人和傳教士。不同的知識背景及興趣取向,多維視角的翻譯及解釋,豐富並擴展了《莊子》的思想。各種類型英文選譯本的傳播,促進了古老的《莊子》參與現代人的心靈活動,産生了深遠的意義。

關鍵詞 莊子 馮友蘭 華茲生 阿瑟·韋利 托馬斯·莫頓 馬丁·布伯 馮家福

中圖分類號 B2

英語世界對《莊子》的譯介與研究在 20 世紀西方漢學史上占據重要的地位,在學術與文化全球化的時代,瞭解相關情況可以促進我們思考中國文化如何走出去、如何在更大的世界範圍内産生積極的影響等問題。《莊子》英文全譯本已不乏論者,相關研究也日益深入,這裏僅述介若干《莊子》選譯本。從選譯的内容、形式及讀者對象角度看,大體可以分爲三類,縷述如下。

一、譯注論結合的研究型選譯本

馮友蘭的《莊子:附有郭象注的新譯本》翻譯了内七篇和郭象注,正文前有作者《序》及《導論》①。在《序》中,馮友蘭首先談論了在已有英譯本的情況下,爲什麼要再譯《莊子》。原因

① Yu-Lan Fung, *Chuang-Tzŭ: A New Selected Translation with an Exposition of the Philosophy of Kuo Hsiang*, Shanghai: The Commercial Press, Ltd., 1931; 2nd edition, New York: Paragon Book Reprint corp., 1964; Beijing: Foreign Language Press, 1989.

有二：第一，翻譯就是闡釋或評論。已有的譯本或許從文學和語言學的角度而言有用，但它們並未觸及《莊子》作者真正的哲學精神。《莊子》一書正如柏拉圖的《對話》，更是一本哲學著作，而非文學作品。第二，清朝學者在文本批評方面的工作卓有成效，早期的英譯者沒有充分利用這些成果。隨後馮友蘭談及面對已有譯文，如何再譯的問題。他説，他參考了其他譯文，尤其是里雅格和翟理斯的，並向他們致敬。當一段譯文是正確的，没有必要僅僅爲了不同而給出不同的譯法。然而，有一些重要的術語、短語或文段，他通常根據自己對莊子哲學的理解重新翻譯。《導論》探討了如下問題：道家概覽及其意義、"道"和"德"、任物自然、生命的藝術、齊物論、生與死、不朽、純粹經驗、動與静、絶對自由、自由人的崇拜等。在"自由人的崇拜"部分，馮友蘭將莊子對至人的描述與斯賓諾莎和羅素的説法作了比較，認爲莊子之説與斯賓諾莎高度一致，後者認爲完美的人擁有對上帝理智的愛。莊子對待宇宙的態度則與羅素的闡述一致。最後的論斷是：道家表面上的被動當然不是"東方式的順從"，它是"解放"，是"自由人的崇拜"。在"結語"中，馮友蘭總結道家反對政府、法律、制度和一切人爲的事物，因爲他們認爲對自然的任何改變都是痛苦和苦難的根源。智力和知識也被蔑視，因爲它進行區分，破壞了神秘的整體。馮友蘭還分析了哲學王與其臣民要達到的理想狀態之不同，哲學王要達到第二種和諧，而普通人則停留在第一種和諧層面上。道家能給予我們一種既是斯多葛派又是伊壁鳩魯派的生命觀念。

馮友蘭的"純粹經驗"概念源自 19 世紀美國心理學家詹姆斯，其"絶對自由"之説來自黑格爾，深厚的西方哲學素養給予這一譯本以鮮明的"以西釋中"色彩，有些地方明顯偏離了《莊子》。比如，他將"齊物論"譯爲"On the Equality of Things"[1]，論萬物之平等，《莊子》所謂"齊物"，絶非平等。將"應帝王"譯爲"The Philosopher-King"[2]，讓人聯想起柏拉圖的"哲學王"之説，而《莊子》所云"應帝王"亦絶非"哲學王"。這樣的譯法可能會在一定程度上誤導英語世界的讀者，尤其是有哲學專業背景的讀者。此書的附録一是《郭象哲學的一些特點》，附録二是其英文版《中國哲學簡史》第十章《道家的第三階段：莊子》，豐富了讀者對《莊子》哲學及其發展的理解。

馮友蘭的這個譯本不僅采取了原文夾郭注的形式，而且在很多句子或文段下還附有譯者的注釋，這就使得這個譯本不止於"譯"，還有"注"，有深刻的哲學闡釋。比如《逍遥遊》"至人無己，神人無功，聖人無名"[3]，郭象注後面是大段譯者注，主要的觀點是："如果事物只在自己的小範圍内自得其樂，那麼它們的自得也一定是有限的。""無待之人超越有限。""至人無己，因爲他們超越了有限，並將自己與宇宙同一。神人無功，因爲他順從事物的本性，讓萬物自得

---

① Yu-Lan Fung, *Chuang-Tzǔ: A New Selected Translation with an Exposition of the Philosophy of Kuo Hsiang*, 1989, p.37.

② Ibid., p.105.

③ 本文所引《莊子》原文均出自郭慶藩《莊子集解》中華書局 2012 年版，後文不再一一出注。

其樂。聖人無名，因爲他的德是完美的，每個名都是一種界定，一種限制。"①馮注從哲學角度進一步解釋了無己、無功及無名背後的原因。這個選譯本充分體現出譯者"翻譯就是闡釋或評論"②這一理念。

　　美國漢學家華茲生的《莊子要篇》選譯了内七篇和《秋水》《至樂》《達生》《外物》③。此書是"東方經典"譯叢之一。東方研究委員會旨在向西方讀者傳播東方思想和文學傳統。華茲生參考了中國本土學者的注釋和研究，盡可能忠實於原文，譯筆流暢，後來又出版了全譯本，是諸多譯本中接受度最高的。狄百瑞爲此書撰寫了《序》，贊揚華茲生的譯本轉向了一些未被觸及的話題，無論它們是多麽晦澀和冷僻。然後是兩頁的《早期中國歷史綱要表》，從傳說時代至秦，有時間、朝代、帝王世系及重大歷史事件和文化事件，有助於讀者瞭解《莊子》產生的歷史時段及其文化背景。《導論》長達 22 頁，分三部分。第一部分介紹莊子其人、《莊子》的主題及語言特點。第二部分介紹莊子思想產生的學術文化背景，黄老之學與道家在漢代的興衰更替，《莊子》的文本結構及其編定，《莊子》的詩性特徵及其思想表達的特殊性給譯者帶來的困擾，譯者處理一些術語如"道""德""天"的方法。第三部分——說明譯文所據的中文底本，參考的中文論著及英文、日文譯本，並對這些著述做了簡評。《導論》能很好地幫助讀者全面認識《莊子》，瞭解譯者的工作，其中一些見解是從其翻譯實踐得來的，甚是通達。比如，華茲生指出我們對莊子的生平知之甚少，不必糾結於以其命名的《莊子》一書與莊子本人之間的關聯，無論莊周是誰，其思想都具有杰出的原創性，我們只需要思考思想本身，而不必考索它們出自何處。華茲生認爲《莊子》的中心主題是"自由"。面對人如何在一個充滿混亂、苦難和荒謬的世界中生活的問題，莊子給出的答案是神秘主義的，不同於儒家、墨家和法家，其回答是：將自己從這個世界中解放出來。在莊子眼中，人類是其自身苦難和束縛的作者，所有的恐懼都來自他自己創造的價值觀之網。莊子運用了每一種修辭資源去喚醒讀者認識到傳統價值觀根本毫無意義，然後將他們從束縛中解放出來。他運用尖銳的或自相矛盾的軼事，不合邏輯的明顯無意義的評論，使人意識到某種真理，這種方法十分有效。另一種常見的方法是虛擬的討論或辯論，開始是理性的，却以簡化語言以至於語無倫次的空洞而告終。《莊子》前兩章最典型，它們一起構成了對人類價值體系及其傳統時間、空間、現實和因果關係等概念最猛烈的抨擊。莊子使用"幽默"這一武器對抗一切浮誇、穩固和神聖的事物。《莊子》的語言運用常常打破常規，因而，譯者力圖將字面意義譯出以盡可能呈現其獨特性，即使有時英文聽起來有點兒奇怪。華茲生對《莊子》特徵的這些闡述都頗爲中肯。

　　華茲生以劉文典的《莊子補正》爲中文底本，參閱了關鋒的《〈莊子〉内篇譯解和批判》和日

① Fung Yu-Lan, *Chuang-Tzu: A New Selected Translation with an Exposition of the Philosophy of Kuo Hsiang*, 1989, p.31.

② Ibid., p.1.

③ Burton Watson, *Chuang Tzu: Basic Writings*, New York: Columbia University Press, 1964.

本學者福永光司的《莊子内篇》譯本,以及郎擎霄的《莊子學案》(1934)、《哲學研究》編輯部編選的《莊子哲學討論集》(1962)和哈佛燕京學社編的《莊子引得》(1947)。他參考的英譯本有翟理斯《莊子:神秘主義、道德家和社會改革者》、理雅各"東方聖書"系列中的《莊子》、阿瑟·韋利《中國古代的三種思想方法》、林語堂《老子的智慧》,認爲韋利的譯本最可讀也最可靠。

華兹生的選譯本有簡明的注脚,解釋一些重要的詞語、人名及難懂的文義,指出文本可能存在的問題,或給出另一種翻譯。華兹生有着深厚的學術素養,豐富的翻譯實踐,加之對《莊子》精神深刻的分析和理解,其譯本多有精妙之處。如《德充符》的篇名,翟理斯和馮友蘭都譯爲"The Evidence of Virtue Complete"[1],華兹生譯爲"The Sign of Virtue Complete"[2]。evidence 和 sign 兩個單詞都有表示迹象的意思,但前者指能够驗證已發生之事的迹象,後者則偏重於事情未發生前的徵兆,而且,後者有符號的意思,而前者没有。兩相比較,用 sign 譯"符",比 evidence 更準確。再如,這篇中有"與物爲春"一句,翟理斯譯爲"live in peace with mankind"[3],馮友蘭譯爲"kind with things"[4],正如華兹生的批評:這樣的翻譯不僅破壞了原文的形象性,還使得莊子的表述變成一種陳詞濫調,而事實上它是一種創造性的語言[5]。華兹生譯爲"make it be spring with everything"[6]。對華兹生譯《莊子》的精當,國内學者亦有論述[7]。

美籍華裔學者吳光明的《作爲同伴的胡蝶:〈莊子〉前三章沉思録》一書[8],由前言、内篇前三篇英譯及《結語》組成,每篇英譯包括中文原文、英譯、注釋及"沉思録"四部分。中文原文及英譯均以韵文的形式分行排版,以數字標明順序,中英文對應。譯文將一篇分成若干大的文段,有的加了小標題,有的没加。在前言中,吳光明用了 6 頁篇幅特别説明爲什麼將書命名爲"companion"(同伴),而不稱"commentary"(評論),所論涉及經典詮釋問題,包括如何回到文本産生的歷史語境中,如何從字面意思走向對作者意圖的領會等。譯者認爲傳統的文本批評

① Yu-Lan Fung, *Chuang-Tzǔ: A New Selected Translation with an Exposition of the Philosophy of Kuo Hsiang*, 1989, p.79. Herbert A. Giles, *Chuang Tzu: Mystic, Moralist, and Social Reformer*, London: Bernard Quaritch, 1889, p.56.

② Burton Watson, *Chuang Tzu: Basic Writings*, p.64.

③ Herbert A. Giles, *Chuang Tzu: Mystic, Moralist, and Social Reformer*. 1889, p.64.

④ Yu-Lan Fung, *Chuang-Tzǔ: A New Selected Translation with an Exposition of the Philosophy of Kuo Hsiang*, 1989, p.86.

⑤ Burton Watson, *Chuang Tzu: Basic Writings*, p.17.

⑥ Ibid., p.70.

⑦ 李秀英《華兹生的漢學研究與譯介》,《國外社會科學》2008 年第 4 期;林嘉新、徐坤培《副文本與形象重構:華兹生英譯〈莊子〉的深度翻譯策略研究》,《外國語(上海外國語大學學報)》2022 年第 2 期。

⑧ Kuang-Ming Wu, *The Butterfly as Companion: Meditations on the First Three Chapters of the Chuang Tzu*, New York: State University of New York Press, 1990.

起到的是消極的作用,甚至是對文本的否定。莊子的特點是挑戰我們通常的理性意識和常識。字詞訓詁是必不可缺的開端,但我們不能僅僅通過對文字意思的解釋來理解莊子,我們必須進一步考察其更深廣的意義。我們需要的不僅是理性的學術(文本文獻學的,社會歷史的,文化哲學的),而是敏感——文學的和理性的。吳光明的這些看法不僅適用於《莊子》英譯及闡釋,也適用於對大多數哲學經典文本的解釋,具有普遍意義。

　　吳光明認爲,關於《莊子》,可以提出 5 個問題:傳統如何評價這本書?莊子在書中説了什麼?他是怎麼説的?他是什麼意思?他爲什麼這麼説?傳統的莊子學並不能幫助我們理解莊子,閱讀《莊子》需要作爲讀者的我們的參與。《莊子》充滿詩意,詩與哲學在書中自然融合,他通過模棱兩可、難以捉摸的隱喻來喚起我們的反思。其書"同伴"之説,意在回答並延續莊子的呼唤。

　　在上述對《莊子》言説特點及傳統詮釋的認識下,吳光明選擇了自由的沉思録形式表達對《莊子》的理解,當然,更多的是闡發閱讀前三篇帶給他的聯翩浮想,其翻譯及沉思均試圖喚起讀者對《莊子》連貫的理解。此書重在沉思,而非翻譯,譯者在形式及内容上均運用《莊子》特有的卮言言説方式來打破已有的研究模式,在衆多選譯本中獨樹一幟。

二、主題類編型的選譯本

　　還有一些譯本,不是從《莊子》中選譯某些篇章或從某一篇中選譯部分内容,而是從不同的篇章中摘譯《莊子》文段,聚合於譯者自擬的諸多標題之下,實是主題類編。這類譯本影響最大的是英國漢學家阿瑟·韋利的《中國古代的三種思想方法》①,爲英美漢學界所推崇。此書選譯了《莊子》《孟子》和《韓非子》的部分章節,並加以評述。《莊子》選文有兩部分,第一部分題曰"無的領域",分爲 12 個主題,韋利加擬的小標題依次是:莊子和惠子的故事、老子和孔子的故事、古人、强盗和聖人、死亡、蟬和蟪蛄、瑜伽、穆王和巫師、養生、道家學者和道、晦暗你的光芒、隱於衆。每個小標題下,有時是一個文段,有時是多個文段,都没有注明原文出處。韋利在評述部分指出莊子的特色是非邏輯性,因此,不能用邏輯分析的方法去解讀《莊子》。韋利也注意莊子與其他各學派之間的爭論,並提示讀者以此爲切入點去理解《莊子》中的很多對話。

　　第二部分題曰"政治學",共五個小標題:當代事件、未經雕刻的原木、黄金時代、統治、處世。與第一部分不同,第二部分韋利的論述要遠遠多於選譯的《莊子》原文。"當代事件"標題下,韋利叙述了莊子生活時代的各國政治情形,並没有選譯《莊子》原文。"未經雕刻的木塊"

---

① Arthur Waley, *Three Ways of Thought in Ancient China*, George Allen & Unwin Ltd. 1939; Macmillan company, 1940; Doubleday Anchor Books, 1956; Stanford University Press, 1982.

標題下,韋利論述了何謂"樸",即自然狀態的木頭,未經雕刻和油漆,道家用以象徵人的自然狀態。韋利指出莊子認爲内在視覺(明)是人類真正的財富。當内與外、自我與他物,此與彼之間的區别完全消失時,"明"就開始發揮作用。道家對"樸"的崇拜乃基於古代儀式思想,渾沌故事是對一個古代神話的改編①。"黃金時代"題下,韋利解説了道家所認爲的理想社會的形態。翻譯了《天地》篇子貢南遊於楚,見一丈人將爲圃畦,鑿隧入井,抱甕出灌的故事,説明道家反對機械。"統治"標題下,翻譯了《則陽》中的兩段文字、《在宥》崔瞿問於老聃部分及《胠篋》中的兩段話。韋利論曰:道家書籍中的無統治學説,經常被拿來與現代無政府主義例如克魯泡特金的思想相比較,但二者有重要的區别。現代無政府主義將治理和宗教道德視爲特權階級爲維護特權而發明的手段,而道家則視聖人爲誤入歧途的利他主義者②。"處世"標題下,韋利解題曰:"道家並不藏身於山林之中,他隱藏的不是他的身體,而是他的德,他的内在力量。他知道如何順人而不失己。"③選譯《人間世》"顔闔將傅衛靈公太子"一段,内容是蘧伯玉告誡顔闔要正其身,形莫若就,心莫若和,即處世之道。最後,選譯了《外物》中"莊周家貧,故往貸粟於監河侯"故事。

在此書的附録一中,韋利説明了選譯的標準:《莊子》的文本本身是殘缺的,相當難以理解,因而他只選擇了那些完全可以用英語表達的段落,或者那些稍加修改就可以理解的段落。可見韋利的嚴謹。

韋利學識淵博,對《莊子》所作的評述,有時與西方學術相對照,有時又與道家相關典籍文本相對照,他對《莊子》文本所作的這種處理,深深地影響了後來的漢學家。僅就表面形式而言,後來出現的多種《莊子》寓言選,不能不説是韋利開了先河。而且,這些寓言選都贏得了很好的市場,是推廣、傳播《莊子》的一種非常有效的形式。

韋利的選譯本之後,托馬斯·莫頓的《莊子之道》最受歡迎,多次重印④。這本書的編譯很獨特,不是單純地選譯《莊子》,而是具有模仿《莊子》的性質。據作者自己在"致讀者"中所言,他花了5年時間閲讀、做注釋以及冥想。這些筆記是對莊子的模仿,或者説是對那些特别吸引他、有特色的段落自由的解讀。這些解讀得益於四種很好的《莊子》譯本,包括英文、法文和德文。有意思的是,作者僅認識很少的漢字,因此他並不是一個譯者。他的閲讀不是翻譯,目

---

① Arthur Waley, *Three Ways of Thought in Ancient China*, 1982, pp.66~67.

② Ibid., pp.73~74.

③ Ibid., pp.75~76.

④ Thomas Merton, *The Way of Chuang Tzu*, New York: New Directions Publishing Corporation, Canada: Penguin Books, 1965; paperback edition, 2nd edition, New York: New Directions, 1969; Boston & London: Shambhala Publacations, 2004.此書1965年初版,由紐約一家出版社及加拿大的企鵝書屋同時印行。1969年出第二版平裝本,重印多次。2004年波士頓和倫敦的一家出版集團新出一版精裝本。筆者見到2010年重印的第二版,版權頁上注明是第26次印刷。

的不是提供一個忠實的譯本,而是嘗試一種個人的以及精神的解讀。儘管如此,將莫頓的選譯本與原文對照,可知原文的重要信息基本保留了,大體没有偏離莊子思想。

此書正文有兩部分,第一部分是"莊子研究",第二部分是"閲讀莊子"。"莊子研究"占 19 頁篇幅,介紹莊子生存時代的思想背景,莊子在後代的影響,莊子與禪宗的關係。認爲莊子哲學本質上是宗教性和神秘性的。道在中國傳統思維中處於某種核心地位。第二部分"閲讀莊子"有 124 頁,共有 62 個主題,其中,有 42 個主題所選文段完全用散句單行的形式排列,版式疏朗,還配有很多中國古代草木、人物畫插圖,從閲讀體驗的角度來説,給讀者輕鬆愉悦的感覺。

莫頓擬的 62 個標題,有些可以讓人一見即知内容,有些則令人莫名其妙,甚至啼笑皆非,莫頓没有標明出處。它們是:無用的樹、賣帽子的人和有能力的統治者、大自然的呼吸、偉大的知識、主、朝三、解牛、一隻脚的男人和澤雉、心齋、三個朋友、老子的覺醒、孔子和狂人、真人、蜕變、生於道的人、兩個國王和無形之人、破解保險箱、讓萬物自爲、高貴的人、多麽深奥的道、丟失的珍珠、始卒若環、當生活圓滿就没有歷史、當一個可怕的人……、五個敵人、爲與無爲、桓公與輪扁、秋水、大與小、得道之人、鼃、貓頭鷹和鳳凰、魚之樂、至樂、同情海鳥、完整性、勝利的需要、祭祀用的豬、鬥雞、木雕藝人、當鞋合適、虛舟、林回的捨棄、知北遊、没有牙齒的重要性、道在哪、星光和無、庚桑楚、庚的弟子、神靈的塔、内在法則、道歉、建議王子、積極生活、猴山、好運、逃離仁慈、道、無用、手段和目的、逃離影子、莊子的葬禮。

英國學者霍華德·史密斯編譯的《道家的智慧》包含《莊子》寓言故事①。這是個很薄的小册子,全書僅 90 頁,分三部分:道家神秘主義的智慧,語録和故事,引用資料來源。"資料來源"僅一頁,標出書名,語録和故事所引文段出自哪部書,有《莊子》、《韓非子》、《鶡冠子》、《淮南子》、《關尹子》、《鬼谷子》、《吕不韋》、《道德經》、王充、道家卷軸等,但並没有標示出自一書的哪一篇。從數量上看,全書共 132 個文段,所選《莊子》所占比重最大,共有 76 個文段。選的《莊子》文段主要有東郭子與莊子論道何在、顔回與孔子論心齋、莊周夢蝶、虛舟、南郭子綦論天籟、庖丁解牛、匠石之齊、南伯子葵問女偊、四子爲友、渾沌鑿七竅、黄帝見廣成子、子貢之楚、北海若論井蛙、子列子問關尹子、梓慶削木爲鐻、魯侯養鳥、畏影惡迹者、公孫龍問魏牟、莊子釣於濮水、莊子妻死、莊子將死等。還有一些是純粹議論性的文段,論道,論真人、聖人,論生死,論夢覺等。這個譯本的影響不及其他幾種。

馬丁·布伯是德國哲學家、神學家和《聖經》翻譯家,被視爲 20 世紀最偉大的思想家和精

---

① D. Howard Smith, *The Wisdom of the Taoists*, New York: New Directions, 1980.據書前作者介紹,霍華德·史密斯於 1953—1966 年,任馬薩諸塞州大學比較宗教學講師,他的研究領域是遠東宗教,尤其是中國哲學。他以傳教士的身份在中國居住了二十餘年。

神權威之一①。他於 1910 年出版了德文版《莊子語録和寓言》一書,此書包括一篇後記,本來是一篇單獨的論文,論述道家學説。1911 年出版了《中國鬼與愛情故事》,選自蒲松齡的《聊齋志異》。後來,這兩本書合編爲《中國故事》。布伯在其中國同事的幫助下,又參考了一些英文資料,對所譯《莊子》寓言有所修訂,1918 年和 1951 年分別出版過兩個修訂本。1991 年,馬薩諸塞大學艾摩斯特分校教師亞力克斯·佩奇(Alex Page)將《中國故事》譯爲英文,耶路撒冷希伯來大學東亞研究所名譽教授愛琳·希伯(Irene Eber)爲此書寫了前言。

《莊子的語録和寓言》這部分有 54 個主題。標題是布伯後加的,依照《莊子》三十三篇的順序編排,每段選文後没有注明出處。這些標題是:一個不活躍的人、無用的樹、天堂的風琴音樂、極限和無極限、對比和無窮、胡蝶、廚師、老子之死、在人間、王子的教育、神樹、跛子、叔山無趾、麻風病人、真人、進階、四個朋友、挽歌、路徑、統治一個帝國、巫師和完美的人、鑿、強大的小偷、過度精煉和無爲、人心、不朽、雲王子和原始的霧(雲將和鴻蒙)、珍珠、宇宙的起源、園丁、三種類型、禱詞、書籍、黄帝的七弦豎琴、世界之道、海神與河伯、魚之樂、莊子妻死、死者的頭顱、依道、捕蟬人、擺渡者、祭司和猪、鬥雞、報時臺、美人和醜女、保持安静、永恒的死亡、三個回答、爲自己擁有、道境、未知的道、狗和馬、罪犯。最後一段出自《則陽》"柏矩學於老聃",《則陽》之後《外物》《寓言》《讓王》《盗跖》《説劍》《漁父》《列禦寇》《天下》七篇,布伯没有選。

所選文段最長的是"在人間"和"海神與河伯"主題。"在人間"從《人間世》開篇到"是萬物之化也",内容是顔回和孔子談論政治以及心齋、坐馳之事,一共有 3 整頁。"海神與河伯"選的是從《秋水》開篇至"萬物一齊,孰短孰長"也是整整 3 頁。短的像"胡蝶"(莊周夢蝶)、"珍珠"(《天地》黄帝遺玄珠)、"保持安静"(《田子方》孔子見温伯雪子)等,都只有幾行。

布伯這個寓言故事集的宗教色彩比較明顯。比如"禱告者"的翻譯。《天道》"莊子曰"被譯成"Zhuangzi Prayed"②,小標題也譯成了"Prayer"(禱詞),不知不覺中將莊子變成了一個宗教信仰者。原文有"天樂"一詞,對其定義是"齎萬物而不爲戾,澤及萬世而不爲仁,長於上古而不爲壽,覆載天地刻雕衆形而不爲巧,此之爲天樂"。這幾句是贊頌"道"之德,並非講快樂。英譯是"that is the rapture of divinity"③(那就是神性的狂喜),這也明顯偏離了原文的意旨。

此外,不用肯定句式,而是用疑問句式表達對世界的思考,是莊子的一大特色。布伯的書有些地方把疑問句式變成了肯定句式。比如,《秋水》"萬物一齊,孰短孰長",原文是疑問句

① *Chinese Tales: Zhuangzi sayings and parables and Chinese ghost and love stories*, Martin Buber, Translated by Alex Page, with An Introduction by Irene Eber, New Jersey and London: Humanities Press International, Inc. 1991.據此書封三介紹。

② Martin Buber, *Chinese Tales: Zhuangzi sayings and parables and Chinese ghost and love stories*, p.51.

③ Ibid.

式,譯文是"Embrace everything with your love, but do not let one be preferred to another. This means being unquestioning having a single unified view, beyond all fine distinctions"①,意思是:用你的愛去擁抱一切,不要有所偏愛。即要擁有一個單一、統一的觀點,超越所有精細的區分,對此無需爭議。譯文將原文具有明顯思辨色彩的疑問句式變成了解釋性的肯定句式,沒能傳達出莊子獨特的風格。

在後記中,馬丁·布伯比較了東方和西方文化的不同,表達了對寓言的認識。布伯提出,有三個東方指導精神的基本原則:科學、法律和教義。要理解東方,就要在這三者之間做出區分。教義超越了存在與應然,超越了知識與法令,它能斷言的只有一點——必要性,這是在現實生活可以實現的。教義和宗教都代表生命的整體。在教義和宗教之間,引導着從一個走向另一個的是寓言和神話,二者都與人類生活的中心相關聯。寓言站在教義這邊,神話在宗教一邊。只要教義涉及事物,一定是通過寓言。他認爲老子的教義是比喻性的,但是沒有寓言。莊子創造寓言不是爲了"解釋"事物,也不是"應用於"事物。相反,寓言把教義的統一性帶給世界。莊子用寓言來回應那些詆毁他的人,比如"沒用的樹",他斷言人們不知道無用之用。

馬丁·布伯還解釋了"道"以及道家的"道"。"道"這個詞的意思是路,但它也有言説的意義,有時它會被譯成 logos。在西方,道主要被看作是解釋世界的一種嘗試。道,首先等同於自然,然後等同於理性,最近更多地等同於能量。而道家的道是不可感知的,又存在於萬事萬物之中。完美的、統一的人也被描述爲直接體驗道的人。布伯引用了《齊物論》"天地與我並生,而萬物與我爲一"這句話,用以説明在道家眼中世界不是一個異己的世界,世界的統一只是個體統一的反映。道以其自身的完成以及無差別爲旨歸。

馬丁·布伯還從其關係哲學的角度出發,討論了《莊子》的認識論,將莊子與希臘哲學家相比較,也提及莊子與西方作品的關係,強調了莊子寓言的特性。馬丁·布伯在後記中表達的對道家,尤其是對莊子的看法,能幫助我們更好地理解他選編《莊子》寓言的用意。

企鵝書屋於 1996 年出版過一個彭馬田的《莊子》全譯本,2010 年再版重印。在這個全譯本的基礎上出版了一個《莊子》選本,書名《自然之道》②,以寓言故事爲主。全書分爲 13 個題目,依次是:齊物論、完美契合、何爲真人、命而已、惠子、馬蹄、博學何用、無爲之爲是謂天、天其運乎、真實與幸福、把握生命的目的、莫問道、敢問何謂真③。除 13 個專題外,還有後記,從

---

① Martin Buber, *Chinese Tales: Zhuangzi sayings and parables and Chinese ghost and love stories*, p.58.

② Martin Parlmer, *Chuang Tzu: The Tao of Nature*, Penguin Books, 1996, 2010.收入企鵝口袋書系列,"偉大的思想"叢書。此書後來又有中譯本。[英] 馬丁·帕爾默、[英] 伊莉莎白·布羅伊利、[英] 杰伊·拉姆齊英譯,[英] 馬丁·帕爾默編選,王相峰漢譯《道法自然》(英漢雙語),中國對外翻譯出版有限公司 2014 年版。

③ 這 13 個標題除"天其運乎""莫問道""敢問何謂真"爲筆者自譯,其他均用王相峰的譯文。

《列禦寇》和《天下》兩篇中選了莊子的故事和言論。每個文段後没有標明出處,書末有《參考文獻》,説明每題的來源。與其他同類型編譯本不同的是,彭馬田的這本寓言故事選有三個標題下所選文段出自《莊子》同一篇,如"齊物論"題下的文段,均選自《齊物論》,"何爲真人"題下均選自《大宗師》,"馬蹄"題下均選自《馬蹄》。

　　整體看,彭馬田這本近似主題類編,但他所選的文段與其所擬的主題,有時並不能契合。比如第十三個主題"敢問何謂真",第一大段是《説劍》篇寫的莊子見趙文王,然後是《漁父》中從開篇"孔子遊乎緇帷之林"到"真在内者,神動於外,是所以貴真也",所選只有一小段與"真"有關,長篇大論均與"真"無涉。

三、側重普及的選譯本

　　馮家福和簡·英格里希夫妻二人合譯的《莊子内篇》一書配有大量攝影插圖及馮家福用毛筆手書的中文原文,銅版紙印刷,開本寬大,多次再版,影響甚廣[1]。馮家福(1919—1985),生於上海,1947 年赴美,學習比較宗教學。他擁有北京大學學士學位,賓夕法尼亞大學碩士學位。曾任教於加利福尼亞大瑟爾的伊莎蘭學院(Esalen Institute)。20 世紀 70 年代末,創建了科羅拉多新道家大學(New Taosit University in Colorado),吸引了很多歐洲人。簡·英格里希擁有曼荷蓮學院(Mount Holyoke College)學士學位,威斯康星大學實驗高能粒子物理學博士學位[2]。

　　此書譯筆流暢,在衆多譯本中,最突出的特色是其攝影作品。1974 年的封面是黄褐色的底,左上半部是黑色的樹枝,看上去頗有中國古代水墨畫的感覺。内裏的攝影插圖均爲黑白,以風景居多,人物很少。多是樹木、枝椏、葉片、山巒、海灘、海浪、海鳥、瀑布、原野、沙丘、陰雲、房屋、窗櫺、飛鳥、孤舟、羽毛、静物、沙灘上巨大的脚印等。樹木以冬天乾枯無葉的居多,有的明顯可見積雪其上。有叢生之林,也有枯木孤立。這些畫面的風格,有的比較陰鬱神秘,有的則蕭疏蒼茫,有的深邃静謐,有的明朗開闊,有的動盪不安,有的温暖寧静,風格並不統一。但它們大多能引起人對自然的嚮往,給人帶來心靈的平静。整體看,這些以自然景物爲主的黑白攝影作品,因爲整體的黑白色調,帶有某種神秘性,有的又將主體圖案用大面積的黑

---

[1] Gia-fu Feng and Jane English, *Chuang Tsu: Inner Chapters*, Photography by Jane English, Calligraphy by Gia-fu Feng, New York: Vintage Books, 1st edition, 1974. Mount Shasta, Earth Heart, 2nd edition, 1997. Amber Lotus Publishing, 3rd edition, 2000. Amber Lotus Publishing 4th edition 2008. Carlsbad, Hay House Inc. 2014. 1999 年,此書經删節後,由音訊文學(Audio Literature)公司出版了録音磁帶,黄忠良(Chung liang Huang)朗讀。

[2] 據 2014 年英文版《莊子内篇》作者介紹。

色表現,因此,它們具有一種能引人進入玄思冥想境界的質素。儘管個別照片看上去好像與《莊子》文本内容有關聯,比如《逍遥遊》就配了一個張翼飛翔的鷗鳥,但是它們不是對《莊子》思想的直接解説,也不看重用圖像詮釋《莊子》思想,它們自成一個藝術世界。對此,此書的攝影作者英格里希有明確的説明。她説:"這些照片没有圖解文本,同樣地,文本也没有起到照片題注的作用。相反,文本和圖像會帶您進入兩條平行的旅程,儘管二者偶然會有文學上的關聯。"①圖像訴説着另一個哲思世界,與《莊子》若即若離。

英國學者羅伯特·萬·德·威爾編選的《莊子》②,是"精神哲學家(Philosophers of the Spirit)叢書"的一種,共 96 頁。此書從《莊子》中的十五個篇章(《逍遥遊》《齊物論》《人間世》《德充符》《大宗師》《應帝王》《駢拇》《馬蹄》《胠篋》《在宥》《秋水》《至樂》《達生》《山木》《外物》)中選譯文段。每篇題下都注明了出自哪篇。大多數篇題用《莊子》原題,只有個別有所改動。《在宥》翻譯成了"Yin and Yang"③(陰陽),《山木》譯成"The Huge Tree"④(巨木),《外物》譯成"Coping with the World"⑤(應對世界)。版式上,每篇内不同的段落都用分行符隔開,比較清晰。可能作者覺得《莊子》中的人物大多是虚擬的,在其譯文中,那些虚擬的人名一律隱去。比如《齊物論》中的南郭子綦,就是"A wise man"⑥(一位智者)。《人間世》中的匠石,也是"A wise man"⑦。《大宗師》的"真人",是"wise people"⑧。《應帝王》中的"無名人",也被譯成"A wise man"⑨。有的句子本來是純粹的議論,《莊子》原文並没有寫是誰説的,此書也會加上一個對話背景。比如《應帝王》有"無爲名尸……故能勝物而不傷"一段議論。此書譯爲:"A wise man said to a king:Do not hanker after fame ... and will never be harmed."⑩此書特重智,一書在手,滿眼智者,這與叢書的宗旨有關。封底的文字説:精神哲學家這套系列要以通俗易懂的形式,向現代讀者介紹偉大哲學家的智慧。除了叢書特定的編選宗旨,重智、愛智是西方人文的傳統。生活在古老東方的莊子,以其獨特的對世界和人生的洞見,吸引了西方的愛智者。

戴維·欣頓的《莊子内篇》翻譯了内七篇⑪。欣頓任教於哥倫比亞大學,也是德國柏林自

① Gia-Fu Feng and Jane English, *Chuang Tzu: The inner Chapter*, 4th edition, p.164.

② Robert Van de Weyer, *Chuang Tzu*, London, Sydney Auckland:Hodder and Stoughton Ltd, 1998.

③ Ibid., p.60.

④ Ibid., p.87.

⑤ Ibid., p.93.

⑥ Ibid., p.22.

⑦ Ibid., p.34.

⑧ Ibid., p.40.

⑨ Ibid., p.46.

⑩ Ibid., p.47.

⑪ David Hinton, *Chuang Tzu: The Inner Chapters*, New York:Counterpoint, 1997.

由大學的教授。他翻譯了大量中國古詩,廣受好評,並獲得美國詩歌翻譯的兩個主要獎項:美國詩人學會頒發的蘭登翻譯獎和美國筆會中心頒發的筆會翻譯獎。他的隨筆集《飢餓山:心靈與風景的野外指南》,被英國《衛報》評爲年度最佳書籍。他的譯本將一些文段以詩行的形式譯出,七篇譯文前有前言,後有簡要注釋,還有"關鍵詞:莊子思想大綱",解釋了5個術語:道、德、自然、無爲、天①。前言指出莊子充分運用各種語言遊戲:幽默、寓言、反諷、漫畫、神話、故事、哲學論證、虛構、隱喻、悖論等,以全新的方式描述了中國古代的精神生態(spiritual ecology)。幾千年來,儒家界定了中國知識分子的社會境域,道家界定了精神境域。郭象將天與老莊的"自然"聯繫在一起,其觀點與現代生態科學相當一致。莊子意圖讓我們進入生命的直接體驗,這與禪宗的冥想近似。欣頓對"德"的理解和翻譯與多數譯者不同,多數譯者將"德"譯爲"Virtue",欣頓譯爲"integrity","德充符"譯爲"The Talisman of Integrity Replete"②,梅維恒譯爲"Symbols of Integrity Fulfilled"③,很可能欣頓受到了梅維恒的啓發。欣頓解釋"德"説:"《道德經》中,'德'在'守道'或'體道'的意義上意味着道的完整,因此,它是道在萬物的顯現,尤其是得道的聖人。得道之人可以被描述爲具備大德。"④欣頓的這一解釋深得文義。比較一下,virtue 意爲美德,容易讓讀者聯想到儒家的"德",是倫理意義上的。在道家的術語體系中,"德"不是美德的意思,不具備倫理學意味。integrity,完整,也有誠實、正直的意思,比 virtue 更接近道家之"德"的意蘊。不過,儒家之"德"與道家之"德"儘管内涵不同,但所用漢字是同一個,因而英譯都用 virtue 也有其道理。譯爲 integrity 則是對道家之"德"深層意蘊的解釋。表層的字義與深層的哲學義如何統一,是翻譯中恒久的難題,很難辨説孰優孰劣。

　　山姆·哈米爾和希頓合譯的《莊子精要》一書也有特色⑤。這本書選譯了二十二篇,包括内七篇和《駢拇》《馬蹄》《胠篋》《在宥》《天地》《秋水》《至樂》《達生》《山木》《知北遊》《則陽》《外物》《盗跖》《説劍》《漁父》。據此書封三折口的作者介紹,山姆·哈米爾是美國詩人。希頓是北卡羅來納大學中文教授,是中國詩歌翻譯家。譯者自稱,他們的翻譯使用了很多詞源學研究。他們認爲莊子像偉大的唐代詩人一樣,在書寫漢字時,清晰地藝術化地運用了視覺因素。莊子的寫作,尤其是在内篇中,運用了令人眼花繚亂的文學技巧。這兩位對詩歌情有獨鍾的譯者,之所以會選擇《莊子》,應該是因爲《莊子》特有的詩性吸引了他們。

---

① 此書後來收入 David Hinton, *The Four Chinese Classics: Tao Te Ching / Chuang Tzu / Anelects / Mencius*, Berkley: Counterpoint, 2013,關鍵詞部分增加了"有""無""氣"。

② David Hinton, *Chuang Tzu: The Inner Chapters*, New York: Counterpoint, 1997, p.65.

③ Victor H. Mair, *Wandering on the Way: Early Taoist Tales and Parables of Chuang Tzu*, Honolulu: University of Hawai'i Press, p.42.

④ David Hinton, *Chuang Tzu: The Inner Chapters*, p.119.

⑤ Sam Hamill and J.P. Seaton, *The Essential Chuang Tzu*, Boston & London: Shambhala, 1998.

　　此外,林語堂《老子的智慧》一書翻譯了《莊子》内篇前六篇,以及《駢拇》《馬蹄》《胠篋》《在宥》《秋水》共十一篇①,在英語世界頗有影響。以翻譯《孫子兵法》著名的托馬斯·克利里,在哈佛大學獲得東亞語言與文明博士學位,在加州大學伯克利分校法學院獲得法學博士學位,曾翻譯《華嚴經》。他譯有《道家經典》,包括《老子》全譯、《莊子内七篇》、《文子》、《淮南子》選譯及馬王堆漢墓帛書中與健康及長生有關的五篇文獻。後來又從《道家經典》中抽取了《老子》全文和《莊子内七篇》,出版了《道的精華:道家核心之啓蒙》②,此書有前言,譯文後有對一些人名及篇章主旨的簡要注釋,是譯者對《莊子》思想的解説,其解説多從生命及心靈的角度着眼,明顯不同於他人。比如"大魚和大鳥"條,釋曰:"大魚象徵着向更高發展的潛藏着的潛力,大鳥象徵着將潛力付諸行動。變形象徵着激活過程,水、空氣和飛翔象徵着對轉變過程所必需的精(vitality)、氣(energy)、神(consciousness)不同程度的培養。"③"子綦和子輿"條,釋曰:"天籟、地籟和人籟代表存在物的不同狀態,風吹過孔竅代表生命中至關重要之氣的潛在統一。"④克利里如此理解,與他深悉道家養生理論有關。在《道家經典》一書"性、健康和長生"部分的前言中,他寫道:據一本古老的道家典籍,人的身體是由精(vitality)、氣(energy)和神(spirit)構成,在道家健康科學中,精、氣和神被稱爲"三寶",對它們的養護被視爲健康、幸福及長生的基礎⑤。

　　諸種側重普及的《莊子》英文選譯本各有千秋,譯者都重視《莊子》的詩性與智慧,呼吸領會之,從不同角度向讀者傳遞着《莊子》的精神。

結　　語

　　在一些研究論著及資料彙編類的著述中,也不乏《莊子》選譯。美國漢學家休斯的《古典時代的中國哲學》一書第八章翻譯了《莊子》内七篇,第九章全譯了《天地》《天道》《讓王》,選譯了《至樂》和《天下》⑥。法國漢學家戴遂良《道家:中國哲學》一書的第 4—8 章,選譯了大量

① Lin Yutang, *The Wisdom of Laotse*, New York: Modern Library, 1948.

② Thomas Cleary, *The Taoist Classics* (*Volume One*), Boston: Shambhala Publications, Inc., 1990. Thomas Cleary, *The Essential Tao: An Initiation into the Heart of Taoism through the Authentic Tao Te Ching and the Inner Teachings of Chuang Tzu*, New York: Harper San Francisco, 1991.

③ Thomas Cleary, *The Essential Tao: An Initiation into the Heart of Taoism through the Authentic Tao Te Ching and the Inner Teachings of Chuang Tzu*, 1991. p.161.

④ Ibid., p.162.

⑤ Thomas Cleary, *The Taoist Classics* (*Volume One*), p.415.另外,注釋中譯者共 13 處大段引用一位名爲 "Fu-Kuei-Tzu"道家大師的解釋,沒有標明書名及中文,不知是哪位學者或道教中人,疑爲傅山,待考。

⑥ E. R. Hughes, *Chinese Philosophy in Classical Times*, London: Everyman's Library, 1942, pp.165~211.

《莊子》中的文段①。德里克·布萊斯編輯、戴遂良著《中國的哲學與宗教》一書第 5—9 章,也選録了大量《莊子》文段,並注明了出自哪一章②。陳榮捷編選翻譯的《中國哲學文獻》③,以"莊子的神秘之道"爲題,論述了莊子思想,全文英譯了《齊物論》並加評注,還摘譯了 11 個主題的文段,有的加了評注。狄百瑞和華藹仁編輯的《中國傳統典籍彙編:早期至 1600 年》④,摘録了華兹生英譯的《逍遥遊》《養生主》《人間世》《德充符》《大宗師》,葛瑞漢英譯的《齊物論》,狄百瑞英譯的《應帝王》。還有一些英文的中國古代文學作品選也選譯了《莊子》部分章節,因爲它們並非《莊子》或道家專門的選譯本,兹不贅論。

20 世紀英語世界的《莊子》研究蔚爲大觀,《莊子》選譯本僅是其中的一小部分,這些譯者各有所長,用其精研覃思豐富了對《莊子》的解讀與理解,讓古老的《莊子》參與到現代人的心靈活動中來,極大地推動了《莊子》在英語世界的傳播,推動了西方對東方心靈與智慧的認知,功不可没。

[作者簡介] 于雪棠(1972—   ),女,遼寧撫順人。文學博士,現爲北京師範大學文學院教授。主要從事先秦兩漢文學研究,著有《〈周易〉與中國上古文學》《先秦兩漢文體研究》,發表學術論文 40 餘篇。

---

① Leo Wieger, *Taoism: The Philosophy of China*, Burbank: Ohara Publications, Incorporated, 1976, pp.55~115.

② *Philosophy and Religion in China*, By Leon Wiege, Edited by Derek Bryce, Felinfach: Llanerch Enterprises, 1988. pp.63~90.

③ Wing-Tsit Chan, *A Source Book in Chinese Philosophy*, Princeton: Princeton University Press, 1963.此書有中譯本。陳榮捷編著,楊儒賓、吳有能、朱榮貴、萬先法譯,黄俊杰校閱《中國哲學文獻選編》,北京聯合出版公司 2018 年版。

④ *Sources of Chinese Tradition: From Earliest Times to 1600 (Volume 1)*, Compiled by WM. Theodore de Bary & Irene Bloom, 2nd, New York: Columbia University Press, 1999.

以哲學視野介入翻譯實踐[*]

——葛瑞漢《莊子》英譯的可闡釋空間及得失研究

劉　杰

内容提要　葛瑞漢是英國著名漢學家。他的《莊子》譯本自出版至今,毀譽參半。推崇葛譯本的學者認爲此本充滿洞見,嘉惠學林,填補了《莊子》譯本在哲學方面的空白,又兼具文學性,是國外初入莊學研究者的不二之選。批評者認爲,葛瑞漢根據自己的哲學研究興趣篡改原典,將《莊子》思想限定在一個有限的範圍内。無論是推崇者還是批評者,對葛譯本《莊子》的關注焦點皆落脚於翻譯實踐中的哲學視野。本文抓住葛瑞漢哲學視野這一翻譯特色,通過考察其譯本中的結構重組、文體形式、哲學思想及道學概念翻譯背後的哲學問題意識,揭示葛瑞漢《莊子》譯本的可闡釋空間,並嘗試對其得失做出相對客觀的評價。

關鍵詞　葛瑞漢　《莊子》　哲學視野　性　自發性

中圖分類號　B2

隨着中西文化交流的深入,《莊子》逐漸進入西方文化視野。自 1881 年巴爾福(Frederic H.Balfour, 1846—1909)首次英譯《莊子》以來,《莊子》海外傳播漸呈蓬勃之勢。雖然《莊子》譯介史遠不如孔、老源遠流長,但作爲後起之秀,《莊子》很快成爲近代最受西方讀者歡迎的中國經典作品之一。據不完全統計,英語世界中《莊子》譯本已達 62 種之多,全譯本也有 11 種①。受時代需求和譯者身份、翻譯意圖、興趣愛好等因素影響,在不同受衆群中産生了風格不同的《莊子》經典譯本,比較知名的如理雅各(James Legge, 1815—1897)、華兹生(Burton Watson, 1925—2017)、韋利(Arthur Waley, 1889—1966)、葛瑞漢(Angus Charles Graham, 1919—1991)、任博克(Brook A. Ziporyn)等人譯本。理雅各的《莊子》譯本以其扎實的訓詁能力和系統的莊學思想詮釋能力獲得學界高度認可,華兹生譯本則以其文學性、可讀性得到西方讀者一致好評,韋利譯本也因淺白的莊子思想解讀在英譯世界有較好的接受度,任博克譯

* 本文係國家社會科學基金重大項目"中國古代文學制度研究"(17ZDA238)階段性成果。

① 林嘉新、徐坤培《副文本與形象重構:華兹生〈莊子〉英譯的深度翻譯策略研究》,《外國語》2022 年第 2 期。

本則以中西對話驅動下的相容調和基調形成了自己的翻譯特色。在《莊子》衆多經典譯本中，葛瑞漢的《莊子内七篇及其他作品》可謂毀譽參半，嚴重影響了此版在英語讀者群中的接受。本文試圖從《莊子内七篇及其他作品》的結構、内容、翻譯視角、哲學問題意識入手，探索葛譯本《莊子》的可闡釋空間及其學術價值，並嘗試對其得失作相對客觀公允的評價。

一、古籍修復式結構重組

郭象注《莊子》，將流傳下來的《莊子》由 52 篇删定爲 33 篇，分别是内 7 篇，外 15 篇，雜 11 篇。與此相似，葛瑞漢根據自己的學術興趣，采用現代文本批評方法，梳理原典各章之間的哲學思想關係，删去原文五分之一的篇章，將剩下的五分之四順序打亂，按照莊學思想派别重新組合爲六個部分。葛瑞漢對《莊子》結構的調整，儼然一場古籍修復式結構重組。

葛瑞漢認爲："現代讀者的閱讀興趣如果只在《莊子》的文學方面，可能會覺得我多此一舉、不值得這樣做，但是對於那些嚴謹鑽研莊子哲學的讀者而言，(我的哲學分析及篇章重組)則顯得至關重要。"①因此葛瑞漢在翻譯《莊子》之前，考證《莊子》原典的習慣用語、語法、哲學術語、人物、章節主題等問題，對《莊子》原文及作者進行界定，同時結合自身的哲學問題意識和學術興趣實施了這一翻譯策略。具體來説，葛瑞漢認爲流傳下來的《莊子》是一本雜合文集，除了莊子作品之外還包括莊子學派的作品、原始主義者的作品、楊朱學派的作品、折衷主義者的作品，因而，他的《莊子》譯本分爲六部分：第一部分是他對莊子其人與成書時代的介紹；第二部分是莊子本人的作品，即《莊子》内篇及外、雜篇中相關篇章段落，大約成書於公元前 320 年；第三部分是莊子學派作品，按不同主題分爲十個部分；第四部分是原始主義者論説及相關章節，成書於秦亡漢興之際；第五部分是楊朱學派作品，成書時間與原始主義者論説相近；第六部分是折衷主義者作品，約成書於公元 2 世紀。因此，葛瑞漢英譯本《莊子》篇目排列組合與原文有較大不同，被一些學者認爲是解構②。但在另一些學者如安樂哲看來，葛瑞漢比之前的《莊子》譯者更具有哲學敏感性，他用現代批評方法根據文本各部分的關係重組《莊子》，解決了原著文體混雜和思想的不連貫性，其獨特的翻譯方法標志着《莊子》英譯中新紀元的開始，翻開了更加系統品讀《莊子》的新篇章③。

---

① A. C. Graham, *Chuang-tzu: Textual Notes to a Partial Translation*, London: George Allen & Unwin, 1981, p.100.

② 姜莉《經典詮釋：重構還是解構？——評葛瑞漢〈莊子〉英譯本》，《比較文學與世界文學》2012 年第 2 期。

③ Roger T. Ames, *Reviewed Works: Chuang Tzu: The seven Inner Chapters and Other Writings from the Book Chuang-tzu*. by A. C. Graham; *Chuang-tzu: Textual Notes to a Partial Translation*. By A. C. Graham. *Journal of Asian Studies*, 1983, 42(3): 615~617.

　　客觀來説，葛瑞漢對《莊子》結構的重大調整，一定程度上影響了《莊子》各種思想主題的表達，使得莊子豐富、開放的釋義空間被擠壓，從而服務於葛瑞漢對《莊子》哲學思想的理解和表達。因此可以説，葛瑞漢這種大膽而富於創造性的翻譯方式，成爲一種六經注我式的翻譯，犧牲了《莊子》原典奇譎瑰麗的意象、自由浪漫的氣質和天馬行空的想象力空間。這也是他遭受批評最重要的一個原因。

二、兼顧文學性與哲學性的翻譯方法

　　在葛瑞漢翻譯《莊子》以前，馮友蘭翻譯出版了《莊子·內篇》(*Chuang-Tzu: A New Selected Translation with an Exposition of the Philosophy of Kuo Hsiang*)。馮友蘭參考了理雅各和翟理思的譯文，取長補短，對一些與原文有出入的重點術語、段落、辭彙，從整體上進行融通後重新翻譯、解讀，並引入清代以來學者對於莊學研究的心得，使得對莊子哲學思想的翻譯更加準確①。葛瑞漢《莊子》英譯一定程度上受到哲學家馮友蘭譯本的影響。他在導言中説："譯者該如何在翻譯中平衡作爲哲學家的莊子和作爲詩人的莊子？解決這個棘手的問題只能靠折衷調和。以前的大多數譯本要麼偏向文學性，要麼偏向學術性。偏向文學性的譯者如翟理斯、華茲生等或許喜歡道家的人生觀，但是和道家一樣不喜歡分析概念……偏向學術性的譯者如理雅各、馮友蘭往往忽略《莊子》的文學性，仿佛它只是思想的飾品。"②葛瑞漢本身有良好的哲學背景，對馮友蘭新儒家思想有較高的哲學認同。他認識到馮友蘭譯本的缺陷在於忽略了《莊子》的文學性，因此，他在自己的翻譯實踐中盡可能地實現《莊子》原典的文哲兼顧。

　　在文學性語言的翻譯方面，葛瑞漢采取"以散譯散""以詩譯詩"的做法，對譯文中不連貫性因素進行括弧或斜體標記，一定程度上彌補了語意上的斷層。如《莊子·齊物論》關於"三籟"的描寫，原文連續使用了八個明喻形容大塊的竅穴，之後又使用了八個明喻形容竅穴發出的萬種聲音，組成了氣勢恢宏的排比句陣，駢散的語言美力透紙背。葛瑞漢采用以散譯散的方式，連用八個明喻直譯，"like nostrils, like mouths, like ears, like sockets, like bowls, like mortars, like pools, like puddles"③；之後采用八個擬人手法轉譯竅穴之聲，"hooting, hissing, sniffing, sucking, mumbling, moaning, whistling, wailing"④。這些擬聲詞形象逼真，押韻且傳神，富於音韵美。此外，葛瑞漢在譯文中還會使用對仗，如"the winds ahead sing

---

①　汪榕培、王宏主編《中國典籍英譯》上，上海外語教育出版社 2009 年版，第 39～40 頁。

②　A. C. Graham, *Chuang-tzu: Textual Notes to a Partial Translation*, p.33.

③　Ibid., pp.48～49.

④　Ibid., p.49.

out AAAh! The winds behind answer EEEH!", "breezes strike up a tiny chorus, but whirlwind a mighty chorus"等,既工整,又朗朗上口,實現了聲美、音美、意美三美合一,使散文之神韵逸出塵外。

在哲學性方面,葛瑞漢根據篇章之間的哲學關係、習慣用語、語法等因素對《莊子》結構内容進行了大刀闊斧的重組。首先,葛瑞漢把《莊子》分爲五個部分。第一部分是《莊子》内七篇及外、雜篇中與内七篇相關的段落,如第 23、24、25、26、27、32 篇,它們對於造物者的闡述,對無用之用的闡述,對邏輯的論述等構成了對内七篇的解釋和呼應,思想上有一致性,被納入第一部分。第二部分是莊子學派(the school of Zhuang-tzu)的作品,葛氏根據風格和思想的變化判斷外篇第 17—22 篇並非莊子手筆,而是莊子學派的作品,按 10 個主題將其重組爲 10 個篇章。第三部分爲原始主義學派(primitivist)作品和相關片段。葛瑞漢將外篇前 3 篇和第 4 篇首段納入原始主義者學派,認爲他們的觀點是返璞歸真、反道德、反主流審美文化的極端主義者立場。第四部分是楊朱學派(the Yangist)的作品。葛瑞漢認爲雜篇第 28—31 篇的標題能够概括全篇主題且與道家主流思想保持距離,與公元前 3 世紀末期古楊朱學派的"重生輕物""不爲物累"思想具有一致性,被單獨納入楊朱學派作品名下,而雜篇剩下的篇章並不能概括全篇主題,且思想與此四篇有異,被排除在外。第五部分是調和論學派(syncretist)作品。葛瑞漢認爲秦亡漢興之際,思想進入大融合時期,《莊子》晚期作品如外篇《在宥》《天地》《天道》《天運》的首段部分帶有折衷主義特徵,被納入這部分①。

葛瑞漢對原本比較完善的内篇、原始主義和楊朱學派思想,基本保持原貌;而對其他一些篇章,則以完整的段落和情節爲單位進行拆分,重組在不同的主題中,確保它們在哲學思想上有完整的前後文語境和主旨。如《德充符》中,葛瑞漢把闉跂支離無脤説衛靈公一段安插在魯哀公和仲尼的對話之中,又插入雜篇第 23 篇的片段内容,就連他自己都在注釋中説這是"激進的重構(radical reconstraction)"②。對於重組的章節,葛瑞漢均加注釋提示讀者本章的主要内容和獨特之處。對於不連貫的地方,則以版面設計的方式來再現這種跳躍。

此外,葛瑞漢在《養生主》首段論述人生有涯而知也無涯之後置入《徐无鬼》"故足之碾於地也踐"至"是尚大不惑"③一段,這也導致譯文與原文思想主題產生出入。《莊子》的《養生主》首段是全篇總綱,論述在人生有涯而知無涯的狀況中,當"緣督以爲經",順循中虚之道,順任自然之理。而《徐无鬼》末段在原文中的意思是表達在無知的境遇裏,實則有大道可循。這一段文字從表面上看與《養生主》所論是同一主題,但《徐无鬼》中"其問之也,不可以有崖,而不

---

① 程鋼《道的論辯者:中國古代的哲學論辯》,李學勤主編《國際漢學著作提要》,江西教育出版社 1996 年版,第 358~366 頁。

② A. C. Graham, *Chuang-tzu: The Seven Inner and other writings from the book Chuang-tzu*, London: George Allen & Allen, 1981, p.81.

③ A. C. Graham, *Chuang-tzu: Textual Notes to a Partial Translation*, pp.62~63.

可以無崖"中的此"崖"非彼"涯",它所要表達的是人在追問的時候,不可以有限制,也不可以沒有界限。因爲人往往是在順任自然、追尋大道之時已經掌握大道,看似無知,實則已經掌握了真知,因而應當"以不惑解惑,復於不惑,是尚大不惑"①。它將《養生主》中要表達的"吾生也有涯,而知也無涯"②的虛無、消極順循消解殆盡。結合《徐无鬼》的整體思想來看,《徐无鬼》一章應是儒、道合流後戰國後期的莊子後學所作,而葛瑞漢將《徐无鬼》末段置入《養生主》首段以作爲莊子本人的思想進行翻譯,客觀上造成了將莊子原有對人生有涯而知無涯,在有涯的生命中追尋無涯之知的無奈和被動,順接到在未知境遇中如何有效解惑的積極人生追求,内容主旨由順循中虚之道,轉爲肯定大道的存在和積極尋道,化消極爲積極,與原文出入甚大。這樣的例子還有很多,如《齊物論》南郭子綦與顔成子遊對話後置入《天運》篇中"天其運乎?地其處乎?"到"敢問何故?";《德充符》叔山無趾問仲尼後置入《大宗師》首段;《德充符》末段後置入《庚桑楚》"碾市人之足"到"至信辟金";《大宗師》第二段後置入《徐无鬼》"以目視目"到"得之也死,失之也生"③。這種形式的重組構成了一種新的哲學闡釋空間,與原文哲學思想形成了差異性對照。

葛瑞漢以散譯散,以詩譯詩的翻譯策略,確保了《莊子》語言上汪洋恣肆文風的再現,做到了忠實與準確,值得稱許。他從哲學角度出發對《莊子》各章節的翻譯改動,有效傳達了《莊子》哲思,引導讀者理解《莊子》不同派别的不同哲學觀點,强調了作爲"哲學家"身份的莊子形象,有别於通俗譯本中"神秘主義者"的莊子形象,但同時也造成了讀者對《莊子》思想理解的狹隘化和片面化。

三、以哲學概念爲核心的語言翻譯策略

由於葛瑞漢對《莊子》哲思感興趣,他在翻譯《莊子》時將重點放在對《莊子》的"自然""性""德"等概念的傳達上,同時利用副文本④傳達了對《莊子》哲學思想的關切面向和翻譯意圖。具體來説,葛瑞漢在具體的概念翻譯中以"自然""性""德"與"自發性"的關係爲紐帶,架起了一座溝通中西的思想橋樑。

---

① 郭慶藩《莊子集釋》,中華書局 2012 年版,第 867 頁。

② 同上,第 113 頁。

③ 姜莉《經典詮釋:重構還是解構?——評葛瑞漢〈莊子〉英譯本》,《比較文學與世界文學》2012 年第 2 期。

④ 副文本概念主要由法國批評家熱奈特(Gerard Genette)於 20 世紀 70 年代首次提出,指存在於譯文周圍的標題、目録、序語、導言、扉頁獻詞、後記、注釋、插圖、附録、索引、訪談録、日記、筆記等,爲譯文提供服務,或解釋專業術語,或提供文化背景知識,是譯文的延伸和擴展。通過對副文本的把握,一定程度上可以瞭解譯者的翻譯緣起、翻譯意圖、翻譯策略等。

(一) "性"與"自發性"

先秦是人文意識覺醒的時代,儒、道各家逐漸關注主體"性"的問題。正如蒙培元所説:"中國的心性論,既是本體論,又是價值觀,同時還包含許多認識論和心理學問題。它以探究人的本質、本性、使命、價值、理想和人生的終極意義爲根本内容,以提示主體精神、主體意識爲特徵的存在認知、本體認知爲基本方法。一句話,它所討論的是關於人的存在和價值的問題。"①"性"在儒家爲"内聖之學",即"成德之教",是爲了探討如何成"仁",推行仁義之道。而"性"在道家是"道"論的自然延伸,"道"在生化物性上彰顯爲"德","德"化育爲人,即爲"人性",由"性"而"心",是人由先天向後天落實、在世的主觀精神表現。

葛瑞漢在翻譯《莊子》時,尤其注重對《莊子》中"性"概念的翻譯,並將"性"與"自發性"和西方倫理道德哲學勾連。英語語境中與"性"相對應的詞有很多,比如"propensity""characteristics""property""esscense"等,都含有性質、性相之意,但道家哲學中的"性","生之質"是它的認識起點,"人肖天地之類,懷五常之性,有生之最靈者"是它的豐富内涵。葛瑞漢用"nature"來譯"性",認爲道家的"性"是"自然"之意,是人與生俱來、自然如此的本性或本質。張岱年認爲,先秦時期,"哲學家大都認爲心之所以爲心在於知覺,心是能知能思之官。感官能感,由感而有知,則由於心。關於心性關係,則或言性在於心,或言性即是心;或言心之知在性外,或言心之知在性内。心性關係問題即性與認識的關係問題,更是一個複雜的問題"②。唐君毅認爲,《莊子》中的"心"與"性"關係即"復心言性",他認爲向外進取的心知對"性"起到了破壞作用,要守護内心的平静才能"復性命之情"。葛瑞漢在《莊子内七篇及其他作品》的翻譯實踐中,很好地領會了張岱年和唐君毅的觀點,他直言,《莊子》的"性"拒絶會使意識變得模糊的熱情,但却贊賞在各種情境中平静、清晰地面對各種客觀情境,並自發地做出明智應對的行爲③。這表明,葛瑞漢認識到道家"性"思想的核心是,順任天性,順任自然,是自發的無意識行爲過程,"性"的本質是"自然"。

葛瑞漢在《莊子》中除了用"nature"譯"性""自然",他還在《莊子》譯文及副文本部分常常把"自然"譯爲"spontaneity"(自發性)。如"考慮整個情況,讓注意力的焦點自由漫遊,在對對象的完全吸收中忘却自己,然後,經過訓練的手就有自然的反應,比任何熟悉一切應用規則和思考步驟的人更有信心,更準確"④。這裏葛氏將"自然"譯爲"spontaneity"(自發性)。也就是説葛瑞漢認爲"性"與"自然""自發性"本質上是一回事,它們均來源於道,是生而具備的自然

---

① 蒙培元《中國心性論》,臺灣學生書局 1990 年版,第 1 頁。
② 張岱年《中國哲學大綱》,商務印書館 2015 年版,第 392 頁。
③ A. C. Graham, *Chuang-tzu: The Seven Inner Chapters and other writings*, p.135.
④ Ibid., p.143.

特性。另一部道家作品《列子·楊朱》:"太古之人知生之暫來,知死之暫住,故從心而動,不違自然所好。"①這裏的"自然所好",葛氏同樣譯爲"spontaneous desires"②。由此可知,葛瑞漢對"性"的翻譯暗含着一個潛在的理解綫索:"性"即"nature","nature"即"自然","自然"即"spontaneity","spontaneity"即"自發性"。在葛瑞漢看來,"自發性"潛藏於道家哲學的"性"論根基中,道家的"性"論思想的根本是"自然",也即"自發性"。

(二)"德"與"自發性"

"德"在先秦思想中占據着重要位置。商周時期,"德"因爲在政治意識形態建設中爲王權提供了合法性而備受統治者青睐。但隨着政權更迭、諸子興起及大衆人文意識覺醒,"以德配天"的"德"與"天"的神聖權威性跌落神壇,其對王權的解釋功能出現困境。春秋之前,"德"主要指"王德",是君王獲得天命和民心的依據。隨着王權下移,"德"的應用範圍不斷擴大至諸侯國君、卿大夫。雖然關涉的人員有所擴大,但不出統治階層,所涉内容不離政治活動。晚周諸子在前學基礎上對"德"進行重塑,使得這一概念的内涵和功用發生了變化。這一時期,"德"與"性"呈現出一定的關聯。如《左傳·襄公十四年》:"吾聞撫民者,節用於内,而樹德於外,民樂其性。"③

《老子》中雖未出現"性"字,但它的"生而不有,爲而不恃,長而不宰,是謂玄德"④中的"德"是對"道"的精神的實現、凝聚和展現,表達的是"性"的思想。《莊子》繼承了《道德經》的"德性"之思,但是作出了獨創性的思考。《莊子》的"德"與"性"意義雖相近,但二者並不能等同。《天地》篇"泰初有無"一段所言,即可觀"德""性"之間明顯的區分。"德"與"得"相關,謂萬物有所"得","性"與"生"相關,是萬物生成而具備形體,維繫形體的各種"儀則"便是"性"。"性"修而返"德",再復歸於"道"。因此,"德"可以看作是萬物生成的本源"道"向下落實爲萬物之"性"的中介,同時也是修養"性"而返歸於"道"的途徑。也就是說,"德"與"性"均源於"道",但"性"源於事物得"道"後的"德",是"性"修持的方向。從"道"論體系上看,"德"生成的次序比"性"早,在復歸的次序上比"性"晚,"德"比"性"高一個階層,二者的次序意味着事物的本質從應有的潛質落實到實際所有。

葛瑞漢在《莊子》譯本副文本引言中通過一個假設反映了他對"性"與"德"的基本關係的認識。他説:"大約公元前350年的人們發現在天人二分方面存在的難題,即假如我們承認人有本性,且獨立於人的意志,本性由天規定,那麽不就可以理解爲人由於服從於自己的本性,

---

① 楊伯峻《列子集釋》,中華書局2012年版,第192頁。

② A. C. Graham, *The Book of Lieh-tzŭ*, New York: Columbia University Press, 1990, p.140.

③ 李夢生《左傳》下,上海古籍出版社2008年版,第1095頁。

④ 王弼著,樓宇烈校釋《王弼集校釋》,中華書局1980年版,第137頁。

而服從於這種做法,而這種做法與道德是相衝突的。"①從葛瑞漢認爲《莊子》"德""性"關係反映的是天人關係來看,他已經把握到《莊子》中"德"與"性"的同質性,但在對二者的關係理解方面仍存在一定偏差。

葛瑞漢最後一個"德"應該指的是當時社會普遍存在的具有規訓作用的"道德規範"(儒家之"德")。《莊子》很多思想是對儒家思想禁錮人性的撥亂反正,道家的"德"在諸多情況下針對的是儒家"德"政的弊端。葛瑞漢認爲儒、道兩家對待"性""德"的觀念存在巨大差異。道家的"性""德"本質上是同一類概念,都源自宇宙的本體"道",是"先天的"。儒家如孔子"性相近也,習相遠也"的"性"強調後天因習之"性",着眼於它的後天可轉變性;孟子的"四端説"雖然從先天方面爲"性"尋找仁善的理論依據,但目的還是推廣仁義之道。儒、道兩家關於"性""德"的觀念差異最終來源於兩派的"天道"觀。儒家的"天道",像一條路,指規則、制度、方法,具有人爲的可操作性;而道家的"天道"是萬物存在的根本,看不見、摸不着,却無處不在,不爲外力影響。葛瑞漢由儒、道兩家"天道"觀的差異,反推"德"的互相抵牾之處,看起來是在講"天人關係",實則在比較儒、道兩家對待"性"與"德"關係的認識。

與此段呼應的是在前言"天人關係"一節,葛瑞漢指出:

> 《莊子》内篇没有"性"字,外、雜篇中"性"字很普遍。莊子感興趣的不是一個人與生俱來的天性,而是他通過強化訓練而發展起來的德。我們不具備天生的類似於鏡的客觀反應來確保每一個反應都是天的刺激。外篇談到的"性",即"性修返德",當我們思考並把我們的想法訴諸語言時,我們就用了人的方式;當我們留意或回應情境而無充分理由,或使用的方式永遠無法完全用語言表達時,我們的行爲就屬於由天生發的自然進程,包括身體的生、老、病、衰。②

這段話也反映了兩點内容: 第一,葛瑞漢認爲莊子對"性"和"德"的關注的本質是對天人關係的關注。他認爲莊子拒絶天人二分,主張天人合一、物我齊一的思想,包含了一個猜想,即人的内在的"性"和"德"源自天道,人的本性包含着道德意識的"自發性","自發性"也源自"道"。其次,葛瑞漢認爲《莊子》外、雜篇中的"性"與"德"本質上是同一類概念,可以互換。這在葛瑞漢的副文本中也有體現。

《繕性》篇:"繕性於俗學,以求復其初……知與恬交相養,而和理出其性。……彼正而蒙己德,德則不冒,冒則物必失其性也。"③葛瑞漢譯文:"Menders of their nature by vulgar learning, trying to recover what they originally were ... When knowing and calm nurture

---

① A. C. Graham, *Chuang-tzu: The Seven Inner Chapters and other writings*, p.53.

② Ibid., pp.15~16.

③ 郭慶藩《莊子集釋》,第 547 頁。

each other, harmony and pattern issue from our nature. ... If something else lays down the direction for you, you blinker your own Power. As for the Power, it will not venture blindly; and things which do venture blindly are sure to lose their natures."①

　　這段話談如何修治本性。《莊子》認爲用世俗的學問來修養"性"是愚昧的做法；古代聖人以恬靜來養智慧却不外用，"性"中的和順之理便自然流露出來；每個人都要自正行爲，斂藏德性而不顯露，顯露就會失去本性。這裏的"繕性"爲修治本性之意；"繕"，意爲"修治"。林雲銘說："性非學不明，而俗學所以障性。"②葛瑞漢的譯文很好地體現了這些觀點，並受此啓發認識到"學"和"知"對"性"和"德"的意義。他認爲"性"和"德"中包含着未被《莊子》區分出來的人的"自發性"，"知"即是人的知覺意識，在"自發性"發揮作用的時候具有"以明"的作用。"學"分爲兩個方面，"俗學"對人的心靈有遮蔽作用，使人喪失本性和德，但後天在知引導下的勤學練習，有助於自發性對道的把握。"知與恬""和理"都出於"性"，可見"德"和"性"都指人出生時從道中分得的善的限度。葛瑞漢譯文將"知與恬""和理"譯爲"knowing and calm"和"harmony and pattern"，説明他領會了此處的"性"和"德"是生之初而具有的善的特質，這裏的"性"同樣可以與"德"互換。基於這一認識，葛瑞漢獲得了爲道家"自發性"思想尋找道德行爲動機的合法權利。

　　由於《莊子》中的"德"與"性"有千絲萬縷的糾纏，葛瑞漢關注到二者的同質性，却忽略了二者的差別。於是，他自以爲在道家的"德"中發現了"自發性"道德行爲依據——"性"。前文論述過葛瑞漢的"自發性"與"性"之間的關係，由此可以推斷，葛瑞漢認爲"德""性"同源，與"自發性"同樣有共通之處。葛瑞漢在《莊子》翻譯中針對不同狀況中的"德"，分別用"virtue"（美德、優點）、"worth"（價值）和"power"（能力）來譯，表明他認爲"德"是天賦人性中良好的品質，與"道"相通，出自天府，關乎萬物的生生之機，同時也把"德"看成一種價值，或是一種順應自然的能力。首先，作爲與"道"相通、從"道"那裏分得的善的限度之"德"（virture），是一種先天的存在，潛藏於人性深處，是自發性道德意識和自發性道德行動的根基。其次，葛瑞漢將道家的"德"同時譯爲"worth"，表明道家由形上世界向形下世界過渡的"德"，可以内化爲一種精神境界，也可以外化爲行動之德行，具備物質現象特徵，具有主觀的價值判斷，類同於"得"，是"有利的，有價值的"。

　　對"德"概念翻譯辭彙的選擇表明，葛瑞漢認爲，道家的"德"體現了一種新的倫理面向，即"齊萬物""等生死""消弭差別"的這種看待事物的方式，與西方講究主觀與客觀、理性與情感、事實與價值二分的倫理價值面向大異其趣。道家憑藉拒絶二分的認知方式最終達"道"，在葛瑞漢看來也是一種抵達真理的方式，體現出在理論和實踐中發揮"自發性"能够帶來明智之知和道德行動的合理性。

---

① A. C. Graham, *Chuang-tzu: The Seven Inner Chapters and other writings*, p.171.

② 陳鼓應注譯《莊子今注今譯》，商務印書館 2016 年版，第 466 頁。

四、以哲學視野介入翻譯實踐

《莊子》中的"自然"是否可以等同於葛瑞漢提到的"自發性"是一個有待考證的問題。因爲"自發性"並非中國本土哲學概念,它是葛瑞漢從西方哲學援引來解讀中國思想的舶來詞。

在西方,"自發性"從亞里士多德時代就包含着情感因素,爲"心"提供了動力,是行爲實踐的直接動機。"自發性"的拉丁語是"sua sponte",希臘語是"τὸ αὐτόματον"。這個詞最早出現於亞里士多德的《形而上學》,亞氏用它來描述宇宙萬物創生之際自發地走向善或惡的一種普通現象①;斯賓諾莎在《倫理學》中用它來解釋心的動力因素;萊布尼茨强調實體的自發性特徵,從質的角度,强調用實體的個體性特徵對抗機械論;康德在《純粹理性批判》中認爲,意識從其自身産生觀念的能力即"自發性",也指人運用先天的概念或範疇去整理感性材料的能力,它與感性結合産生知識。雖然前人對"自發性"一詞的理解存在諸多差異,但在爲心提供動力因素,爲實踐提供動機這一層面上,存在一條延續的思想脉絡。葛氏認爲,在西方"自發性"的道德意識與自發性的道德實踐和價值判斷直接關聯②,《莊子》中的自然哲學天然地蘊藏着克服西方自發性行動障礙問題的思想因素,即情感與理性的有機協調思想。

正如葛瑞漢在《論道者:中國古代哲學論辯》中表達的那樣:道家聖人養氣去智時,他的意識和行動自發地符合當時情境的目標,這種自發性能力潛藏在人性之中③。葛瑞漢認識到"自發性"離不開"性"。葛瑞漢研究中國文化之初,最早關注的是二程哲學中的"性理"思想。由於二程有出入釋老的傳統,在葛瑞漢完成二程哲學研究之後,他開始轉向對道家文本的翻譯研究工作,重點關注道家的"性"論和道家人物身上的"自發性"倫理意識及"自發性"行動過程。葛瑞漢認爲《莊子》哲學中聖人具有内在超越性特質,這種特質源於道家聖人的"性""德"意識。在葛瑞漢看來,道家哲學中的"性"與"德"在大部分情況下可以互通。道家雖然排斥儒家的道德觀,但是並不拒絶倫理,因爲儒、道對良風美序的社會秩序有着共同的追求。儒、道都關注"道德",雖然他們通往"至德"的途徑並不相同,但在"德"有向善的傾向性這一點,兩家達成一致。葛瑞漢認爲這時的"德"與自然之"性"趨近,具備自發性的能力和特徵。葛瑞漢對《莊子》"性""德""氣"三者關係的梳理,最終爲他關心的主體内在道德的自發性意識和行動尋找到了理據,但是他對"德"的根源的認識仍有些模糊。葛瑞漢認爲"性"分爲自然之性和氣質之性,"德"既可以指根源於先天的自然之性中的善因,又可以指通過後天强化訓

---

① 〔古希臘〕亞里士多德《形而上學》,商務印書館 2009 年版,第 11 頁。

② A. C. Graham, *Reason and Spontaneity*, London and Dublin: Curzon Press Ltd, 1985, pp. 64～72, pp. 1～3.

③ 葛瑞漢著,張海晏譯《論道者:中國古代哲學論辯》,中國社會科學出版社 2003 年版,第 226 頁。

練而發展起來的"德",所以在"自發性是本有的還是習得的"這一根本問題上,他的回答有些遲疑和模糊。遲疑的背後反映出他對道家之"性"與西哲中的"自發性"概念尚缺乏清晰透徹的檢視。

五、葛瑞漢《莊子內七篇及其他作品》的得失

英語世界中,葛瑞漢《莊子內七篇及其他作品》的銷量在衆多英譯著作中排名靠前,但評價相較於其他譯本爭論較大,毀譽參半。

正面評價集中於以下幾點:第一,葛瑞漢譯本是全譯本當中對哲學釋義較清晰的本子。葛瑞漢在譯本序言及章前導讀中對莊子的整體哲學思想和每章主題思想進行了清晰的概述,富於創見。受馮友蘭版譯本附錄部分影響,葛瑞漢在《莊子內七篇及其他作品》中對道家發展階段和莊子派別產生興趣,嚴格區分了莊子中的不同思想派別,一定程度上扭轉了西方讀者把《莊子》看成通俗故事讀物的傾向。第二,葛譯本對於《莊子》哲學概念的釋義較爲完善,對於讀者不太理解的內容,儘量在注釋中采用以西格中的方式進行釋義,如對於"自然""性""德"等概念的解釋,葛瑞漢會用西方的哲學概念"自發性"進行置換理解。第三,葛瑞漢譯本被稱爲學者型翻譯,有鮮明的學術研究興趣和哲學問題意識,對於從事學術研究的學者提供了參考。第四,葛譯本《莊子》關注到《莊子》優美的文學性語言形式,在翻譯過程中采用"以散譯散,以詩譯詩"的翻譯策略,便於西方讀者領略《莊子》的語言文采。

葛譯本同樣存在諸多不足,評論界詬病它的主要原因在於:第一,葛譯本以"自發性"哲學問題意識爲導向主導對《莊子》的翻譯和理解,與原典存在諸多偏差。西方的"自發性"概念與《莊子》的"自然""性""德"思想在肯定"情感"方面有相同立場,但兩個概念在對待"理性"的態度以及處理與"理性"的關係方面存在根本差異。第二,葛瑞漢按照自身的哲學興趣(對莊子學派的考察)重組《莊子》篇章結構,是一種帶着先見的翻譯行爲,破壞了原典的結構和思想內容。第三,葛瑞漢把《莊子》哲學思想內涵限定在一個有限範圍內,是對《莊子》原典豐富的哲學內涵的損害,讓讀者失去了自由解讀的空間。第四,相較於韋利、華茲生的譯本,葛瑞漢譯本的翻譯語言晦澀難懂,適合學習中國學的西方學者使用,對於普通讀者而言有一定距離。

因此,葛譯本諸多創造性叛逆的翻譯方式既是它的亮點,又是它爲人詬病的主要因素。從市場接受角度來看,葛譯本《莊子》因偏於哲學視角的翻譯特點,在西方普通讀者群中不如華茲生、任博克譯本傳播速度快、接受度高,但它在專業學術群體中受到一定青睞,滿足了小衆讀者群的需要,推動了中國學在海外學者階層的研究和發展。從文化交流層面上看,葛譯本《莊子》爲道家典籍的當代解讀提供了一個可供探討的新範式,豐富了莊學在當代意義的生成,值得贊揚。不足之處在於,葛瑞漢《莊子》譯本在可讀性、哲學釋義空間上不及通俗譯本做得好,影響了他在英語世界的傳播。中國文化想要獲得世界文化認同,必須在大衆讀者中傳

播和接受。這也啓示我們,中國文化在走出去過程中,需要在通俗化翻譯和學術化翻譯中齊頭並進,加强對嚴肅的通俗譯本的翻譯。

[作者簡介] 劉杰(1986—　),女,河南人。文學博士,上海立信會計金融學院講師。主要從事道家典籍英譯、英美漢學研究與中外文化關係研究。著有《葛瑞漢的道家典籍英譯與研究》,發表《在"關聯"中論道:葛瑞漢的漢學思想探微》《葛瑞漢〈莊子〉英譯中的"道"及相關概念的遮蔽》等數篇學術論文,參與國家社會科學基金一般項目 1 項,主持中國博士後第 70 批青年基金項目 1 項。

胡適之弟子　子學之傳承

——《紫庵文集》序

方　勇

内容提要　魏際昌生平歷經民國以來諸多動盪,本就是一部鮮活的近代史。而先生更是胡適嫡傳弟子,其學術直接繼承自胡適,某些方面在胡適的基礎上有進一步發展,形成了自己獨具特色的學術體系。尤其是魏際昌先生的子學研究,上承胡適,下開"新子學",是近代以來子學發展的關鍵環節之一。今值魏際昌先生《紫庵文集》問世,方勇教授《〈紫庵文集〉序》對魏際昌先生生平、性情與文學研究、思想與子學研究以及《紫庵文集》整理經過作了系統論述,對於學界瞭解魏際昌先生及其學術思想,以及近代以來子學發展演變之大勢及其未來趨向,具有重要的學術史意義。

關鍵詞　《紫庵文集》　魏際昌　胡適　新子學

中圖分類號　B2

粵自清末國危,華夏板蕩,凡豪杰之士,莫不甘灑熱血,欲以再定乾坤。若政治、經濟、軍事、外交,皆有其人焉。至於學林,如海寧觀堂、新會任公、餘杭枚叔、績溪適之之儔,則尤其翹楚,今焉思之,幾可比美周秦諸子也。此數子者,雖身經亂離,而其學術行誼,仍克彪炳史册,其何哉?蓋國運維艱,其濟民之心切,故發而爲論,其立言之旨高。其繼之者,尤當戰火之瀰漫,目擊生民轉乎溝壑,其家國之情,救世之志,未必讓於師輩焉;其學術之精,發言之妙,未必遜於前賢焉。特以危亡在即,禁網隨密,其説有不得其傳者,此誠時勢之可悲者也。中有人焉,則先師紫庵先生也。先生親承胡適之學統,身歷百年之變局,其救國濟民之血氣尤剛,其正學立言之志趣尤篤。然遭際坎坷,聲名不彰,手澤或罹湮滅之灾。予既忝列門墙,蒙恩深渥,豈可不表而出之,忍使先師之名不聞於後世哉!

一

先師魏公諱際昌,生於清光緒三十四年(一九〇八),字紫銘,又字子銘、子明,號紫庵,其先河北省撫寧人也。祖化純公,年二十舉秀才,平生以授館爲業,間掌官司文牘。光緒初,化純公攜妻劉氏及二子獻廷、獻瑞,"闖關東"至吉林,遂占籍焉。獻廷公娶某氏,生子世昌;繼娶劉氏宗瑞,生子際昌、運昌,女毓貞(後改名媛)、毓賢。

化純公秉儒素家風,頗具威嚴,闔府上下莫不敬且懼焉。先生既生,方咿呀學語之時,化純公即試授以《千家詩》《唐詩三百首》,皆足成誦。化純公喜,以爲孫輩之中,獨先生爲穎慧,故最爲寵愛。及化純公卧病,撫其背而嘆曰:"紹承家學,以光門楣,其汝乎! 其汝哉!"時先生已入小學,化純公遂於其歸學之時,復授以先秦儒典,至十四歲已通四書五經矣。先生之學,誠基始於此,雖至耄耋之年,於此類儒典猶足倒背,其家學之深如此! 方此之時,先生亦初識聲律,發爲吟咏。嘗訂數百首於一册,以請於化純公,化純公逐一手批之,先生習焉,遂於詩詞一道有所會心矣。其一生吟咏成習,亦肇乎此焉。故先生嘗賦《化純公禮贊》詩數首,晚年復增以小序,繩繩乎稱頌無已,蓋終其生未嘗或忘也! 唯化純公所批先生少年之作,早已亡佚,先生晚年已檢而不得,惜哉!

一九二一年秋,先生考入吉林省立第一師範學校初中班。任教於該校者,或出身北大等名校,或嘗留學東、西洋,術業有專長,品性各異方。先生受其熏習,學業有進,識見益廣。及入高中,高亨先生爲文字學教師,於先生教益尤夥,後數十年,一皆親同師友。時先生學業甚優,而家境頗窘,遂以工讀之故,爲守圖書館於晚間,先後凡三年。於是先生乃克博覽群書,益深其學。而當時新思,亦隨《語絲》《創造》《呐喊》《彷徨》諸新書,而入乎先生之眼矣。一九二九年秋,先生考入吉林大學教育系文學組,於傳統課業之外,閲外國作品頗夥,如高爾基《母親》、托爾斯泰《戰爭與和平》、狄更斯《雙城記》等,既爲先生日後授外國文學之本,更成其研治國學以資比較之度也。

"九一八"事變,東北淪亡,吉林大學旋亦解散,先生乃於一九三二年春逃亡北平。是夏,考入北京大學中文系,乃於其學術生涯,肇開新局焉。北大乃"新文化"之源,先生嚮慕久矣,乃今得入北大,而流離之苦,亦爲之稍解矣。於是少問世事,專心學業,日懷講義筆記之册,循鐘聲以出入於教室,廣聽胡適、魯迅、周作人、錢玄同、劉半農、馬叙倫、劉文典、黄節、林損、羅庸、羅常培等名師之課程,學以大進。即今所存先生所批俞平伯《詞選》、余嘉錫《目録學發微》諸講義觀之,則先生用心之專、用力之勤,可概見矣。而其中所論,亦間有異於師説之處,則其會心自得者也。先生少時,嘗從化純公習《文字蒙求》《字學舉隅》《續三十五舉》等,又嘗從高亨先生研治《説文》,於漢字音義及字體流變素有根柢,故於北大之時,尤用心於唐蘭"鐘鼎文研究"、沈兼士"右文研究"、馬衡"金石研究"、魏建功"古音系研究"等課。今存先生手批唐蘭《殷墟文字研究》《商周彝器文字研究》講義,皆行楷小字,密布其中,或訓釋甲骨,或補證金文,廣采博涉,逐字訓解,顯爲課後補充整理,是其用心之所在也。先生嘗撰《爾雅集釋》,更於課暇之時,常駐北大圖書館以研治《説文》,凡三年有奇,終成《説文解字彙釋》八十萬字。先生亦嘗欲以古文字學終其一生,然世事多舛,身不由己,而《説文解字彙釋》書稿亦於"文化大革命"時遭紅衛兵之劫以亡佚,至今不可得。而先生此志,遂成永恨矣!

北大諸師之中，先生尤善胡適先生，每聽其授課，即肅然起敬，點滴入神，屆乎欣賞之境。先生之作白話文，亦受胡適先生之感召也。一九三四年秋，先生擬以公安一派爲學位論文之題，乃請胡適先生爲指導教師。胡適先生欣然應允，且薦周作人先生同爲指導。先生從之，遂撰爲《袁中郎評傳（附年譜）》。先生方卒業，茫茫然不知何往，適北大研究院招收研究生，胡適先生爲導師之一。於是先生報名應試，果名列榜上，仍以胡適先生爲導師。胡適先生以"桐城謬種"之説時興，命先生治桐城派，先生從之，二年而成《桐城古文學派小史》，凡二十萬言。此書非唯近代首部研治桐城派之專著，亦首倡桐城乃"學派"而非"文派"之論，於桐城派研究之事影響深遠，至今仍爲典範焉。

一九三七年，先生甫卒業，而"七七事變"突發，民族危亡，懸於一綫。先生既驚且痛，只恨身微力弱，不能報國。流亡北平，本自貧苦，值此大亂，幾無以爲生。乃於八月六日，拋妻別子，南逃謀生，自稱"二度牛郎"以嘲，悲亦極矣！南逃之途，其顛沛坎坷，不待煩言，而日寇盤查襲擾，恒存性命之憂。經天津、烟臺、濟南、徐州，終至於南京，遂入國民黨召組之"青年戰地服務訓練班"，矢志抗日圖存。翌年二月，訓練班奉命南行，經安徽、江西而至武漢，先生乃受命赴河南禹縣等地，指導民衆抗日之事。九月，又移先生於湖南省教育廳。此後數年，先生皆處湖南，先後任湖南省立第一民衆教育館館長、省立第八中學校長、省督學等職，於社會教育、民衆教育用力尤多，撰有《社會教育在湘西》《中國民衆教育史芻議》等文。

在湘之時，先生曾兼任廣東省立文理學院教授，所授《説文》研究""文字聲韻概要""中國文學史""漢唐散文選"等，皆北大所學之樸學、漢學、文學系統也。一九四四年秋，轉陝西南鄭，任教於國立西北醫學院，教授"中國文學史""近代文學史""文字聲韻概要""讀書指導""大學國文選"等，並撰有《隨園先生年譜》等，均源出其北大所治之學也。

抗戰既勝，先生受命爲吉林省政府接收專員、教育部東北院校接收專員。翌年秋，高亨先生時爲東北中正大學中文系主任，邀先生，先生應之，設"中國文學史""古代散文選""經學概論"等課。時高亨擾於庶務，先生實主其事。後復與高亨諸先生，共組"國學研究會"，以期專注文史、翻新國故。並於《瀋陽日報》副刊特闢國學專欄，由高亨先生撰爲發刊詞，先生所撰《孔門弟子學行考》亦分期刊焉。

國民黨失勢於東北，中正大學旋遷北平。一九四九年初，徵先生爲華北剿總焦實齋辦公室秘書，以教授之故，獲同少將待遇，其職則聯絡北師大、清華、燕京及設院北平諸東北院校也。時先生嘗於勤政殿宴請各校教授以咨和戰之見，又與齊白石、潘齡皋、朱家濂等多所往來，更嘗奉命送胡適、陳寅恪、梅貽琦等乘機離平。北平之和平解放，先生實有力焉。後亦嘗與葉劍英、林彪、薄一波、陶鑄等黨和國家領導人有所交際。

北平既和平解放，先生乃入於"華北大學政治研究所"，以學習馬列主義及毛澤東思想，並就其政治問題予以首次"交待"。一九五〇年三月，移先生於西北藝術學院中文系，開設"文學概論"等課。然該校本"魯藝學院"，教職員皆以文藝爲工農兵，與先生所持傳統學術扞格不合，遂於翌年二月調入西北大學中文系。方此之際，先生又因"歷史問題"作第二次"交待"，所幸尚可勉力從事學術,聊以自慰。

一九五二年七月,以夫人于月萍先生任教於天津師範學院歷史系故,先生亦調入該校中文系任教授,開設"蘇聯文學""現代中國名著選讀""中國文學"等課。一九五四年,該系設古典文學研究室,先生遂與顧隨、韓文佑諸先生共事,每聚講切磋,相得甚歡。方此之時,先生所撰《蘇聯文學》《中國文學史》《古典文學讀本》講稿乃告厥成,又撰有《李白評傳》《漢魏六朝賦》等。值暇,先生常往天津勸業場書鋪訪書,先後購得古籍舊帙千餘卷,自喜坐擁書城。然是年之後,政治風波愈演愈烈,先生所受調查亦日見嚴重,而先生之厄,亦終於來襲矣。

……先生賦性堅韌,未嘗一日而忘學問。無論勞作之暇、斗室之居,凡有可爲,即争分秒以治學術,或撰新著,或理舊稿。先生七十歲時,嘗致信親戚,自謂病體稍愈,即於療養之暇,整理《桐城古文學派小史》《李白評傳》《唐六如評傳》《先秦法家思想管窺》《兩漢訓詁學》諸舊作。是可見先生之視學術,其重猶愈性命也!

一九七九年,河北大學中文系設助教進修班,先生始克授課,乃爲青年教師講授《莊子》。一九八〇年春,河北大學擬請先生重登講臺,爲本科生授課;秋,又與詹鍈、韓文佑、胡人龍諸先生合招中文系首屆古代文學碩士。於是先生大爲振作,肆情學術,自謂"本科開課講專題,研究生班更屬奇。已非五十年代事,垂老雨後顯虹霓"(《保定去者》);"固已及耄耋,猶作苦登攀。學如逆水舟,拼搏始過關"(《八一年元旦放歌抒情》)。其生平要著,若《先秦散文研究》等,皆此時之作也。一九八三年秋,先生始獨自招收先秦文學研究生(方勇、李金善),於是攜弟子遍遊各地,以參加學術會議。教研之餘,先生每與乎各類學術文化活動,勠力於各學會、協會之籌建,先後推爲河北省古代文學研究會會長、河北省語言文學會副會長、河北省燕趙詩詞協會會長、保定詩詞楹聯學會會長、河北太行文化交流促進會名譽會長、中華詩詞學會常務理事、中國屈原學會副會長、中國詩經學會顧問。就中尤以籌組中國屈原學會,及張大楚辭之學,貢獻尤夥,於學術研究之外,成其推動學術之大德焉。

先生一生博覽群書,其舊學根柢尤爲深厚。其所撰著,非唯廣及四部,亦且縱貫古今,且涉於海外之學。上述之外,今《紫庵文集》所收,尚有《周易》研究、《尚書》研究、《三禮》研究、《甲骨文釋例》、《鐘鼎文研究泛論》、《六書字例》、《右文説》、《假借説》、《鄭公孫僑大傳及其年譜》、《先秦學術散論》、《〈論〉〈孟〉研究》、《先秦諸子的"名學"問題》、《諸子散論》、《先秦兩漢訓詁學》、《楚辭綜論》、《史傳散論》、《西漢散文鉅子合論》、《中國古典文學講稿》、《古典文學散論》、《中華詩詞發展小史》、《漢魏六朝賦》、《唐代邊塞詩析論》、《李白評傳》、《明清文學》、《雜文序跋》、《毛主席著作語文析論》等等,蔚乎大觀,洋洋非孤陋淺薄者所能望其項背也。

先生之學,皆出於根柢,發爲廣博。先生少秉庭訓,幼承家學,既而稍廣其學,而不爲所遷,於小學之道浸淫久焉。於以治甲骨鐘鼎之文,《爾雅》《説文》之理,積力既久,發之遂廣,故馳騁於四部,出入於百代,皆無往而不自得焉!觀乎此,則以深厚廣博爲尚之傳統學術,庶幾未墮於地哉!後之學者,其亦念哉!

予始侍先生於一九八三年秋,厥後十載有餘,皆得親炙。每念先生淵雅廣博之學、霽月光風之懷,未嘗不效河伯之嘆。然先生每云:"昔在北大求學之日,嘗聞錢師玄同先生自謂其學不及俞樾之十一。今我魏某,亦未敢望錢師之十一矣!"小子聞之,愈益惕惕焉。而先生確乎以此自勉,雖至耄耋,猶"口不絕吟於六藝之文,手不停披於百家之編"(方勇《祭恩師紫庵魏際昌先生文》)。小子自忝列門墻,每週登門請益,皆師母于先生開門以導,先生恒正襟危坐於書桌,非批閱古籍,即執筆撰稿焉。問之《論》《孟》,先生皆倒背如流,其章句先後皆絲毫不爽,非吾儕顛倒含混以記誦之類也。一九九三年夏,先生不慎仆於學校大澡堂中,腦部震蕩,視物重影、聽聲變音,予嘗陪侍醫院焉。時予將赴國際《詩經》學術研討會,方草論文,遂多以《詩經》之事請於先生。先生雖半處昏迷,而問之必答,答之必中,無少爽忒。予驚其於《詩經》之爛熟,而愈感先生之不可及也! 予既卒碩士之業,即爲先祖鳳公搜輯遺文,彙爲《方鳳集》,而限於學力,其間有不可句讀者,久思不得,遂以請於先生。先生一見之而定其可否,不假思索。學問之力,有如是夫! 河北清苑吳氏至德堂之後,家藏明清八股文及科舉試卷若干,欲爲之釋讀,遂遍訪冀內高校中文教師,而皆不能。一九九四年後,乃經人引介,往謁先生。先生甫接稿而成誦,如庖丁之解牛,聞者無不豁然而明。後予聞之,益增崇慕焉。故嘗語人曰:"先生之飽學如此,吾輩雖竭力步趨,亦不可仿佛其十一。然著述少見,學說不彰,如卒然不可諱,其學隨身去,非唯先生有抱憾之悲,亦斯文之一厄也! 予等忝列門墻,當盡弟子之責焉。"

予與李金善兄乃先生獨自招收之首屆研究生,後三年又招一屆,即不復收。方吾儕入學之日,先生即闢其門外一屋爲讀書室,出其珍藏綫裝書命予二人細讀。猶記予二人所讀之書,首部即《尚書孔傳參正》,紙已發脆,乃先生珍藏,蓋兩閱月而讀畢焉。先生又每週授課一次,凡先秦要籍,皆執黃脆手稿,逐部講解。每告予二人曰:"唯根柢是務!"予二人常侍先生出席學術會議,從先生遍遊國內,故得拜見俞平伯、錢鍾書、王力、呂叔湘、郭晉稀、饒宗頤、姚奠中諸先生。諸先生舉止言談之中,交際往來之間,無不可見其學養之深厚、氣象之博大。今之學者,每露其偪促之氣象,陳言發論之際,每需遍索枯腸,尋章摘句,以文其面,更遑論"風力"矣。噫,可深省哉!

親炙諸先生之時,予每有"目擊道存"之感。靜言思之,蓋諸先生之提攜後進也,但問其根柢如何,如此方克登高致遠,未嘗以文章爲事也。而今天道轉移,爲人師者,但以一技之長授諸生,以求其快;問答之際,亦無非幾篇文章、刊於何處之類,何無聊之甚邪! 其學術志趣之別、氣象之異,亦由此判然矣!

予嘗請古今學術之別於先生,先生曰:"古之學術,見之於日用常行之間,體之於身心性命之內;今之學術,治之以尋行數墨之法,流之於聚講空談之表矣。"旨哉言也! 夫屈原行吟,但爲忠貞;子長撰著,以究天人。即陳壽之輩,雖有索賄之説,亦未見其爲稻粱謀也。是古人之治學,志成一家之言也。今之學者,或攻乎章縫,碌碌於雕蟲;或徒事玄虛,誇誇於空談。或逢迎時勢以謀利,或捐棄道義以遠害。嗚呼,其何以對古之人哉! 此吾所以喟然於時勢者再四也!

二

先生平生自許北燕撫寧人，謂"予家撫寧，距榆關四十里"（《山海關登臨懷古》自注），"美哉我撫寧，英才代代現"（《南戴河撫寧新建區》），"某則北燕老漢，似我之古代鄉親，不服老之關漢卿，竹筒倒豆子，慷慨悲歌，一吐爲快"（一九九五年致張遠齊函）。晚年還特爲《撫寧縣志》撰序，並攜夫人于月萍返鄉探親，於此故籍尤具深情，其詩曰："我有家族兮在撫寧，農耕負販兮五世紀。秫米爲粥兮蔬菜羹，短衫敝屣兮謀朝夕。關東漂流兮祖與父，孩提傾慕兮船廠地。教以掃灑兮學《詩》《書》，青青子衿兮由是起。回首前塵兮七十載，皚皚白頭兮返故里。老淚盈眶兮思親人，舊屋蟲聲兮猶唧唧。遂享膏腴兮飲旨酒，親友依依兮送不已。碧桃一筐兮祝壽考，行行屢顧兮心悒悒。燈下恍惚兮熱中腸，似夢實真兮何自疑。"（《重返祖籍撫寧縣榮莊》）

撫寧今屬河北省秦皇島市，殷商時孤竹國之土也。夷齊不食周粟，即孤竹君之子也。始皇東巡，魏武登臨，氣吞山河，猗吁壯哉！其風氣所被，燕趙遂多慷慨悲歌之士，仗節死義之臣。若夫東北，雖古稱蠻荒，而清初以降，民多出關謀生。因地處苦寒，物產不豐，其人乃相協互助，以抗天地，故成豪爽剛毅之風、重義輕生之俗。先生嘗賦詩以贊化純公，謂其"隆眉俊目立亭亭，威而不怒處士風"，"敵前廉守民族節，病後退食子孫中"（《化純公禮贊》），深具燕趙之風、東北之度。先生雖少習儒典，浸淫乎"溫柔敦厚"之《詩》教，然其燕趙血脈、東北民風，固不可掩，絶非白面書生、冬烘先生之比也。

一九二四年，先生年方束髮，不過就學初中爾，察知吉林文教之弊，而毫無畏懼，放言以抨擊之。一九二七年起，先生弱冠，則恒與於吉林學生運動，以張愛國之勢，如"反對吉敦鐵路延長""打倒賣國賊劉芳圃""五卅慘案示威遊行""五五國恥紀念"等，先生皆在焉。一九二八年"易幟運動"，先生更不避逮捕之險，毅然出任糾察隊長，引遊行之隊伍，闖吉林省議會。男兒血性，士夫豪氣，固如是哉！一九二九年考入吉林大學，又嘗任吉林省學生聯合會召集人，召組學生愛國運動，更與奉天及關内平津滬上諸學生會、愛國組織交通聲氣，協同並進。於是不舉事則已，舉則疾風暴雨、凌厲無前。若夫師長之勸阻、軍警之攔截，乃至辱罵毆打、逮捕監禁之事，不恤也。今之文弱書生，何可比也！一九三四年秋某日，特務至北大東齋搜捕，諸生皆憤，圍而毆之，先生亦與焉。翌日被逮，雖備受凌辱，未嘗屈也。一九四六年春，東北收復未久，梁華盛履新副軍長及警備司令，至即大設宴會，並招日本妓女歌舞以伴。先生時爲接收專員兼教育廳主任秘書，見之憤然，因拍案而起，厲聲云："東北淪亡十四年矣，吉林父老皆喁喁望治。乃主席甫下舟車，即以此爲尚，其何以對東北父老邪？"梁大怒，舉槍欲殺先生，以衆勸得止，而仍逐出先生焉。

自一九四九年六月入"華北大學政治研究所"，先生雖間受"改造"，屢作"交待"，而血性不改，剛克如故。華北大學政治研究所結業後，發先生於西北藝術學院教學，三月至長安，而七月即以病辭歸。一九五五年所作《自傳》，謂該校本魯藝學院，故於生活教學，均要求甚嚴。先生自覺精神不快，兼以舊病復發，乃辭職就醫。所謂"辭職就醫"顯係託辭，"精神不快"，則其"歸歟"之深故也。……

予自一九八三年九月忝列先生門墻後，於先生學術之高深，固高山仰止矣，而更見其素具血性之氣焉。然此血性之氣，與其學術何關，則未克深思。從先生既久，近年又董理先生文集，方略有所知焉。

一九八五年六月二日，予侍先生自杭州往遊紹興，先生甫至，即往徐渭舊宅青藤書屋，低徊留之，久焉而不能去，乃賦《青藤書屋》云："我愛青藤書屋，特立獨行拔俗。'一塵不到'真語，'中流砥柱'可書。豈真無功社稷，海防助理胡督。只緣皇家昏暗，羞與奸佞爲伍。詩文饒有奇氣，丹青膾炙東土。故事至今風傳，明代杰出人物。"五日，復侍先生由杭州往遊蘇州，至於九日，先生執意往尋桃花塢，及徒步尋至，唐寅舊居早已蕩然無存，唯新建民居井然而列，而先生猶自駐足良久，不願即去。一九八七年五月中，先生攜門人孫興民，輾轉火車與汽車，凡數十小時，途徑千餘里地，赴於湖北公安，以與乎公安派學術討論會，並提交《晚明"公安三袁"合論》一文。先生以耄耋之年，於徐渭、唐寅、三袁諸晚明士子，其嚮往之深，何至於此！予時大爲不解。至於今日，乃知此數人之習行、氣稟與行誼，皆足以發先生之共鳴，而其文章與學術，亦予先生以啓迪也。

先生於《胡適之先生逸事一束》一文，自述其於一九三四年告胡適先生以志趣而請指導。而所謂志趣，即欲以研治"獨抒性靈，不拘格套"而以率真自然爲求之公安三袁也。適胡適先生方倡"反對假古董"之說，立爲應允，而告先生可專研袁中郎一人，於是先生乃定其題爲《袁中郎評傳》。既受教於胡適、周作人二先生，先生勠力九月，乃成其《袁中郎評傳》，凡十五萬字焉。於此之前，先生所作《明代公安文壇主將——袁中郎先生詩文論輯》一文，已刊於《北強月刊》一九三四年第一卷第六期矣。

昔周作人先生之授先生也，爲開具書目，如《袁中郎全集》《白蘇齋類集》《焚書》《徐文長文集》等，大抵皆有"離經叛道"之意存焉，正合先生之所求。方此之時，先生復撰《唐六如評傳》，以見唐寅叛逆之性。嗣後，先生乃間出《徐文長論》《看李卓吾批評〈琵琶記〉戲文後》《晚明"公安三袁"合論》等文，以抒其胸中久鬱之不平焉。

先生之撰《唐六如評傳》也，於"六如坎坷一生，憤而玩世，喜笑怒罵，對立權位"之度，尤深致其同情仰慕之意。《徐文長論》一文，又於徐渭"敢發議論""非聖叛道"之風多所褒崇，以爲徐氏之詩文書畫，均"蔚爲奇葩，流傳不朽"。而其《明清小品詩文研究》（《北強月刊》一九三五年第二卷第五期）總論二人，略曰："唐、徐二人，或以高才被黜，不見齒於縉紳之林，遂激其豪放，流爲俳俚之詩。或以布衣稱奇，恥入王李之黨，又因一生坎坷，幾番死活，乃至鬼怪詩文，重迭而出。今細按二家，雖或稍嫌輕浮，或略近古怪，而其創始開新之精神，後人矜式之成品，固不容埋沒焉。"即此可見，晚明諸子之種種，先生均感同身受，故雖至末年，猶念念在茲也。

先生晚年嘗賦《論公安三袁》詩云:"公安論三袁,齒頰溢香滿。信手抒性靈,排斥摩霄漢。高山終可仰,流水潺潺見。海闊恣魚躍,天高任鳥旋。"以爲公安"三袁"之於文學也,非唯尚徐渭之"叛逆精神""不滿現實狂放不羈"(《徐文長論》),亦深見啓於李贄思想之神髓,"如鴻毛之遇順風,巨魚之縱大壑",故得發爲高論,創立獨見。謂其兄弟同心,攜手戰鬥以成名,誠史之所罕見,故先生論之,尤重其"同",以爲同爲進士、同能出入釋氏、同與李贄爲友、同反"七子"之陳言、同作"獨抒性靈"之文、同有文集傳世。其所"同"者,雖"三蘇"亦難比焉(《晚明"公安三袁"合論》)。又總論之曰:"同聲相求,同氣相應,中郎先生所推許者,必皆任性率真、手口直抒之文字,德不孤,必有鄰,誰謂先生單調哉?"(《明代公安文壇主將袁中郎先生詩文論輯》)先生以"三袁"況之"三蘇",而尤稱其主將中郎,謂其"德不孤,必有鄰",誠前人所不敢言,且竊以己爲中郎之"鄰",可謂數百年後之同調也! 故先生居"放廬"而血性不减,而其詩文亦步武隨之焉。……

賦詩言志,本先生之家學,先生亦嘗屢告其子孫,謂其願爲詩人。然先生早年詩作,散佚殆盡。今所見其於一九三七年盧溝橋事變後至一九四五年抗戰勝利間所作,凡"流亡""抗敵""文教""勝利"諸篇六十餘首,大抵發其悲憤之情、抗爭之志,紀其困苦之狀、去留之迹,謂之"詩史"可也。雖其後迫於時勢,多有違心之作,而其精氣所在,固不可掩焉。予忝列先生門下之初,人有善詩者論《紫庵詩草》用語淺近、體格俚俗,予亦疑之而不敢決。後予與弟子整理《紫庵文集》,見先生少年初學時所作《化純公禮贊》,已諳熟格律,且用語典雅。又見其手稿修訂詩歌之迹,多有本句甚雅而改句反俗者。乃知先生之詩,其通俗顯白,正有意爲之也。蓋先生從胡適先生習白話,而又以公安"三袁"獨抒性靈爲圭臬之故也。

先生既尚"三袁"、徐渭、李贄等晚明諸子之學,復承胡適先生之學統,故當其教學本科,乃即元明清雜劇、小説諸俗文學研而治之,故有《關漢卿戲曲藝術特色及其思想》《關漢卿戲曲散論》《〈水滸〉散論》《看李卓吾批評〈琵琶記〉戲文後》《講史小説〈三國志演義〉》《漫話〈三國演義〉中的"桃園弟兄"》諸文,所著《明清文學》之論《三國志演義》《西遊記》《儒林外史》《紅樓夢》等,尤深入肌理而自成體系焉。

自其內觀之,先生之治元明清雜劇也,固有抒其胸中塊壘之意焉。故其論徐文長《四聲猿》,極許其衝破藩籬之叛逆精神,與夫不滿現實之狂放不羈,稱曰"蔚爲奇葩,流傳不朽"(《徐文長論》)。行文之際,而先生痛快淋漓、激情澎湃之情,亦已躍然於紙上矣。若夫明清小説,則先生恒津津於"桃園弟兄",故其《漫話〈三國演義〉中的"桃園弟兄"》一文,於劉備之仁、關羽之義、張飛之雄、趙雲之忠、諸葛之智,尤多共鳴,故極其贊美之事。自其研治之術觀之,則先生頗受惠於胡適先生之明清小説研究也,其用語顯白通俗,則尤足爲先生學白話於胡適之徵焉。

……五十年代初,先生撰《明清文學》,於《水滸》中宋江等梁山人衆,極許其"替天行道""人民革命"。一九五六年刊於《天津日報》之《我對孔子教育思想的體會》,亦盛贊孔子爲"教育家"。然"批林批孔"之後,此類之説,亦不得不隨勢轉移。其一九七四年一月六日致親友信札，自謂"批林批孔"之勢愈演愈烈，己雖爲之撰文，而每置學術於政治之上，故不得"結合"。又七月廿日札，自謂爲撰此類文章而疲，胃痛、潰瘍及脊椎諸病復發。雖强支病體，違心撰爲《從"樊遲請學稼"説起——批判反對勞動教育的孔子》《爲奴隸主階級抹彩樹碑立傳的"述作"——批判孔子反動的文史觀點》二文，然仍覺己之學術不合政治之命，其無可奈何之態，亦甚顯白矣。……

雖然，先生之血性，終不可盡淹殺之也。上世紀八十年代末，屈原研究之風大盛，而異端邪説亦隨之而起，先生每憤然指斥之。並致函同道，痛斥"風氣不正""邪祟太多"，如以太陽爲生殖器之象；"路漫漫其修遠兮"之"修"爲"靈修"；女嬃爲母、嬋娟乃妾，於是屈子爲"淫人"、三閭爲"狂夫"矣！而主持者多爲鄉愿之輩，任其雌黄，遂至氾濫。（一九八八年七月十二日致趙逵夫函）是先生猶能仗義直言之也。予素悲吾先祖南宋遺民鳳公，少負異才，長而遭亡國之禍，乃痛哭長歌，用嗣商仁人義士之志，而既歿之後，詩文零落殆盡，收於《四庫》者，已是殘膏剩馥矣。故予既獲碩士學位，即盡力輯校其遺文，匯爲《方鳳集》以付梓。先生聞之，爲賦《爲方勇賢棣頌其廿四代祖方鳳處士》竹枝詞五首。意猶未足，復賦《禮贊浦江南宋遺老方鳳先賢並柬其裔孫方勇碩士》云："浦陽説古郡，春秋早有名。仙華毓靈秀，黄冑傳飛昇。迨及元入統，佳域釀紛争。南人遭歧視，儒生最蹭蹬。宋末之遺逸，理學爲正宗。忠貞多不二，修養似天縱。賢者稱方鳳，謝翱亦同行。創立月泉社，攘臂對刀叢。從者以千數，揮淚思杭京。不食異代禄，安貧樂蒿蓬。詩文留千載，後世沐清風。裔孫曰方勇，二十四代承。執筆頌祖德，繩繩始發聲。最難在輯佚，矻矻未常空。纘續固應爾，士也古道興。"末署"八十六叟魏際昌"。是知鳳公之行誼，直可引北燕老叟爲之共鳴，亦其血性猶未盡滅之徵也夫！然則，先生繞指之柔，孰爲之哉？噫，悲夫！

三

先生幼承庭訓，其要以儒典爲本；至北京大學，又治古文字與集部之學；厥後延及史部，而尤長於諸子之學。由是經史子集，融會貫通；周秦明清，一以貫焉。而其個性之鮮明，遭際之坎坷，尤足體之於身，會之於心也。然世事多艱，故先生之論著雖夥，而大都未及面世，故方今之世，聲名不隆焉。

先生生前，唯其《桐城古文學派小史》由河北教育出版社於一九八八年付梓。此本先生一九三七年所成之碩士論文，乃從業師胡適之議而定其選題者也。胡適曰："人皆謂'桐城謬種，選學妖孽'，其然邪否邪？賢棣可審辨之。"此題大違時風，而先生欣然受之，及成，果不負業師之厚望。然此特先生早歲之所著，不足以衡論先生平生之學術也。今之學者，則或以先生爲《楚辭》學者，亦不知先生者也。即先生生平而論，先生遍治先秦經典，未嘗專以《楚辭》爲事。唯一九八二年，先生已壽屆七十有五，以應會議之故，方與屈學結緣。至其屢出於活動之場、會議之席,其意亦在乎追攀屈臣,會晤舊友,以袪半生之落拓寂寞也。然則先生之學何主邪?榷而論之,先生生平學術之要,寔在諸子矣。

先生之作爲諸子專論也,殆肇乎求學北大之日,《北强月刊》一九三五年第二卷第三期所刊之《先秦諸子論學拾零》,則今可考見之最早者也。該文之所論列,老子、孔子、子夏、曾子、子思、墨子、莊子、孟子、荀子、韓非子及《吕氏春秋》,於先秦諸子,幾無所不備矣。後更有《〈管子〉和管仲》《談談孔子的思想體系》《孔子的"禮學"》《孔子》《墨翟與〈墨子〉》《孟子》《商鞅〈商君書〉》《慎到之作》《荀況與〈荀子〉》《吕不韋和〈吕氏春秋〉》《韓非的〈韓非子〉》《李斯》《董仲舒與漢代學術思想》《從〈春秋繁露〉等書看董仲舒的哲理文章》《桓譚》《東漢的散文大家王充及其〈論衡〉》《葛洪與青虚山》《説道家》等專文分論先秦漢魏六朝諸子。論其成書,則有三焉,一曰《先秦散文研究》,二曰《〈論〉〈孟〉研究》,三曰《先秦諸子的"名學"問題》,則尤爲先生精義之所存焉。

惟此三著,當成於一九七八年至一九八二年之間,其餘專論當亦多成於此時。蓋先生自幼穎悟,長而個性益顯,又處風雲際會之北大,乃感百家之説有裨學術,故作《先秦諸子論學拾零》,以爲"先秦諸子,思想絢爛,空前啓後,蔚爲大觀,世之追本學術者,莫不淵源於此"。其治晚明諸子之學,亦以唐寅、徐渭、李贄、公安"三袁"之輩,身處政局大變之世,步武老莊之行誼,個性張揚,率真自然,不爲世俗所拘。故先生之本科論文,以公安"三袁"爲題,而尤以中郎爲選也。後先生命途多舛,備受折磨,其意志不墜而一意學術者,蓋孔子之知其不可爲而爲之、老莊之與世浮沉以全真葆性、晚明諸子之雖居亂世而率性不遷,皆有以助之也。故先生或拂袖而去,或潛龍勿用,或吐真於濁世,或負罪於眢歊,吟咏以自適,虚與以委蛇也。唯當此之時,欲研治諸子以自廣,則勢有所不可也。自一九六一年得除"右派"之稱,先生即任雜役於中文系資料室,始克稍理舊業,乃稍藉趨附時政爲機,以氾濫於諸子百家之中矣。及一九七六年,"王張江姚"乃滅,先生得重理舊稿,始肆力於諸子之學,此《先秦散文研究》《〈論〉〈孟〉研究》《先秦諸子的"名學"問題》之所由成也。

太史公曰:"蓋文王拘而演《周易》;仲尼厄而作《春秋》;屈原放逐,乃賦《離騷》;左丘失明,厥有《國語》;孫子臏脚,《兵法》修列;不韋遷蜀,世傳《吕覽》;韓非囚秦,《説難》《孤憤》;《詩》三百篇,大抵賢聖發憤之所爲作也。"先生七十年之學術,至此恰當爐火純青之時。而積鬱既久,其發之也薄,而此三部子學著作之名世垂久,固理之所當然也。然則先生不愧爲胡適子學之嫡傳人也!

胡適之治諸子也,寔開現代諸子學之端,其要則謂經學不尊於子學,諸子不出於王官,儒學亦不重於百家,九流之學,皆當平等。若其研治之術,則見之於其修中國哲學史之事矣。而先生之治子學,則賡續胡適之途轍而演進之,尤足爲辨章學術、考鏡源流之儀型也。質而言之,則現代學科體系漸趨完備,先生之子學,即處中文系而緣先秦兩漢散文史、訓故史之方以成,其所撰三著,皆爲現代學科深化之迹,而有文史匯通之特徵,與夫思想史之意義也。

以《先秦散文研究》論之,先生之治子學也,務考諸子之文、溯諸子之世,此皆學科深化後諸子學研究之新態。其學術猶存舊學博通之意，亦現代學科何以承傳統學術之明徵也。先生之治先秦散文也，兼包四部，若其論劉歆與今古文、論周公等，皆非今之散文史所可涉足。然自傳統學術觀之，博通當世之事，乃專論成立之基，其過專於一事者，則無本之學，必入於隘矣。胡適嘗於《中國哲學史大綱》自序，深論欲治哲學史，必以述學爲根本。所謂述學者，即從史料見哲人之真面目也。先生之學，亦有承乎此，而其尤重諸子文獻之内理，則不同於胡適，是即諸子學處學科體制之新變也。

復以《〈論〉〈孟〉研究》論之，亦可見先生之所長矣。書分十章，首叙《論語》之版本、篇目及其釋名，次論《孟子》之語句章法，三曰《論語》之"仁"，四曰《論語》之"君子""小人"，五曰孔子對"仁"之發展，六曰孔子之文教工作，七曰孟軻和《孟子》，八曰再論孔孟對勞動之輕視，九曰《論》《孟》文學藝術及其同異，十曰小結。《論》《孟》二書，儒家之大端也，然古之治《論》《孟》者，或以其漫無體系，章句訓詁以釋之；或以其附會"四書"，理氣性命以牽之，要皆非《論》《孟》本旨也。先生之著《〈論〉〈孟〉研究》也，深論二書非零篇碎簡之可比，其精義要道，皆一以貫之，即篇章之際、論列之序，亦皆有合於儒道，是其貌散而神聚，外分而内連也。至其陳説，論文體、篇章則必溯之《詩》《書》，説仁義、政治則必歸乎東周，皆於學術史而求得其平，不牽附他説，亦不以今衡古。譽其可譽，貶其當貶，立足當世，以觀去取。其文深於訓詁，熔鑄章句，以彰其義理，後先相承，體系遂立，而根柢之深固，學術之淵雅，亦卓然見於紙上焉。前輩學人之可慕，殆如是哉！

榷而論之，先生之論諸子"名學"，尤足重視，而其大要存乎《先秦諸子的"名學"問題》《先秦散文研究》《先秦兩漢訓詁學》焉。若《先秦諸子的"名學"問題》，則先生論諸子名學之體系也。書分八章，逐子而論，凡孔子、墨子、孟子、荀子、老子、莊子、韓非子、尹文子等，皆體其名學之概要而述焉。《先秦散文研究》雖以先秦散文爲目，而其間廣列諸子訓詁之文而論之；《先秦兩漢訓詁學》則於訓詁學之演進及辭書要籍作爲專論。合此二者與《先秦諸子的"名學"問題》，乃成先生以先秦諸子名學爲體，以訓詁研究爲輔翼之先秦名學體系焉。惟此體系，頗受惠於胡適等近代學者之風，而其超邁學科、兼采中西之體悟，則尤可見先生於名學研究之創爲新方，於名學學科之獨具隻眼。

先生曰："正名就是認字，詁訓所以通經。"此正先生名學之要義也。先生以"名學"源出先秦"字學"，即後所謂"訓詁學"者也。而訓詁之術，幾遍見於諸子本文，故"名學"非名家所專，而爲諸子百家所共有，即秦漢明清之小學、漢學，亦靡所不至矣。較諸同時學者，先生之論諸子名學也，其理論架構、研究對象與夫研治之方，皆純然中國而不外騖。入其名學體系，則外此學科之知識雖夥，而皆爲名實關係之旁證，可爲諸科之比，不可爲名學之本矣。質而言之，先生以訓詁遍見乎諸子，故以"正名"爲本，以"名實相符"爲要，遂成其網羅百家、囊括諸子之名學體系。以此言之，則諸子之論名學也，皆可自正名訓詁以貫之而得其要焉。於是先秦諸子之名學，遂得一定義，而其要義，亦得以一法貫通焉。夫如是，則諸子之名學雖各異，而其所思所想、高下利弊，遂得有唯一之權衡矣。自兹以往，其治先秦名學者，當不復據一端而斥百家,或僅雜湊諸子以爲説矣。

先生之著《先秦諸子的"名學"問題》,蓋本乎胡適《先秦名學史》。胡適有名學而無名家之論,先生亦承而用之。然胡適之論名學也,實以西學之"邏輯學"爲本,而先生之論名學,則自訓詁而立其大體。其所以然者,一則先生於文字訓詁之學素有專長,又嘗自謂欲以古文字學終其一生,是可見也。二則"邏輯學"本西學之要,於先秦之世,固有扞格。故先生以訓詁而代胡適之"邏輯",誠本於志趣,立乎中國之選也。以此言之,則"中國化"先秦名學完整之思想體系,胥由先生而立也!

予生於浙東,鄉俗祖訓,素所熏習。齒在踰立,有志文史,既冠,乃游心辭林,篤意墳典,雖見嗤乎流麥,恒自樂於翰府。凡經史百家,漢賦晋文,靡所不覽。既而負笈燕趙,忝列魏公門下,凡十有一載,心志益廣,每友古人於千載之上,而頗欲有所作爲也。逮求學武林,轉治宋元文學,並上探隋唐,下窺明清,庶幾可以貫通周漢,接續六朝,不負昔日魏公博通之教也。後求學京師,追蹤胡公適之之業,乃愈肆力於諸子之學,竊欲承接學脉之萬一也。故既寄蹤滬上,即創建先秦諸子研究中心,創辦《諸子學刊》,用弘師業;毅然啓動《子藏》編纂工程,蒐天下之遺籍,極百家之大觀,以霑溉子學,貽功來兹。又仰觀俯察,駕而上之,改操觚者之故步,發"新子學"之雄唱,祈乎風雲回薄,揮斥八極云爾。

昔班固作《志》,子分十家,區而別之,各不相屬。然胡適先生作《諸子不出王官論》,以爲"古無九流之目,《藝文志》强爲之分别,其説多支離無據","其最謬者,莫如論名家。古無名家之名也,凡一家之學,無不有其爲學之方術,此方術即是其'邏輯'。是以老子有無名之説,孔子有正名之論,墨子有三表之法,别墨有《墨辯》之書,荀子有《正名》之篇,公孫龍有名實之論,尹文子有刑名之論,莊周有《齊物》之篇,皆其'名學'也。古無有'名學'之家,故'名家'不成爲一家之言。惠施、公孫龍,墨者也。觀《列子·仲尼》篇所稱公孫龍之説七事,《莊子·天下》篇所稱二十一事,及今所傳《公孫龍子》書中《堅白》《通變》《名實》諸篇,無一不嘗見於《墨辯》,皆其證也"。業師魏公,亦以諸子百家兼而治之、通而論之,如其謂韓非之學,其淵源甚廣,非一家所能盡論之也。韓非之學固有儒、法之淵源,而道、墨之説,亦皆有之。若老子之論天道、仁義無用,若墨子之名理、"非命",韓非皆取而用之,且多所更張。又其雖從學荀卿,而僅取其"性惡""積習"之説,不從其"隆禮""儒效"之論(見《韓非的〈韓非子〉》)。胡、魏二先生,皆匯通諸子,以求其實,固吾"新子學"之所取法焉。

且胡適先生之著《中國哲學史大綱》也,黜置經學,一以諸子爲本,亦不以儒學獨尊,而倡乎諸子多元,百家平等,故其所論列,先老子而後仲尼焉。於是班《志》以諸子爲"六經之支與流裔"之説,《四庫》以"自六經以外立説者皆子書"之論,遂爲學界所質疑,而子學遂爾大張其勢於天下矣。業師魏公,亦早祛經子之藩籬,"詩説《三百》尊毛鄭,文重先秦愛老莊"(《暑期古代文學講習會開課志喜》)。故著《〈論〉〈孟〉研究》,以孔孟與諸子齊觀。又著《先秦諸子的"名學"問題》,以爲儒、道、名、法,"並無二致"。故其論先秦名學,厥爲諸子所共成,而其源流演進之際,諸子之同亦大於異也。先生所論諸子之學,尤能無所偏主而存其多元,所重亦不在乎諸家名學之異同,而以諸子學理之交互融通爲要,巍乎大矣。予之倡爲“新子學”者,亦主乎“離經還子”,欲以無所偏主而存其多元焉。

“新子學”發端於《“新子學”構想》,藉《光明日報》“國學”版之力,於二〇一二年十月二十二日問世。自是而有《再論》《三論》《四論》《五論》之作,學界爲之聳動。九載以來,上海、厦門、蘭州、臺北與韓國,相繼舉“新子學”國際學術研討會,迄已九届矣。而相關論文,亦逾三百,其作者遍及中國大陸及港臺,與夫東南亞、歐美之域。與乎此者,學者無論其本業爲經史子集,抑或儒道名法,皆深入其中;治新聞傳播之學者,且攘臂其間;即經商之士,亦有做“儒商”而倡“子商”者,以爲儒家以商業爲末道,而諸子如管仲,則每有足以濟商道之説者。若夫中學教育,亦屢以“新子學”爲要點而時習之,遍乎中土;甚而國家高考命題,亦有“新子學”之目焉。其勢至此,殆沛然莫之能禦也矣!

夫“新子學”者,非惟紹續胡、魏二先生之所述,若諸子平等、老在孔先等要論而已,更欲履二先生之所以述,欲以“新子學”研治之方,謀文化重建之道也。故以一時新説視“新子學”者,皆未得其要義焉。吾儕所倡,固治學之方法,亦文化之立場焉。胡適先生自信爲治中國哲學之開山,所著《中國哲學史大綱》,誠乃現代學術之典範。而《諸子不出王官論》《説儒》諸文,尤足掃清窠臼,肇開新局,是乃開源,非“預流”之可比也。胡適先生於此,尤深具自覺,故自謂此數文足以轉移中國學術之故轍,而入乎新塗焉(唐德剛譯注《胡適口述自傳》)。今“新子學”亦秉承此道,故尤具學術創新與思想變革之意義(陳鼓應先生語)。兹可得而述焉。

以治學之方言之,《漢志》“經尊子卑”與夫理學“道統異端”之思,於諸子之學尤多遮蔽。今“新子學”力闢之,亦欲以還諸子之本真,彰子學之價值焉。我中華文化,誠以先秦諸子之學最具創發之義。諸子取王官之學,觀先秦之世,溯之於乾坤宇宙之上,行之於社會常行之間,體之於身心性命之内,發之於言語文辭之表,立爲宗旨,以覺斯民。於以垂型萬世,遂成我華夏文明之基焉。乃劉漢罷黜百家,獨尊經術,趙宋理學大興,力排“異端”,於是學術籠罩於經學,治道咸繫於“道統”,二千年間之學術,皆以此二者爲權衡,而子學之光,遂見式微矣。今以“新子學”觀之,秦漢以降,賢士大夫或承子學之緒餘,或申子學之要義,或行子學之運用,緜緜繩繩,相承不絶。於以觀我華夏學術,雖曰一統,實則多元,有似黃河長江,支流漫延;老莊非止乎隱逸,亦南面之術,爲歷代君王所寶;墨、法、名、雜、兵、陰陽諸家,一皆關乎世道之隆替、生民之福祉,代有傳續。持子學務實、多元、平等、開放之立場,以其無所依傍、兼容並包、與時俱進之態勢,演爲詮解舊子、融納經史以成“新子學”治學之方,重審二千年之學術,則經學不足限,“道統”不足拘,百家爲振於千古,學史爲新於將來矣。二〇一九年,予獲批國家社科基金重大項目《中國諸子學通史》,即欲以“新子學”統而攝之,撰爲學術史新著,以承胡適先生“重寫中國文化史、宗教史和思想史”之志業,而成就文化理念、思想立場之新貌焉。

以文化立場言之,方今之世,古今之轉化,中西之會通,已爲學林之共識,然輾轉焦灼,莫所適從。今之倡爲“新子學”也,亦欲以承國學之主脉,合時代之風雲,發諸子之哲思,開將來之慧命,而彼此是非之争,二元對立之説,在所當棄。觀之以子學之道,自能得其環中,以應無窮,於是古今不二,中西非對,皆爲至道之妙運,是即"新子學"之體系也。自"新子學"觀之,我華夏文明以子學爲基,故能籠絡三教、包羅百家;於異端歧説,未嘗輕詆以排之,而皆参取其可者,援爲已用,以他山之石,攻我之寶玉,於是多元並存,盈科而進,垂數千年而莫之能禦焉。故"新子學"者,尤重儒、道、墨、法諸子之學,引之以西學之石,試之以時代之錯,切之磋之,琢之磨之,以成當世之寶玉,開來日之新學。子雖舊學,其命惟新,當如是哉! 當如是哉!

今我廣開國門,國力日昌,而全球競爭之勢,亦愈演愈烈。昔之子學,自當根乎斯世,以作爲"新子學"也。今欲作爲"新子學"者,必棄其古今中西二元對立之思,而以我中華傳統之子學爲本,立足當世,以迎西學,取其精而去其麤,棄其迹而存其理焉。欲爲"新子學"者,必超乎舊之"經學時代",不可屈從於威權,不可拘拘於陳迹,唯當以"子學精神"爲法,無所依傍,敢創新説,多元並存,以務於治,則庶幾得古今賡續之迹,見將來之微幾也。

諸子之世,固禮崩樂壞,而晚清變局,更勝於斯。予觀夫數千年世界,其文化之演變,譬如大陸板塊之漂移也。其先則各自爲政,自有其生住異滅之迹;及其相接相撞,大侵於小,强凌於弱,於是火山發焉、海嘯作焉,雖弱小不勝大者,而其間鬥争之勢尤巨也;既而相連相接,而其矛盾衝突,發展演變,已成一體之態,非復孤立矣。百年以降,中西文化之勢,何異於是? 其初則西强中弱,故西學之侵中國也,其震撼波折之巨,不待言矣。而我中國人民,值此異質之文化,亦無所適從,唯懵焉以隨時勢而已。今我國家昌明,民智大開,而我中華文明之所嚮,自當重爲釐定焉!"新子學"之深意,正爲此而發,欲以尋我華夏文化之所當行者也。故以"追溯元典,重構典範,喚醒價值"爲實踐之方、創新之法,使我中華文化突破舊日之格局,開創將來之新篇,以屹立於現代世界。世運轉移之際,其文化大局之趣嚮,固當世學林之時代課題。昔胡適之倡爲"新文化",即其"再造文明"之精神所在也。今吾儕倡爲"新子學",亦欲以紹胡、魏二先生之精神,於民族化、中國化思想體系之建立,與夫中華文化之前路,作爲嘗試。即不能至,而此心嚮往之意、獻愚之誠,亦庶幾大白於天地,昭彰於世人矣。唯祈百家衆派,勿以門户爲見,捐棄前嫌,共創偉業,以勠力於我中華文化之新局焉!

質而言之,方今之世,可謂"大時代"矣。而勇於任事,長於智慧,固學者不可推辭之重責也。吾輩黽勉以爲,上承胡公適之之精神,中繼魏公際昌之理路,以承諸子之舊學,開來日之新篇。則胡、魏以降之"新子學"學統之脉,庶幾見用於當世,彰明於後來也矣。

四

先生一生向學,而命途多舛;著作等身,而散佚孔多。昔承歡祖父膝下而學聲律,積所作詩詞數百,訂爲一册以自珍,乃亡佚久矣。求學北大之日,又嘗勠力三載以撰爲《説文解字彙釋》,而"文化大革命"被抄,至今不可得其下落。其間所著《袁中郎評傳》,蓋亦非今《袁中郎先生詩文論輯》也。執教西北,所著《隨園先生年譜》《蘇聯文學講稿》《現代中國名著選讀講稿》

《中國新文學史講稿》，則片言無存矣。又先生好吟咏以言志，而"文化大革命"前後十有餘年，今亦不見有詩作存世。蓋下筆謹慎若寒蟬，放言之未敢，或有揮涕之咏，亦不可不付之爐灶者，懼懼不意之殃也。嗟夫！

時維一九七六年，先生年屆六十有九，忽聞"王張江姚"爲滅，禁網隨亦鬆弛，乃得稍理舊作。翌年中秋，先生嘗致函親戚，謂其病體稍康，每於療養之暇，整理七十以前之舊作，"如《桐城古文學派小史》（北大研究院論文），《李白評傳》（河大專題講義），《唐六如的生平》（東大校刊特輯），《先秦法家思想管窺》（西大學術講演），《中國人道主義人性論代表作選論》（廣東師院課藝），《兩漢訓詁學初編》（廣東師院講義），學習毛主席著作心得體會'成語典故考釋''古爲今用範例''偉大的文風'等等，都凡五六十萬言，非謂有何藏傳之價值，且當它古稀知謬之總結吧。另有《回憶錄》活頁數百，才寫到'九一八'事變以前，亦屬此類"。此先生知來日之無多，欲以手澤傳之後世之始也。然此所論列，今亦有不可得見者矣。

一九八六年，先生董理詩作，彙爲《紫庵詩草》，翌年復成《紫庵詩草續編》。後嘗與香港金陵書社簽訂合約，欲以自費出版，不知何故未果。同年，復選取部分論著，送交中州古籍出版社，而終未見付梓。一九九三年，先生託昔之本科弟子楊國久爲選編文稿，定名《魏際昌詩文選集》，凡五十萬言，釐爲九類，一曰"毛著古籍語文彙釋"，二曰"先秦諸子"，三曰"嬴秦以來文字考釋"，四曰"古代辭書"，五曰"辭賦"，六曰"紀傳"，七曰"詩詞曲"，八曰"明清文學"，九曰"現代文學"，以付於河北大學出版社。然累年無果，先生憤而於一九九五年上書該校領導云："昌之詩文選集，已按學校規定程序，提請准予出版，其事業經二年，迄無下文，俟河之清，人壽幾何？念我行年已八十八歲，值此反法西斯戰爭勝利五十周年之際，亦擬有所表示，所以舊事重提，希望校領導予以成全，不勝迫切待命之至。"雖其情切如此，而終不果成。

先生一生不幸，而晚景尤爲淒涼寂寞。一九九三年，夫人于先生致函昔日同窗，自謂回首六十餘年來，恨多於悔，總之爲悔恨交加。建國四十四年，而大好年華，皆葬送於養豬、種菜、養雞等雜役，虛度廿二載光陰。今生活自理已感困難，擬尋養老院或老人公寓以度晚年矣。（分見是年六月三十日、十二月二十日信）其絕望之情，溢於言表。甚而先生孜孜一生，但求垂文後世，然至晚年，反自謂"老夫耄矣，無能爲也已"（一九九七年致黃中模函，時年九十）。以爲身將就木，文將成灰，故憤而出售古籍、字畫、古董、書稿等，即北大所作筆記三册，亦盡付之回收廢舊之人焉。或止之，則曰："天下之無用者，書而已矣。"

先大父銘公執教私塾，與先生同庚。故予忝列魏門，既執弟子之禮，且懷孫輩之情也。方予之寄蹤於北大也，既已遙祭銘公矣，先生既歿，乃祭告云："維公元一九九九年，歲次己卯，孟夏之月，受業弟子方山子，謹以清酌時羞，致祭於恩師紫庵魏際昌先生之靈曰：嗚呼！先生天縱聰明，四歲始讀四書。一生寄情墳典，唯以篇什自娛。口不絕吟於六藝之文，手不停披於百家之編。設帳授徒，承其指畫，多有法度可觀；以詩會友，多司洛社之盟，每爲者英所敬重。愚忝門下，始覩典型之在眼前；數載之後，乃知學問之有門徑。詎意一旦大雅云亡，幽明永隔，悲曷可言！惑莫予解兮蔽莫予揭，頑莫予破兮錯莫予糾，則予將何所適從？所幸教誨猶響耳際，風範仍在目前。但願悲慟於此時,而報師恩於久遠也。敢獻俚詞,用佐薄奠。靈其有知,唯祈鑒此。哀哉,尚饗!”

予侍先生之日,先生夫婦每曰:“縱觀歷代,凡文人之有德操者,得全身者鮮矣。”予嘗疑之,先生治文,夫人治史,何子孫無一與乎文史者邪?乃今則知之矣!嗟夫!先生夫婦一生治學,年壽皆逾九十,而心迹不得表於後世,必將抱憾於泉下也。又先生師承胡適,尤以師恩爲念。雖當日批胡之風甚囂塵上,學者多翕然從之,先生亦嘗有不得已之言,然先生竊輯其報刊之關乎胡適者,訂爲一册,秘藏於箱篋;及晚年又撰《胡適之先生逸事一束》,於師弟相接之事,皆叙之歷歷,如在目睫,更作詩以結之曰:“鯫生頂禮保定道,無限温情在親仁。”又賦《緬懷導師胡適之先生》詩云:“誰説師道不應尊,立雪程門古有人。況是適之胡夫子,天開雲影見精神。白話文學今勝昔,實驗主義論本根。即知即行生活美,見仁見智各求真。能廣交遊能久敬,循循善誘倍温熏。泰岱巍巍讓丘垤,江河滚滚入海深。道山久歸依臺島,茫茫大陸失親親。日月交輝宇宙裏,心香一瓣賦招魂。”一九九八年先生九十一歲,適值北大百年校慶,先生於珍藏之中,特出先生與胡適先生等人一九三五年之合影以授予,命捐贈母校。凡此之類,皆足見先生之情深也。昔報考胡適先生之研究生者,凡五十餘人焉,入胡適先生之選者僅四人而已。此四人者,侯封祥未曾報到,閭崇璩輟學半途,皆未成學;李栝雖入胡適先生之門,而主於南明史與甲骨文,别有專業指導。予嘗詢諸臺灣學界長輩,胡適先生有研究生在臺灣否?長輩咸謂胡適先生未嘗招研究生於彼處也。故胡適先生之學脉,唯先生獨得其傳焉。蓋先生於此,亦深感學統傳續之重責也。小子荷蒙業師厚恩,故不遑寢處,深懼無以報師恩於萬一。乃竊擬理先生之遺稿,溯胡適之學統,以孚先生之深望焉。

既獻祭文,越數月,予始執教滬上。一日,上海古籍出版社編審熊君來訪,予與之謀劃出版事宜,並示以先生之油印本《先秦散文研究》《〈論〉〈孟〉研究》,熊君頗有促成之美意,予欣欣然有喜色焉。日後,予門下弟子既衆,以爲整理先生手澤之役,可以經之營之矣。二○○五年春四月,予與師弟孫君興民晤於京師,遂以先生書稿付梓事宜商略之,並於二十四日晚,拜見夫人于月萍先生於其孫女家,適當夫人壽登九十之時也。時夫人直卧牀上,幾如槁木,予心悲之,乃曰:“弟子欲董理先生遺文,以爲《紫庵文集》。”並請夫人多作回憶,囑其孫女録音以存,以備日後采擇。夫人曰:“不意弟子尚存此心也!”潸然淚下,孫君數爲之拭而不止也。不數月,而夫人溘然長逝矣。嗚呼哀哉!夫人一生治史,亦可謂勤矣,吾當以其遺著附業師之後也,豈可厚此而薄彼也哉!

自兹以往,而整理先生夫婦遺著之事,遂間次以行。予先囑博士後崔志博、劉思禾等遠赴燕趙,探其家中所藏,並刺取官藏密檔,以爲整理之始。終得先生夫婦手澤而録入者,凡一百三十萬字。二○一五年,有孫廣者來投門下,予視其出身國學院,根柢出乎同輩之上,乃於翌年三月囑其繼任之,率同門而力役焉。於是《紫庵文集》之事,乃入於正軌。初,孫廣年少,唯以前所録入百三十萬言逐一讎校而已,凡一載有奇,而其稿初理矣。予因思先生夫婦之稿絶不止此,乃於二○一七年十二月,復命孫廣等赴北京先生孫女家中,重檢先生遺稿。孫廣因於其家藏叢雜舊稿之中，逐頁檢視，雖片紙單詞，不敢稍忽，以輯其遺。既又從先生孫女赴保定，會崔志博於河北大學，以探遺稿於先生書室。數日，孫廣乃攜一行李箱遺稿以歸滬上，凡重數十斤。既至，孫廣乃入《子藏》編纂室，閉門十餘日以閱讀之，據其内文、紙張等，分門別類，由是合殘爲全，合頁爲篇，合篇爲部，以見其規模，草爲目錄以呈。又據先生檔案、目録、書信等言及論著處，列爲未見之目以呈於予。予因遍託學界師友，復命門人弟子，廣爲搜求，庶幾稍得其梗概焉。後亦陸續有得，而其亡佚者尚夥，則無奈之何矣。孫廣既大致分其類目，爲存先生之手稿，於是攜同門逐頁掃描，以爲整理之資，而原稿則仍存。既，乃交崔志博予以録入，仍交孫廣，攜同門以事校對。略計其數，則已逾五百萬言矣！校對之時，孫廣通讀全稿，乃知前所得百三十萬言多有混雜者，乃重爲釐定體例，予以編次，於是先生著述之宏規可見矣。二〇一九年秋，孫廣乃始交予審理。予因逐字審定，而孫廣爲佐。時門人吳劍修、李小白、劉潔等，亦多有助力。唯孫廣所擬體例，仍多有不當者，予因多與相商，終定今稿之體。翌年仲夏以還，校樣間至自京，予乃屏去雜務，夙興夜寐，以盡力於校讎之役。舉凡標點、字詞、引文、款式等，其訛誤舛亂，在在皆有，雖至細至微，必覆諸原稿，考諸經典，以爲諟正。時日既長，數度病倒。然念恩師之厚德，學統之重任，故唯一意奮進，未敢稍懈。是役也，始於二〇〇五年，迄已十六載矣，後先與役者近五十人焉。今既竣工，合于先生之遺著，得字凡五百三十萬，析爲精裝十六開本十有一册，以授人民出版社，由師弟孫君興民躬任責任編輯，不數月即可發行，亦可以慰魏、于二先生於地下矣！

《文集》之外，河北清苑吳占良君，於先生晚年多所親炙，情尤篤厚，嘗爲先生作《紫庵老人畫傳》，後先生止之而不果。聞予董理先生文集事，欣然相助，爲訪得先生遺著尤夥。予知其嘗爲先生作傳猶有存稿，乃請以舊稿爲本，益以所聞，以爲先生生平之紀。吳君亦慨然允諾，勠力以焉，遂成《魏際昌傳》。予門人李波，長於文獻，予素重之，乃請以先生檔案及《文集》所涉先生生平，撰爲《魏際昌年譜》。李波欣然應之，積數年之功，乃成其稿，而先生之生平井然矣。此二人者，誠先生之功臣，而予之所深感者也。

整理先生之稿，其所以遷延十六年者，以其艱難也。而其尤難者，殆有三焉。一則搜集之難。先生遺稿可輕易得之者，不過《桐城古文學派小史》及其論《楚辭》文等數十萬字而已，其餘均散佚久矣，難於搜求。吾等或求之於家藏，或檢之於網絡，或購之於書肆，或乞之於師友，或訪之於各地圖書館，並推其與先生有關之文獻而遍檢之，如北京大學校史、民國時有關回憶錄等。其間辛苦，非外人所得而知也。二則編次之難。先生遺稿僅有少數油印本可謂成編，大多數均爲零篇碎簡。至少有數千頁手稿，前後無所連屬，極爲零散。即先生成編之著，亦多有體例不合者，如油印本《先秦散文研究》中收入論鄭玄訓詁學之類，尤爲舛亂。吾等整合編次，調整體例，其數殆不下十次。而如個別篇章是否先生遺著，尺牘文章之年代先後等，亦需逐一考訂。三則校對之難。先生遺著，無論手稿、油印、排印，或字迹難辨，或缺損嚴重，而引文有誤、標點混亂，尤與今之出版體例不符，而在訂補之列。於是十六載春秋忽焉而去，而昔日之碩士、博士，今已爲教授、博導矣！

先生魂歸道山之後，予屢於夢中見之。今夏六月七日，又於夢中見先生，乃告以董理文集事宜，先生喜不自勝。今文集將出，想先生於泉下，必當頷首曰："吾道南矣！"然此稿之成，非特先生一人之事也。自吾人觀之，此胡、魏學統賡續不絶之徵，而吾人亦當由以知學統、學脈之所存與其所以廣之者也。自學術觀之，則"新子學"之學統、學脈，亦由以彰其淵源，而播其影響於後世矣。後之學者，豈有不寶之者邪！老子云："死而不亡者壽。"是先生不死矣！

（轉載自人民出版社 2022 年 3 月版《紫庵文集》卷首，文字略有刪節）

從"諸子哲學"到"新子學"的學術傳承與拓進

——論胡適、魏際昌、方勇的"諸子學"一脉承續與發展

郝　雨

内容提要　"諸子學"是我國傳統文化的核心、根本與源頭。而且有史以來,諸子之"學",作爲我們中華民族對於傳統文化的傳承、研究與發展之學,又有着同諸子時代一樣繁榮的百家爭鳴的成果和局面。胡適及其弟子魏際昌以及魏際昌弟子方勇等,可以説是非常獨特的一條支脉。這一支脉首先由胡適從其"整理國故"思想主導下的"諸子哲學"開啓,到其弟子魏際昌在中國當代語境系統下作了深入的諸子解讀和學理闡發,尤其是到21世紀,胡氏之第三代傳人魏際昌弟子方勇提出"新子學",使得整個諸子學得到了里程碑式的升華。於此形成非常清晰的一條文脉,而且又呈現出三代賡升的發展走勢。

關鍵詞　胡適　諸子哲學　魏際昌　諸子學深化　方勇　新子學

中圖分類號　B2

毫無疑問,"諸子之學"是我國傳統文化的核心、根本與源頭。而且有史以來,諸子之"學",作爲我們中華民族對於傳統文化的傳承、研究與發展之學,又有着同諸子時代一樣繁榮的百家爭鳴的成果和局面。也就是説,春秋時期的諸子百家開創了中華民族萬世流傳的文化智慧和精神之源,而此後的文化傳承賡續的"諸子之學",則通過一代又一代的承繼發展形成了源源不斷的文化長河。同時,由於百家爭鳴格局注定了最初的民族文化的結構形態,所以,歷來的諸子之學,也就如同"茫茫九派流中國",出現了難於計數的學派和支脉。竊以爲,胡適及其弟子魏際昌先生以及魏際昌先生的弟子,如方勇等,就可以説是非常獨特的一條支脉。這一支脉首先由胡適先生從其"整理國故"思想主導下的"諸子哲學"開啓,到其弟子魏際昌先生在中國當代語境系統下作了深入的諸子解讀和學理闡發,尤其是到21世紀,胡氏之第三代傳人魏際昌弟子方勇教授提出"新子學"——使得整個諸子學得到了里程碑式的升華。於此形成非常清晰的一條文脉,而且又呈現出三代賡升的發展走勢。對此,筆者從以下幾個方面來加以論述。

一、新思潮下胡適“諸子哲學”研究與體系建構

在此,首先必須説明一下,關於胡適在新文化運動中的主張和真實意義,學界的評價一直是有所偏頗的。這主要表現在胡適對待傳統文化的態度上,被久爲指責的,就是他的“全盤西化”論。但是,如果聯繫他前前後後的整體思想體系,這個“全盤西化”的概念,完全不是字面意思所表達的狹義所指。1935 年,他撰寫《充分世界化與全盤西化》(《大公報·星期論文》1935 年 6 月 23 日),談到他在 1929 年《中國今日的文化衝突》中,引起巨大争議的“全盤西化”一詞的使用,説主要針對的是“選擇折衷”的論調,他認爲這一論調的本質是“一種變相的保守論”,“所以我主張完全的西化,一心一意的走向世界化的路”。而對於由此引起的争議,他改稱“充分世界化”,也就是吳景超所同意的胡適在英文中使用的 Wholehearted modernization,即譯作一心一意的現代化,或全力的現代化,或充分的現代化①。而胡適也强調的是,“文化只是人民生活的方式”;作爲生活方式,也不可能真正“全盤西化”。因此,胡適對於“全盤西化”的概念使用,其實在很大程度上只是一種代用,並不是完全如字面上的“全盤”——無所不包的完全“西化”。

再聯繫胡適 1919 年發表的《新思潮的意義》,其中特別加了一個副標題爲“研究問題 輸入學理 整理國故 再造文明”②。其實這也是當時及其後我們的文化界對胡適長期詬病的重要原因。這裏的説法,按照胡適的本意,研究問題、輸入學理是手段,並通過整理國故(即梳理、研究、評判舊有的學術思想),達到再造文明的目標。顯而易見,胡適並不是要抛開或否定中國固有文化、全面移植西方文化,而是要研究傳統文化、吸收西方文化,以創造新的文化。没有“整理國故”,没有對傳統文化的研究,就不能“再造文明”。重新研究、重新評估,並不是簡單地一股腦否定。許多人不理解胡適爲什麼在提倡新文化、推動新文化運動時,突然提出“整理國故”——在胡適看來,没有對舊文化的研究整理,就不可能創造新文化。而且,他把“整理國故”分爲四步,第一步“是有條理的整理”,用歷史的眼光,研究學術、思想的前因後果;第二“是要尋出每種學術思想怎樣發生,發生之後有什麼影響效果”;第三步“是要用科學的方法,作精確的考證,把古人的意義弄得明白清楚”;第四步“是綜合前三步的研究,各家都還它一個本來真面目,各家都還他一個真價值”。“這才叫做‘整理國故’。”可見,這是一項重大的學術工程,要用理性的眼光、用學術方法來進行研究。也可見,整理國故,原本是對舊的思想學術的整理和研究。尤其是在當時,反傳統成爲激烈主張,“國故”幾乎被一股腦否定。他認爲是要理性對待和慎重處理的。新文化運動“再造文明”,“整理國故”就應該和“輸入學理”同等重

---

① 姚鵬、范橋編《胡適散文》(第二集),中國廣播電視出版社 1992 年版,第 314 頁。

② 姚鵬、范橋編《胡適散文》(第一集),第 250 頁。

要。而他之所以提出所謂"多研究些問題",其實也是强調要"整理國故",只是他對當時中國革命的必然性,尤其是解決當時民族危亡的最迫切的革命道路的選擇,根本上缺乏認識,所以他的少談"主義",這樣的主張在當時的確是不合時宜的,當然關於"問題與主義"之爭,早已是非分明。今在此無須多論。

　　那麼,客觀地説,就胡適本人來説,既然重視"整理國故",當然就要身體力行。所以,他對於傳統文化(國故)研究和賡續的最重要成果就應該説是《中國哲學史大綱》。於今來看,胡適本人最終出版的《中國哲學史大綱》,無論何故只完成了諸子百家,可以實事求是地説,這個稱爲《中國哲學史大綱》的"哲學史",完全就是一部"諸子哲學史"。因爲全書内容只有完整的諸子哲學。所以,從這一點來説,胡適對於傳統文化(國故)的真正理解和把握,最透徹深刻的,就是諸子之學。至於胡適爲什麼沒有把《中國哲學史大綱》繼續寫下去,當然有很多理由,但是,以筆者愚見,我國傳統文化的真正哲學,自"諸子百家"之後,一直到胡適時期的中國哲學史階段,都基本上難於逾越,難有建樹。甚至可以誇大一點説:諸子之後,中國哲學史上無哲學——基本上沒有完全獨樹一幟的自成體系的哲學原創和新學派發展。而胡適的諸子之學,也就以其《中國哲學史大綱》爲標志,甚至可以説是我國新文化運動時期的諸子研究的最高成果。對此説法,可以蔡元培的評價爲證:

　　　　我們今日要編中國古代哲學史,有兩層難處。第一是材料問題:周秦的書,真的同僞的混在一處。就是真的,其中錯簡錯字又是很多。若沒有做過清朝人叫做"漢學"的一步工夫,所搜的材料必多錯誤。第二是形式問題:中國古代學術從沒有編成系統的紀載。《莊子》的《天下》篇,《漢書藝文志》的《六藝略》、《諸子略》,均是平行的紀述。我們要編成系統,古人的著作沒有可依傍的,不能不依傍西洋人的哲學史。所以非研究過西洋哲學史的人,不能構成適當的形式。

　　　　現在治過"漢學"的人雖還不少,但總是沒有治過西洋哲學史的。留學西洋的學生,治哲學的,本沒有幾人。這幾人中,能兼治"漢學"的,更少了。適之先生生於世傳"漢學"的績溪胡氏,稟有"漢學"的遺傳性;雖自幼進新式的學校,還能自修"漢學",至今不輟;又在美國留學的時候兼治文學哲學,於西洋哲學史是很有心得的。所以編中國古代哲學史的難處,一到先生手裏,就比較的容易多了。①

　　胡適不負所望,以其獨具的優勢,確實應該説是達到了當時諸子之學研究的制高點。當然,百餘年來,《中國哲學史大綱》雖多有好評,自然也少不了批評之聲。本文不可能對此書進行全面客觀的分析。可以肯定的是,胡適的諸子學研究,在新文化運動期間完全無愧是自成一家的。除此之外,胡適的一些不同角度和視野的專門的諸子百家研究,也有頗多成果,觀點

---

① 胡適《中國哲學史大綱》,東方出版社 2003 年版,第 1 頁。

獨特。如關於《墨子》,胡適認爲"墨子"是"科學的和邏輯的墨家","是以同異原則爲基礎的一種高度發達的和科學的方法的創始人","是偉大的科學家、邏輯學家和哲學家","作爲科學研究和邏輯探討的學派","是發展歸納和演繹方法的科學邏輯的唯一的中國思想學派","在整個中國思想史上,爲中國貢獻了邏輯方法的最系統的發達學説"。"《墨辯》乃是中國古代名學最重要的書。""墨家的名學在世界的名學史上,應該占一個重要的位置。"胡適還評論説:"這四篇著作(指狹義《墨經》)成爲一組,裏面有邏輯學、心理學、經濟學以及政治學和語法規則、數學、力學、光學等方面的理論。""這四篇著作是現在僅存的古代中國科學成就的證據。""它們完全没有超自然的、甚至迷信的色彩。""毫無疑問,這些作品是一個科學時代的産物",是"真正有價值的唯一著作"。

但是,長時期以來,胡適更受關注的是他對於白話文的倡導,尤其是其"全盤西化"的主張。至於其"問題與主義"的觀點,則一直被視爲歷史選擇錯誤的理論。而其在傳統文化領域尤其是諸子學系統研究方面的貢獻,却有意無意被掩蓋或忽略。其實這不僅不利於全面認識胡適,而且對諸子學研究來説,忽略胡適就缺少了一個重要的歷史高點。而這樣的一種忽略,最根本的就是對於其"十六字主張"的誤解。所謂"研究問題,輸入學理,整理國故,再造文明",這顯然在整體結構上看來,應該是一個不可分割的體系。而在程序上,首先是要立足時代的現實,"研究問題","輸入學理"和"整理國故"是並列關係。"再造文明"是目標。那麽,在這樣一個宏大的系統中,"輸入學理"和"整理國故"作爲並重的戰略手段和根本策略,應該是缺一不可,"整理國故"的主張也就不可忽略。

那麽,這裏緊接着就需要回答一個問題,什麽是"國故"? 又如何"整理國故"? 其實,只要看他的《胡適文存》,就可以發現有很多文章是討論這兩個問題的。如《整理國故與"打鬼"》《孔教問題》《新思潮的意義》《介紹我自己的思想》,以及一連四論"問題與主義"等。而且胡適對於國故具體內涵的理解,基本上都是圍繞諸子百家之學。甚至在西方文化的環境和氛圍中,他也滿腦子諸子之學。他有一篇隨感録,《壁上格言》,全文如下:

余壁有格言云:

"If you can't say it out loudly, keep your mouth shut."(如果不敢高聲言之,則不如閉口勿言也。)

此不知何人之言,予於書肆中見此帖,有所感觸,攜歸,懸壁上,二年餘矣。此與孔子"知之爲知之,不知爲不知,是知也"同意。不敢高聲言之者,以其無真知灼見也。余年來演説論學,都奉此言爲臬,雖有時或不能做到,然終未敢妄言無當,尤不敢大言不慚,則此一語之效也。[1]

---

[1] 姚鵬、范橋編《胡適散文》(第三集),第 25 頁。

其實,從這句英語格言的原意來看:“如果不敢高聲言之,則不如閉口勿言也。”原本應該指的是“有理就大聲説出來,否則不如不説”,與孔子“知之爲知之,不知爲不知,是知也”並不能説是同意。但是,他不僅一看到這句格言就想到了孔子的説法,而且一直堅定不移地認爲這二者就是同意。可見諸子思想在他腦子裏扎根之深。從理論上説,一個人對於一種學説的態度和研究貢獻,不能只是從他的一兩部著作和個別文章來判定,而是要分析這樣的作品在其整個學術思想結構中的比重和其内心及精神世界中的重要程度。從這樣的層面和角度考量,胡適的傳統文化意識,尤其是諸子之學的精神是刻骨銘心,深入骨髓的。

所以,胡適先生晚年的摯友唐德剛在《胡適雜憶》中這樣評價:“胡適之是個背負着一個孔孟人本主義大包袱的、天生的、入世的實驗主義者。”而且,“晚年的‘胡適’只是一種宗教哲學合二爲一的最古老的中國傳統思想,甚至也可説是孔孟之精義。像漢代古文學家一樣,他把兩千年來的儒術,剥繭抽絲,滌盡粉飾,找出個儒家的原來面目,這個具體而微的面目正是胡適之自己”。所以,整體的胡適,只是“三分洋貨,七分傳統”①。

正因爲如此,胡適的國故的内涵基本上是以諸子百家之學爲核心的,而其對於整個傳統文化的研究,也就是以一部《中國哲學史大綱》爲代表,也正是以這部《中國哲學史大綱》爲標志,胡適在諸子學研究方面,可以説是自成一家,並在諸子學史上開啓了一支文脉,傳承賡升。

二、魏際昌諸子學研究的傳承與突破

前一節的論述,主要是力圖在中西文化的天平上,找到胡適處在中西兩端的側重點,從而認識胡適對傳統文化核心的諸子之學是何態度,有何研究貢獻。由於當時國内文化的大環境和精神氛圍,胡適一手擎“文學革命”旗號,又一手執“全盤西化”將符。自然會很容易被誤認爲是反傳統先鋒。通過以上分析,可見其只是“三分洋貨,七分傳統”。正因爲這樣的定位,我們才能真正認識到胡適在那個時代對於傳統文化最真實的情感和立場,也就更能夠準確判斷其《中國哲學史大綱》,在他整個的學術理論體系總構成中的地位,以及他在諸子哲學研究中的重要成果和巨大貢獻。而且他也由此開啓了一條獨特的學術文脉。

而這條文脉的第二個連結點就是魏際昌先生。如果説,胡適的時代是中西文化風雲激蕩,前景變幻的時代,能夠把諸子之學形成體系,開風氣之先,當然功不可没。而到魏際昌所處的時代,雖然也經歷過顛沛流離,也遭遇過社會動盪,但是,作爲北大學子,作爲胡適門生,在職業定位和學術發展上,已基本上可以定型。所以,魏先生一生從事中國古代文學和文化研究,無疑對胡適多有傳承。

魏先生1929年考取吉林大學中文系,“九·一八”事變後考入北京大學研究院中文系,受

---

① 唐德剛《胡適雜憶》,廣西師範大學出版社2005年版,第51頁。

業於胡適先生。抗戰後任東北大學中文系教授、西北大學中文系教授、河北大學中文系教授等。1930 年代初魏先生師從胡適,自然對胡適的諸子學研究深有心得。1929 年以後正是胡適的"全盤西化"飽受争議的時期,而也正是在這個時間段,胡適於 1935 年前後不斷發表文章解釋其"全盤西化",一再强調其本質是"一種變相的保守論",以及此前的"研究問題,輸入學理,整理國故,再造文明",這些真實的胡適原意,自然一定會深刻影響魏際昌先生。尤其是胡適系統全面的諸子學研究——《中國哲學史大綱》等。從最近由其弟子方勇教授等整理的《紫庵文集》,可以充分説明魏際昌先生對於胡適的諸子研究的師承關係。

關於二者的師承,方勇教授作了這樣的描述:

> 胡適之治諸子也,開現代諸子學之端,其要則謂經學不尊於子學,諸子不出於王官,儒學亦不重於百家,九流之學,皆當平等。若其研治之術,則見之於其修中國哲學史之事矣。而先生(即魏際昌)之治子學,則賡續胡適之途轍而演進之,尤足爲辨章學術、考鏡源流之儀型也。質而言之,則現代學科體系漸趨完備,先生之子學,即處中文系而緣先秦兩漢散文史、訓故史之方以成,其所撰三著,皆爲現代學科深化之迹,而有文史匯通之特徵,與夫思想史之意義也。

尤其是魏際昌先生之諸子學研究起步初始,又顯然是在北大求學期間,得益於胡適、周作人等大師的直接指導和影響,《紫庵文集》中收録了魏際昌先生保存收藏的《北大講義三種》,包括《〈詞選〉〈片玉集〉批注/ 俞平伯著》《〈目録學發微〉札記/ 余嘉錫著》《〈殷墟文字研究〉釋解/ 唐蘭著》,三部原著皆爲綫裝本,每頁有魏際昌手批,有解有評,很多頁的頁眉和行間縫隙批得滿篇皆是,密密麻麻,却一字一句都清清楚楚①。而其首頁有魏際昌作"前言",曰:

> 北大,這中國新文化的摇籃地,這中國最古老的高等教育機關,她曾領導過"五四運動",她曾啓蒙過"白話文學"。她有各式各樣的建築物作校舍,北河沿的譯學館(三院),馬神廟的公主府(二院),沙灘的紅樓(一院),松公府的圖書館、新宿舍和地質館,舊是舊得離欄玉砌、紅磚緑瓦,新則新得鋼骨水泥、暖氣水道。也有國内一流的學者作教授——胡適之、錢玄同、劉半農、馬叙倫、劉文典、沈兼士諸先生均在主講。在人事上她有兼容並包的精神,在學術上她有自由研究的風氣,有多少文化先鋒民族鬥士是她孕育出來的呢——北大此刻共有三院十二系,校長爲蔣夢麟先生,教職員約有百人,學生一千三百餘名——報到後,我住在靠着一院的索齋……每天抱着講義和筆記本跟着鐘聲跑來跑去。

---

① 魏際昌《紫庵文集》(第十一册),人民出版社 2022 年版,第 4～468 頁。

以上可見魏際昌自大學時就養成了獨立思考和研究問題的習慣。所以,方勇對其師的諸子研究來龍去脈如此評價道:"先生之作爲諸子專論也,始肇乎求學北大之日,《北强月刊》一九三五年第二卷第三期所刊之《先秦諸子論學拾零》,則今可考見之最早者也。該文之所論列,老子、孔子、子夏、曾子、子思、墨子、莊子、孟子、荀子、韓非子及《呂氏春秋》,於先秦諸子,幾無所不備矣。後更有《〈管子〉和管仲》《談談孔子的思想體系》《孔子的"禮學"》《孔子》《墨翟與〈墨子〉》《孟子》《商鞅〈商君書〉》……等專文分論先秦漢魏六朝諸子。論其成書,則有三焉,一曰《先秦散文研究》,二曰《〈論〉〈孟〉研究》,三曰《先秦諸子的"名學"問題》,則尤爲先生精義之所存焉。"①

及至前文所説"三著"成書,是魏際昌先生諸子研究的"精義之所存",且"皆爲現代學科深化之迹,而有文史匯通之特徵,與夫思想史之意義也"。而依筆者看來,魏際昌先生的諸子研究,最重要的特徵,是在中國當代語境和話語體系之中,對於諸子百家的系統深入的新時代解讀和學理闡發。這也正是其師一代大師胡適在 20 世紀上半葉的時代環境下所無法達到的。因而只能是魏際昌先生在我國改革開放時期的時代性突破。如:從上述三著的成書年代來看,基本都是 1978 年以後撰寫和完成的,那時候魏際昌先生已年過七旬。雖歷經坎坷,却不棄學術,珍藏的許多原版珍本直到 70 歲時招收第一届研究生才得出示於弟子。數十年學術積澱,一發而不可收。所謂:"文變染乎世情,興廢繫乎時序。"②魏際昌的三部諸子學專著,都帶有深深的歷史的和時代的印記。

首先從最簡單的一個層面來説吧。那就是語言表達方式和風格,我一口氣讀下來,居然是從頭到尾的白話口語。這立刻就讓我想起他的親授老師胡適之。這可是真傳啊! 如:

　　研究先秦文學還有一個比較重要的問題應該注意,那就是古代典籍的名稱、篇章、字體、解釋,所謂版本、目録、校勘、訓話之學者是。因爲,在中國歷史上,孔子雖然是第一個"六藝"之書的整理者,和諸子文章的不斷出籠,可是由於秦始皇的一把火,及其坑殺讀書人的毀滅政策,幾乎讓舊存的"簡册"蕩然失傳了。漢興以後,儘管武帝劉徹根據董仲舒的建議,罷黜百家,獨尊儒術,却也很難説是原來的樣法了,何况這裏還有一個篆隸上的文字變易,百家之説又遭到了歧視呢? 現在讓我們先從古書的形象説起:
　　我國最早的書籍是用竹片、木板做的。一根竹片叫做"簡",把許多"簡"編到一起叫做"策",編"簡"成"策"的繩子叫做"編","策"也作"册"。《説文》册,象其剖一長一短中有三編之形。一根"簡"容不下許多字,許多簡編成册才能寫比較長的文章。一塊木板叫做"版",寫了字的唤作"牘",一尺見方的牘,叫做"方"。《禮記》上説,百

① 方勇《紫庵文集·序一》,魏際昌《紫庵文集》(第一册),第 19 頁。

② 方勇《紫庵文集·序一》。

名以上書於"簡",不及百名書於"方",這也是告訴我們,短文章是寫在版牘上的,長文章就要使用簡策了。兩漢之際,"簡""策"雖然未變,字形却有今古之分了,所以,我們跟著就要弄明白"今文學派"和"古文學派"的問題,因爲,流傳到今天的"六藝""諸子",絕大部分是經過漢人的編輯注釋的。①

讀起來是不是似曾相識啊? 至於在内容上,所著《〈論〉〈孟〉研究》一書,開宗明義地説:

> 歷來研究先秦散文的人,對於《論語》《孟子》這兩部書,很少給予足够的重視,大都認爲它們在内容上,作爲探索古代哲學或是教育的素材是可以的、必不可少的,至於形式方面,則是一些講講説説零零碎碎的不成篇章的東西,只提一句這是"語録"體裁也就行了。我們的看法不是這樣的,因爲,正是由於它們的行文成書比較原始,才反映出了古代散文發生成長的迹象,何况它們的影響極其深遠呢? 内容決定形式,形式表達内容,這兩者不能偏廢,同功一體,由表及裏,由此及彼。

對於《論語》和《孟子》的研究,一開始就從根本上挑戰了有史以來的偏見。首先否定一直認爲兩部經典只是一些講講説説零零碎碎的不成篇章的東西。提出要從歷史唯物主義的角度,客觀認識兩部經典著作的内容和形式方面的特殊形態。書中還進一步追溯形成這種現象的社會根源,歷史發展局限性等:

> 我們應該知道,在東周(公元前七七〇年)以前,是不允許有私家著述的。"作之君,作之師","人王"即是"教主",發布出來的不過是記政令的《周書》、講占卜的《周易》之類,連最爲"先師"的孔子(公元前五五一——前四七九),在教權文權"下移"以後,還只能是"述而不作"地整理整理《詩》《書》,編輯一下"魯史"(即是《春秋》)的,遑論其他。這就牽涉到《論語》本身了。②

應該説,魏際昌先生的諸子研究的新時代突破,是系統性的,成體系的。當然,這種成體系突破,歸根結底也是體現在一個一個的觀點上。而其具體思想觀點的創新,又是與時代精神密切相關的。如:

> 孔子的教學方法也是非同小可的。首先是他的"循循善誘","爲之不厭,誨人不倦",全心全意地爲學生的態度係前所未有的。"二三子以我爲隱乎? (留幾手,不教

---

① 魏際昌《紫庵文集》(第一册),第25頁。
② 同上,第76頁。

給弟子的意思。)吾無隱乎爾,吾無行而不與三三子者,是丘也。"(《述而》)這"二三子"還指的是及門的生徒,就是對於一般人也並不例外:"有鄙夫問於我,空空如也(空無所有,没什麽知識的人)。我叩其兩端而竭焉(想方設法地啓發,有頭有尾地告語,竭盡所知,絶無什麽藏私)。"(語見《子罕》)這豈不是教育家的"忘我"精神嗎?

顯然,用"忘我"精神這樣的現代觀念概括孔子的教學理念和方法,就有了一定的理論提升。在魏際昌先生的諸子研究論著中,類似表述可謂信手拈來。

在此,還要特別强調的一點是,魏際昌先生作爲胡適文脉之三代傳承的中間環節,不僅是在學術體系上具有重要突破,而且更重要的是在治學精神上的師承關係。尤其是魏際昌的諸子研究的系統突破和下一代傳承,並不只是單純在諸子研究方面的學術成果前後相關。這樣的成就的取得,顯然也是基於他對中國傳統文化整體研究和深入研究的基礎上的。筆者的這樣一個判斷,完全是從對剛剛出版的《紫庵文集》全面閱讀考察的過程中得出來的。共十一册的《紫庵文集》,確實是以諸子研究爲突出成果。而在其他的專著當中,對於中華文明的全部文化遺産,魏際昌先生同樣都有比較系統的研究。如《先秦兩漢訓詁學》,包括從甲骨文鐘鼎文中略覘中國最早的文字訓詁,嬴秦以來的文字考釋,以小篆爲主體的所謂"經""傅"——劉漢代興之後的文化宣傳等等。還有他成系列的:論《周易》,《尚書》總論,且説《儀禮》——最早的"禮經",《周禮》——中國最早的"百科全書",《禮記》,甲骨文釋例鐘鼎文研究,以及泛論六書,《爾雅》學等。如果没有如此深厚廣博的學識和學術素養,如何能够在諸子學這樣的中國傳統文化最博大精深的領域獨樹一幟!

由此可見,處於承前啓後環節的魏際昌先生的諸子學研究,極爲獨特的價值在於以下幾點:1. 基於北大學養和胡適親授的學術根基,對中國傳統文化博覽深研,對諸子百家有透徹了悟;2. 後經戰亂及時代風雲變幻,對諸子之學遥相呼應,加入時代元素和理解;3. 新時期集中精力,深耕文本,調動學識累積,别具一格解讀;4. 對學生精心傳授,嚴格傳承,激發創新突破,形成獨特門派。如果説,把胡適稱爲這條學術文脉上的奠基者,魏際昌先生就是下一個高度的鋪路人、領路人。一條文脉能够得於延續,更重要的條件就是一代更比一代强。

三、方勇的"新子學"開拓與學術廣升

進入 21 世紀以來,面對全球化以及新媒體泡沫化傳播對於主流文化的巨大衝擊,積極發掘傳統文化中的元典精神,解决當代文化發展中的矛盾衝突,越來越成爲社會關注的焦點。而"新子學"的現代發現、倡導與構建,無疑是中國文化史上的一件大事。作爲從胡適到魏際昌,再到方勇的第三代傳承,絶不只是一種時間順序上的縱向延續。"新子學"的提出,回應了一個重大的時代命題。因此也大大升華了胡、魏諸子之學的文脉境界。

　　2012 年 10 月,方勇教授在《光明日報》發表《"新子學"構想》,全面論述了對當代諸子學發展的全新觀點。2013 年 9 月,通過《再論"新子學"》集中探討了"子學精神"。此後,又陸續發表《三論"新子學"》《四論"新子學"》《五論"新子學"》,一步步把"新子學"推動到了一個熱點的學術話題。首先他强調,從"新子學"角度觀照傳統文化創新,具有其獨特的可行性與挑戰性,並關聯到當代中國學術發展的一系列重要問題①。於是,十餘年以來,《光明日報》《文匯報》《中國社會科學報》等各大媒體連發專版,連刊數文,大力倡導"新子學"的研究以及"子學精神"的構建,上海等地陸續召開大型學術研討會,"新子學"概念及相關學説得到各路專家充分肯定和積極回應。在此基礎上,《諸子學刊》《探索與争鳴》《河北學刊》《江淮論壇》《中州學刊》等學術雜志也開闢專欄和專刊,發表了許多更加具有學術深度的論文,積極推動新子學的學術進展。這樣的一場頗具聲勢的學術思潮,又在現代媒體的傳播與推波助瀾之下,越來越廣爲人知,越來越發生更大影響。有學者認爲,這將引發 21 世紀中國的新一輪文藝復興。這樣的研究主要認定傳統文化的真正源頭在諸子百家,復興傳統文化應立足百家之學。

　　那麼,"新子學"到底"新"在哪裏? 又到底"學"爲何物? 而且,方勇的這個"新子學"又與魏際昌先生,乃至胡適先生的諸子之學有何關聯呢?

　　首先,方勇先生在《再論"新子學"》中更加詳細地描述了他和他的弟子們的研究規劃。"新子學"工作包括三個部分: 文獻,學術史,思想創造。這是逐步深入的研究步驟,也是學研並進的三個方面。顯然,這裏最終的目標是"思想創造"。2018 年 4 月 7 日,方勇又在《光明日報》發表了《"新子學": 目標、問題與方法》,其中借與陸建華先生討論之機,對"新子學"的概念、範圍、方法、理路等方面的研究,進行了回顧,並對"新子學"的基本問題作了總結,而文章在最後特別談到:"新子學"的倡導,正是基於一種全球化時代的國際視野,"試圖努力尋求中華民族文化發展的大方向"②。

　　於是,"新子學"就這樣直接和胡適的諸子之學發生了內在聯繫。其一,"新子學"研究的三個部分——"文獻,學術史,思想創造",能否讓我們一下子想到胡適的"再造文明"? 其二,"努力尋求中華民族文化發展的大方向"——這就是新子學倡導和創立的魂之所在,而實際上,胡適的"研究問題,輸入學理,整理國故,再造文明",又何嘗不是"努力尋求中華民族文化發展的大方向"呢?

　　誠然,所有思想的高度,理論的推新,都只能建立在學術的嚴謹,研究的勤奮與學問的精進修爲之上。在這方面,方勇對於其師魏際昌先生極爲崇仰,效習甚多。

　　"新子學"的倡導,以及方勇教授多年來的諸子研究,自然承續頗深,然而,對於師承而言,更重要的價值和意義,則是突破與超越。在這一方面,方勇有着明確的方向和目標。他自己就這樣表示:

---

① 方勇《三論"新子學"》,《光明日報》2016 年 3 月 28 日。

② 方勇《"新子學": 目標、問題與方法》,《光明日報》2018 年 4 月 7 日 07 版。

　　夫"新子學"者，非惟紹續胡、魏二先生之所迹，若諸子平等、老在孔先等要論而已，更欲履二先生之所以迹，欲以"新子學"研治之方，謀文化重建之道也。故以一時新説視"新子學"者，皆未得其要義焉。吾所倡，固治學之方法，亦文化之立場焉。胡適先生自信爲治中國哲學之開山，所著《中國哲學史大綱》，誠乃現代學術之典範。而《諸子不出王官論》《説儒》諸文，尤足掃清竇臼，肇開新局，是乃開源，非"預流"之可比也。胡適先生於此，尤深具自覺，故自謂此數文足以轉移中國學術之故轍，而入乎新塗焉（唐德剛譯注《胡適口述自傳》）。今"新子學"亦秉承此道，故尤具學術創新與思想變革之意義（陳鼓應先生語）。兹可得而述焉。

　　尤其是在治學方法上，以及學術觀念和立場上，方勇是在效仿之中，又有獨立的追求和持守：

　　　　以治學之方言之，《漢志》"經尊子卑"與夫理學"道統異端"之思，於諸子之學尤多遮蔽。今"新子學"力開之，亦欲以還諸子之本真，彰子學之價值焉。我中華文化，誠以先秦諸子之學最具創發之義。諸子取王官之學，觀先秦之世，溯之於乾坤宇宙之上，行之於社會常行之間，體之於身心性命之内，發之於言語文辭之表，立爲宗旨，以覺斯民。於以垂型萬世，遂成我華夏文明之基焉。乃劉漢罷黜百家，獨尊經術，趙宋理學大興，力排"異端"，於是學術籠罩於經學，治道咸繫於"道統"，二千年間之學術，皆以此二者爲權衡，而子學之光，遂見式微矣。今以"新子學"觀之，秦漢以降，賢士大夫或承子學之緒餘，或申子學之要義，或行子學之運用，縣縣繩繩，相承不絶。於以觀我華夏學術，雖曰一統，實則多元，有似黄河長江，支流漫延；老莊非止乎隱逸，亦南面之術，爲歷代君王所寶；墨、法、名、雜、兵、陰陽諸家，一皆關乎世道之隆替、生民之福祉，代有傳續。持子學務實、多元、平等、開放之立場，以其無所依傍、兼容並包、與時俱進之態勢，演爲詮解舊子、融納經史以成"新子學"治學之方，重審二千年之學術，則經學不足限，"道統"不足拘，百家爲振於千古，學史爲新於將來矣。二〇一九年，予獲批國家社科基金重大項目《中國諸子學通史》，即欲以"新子學"統而攝之，撰爲學術史新著，以承胡適先生"重寫中國文化史、宗教史和思想史"之志業，而成就文化理念、思想立場之新貌焉。

　　綜上所述，我國的諸子學研究這一傳統文化的重要領域，在新文化運動期間依然有着巨大的生命力。胡適的《中國哲學史大綱》爲標志的新體系，起點已經很高，而且其"研究問題，輸入學理，整理國故，再造文明"的研究基點和目標，也有着極高的境界。至於魏際昌先生，其《先秦散文研究》《〈論〉〈孟〉研究》《先秦諸子的"名學"問題》三著，也代表了諸子研究的一個時代高度。及至方勇，"新子學"的獨樹一幟，筚路藍縷，將三代學人的一條文脉，清晰而完整地呈現在傳統文化的發展史上,其價值將日益彰顯。

〔作者簡介〕 郝雨(1957—),原名郝一民,男,河北昌黎縣人。現爲上海大學新聞傳播學教授、博士生導師,上海大學文化傳播研究中心主任。已出版《中國現代文化的發生與傳播》《當代傳媒與人文精神》《媒介批評與理論原創》《新聞,如何改變世界》《中國媒介批評學》等專著 20 餘部,發表文章數百篇。

整理國故　再造文明：
諸子學研究的四代傳承

——章太炎、胡適、魏際昌、方勇

田樂樂

内容提要　面對西學的衝擊,章太炎賦予"國故"一詞以近代意義,在與西學對話的同時,主張振興中國的傳統學術、文化,其諸子學研究體現了中國傳統學術、文化轉型期的特色。胡適繼承了章太炎的"國故"一詞,主張"整理國故,再造文明",其諸子學研究參與了中國現代學術、文化的建設。魏際昌先生①師從胡適,其諸子學研究參與了中國學術的學科化歷程,又與馬克思主義相融合,爲以"中國化"的方式研究諸子學、整理國故開了先河。方勇先生提出"新子學",將子學在國故、國學中的地位進行了充分提升,對國故、國學進行了重新判定,對於中國傳統學術、文化復興功莫大焉。

關鍵詞　國故　諸子學　新子學

中圖分類號　B2

近代以來,西學東漸,面對西方文明的衝擊,中國傳統文化逐漸進行轉型。從近代到現代再到當代,中國思想文化的主潮幾經變化,因此,中國傳統文化在不同時代潮流中所面對的社會文化環境各不相同,其與時代潮流結合之後所產生的思想成果也各有特色。章太炎身處中國傳統學術、文化向現代轉型的時代,胡適身處中國現代學術、文化建立的時代,魏際昌身處馬克思主義、學科化的時代,方勇身處中國傳統學術、文化復興的時代,這四代學人在諸子學研究方面代代相傳,又各自體現了自己時代的特色。我們今天總結這四代學人諸子學研究的特色與得失,以期獲得對於此後諸子學研究、文化建設的啓示。

---

① 魏際昌、方勇、郝雨都應尊稱爲先生,但是爲了行文簡便,後文省略了先生的稱謂。

一、章太炎的"國故"之學：中國傳統
文化向現代轉型時期的諸子學

關於自己所使用的"國故"一詞的來歷,胡適説道:"'國故'這一詞那時也引起了許多批評和反對,但是我們並没有發明這個名詞。最先使用這一名詞的却是那位有名望的國學大師章炳麟。他寫了一本名著叫《國故論衡》。'故'字的意思可以釋爲'死亡'或'過去'。"①胡適在五四新文化運動時期提出"整理國故,再造文明"的口號並發起整理國故運動,這是中國現代學術、現代文化建立的標志之一②。胡適對"國故"一詞的定義繼承自章太炎,而實際上,"國故"一詞在古代中國的含義與現代並不相同,胡適賦予了"國故"一詞現代含義,章太炎則實現了"國故"一詞含義從傳統向現代的轉化③。在"國故"一詞含義嬗變的過程中,其背後蘊藏着深厚的現實與學術動力,諸子學與"國故"的關係也經歷了位移與浮沉。

"國故"一詞在中國古代典籍中指"國家變故",《禮記·文王世子》説:"凡釋奠者,必有合也。有國故則否。"劉敞解釋"國故"説:"有國故者,謂凶札師旅也。"陳祥道解釋説:"國有大故。"④所以"國故"即國家重大變故。在這一時期,"國故"尚没有成爲一門獨立的學問,故而其與諸子學的關係是諸子學説研究"國家重大變故",而非"國故"包含諸子學。如在此處,儒家在《禮記》中討論了發生"國故"與不發生"國故"時所使用的不同的禮,其他子書中也大量討論了"國故",不再一一列舉。

從清中期至晚清,"國故"指"國家掌故"之學。胡思敬的《國聞備乘》一書,作於清季民初,其中這樣説:"國朝自莊廷鑨、吕留良、戴名世連興大獄,文字之禁極嚴,内外士夫罔敢談國故者。……同時在京好談掌故者有汪舍人穰卿、冒郎中鶴亭,詢其著述,秘不肯示人。"⑤可見,胡思敬等文人學者所説的"談國故"即是"談掌故"。在清季民初的時代,"國故"即"國聞",即"國家掌故""國朝掌故"。内藤湖南指出,"掌故"著述的興起,是清代中期史學的重要變化⑥。劉

---

① 唐德剛譯注《胡適口述自傳》,華東師範大學出版社 1993 年版,第 174～175 頁。
② 陳平原指出,是晚清與五四兩代學人共同建立了中國學術的"新範式",其歷程表現爲"戊戌生根,五四開花"。參見陳平原《中國現代學術之建立:以章太炎、胡適之爲中心》,北京大學出版社 2020 年版,第 5～27 頁。
③ 盧毅認爲,至章太炎出版《國故論衡》一書,"國故"一詞的近代意義才基本顯現。參見盧毅《"國學"、"國故"、"國故學"——試析三詞在清季民初的語義變遷和相互關聯》,《南京社會科學》2005 年第 2 期,第 74 頁。
④ 孫希旦《禮記集解》卷二十,清同治七年孫鏘鳴刻本。
⑤ 胡思敬《國聞備乘》,上海書店出版社 1997 年版,第 1 頁。
⑥ [日]内藤湖南著,馬彪譯《中國史學史》,上海古籍出版社 2008 年版,第 347～350 頁。

國宣認爲,清朝嘉慶、道光以降,不問世事、埋頭考證的考據學的典範逐漸動搖,經世史學逐漸興起,當時的士人感受到王朝的衰落與變化,紛紛著述"掌故"著作,議論、考證國家的典章、人事、風俗,以期取得經世致用的效果①。因此,"國故"之學,從清中期至晚清,是"國家掌故"之學,是經世史學的一個分支,是議論、考證國家典章、人事、風俗的經世之學。因爲社會矛盾逐漸加劇,故而經世致用在清中期以後成爲一股强勁的思潮,它不僅在史學方面表現爲經世史學,也影響了經學、子學的發展。在經學方面,漢宋合流,今文經學興起,這皆是經世致用之學②。同時,"晚清很多學者在追求經世致用的時候,除了關注儒家經典以外,也將先秦諸子學說的研究落在了經世致用的標準上"③。由於同屬於經世致用思潮之中,且"國故"之學逐漸獨立成爲一項專門學問,故而在此時,"國故"學與諸子學呈現出交融的狀態。胡思敬在《國聞備乘》一書中專講清朝掌故,學術掌故也被納入其中,其中"朱陳學派"一條,記述和評論粵中朱次琦、陳澧的學術流傳④。陳澧本人著有《老子注》,其傳人文廷式著有《老子校語》,康有爲從朱次琦學習,研究荀子學⑤,這些學人皆是清代諸子學研究的代表人物。但此一時期"國故"學與諸子學之融合尚不緊密,胡思敬在《國聞備乘》記述"朱陳學派"局限在考證歷史掌故,對諸子學的義理尚缺乏闡釋,直到章太炎出版《國故論衡》,"國故"學與諸子學才緊密地融合在一起。

　　章太炎最著名的"國故"學著作,即《國故論衡》一書。章太炎在《國故論衡》中沒有解釋"國故"一詞的含義,一些研究者也沒有研究清楚章太炎爲何使用"國故"一詞⑥。實際上,這是因爲"國故"一詞在清中期以來有其固定的學術含義,章太炎同時代的文人、學者皆知其含義,章太炎沒有必要進行解釋。《國故論衡》共分爲三部分,分別是"小學""文學""諸子學"⑦,由此可以判斷,章太炎認爲這三者即是"國故"的核心內容。這三個部分之中,章太炎對"小學""文

---

① 劉國宣《言外有世：論嘉道時期掌故著述的叢出現象——對日本內藤湖南學說的一個闡釋》,《清史論叢》2020 年第 1 期。

② 景海峰《清末經學的解體和儒學形態的現代轉換》,《孔子研究》2000 年第 3 期。

③ 劉仲華《清代諸子學研究》,中國人民大學出版社 2004 年版,第 313 頁。

④ 胡思敬《國聞備乘》,第 20 頁。

⑤ 參見張泰《明清民國荀子學史》,華東師範大學博士學位論文,2020 年。

⑥ 盧毅的文章對"國故"一詞含義的變遷梳理得較爲疏略,仍有待辨析,參見盧毅《"國學"、"國故"、"國故學"——試析三詞在清季民初的語義變遷和相互關聯》。王鋭指出,在章太炎 1910 年出版《國故論衡》一書並使用"國故"一詞時,當時的社會文化環境中的一般用語是"國粹",這是受到了日本明治時期"國粹主義"的影響,而章太炎認爲日本的文化只知道模仿他國,沒有自己的獨立性,所以章太炎不使用日本人所定義的"國粹"一詞,轉而使用"國故"這個與"國學""國粹"相近而又具有獨立性的詞。王鋭雖然考察出了章太炎爲何不使用"國學""國粹"兩個詞,但是仍沒有指明章太炎爲何使用"國故"一詞。參見王鋭《〈國故論衡〉何以名"國故"——一個推測性的分析》,《杭州師範大學學報(社會科學版)》2018 年第 2 期。

⑦ 章太炎《國故論衡》,上海古籍出版社 2003 年版。

學”的研究具有經學史、文學史的意義,這兩個部分之中雖然也貫穿了經世致用的精神,但章太炎繼承古文經學家法,其學術史意義畢竟更強。“諸子學”這一部分,才是鮮明繼承了清中期以來的“國故”學、諸子學以學術經世致用的精神。侯外廬認爲章太炎“是中國近代第一位有系統地嘗試研究學術史的學者”①,並將其《國故論衡》中的諸子學研究視爲近代學術史研究之代表②。所以,《國故論衡》“諸子學”部分,梳理了諸子的思想宗旨、歷史源流,首先是具有學術史的意義。並且,正如侯外廬所指出的,章太炎《國故論衡》中的“諸子學”研究,爲近代學者系統研究學術史開闢了道路。其次,章太炎明確指出,他研究諸子學,不僅僅是爲了學術、學術史,更是爲了指導“人事”:“諸子之書,不陳器數,非校官之業有司之守,不可按條牒而知,徒思猶無補益。要以身所涉歷中失利害之端,回顧則是矣。諸少年既不更世變,長老又浮誇少慮,方策雖具,不能與人事比合。夫言兵莫如《孫子》,經國莫如《齊物論》,皆五六千言耳。事未至固無以爲候,雖至非素練其情,涉歷要害者,其效猶未易知也,是以文久而滅,節奏久而絶。”③章太炎認爲諸子學不是空讀書、玄思之學,而是人情、世事的親身經驗之學,最切實際。“言兵莫如《孫子》,經國莫如《齊物論》”,《孫子》是治軍的經驗總結,《齊物論》是治國的經驗總結,最近於人事。章太炎一生的諸子學研究,早期以荀韓之學强國,又受到今文經學的影響,提倡法後王,法素王,作新法,以爲維新變法提供理論支持④。後期闡揚莊子學説,認爲“覽聖知之禍,抗浮雲之情”的莊子著書是因爲“遠覩萬世之後,必有人與人相食者”⑤,章太炎判斷當時受到帝國主義侵略的中國正是如此境遇,故而闡發莊子思想,以抵抗西方文化優於中國文化的殖民話語,“經國莫如《齊物論》”之説正是因此而發。清中期以來,“國故”之學即經世史學,章太炎的諸子學研究兼具學術史與經世致用的精神,是十分符合“國故”學的宗旨的,正是因此,章太炎才可將諸子學納入“國故”之中。

章太炎不僅繼承了清代學術,還做出了符合時代的發展。從學術史來看,章太炎“國故”學的最大創獲,即是他以“國故”概括中國傳統學術、文化,並將諸子學納入“國故”之中,這爲胡適等人在新文化運動中“整理國故”奠定了基礎。上文指出,清中期之前,“國故”之學尚未獨立,“國故”是諸子學討論的對象,清中期之後,“國故”學逐漸獨立,與諸子學發生交融,至章太炎,諸子學始成爲“國故”的一部分,此後胡適“整理國故”便是在此基礎上進行的。之所以會如此,是因爲章太炎改造了“國故”學,這背後具有深厚的學術與現實動力。首先,清中期以來的“國故”(“國家掌故”)之學,其“國家”“國朝”多指清朝,胡思敬的《國聞備乘》即是如此。章太炎作爲革命派,主張排滿反清,光復漢族,受現代民族主義的影響,章太炎的“國家”定義,

---

① 侯外廬《中國近代啓蒙思想史》,人民出版社 1993 年版,第 181 頁。
② 同上,第 181~192 頁。
③ 章太炎《國故論衡》,第 102 頁。
④ 章太炎《訄書》(初刻本),上海人民出版社 2014 年版,第 6~7 頁。
⑤ 章太炎《齊物論釋》,上海人民出版社 2014 年版,第 3 頁。

是從古至今的以華夏族爲主體的中國。其弟子黃侃在《國故論衡讃》中有説明："方今華夏雕瘁，國聞淪失，西來殊學，蕩滅舊貫。"①黃侃此處所使用的"國聞"一詞，與胡思敬的《國聞備乘》中的"國聞"是接近的，但胡思敬以清朝遺老自居，《國聞備乘》中的"國聞"是清朝的"國家掌故"，而黃侃所説的"國聞"，章太炎所説的"國故"，則是"華夏"即"中國"的"國家掌故"。如此一來，以周秦諸子爲主體的諸子學，自然可以被包含在華夏"國故"之中。其次，章太炎身處中西文化交會的時代，其對"國故"的定義也與西方文化有關。關於章太炎發揚"國故"的原因，其弟子黃侃説："方今華夏雕瘁，國聞淪失，西來殊學，蕩滅舊貫。"黃侃認爲在西學的衝擊下，中國傳統學術、文化被蕩滅，而章太炎對中國傳統學術、文化仍保有信心，故而奮起發揚"國故"。正是因爲有了"西學"這樣一個存在，才有了與之相對應的作爲整體的"中學"，章太炎論學時，就是以國與國、中與西爲視野來進行考察："世之言學，有儀刑他國者，有因仍舊貫得之者。"②"今中國之不可委心遠西，猶遠西之不可委心中國也。"③章太炎、黃侃所論述的"國聞""國故"，即是與"西學"相對應的中國傳統學術、文化的總稱。在西學的衝擊下，在民族主義的影響中，章太炎將"國故"的含義改造爲中國傳統學術、文化的總稱，以與西學相抗衡，並振興漢族的自信心，由此完成了"國故"含義從傳統向現代的轉化。也正是在西學的衝擊下，中國傳統學術、文化進行了集合與整合，諸子學由此被正式整合爲近代"國故"研究的一部分，此後新文化運動諸人通過"整理國故"來建設中國現代學術、文化的活動，便是在此處奠基。

二、整理國故，再造文明：建設中國現代文化時期的胡適諸子學

　　"國故"一詞的近代意義是章太炎賦予的，胡適明確指出自己繼承了章太炎"國故"一詞，進而提出"整理國故"的口號。從章太炎到胡適，"國故"一詞的含義也在發生改變，而其中諸子學發揮着很重要的作用。

　　"整理國故"是胡適在《新思潮的意義》一文中提出的，這篇文章發表於《新青年》1919 年第 7 卷第 1 號，主要針對的是當時的社會上所流行的關於"新思潮"的討論。胡適認爲時人對新思潮所做的定義"或太瑣碎，或太籠統"④，都不得他的滿意，所以他要提出自己的定義。值得指出的是，他對陳獨秀所下的新思潮定義也不甚滿意，陳獨秀所下的定義是："要擁護那德先生，便不得不反對孔教、禮法、貞節、舊倫理、舊政治。要擁護那賽先生，便不得不反對舊藝術、

---

① 章太炎《國故論衡》，第 4 頁。

② 同上，第 101 頁。

③ 同上，第 103 頁。

④ 胡適《新思潮的意義》，《胡適文存》（一集），上海科學技術文獻出版社 2015 年版，第 549 頁。

舊宗教。要擁護德先生,又要擁護賽先生,便不得不反對國粹和舊文學。”①陳獨秀認爲新思潮即是“德先生”與“賽先生”,即民主與科學。陳獨秀的這個定義在後來也影響深廣,但是胡適認爲這個定義還是太籠統,於是他給出了自己對“新思潮”所下的定義——“研究問題,輸入學理;整理國故,再造文明”②,這也是一個影響甚巨的定義。“研究問題”,即“討論社會上、政治上、宗教上、文學上種種問題”③,在胡適的年代,這些問題主要包括孔教問題、文學改革問題、禮教問題、女子解放問題、國語統一問題等等,胡適希望可以抱着尼采“重新估定一切價值”④的態度來重新估定中國的舊風俗。“輸入學理”,主要指輸入“西方的精神文明”⑤。需要指出的是,胡適在這裏的態度是十分平實的,他反對盲從學理,反對盲從西方文化,“把一切學理不看作天經地義,但看作研究問題的參考材料”⑥。許多研究者將胡適看作“全盤西化”派的代表,又將新文化運動看作是中斷了中國的傳統文化,這是十分武斷、片面、不負責任的態度。胡適明確指出,他之所以要給“新思潮”判定性質,是因爲中國舊有的許多風俗、道德在當時都受到了質疑,“二十年前,康有爲是洪水猛獸一般的維新黨。現在康有爲變成老古董了。康有爲並不曾變換,估價的人變了,故他的價值也跟着變了”⑦。隨着社會的變遷,許多風俗、道德産生變化,本是十分自然的事情,胡適與新文化運動諸人所做的努力只是研究這些問題,而西方文化,按照胡適指出的,本是一種“參考材料”,重心仍落在中國的問題上。“整理國故”主要針對的是“中國舊有的學術思想”⑧。胡適認爲“古代的學術思想向來沒有條理,沒有頭緒,沒有系統”⑨,所以胡適認爲“整理國故”的目標是使用科學的方法,做精確的考證,進而“各家都還他一個本來真面目,各家都還他一個真價值”⑩。這樣一來,在研究中國問題、輸入西方學理、科學整理國故的基礎上,便可以一點一滴地建設出一個新文明,即“再造文明”。

胡適認爲“國故”即是“中國舊有的學術思想”,這顯然繼承了章太炎的“國故”定義,以“國故”總括中國傳統學術、文化。胡適與章太炎不同的地方在於,章太炎認爲“中國之不可委心遠西,猶遠西之不可委心中國也”,章太炎雖然在自己的研究中吸收了西方文化,但他認爲不可以用西方學術、文化範式來研究中國的學術與文化。而胡適則認爲要在整理中國傳統學術、文化的基礎上,融合中西文化,再造文明。相比章太炎,胡適沒有過分看重中國傳統學術、

---

① 胡適:《新思潮的意義》,第549頁。
② 同上。
③ 同上,第551頁。
④ 同上,第550頁。
⑤ 同上,第552頁。
⑥ 同上,第553頁。
⑦ 同上,第550頁。
⑧ 同上,第554頁。
⑨ 同上,第555頁。
⑩ 同上。

文化,對西方文化也顯得更加親和。並且,胡適的目標明確,他要"再造文明",胡適賦予"國故"學重要使命,那就是參與建設中國現代學術、現代文化。胡適成功了,盧毅指出"'整理國故'運動顯然是一場具有'範式'意義的學術革命……從而在繼晚清學術之後,進一步有力地推動了中國傳統學術的現代轉型"①。

　　許多研究者沒有注意到,胡適發起"整理國故"運動時,導夫先路者是他的諸子學研究。在 1919 年提出"整理國故"口號的同年,胡適的《中國哲學史大綱》出版,其研究對象即是諸子學。《中國哲學史大綱》對諸子學這項"國故"的整理,爲"整理國故"運動作出了表率,是"整理國故"運動所產生的第一個學術典範。余英時這樣評價:《中國哲學史大綱》所提供的並不是個別的觀點而是一整套關於國故整理的信仰、價值和技術系統。換句話説,便是一個全新的'典範'。"②這套典範即是使用西方的哲學史研究方法來研究中國的諸子學,這爲此後的學者使用西方的學術方法來整理中國的"國故"開了先路。胡適之所以會率先整理諸子學,並將諸子學轉化爲"哲學",是因爲他受到了章太炎的影響,並欲與章太炎爭勝。章太炎的《國故論衡》,包含三個部分,"小學""文學""諸子學",章太炎本人是小學大家,而胡適雖好談小學,但並不精通小學③,在這一方面,他無法超越章太炎。在"文學"方面,胡適早已發起白話文運動,批判了章太炎等古典文學作者,此時他已不必過於在意章太炎。只有在諸子學這一方面,胡適尚未取代章太炎的學術地位,胡適撰著《中國哲學史大綱》時,始終視章太炎爲對話的對象與學術的敵手。在《中國哲學史大綱》的附錄裏,胡適闡發了"諸子不出於王官論",他所要批駁的雖是《漢書·藝文志》以來的觀點,但是他直接批評的,就是章太炎。胡適在這篇文章的開頭就説,"今之治諸子學者,自章太炎先生以下,皆主九流出於王官之説"④,"太炎先生《國故論衡》之論諸子學,其精辟遠過其'諸子學略説'矣,然終不廢九流出於王官之説"⑤。"諸子不出於王官論"在現代諸子學研究中影響很大,那就是"從胡適開始,'諸子哲學'成爲中國哲學史(中國思想史)的源頭"⑥。胡適之所以將諸子學這項"國故"整理爲"中國哲學史",也與章太炎有關。黃燕强指出,章太炎較早提出"子學即哲學"的命題,使用哲學詮釋法來研究子學的義理⑦,胡適正是承此學術方法,以哲學方法研究諸子學,胡適在自序裏説"對於近人,我最感

① 盧毅《"整理國故"運動與中國現代學術轉型》,中共中央黨校出版社 2008 年版,第 2 頁。

② 余英時《論士衡史》,上海文藝出版社 1999 年版,第 310 頁。

③ 桑兵《晚清民國的學人與學術》,四川人民出版社 2020 年版,第 311~317 頁。

④ 胡適《中國哲學史大綱》,岳麓書社 2010 年版,第 297 頁。

⑤ 同上,第 302 頁。

⑥ 劉巍《"諸子不出於王官論"的建立、影響與意義——胡適"但開風氣不爲師"的範式創新一例》,《近代史研究》2003 年第 1 期,第 97 頁。

⑦ 黃燕强《由樸學轉向義理——章太炎諸子學思想演變的考察》,《諸子學刊》第十六輯,上海古籍出版社 2018 年版。

謝章太炎先生"①即是由此而發。章太炎雖然將子學與哲學進行了聯繫,但是對西方哲學史寫作方法的學習,則是章太炎等傳統學者所不具備的。蔡元培指出,中國古代學術研究,如《莊子》的《天下》篇,《漢書·藝文志》的《六藝略》《諸子略》都只有平行的紀述,沒有探討學術思想的系統演進②,章太炎的《國故論衡》就具有這樣的特點,而胡適則使用西方哲學史的基本概念,如"宇宙論""知識論""倫理學""政治哲學"等來系統梳理諸子學③,在這方面,胡適比章太炎走得更遠。

胡適以"整理國故"的方法來"再造文明",而其諸子學研究又爲"整理國故"運動開了先河,提供了範式。因此,諸子學研究通過"整理國故"運動爲建設中國現代學術、現代文化開闢了先路,可以説,這是諸子學在近現代學術史上最輝煌的一頁。

三、以"中國化"的方法整理國故:學科化、馬克思主義背景下的魏際昌諸子學

胡適以現代西方學術體系爲參照來整理國故、研究諸子學,爲建設中國現代學術、文化提供了新範式,魏際昌先生師從胡適,受胡適及時代風氣影響,其諸子學研究體現了"學科化"的特色。"學科化"是中國近代學術轉型、現代學術建立、當代學術發展的一條主要軌迹。左玉河指出,中國傳統學術雖無西方近代學術分科觀念,但仍有自己獨立的學術分類觀念,這即是將以古代典籍爲基礎的中國學術分爲"經、史、子、集"四部④。晚清以來,面對着西學的衝擊,中國傳統學術進行了轉型,其突出軌迹就是參照現代西方學術分科體系建立中國的學科體系。1913 年,在蔡元培主持下,教育部公布《大學令》和《大學規程》,《大學令》規定,"大學以教授高深學術,養成碩學閎材,應國家需要爲宗旨"⑤,並將大學學科分爲七科,分別爲"文科、理科、法科、商科、醫科、農科、工科"⑥,自此,中國傳統學術的四部分類法正式轉型爲七科分類法,中國現代學科建設在制度層面逐漸落成。七科之學的文科,分爲哲學門、文學門、歷史學門、地理學門。哲學門又分爲兩大類,分別是中國哲學類、西洋哲學類,中國哲學類下屬第二

---

① 胡適《中國哲學史大綱》,第 1 頁。

② 同上,第 1~2 頁。

③ 參見胡適《中國哲學史大綱》。

④ 左玉河《從四部之學到七科之學:學術分科與近代中國知識系統之創建》,上海書店出版社 2004 年版,第 4 頁。

⑤ 《教育部公布大學令》,《教育雜志》1913 年第 4 卷第 10 號,第 34 頁。

⑥ 同上。

小類即是"中國哲學史"①，胡適回國任教之後於 1919 年所撰寫的《中國哲學史大綱》便是在"中國哲學史"這一學科分類下的學術成果。同時，文學門分爲八類，第一類爲國文學類，其下屬第五小類是"中國文學史"②，胡適所撰寫的《白話文學史》以及《紅樓夢》研究便是在這個學科下的成果。實際上，我們知道，諸子學作爲傳統四部分類法下的一類，以現代學科體系來看，其中包含者衆多，諸子的散文可以劃入中國文學史，諸子的歷史觀可以劃入歷史學，諸子的哲學即可劃入哲學，胡適對諸子學的研究之所以主要以"哲學史"這一面目呈現出來，即是因爲胡適的學術研究方法已經不是傳統的"通才"研究，而是在"學科化"背景下的專門學科研究。1932 年夏，魏際昌考入北京大學，此後師從胡適，讀至碩士畢業。當魏際昌在北大胡適門下學習時，中國學術的學科化建設基本已經完成③，魏際昌的本科畢業論文《袁中郎評傳（附年譜）》以及碩士畢業論文《桐城古文學派小史》皆是在"中國文學史"門類下的研究成果。畢業之後，魏際昌屢經顛沛，任教於廣東省立文理學院時，講授"《説文》研究""文字聲韻概要""中國文學史""漢唐散文選"，1944 年任教於國立西北醫學院時，教授"中國文學史""近代文學史""文字聲韻概要"等課程，抗戰後於東北中正大學教授"中國文學史""古代散文選"等課程，這些課程皆屬於學術分科之後的七科之學下屬的文科文學門國文學類。1949 年，中華人民共和國成立，中國的高等學校逐漸開始改革，學科設置與分類都進行了調整。在調整之中，魏際昌相繼進入西北藝術學院中文系、西北大學中文系、天津師範學院中文系、河北大學中文系進行工作。改革開放之後，中國高校的建置逐漸恢復，魏際昌也復出，任教於河北大學中文系④。由於此一時期魏際昌主要處於中文系的學科建設之下，所以其諸子學研究也顯示出了學科化的特性。魏際昌諸子學研究的重要著作《先秦散文研究》，其研究對象主要即是"諸子"，其提綱中明確説道，他研究所使用的材料是"群經""諸子"⑤，但是魏際昌的處理方法是"不想按照它們所屬的學派來分類，只看文體"⑥，從研究方法上來看，"是義理、辭章、考據三者並重，而以辭章之學爲主的"⑦。我們可以發現，魏際昌的《先秦散文研究》與其師胡適的《中國哲學史大綱》所使用的材料與研究對象都是"諸子"，其研究成果却不一樣，《中國哲學史大綱》詳細分析了諸子各派的思想系統，而魏際昌則明確規避這種學派式研究，因爲魏際昌的《先秦散文研

---

① 《教育部公布大學規程令》，《教育雜志》1913 年第 5 卷第 1 號。

② 同上。

③ 陳平原認爲中國現代學術範式在 1927 年左右已經建成。參見陳平原《中國現代學術之建立：以章太炎、胡適之爲中心》，第 12 頁。

④ 以上魏際昌的經歷，參見方勇《序》，《紫庵文集》第一冊，人民出版社 2022 年版。

⑤ 魏際昌《先秦散文研究》，《紫庵文集》第一冊，第 4 頁。

⑥ 同上。

⑦ 同上。

究》是"給中文系青年教師補課和帶研究生的教學筆記"①,主要針對的是中文系這一學科,故而其不像胡適寫作《中國哲學史大綱》那樣重視分析諸子的思想流派,而是"以辭章之學爲主",以"文體"爲貫穿始終的主綫。

　　1949年,中華人民共和國成立,此後馬克思主義成爲中國的主導思想,蘇聯模式對中國影響甚深。魏際昌在北平和平解放之後,即進入"華北大學政治研究所",學習"馬列主義及毛澤東思想"②,魏際昌也曾在天津師範學院中文系開設過"蘇聯文學"的課程③,故而魏際昌諸子學研究的另一時代特色,即是其受馬克思主義的影響。使用"五種社會形態理論"(原始社會、奴隸社會、封建社會、資本主義社會、共產主義社會)來研究中國的歷史,是二十世紀二三十年代以來中國的馬克思主義歷史學家的主要研究方法,魏際昌的諸子學研究所采用的諸子社會背景,即是奠基於"五種社會形態理論"之上。在評價諸子思想價值時,魏際昌會以"五種社會形態理論"作爲判定標準:"慎到,名滑釐,趙國人,戰國中期的法家,也善於用兵。……孟軻爲了壓抑慎到的法治思想,竟蠻橫頑固地把奴隸制的舊等級擺了出來……慎到特別强調'勢'的重要性,他認爲新興地主階級必須奪取政權並把它鞏固起來,才能够推行'法治'。……因爲,打擊奴隸主貴族的勢力,發展新興地主階級的政權,非徹底執行賞不徇私、法不阿貴的律令不可。"④魏際昌認爲孟子維護的封建井田制是"奴隸制"舊等級,慎到則代表着"新興地主階級",故而慎到的"法治"思想相比孟子的"仁"思想是先進的。我們可以發現,魏際昌在此處不僅使用了五種社會形態理論,還使用了階級分析法來研究諸子思想,認爲慎到所代表的新興地主階級比孟子所代表的奴隸主階級更先進。馬克思主義歷史學家郭沫若的《中國古代社會研究》、范文瀾的《中國通史》研究、侯外盧的《中國思想通史》研究中使用了馬克思主義研究周秦諸子,魏際昌的研究主要受其影響。

　　實際上,在中華人民共和國建立之後,大多數的諸子學研究都受馬克思主義的影響,這是當時的時代特色,非魏際昌所獨有。並且,由胡適所奠定的以現代西方學術分科方法整理國故的範式也存在缺陷,魏際昌諸子學研究的獨特經驗在於,他使用中國本位的態度與方法來研究諸子。魏際昌曾作《先秦諸子的"名學"問題》一文,方勇指出這是本乎其師胡適的《先秦名學史》,但是胡適的名學研究以西學的"邏輯學"爲本,而魏際昌的名學研究,則是以訓詁立其大體。故方勇指出,胡適是以西方學術爲典範來研究中國名學,而魏際昌的名學研究則是"中國化"⑤。這種諸子學研究"中國化"的方向,田鵬認爲就是"正名就是認字,詁

---

①　魏際昌《先秦散文研究》,《紫庵文集》第一册,第3頁。

②　方勇《序》,《紫庵文集》第一册,第5頁。

③　同上,第6頁。

④　魏際昌《慎到之作》,《紫庵文集》第一册,第336頁。

⑤　方勇《序》,《紫庵文集》第一册,第20頁。

訓所以通經"①,劉思禾進一步解釋説:"由訓詁入手,證之以孔老之説,而得出思想史的結論。"②需要注意的是,魏際昌論述諸子名學之時,深入結合了先秦的時代背景:"周室東遷以後,'作之君,作之師',所謂'人王'即是'教主'的大一統的局面,已經徹底崩潰,來自底層的'士人',基於新興的貴族統治階級'養儒俠,重介士'的政治要求紛紛活動起來,於是以孔(丘)墨(翟)爲代表的人物,相與聚徒立説過問政事,成了影響當代的重要學派。例如'儒''墨'兩家都强調'仁民愛物',所謂'政者,正也'(《論語·顏淵》),'仁也者,人也'(《孟子·盡心》)和《墨子》大談其《兼愛》《非攻》即是。而且墨家跟儒家一樣,也是主張正名責實,出言有章的……這就是説,立言是一件大事,不能馬馬虎虎,如果没有根據地亂講一通,如何反映真實的事物思想? ……其訓詁文字見於《墨子》書中的亦不在少,而且言簡意賅等於'定義'……《經上》有云:……仁,體愛也。……禮,敬也。……上邊這些説解,都是從具體到抽象,既説文又解字的社會生活政治行爲的實際反映。"③魏際昌通過舉例,説明儒、墨兩家的名學都是以訓詁"正名責實",即以訓詁立其本,而"正名責實"的目的則是"出言有章","出言有章"則是因爲儒墨門人是新興的貴族統治階級所養的"士",這些"士"的政治活動必須"出言有章",而不能"没有根據地亂講一通"。因此,魏際昌認爲先秦諸子的名學,是使用訓詁的方法正名責實,以使名實相符,以便順利進行政治與社會活動。魏際昌先生的這種致思理路,立足於中國的現實,具有合理性,符合諸子時代的歷史事實。首先,魏際昌認爲先秦諸子名學産生的時代背景,是周室東遷以後,社會、政治大一統局面崩潰,這是正確的判斷。西周在綜合夏商兩代制度的基礎上創制了周禮,在周禮的統治下,名實相符。但自東周以來,禮崩樂壞,在政治上僭臣殺君,各國違禮混戰;在器物上,同名爲"觚",但春秋時代的"觚"已經與此前的造型不同,孔子因此發出"觚不觚,觚哉! 觚哉!"(《論語·雍也》)的感慨。正是這名實不符的混亂局面,使諸子强烈地感受到文字、名號與其所指稱的事實相違背,激發了諸子控名責實,重建名實相符的政治、學術活動。其次,魏際昌認爲諸子訓詁字義、闡發名學是爲了"過問政事",即干預政治、倫理,這確是先秦名學的真實面貌。汪奠基指出:"中國歷史上關於'名言'的邏輯形式,基本上都與倫理規範的原則一致;邏輯是服務於倫理善惡的思想範疇的。"④關於這一點,先秦諸子書中有很詳細的闡述,《老子》説:"故以身觀身,以家觀家,以鄉觀鄉,以國觀國,以天下觀天下。吾何以知天下然哉? 以此。"⑤老子認爲認識身、家、鄉、國、天下之時,必須名實相符,而不

---

① 田鵬《承先啓後　詁訓通經——魏際昌先生先秦名學研究述論》,《諸子學刊》第二十三輯,上海古籍出版社 2021 年版,第 425 頁。

② 劉思禾《魏際昌先生的諸子學研究》,《諸子學刊》第二十三輯,第 415 頁。

③ 魏際昌《先秦散文研究》,《紫庵文集》第一册,第 30~31 頁。

④ 汪奠基《中國邏輯思想史》,武漢大學出版社 2012 年版,第 15 頁。

⑤ 中國邏輯史研究會資料編選組《中國邏輯史資料選·先秦卷》,甘肅人民出版社 1985 年版,第 27 頁。

能混淆,如此才能使天下得到太平。孔子則明確説"爲政必先正名"①,直接將名學與政治相聯繫。公孫龍子辨析名實的目的是:"欲推是辯,以正名實,而化天下焉。"②我們可以很清晰地看到,諸子訓詁字義、辨正名實的真實目的,就是爲了重建已經崩壞的政治、倫理準則,最終教化天下。正是因爲文字、名號在當時混亂的社會生活中具有很高的價值,名實不符在當時令人失望,諸子才會訓詁文字,控名責實,以重建政治、倫理秩序,魏際昌先生的研究理路的合理性,正在於此。胡適以現代西方學術方法整理國故,研究諸子,而魏際昌先生則在其師的方法外另闢蹊徑,從學術史的發展脉絡上考察,魏際昌先生在諸子學研究學科化、馬克思主義化的時代中,仍堅守中國本位的研究方法,實是開了諸子學研究中國化的先聲,也爲以中國化的方法整理國故開了先路。

四、"新子學"對國故的重新整理:方勇與 中華傳統文化復興時期的諸子學

1983 年,方勇先生入魏際昌先生門下攻讀碩士,後又整理出版魏際昌遺著《紫庵文集》,十分全面地繼承了章太炎、胡適、魏際昌這一脉諸子學研究的學統。更難得的是,方勇先生在揚棄前輩學人研究方法的基礎上,提出了"新子學",爲諸子學研究注入了新的時代精神,提供了新的學術典範,而且,方勇的"新子學"也對國故、國學進行了新的判定。

方勇在提出"新子學"的文章中説道:"西方的人文主義傳統是在其自身文化土壤中生長出來的,有着與中國文化傳統截然不同的氣質和體系。要想將這樣兩種存在巨大差異的文化融合在一起,其難度可想而知。梁啓超、章太炎等是最早嘗試運用西方近代學術方法以闡發諸子義理的一批學者,他們試圖依靠精湛的國學功底建立起一定的研究體系,但因其依傍西學體系而立,以致在後來的發展中,學者多以西學爲普世規範和價值,按照西方思維、邏輯和知識體系來闡釋諸子。如胡適《中國哲學史大綱》曾風行一時,却'不能不依傍西洋人的哲學史'。……結果是使子學漸漸失去理論自覺,淪爲西學理念或依其理念構建的思想史、哲學史的'附庸':既缺乏明確的概念、範疇,又未能建立起自身的理論體系,也沒有發展成一門獨立的學科,唯其文本化爲思想史、哲學史的教學與寫作素材。"③方勇繼承了其師魏際昌的學術立場,發展了魏際昌的學術方法,深入反思了胡適等人以西學爲普世價值規範,"按照西方思維、邏輯和知識體系來闡釋諸子"的研究方法,力圖實現諸子學研究的"中國化"。方勇説:"當今世界已非西方文化中心論的時代,文化多元化是人們的必然選擇。中國學術既不必屈從於西

① 中國邏輯史研究會資料編選組《中國邏輯史資料選·先秦卷》,第 39 頁。
② 同上,第 74 頁。
③ 方勇《"新子學"構想》,葉蓓卿編《"新子學"論集》,學苑出版社 2014 年版,第 6～7 頁。

學,亦不必視之爲洪水猛獸,而應根植於中國歷史文化的豐厚沃土,坦然面對西學的紛繁景象。子學研究尤其需要本着這一精神,在深入開掘自身内涵的過程中,不忘取西學之所長,補自身之不足,將西學作爲可以攻錯的他山之石。"①方勇所立足的時代背景與魏際昌不同,新中國成立之後,魏際昌在很長時間裏不能研究學術,改革開放之後,西學大盛,中國傳統文化成爲被改造的對象,但當時魏際昌已經可以逐步探索出"中國化"的諸子學研究方法,這顯示出其先見之明。方勇在提出"新子學"之時,西方中心論早已式微,中華傳統文化逐漸復興,魏際昌的"中國化"研究方向正可以順應這一時代需求,於是才有方勇的振臂一呼,力倡"新子學",這是兩代學人的學術傳承。

　　方達指出,從整體上來看,《漢志》將諸子學作爲經學的支流,《隋志》將諸子學降爲經、史之後的三流思想,一直到明末,諸子學才逐漸開始復興,進而又在清代沉寂於樸學的故紙堆之中②。而從本文的研究可以發現,諸子學雖被樸學消磨了義理精神,但隨着清中期經世致用思潮的興起,諸子學在國故中的地位一直在提升,從章太炎將諸子學列爲國故的核心内容,到胡適以諸子學研究開闢整理國故的典範,再到魏際昌以中國化的方式研究諸子學,三代學人皆戮力於此。方勇所提倡的"新子學",又將諸子學在國故、國學中的地位再度提升,希望以諸子學爲思想基礎,根植於中國歷史文化沃土之上,坦然面對西方,開創文明發展新方向。因此,"新子學"不僅爲諸子學研究提供了新的方法,也爲整理國故開闢了新的思想理路,規劃了新的學術版圖,且參與了中華文化復興、世界文明發展的進程。

　　諸子學的多元精神適應如今多元文化的時代,"新子學"提供了整理國故、再造文明的新思路,也爲我們今天復興傳統文化指出了方向。許多學者認爲中國傳統文化在"新文化運動"時期"斷裂"了,所以我們今天復興傳統文化就要攻擊新文化運動。郝雨指出,這是錯誤的認知,諸子時代本身是多元文化的時代,漢代的"罷黜百家,獨尊儒術"公開使用政治行爲宰制思想,此後逐漸造成了儒家獨尊、思想僵化的思想專制時代,新文化運動打倒孔家店,恰恰就是解放了"獨尊儒術"的思想專制,所以中國傳統文化不是斷裂在新文化運動中,而是在漢代遭受到了挫折③。明代思想家李贄也説:"後三代,漢唐宋是也,中間千百餘年,而獨無是非者。豈其人無是非哉,咸以孔子之是非爲是非,故未嘗有是非耳。"④李贄批評漢代以後"千百餘年"獨尊儒術所造成的"以孔子之是非爲是非"的思想專制局面,認爲"以孔子之是非爲是非"其實就是"無是非",主張人人尊重自己的判斷,擺脱儒家一家專制的困境,這顯然是新文化運動的先聲。綜合郝雨與李贄的論斷,我們可以對漢代以後獨尊儒術鉗制思想的文化專制、文化斷裂具有清晰的認知。我們今日若要復興傳統文化,不僅不能反對新文化運動,反而應當注意,

① 方勇《"新子學"構想》,葉蓓卿編《"新子學"論集》,第8頁。

② 方達《"諸子學"與中華文化復興》,https://m.gmw.cn/baijia/2022-08/20/35966268.html。

③ 郝雨《從諸子學到"新子學"》,《諸子學刊》第二十三輯,第345~348頁。

④ 李贄《藏書·世紀列傳總目前論》,《藏書》,中華書局1974年版,第17~18頁。

諸子學的多元文化精神與新文化運動解放專制思想的精神是一致的。

結語：以中國本位的方法整理國故、復興子學

從章太炎、胡適的諸子學到魏際昌的諸子學,再到方勇的"新子學",其學術研究方法充滿了各自的時代特色,又具有一脉相承之處。章太炎身處中國傳統文化轉型的時代,胡適身處中國現代文化建設的時代,魏際昌身處中國當代文化建設的時代,方勇身處中國傳統文化復興的時代。這四代學人在整理國故、復興子學時又面對着同一個問題,他們處理的都是古今、中西問題,即中國傳統文化如何面對西方文化的問題。近年來的學術研究發展,不斷强調學術研究的"中國特色、中國風格、中國氣派"[1],在整理國故、復興子學時,如何在保持中國本位的態度下與西學對話,成爲當下學術研究、文化發展不容迴避的主題。以中國本位爲基本視角考察這四代學人,可以發現他們分别提供了自己獨特的經驗。章太炎使諸子學與文學、小學互爲犄角,面對西學,重新整合了國故,提高了諸子學的地位。胡適使用西方邏輯學與中國的名學互爲參照,這雖然有比附,但也發掘了中國學術的獨特價值。魏際昌先生在學科規劃下研究諸子,又使用馬克思主義解讀諸子,這是探索當代中國特有的研究範式。魏際昌先生同時使用中國傳統學術門類——訓詁學來理解名學,這是在探索中國學術研究的中國化方向。方勇先生立足諸子,根植於中國歷史文化的沃土,坦然面對西方,這指引了新的學術方向。要而言之,這四代學人一脉相承,源流清晰,共同爲以中國本位的方法整理國故、再造文明、復興諸子提供了十分具有價值的學術理路,值得我們深入研究與繼承、發展。

[作者簡介] 田樂樂(1996—　　),男,厦門大學中文系博士研究生,主要研究方向爲諸子學、章太炎學術思想。

---

① 習近平《建設中國特色中國風格中國氣派的考古學　更好認識源遠流長博大精深的中華文明》,《中國文物科學研究》2020 年第 4 期。

魏際昌先生諸子研究特色及意義[*]

揣松森

内容提要 魏際昌學識淵雅,著述豐富,於先秦兩漢散文和明清古文獨有會心。其諸子學表現爲散文研究,具有學科化特徵。但與一般文學研究采取以今律古的研究路徑和來自西學"純文學"的觀念不同,他秉持考鏡源流的方法,回到先秦兩漢文學語境中考察諸子散文,顯示出中國文學本位的研究立場。概言之,以"史"論學,用"文"觀子,乃其諸子研究特色所在。因"文學"(或單稱"文")爲先秦兩漢時期更具涵攝力的六藝和諸子的上位概念,由此最足考見諸子學乃至先秦兩漢思想文化本源,故其運思理路和文學觀念就頗具諸子研究的方法意義。它們爲包括"新子學"在内的古典學研究打開一條貫穿古今的通道,值得進一步發掘和闡釋。

關鍵詞 魏際昌 《紫庵文集》 近代學術轉型 考鏡源流 雜文學觀念 諸子研究法

中圖分類號 B2

緒　言

當下探討古代典籍和思想,難免涉及中國傳統學術的現代轉型問題。一般認爲,中國現代學術發軔和初步建立於晚清時期,而最終確立則在五四之後①。如朱漢國指出:"隨後,在學

---

* 本文係南陽師範學院國家社科類培育項目"先秦諸子起源及文獻生成研究"(2022YB01)、南陽師範學院高層次人才引進專項課題"陸賈經學探微"(2020ZX025)及南陽師範學院漢文化學科群建設委托項目階段性成果。

① 可參劉夢溪《中國現代學術經典·總序》,河北教育出版社 1996 年版,第 48～55 頁;陳平原《中國現代學術之建立——以章太炎、胡適爲中心》,北京大學出版社 2010 年版,第 2～20 頁;左玉河《從四部之學到七科之學:學術分科與近代中國知識系統之創建》,上海書店出版社 2004 年版,第 1 頁。

人們的努力下,中國學術開始從兩方面進行學科的整合:一是文史哲分家;二是引進西方新學科。至'五四',現代意義上的專門性學術分科已初步定型。"①對於這兩方面整合的情況,左玉河非常精闢地分別稱之爲"轉化之學"和"移植之學"②,並提出"從中國傳統的文史哲不分的'通人之學'向西方近代'專門之學'轉變,從'四部之學'(經、史、子、集)向'七科之學'(文、理、法、商、醫、農、工)轉變,是中國傳統學術向現代學術轉變的重要標志"③。在此過程中,諸子學被肢解納入"文科"學術板塊内的不同科目④,尤其成爲中國哲學所資建立的主要内容⑤。此後,諸子學研究主要是在文史哲分科的學術框架下進行,深深地打上了學科化的烙印,其利弊得失與反思檢討均由此而來。

與乃師胡適以中國哲學史爲進路不同,魏際昌對諸子學的觀照則表現爲中國文學史領域的先秦兩漢散文研究。對此,劉思禾等一方面指出魏際昌諸子研究的學科化特徵,另一方面贊揚其匯通文史的特色,並稱"他的研究與胡適的研究顯示出演進的特質,因而具有獨特的個案意義"⑥。然細加考察就可發現,魏際昌的諸子學表現爲諸子散文研究,確係中國文學學科形式規定的影響;但其方法和内容却與一般中國文學研究存在根本不同——後者采取的主要是以今律古的研究路徑和來自西方的所謂"純文學"觀念,魏際昌則堅持以"史"論學來考鏡源流的方法,故能在雜文學視野下觀照先秦兩漢諸子學,顯示出中國文學本位的研究立場。我們認爲,以"史"論學,用"文"觀子,實乃魏際昌子學研究特色所在。蓋因其秉持一種考鏡源流的歷史眼光,遂能不爲純文學觀念所束縛,而回到先秦兩漢文學語境中考察諸子學;復因"文學"(或單稱"文")在先秦兩漢時期極具涵攝力,爲六藝和諸子的上位概念,由此最足考見諸子學乃至先秦兩漢思想文化本源,故其理路和觀念就頗具諸子研究的方法意義。

---

① 朱漢國《創建新範式:五四時期學術轉型的特徵及意義》,《北京師範大學學報(社會科學版)》1999 年第 2 期。

② 左玉河《從四部之學到七科之學:學術分科與近代中國知識系統之創建》,第 5 頁。

③ 同上,第 2 頁。

④ 1913 年中華民國教育部公布《大學規程》,將大學科目分爲文科、理科、法科、商科、醫科、農科、工科等七科,其中文科包括哲學、文學、歷史學和地理學四門,哲學門分中國哲學、西洋哲學二類,文學門分國文學等八類,歷史學門分中國史及東洋史學、西洋史學二類,地理學門分地理研究法等十三類。

⑤ 早在 1902 年,孫寶瑄即云:"我國哲學,發源於周末諸子,而大盛於宋、元、明諸儒。"(氏著《忘山廬日記》,上海人民出版社 2015 年版,第 484 頁。)其後,陳黻宸在北京大學講授《諸子哲學》(1914—1915 年成稿)、《中國哲學史》(1916 年成稿)等課程,雖不免内容龐雜、斷限未審之病,但所講"哲學"要以先秦諸子學爲主。至 1919 年中國哲學史的典範之作——胡適《中國哲學史大綱(卷上)》出版,亦以老子、孔子、墨子、楊朱、孟子、荀子等諸子爲主綫組織結構。故章太炎云:"討論哲學的,在國學以子部最多,經部中雖有極少部分與哲學有關,但大部分是爲別種目的而作的。"見氏著《國學概論》,上海古籍出版社 2019 年版,第 43 頁。

⑥ 劉思禾《現代諸子學發展的學科化路徑及其反省——從胡適、魏際昌到方勇》,《諸子學刊》第十九輯,上海古籍出版社 2019 年版,第 300 頁。

一、魏際昌學術研究論要

魏際昌(1908—1999)，字紫銘、子銘、子明，號紫庵，河北撫寧人①。幼承庭訓，由祖父化純公親授"四書五經"等典籍，奠定傳統學術根基。後入吉林大學、北京大學深造，於古代文學、目録學、甲金文字、音韵訓詁等尤所究心，開創其一生學術格局與規模。先生學識淵雅，著述豐富，舉凡先秦兩漢散文、訓詁學、古文、詩賦均涉獵研究，而獨有會心者尤在先秦兩漢散文與夫明清古文研究。故方勇教授論其學術説："先生幼承廷訓，其要以儒典爲本；至北京大學，又治古文字與集部之學；厥後延及史部，而尤長於諸子之學。由是經史子集，融會貫通；周秦明清，一以貫焉。……權而論之，先生生平學術之要，寔在諸子矣。"②至於其諸子研究著作，方教授例舉如次：

> 先生之作爲諸子專論也，殆肇乎求學北大之日，《北强月刊》一九三五年第二卷第三期所刊之《先秦諸子論學拾零》，則今可考見之最早者也。該文之所論列，老子、孔子、子夏、曾子、子思、墨子、莊子、孟子、荀子、韓非子及《吕氏春秋》，於先秦諸子，幾無所不備矣。後更有《〈管子〉和管仲》《談談孔子的思想體系》《孔子的"禮學"》《孔子》《墨翟與〈墨子〉》《孟子》《商鞅〈商君書〉》《慎到之作》《荀况與〈荀子〉》《吕不韋和〈吕氏春秋〉》《韓非的〈韓非子〉》《李斯》《董仲舒與漢代學術思想》《從〈春秋繁露〉等書看董仲舒的哲理文章》《桓譚》《東漢的散文大家王充及其〈論衡〉》《葛洪與青虚山》《説道家》等專文分論先秦漢魏六朝諸子。論其成書，則有三焉，一曰《先秦散文研究》，二曰《〈論〉〈孟〉研究》，三曰《先秦諸子的"名學"問題》，則尤爲先生精義之所存焉。③

除此以外，還應包括《先秦兩漢訓詁學》《公孫僑大傳及其年譜》以及《先秦學術散論》《西漢散文鉅子合論》《中國古典文學講稿》部分章節④。這些著作基本圍繞散文研究展開，涵蓋先秦和

---

① 魏際昌生平資料主要包括三類：(1) 他本人所作自傳及雜憶文章；(2) 後人所作傳記年譜，如吳占良《魏際昌傳》、李波《魏際昌年譜》、孫廣《魏紫庵先生傳》；(3) 後人祭奠與回憶之作，如方勇《祭恩師紫庵魏際昌先生文》、劉玉凱《魏際昌先生和他的文學研究》、詹福瑞《胡適的學生》、崔自默《反正都在地球上——小記魏際昌先生》等等，集中在《紫庵文集》第一册、第五册、第七册、第八册，人民出版社 2022 年版。

② 方勇《紫庵文集·序》，《紫庵文集》第一册，第 16～17 頁。

③ 同上，第 17 頁。

④ 這些諸子研究著作集中收録在《紫庵文集》第一册、第二册。

漢魏六朝兩部分。其中,後者可視作前者的延續;前者則以《先秦散文研究》爲中心,不管是名學(訓詁)研究,還是公孫僑等人物研究,均爲其體系的一部分。這在《提綱》中有明確交代:

　　　　進入分類的研究以前,先作"通論",共計:

　　　　① "正名",讀書必先識字。

　　　　② 文、文章、文學、文獻、文史釋義。

　　　　③ 版本、目録、箋注、訓詁、校勘之學。

　　　　④ 訓釋舉例:《詩》的"毛傳""鄭箋"。

　　　　⑤ 周公與《周書》,附帶談談"征誅禪讓"。

　　　　⑥ 所謂"三禮",周代的典章制度。

　　　　⑦ 體現於"諸子"中的人道主義。

　　　　⑧ "人性論"是怎麽回事?《孟》《荀》"善""惡"。

　　　　⑨ 《左傳》裏的鄭子産:大傳、年譜示範。

　　　　⑩ 劉氏父子(向、歆)和馬、鄭師弟(融、玄)"今文經""古文經"之争。

"通論"雖是"分論"的前提,却不全是爲"分論"服務的。就是"分論"本身也未嘗没有彼此關涉交相爲用之處,無論是思想性還是藝術性方面的。"分論"的科目是:

　　　　① 從《爾雅》《説文》《方言》《釋名》等字書中,探索訓詁文的特點。

　　　　② 《論》《孟》研究,用以交代"語録問答"文的本源及其影響。

　　　　③ 編年體的《左傳》,它是不傳《春秋》的。國別載記的《國語》《國策》另列。

　　　　④ 斐然成章的《管》《墨》《老》《莊》《荀》《韓》作爲論説文來講,是各有千秋的。

　　　　⑤ 《公羊》《穀梁》分别講求"大義""微言",是"批判""月旦"文字的代表。

　　　　⑥ 條條框框"章則律例"的《儀禮》《周禮》,禮法分明,鬱鬱乎文。

　　　　⑦ 典章制度、政治理論、人物事例兼而有之的《禮記》,《禮運》《學記》等篇最上。

　　　　⑧ 散見於"諸子"中的遺聞逸事、古代傳説,美不勝收,未可等閒視之。

　　　　⑨ "荀賦""屈賦"和宋玉的《九辯》乃辭賦之祖,在韵散之間。

　　　　⑩ "文章,經國之大業,不朽之盛事",應該是以散文爲主體的。"温故知新",數典不能忘祖。"推陳出新",重在古爲今用。以此作爲先秦散文的結語。①

可以看出,魏際昌研究先秦散文的視野非常廣闊,所涉内容遠遠超出一般先秦散文研究的範圍。對此,以往論者主要從兩個方面加以理解:一是強調其以散文形式研究諸子所體現的學科化特徵。如劉思禾特别指出:"魏際昌的諸子學研究就是在中文系中以先秦兩漢散文

---

① 魏際昌《先秦散文研究》,《紫庵文集》第一册,第4~5頁。

史、訓詁學史的模式完成的,這是學科化的自然結果。"①二是贊揚其研究體現出的匯通文史(或曰博通)的特色。如趙逵夫評價其子産研究説:

　　子産、叔向、叔孫豹等春秋時代卓越的政治家、思想家可以説是先秦諸子的開啓者,雖然没有留下多少著作,但他們對一些問題的深入思考,他們的政治思想對後來學者多有啓發;他們行事守道持正,遇到行事不軌的强者能據理辯駁,維護禮法與公平,也爲後代學者所欽仰。他們雖未被列入"諸子"而實開諸子以禮相交、以義結盟、以農富國、以法安民、張揚仁義、睦鄰强國、安定天下諸思想之先河。所以我以爲,魏先生最早注意到對子産的研究,就反映出他開闊的思想。②

又評論魏際昌對其他諸子研究情況道:

　　魏先生著作的第一册中有《論孟研究》,對《論語》思想的一些重要方面及《孟子》在思想以至語句、章法上對《論語》的繼承,《論語》《孟子》的文學藝術及其同異等都有所探索。這在傳統觀念中,自然屬於"經"的範圍,但今天看來,也屬於"子"——儒家的範圍。《諸子散論》也是從管仲、孔子談起,此下先秦一段歷論墨、孟、商、吳、慎、荀,至吕不韋、韓非、李斯。由之可以看出魏先生是打破了傳統"經、史、子、集"的界綫來看先秦諸子,並且從整個歷史發展的角度進行考察的。魏先生在《先秦諸子的名學問題》中也是打通各家的界綫來考慮問題的。③

這裏反復提及"開闊的思想""打破了傳統'經、史、子、集'的界綫"和"打通各家",無疑是稱贊魏際昌散文研究的博通特色。對於這一點,劉思禾則稱魏際昌"自覺匯通文史"④,並指出其所運用的乃是"由訓詁而義理而文化的研究方法"⑤,都更爲深刻而有見地。尤其是,看到魏際昌

———————————

① 劉思禾《魏際昌先生的諸子學研究》,《諸子學刊》第二十三輯,上海古籍出版社2021年版,第401頁。

② 趙逵夫《紫庵文集·序》,《紫庵文集》第一册,第36頁。

③ 同上。

④ 他指出:"魏際昌的研究并不是狹隘的中國文學史研究,他一直以文史之學看待自己的研究,并且自覺匯通文史。"又進一步分析道:"這樣,散文就不僅僅是文章的研究,不僅僅是文學的研究,而是和古代的思想文化制度相關的文史之學。魏際昌在進行先秦散文史研究時,就是這個思路,因爲他的研究不是單純的純文學的做法。特別是在研究先秦散文的時候,由於涉及的對象是諸子學,魏際昌的散文研究也不免滲透了思想史研究的意味,這也是需要特別注意的。"見劉思禾《魏際昌先生的諸子學研究》,《諸子學刊》第二十三輯,第402頁。

⑤ 同上,第399頁。

的研究"不是單純的純文學的做法"①,已觸及雜文學與純文學之辨的邊緣。不過,他過於强調學科化對魏際昌的影響,故只能將其"博通"歸結爲受章學誠文史之學的影響②。在這種思辨理路下,他不無遺憾地指出:

> 和胡適一代人不同,魏際昌并没有經子之分的觀念,他是在現代學科的意義上思考問題的,"詩説《三百》尊毛傳,文重先秦愛老莊"(《暑期古代文學講習會開課志喜》)。他的《中國古典文學講稿》把《詩經》視作古代文學作品,而對待先秦諸子則作爲文學作品,他的研究顯示了諸子學研究在學科化道路上的深入,獨立的諸子學的觀念已經没有了,相應地,也自然没有了經學的觀念,經學諸種經典分别列入不同的學科,諸子學在不同的學科中分别以不同的專業觀念、專業方法加以處理,這是那個時代的學術常態。③

認爲隨着學術分科的深化,諸子學被納入不同學科並以各自的理念和方法加以處理,其本身的整體性趨於淡化乃至消泯。他道出了包括諸子學在内的一些傳統學術在現代學科化過程中所面臨的尷尬局面。這確是一般文史哲分科研究所存在的常態問題,但如此看待魏際昌諸子散文研究却並不恰切。其實,魏際昌的諸子研究不是"打破了傳統'經、史、子、集'的界綫",而是回到了先秦兩漢時期更爲悠久的傳統之中;也不是單純"没有經子之分的觀念""獨立的諸子學的觀念已經没有了",而是探尋到更具涵攝力的六藝和諸子的上位概念——"文學"(或單稱"文")以統攝之。簡要而言,魏際昌諸子研究特色體現在兩個方面:一是以"史"論學,即堅持以考鏡源流的方法來研究先秦兩漢散文;二是用"文"觀子,就是回到先秦兩漢文學語境而用雜"文"學觀念來考察諸子散文。

二、雜文學視野下的諸子學

在《〈先秦散文研究〉提綱》中,魏際昌對其研究範圍和方式作了説明:"所謂'散文'係對韵文(也包括駢文)而言,最早的作品當然是《尚書》,下限的書籍則爲《吕覽》,其間的'群經''諸

---

① 劉思禾《魏際昌先生的諸子學研究》,《諸子學刊》第二十三輯,第402頁。

② 魏際昌學術思想確實受到章學誠的影響,如其"六經皆史也""東周以前並無私人著述之事""後者(諸子)的'文''理'不過是前者(六經)的派生和演變"等説法,均從章氏而來。他在研究中呈現出文史之學的博通面貌,可能有章氏的某些影響,但我們認爲更多的還是與其能够回到先秦兩漢時期的文學語境而秉持雜文學觀念有關。

③ 劉思禾《魏際昌先生的諸子學研究》,《諸子學刊》第二十三輯,第401～402頁。

子',我們不想按照它們所屬的學派來分類,只看文體。但在研究的時候,却是義理、辭章、考據三者並重,而以辭章之學爲主的。甚至連訓釋它們的义字(如傳、注、箋、疏之類)都不輕易放過,漢儒、宋儒、清儒的全用。"①之後,他在"通論"部分還專節對"文""文學""文章""文獻"等概念進行疏解:

(1) 對於"文",他認爲《説文》《繫辭》《樂記》諸條只是講其字之所以成形並帶有文采之義,而《國語·楚語》韋昭注則是增字作解的引申之義。最後,采取《論語·先進》"行有餘力則以學文"的馬融注、鄭玄注,以及《子罕》"文不在兹乎"的朱熹注、劉寶楠正義,宣稱"這春秋以前的'文',竟是古代遺文《詩》《書》的同義詞了,它和'子以四教:文、行、忠、信'(《述而》)之'文',也是一回事"②。

(2) 關於"文學"一詞,他以爲最早見於《論語·子罕》所謂"文學:子游、子夏",並從劉寶楠《正義》引沈德潛《吳公祠堂記》"子游之文學,以習禮自見",以及朱彝尊《文水縣卜子祠堂記》"《詩》《書》《禮》《樂》定自孔子,發明章句,始於子夏",又采《荀子·大略》《韓非子·五蠹》《漢書·西域傳》等爲佐證,謂"'文學'同爲《詩》《書》'六藝'的代稱"③。

(3) 至於"文章",魏際昌的理解包括三個層面:首先,指出"文章"古皆作"彣彰",今文省作"文章"。其次,稱"命其形質曰'文',指其起止曰'章',蓋指'文辭'爲言,又含'文采'之義"④。若引申到人文制度方面,則尊卑貴賤之序、車服宮室之制、飲食婚喪之分稱作"文",而八風從律、百度得數、彬彬郁郁、形於簡策者稱爲"章"。最後,提出"文章"不專在竹帛諷誦之間,還有典章文物禮樂書數之義,"因而以'文章'爲政治(制度)文化(禮樂)之殊稱,這顯然是它的廣泛的引申涵義了"⑤。

(4) 説到"文獻"一詞,魏際昌稱:"'文獻'雖然不就是'文章'或'文學',可是,自其作爲'資料'(即可以參證的古代簡策)的一方面而言,基本上也差不多的。"⑥他引《論語·八佾》鄭玄注、劉寶楠正義爲據,並加以《中庸》《禮運》相關材料,認爲"由此可見'文獻'一詞,含有文、人二義。就是説,只有書面的文字不行,還需要賢人才士的補充"⑦。

---

① 魏際昌《先秦散文研究》,《紫庵文集》第一册,第4頁。

② 同上,第18頁。

③ 同上,第19頁。

④ 同上。

⑤ 同上,第20頁。

⑥ 同上。對此,他在後文猶設問辯解道:"也許會有人説:《尚書》《周官》,史料史論,這是史學上事,我們是搞文學的,管它作甚? 殊不知'文猶質也,質猶文也'(《論語·顏淵》),無本不立,無文不行。何況具體到先秦的典籍而言,都有它的作爲'史書'的性質呢。特別是像記載史事的《書》,備陳典章制度的《禮》,以及本身即係'史記'的《春秋》《左氏傳》等等,都可以説是文、史難分的,因而'六經皆史也'(章學誠《文史通義》)的話,確實站得住了。"同上,第20~21頁。

⑦ 同上。

綜上可見,魏際昌研究先秦兩漢散文是在當時文學語境下進行的,其觀照視野非常開闊。這種視野,一言以蔽之可謂雜"文"學的觀念。正是在雜文學的觀照視野下,舉凡周公及其征誅、周代典章制度、今古文經學之争、子産和李斯等文化人物都被納入其散文研究的討論範圍。這與現代一般文學研究有根本不同:後者采取的是以今律古的研究路徑和來自西學所謂"純文學"的觀念,而魏際昌秉持考鏡源流的歷史眼光,由此能够回到先秦兩漢文學語境中考察諸子散文。

在《中國古典文學講稿》中,魏際昌就其對中國古典文學的基本態度、研究方法和範圍界定作了更爲清晰的表達。他的基本態度非常明確——堅決徹底地在新的基礎上批判它、發揚它和豐富它。所以,他強調説:

> 但是,我們還要知道,發揚民族的優秀文化的主要目的乃是爲了有利於新文化的創造,並且也必須在新文化的創造中去發揚它。換句話説,就是根據着馬克思列寧主義和毛澤東思想的理論。我們要建設新中國的文化,是不可能憑空地開始、貿然地從事的——必須繼承人類文化發展中一切有價值的東西,特别是和我們自己有着血緣關係的過去的文化。這樣,才能够在自己的土壤上新生起來有根有本的文化之花。①

可見,魏際昌對於古典文學研究乃至新文化建設的看法非常宏闊,立足於現實文化建設實踐而古今兼采、中西並用,顯示出中國文化本位的研究立場。至於研究中國古典文學的方法和路徑,按照魏際昌的説法是——去僞存真還它本色,然後再下價值的判斷。他進一步解釋説:

> 我們研究古典文學的方法並不簡單,須通過辨認出土的古物、文字的訓詁、板本的校勘和人物的考證等辦法,來去僞存真地先還給作品作家一個本來面目,然後再根據歷史唯物主義、辯證唯物主義予以價值(包括思想性和藝術性)的判斷。②

這裏包含兩層内容:一是堅持考鏡源流的歷史眼光;二是重視考據的方法,即古文研究所講"義理、辭章、考據"三者之一。魏際昌早年研究桐城古文,亦采取這種路徑。他在《前言》中自道:

> 筆者的意圖即是打算追本溯源地研究一下它的歷史情況,重新給予一個比較正確的評價,其方法則是"以人爲綱(並不一定是"列傳"),據事繫聯(找尋作者們的師

---

① 魏際昌《中國古典文學講稿》,《紫庵文集》第二册,第371～372頁。
② 同上,第373頁。

承關係),排比先後(依其生卒年代而定),分清地區(影響所及的幾個省份)"的。使人按圖索驥一目了然。①

我們可稱之爲以"史"論學的方法。之所以選擇這種方法,與其研究目的密切相關。魏際昌所追求的是:(1)"真個比較全面地認識了古典文學作品,因而從内容和形式上找尋出來它的發生發展的迹象";(2)"重點地搞清楚古典文學作家的歷史環境、社會内容(包括家庭出身、所屬民族和階級成分等),以期更正確地瞭解作品的特點"②。概括起來就是,對於作品要考鏡源流,對於作者要知人論世,二者並重而不可偏廢。

此外,魏際昌還明確講到"中國古典文學的範圍——從名稱到内容的史的演變情况"③,其實是對自先秦至現代的文學觀念演變進行梳理。與《先秦散文研究》中看法一致,他指出先秦時期"所謂'文學',當只是指儒者《詩》《書》之學而言,與今日的文學涵義絶不相干"④。到了兩漢時期,劉歆、班固雖設《詩賦略》而並未冠以"文學"之名,"而且根據着《史記·自序》'漢興,蕭何次律令,韓信申軍法,張蒼爲章程,叔孫通定禮儀,則文學彬彬稍進'的話,是此時的文學亦不過是一切文物的總稱"⑤。講到魏晉之際,魏際昌引曹丕《典論》、陸機《文賦》作證,説明當時所謂"文學"實際囊括詩、賦、碑、誄、銘、箴、頌、論、奏、説等韻散兼包的文體,其涵義與"文章"相當。至南北朝時期,產生文筆之分,即以詩辭爲"文",散文爲"筆"。魏際昌强調:"但是值得大書特書的却是此時的六藝附庸蔚爲大國。通過梁昭明太子蕭統的《文選》,文學脱離了經史子書,而浸浸地獨樹一幟了。"⑥唐代以後更呈詩文分立狀態,不唯集部有詩集文集之目,即選家亦作詩選文選之别。對此,他具體指出:

> 這裏所説的"詩"是指"樂府詩""古體詩""今體詩"和宋以後的"長短句";所説的"文"則是包括了各類的散文,如滿清姚鼐的《古文辭類纂》便是不以詩人入録的選文集,而把文分爲《論辯》《序跋》《奏議》《書説》《贈序》《詔令》《傳狀》《碑志》《雜記》《箴銘》《頌讚》《辭賦》《哀祭》等十三類。⑦

可以看出,自先秦至近代的文學發展,呈現由雜文學向純文學觀念演變和文體分化的演進趨

---

① 魏際昌《桐城古文學派小史》,《紫庵文集》第四册,第 4 頁。
② 魏際昌《中國古典文學講稿》,《紫庵文集》第二册,第 374 頁。
③ 同上。
④ 同上,第 375 頁。
⑤ 同上。
⑥ 同上,第 376 頁。
⑦ 同上。

勢。所以,對章太炎在民國時期仍"把傳狀、行述、碑碣、墓志、論説、奏議等都看作文學作品,甚至把官制、儀注、刑法、樂律、書目、算術、工程、農事、醫書、地志等也都包括進去"①的做法,他表示不能同意。至於他自己對現代文學的看法,魏際昌在最後作了集中表述:

> 我們的意見是:中國古典文學因爲它所由表現的工具——中國文字,是單音詞占優勢,又比較地富於孤立性的這一特點(因爲方言的不同,每字又有四聲"平上去入"和清濁"陰聲、陽聲"之分),中國古典文學便也表現了它的特殊體裁——有了詞句簡潔、音韵諧和對仗工整的詩與文。再具體些説,就是包括詩歌、騷賦、駢儷、詞曲、銘讚的韵文和包括神話、寓言、論述、小説、雜記的散文。不過在這許多文體之中,又以詩、賦、詞、曲、小説、散文爲主,而兼及神話與傳説。②

不僅强調"詞句簡潔、音韵諧和對仗工整",近乎純文學觀念,而且所舉文體類型與研究内容,也在四分法範圍之内。這却與一般文學史没有什麼兩樣。但在研究先秦兩漢散文的過程中,他並没有采取以今律古的方式進行剪裁,而是回到當時文學語境中作歷史的觀照。這其實更接近古文家的看法和處理方式,也許與他早年研究桐城古文學派不無關係。

魏際昌一再指出,桐城派"它是一個學派,而不是單純的文派,因爲桐城的作者,不只講求文章,還要顧及學行。他們是從'言有物、言有序',發展到義理(思想)、辭章(藝術)、考據(科學方法)三者並重的古文之學"③;"'桐城派'的'道',是'程、朱之後'的'儒家'。'桐城派'的'文',是'韓、歐之間'的'古文'"④。而乾嘉時期漢學家孔廣森、汪中、凌廷堪等工於駢文,以此與古文派抗衡;至揚州學派代表阮元更溯源六朝,從"文筆"説和《文選》學中汲取思想資源,提出《文言説》《文韵説》等系統的文言理論。對此,馮乾評論説:"清代中期,文學界興起了駢文與散文的鬥争,一時'世之襲徐、庾者誚八家之空疏,而襲《史》《漢》者每譏六朝爲摭拾'。駢、散之争是清代漢學與宋學之争在文學領域的投影。"⑤若單就文論而言,二者實可視爲雜文學與純文學的觀念之争。然時值民國學界提倡新文學之際,前者見譏"桐城謬種",後者則成"選學妖孽"⑥,而文學議題遂由漢宋、駢散之争轉爲古今、中西之辯矣。

---

① 魏際昌《中國古典文學講稿》,《紫庵文集》第二册,第 376 頁。

② 同上。

③ 魏際昌、吳占良《桐城古文學派與蓮池書院》,《文物春秋》1996 年第 3 期。

④ 魏際昌《桐城古文學派小史》,《紫庵文集》第四册,第 3 頁。

⑤ 馮乾《清代文學駢、散之争與阮元"文言"説》,《古典文獻研究》第十一輯,鳳凰出版社 2008 年版,第 278 頁。

⑥ 語出錢玄同,他評胡適《文學芻議》時説:"具此識力,而言改良文藝,其結果必佳良無疑。惟選學妖孽,桐城謬種,見此又不知若何咒罵,雖然得此輩多咒罵一聲,便是價值增加一分也。"見《致陳獨秀》,《新青年》1917 年 2 月 1 日第 2 卷第 6 號。

中國現代文學學科之建立,走的是一條以今律古、以西釋中的道路。它一方面突出審美功能而樹立"純文學"的觀念,一方面確立詩歌、小説、戲劇、散文四分法,將大量實用文體視爲"非文學"。但正如趙輝所言,"西方近代的這種文學理論,不是建立在西方文學歷史的基礎上,而完全只是一種哲學的美學理論的推理"①,非惟不能解釋西方文學歷史,衡論中國文學更嫌方枘圓鑿。這不但將衆多文體形式排除出中國文學史,而且造成本土文學理論的"失語"。對此,晚近學人多所反思。如彭亞非辨析以今律古和梳理歷史兩種思路,嘗試用文化還原方法從整體文化特性上解讀古代文學意識②。王齊洲師研究中國文學觀念發生問題,主張采用知識考古學和文化人類學方法挖掘古代文學思想資源③。方銘指出文學史中"西方中心主義"和"蘇聯化"的問題,呼籲"回到中國文學的本位立場"④。趙輝認爲"必須回歸中國'文'學本位以歷史的視角,從中國'文'學觀念與文體生成發展、'文'學創作限定時空、主體創作身份及其構成等歷史維度去直面中國'文'學"⑤。張毅對所謂"純文學"作一定修正,提出"'大文學'思想是對文學特質和文化建設進行深入思考的結晶"⑥。在此背景下,反觀魏際昌研究先秦兩漢散文(包括並以諸子散文爲主)的研究路徑和文學觀念,就不僅僅體現爲其子學研究的特色,而且還具有諸子研究的方法意義。

三、魏際昌諸子研究的方法意義

對於諸子學在文史哲分科格局下的研究情況,劉思禾稱:"我們估計,從研究的成果來看,哲學史學科體量最大,文學史次之,思想史又次之。諸子學的學科化主要體現在中國哲學史的學科化之路上。"⑦從影響程度和研究數量看,這個判斷基本符合諸子學在分科研究中的實

---

① 趙輝《中國文學主流不是純文學》,《光明日報》2015 年 07 月 30 日 07 版。
② 彭亞非《中國正統文學觀念》,社會科學文獻出版社 2007 年版,第 1～9 頁。
③ 王齊洲《中國文學觀念的發生》,《光明日報》2013 年 10 月 14 日 15 版。詳細論述見氏著《中國文學觀念論稿》(湖北教育出版社 2004 年版)、《中國古代文學觀念發生史》(人民文學出版社 2014 年版)。
④ 方銘《回到中國文學的本位立場》,《光明日報》2014 年 11 月 18 日 16 版。依照這種觀念,他主編有四卷本《中國文學史》(長春出版社 2013 年版)。
⑤ 趙輝《建構中國"文"學及其理論話語體系的必然途徑》,《中南民族大學學報(人文社會科學版)》2017 年第 1 期。相關論述和成果,可參氏著《先秦文學發生研究》(人民出版社 2012 年版)、《中國文學發生研究》(人民出版社 2017 年版)。
⑥ 張毅《從"純文學"觀念到"大文學"思想——兼談中國文學思想史研究的古今會通》,《文學與文化》2020 年第 1 期。
⑦ 劉思禾《現代諸子學發展的學科化路徑及其反省——從胡適、魏際昌到方勇》,《諸子學刊》第十九輯,第 293 頁脚注一。

際情况。學術分科對諸子學等傳統學術造成嚴重遮蔽,這是不容否認的;但實事求是地講,分科的諸子研究亦未嘗不無互補之處。比如,哲學强調思辨和思想分析,文學注重文本和作者考辨,二者在某種程度上便有一定互補性。就魏際昌諸子散文來説,因他堅持考鏡源流和知人論世的方法,並從義理、辭章、考據方面綜合研究先秦兩漢文學,故其研究特色和方法意義尤爲突出。

衆所周知,中國哲學一開始走的就是以西釋中的道路,其西化程度相較於中國文學,可謂有過之而無不及。因此,中國哲學學科建立的同時,也産生了對其合法性的質疑。相應地,那種以附會西方哲學的方式研究諸子學的做法,也就引起人們反思。如羅根澤早在 20 世紀 30 年代編輯《諸子叢考》時便指出:

> 諸子是哲學書,以故學説的研究最重要,從事這種研究者也頗不乏人。但過去的學者每以不知科學方法,以致不是支離破碎,便是玄渺而不著實際。近來的學者,知道科學方法了,但又有隨着科學方法而來的弊病,就是好以各不相謀的西洋哲學相緣附,乃至以西洋哲學衡中國哲學。……所以我研究諸子學説的根本方法,是:采取西洋的科學方法,而不以與西洋哲學相緣附。(緣附不是比較,以中國某一哲學家與西洋某一哲學家相比較,是很好的方法。)①

正是因爲有了這樣的省思,他講到自己的學術寫作計劃時説:

> 利用自己因愛好哲學而得到的組織力和分析力,因愛好文學而得到的文學技術與欣賞能力,因愛好考據而得到的多方求證與小心立説的習慣,來做整理中國文學和哲學的事業。由是擬定了以畢生的精力,寫一部忠實而詳贍的《中國文學史》和《中國學術思想史》。爲什麽不叫《中國哲學史》呢?因爲有許多在中國思想史上占地位的學説,却不一定合於哲學的定義,所以不如叫《學術思想史》之操縱自由,而避去許多勉强牽附和略去重要學説的弊病。②

即擬通過中國學術思想史的形式研究諸子學,而不傾向沿用流行的哲學史寫作模式③。爲此,

---

① 羅根澤《諸子考索》,人民出版社 1958 年版,第 7～8 頁。
② 同上,第 1～2 頁。
③ 胡適在 20 世紀 30 年代創作《中國中古思想史長編》,也改爲思想史方式進行寫作。該書不少内容和論斷對魏際昌諸子研究産生深刻影響,這在魏際昌《吕不韋和〈吕氏春秋〉》《李斯》《董仲舒與漢代學術思想》《從〈春秋繁露〉等書看董仲舒的哲理文章》《東漢的散文大家王充及其〈論衡〉》《説道家》諸篇中所留痕迹最爲明顯。

他還制定出詳細的研究路綫和框架①。從中可以看出,羅根澤已有意識地從其人、其學、其書三方面觀照先秦兩漢諸子,意欲采用義理、辭章、考據並重的綜合形式對諸子學作學術思想史研究,同時別具眼光地重視諸子其"人"人格精神和思想價值的發掘。

就此而論,羅根澤對用哲學方式研究諸子學的反思,與魏際昌的諸子散文研究頗有異曲同工之處。他們都堅持以中國文化爲本位的立場,都采用以"史"論學而考鏡源流的研究方法,都重視知人論世地對人物本身進行研究,表現出對學科化研究弊端進行糾偏的自覺意識。從這個意義上講,魏際昌散文研究不僅其文學視角本身在一定程度上彌補了哲學學科下諸子研究的弊病,而且其研究路徑亦有學術方法上的價值。

除了學科互補和研究路徑方面外,魏際昌所抉發的先秦兩漢文學觀念和"文"之議題,同樣具有諸子研究的方法意義。因爲"文學"尤其是"文"的概念,是我們理解周代特別是春秋以來文化形態的一把鑰匙。在此視域下進行觀照,則諸子起源、經子關係等問題都可得到更爲切實而明晰的理解。在此,我們不妨將其内涵以及演變稍作梳理。"文"字内涵十分複雜,劉永濟曾總結説:

> 昔賢詮釋,約有六端:一者,經緯天地也。二者,國之禮法也。三者,古之遺文也。四者,文德也。五者,華飾也。六者,書名也,文辭也。綜上六端,文之涵義,可得而論矣。蓋文之爲訓,本於交錯,故有經緯之義焉;文之爲物,又涵華采,故有修飾之説焉。以道德爲經緯;用辭章相修飾,在國則爲文明;在政則爲禮法;在人則爲文德;在書則爲書辭;在口則爲詞辨。五者大小不同,體用無二,所以彌綸萬品,條貫群生者,胥此物也。②

所論大體完備,且分其體用,可謂簡明切當;然不以源流爲次序,無從考見其内涵衍變的歷史脉絡。而季鎮淮《"文"義探源》③一文,庶幾可補其不足。他以時代爲綫索考察"文"義演變,並繫聯探討與之有關的核心概念。

---

① 羅根澤提出,首先"著手工作的步驟,則打算先從事於一個人、一部書、一個問題的研究,然後再作綜合的研究"。其次將整理諸子的研究分作五種:(1) 人的研究;(2) 書的研究,分爲文字内容研究(包括校注、通釋、標點、索引)、著作年代研究二類;(3) 學説的研究,分作側重人者(包括個人研究、派別研究、歷史研究、比較研究)、側重學術者(即問題研究)二類;(4) 佚子的研究,即輯佚的工作,但除重書外也重人,注意從他人評述考論諸子學術思想,强調佚子和輯佚的真偽考辨;(5) 歷代人研究諸子的總成績,主要有"子學考"和"歷代人眼光中的諸子"兩種研究方法。

② 劉永濟《十四朝文學要略》,商務印書館 2021 年版,第 2～4 頁。

③ 季鎮淮《"文"義探源》,《文訊月刊》1946 年 11 月新 8 號。後收入季鎮淮《來之文録》(北京大學出版社 1992 年版,第 19～36 頁)、夏曉虹選編《季鎮淮文選》(北京大學出版社 2010 年版,第 9～24 頁)。

　　季鎮淮認爲,殷周時期"文""武"皆貴族美稱——"所謂'文''武',殷周以來,大概就代表着兩種觀念。'武'字表示人的一種事功(征伐),偏於政治的意義;'文'字表示人的一種行爲態度,偏於倫理的意義。文人武人自是兩種人;自然,文武備於一人最合理想"①。他指出"文與德的關係是這樣的:努力地做叫'文'(忞),做得對叫'德';原動力是心。所以對於行爲來説,德是發之於内,文是表之於外,提到'文'是不能不聯想到'德'的"②。可見,"文"最初偏指德行倫理含義。

　　春秋時期,一方面保持"文""德"相關聯的傳統並結成一個詞,兩字同義通用;另一方面除仍作貴族並延及臣子爲美號外,"以'文'爲美號的新涵義是'學'。學的對象是古代的典籍(《易》《詩》《書》等)和習慣上各種場合中行爲的樣式,前者叫'文',後者叫'禮'"③。他總結道:

> 　　據此,則文之涵義,無所不包,凡人生中一切德行修養,統可稱之曰"文"。昭公二十八年《左傳》"經緯天地曰文",上文單襄公亦以十一德經緯天地曰文,則不但人生中一切德行修養曰"文",整個人格之無限發展亦曰"文"。④

凡好學之性、文典之籍、知詩知禮之能,均稱爲"文"。與此相關者,有"文學""文辭""文章"。前者據《論語·子罕》"文學:子游、子夏",稱"春秋時期'文學'一詞的意義相當於我們所謂古典,擅長文學者,可稱之爲古典家"⑤。他進一步分析説:

> 　　"文學"二字之結成一個詞,實際上也是自然的趨勢。原來這時代把那代表自然界種種現象及人事上種種關係的符號,叫作"文",——就是秦以後所謂"文字"之"文"。這也是"文"字一個新的含義。對於古典説,"學"字才有意義;但古典是由許多"文"組合起來的,稱古典爲"文學",難道不是極便當極自然的麽?⑥

蓋"文謂一字",故"文學"即學習古典之"彣"。而對"辭爲一語"之"文辭",季鎮淮疏解道:

> 　　"辭"是對於某一件事説的話,"辭皆言事"。辭的方式因事的性質而異;事的性質多至無窮,辭的方式也多至無窮。……所謂"辭順""辭直""辭達",即説話近乎那

① 夏曉虹選編《季鎮淮文選》,第13頁。
② 同上,第12頁。
③ 同上,第14~15頁。
④ 同上,第14頁。
⑤ 同上,第16頁。
⑥ 同上,第16~17頁。

事之理。……至此,我們可以解釋所謂"文辭"。其意義之一,就形式説,就是用那代表語言的符號,將雙方面對於一件事的説話記錄。其意義之二,就内容説,一篇説話之内,能够引用古典——歷史的事實或先王的遺訓,證明説的話有理。其意義之三,就功用説,一篇説話含有勸誠或教訓的意味,使對方發生影響。①

他還辨析二者異同,認爲"文學是古代傳留下來的鑒戒文件,文辭是適應目前需要的應用文件。自然,文辭保存久了也便成了文學。至於文學在種種場合中,代替了文辭的作用,譬如賦詩,却是春秋時代的特有現象"②。對於"文章"(彣彰),他指出二字結成一個詞正因其同義,都表明顯昭著。在這個意義上,它指一種裝飾。那麽,不但君子風度(禮儀)是裝飾,就是器物、文學、制度等亦莫非裝飾,只是所"文"之"質"不同而已。

戰國時期"文辭"有所發展,産生研究文辭本身的"名學"③。而且,"文"字内涵進一步擴大:一是"稱謂的符號叫'字','字'即是'名',這時代管方塊字叫'名'。連綴了'名'叫'文'"④。二是"荀子受法家思想的影響,他所謂'禮',就涵有法的意味。禮的内容是裝飾人生的,荀子將'禮'與'文'變爲同義詞……讓'文'字也涵有法的意味"⑤。三是"韓非受道家思想的影響,他所謂'法',就涵有'道'的意味。……他用'文'字形容那一物之所以爲一物的理的表現;用'文章'一詞形容那萬物之所以爲萬物的道的表現"⑥。這一時期,還有"文明""天文""人文""文藝"等概念。"文"有"明"義,至此結成"文明"一詞,但新增了"剛健"之義。"天文"表自然現象,"文"義大爲擴充。"人文"指社會現象,謂人類文化總成績。"文藝"一詞,初見《吕氏春秋·博志》"養由基、尹儒皆文藝之人也",指高超的射御技藝。

綜上可知,"文"義泛及個人倫理、國政制度乃至天地大道等層面,其演變歷經由身而物、由器而道的過程。這個演變過程,即殷周尤其是春秋以來文化發展的階次。從這個意義上講,"文"就成爲認識先秦以至兩漢時期文化形態的一把鑰匙,可用以打開能更切實理解諸子現象的研究視野。例如,"文"若就禮樂制度而言,則春秋霸政下所謂"周文"就是理解諸子起源的背景;若指德行修養方面,則周公、管仲、子産等君子人物也當成爲諸子研究的關注對象;如果就"文學""文辭"來説,則二者異同最足考見經子關係,又知考察春秋及其以前的言説傳

---

① 夏曉虹選編《季鎮淮文選》,第17~18頁。

② 同上,第18頁。

③ 季鎮淮分析道:"春秋時代,説話對於人是一種裝飾,態度偏重在人。戰國時代,説話的本身,需要一種裝飾,態度偏重在説話。戰國時代的文獻裏,'文辭'的'文',只涵有裝飾的意義。"同上,第22頁。

④ 同上,第23頁。

⑤ 同上。

⑥ 同上。

統和立言人物①亦諸子研究的題中之義;即使按照傳統看法視孔子爲先秦諸子之先聲,則"子以四教"(《論語·學而》)首推曰"文",且殷殷以斯"文"在茲②的文化使命自任,就别具象徵意味。可以説,正是具備這種視野,魏際昌先秦兩漢散文研究才呈現出與衆不同的學術面貌。就此而言,他以散文形式進行諸子研究,闡發先秦兩漢時期的文學概念,揭櫫諸子散文研究中"文"之議題,便具有獨特的方法意義。因此,我們若能借鑒魏際昌的用"文"觀子之法,則不僅諸子觀念會更加深刻切實,而且研究思路也將愈益開闊。

餘　論

　　魏際昌諸子研究中具有方法價值者,對於深化"新子學"的理念和實踐,也具有重要意義。不管是從師承關係還是學術演進來講,"新子學"毫無疑問地對魏際昌諸子學都有所繼承和發展。

　　趙逵夫謂以往諸子研究的弊病有四:關注一家一派而缺乏整體觀照,一;套用西學模式而脱離歷史語境,二;方法上整體偏於訓詁考據,其闡發義理者或流於引申過度,三;對諸子各家相通之處關注不夠——重其異而忽其同,四也。因此,他認爲"方勇教授繼承魏先生的子學思想",贊許"新子學"回歸歷史場景而不事附會,以及立足現實而闡發超越歷史時代的意義和價值③。劉思禾則在學科化脉絡下分析從胡適、魏際昌到方勇的諸子學發展狀況,指出"新子學"於諸子學學科化很是自覺,對其現代學術形態的反思集中在以西方學術來比附上;從而提出回歸原點,重審諸子學的問題意識和方法,如在具體方法上提出原理化和社會科學化的思路④。他們都在反思以往諸子研究的基礎上,用歷史的眼光來評價魏際昌諸子學的獨特之處及其對於"新子學"的影響。

---

① 案傳世古書中每每稱引仲虺、史佚、叔向、管仲、范蠡之言以及上古志書和"言""語"類文獻,而且以春秋及其以前人物(如伊尹、曹劌、子産、子胥、晏子、孫子等)爲言主的篇章在出土簡帛中大量出現。這意味着先秦時期存在着一個歷史悠久的言説傳統,其中群星璀璨且歷代延綿,而諸子學即在此傳統中得到孕育和培植。

② 案《論語·子罕》曰:"子畏於匡,曰:'文王既没,文不在茲乎? 天之將喪斯文也,後死者不得與於斯文也;天之未喪斯文也,匡人其如予何?'"見劉寶楠《論語正義》,《諸子集成》(一),團結出版社 1996 年版,第168 頁。

③ 趙逵夫《紫庵文集·序》,《紫庵文集》第一册,第 37～38 頁。

④ 劉思禾《現代諸子學發展的學科化路徑及其反省——從胡適、魏際昌到方勇》,《諸子學刊》第十九輯,第310～313 頁。在這個層面上,方勇教授指出:"簡而言之,'新子學'就是試圖擺脱哲學等現代分科體系的窠臼,建立以諸子傳統爲研究對象,具有相對獨立研究範式的現代學術體系。這是'新子學'的目標。"見《"新子學":目標、問題與方法——兼答陸建華教授》,《光明日報》2018 年 4 月 7 日 07 版。

　　方勇教授自述"新子學"所取資者,除鄉俗祖訓外,强調胡適、魏際昌兩先生之影響。他反思《漢志》"經尊子卑"與理學"道統異端"産生的遮蔽,繼承胡適、魏際昌二位先生匯通諸子、離經還子、平等多元等學術方法和思想遺産而發展之,更進於文化立場之境。對此,方教授明確説:

　　　　夫"新子學"者,非惟紹續胡、魏二先生之所迹,若諸子平等、老在孔先等要論而已,更欲履二先生之所以履,欲以"新子學"研治之方,謀文化重建之道也。故以一時新説視"新子學"者,皆未得其要義焉。吾儕所倡,固治學之方法,亦文化之立場焉。①

　　在此背景下重審魏際昌的諸子學,尤足見其多方面的意義和價值。暫且不論他的具體學術觀點,也不講其獨特的研究路徑和方法,單是魏際昌明確的文化立場與所抉發的文學觀念和"文"之議題,即足爲諸子學、中國文學乃至文化研究指示可能的方向。尤其是後者,探尋到先秦兩漢時期一個歷史悠久的文化傳統,無疑爲包括"新子學"在内的古典學研究打開一條貫穿古今的通道,值得進一步深入發掘並融會當代闡釋。

　　［作者簡介］ 揣松森(1986—　),男,河南南陽人。文學博士,現爲上海大學中國史博士後,南陽師範學院講師、碩士研究生導師。主要研究先秦兩漢諸子學和思想史,已出版著作 1 部,發表學術論文近 20 篇。

---

① 方勇《紫庵文集·序》,《紫庵文集》第一册,第 22 頁。

通過訓詁談"名學"：
魏際昌的"名學"研究

曹　峰

内容提要　魏際昌"名學"研究不同於 20 世紀普遍流行的研究方式,名家的"名學"在魏際昌這裏並非重點。在他看來,清晰的思想一定有着清楚的語文表達,因此也就具有相應的"名學",在儒家那裏孔孟荀如此,在墨家那裏墨子墨辯如此,在道家那裏老莊如此,在法家那裏韓非尹文如此。魏際昌啓示我們,"名學"的基礎或者先聲在於語言文字的正定。如果將"名學"看作訓詁學的話,那麼在沒有"名"沒有"名家"的地方,同樣可以找到古人心目中的"名學",這就大大拓展了"名學"研究的視野和範圍。魏際昌的"名學"進路主要來源於"説文"之學,沿襲"説文"之學,確實可以推原先秦"名學"和語言文字之間的密切關係,爲想象和還原先秦"名學"的基本面貌創造條件。然而,魏際昌"名學"研究實際上又走向了另外一個極端,即過於强調語言文字對於先秦諸子的重要性,而忽視了各家對於"名"之作用、機理、功能的探索與反思,對於諸子書中大量的直接論"名"的内容選擇回避,這就使得其"名學"的範圍變得狹隘。

關鍵詞　魏際昌　訓詁　名學　胡適　諸子學

中圖分類號　B2

魏際昌先生(1908—1999)[①],是上個世紀在先秦諸子學、文學、語言學等領域頗有建樹的學者。因爲種種原因,魏際昌的學術成就長期不爲人知,借助新近整理出版的《紫庵文集》,我們才有可能對其獨到的思想有全面的瞭解。《紫庵文集》第一册中有一篇非常獨特的文獻,那就是孫廣整理的《先秦諸子的"名學"問題》[②],由於長期以來筆者對中國古代名學

---

① 爲方便叙述,以下省略"先生"。

② 孫廣整理《先秦諸子的"名學"問題》,收入方勇主編《紫庵文集》(人民出版社 2022 年版)第一册,又見方勇主編《諸子學刊》第二十三輯,上海古籍出版社 2021 年版。以下所引魏際昌原文,均出於此文,不再一一做注。

的問題比較關注①，因此對此文有濃厚的興趣。研讀之後，發現魏際昌給我們展現了別具一格的名學研究，其研究進路、方法、觀點都有值得介紹、繼承和發揚之處，在此談一點筆者粗淺的研究心得。

　　本文所使用的資料，主要就是《先秦諸子的"名學"問題》一文，同時也參考了收入《紫庵文集》中相關的資料，如魏際昌自己的《雜憶》（收入第五冊），劉思禾所撰《魏際昌先生的諸子學研究》（收入第八冊），以及田鵬所撰《承先啓後　詁訓通經——魏際昌先生先秦名學研究述論》②。此文並未透露其撰作時代，綜合各方面的信息，大致可以確認其形成於"文化大革命"結束之後到七十年代末，因此並非晚年新開拓的研究領域，而是對以往長期關注的學術問題的總結③。接下來，本文將重點考察魏際昌名學研究的特點和價值，最後對魏際昌名學研究的不足也提出一些自己的看法。

一、中國古代名學的特徵及 20 世紀名學興盛的背景

　　中國歷史上，名學研究曾經在兩個時期大爲興盛，一個是先秦秦漢時期，一個是 20 世紀。按照筆者的分類，先秦秦漢時期的名學，雖然包括了一部分邏輯學語言學意義上的名思想，但絕大部分是政治學倫理學意義上的名思想④。在筆者看來，先秦秦漢時期名思想的興盛是遠遠超出今人想象的。一方面，幾乎各家各派都熱衷於討論"名"的問題，如孔子、墨家辯者、《老子》、《公孫龍子》、《管子》、《荀子》、《韓非子》、《申子》、《尸子》、《鄧析子》、《尹文子》、《吕氏春秋》、《春秋繁露》及出土文獻《黄帝四經》等許多文獻都從不同角度論述過"名"，涉及的話題有"正名""刑名""名實""名理""名法""名教""有名""無名"等。另一方面，幾乎各家各派都高度評價"名"的作用和價值，孔子認爲爲政之首務就是"必也正名乎"（《論語·子路》）；《老子》首章與"道可道，非常道"相並列的是"名可名，非常名"，可見"名"在老子心目中有着和"道"相提並論的位置。至於"名者，人治之大者也"（《禮記·大傳》，又見《儀禮·喪服》）；"名者，聖人所

---

① 曹峰《中國古代"名"的政治思想研究》，上海古籍出版社 2017 年版。
② 田鵬《承先啓後　詁訓通經——魏際昌先生先秦名學研究述論》，收入方勇主編《諸子學刊》第二十三輯，上海古籍出版社 2021 年版。
③ 關於此文撰作時代的推測，感謝方勇教授提供的幫助。方勇教授告訴我，他 1984 年 4 月 23 日的日記記載，魏際昌曾以《先秦諸子的"名學"問題》一稿給兩位研究生開過講座，可見此文早已成稿。但八十年代初以後，魏際昌的興趣轉移到了《楚辭》等古典文學上，因此推測此文應該撰寫於"文化大革命"結束不久的七十年代末，屬於對以往學術的總結，但這樣的總結不可能在"文化大革命"期間完成。
④ 參見曹峰《中國古代"名"的政治思想研究》之"序言 回到思想史——先秦名學研究的新思路"以及上編之第三章"兩種名家"。

以紀萬物也"(《管子·心術上》);"有名則治,無名則亂,治者以其名"(《管子·樞言》);"名者,天地之綱,聖人之符"(《申子·大體》);"名者,聖人之所以真物也"(《春秋繁露·深察名號》)之類的話,更是層出不窮,可想而知,"名"在先秦秦漢時人的心目中有多麽崇高的地位。因爲"名"無論在語言的確定上,還是在名分的確立上,都起着極爲重要的作用。如司馬談《論六家要指》所言,名家"苛察繳繞,使人不得反其意,專決於名而失人情。故曰:使人儉而善失真。若夫控名責實,參伍不失,此不可不察也"(《史記·太史公自序》),名家名學努力的方向是對確定性的把握,依賴"名"可以建立起秩序和準則,而這正是戰國秦漢之際各國普遍而强烈的政治追求。作爲一種建構政治秩序、塑造社會規範、約束人際關係的有效的力量,"名"的作用可以和"禮"和"法"相比,或者説事實上"名"是"禮"和"法"的一部分。

正因爲"名"是一種重要的政治工具,如何把握它、管理它,由誰來把握它、管理它,就成爲一個重要的話題。雖然像公孫龍子、惠施、墨辯這樣的名家比較"專決於名"(《史記·太史公自序》)、"弱於德,强於物"(《莊子·天下》),即對今天純粹知識論意義上的問題更感興趣,但他們也仍然不忘其政治上的功用。如《公孫龍子》對其名學功用的最後總結就是"至矣哉,古之明王。審其名實,所慎其謂"(《公孫龍子·名實論》)。因此,中國古代名學的研究,無論對於中國哲學史而言,還是對於中國古代政治思想史而言,都是極爲重要的研究領域。然而,這方面的研究目前顯然還是遠遠不足的。

先秦秦漢之後,除了魏晋時期有小範圍的短暫復興,以及佛學對於"名相"問題有較多的關注外,名學幾乎退出了古代中國人的思想領域和話語體系,尤其以公孫龍子、惠施、墨辯爲代表的邏輯學語言學意義上的名思想,更是被稱爲絶學,很少有人加以閱讀、注釋和闡發。這一狀態,直到20世紀初才發生了巨大轉變,有人甚至將其稱爲"絶學復蘇"[1]。這一復興,我想有兩方面的原因。首先,這是由歷史需求和國家命運決定的,嚴復和王國維等人當年翻譯的西方名著中有不少邏輯學著作,因爲他們認識到西方的强大不僅僅是因爲船堅炮利,也不僅僅是因爲科技昌盛,更是因爲擁有一套以邏輯學爲基礎的科學的嚴謹的思維。這就不僅造成了中國人對於西方邏輯學的熱衷,也刺激了中國人從中國古典中尋求與之類似的思維。當年,胡適的第一部著作之所以會選擇撰寫《先秦名學史》[2],梁啓超等人也一度極其熱衷於墨辯研究,絶不是偶然的現象。一方面這與從中國自身的資源中挑選出可以稱爲"哲學"的內容,從而與西學構成對照有關。另一方面,這種學術行爲也和救亡振興運動以及重建文化自信有關,從而證明在思維方式上我們並不輸給洋人。此外,隨着大學或研究機構哲學學科中中國邏輯學專業的設置,也必須有專人從事這方面的研究,因此,20世紀之後中國古代名學研究之興盛,實際上是"西學東漸""以西格中"的産物,一百多年之後,我們回首這一研究領域,必須承認,其中不乏重要的學術成就,但不能否認其中也存在許多偏頗之處。那就是,名家名學研

① 如周山《絶學復蘇》,遼寧教育出版社1997年版。
② 胡適《先秦名學史》,學林出版社1983年版。

究一開始就出現方向性的錯誤，即不顧名家生存的思想史環境，將西方邏輯學概念、框架、方法簡單地移植過來，從而造成了很多削足適履的現象①。例如孔子和荀子的"正名"，即便是與語言相關的問題，也應該與政治相結合，才能得到合理的解釋②。歸根結底，"知"與"言"的問題在中國首先是政治的問題，而西方則未必如此。另一方面，有關"名"的思想被單純當作邏輯思想來研究之同時，按照西方的學術觀念創建起來的中國古代政治思想史、法律思想史，却在材料取捨上把"名"排斥出去，使其長期得不到有效的整理。

總之，20 世紀的名學研究，重點幾乎都集中於邏輯、語言或者説知識論領域，雖然政治學倫理學意義上的名思想，材料更爲豐富，實際影響也更大，却没有得到足够的重視和充分的研究，因此背離了思想史的原貌，未能有效觸及問題的實質。要到 21 世紀之後，才有學者開始意識到需要對這一偏差予以糾正③。

二、魏際昌名學研究的特點與價值

基於上述的認識，當我讀到《先秦諸子的"名學"問題》一文的時候，確實有眼睛一亮的感覺。並爲自己已經出版的著作《中國古代"名"的政治思想研究》未能充分吸收、消化、運用魏際昌名學研究成果而感到惋惜。我發現，魏際昌名學不同於 20 世紀普遍流行的名學研究方式，幾乎完全開出了一條獨特的研究路綫，而這條路綫要更爲接近中國古代名學的真實面貌，因此值得尊重，也值得參考和借鑒。

魏際昌雖然是胡適的弟子，但在《先秦諸子的"名學"問題》一文中，他完全没有提到胡適的第一部著作《先秦名學史》，也没有提到胡適在《中國哲學史大綱》中首先提出的"正名主義"④，這確實有令人不可思議之處。其原因或許有二：第一，《先秦諸子的"名學"問題》撰寫的年代可能正處於胡適在政治上、學術上被全面否定的時期，因此即便是胡適的弟子也不便提及。但"文化大革命"之後，胡適在大陸重獲評價，魏際昌在其《雜憶》中也比較客觀地描述了他作爲胡適弟子所受的教育與彼此的交往，但其中完全找不到胡適在名學方面對他的影

---

① 20 世紀名學研究的整體狀況，筆者做過全面總結和分析，參見曹峰《中國古代"名"的政治思想研究》之"序言 回到思想史——先秦名學研究的新思路"之"三 名家與名學走向偏差的歷史原因"。

② 具體可參曹峰《中國古代"名"的政治思想研究》下編第一章《孔子"正名"新考》和下編第二章《〈荀子〉"正名"新論》。

③ 具體可參曹峰《中國古代"名"的政治思想研究》之後記。

④ "正名主義"是胡適創造的非常得意的一個概念，他在《中國哲學史大綱》一書第四篇《孔子》之第四章《正名主義》中説："我們簡直可以説孔子的正名主義，實是中國名學的始祖，正如希臘蘇格拉底的'概念説'，是希臘名學的始祖。"胡適《中國哲學史大綱》，東方出版社 1996 年版，第 166～167 頁。

響。因此,我推測只能是第二種原因,即魏際昌的名學研究確實没有受到胡適直接的影響,某種意義上他甚至反對胡適開創的以邏輯學爲進路的名學研究路綫①。除了胡適之外,他這篇文章也没有提到與他同時代的其他名學研究方面的著名學者及相關著述②,例如虞愚的《中國名學》③、郭湛波的《先秦辯學史》④,汪奠基的《中國邏輯思想史》⑤,沈有鼎的《墨經的邏輯學》⑥,牟宗三的《名家與荀子》⑦,温公頤的《先秦邏輯史》⑧,伍非百的《中國古名家言》⑨;也没有提到同時代哲學史家思想史家如馮友蘭、張岱年、郭沫若、侯外廬等人對於名家名學的研究。那麽這種無視,是否體現爲學術上的不嚴謹甚至學風的惡劣,即觀點相同或相似,却故意不提呢? 我認爲也不是,因《先秦諸子的"名學"問題》一文確實屬於不同學術進路,魏際昌幾乎不受 20 世紀名學研究風氣的影響,完全是特立獨行、自創一派的。

那麽魏際昌的名學研究具有怎樣的特徵呢?《先秦諸子的"名學"問題》一文的副標題是"從所謂的識字、詁訓談起",其文開篇就説"什麽叫做'名學'? 可以説就是'字學',也就是'訓詁學'。這種學問唯獨我們中國才有,而且起源極早,遠在先秦時代孔仲尼那裏(西元前 5 世紀左右)已經很講求了。因爲我們的'漢字'是以形式爲主附以音義的"。這一上來就明確了作者的立場,那就是通過訓詁亦即通過音形義來闡述名學。這就完全截斷了通過比附西方邏輯學來闡述中國名學的可能,顯示出魏際昌準備走另外一條道路的意向。

魏際昌的諸子名學是從孔子開始講起的,因爲《論語·子路》有"必也正名乎! 名不正則言不順,言不順則事不成"。20 世紀名學研究對於這段話的解釋,筆者在《孔子正名新考》中曾經做過這樣幾個分類:

---

① 不過有一點需要説明,其實胡適中晚年對於訓詁學開始情有獨鍾,這是學界公認的。這一點在魏際昌撰寫的《雜憶》中也有體現,例如《雜憶》之"十四、從《章回小説考證》中,看他的'考據癖'"中,魏際昌提道:"按段注《説文》,訓詁無出其右,即其繼承戴氏考據精神的明證。我們也可以甚至説,胡先生的《中國章回小説考證》,對於明清的長篇小説如《水滸傳》《紅樓夢》……等九部書的考證,巨細靡遺,深入淺出,有所發明、有所發現,從其文學境界的開拓上説,又非戴、段、姚鼐所能比擬的了。"可見魏際昌對於胡適中晚年的考據學非常欣賞,而他又是胡適離開大陸之前帶的研究生,因此這一時期胡適强調訓詁考證的治學風格,也很有可能影響到了魏際昌。

② 以下列舉的著述,有些出版年份或許晚於魏際昌此文的撰寫年代,但他們的主要觀點和學術影響應該早已産生,魏際昌如果願意瞭解,是不難獲取的。

③ 虞愚《中國名學》,臺北中正書局 1970 年版。

④ 郭湛波《先秦辯學史》,上海書店影印 1992 年版。

⑤ 汪奠基《中國邏輯思想史》,上海人民出版社 1979 年版。

⑥ 沈有鼎《墨經的邏輯學》,中國社會科學出版社 1980 年版。

⑦ 牟宗三《名家與荀子》,臺灣學生書局 1985 年版。

⑧ 温公頤《先秦邏輯史》,上海人民出版社 1983 年版。

⑨ 伍非百《中國古名家言》,中國社會科學出版社 1983 年版。

　　第一，"正名"就是正"字"，即"名"爲"字"的意思，"正名"即做文字的規範工作。此説源於鄭玄對《子路》篇的注釋，"正名，謂正書字也。古者曰名，今謂之字"。歷史上持這種觀點的人並不多，直到清代研究《説文解字》的學者，才予以特別的重視，例如盧文弨提出"文與字，古亦謂之名"①，江沅也指出"孔子曰'必也正名'，蓋必形、聲、義三者正，而後可言可行也。亦必本義明，而後形、聲、義三者可正也"②。這一解釋着眼於當時列國"言語異聲，文字異形"，即語言文字之不統一所帶來的種種麻煩。20世紀延續這一進路的人並不多，筆者管見，主要是這樣兩位，首先是郭沫若，他在《名辯思想的批判》一文中指出"這裏所説的'正名'，並不是後人所説的大義名分之謂，而是日常所用的一切事物之名，特別是社會關係上的用語"③。但郭沫若並未就"事物之名"本身做太多的研究，而主要關注的是戰國之際的名辯思潮，作爲一種思想現象，他認爲是社會政治經濟的巨大變動推動了對名實關係的重新認識，由此導致了名辯思潮的發生。其次是李耽，他在《先秦形名之家考察》一書"5 孔子'正名'解"也遵循鄭玄的注釋，但李耽有進一步的發揮，説"名之必可言也"爲"不止'正'字的形、聲、義，而且還要'正'語法和修辭"④。但這一類型的闡釋者在20世紀没有產生太大的影響，倡導的人也非常少。

　　第二，是從名分論角度展開的研究，認爲"正名"就是正"政"。這一解釋以朱熹《論語集注》最爲有名，因爲孔子説這段話是在衛國，而《史記》又有當時衛出公在祭祀上"不父其父"蒯聵而"禰其祖"衛靈公的記載，《論語集注》把兩者關聯起來，爲孔子"正名"賦予了歷史背景，説"是時出公不父其父而禰其祖，名實紊亂矣，故孔子以正名爲先"⑤。這樣"正名"就同圍繞"君臣父子"展開的名分觀、名實觀聯繫起來了。這種解釋是後世最爲流行的，大部分的《論語》注釋本及20世紀幾乎所有的哲學史邏輯史都將"正名"和名分、名實聯繫起來。例如，胡適的《中國哲學史大綱》雖然也是從鄭玄的解釋出發，認爲"名"指的"就是一切名字"，"'正辭'與'正名'只是一回事"，但他進一步闡發孔子的"正名主義"時，還是將它與"是非真假的標準"相繫聯，與"君君臣臣，父父子子"的名分制度聯繫起來⑥。馮友蘭的説法就更有代表性，"孔子以爲苟欲'撥亂世而反之正'，則莫如使天子仍爲天子，大夫仍爲大夫，陪臣仍爲陪臣，庶人仍爲庶人。使實皆如其名"，"孔子以爲當時名不正而亂，故欲以正名救時之弊也"⑦。

　　第三，繼承孔子"正名"之實質在於名實關係的立場，更進一步將其視爲中國古代邏輯思

①　盧文弨《説文解字讀序》，收入段玉裁《説文解字注》，上海古籍出版社1981年版，第789頁。

②　江沅《説文解字注後敍》，收入段玉裁《説文解字注》，第788～789頁。

③　郭沫若《十批判書》，東方出版社1996年版，第235頁。

④　李耽《先秦形名之家考察》，湖南大學出版社1998年版，第19頁。

⑤　朱熹《四書章句集注》，上海書店1987年版，第93～94頁。《史記·孔子世家》雖引用了與《子路》篇基本相同的這段"正名"論，但完全没有談到與衛出公之間的關係。

⑥　參見胡適《中國哲學史大綱》第四篇《孔子》，東方出版社1996年版。

⑦　馮友蘭《中國哲學史》（兩卷本），商務印書館1931年版，第59、60頁。

想的先聲,這樣的觀點尤其在中國邏輯學界流行。例如温公頤《先秦邏輯史》認爲"名"是概念,"言"是判斷。因此孔子已有了概念論、判斷論和推理論①。孫中原《中國邏輯史(先秦)》説"孔丘所謂'名正'(名詞概念正確)主要就是要求名稱與實際一致,名實相符,即語詞、概念與其所指對象一致"②。這是從語言的角度看待孔子"正名"論體現的名實關係。也有調和語言和政治之關係的學者,如崔清田説:"第一,孔丘的'正名'論在思想内容上涉及了名學最根本的問題——名實關係。……第二,孔丘將名實關係問題的研究引介到社會政治生活領域,使先秦名學具有明貴賤,分等級的關注社會現實的思想取向。……第三,它的基本内容包括名的意義、要求,名與名所對應的對象之間的關係及二者何爲第一性,'正名'的方法和標準。"

　　在筆者看來,《論語》中僅僅出現一次,而且語焉不詳的"正名"被後世解釋得如此複雜,如此具有"哲學性",既是歷史上的詮釋不斷踵事增益的結果,也是近代以來被披上西學外衣之後,更加面目全非的結果。因此,孔子"正名"的本來面貌究竟如何,是需要認真探尋的。在《孔子正名新考》一文中,筆者指出:"《論語》的'正名'之所以會被賦予與各種各樣的解釋,很大程度是後人依托後代的'正名'觀去臆測孔子,或者説是在名思想發展史進程中將孔子'正名'從一個虚殼一步步充實成爲一個實體。""正因爲戰國秦漢名思想是從'名實''名分'兩條路綫去發展的,所以後人才會從這兩個角度去附會孔子。""在歷史上孔子第一個意識到了或者説提出了語言對政治的重要性。也就是説,孔子作爲一個政治家注意到預見到了名之不確定性、曖昧性、隨意性對政治會帶來的影響。看到了語言在無法準確表意、或爲人無法準確接受時會出現的政治後果。意識到了'名'作爲明確是非、建立標準之手段對社會政治所能産生的巨大作用。"③

　　如果依據上述的分析,來對照魏際昌的研究,可以發現他的研究方法和主要觀點與第一種類型最爲近似,也與筆者主要從"名"之不確定性、曖昧性、隨意性的角度分析孔子"正名"的意識極爲相似。可惜的是,筆者在撰寫《中國古代"名"的政治思想研究》一書時,無緣看到魏際昌這篇論文,不然一定會獲得很多啓發。如前所述,20世紀的學者中,主要從語言文字角度分析孔子"正名"者,筆者管見,只有郭沫若和李耽,郭沫若在前,魏際昌或許受到他的影響,而李耽的《先秦形名之家考察》一書出版於1998年,從時間上講,有可能是李耽受到其影響。不過考慮到魏際昌此文並未行世,因此兩者進路之相同,或許純屬偶然。李耽《先秦形名之家考察》一書雖然也提到孔子和荀子的"正名",並從形、聲、義的角度來論"名"以及孔子的"正名",但是其書的重點還是在公孫龍子、墨辯等"形名之家",而同樣研究名學,魏際昌此文中公孫龍

① 參見温公頤《先秦邏輯史》第二編第一章,上海人民出版社1983年版。

② 孫中原《中國邏輯史(先秦)》,中國人民大學出版社1987年版,第27頁。

③ 曹峰《中國古代"名"的政治思想研究》之下編第一章《孔子"正名"新考》,第111~113頁。需要指出的是,西方學者如魯汶大學教授戴卡琳也有同樣的觀點,參見曹峰《中國古代"名"的政治思想研究》之下編第一章《孔子"正名"新考》的"附記"。

子、墨辯等"形名之家"却並非重點。相反,很多没有直接提到"名辯"的資料,却成爲魏際昌關注的重要對象,這也是此文的一人特色。

　　例如,關於孔子的"正名",一般的學者包括筆者在内,只會關注《子路》篇"必也正名乎"那段話,而魏際昌的視野則廣闊得多。他認爲"名學"首先是一種"正字書"(鄭玄語)的訓詁學。孔子作爲老師,在教導學生、整理文獻時,首先就要注意語言文字,他不僅利用《論語》,例如"政者,正也"(《顔淵》),"仁,愛人;知,知人"(《子路》),講孔子精通"訓詁學",同時也注意到《説文解字》多次利用孔子之言來談文字的音形義,例如:

　　　　一貫三爲王。

　　　　推十合一爲士。

　　　　黍可爲酒,禾入水也。

　　　　兒,仁人也。在人下,故詰屈。

　　　　烏,旰呼也。取其助氣,故以爲烏呼。

　　　　牛羊之字,以形舉也。

　　　　狗,叩也,叩氣吠以守。

　　　　視犬之字,如畫狗也。

　　　　貉之爲言惡也。

這確實是很有趣的發現,因爲如果孔子不以訓詁聞名,那許慎是不太可能引用孔子之言的,這麽多的引用恰恰證明了孔子在語言文字的確定上花過很大的工夫,並形成了很高的權威。這種權威直到東漢許慎的時代,在世人心目中依然非常清晰。但到了後世,經過經學家的不斷詮釋,孔子在名辭使用時呈現的政治和倫理意義上的微言大義被人不斷闡發不斷深化,而他曾經做過的基礎工作,也就是正字形,定音義的事情,却被人淡忘了。在魏際昌看來,這種小學意義的工作,正是名學的基本内涵,也是孔子名學的重要組成部分,在《子路》篇中,孔子感嘆的"必也正名",無疑就是正字形,定音義的事情,如果連這樣的事情都没有做好,名稱符號莫衷一是的話,那一切政治活動都將誤事。在筆者看來,魏際昌通過《説文》所引孔子之言作爲佐證,對"必也正名"的合理性做出了更爲恰當的解釋。

　　當然,語言文字最終是爲社會生活服務的,所以魏際昌指出:"孔子的'雅言'(雅,正也,常也。雅言,正言,常言),是倫理、道德、政治、軍事、教育、學習甚而至於衛生,各方面都有的。"接着魏際昌分别列舉了"倫理""道德""政治""軍事""教育"等領域,對於"君、臣、父、子"等社會角色,"愛""仁""禮"等道德規範,"德""刑""政"等政治標準,"兵戎""軍旅""攻戰"等軍事行爲,"言傳""用辭"等教育方式,進行了全面介紹,然後總結道:"正名就是認字,詁訓所以通經。無論從字形的結構、辭章的推敲以及義理的建立等任何方面講,孔子都是承前啓後繼往開來、托古改制自我千秋的先行者。"可見,魏際昌完全是從識字、釋義、用辭等小學的角度去理解孔子之正名的。也就是説,孔子的行爲舉動雖然關涉政治社會人生的方方面面,但第一步却是語言文字上的"正名"工夫。

在孔子之後,魏際昌又逐一考察了墨子、孟子、荀子、老子、莊子、韓非子、尹文子,基本上是同樣的套路,即他們是如何從事訓詁的。例如他認爲墨學有其文字訓詁的"名學"和等於"認識論"的"三表法"。在證明"墨子的訓詁文字並不差於儒者"時,他列舉了《經》上下和《經説》上下的許多類似定義的文字。

> 仁,體愛也。(《國語·周語》:"博愛於人爲仁。"《説苑·修文》:"積愛爲仁。"按,此即以愛爲體也,愛人利物之謂。)
>
> 行,爲也。(《論語·述而》:"吾無行而不與二三子者。"事之施布亦曰行,《禮記·月令》:"行慶施惠。")
>
> 義,利也。(《左昭十年傳》:"義,利之本也。"《孝經》唐明皇注:"利物爲義。"畢沅曰:"《易》云:'利者,義之和。'")
>
> 禮,敬也。(《樂記》:"禮者,殊事合敬者也。")

他還指出:"在認識事物的實際上,尤其是社會道德的標準上,墨子跟孔子基本上是一致的。"在《經》上下和《經説》上下中,與認識論、心理學(如"小故""大故""慮"),乃至自然科學(如"體""止""久")的話題相雜,也有不少倫理道德的命題,墨家爲什麽會將這些今天看來完全不相干的話題放在一起。過去一直不能給予合理的解釋,如果沿着魏際昌訓詁學的思路去分析的話,或許可以理解爲這些全都是墨家思想世界中需要闡釋的重要命題。因此,墨家的"幾何學""物理光學""機械"方面的論述也都可以從"訓詁文字"的角度去認識。這樣,魏際昌就在墨家紛繁複雜的知識系統裏面找到了共通的基底,即通過訓詁來達成名實一致的認識,其特點是"一點兒也不違背肯定與否定的規格,實事求是的合乎語法的'判斷',是什麽就是什麽,完全没有'詭辯''臆斷'的情況"。在此基礎上,魏際昌認爲墨家和公孫龍子有一致之處,因爲公孫龍子有名實關係方面的專論:

> 可以肯定地説,墨子和公孫龍子(約西元前 320—前 250)在"名學"論上若合符節。再聯繫到孔子的"正名"説,足以充分證明着,自東周開始以後,名實就開始紊亂不堪,非加以徹底整頓不行了。

這樣,20 世紀名學研究中,被大量學者反復探索、津津樂道的《公孫龍子》却被一筆帶過,因爲在魏際昌看來,東周之際面對"名實紊亂"的社會現實,真正投入大量精力予以整頓的並不是公孫龍子,而是孔子、墨子等人,他們做出許多實際的工作,而公孫龍子那些過於抽象過於理論化的表達,則不説也罷。

　　值得注意的是,在論及墨子"三表法"的時候,魏際昌非常難得地使用了"邏輯學""形式邏輯"等詞彙。"墨子的'三表法',也就是中國最早的'邏輯學''三段論法'。"可見魏際昌並非完全不接受 20 世紀通過邏輯學比照名學的研究理路,但他似乎並不在意這個其他學者極爲熱衷的話題,而是更强調從語言文字之訓詁到政治主張之實踐的重要性。"他跟孔子一般,都是想要選賢使能國泰民安的。這不止在詁訓文字上早已體現出來,他在政治主張上也是毫無例外的。而這'三表法'不只是'口頭禪''形式邏輯',就更不問可知了。"就是説即便"三表法"可以稱爲"形式邏輯",但這種"形式邏輯"所服務的對象和導致的結果,在魏際昌看來更爲重要。

　　循着先語文訓詁,後政治實踐的理路。魏際昌接着考察了孟子,他認爲孟子也是非常懂得訓詁的,他在引述了孟子關於"仁""愛""親""人"的訓詁式表達之後,指出"即此諸訓,仁、愛、親、人,不離於口,不只可以説明孟子詁訓工夫之深,在道德標準上,亦與孔子並無二致的"。接着他在列舉《孟子》常見的"……者……也"以及雙聲叠韵的使用之後,又提出:"這不是釋名以音、循聲知義的老辦法嗎? 而且不乏雙聲叠韵以及重言字的連用,所以我們才説孟子的訓詁學是好的,絕不次於孔子名學。"

　　魏際昌進而指出:"但孟子對於'名學'的最大貢獻,乃是他的'知言'。"即通過説話、論辯的方式,"從發言立説之中,解決實際問題"。其"正名"用力之處在於破除"詖辭""淫辭""邪辭""遁辭":

　　　　這四種"壞話",如果不是堅守孔教深於儒教的人是分辨不出來的。因此,我不能不説,在"正名"這一功力上,孟軻是獨樹一幟別有會心的。這從他們的結語"生於其心,害於其政,發於其政,害於其事,聖人復起,必從吾言矣"(以上所引,並見《孟子·公孫丑》中)也可以看得出來。因爲,這種豪言壯語,比起孔子當日的"名不正則言不順,言不順則事不成,事不成則禮樂不興,禮樂不興則刑罰不中,刑罰不中則民無所措手足"(《論語·子路》)是毫無遜色的,甚至可以認爲是後來居上的。

　　總之,孟子對於文字、言説、論辯的態度,都遵循着"名實相符、説話算數"的前提,尤其在"言辯"的問題上,他有着較之孔子更爲明確的立場、更爲有力的舉措,但這一切都建立在遵循和維護儒家教義的基礎之上。也就是説,並不存在一個獨立的,凌駕於具體學説和政治立場之上的"名學"。

　　魏際昌認爲荀子的"名學"更具有體系性。那就是"提出了一整套有關邏輯、心理的學問"。從"邏輯""心理"的用詞來看,他似乎套用了 20 世紀流行的、可以與西學比較的流行話語,但實際上魏際昌延續的是依然是他獨創的由訓詁論名學的思路。例如關於訓詁文字,如下所示,他找出了《荀子》中一大堆典型的訓詁體表達:

　　　　"傷良曰讒":讒,害也,説好人的壞話。

"害良曰賊":害,損傷;賊,殘害,其性質又甚於説壞話。

"是謂是、非謂非曰直":態度明朗,敢於堅持。

"竊貨曰盜":盜,竊也,指偷竊貨物而言。

"匿形曰詐":詐,欺也,行爲鬼祟。

魏際昌找出的這類表述很多,筆者在此只是列舉了一小部分。他認爲,這種表達"從形式上的簡單明瞭到内容上的要言不繁,都和孔子的精神一致"。魏際昌認爲荀子名學的重心在於指出了"天官"活動的過程,"初步地懂得了心理學上由外部的刺激而引起了神經反應的道理",同時確立了六類"治名"的方法和三種"用名"惑亂的狀況,以及四個"命名"程式,即"名、期、辨、説"。從"天官"活動,到六類"治名"、三種"用名"惑亂,以及四個"命名"程式,這些論述,魏際昌並没有太多超出前人的地方,但也没有圍繞 20 世紀常見的"邏輯"進路展開,他的特色還是在於以訓詁解釋荀子在語言使用、名稱確定等方面的成就和特色。

對於老子的"無名",魏際昌毫不猶豫指出,這是一種挂着"無名"旗號的"有名",因爲他至少使用了"文字符號","如果無名,何以分辨萬物?"《老子》十四章有所謂"視之不見名曰夷,聽之不聞名曰希,搏之不得名曰微",魏際昌認爲"這'夷''希'與'微',不是名稱嗎? 不管你把它們説得如何恍恍忽忽似有似無,總是三個字代表了三般形象吧?"因此魏際昌認爲老子只不過發明了一套特有的詞彙來表達其特殊的思想,"因此之故,我們才説,什麽'虚無'? 即從字面上看已是有名了"。

至於莊子,魏際昌同樣認爲,莊子表面上反對"有名",實際上他也要説話,寫文章。"所以,從'名學'上説,莊周是下了大工夫的,我們必須正視它,研究它。"他認爲莊子尤其在"言""辯"有自己的主張,但這些主張,不過是他的"遁辭"而已。"你要表達思想感情便缺不了'書'(即文字)和'語'(即語言),重視也好,不重視也好,反正都是一樣。想要叫它神秘起來(指意識形態而言),'不言傳'是辦不到的。"接着,魏際昌又舉了一些莊子依然懂得訓詁的例子。如"德,和也"(《繕性》),"道,理也"(《繕性》),"知者,接也"(《庚桑楚》),"性者,生之質也","親而不可不廣者,仁也"(《天地》)。

此文的最後,魏際昌分析了韓非子的"刑名"和尹文的"大道"。他認爲韓非子"刑名"的特色在於"辯言齊備,論理性强","刑名"指的就是"言與事","這言即是法令、名分、言論,這事即是慎賞明罰、循名責實,所以刑名跟法術是分不開的,二者往往聯稱"。正因爲這樣,"韓非説話都是板上釘釘一絲不苟的"。魏際昌舉了韓非關於"法""術""柄""勢""賞罰"的定義,認爲"乾脆簡明,非常的周延,就説它是訓詁文字,也不算過"。總之韓非善於"正名責實確定物類",從而"給刑賞法治建立理論基礎"。韓非的另外一個長處在於懂得"諫言遊説之道",韓非的"諫言十二難"就是這方面的杰作。這在"處士横議縱横騰説的戰國時代",是必不可少的基本功,韓非就是集大成者。

關於尹文的學説,他認爲是一種"不甚著稱的'形名學'"。因爲其學説融匯了名家、儒家、道家、法家，尤其"實物當先，名乃副貳的情況，最能動人聽聞"，而尹文的"名有三科""法有四呈"的學説，則爲"形象之名""道德之名"以及社會的等級秩序、法律規範建立了標準。可惜魏際昌這篇文章這裏有殘缺，整理者指出"中缺原稿81—84頁"，也就是缺了五頁。我推測，尹文之後應該没有别的人物出現，而尹文的部分，很有可能再次列舉訓詁方面的内容，因爲這是他每一篇都會强調的。

這篇文章最後有個"結語"，可惜也只粗略地總結了五點，點評到老莊爲止，後面依然殘缺。

通過以上的分析，可以看出，這確實是一篇20世紀名學研究領域非常奇特的文章。奇特之處在於，雖然此文談的是先秦諸子的"名學"問題，但"名"在裏面卻出現不多。也就是説，其他的學者至少會圍繞着"名"或者與之相關的"實"、"形"（"刑"）、"辯"做文章，就名字、名稱、名號、名分、名位、名理、名法、名實、形名（刑名）、正名、有名、無名展開研究。20世紀名學研究，絶大部分學者的重心在於公孫龍子、惠施、墨辯等名家，通過分析其文本，借鑒采用西學中的邏輯學、知識論，從純粹形而上學的層面，就其思維方式、論説方式做出考察，此時，雖然也知道名學的落脚點在於政治主張，但涉及孔子和荀子的"正名"之説，《韓非子》《管子》《尹文子》《吕氏春秋》的"刑名"之學，只會作爲參考的輔助的資料，有選擇地加以采用，通過名實關係的綫索，來探求中國古代對於存在與意識、語言之關係的認識。可以顯著地發現，這樣的研究，一方面其背後深刻的西學背景無時無刻不在導引着問題意識、材料選擇、謀篇布局乃至結論生成；另一方面，就像筆者在前文中論述的那樣，名學與政治的密切關係，以及在現實中的實際功用，這一更爲重要的層面，則被輕視乃至曲解。

由此來看，魏際昌此文正好與20世紀的學風完全相反。首先，他並没有過度關注公孫龍子、惠施這些胡適以來高度重視的中國古代邏輯思想家，此文八個部分，並未給公孫龍子、惠施設置專門的章節，公孫龍子只是在墨子的部分中稍有提及，惠施則完全没有提及，墨辯只是在論及墨子時做了部分的論述。在20世紀名學研究著作中津津樂道的"白馬非馬""指物論""堅白論""歷物十事""辯者二十一事"則完全没有論及。

雖然魏際昌也使用"邏輯學""知識論"等20世紀名學研究中常見的名詞，以及"幾何""光學""機械"等自然科學名稱，但只是一種偶爾提及的符號而已，並未詳細交代"邏輯學""知識論"和他所謂的名學究竟是什麽關係。

歸根結底，在魏際昌這裏，"名學"等同於"小學"，就是通過訓詁來解釋定義語言文字，並爲促進各自學説的宣揚而發揮表述功能的學問，因此，並不是名家才有名學，並不是提倡"無名"者就没有名學。相反，名家的名學在魏際昌這裏並非重點，在他看來，清晰的思想一定有着清楚的語文表達，因此也就具有相應的名學，在儒家那裏孔孟荀如此，在墨家那裏墨子墨辯如此，在道家那裏老莊如此，在法家那裏韓非尹文如此。這些人都是諸子的杰出代表，因此也有着各自出色的名學。

當名學還原爲小學後，很多問題都變得非常簡單。例如對於孔子的"正名"，後世用太多的名分論、名實論去做解釋，到20世紀更是上升爲邏輯學的先聲，這都有過分解釋之嫌。按照魏際昌的理解,這只不過是孔子注意到了語言表達,即名正言順、言行一致的重要性,反對的是"利口巧辭,多言少實"。從這個角度看,孔子作爲一個教育家,注重"正名"是合情合理的。而戰國諸子爲了宣傳自己的主張,竭力在語言文字上下工夫,也是合情合理的。總之,名學的底色就是訓詁之學,並没有太複雜的成分。魏際昌雖然没有明確地對 20 世紀名學研究的方法和結論予以反對和批判,但是從他完全另起爐竈,自成一家的"名學"來看,顯然他對此是不滿的,並且比較完整地表達了他自己的想法。

我覺得我們從事先秦名學研究的學者,都有必要讀一讀魏際昌的這篇文章,因爲受後世過度詮釋的影響,尤其是受"西體中用"的影響,我們都不自覺地把先秦名學複雜化、哲學化、形而上學化了,似乎不這樣做,無法理解名學的深奥,但魏際昌却啓示我們,有必要將名學做簡單化處理。尤其是啓示我們,如果將名學看作訓詁學的話,那麼在没有"名"、没有"名家"的地方,同樣可以找到古人心目中的名學,這樣也就大大擴充了名學的範圍。

餘論: 魏際昌名學研究的缺陷

綜上所述,在魏際昌看來"名學"其實就是訓詁學的另外一個名稱。他的這種思路,對於糾正 20 世紀名學研究過於偏向邏輯學,亦即過於西化的偏差是有益的,對於剥離歷史上對於孔子"正名"的過度詮釋是有好處的,對於將先秦名學的根基還原爲語言文字之學是有意義的。

但是,我們也容易發現,魏際昌的"名學"進路主要來源於"説文"之學,沿襲"説文"之學,我們確實可以推原先秦名學和語言文字之間的密切關係,爲想象和還原先秦名學的基本面貌創造條件。然而,這條進路可以解决一部分名學的問題,却無法解决名學的所有問題。也就是説,魏際昌的名學實際上又走向了另外一個極端,即過於强調語言文字對於先秦諸子的重要性,因此,他的解釋過程也會發生偏差。例如老子的"無名",這顯然是老子哲學中的重要組成部分,即"道"是無法用常人的感覺和理性去感知、認識、描述、判斷的,同時"道"的作用方式是無形的,基於這一基本立場,老子當然會推出"無名",並在哲學上對"無名"的重要性,在政治學上對"無名"的功能做充分的發揮,這裏面包含着非常複雜深厚的原理。後世以《莊子》爲代表的老莊道家,以《黄帝四經》爲代表的黄老道家,又將"無名"的原理作了充分的發揮。但是魏際昌却一味地强調,老子也是要用"名"來表達其思想的,而且"道"這種存在,"無論怎麼説,恍忽呀,寂寥呀,也無法否定它是名實相符的物體、客觀存在的規律"。爲此,他還借用《韓非子》的《解老》來説明"道"並不虚無,"什麼'虚無',即從字面上看已是有名了"。這就促使魏際昌一定要把老子説成是一個"有名"者,這顯然有違老子本意,因爲不得不使用"名"即語言文字來闡述其思想和老子主張道體以及"道"的作用是"無名",並不矛盾。而且把"道"説成只是一種客觀實體或客觀規律,也把"道"大大窄化了,忽視了其工夫論和境界論。從老子有其獨特的語言文字來看,當然可以説老子也離不開名,但老子思想的關鍵在於他是如何認識如何把握萬物之名以及"道"之名的,這裏面蘊含着豐富的哲理,却因爲魏際昌輕易地把老子視爲"有名"者而被抹殺了。

如前文所言,先秦時期幾乎各家都談"名",而且把"名"的作用提升到了與"禮""法"並重的程度。其原因在於,"名"代表着認識、判斷、命名的過程,一旦"名"確立了,認識對象的内涵、外延、作用、機理、位置也確定了。因此公孫龍子、惠施、墨辯從名稱使用、物性辨析的角度談"名",其討論的内容接近今天學科意義上的自然科學、邏輯學、語言學。孔子、《墨子》、《管子》、《荀子》、《韓非子》、《吕氏春秋》、《尹文子》、《春秋繁露》則從語言使用、名稱管理、名分確定等角度談"名",其討論的内容接近今天學科意義上的政治學、倫理學。如《吕氏春秋》中前後相連的《正名》《審分》兩篇所示,語言的政治作用、名分的秩序功能,是當時社會關於"名"兩個最爲熱門的話題①。至於《老子》《莊子》則從反向的角度探討了語言文字在表達上的有限性,《莊子》更突出了名分名位對於人的戕害和束縛。因此,可以說,先秦名學既可以像魏際昌描述的那樣,散布於各家的訓詁之學中,也應該結合各家關於"名"的認識,對"名"的作用、功能、機理做出全面的考察。過往的研究,受西學影響,名學研究過分集中於以公孫龍子、惠施、墨辯爲代表的名家著作及其原理,而魏際昌的研究又幾乎無視各家對於"名"本身的熱烈討論,因此都是有偏頗的。

魏際昌撰寫此文時,應該可以看到馬王堆帛書《老子》卷前的四種古佚書(現通稱《黄帝四經》),但是他在此文中完全没有提及,《黄帝四經》也大量存在魏際昌熱衷尋找的"是謂""此謂""名曰""命曰""謂之"的句式,呈現出一種類似訓詁的思維方式和表達方式。此外,《黄帝四經》中存在大量關於"名"的論述,可以說其思想結構中,"名"是非常顯著的一環。首先,在《黄帝四經》的宇宙發生論中,"無名"代表着無序和混亂,天下由大亂走向大治,就是一個從"無名"走向"有名"的過程。《十六經·觀》中假借"黄帝"之名描述了"名"的具體生成過程。人間社會的最初特徵在於"無恒"("無常""無序"),即"逆順無紀、德虐無刑、静作無時、先後無名",而建立秩序的過程是"見黑則黑、見白則白"。通過《經法·道法》"刑(形)名立,則黑白之分已",可以得知,"見黑則黑、見白則白"指的正是確立"形名",即確定應有的位置。一旦"名"(有時稱爲"形名")的系統得以確立,並能保持在"正名"之狀態,"執道者"就可以依賴"名"("形名")系統自發地發揮作用,從而達到"無爲"的境界。在從"無名"走向"有名",從而建立世界秩序的過程中,"執道者"有一項非常重要的任務就是"審名"和"定名","審名"和"定名"實際上代表了其政治活動的主要展開。如果以《論約》篇爲例,這一活動又可以分爲三步:

第一步:"執道者之觀於天下也,必審觀事之所始起,審亓(其)刑(形)名",即審查對象之"形""名"是否處於正確的應有的位置。

第二步:"刑(形)名已定,逆順有立(位),死生有分,存亡興壞有處(處)。"通過確認對象之形名,看穿對象的最終結局。

---

① 具體可參曹峰《中國古代"名"的政治思想研究》下編第五章《〈吕氏春秋〉所見"名"的政治思想研究》。

第三步:"然後參之於天地之恒道,乃定禍福死生存亡興壞之所在。"如果"執道者"要進一步采取行動的話,那就是賦與對象和其"名"相應的賞罰①。

在此,筆者只是借助《黄帝四經》的例子,證明名學在先秦哲學思想、政治思想中占有何等重要的地位,"名學"作爲認識、描述和判斷的過程,確實體現在了語言及思想的表達上,但"名學"也體現爲各家對於"名"之作用、機理、功能的探索與反思,魏際昌雖然意識到這一點,但其重心主要圍繞訓詁展開,而對於諸子書中大量的直接論"名"的内容却選擇回避,這就使得其"名學"的範圍變得過於狹隘。

我相信,魏際昌的"名學"研究有很高的學術價值,那就是啓發我們認識到"名學"的基礎或者先聲在於語言文字的正定。但即便是訓詁的"名學",只要有不同的立場、不同的思想,就可以產生不同的訓詁結果。此外"名學"還有其他豐富的面向,例如對於人的認識活動、表達過程的考察和分析,這以墨辯和公孫龍子的"名學"爲代表;例如對於在世界秩序形成過程中"名"之作用的認識,這以老子和黄老道家的"名學"爲代表;例如對於語言表達以及思維活動有效性的反思,這以老子和莊子的"名學"爲代表;例如對於名稱名分制度在現實政治中作用的考量,這以部分儒家和法家的"名學"爲代表;例如通過"形名參同""名實一致"理論助力君主專制體制,這以《管子》《韓非子》《尹文子》的"名學"爲代表;例如對於語言使用和意識形態管理的強調,這以《荀子》的"名學"爲代表。如果我們把上述豐富而龐雜的"名學"思想做出縱向的梳理,那麽,儘管這是推理,但我認爲這或許是合理的,那就是類似訓詁學的"名學"發生較早,並且延續的時間也較長,而對於"名位""名分""名理""名教""名實""刑名"等問題的認識及其深化,這相對較晚②。後起的名學更重視對於"名"之原理、作用的考察。而"正名"則既可以用於訓詁學意義上的"名學",也可以用於知識論、政治學意義上的"名學"。因此必須區别對待,不可混爲一談。

[作者簡介] 曹峰(1965—　　),山西靈石人。中國人民大學哲學院教授、博士生導師、教育部"長江學者"特聘教授。現任老子學研究會副會長、秘書長、中華孔子學會常務理事、國際易學聯合會常務理事、中國哲學史學會常務理事、武漢大學中國傳統文化中心兼職研究員、華東師範大學兼職教授。著有《老子永遠不老:〈老子〉研究新解》《中國古代"名"的政治思想研究》《近年出土黄老思想文獻研究》《楚地出土文獻與先秦思想研究》等,譯著有《郭店楚簡〈老子〉新研究》《睡虎地秦簡所見秦代的國家與社會》《道家思想的新研究——以莊子爲中心》《史記戰國史料研究》等,在《中國社會科學》《哲學研究》《哲學與文化》等刊物上發表論文180餘篇。

---

① 具體可參曹峰《近年出土黄老思想文獻研究》(中國社會科學出版社 2015 年版)第二編第四部分第二章《"名"是〈黄帝四經〉最重要的概念之一》,第 410～441 頁。

② 這可能也不是絶對的,筆者曾考察早期社會中的用名禁忌,認爲這是中國人爲何重"名"的重要原因,參見曹峰《中國古代"名"的政治思想研究》上編第一章《關於"名"的政治禁忌》。

魏際昌先生的"名學"與訓詁哲學

張　涅

内容提要　魏際昌先生的"名學"着重於"名實"關係的研究,"實"主要指向哲學思想領域;與一般的落實在"名"範疇内的研究不同。據遺作《先秦諸子的"名學"》等可知,魏先生由"名"而"實",對於諸子的思想特質和體系、相互間的思想關係以及先秦學術思想的發展史都有闡釋梳理,見識明達,形成了系統。這種研究方法和路徑,實與近現代以來的訓詁哲學一脉。其強調思想研究從"名"開始,即認爲應該依據客觀文本來領會諸子思想,相關的闡釋不能脱離歷史的客觀可能。這在以西學觀念和範式爲導向的時代稱得上不凡,對於當代的"新子學"研究也有啓迪意義。

關鍵詞　魏際昌　諸子學　名學　訓詁哲學

中圖分類號　B2

　　魏際昌先生(1908—1999)是胡適先生的碩士研究生,其"一生向學,命途多舛;著作等身,而散佚孔多"①。留存下來的著作,經方勇教授及其弟子等的整理,有《紫庵文集》十一册(包括魏先生的手迹影印及其夫人于月萍老師著作)。這些都是學術上的貢獻,其中有關先秦諸子思想和中國古代文學等領域的研究尤值得重視②。限於學識和篇幅,本文着重討論魏先生的"名學"研究成果。

　　魏先生的"名學"與落實在"名"範疇内的研究不同,一般所言的名家都在"名"範疇内做文章,而魏先生還着重在"名實"關係方面。但是,其與"名"相對應的"實"主要指向哲學思想領域,較之政治倫理範疇有質的拓展。這樣實質上是由"名"入手而展開的諸子思想研究,與近現代以來的訓詁哲學一脉。其中《先秦諸子的"名學"問題》是概述性著作,其他《先秦兩漢訓

---

① 方勇《〈紫庵文集〉序》,《紫庵文集》(第一册),人民出版社 2022 年版,第 25 頁。

② 主要有《中國古典文學講稿》《中華詩詞發展小史》《漢魏六朝賦》《鄭公孫僑大傳及其年譜》《先秦學術散論》《先秦散文研究》《〈論〉〈孟〉研究》《先秦諸子的"名學"問題》《諸子散論》《先秦兩漢訓詁學》《桐城古文學派小史》等 20 種,收録在《紫庵文集》。

詁學》和《先秦學術散論》《先秦散文研究》《〈論〉〈孟〉研究》《諸子散論》等基本上循着"名學"路徑展開。故而筆者以爲,從這個"名學"問題入手,是全面理解魏先生學術思想的門徑。而研究的意義至少有二:一是描述另一種與西學範式不同的諸子思想研究典例,以更全面地瞭解百年來的諸子學史;二是能促進現時代諸子研究方向的思考,啓迪"新子學"的展開。

一

　　方勇説:"先生曰:'正名就是認字,詁訓所以通經。'此正先生名學之要義也。"①確實如此,讀《紫庵文集》,可見魏先生對於這一點的反復强調。這個"名學"自然屬於傳統的名家研究一脉,可認爲是傳統名學研究發展的成果。換一個角度,從現代學術分科看,屬哲學思想領域;具體地説,是一種訓詁哲學。

　　名學研究"名實"關係以及"名"的指稱意義,本質上是關於人的認識的認識。早期名學着重研究"名實"關係,後來則落實在"名"的指稱意義方面。因爲人的認識不外個體性和群體性兩個方面的要求,個體性方向往往由經驗的感性化而趨向直覺主義,群體性方向則總是因爲實踐的理性化而走向邏輯主義。先秦名學的發展即循着這兩條路向,前者以《公孫龍子》和《莊子·天下》的"十事""二十一事"爲代表,後者在《墨經》《荀子·正名》中最典型②。這兩派都圍繞着"名"展開,後來一般所認爲的名家,也只是指稱這些討論"名"之意義的學者。各家都討論過"名實"關係,因爲落實於"實"的社會政治意義,也就分屬於各家思想而不稱爲名家。這樣的劃分和指稱當然有合理性,後期"名"意義的探究在認識論上確實有巨大意義,但是假如以爲名學朝着這個方向發展才有價值則也是不周的。"名實"關係是"名學"的基本問題,"實"對應的社會政治處於不斷的發展變化中,"名實"關係的認識自然也需要再發展,其意義也是值得重視的。學界周知,早期"名實"關係的研究主要在政治、倫理領域。孔子説:"必也正名乎!"③就是針對當時衛國政權狀態而言。深入到思想史領域的認識正是"名實"關係研究的質的拓展,故而魏先生有關"名學"的思考是傳統名學研究的一部分,在名學史上是不該忽略的。

　　對於現代學界來説,可能更有興趣從訓詁哲學的視角來認識。訓詁哲學是由文字解釋入手而展開的思想認識。它强調思想認識應該落實在文本基礎上,通過訓詁才可能有客觀性。這種研究方法和路徑也是有學術史傳統的,明清以來,學界在總結漢學與宋學的特點和優長時,就已經認識到思想闡釋需要與文字訓詁結合起來。例如戴震説:"治經先考字義,次通文

---

① 方勇《〈紫庵文集〉序》,《紫庵文集》(第一册),第 20 頁。
② 參見張涅《先秦名學發展的兩條路向》,《哲學研究》2018 年第 2 期。
③ 朱熹《四書章句集注》,中華書局 1983 年版,第 142 頁。

理,志存聞道,必空所依傍。……有一字非其的解,則於所言之意必差,而道從此失。"①黃以周説:"學者欲求孔聖之微言大義,必先通經。經義難明,必求諸訓詁聲音,而後古人之語言文字,乃憭然於心目。"②清代學者研治諸子,也是借用治經的方法,如許維遹説的"旁及諸子,亦循此術"③。

晚清以後諸子學發達,明確倡導訓詁哲學且產生較大影響的是章太炎。他曾經説道:"弟近所與學子討論者,以音韵訓詁爲基,以周、秦諸子爲極,外亦兼講釋典。蓋學問以語言爲本質,故音韵訓詁,其管籥也;以真理爲歸宿,故周、秦諸子,其堂奥也。"④故陳平原以爲:"單純的小學研究或諸子學研究,均未盡太炎學説精妙處。正是這種兼及'管籥'與'堂奥','實'、'虚'結合,最能體現章氏治學的特色。"⑤這一方向,開始胡適也是肯定的,他説:"我們今日的學術思想,有這兩個大源頭:一方面是漢學家傳給我們的古書;一方面是西洋的新舊學説。這兩大潮流匯合以後,中國若不能産生一種中國的新哲學,那就真是辜負了這個好機會了。"⑥而且強調:"因爲通過訓詁的研究,我們才能擺脱傳統訓釋者的主觀偏見,並對古籍的真實意義獲得正確的理解。"⑦這顯然是訓詁哲學的方法和路徑(雖然他後來引領思潮的《中國哲學史大綱》偏向了西學路徑)。後來,也有不少學者繼承發揚這一路數。例如饒宗頤就強調:"我以爲我們應該提倡訓詁哲學。""歷史上若干重要觀念的疏通證明,非采用訓話學方法難以解決問題。"⑧張豐乾也説:"所謂'訓詁哲學',以筆者愚見,就是以語詞的訓詁爲基礎,進一步闡發文字、文本和經典的哲學意義,亦可以稱之爲'辭理互證'。"⑨

魏先生有關"名學"的思考,實質上也應該屬於訓詁哲學的路數;從學術史上講,是這一路向的重要一環。在《先秦諸子的"名學"》一文中,魏先生開篇就説:"什麽叫做'名學'? 可以説就是'字學',也就是訓詁學。"⑩隨後由訓詁導出相關的思想研究。此即訓詁哲學的範式,且始終貫穿在對於諸子思想的研究中。一方面,他指出諸子有通過"名"來闡述思想的自覺,"名學"是諸子文本的客觀存在。例如關於《論語》:"孔子的'雅言'(雅,正也,常也。雅言,正言,常言),是倫理、道德、政治、軍事、教育、學習,甚而至於衛生,各方面都有的。"⑪關於《孟子》:

---

① 戴震《孟子字義疏證》,中華書局 1961 年版,第 173 頁。
② 黃以周《儆季子粹語》,王兆芳録《黄式三黄以周合集》第十四册,上海古籍出版社 2014 年版,第 585 頁。
③ 許維遹《吕氏春秋集釋·自序》,中華書局 2009 年版,第 7 頁。
④ 引自陳平原《〈國故論衡〉導讀》,章太炎《國故論衡》,上海古籍出版社 2003 年,第 14 頁。
⑤ 同上。
⑥ 胡適《中國哲學史大綱》,上海古籍出版社 1997 年版,第 6～7 頁。
⑦ 胡適《先秦名學史》,學林出版社 1983 年版,第 1 頁。
⑧ 饒宗頤《"貞"的哲學》,《華學》第三輯,紫禁城出版社 1998 年版,第 13 頁。
⑨ 張豐乾《訓詁哲學——古典思想的辭理互證》,巴蜀書社 2020 年版,第 2 頁。
⑩ 魏際昌《先秦諸子的"名學"——從所謂的識字、訓詁談起》,《紫庵文集》(第一册),第 133 頁。
⑪ 同上,第 134 頁。

"孟軻的政治思想、道德哲學,主要是發展了孔子的,在名學上也是一樣。他雖然没有正面講什麽'名不正,則言不順','雅言'什麽《詩》《書》《禮》《樂》,實質上却是非常懂得訓詁,尤其是關於言辭的。"①關於《韓非子》:"正名責實確定物類,自然是給刑賞法治建立理論基礎的。"②關於《荀子》:"不只發展了孔子的'正名'思想,寫成了專論的《正名篇》,而且根據'名'(語言文字的符號)必須反應'實'(客觀存在的事物)的道理,提出了一整套有關邏輯、心理的學問。"③

另一方面,在具體的研究中,魏先生也是把文字訓詁與思想研究的統一作爲一個範式而貫徹始終。我們看一段文字即知:"孔子最主要的道德規範乃是'愛人''泛愛衆'的'仁'(語見《論語》的《顔淵》《學而》。泛,普遍的意思。衆,多也,三人爲衆。仁,二人,相人偶也。從字形上就反映着,在社會之中,不只有己還有别人,彼此依存,是應該互相關懷的)。僅就《論語》而言,談到'仁'的地方多至五十八條,其字凡一百五見。所以,我們才説,它是孔子人生哲學的中心思想。"④再如:"韓非之説'刑名',關於'法''術''勢'等都是數語破的,等於定義,提網挈領,確切不移的。""乾脆簡明,非常的周延,就説它是訓詁文字,也不算過。"⑤顯然,魏先生以爲,絶對地遵循文本、把思想闡釋落實到文字原義中的"名學",既是諸子文本的客觀表達形式,也是深入領會其思想的必由路徑。

二

由魏先生的"名學"入手,可知其關於先秦諸子思想的認識。雖然不少著作没有傳下來,《紫庵文集》所收的也多爲講稿、殘稿,論之未詳,缺略不全,但是其全面思考和系統構架的表達還是明晰可見。而且認真地閱讀梳理,能發現散落其中的真知灼見。這從下面的例述即可知曉:

其一,關於思想特質的把握。對於諸子思想的認識,首先得領會其思想的創造性所在。此爲與其他諸子的區别,也是其思想特質的表現,故而後人的討論争鳴往往集中在這一點。對此魏先生也多有判定,觀點明確且相當周全。例如關於《老子》思想,一般都認爲核心在"道",但是具體的意義何在? 衆説紛紜,至今未休。主張"道法自然"的,對於"自然"的所指也至少有兩種解釋影響很大:(1) 客觀自然,(2) 自然而然。魏先生贊同前説,他認爲:"從'人法地,地法天,天法道,道法自然'的結語上看,我們可以瞭然了:'道'和'自然',原來是同義辭。因之,

---

① 魏際昌《先秦諸子的"名學"——從所謂的識字、訓詁談起》,《紫庵文集》(第一册),第 134、149 頁。

② 同上,第 134、174 頁。

③ 同上,第 155 頁。

④ 同上,第 135 頁。

⑤ 同上,第 177 頁。

無論怎麼説,恍忽呀,寂寥呀,也無法否定它是名實相符的物體、客觀存在的規律。"①這個觀點應該是受到了當時唯物、唯心兩派争論的影響,但是其論證的方式顯然是基於訓詁的。

再如關於《論語》的核心思想是"仁"還是"禮"的問題,學界多有分歧。魏先生一方面肯定"仁"是"孔子的思想主體"②,同時又强調研究孔子思想需要從"禮"入手:"'禮'之爲用,包羅萬象,孔子一生都重點地談到過實踐過(如見於《論語》《周禮》和《儀禮》等書中的)。如果我們不以它爲中心來從事研究,怎麼能够洞徹孔學的真髓及其一系列的成就呢?"③因此明確指出:"'仁'之與'禮',乃是一表一裏,一個思想一個行動,所謂'仁'心'執禮',二位一體的德化而已。"④這樣把兩者統一起來認識,較之簡單地强調"仁"或"禮"爲核心顯然更合乎文本客觀,更爲周全。

民國時期,疑古思潮興盛,若干諸子著作被判爲僞作而被忽略。例如《尹文子》,劉咸炘説:"吾疑亦如《列子》真書存者無多,而後人附益之耳。"⑤吕思勉説:"此書上篇,陳義雖精,然亦有後人竄入之語。……下篇則决有僞竄處。"⑥故不少系統介紹諸子學説的著作未予重視⑦。魏先生則接着其師胡適《先秦名學史》的觀點,從思想史發展的角度給予充分肯定。他認爲:"尹文體現於《大道》裏頭的'正名'思想,是非常之精到的。""尤其是他特别指出,實物當先,名乃副貳的情况,最能動人聽聞。"⑧從名學發展的過程講,重視《尹文子》當有思想邏輯的合理性。

其二,關於思想體系的疏述。現代以來,諸子學研究的發展主要表現在思想體系的建構方面。傳統的子學不着力於此,從《荀子·非十二子》等開始,已經有對於諸子思想特質的認識,但是一直到近代都缺乏系統性的闡述。即使明末清初的傅山,對於諸子的思想價值有深刻全面的把握,也還是傳統評點式的。到了章太炎、胡適以後,受西學影響,建構思想體系才成爲規範。魏先生的"名學"由訓詁而思想哲學,也着力於諸子思想體系的疏述。例如關於《墨子》思想,指出其"既有自成體系的'墨學'(以"兼愛"爲學派的主要思想),又有文字訓詁的'名學',和等於'認識論'的'三表法',當然都是想要'救時之弊,因爲之備'的"⑨;而且對其自然科學部分,又分主要的"幾何學""物理光學""機械"三部分,及"理論力學""機械製造""土木

---

① 魏際昌《先秦諸子的"名學"——從所謂的識字、訓詁談起》,《紫庵文集》(第一册),第165頁。

② 魏際昌《〈論〉〈孟〉研究》,《紫庵文集》(第一册),第90頁。

③ 魏際昌《諸子散論》,《紫庵文集》(第一册),第243頁。

④ 魏際昌《先秦諸子的"名學"——從所謂的識字、訓詁談起》,《紫庵文集》(第一册),第135頁。

⑤ 劉咸炘《子疏定本》,《劉咸炘學術論集·子學編》,廣西師範大學出版社2007年版,第96頁。

⑥ 吕思勉《經子解題》,華東師範大學出版社1995年版,第174頁。

⑦ 例如陳柱《諸子概論》,廣西師範大學出版社2010年版;李源澄《諸子概論》,華東師範大學出版社2009年版;嵇文甫《春秋戰國思想史話》,北京出版社2016年版。

⑧ 魏際昌《先秦諸子的"名學"——從所謂的識字、訓詁談起》,《紫庵文集》(第一册),第178頁。

⑨ 同上,第139頁。

工程""城防武器"等①。這些認識當吸收了學界的研究成果,其認識的全面性、系統性可見一斑。

諸子思想體系的建構總是先確立中心觀點,然後從若干方面加以論證:文本中相關的材料有選擇地作爲論據進入論證過程中,那些對於論證不利的一概忽略。魏先生則因爲堅持從"名"出發的立場,對於文本有客觀、全面的認識,故而在系統性認識的同時還重視其中内在的思想矛盾。例如關於《論語》,魏先生特别著有《談談孔子的思想體系》一文,具體列述在世界觀、認識論、人性論、仁的觀念、政治觀念、神的觀念等方面的矛盾②。在那個西學範式幾近一統學界、圍繞核心觀點加以系統論證成爲不二法則的思潮下,這樣的研究無疑顯示出獨立性。其雖然没有深入分析造成矛盾的原因③,也已經極爲難得。

其三,關於諸子之間思想關係的辨别。對於諸子思潮作全面的認識,必然會注意到諸子之間的思想關係。《漢書·藝文志》引《易》曰:"天下同歸而殊塗,一致而百慮。"④歷代學者一般都强調"殊塗""百慮"的差别性一面。魏先生也重視這一點,例如關於孔孟與荀子"天""天命"觀的區别,就説道:"荀子的'天論'主要解決了下列的幾個問題:一是,天没有意志,天管不了人;二是,人不應怕天,人反爾能够管天;三是,人的聰明才智不是天給的;四是,要解決人間的問題該當從哪裏找原因,想辦法。"而"照孔孟的説法,天是有意志的,它能把天底下所有的人和事都管起來,只有聽'老天爺'的話,才能生存⑤。

但是魏先生不忽略其作爲時代思潮的"一致"方面。例如關於孔墨關係,一般認爲兩者是尖鋭對立的。《淮南子·俶真訓》記:"周室衰而王道廢,儒、墨乃始列道而議,分徒而訟。"⑥侯外廬、牟宗三等還認爲百家爭鳴是從孔墨開始的⑦。韓愈説"孔子必用墨子,墨子必用孔子"⑧,屬於絶對的少數派,但是也没有具體闡述。魏先生則認爲:"在認識事物的實際上,尤其是社會道德的標準上,墨子跟孔子基本上是一致的。如仁爲體愛,義乃利人,忠是克己,孝在養親之類均是(雖然墨子之"愛無差等"跟孔子的"親親爲大"稍有不同)。"⑨還特别指出:"誰説墨子是'無父無君'的? 他跟孔子一般,都是想要選賢使能國泰民安的。這不止在詁訓文字上

① 魏際昌《先秦諸子的"名學"——從所謂的識字、訓詁談起》,《紫庵文集》(第一册),第142～144頁。

② 魏際昌《諸子散論》,《紫庵文集》(第一册),第234～241頁。

③ 筆者以爲是《論語》文本表達的特定性造成的。參見張涅《走近諸子的另一條路徑》,《光明日報》2019年3月2日。

④ 班固《漢書》,中華書局1962年版,第1746頁。

⑤ 魏際昌《諸子散論》,《紫庵文集》(第一册),第345頁。

⑥ 張雙棣《淮南子校釋》,北京大學出版社2013年版,第225頁。

⑦ 參見侯外廬《中國古代思想學説史》,遼寧教育出版社1998年版,第19頁;牟宗三《中國哲學十九講》,上海古籍出版社1997年版,第54頁。

⑧ 韓愈《讀墨子》,馬其昶校注《韓昌黎文集校注》,上海古籍出版社2014年版,第45頁。

⑨ 魏際昌《先秦諸子的"名學"——從所謂的識字、訓詁談起》,《紫庵文集》(第一册),第141頁。

早已體現出來,他在政治主張上也是毫無例外的。"①這個觀點尚没有被學界普遍認同,還是一家之説。

　　魏先生重視諸子思想的"一致"性方面,當是從時代思潮的共性出發的。一個時代有一個時代的思想任務,諸子的争鳴都是在回答時代的問題,必然有"一致"性可見。故而魏先生指出:"自東周開始以後,名實就開始紊亂不堪,非加以徹底整頓不行了,所以,直到秦始皇統一天下消减六國的前夕,各派學者都在拼命地喊它。"②"在'正名'的觀點上,名家、儒家,甚至也可以包括道家、法家在内,都可以説是並無二致的。"③故而他重點闡釋諸子的政治思想,反對游離(甚至脱離)政治的討論闡釋。例如不少學者認爲孔子的政治思想是反動的,只贊同其教育思想和實踐。魏先生則强調:"孔子是以教育爲達成和延續他的政治鬥争的工具的。"④

　　其四,關於先秦學術思想史的梳理。這個工作是從《莊子·天下》開始的,至胡適《中國哲學史大綱》出版以後,學者更普遍地着力於此。魏先生在這方面也有許多見識,他的《先秦諸子的"名學"》一文列述從孔子、墨子至韓非子、尹文子的"名實"理論,即是依據其與胡適《先秦名學史》不同的"名學"認識而對於先秦名學史所作的系統梳理。其他如《諸子散論》,雖然由多篇論文組成,内在的學術史綫索也條貫可見。《先秦散文研究》的提綱也可見系統性的規劃。有關學術史的重要關節,魏先生也有通達的闡述,例如説:"孟子對於'名學'的最大貢獻,乃是他的'知言':曉得如何務實,'反身而誠'(同上,《盡心》。誠者,實也。自思其所施行,皆能實而無虚),從發言立説之中,解決實際問題。"⑤魏先生没有留下大部頭的學術史著作,但是片言隻語中多見宏觀的認識和規劃。

　　在 20 世紀 30 年代,魏先生已開始"名學"研究⑥。《先秦諸子的"名學"》等的形成約在 20 世紀 70 年代末至 80 年代初,無疑是長期思考的結果。雖然其中大多數成果成形的確切時間尚不清楚,不能確定這些觀點是接受了學界的最新研究成果還是自己的思想原創,但是魏先生的諸子研究一直處在學界前沿是顯然的。

三

　　魏先生的"名學"有自己的獨立認識,當然也是有所傳承的。因爲魏先生是胡適先生的弟

---

① 魏際昌《先秦諸子的"名學"——從所謂的識字、訓詁談起》,《紫庵文集》(第一册),第 147 頁。

② 同上,第 146 頁。

③ 同上,第 178 頁。

④ 魏際昌《先秦諸子散論》,《紫庵文集》(第二册),第 125 頁。

⑤ 魏際昌《先秦諸子的"名學"——從所謂的識字、訓詁談起》,《紫庵文集》(第一册),第 150 頁。

⑥ 《北强月刊》1935 年第二卷第三期即刊有魏先生的《先秦諸子論學拾零》。其以"學字釋詁"爲"代序",並涉及諸子百家。

子,我們就想當然地認定是從《先秦名學史》《中國哲學史大綱》那裏發展過來的。確實,兩者的聯繫是可以找到的。例如胡適曾認爲:"古代本没有什麽'名家',無論那一家的哲學,都有一種爲學的方法。這個方法,便是這一家的名學(邏輯)。"①魏先生由"名"的門徑進入諸子思想領域,也是認爲各家都有"名"的認識。胡適有關"名學"的研究落實到思想領域,例如闡述"孔子的邏輯"時説道:"孔子把'正名'看作是社會的和政治的改革問題的核心。""我們可以容易地看到'正名',並不就是文法學家或辭典編纂者的任務,而是我所説的思想重建的任務。它的目的,首先是讓名代表它所應代表的,然後重建社會的和政治的關係與制度,使它們的名表示它們所應表示的東西。可見正名在於使真正的關係、義務和制度盡可能符合它們的理想中的含義。"②這也正是魏先生"名學"研究的旨意所在。

當然,具體的認識有許多不同,可謂是批判發展。例如胡適把《老子》放在《論語》之前,以爲處於"名"與"無名"的糾結中:"老子雖深知名的用處,但他又極力崇拜'無名'。"③魏先生則把《老子》放在戰國中後期,並且認爲:"説者通常認爲老子(年代不詳,孔子及見之)是主張清静無爲不著名物的,所以不講求'正名'之學,我們的看法不是這樣的。正是因爲他以'無爲'對待'有爲','無名'對待'有名',流傳到現在叫我們知道了,就證明他也是使用了文字符號的,那《道德經》五千言,不即是憑據嗎?"④在現有文獻條件下,《老子》形成的年代都是難以確證的,但是從思想史發展的邏輯看,魏先生的解釋與不少學者相同,該是有合理性的。

再如,胡適認爲莊子本質上否定認識的可能,所以也是否定名學的:"莊子是如此地崇奉自然歷程的無限和無所不足,以致把一切人爲的努力都看作徒勞,並且把人的認知都看作是必定不完全和不適當的。"⑤魏先生則認爲:"人們説莊周'蔽於天而不知人',他是反對'有名'的,所以不該算什麽'名學'家。其實,恰恰相反,正是由於他吃透了'人間世'(戰國後期的兼併戰亂),這才不願意做無謂的'犧牲',這才逃避現實,企圖'全真保性',復返自然的。對於'名物'的看法也是一樣,他認爲:天地萬物雖然千差萬别,却是自己在發生變化着的,人力無奈之何,用不到妄事紛擾;一切是非、善惡、大小、美醜,都是相對的,有它'是'的一面,也有它的'非'的一面,區分爾我正反實無必要。……從'名學'上説,莊周是下了大工夫的,我們必須正視它,研究它。"⑥這些可見魏先生對於其師的學術觀點是有許多修改的。

當然,魏先生"名學"研究的價值不只在上述的個人性見解上。我們閲讀《先秦諸子的"名學"》等著作,明顯地感覺到其與百年來占據學界主流的學術範式的不同。學界周知,胡適等

---

① 胡適《中國哲學史大綱》,第 135 頁。

② 胡適《先秦名學史》,第 27、29 頁。

③ 胡適《中國哲學史大綱》,第 43 頁。

④ 魏際昌《先秦諸子的"名學"——從所謂的識字、訓詁談起》,《紫庵文集》(第一册),第 163 頁。

⑤ 胡適《先秦名學史》,第 124 頁。

⑥ 魏際昌《先秦諸子的"名學"——從所謂的識字、訓詁談起》,《紫庵文集》(第一册),第 167 頁。

開啓的現代諸子學研究受到西學範式的影響,普遍地從概念出發,通過邏輯推理來建構思想體系。胡適雖然强調諸子學術有兩大源頭,但是重點放在西學的路徑上。他用進化論來闡釋莊子思想、用實用主義闡釋墨子即是典例。百年來,這一方向的發展蓬蓬勃勃,其接引了西方哲學文化思想,促進中華民族思維水平的提升,意義當然巨大。但是問題也很顯然,其中根本上的一點就是並非從諸子文本出發,不是基於中國文化的本源。20 世紀 80 年代以後,這種傾向更趨於明顯,學界似乎都在解決黑格爾説的"缺少概念的規定性"[1]的問題。一些學者已經注意到這個問題,例如姚新中等説:"用自己不熟悉的西方哲學的概念、術語、理論來解讀與詮釋中國本土的哲學和思想,這樣固然有利於中國哲學與世界哲學之間的對話和交流,但更容易導致將西方哲學的範疇、框架、體系生搬硬套、牽强附會地運用到中國傳統哲學的概念和術語上,從而致使西方哲學範疇和中國哲學思想之間的方枘圓鑿,比如至今仍在中國哲學中被使用的本體論、存在論、唯物主義、唯心主義、物質、精神等概念,實際上都是以西方哲學(包括後來的馬克思主義哲學)的話語透視中國哲學的結果。"[2]顯然,現在已經到了重視這個問題並着力解決的時候了。

在此背景下,我們再來看魏先生的"名學"主張,當能認識到其價值所在。魏先生强調諸子思想的研究應該從"名"出發,要求首先領會諸子文本所固有的思想特質,在此基礎上再做系統性的梳理。這是從形式與内容兩方面保障諸子思想和中國文化研究的自覺,其匡正時弊的意圖顯而易見。田鵬説:"在他構建的名學研究體系中,其他學科的知識都只能在確定名實關係的前提下作爲旁證,視爲不同學科間的對比,不能用以解釋名學問題的本意。義理闡釋的價值傾向也把中國自己的哲學放在第一位,避免了盲從西哲造成的錯誤類比。"[3]正是如此。顯然,這也正是訓詁哲學研究所倡導和追求的。因此可以認爲,魏先生的"名學"實質上屬於訓詁哲學一脉,他是這一學派的重要成員。

魏先生的這個"名學"認識也給予現時代的諸子學發展以啓發。十年前,方勇教授提出"新子學"理念,也是針對百年來諸子學研究產生的問題,出於對西學範式的反思。《"新子學"構想》一文指出:"西方的人文主義傳統是在其自身文化土壤中生長出來的,有着與中國文化傳統截然不同的氣質和體系。"[4]我們若照搬西方學術的研究方式,"結果是使子學漸漸失去理論自覺,淪爲西學理念或依其理念構建的思想史、哲學史的'附庸'"[5]。故而提出諸子研究需

① [德] 黑格爾著,北京大學哲學系外國哲學史教研室譯《哲學史講演録》第一卷,三聯書店 1956 年版,第 132 頁。

② 姚新中、陸寬寬《中國哲學創新方法論研究》,中國人民大學出版社 2019 年版,第 159 頁。

③ 田鵬《承先啓後　詁訓通經——魏際昌先生先秦名學研究述論》,《諸子學刊》第二十三輯,上海古籍出版社 2021 年版,第 436 頁。

④ 方勇《"新子學"構想》,《方山子文集》(第 1 册),學苑出版社 2020 年版,第 6 頁。

⑤ 同上。

要有"新"的研究範式和方法:"其學術理念、思維方式等皆與民族文化精神、語文生態密切相關。對相關學術概念、範疇和體系的建構,本應從中國學術自身的發展實踐中總結、概括、提煉而來。"①即强調諸子學研究要從當下的問題出發,不必圍繞引進來的西學概念展開;要進入諸子的語境中理解其本旨,不能作爲某個西學理論的詮釋②。顯然,這些理念與魏先生的"名學"主張是一個路向的。當然,"新子學"理念後出,考慮得更周全,表達得更明確。

這裏也可看出魏先生的"名學"在現代以來的諸子學史上的價值。方勇教授提出的"新子學"的"新",主要是對應胡適等開啓的現代諸子學,是對於百年來西學範式的反思。而魏先生的"名學"處在兩者之間,他一方面繼承了其師胡適以漢學古書和西洋學説爲諸子研究兩個源頭的認識,另一方面又主張由"名"出發,擺脱西學路徑,偏離了胡適所導向者。這樣如劉思禾説的,"是諸子學研究在胡適的哲學史模式之後的發展,其回到文獻自身脉絡、注重邏輯與訓詁相結合的研究路向,對於我們反省哲學史模式的諸子學研究很有意義"③。由此可以認爲,在近代以來的諸子學發展過程中,魏先生的"名學"處於過渡階段。"新子學"理念的提出,則指示了現代諸子學研究的轉向。

[作者簡介] 張涅(1963—),本名張嵋,浙江岱山人。現爲西安翻譯學院人文與傳媒學院中文系教授。著有《莊子解讀——流變開放的思想形式》《先秦諸子思想論集》《中國文化的基質:先秦諸子的世界》等,點校《論語後案》《意林校注》,與詹亞園教授聯合主編《黄式三黄以周合集》,在《國學研究》《文獻》《學術月刊》《哲學與文化》《哲學研究》等刊物上發表學術論文 80 餘篇。

---

① 方勇《"新子學"構想》,《方山子文集》(第 1 册),第 4 頁。
② 參見張涅《論方勇的"新子學"理念——讀〈方山子文集〉札記》,《管子學刊》2021 年第 4 期。
③ 劉思禾《魏際昌先生的諸子學研究》,《諸子學刊》第二十三輯,第 415 頁。

《齊物論》"天地與我並生，
而萬物與我爲一"

——《莊子》講演録之二

方　勇　講演　王澤宇　整理

【題解】

　　前面我們已經疏解了《逍遥遊》的相關内容，今天我們來講《齊物論》。關於《齊物論》的宗旨，歷來衆說紛紜。總體而言，可大致分爲兩類，一種是"齊物"之論，一種是齊同"物論"。其實不光是《齊物論》，《養生主》《大宗師》等好多篇目也都有争議。從文本産生的視域來看，時代越往前的作品越没有所謂"命題作文"的特點，比如《詩經》《論語》一般都是以開篇的幾個字作爲標題，發展到後來才成爲"命題作文"式的範本，例如《荀子》《韓非子》等，這是先秦典籍漸趨"規訓化"與"文體化"的典型特徵。

　　對《齊物論》主旨最早進行明確概括的是劉勰，在《文心雕龍·論説》裏，劉氏就有"是以莊周齊物，以論爲名"之説。從他這兩句話來看，"齊物論"應解爲"齊物"之論。在這裏，"齊物"是論的修飾語，充當定語成分，而這個"論"是莊子的論，也就是他要發表的議論。這個觀點對後世的影響很大，在李善《文選注》裏，大多數學者在論述"齊物論"題義時都會援引劉勰的觀點，之後再附以己説，可見其影響之甚。其實早在劉勰之前，西晉文人在各自的作品中就已經滲透了"莊周齊物"的觀點，如左思《魏都賦》言"萬物可齊於一朝"，劉逵注曰"莊子有'齊物'之論"；劉琨《答盧諶書》亦云"遠慕老莊之'齊物'"。這説明自魏晉以來，學者們在談到《齊物論》宗旨時，都會將其錯解成"齊物"之論。後來隨着莊子文獻的日益豐厚，以"齊物"爲論的觀點便愈發凸顯，如成玄英曰："夫無待聖人，照機若鏡，既明權實之二智，故能大齊於萬境，故以齊物次之。"（《南華真經注疏》）陳繼儒云："欲齊一天下之物，必觀諸未始有物之先。物本自齊，非吾能齊，其有可齊，終非齊物，此是要論。"（《莊子雋》）甚至連王雱這樣的書香世家，也承襲了魏晉時人的説法，其曰："唯能知其同根則無我，無我則無物，無物則無累。此莊子所以有齊物之篇也。"（《南華真經新傳》）

　　持"齊物"之説者，大抵參看了《孟子·滕文公》"夫物之不齊，物之情也"的論斷，認爲莊子與孟氏有反調之説故而加以申論。如晁補之言："此篇論齊物，然物之理齊而情故。"（《雞肋集》)也正因如此,莊子遭受了來自理學家的强烈抨擊,如程頤就堅定地認爲"物之不齊,物之情也"(《理學類編》卷八)。萬物不齊是天性使然,人不可主觀地使其齊同,如果非要在齊物之論的視野下混同萬物,反而造成了真正的萬物不齊。另外程子指出,萬物的内理如果在自然界中已經齊同,又何必需要莊子干預而使其人爲齊同? 即所謂"夫物本齊,安俟汝齊"(《二程遺書》卷十九)。同樣,如果萬物的外化存在不一,即使莊子干預,也不能使其整齊劃一。可見,程頤是從萬物的自然天性層面批駁了莊子的齊物觀,認爲莊子想要整合世間萬物,使萬物都擁有同然爲一的面孔,這顯然疏離了莊子的本旨,這是理學家錯解老莊思想的常見現象。明末陳治安就對程頤提出了批評:"此爲未悉莊意。莊子做《齊物論》者,謂物論不齊,吾因其不齊者,與之俱不齊,而後無不齊,欲已辯也。"(《南華真經本義》)其實在理學家眼中,物之外形無法齊整,但物之内理却可渾然爲一,他們實際上並不否認莊子物理齊一的觀點,只是反對莊子過度彰顯自我對於天地萬物的主觀評判進而心生怒火,故而程子言:"物未嘗不齊,只是你自家不齊,不干物不齊也。"(《二程遺書》卷十九)

雖然"齊物"之論在歷史上甚爲流行,但是現在看來却有問題。首先,《莊子》全書,沒有以"論"爲名的篇目,爲何偏偏此篇例外? 其次,莊子極端鄙視言論辯説,自己又怎肯再添一論而與諸子百家相並列? 最後,在莊子之前或與莊子同時期之人,都没有以"論"命名其作品的,何獨莊子有這種現象? 由此觀之,"莊周齊物,以論爲名"似站不住脚。那麽正確的解法應當是怎樣的呢? 所謂"齊物論",應擴充爲"齊同物論",物論是"齊"的賓語,這是一個動賓短語,而"齊物"之論,是一個偏正短語,核心詞的位置不一樣,所以要强調的東西也就不一樣。因此我們現在應當把"齊物論"敷展成"齊同物論",也就是要消除各家各派對於天地萬物所作的不同評論,此爲莊周之本義。這種看法一直到南宋,才被艾軒學派的林希逸所提出。由於對儒釋道的兼通,學養深厚的林希逸第一次注意到了"莊周齊物"似有不妥,他在《南華真經口義》中説:"物論者,人物之論也,猶言衆論也。齊者一也,欲合衆論而爲一也。戰國之世,學問不同,更相是非,故莊子以爲不若是非兩忘,而歸之自然,此其立名之意也。"林氏指出,莊子此文並非言説齊物之旨,而是欲對各派諸子之聒噪聲論提出自然彌合之法,以期平息天下紛争,這就是我們上文所説的"齊同物論"。這種觀點在後世的影響力超過了劉勰的"齊物"之論,大部分學者都比較贊許林希逸的觀點。如王應麟云:"齊物論非欲齊物也,蓋謂物論之難齊也。是非毀譽,一付於物,而我無與焉,則物論齊矣。"(《困學紀聞》卷十)朱得之亦云:"物論者,衆論也。齊之者,合彼此是非而一之也。"(《莊子通義》)踵續此説者,還有沈一貫、陳深、李光縉、魏光緒、釋德清、程以寧、浦起龍、林仲懿等人。

當然,也有一些學者彌合了"齊物"論與齊"物論"的矛盾分野,提出兩種説法皆能在文中找到依據,故二者也並非水火不兼。例如鍾泰就持此種觀點,他在《莊子發微》中説:"'齊物論'者,齊物之不齊,齊論之不齊也。言論先及物者,論之有是非、然否,生於物之有美惡、貴賤也。"欲齊"物論",必先"齊物",鍾氏所言,亦可備一説。另外,還有一些學者主張從細微處出發,認爲莊子作《齊物論》是爲了讓個體尋求得道之法,以便消破自我"物論",如劉辰翁言:"或謂莊子欲齊物論,非也。欲齊則愈不齊矣,不是齊他物論,是自看得他物論自齊,看的齊則心平,心平則無物論矣。……身外無第二物切於此矣,此不足動皆不動矣,故齊爲上。”(《莊子南華真經點校》)破除心中成見,自然是《齊物論》之申論重點,但若將此作爲全文之終極要義,則未免微縮了莊子的政治視角與内心格局。莊子是欲泯滅世間所有物論,而非只除却一己之“成心”,這點需要我們詳知。

春秋戰國時代,諸子百家勃興,其特徵就是喜歡對自然世界以及人類社會的客觀事物發表評論。與此同時,爲了彰顯自身與其他學派的不同,還往往獨抒己見,另辟他説,導致各種言論、各種學説如雨後春笋一般迅速蔓延,《天下》篇中的“道術將爲天下裂”也是基於此種現象所作出的論斷。因爲各家各派的學者都希望普羅大衆接受自己的學説,所以他們相互非難,彼此攻訐,都欲把自己的思想觀點,當作裁決一切的絕對真理,由此導致天下爭論不休,言辯四起,直接擾亂了人們的心智與思緒。針對這種亂象,莊子給予了嚴厲的批判。他認爲,若從“道”的觀點來看,世間一切對立的矛盾雙方,諸如生與死、貴與賤、榮與辱、成與敗、小與大、壽與夭、然與不然、可與不可等等,都是没有差分的,而正因爲有人的主觀因素存在,這些概念才有了差別。因此,各家各派根據自身需要所發揮的是非偏見,在莊子看來都是徒增贅語,都是有害於天下生靈的真性與渾樸之大道的。所以莊子强調要物我兩忘,不言不辯,超然是非之外,逍遥無爲之境,這樣天下便没有了分歧,也就不會有鬥爭和非難了。因此莊子作《齊物論》是爲了“齊同物論”而不是去橫添一論,這種觀點應當是正確的。

【講疏】

在《莊子》三十三篇中,《齊物論》應該是最難讀懂的一篇,如南宋羅勉道嘗言:“南華第二篇,世稱難讀。”(《南華真經循本》)對此,我們也只好迎難而上,盡努力來作疏解分析吧。

> 南郭子綦隱机而坐,仰天而噓,荅焉似喪其耦。顔成子游立侍乎前,曰:“何居乎? 形固可使如槁木,而心固可使如死灰乎? 今之隱机者,非昔之隱机者也。”子綦曰:“偃,不亦善乎,而問之也! 今者吾喪我,汝知之乎! 女聞人籟而未聞地籟,女聞地籟而未聞天籟夫!”

正文伊始,大概跟《逍遥遊》是有些聯繫的。後來的學者普遍認爲,“至人無己”可説是《莊子》全書中的最高境界。而所謂的“至人無己”,就是要忘掉自我,喪失掉自我,以達到無爲的境界、逍遥的境界,所以《齊物論》是緊接着《逍遥遊》的主旨敷衍開來的説理文章。全文開端,莊子就設定了一個“南郭子綦隱机而坐”的寓言,來開啓全篇的論述,這個跟《逍遥遊》的手法是一樣的,《逍遥遊》的開篇也是以一個鯤鵬寓言進行發端,然後鋪陳叙事。因此,《齊物論》没有開篇就談“齊同物論”的觀點,而是以南郭子綦的“現身説法”,來逐步引入主題,恰如《觀世音菩薩普門品》所言:“應以何身得度者,即現何身而爲説法。”南郭子綦應該是一個虛構的人,在《人間世》《大宗師》等其他篇目裏也有所謂南伯子綦、南伯子葵的説法,應該都是同一個人。成玄英《南華真經注疏》將其解釋爲楚昭王的庶弟、楚莊王的司馬,因居住在城南,故取號南郭,似有一些牽强附會。

"隱机而坐","机"通"几",几案,句意是説南郭子綦倚靠在几案上,"仰天而嘘",就是緩慢地吐出一些暖氣。(《玉篇》引《聲類》云:"出氣暖曰嘘。")之後一動不動,連自己的形體存不存在都不知道了,這基本就進入了逍遥境界,因爲他的精神已經跟大道冥合了,這用佛教術語來講,便是"頂上圓光"。在《田子方》裏面也有這麽一則寓言,講的是孔子去拜見老子,老子剛洗完頭髮,正在晾乾,看上去"熱然似非人"。孔子見狀後,便不好意思上前打擾,於是就躲在了屏風後面,過了一會兒再去看老子,發現老子如枯木一般,於是震驚地對老子説,是我孔丘看花了眼呢,還是您真就跟木頭一樣? 老子此時,就是得道者的樣子,就如他自己所説"吾遊心於物之初"。天地萬物都是從大道派生出來的,所以此刻的南郭子綦"荅焉似喪其耦"的狀態就跟老子一樣,是非不論,物我不分,自在地遨遊在大道的境界當中,同樣也是逍遥的境界當中,這就是老子所謂的"物之初"。莊子此刻,就是要暗示讀者,如果你想"齊同物論",就要將自己的形體都遺忘掉,你的精神境界應該混同到大道境界當中,也就是萬物生成前的那種虚無縹緲,唯恍唯惚的境界當中。在這樣的境界中,還有什麽可争來争去的呢? 還有什麽所謂的是與非呢? 這正如徐曉所言:"吾喪我,則一切從我起見者,無不一,一則齊矣。"(《南華日抄》)釋德清也云:"要齊物論,必以忘我爲第一義也。"(《莊子内篇注》)

接下來,顔成子游便向南郭子綦發問:"難道人的身體可以變得像枯木一樣嗎?""何居"之"居"是語助詞,王引之曰:"居,猶'乎'也。"(《經傳釋詞》)後來的魏晋文人比較强調仙風道骨,並且以瘦爲美,大抵是受到了老莊的影響。所謂"死灰"就是"一念不起",戰國包括後來的學人頻繁起念頭,今天一個念頭,明天一個念頭,這在道家看來,都是遠離大道的特徵。《達生》篇裏面那個"佝僂者",也是形"若槁木之枝",所以他能泯滅得失,貼合大道,做到"用志不分,乃凝於神",這些都是得道者的象徵。郭沫若主張在藝術創作時要忘記"小我",即有意識的我,進而迎合"大我",也就是與天地融爲一體的"真我"。在這種狀態下進行藝術創作,就會像庖丁解牛那樣"以神遇而不以目視,官知止而神欲行"。這用弗洛伊德的"無意識"理論來解釋,那便是:"它像一雙看不見的手操縱和支配着人的思想和行爲,任何意識起作用的地方都暗自受到無意識的纏繞。"(《夢的解析》)我在使用"五筆"輸入法打字時也是如此,就是憑着自我感覺無意識地去做,如果有意識地去敲字,反而打不出來了。叔本華《作爲意志與表象的世界》當中就提到過這個觀點,他聲明越是野蠻的民族,越是射箭精準。越是受過教育的高等民族,在射箭方面越會出問題。因爲有教育背景的人在射擊前,往往會計算角度,計算射程等等,在這樣的意志支配下,反而射出的箭會很慢、很偏。而野蠻民族没有所謂的數學概念,他們只是憑藉自己的原始直覺去射箭,反而又快又準。《田子方》篇中"列禦寇爲伯昏無人射"的寓言就再一次揭示了這個真理。此處所講的"吾喪我"也是這個意思,就是要徹底地忘掉自己。文藝理論當中的"神來之筆"或者"靈光乍現"也是這個意思,創作者並不是有意要將這個字寫好、要把這幅畫兒畫好，他們只是憑藉“無意識”當中的一瞬靈感，就足以締造精美絕倫的藝術精品。所以，李白的詩歌是天才的詩歌，因爲他的作品是不經思考，隨順自然創作出來的。而杜甫就不是了，他寫一首詩往往要精心打磨很久，所謂“爲人性僻耽佳句，語不驚人死不休”（《江上值水如海勢聊短述》），所以從自然真性的角度來看，李白的詩歌是模仿不了的，而杜甫的詩歌可以效仿。

因此，歷代學者都很看重“喪我”這兩個字，認爲此是《齊物論》之題眼。如徐曉云：“篇名《齊物》，這一‘物’字，已包括‘天地萬物’四字，篇首言‘吾喪我’這三字，亦包括一篇大指。”（《南華日抄》）吳默也道：“此篇以天爲骨，以因是爲主，以喪我爲因是之原。”（郭良翰《南華真經薈解》引）錢澄之更是直言：“通篇論本無是非，是非皆我所見，故欲齊是非，必先喪我，喪我則生死皆齊，又何物論之不齊乎！”（《莊子詁》）他們都認爲，齊同“物論”的要點在於提升“喪我”工夫，若人人皆可“喪我”，那麼世間物論自然會消彌。當然，也有學者指出全篇之文眼應該爲“無”，如吳世尚在《莊子解》裏聲明：“首章以‘天籟’爲喻，‘天籟’者，無聲也；而次章之惡知，三章之無辯，末章之惡識，皆‘無’字意也。前篇明道之大，故以‘大’爲綫索。此篇化衆論而歸於無，故以‘無’字爲綫索。吳氏指出，《逍遙遊》以“大”爲題眼，《齊物論》以“無”爲索引，皆貫串全篇，環扣主旨，具有穿題點睛之妙，也頗有一定道理。

對於“吾喪我”之真義，歷代大概分爲兩種解釋：一種認爲“喪我”跟前面的“苔焉似喪其耦”是一個意思，用以呼應前文，如陳啓天等人便持此説。還有一種解釋是，此處的“喪我”比“苔焉似喪其耦”要上升一個等級。因爲“喪我”是將個體的外在形態與思維意識、思維活動全部“喪失”殆盡，他所丟棄的，不只是形體。而“喪耦”，只是遺棄了形體方面的東西，個體的思維意識可能還存在。因此“喪我”的精神境界比“喪耦”要高出一層，劉鳳苞、王治心等人均持此看法，我個人也比較贊同這種觀點。

有了前面的鋪墊，南郭子綦便很自然地推演出了“地籟”“人籟”和“天籟”的概念。莊子所言的“人籟”，就是現在吹的笛子，還有簫等樂器之聲。通過對“人籟”的發問，又忽而轉向了“地籟”，即“你雖然知道‘人籟’，但你知道‘地籟’嗎？你如果知道‘地籟’，那你又知道‘天籟’嗎？”一層高過一層，如波浪回環一般逐次遞進。南郭子綦深知，如果不先提出“人籟”的話，就沒有人知道“地籟”，連“地籟”都不知道，也就更加不知道“天籟”了，所以南郭子綦須先抛出“人籟”，這是一種底層式發問，也是邏輯建構最基礎的論點。

　　子游曰：“敢問其方。”子綦曰：“夫大塊噫氣，其名爲風。是唯無作，作則萬竅怒呺。而獨不聞之翏翏乎？山林之畏佳，大木百圍之竅穴，似鼻，似口，似耳，似枅，似圈，似臼，似窪者，似污者；激者，謞者，叱者，吸者，叫者，譹者，宎者，咬者。前者唱于，而隨者唱喁。泠風則小和，飄風則大和，厲風濟則衆竅爲虛。而獨不見之調調、之刁刁乎？”子游曰：“地籟則衆竅是已，人籟則比竹是已。敢問天籟。”子綦曰：“夫吹萬不同，而使其自已也，咸其自取，怒者其誰邪？”

接着子游就言:"敢問其方。""方"就是道理。"大塊"就是土塊,但這裏不是小的土塊,而是整個大地,俞樾云:"大塊者,地也。"(《莊子平議》)而郭象注所云"大塊者,無物也",或失其意。"大塊"這個概念在《莊子》其他篇目當中也出現過,比如《大宗師》説"夫大塊載我以形,勞我以生,佚我以老,息我以死",此處之"大塊"便與《齊物論》中的大塊一致。大地就像吃飽了打出嗝一樣,創造了風,進而形成了"地籟"。我們在講《逍遥遊》的時候,就指出鯤之大的"鯤"其實是小魚的意思,方以智的《藥地炮莊》就將其訓詁爲"小魚",這與《爾雅·釋魚》中的解釋一致。所以他説,莊子將鯤這種小魚都能當做大魚來看待,這本就是滑稽文筆的開端。在《齊物論》中也有類似滑稽戲謔的手法,比如人可以像枯木嗎? 心可以像死灰嗎? 風可以像人或動物吃飽了打出來的嗝一樣從大地噴涌而出嗎? 從這個角度來看,《莊子》整部書都是很滑稽的,而這跟莊子的哲學觀有密切聯繫。通過梳理《莊子》文本可知,莊子從不在文字語言方面做太多限定,總是隨心所欲,天馬行空。在《逍遥遊》裏,莊子就説過"名者,實之賓也",在他眼中,"名"這種東西本來就是很虛無、很隨性的介質,通達大道的人是不需要斤斤計較文字詞彙的具體用法和現實含義的,那不過是"真性"的賓客而已,因此在《莊子》全書中會經常出現獨屬於莊子的詞彙,例如"大塊""吊詭"等等,這恰恰成了《莊子》一書新穎重要的語言特色與文學價值之一。

接下來,南郭子綦予以回復:"是唯無作,作則萬竅怒呺。"莊子在此處是欲説明,除非是萬籟俱寂,否則整個天地之間的竅孔都會爲之怒號,進而發出各種聲音。"而"通"爾",是你的意思,南郭子綦説"你難道没有聽到過長風嗎?"長風之勢便反映在"山林之畏佳,大木百圍之竅穴"等語上,這或許有一點不好理解。前面我們講《逍遥游》時就説過,"怒而飛"不能根據傳統文法來釋義,否則解釋不通,只能訓讀爲"奮力"才能解釋得通。莊子遣詞從來不與他人相類,他用詞很靈活,並且極富創造性,包括有些字詞結構、語句文法都不能按照常規的用法來讀,否則是讀不通的。明清的文章學學者在研究《莊子》時都會提到這個問題,他們普遍認爲莊子遣詞造句從來不因循前人,而是獨富創見性。比如説在"庖丁解牛"裏"始臣之解牛之時"這一句中,"始"字的用法就很獨特,這個句子按照現在的語法,應該翻譯爲:"我剛開始宰牛的時候",這個"始"應該放在"之"後面做狀語,但是莊子將其放到了前面,這跟先秦其他典籍的語法結構不一,這樣的案例在《莊子》當中比比皆是。同樣,這個地方的"林"應該通丘陵的"陵","畏佳"應該同"嵬崔",古代不懂音韵訓詁的人就經常把"畏佳"的"佳"寫成"佳",這是完全錯誤的。此處莊子使用的是倒裝用法,"山林之畏佳"應該是"畏佳之山林","畏佳"是"山林"的定語,後面的"大木百圍"也是如此,應爲"百圍大木"。之後的"竅穴",也是包括"山林"跟"大木"在内的多種物象的孔穴,這點需要我們注意。之後南郭子綦連用十六個喻體,來描繪巢穴洞竅形狀、大小的不齊,從而突出了不同孔竅所造就的不同聲音,這也由此導致了風聲的不齊,而各種聲音叠加在一起就如同演奏一般,具有十分動人的音樂美感。尤其是"前者唱于,而隨者唱喁"之語,説明了不僅各種竅穴在發出聲響,同時他們彼此之間還互有唱應,這就更加把風寫活了。晚明高僧釋德清還借此加以衍伸,他認爲"前者唱于,而隨者唱喁"之態,"猶人各禀師承之不一也。前已唱者已死,而後之和者猶追論之不已,若風止而草木猶然摇動之不已也"(《莊子内篇注》)。暗點後文之物論模樣,乃由諸子之學脉身傳所致,其狀猶風止而草木摇之不已,可謂直抵莊意。"泠風"是小風,"飄風"就是大風,"濟"就是指當風離開洞穴的時候,衆竅復變爲虚,聲音也就隨之消失,這個過程就叫做"濟"。嚴復在解釋"濟"字的時候,將其解釋爲"吸針器",也就是我們熟知的"注射器",就是可以將氣體打進去,同時再將别的東西吸出來,嚴復將這個過程比擬爲"濟",還是頗爲形象的。郭象等人將"濟"解釋爲"止",却是有失真義的。"獨不見之調調、之刁刁乎"的兩"之"是"這"的意思,《逍遥遊》裏面的"之二蟲又何知"的"之"也是這個意思。"調調"就是指樹枝摇動,"刁刁"就是樹葉微動。這裏的句意是説,風在吹的時候,樹枝、樹葉都在動,等風勢漸小,較爲沉重的樹枝摇晃之後便漸漸停止,而較爲輕盈的樹葉却還在微微抖動,直到風完全消失之後,才最終歸於沉寂。因此古人常常感嘆畫風是最難畫的,但莊子却用寥寥幾語就把風吹動前、吹動中、吹動後的狀態通過樹的細微變化給完全勾勒出來了。所以古人常説"畫風者莫如莊子"(徐廷槐語),僅徐徐幾筆便做到了他人即使長篇大論也無法達到的傳神效果,正如陶崇道所言:"盡怒號之變,分明一幅風畫,讀之令人耳聾眼亂,描寫'地籟'無遺矣。……此不特畫風,而兼畫風之起止矣。"(《拜環堂莊子印》)

那麽這段話究竟有什麽寓意呢? 我之前反復强調過莊子文章中有所謂正意和喻意的不同,喻意就是現代修辭手法所説的喻體,也就是所謂的"影子",而正意才是莊子真正想要傳遞的道理,相當於現在所説的"本體"。我們在講《逍遥遊》的時候,裏面有大量的例子都運用到了這種手法,例如"小知不及大知,小年不及大年",其中"小知不及大知"是正意,而"小年不及大年"只是喻意,充當陪襯的角色。從"夫大塊噫氣"到"怒者其誰邪"這一大段文字都是喻意,莊子是想借助風吹萬竅的具體案例來暗諷當時學術界所出現的百家争鳴現象,所謂"人各禀形器之不同,故知見之不一,而發論之不齊,如衆竅受風之大小深淺,故聲有高低大小長短不一,此衆論之所一定不齊也"(釋德清《莊子内篇注》)。在莊子眼中,這些所謂的"智人",無非是在那裏争論是非,禍亂天下,各家各派都在申揚自己的看法,就像"大塊噫氣"一樣,發出不同的聲音,最終形成各種各樣的"物論",致使大道破損。但揮筆至此,莊周文意還只是淺淺暗露,並未真正指明"物論"之禍。爲文章法也是忽明忽暗,不知端倪,一直鋪陳蓄勢,直至後來"夫隨其成心而師之"這段文字開始,莊子的正意才豁然顯露,"物論"之象才被正面點出,與前面的"風竅"喻意形成了遥相呼應之態,並給讀者以"冰壺濯魂"(宣穎語)之感。因此《齊物論》是《莊子》全書中最具有"草蛇灰綫,伏延千里"行文特徵的篇目,我們需要仔細閲讀。

其實南郭子綦在鋪陳"地籟"的時候,"天籟"已經在其中了,如劉鳳苞所言:"無一語及'天籟',而'天籟'已透入空虚矣。"(《南華雪心編》)但是子游的悟性不是太好,没有體會到其中的真意,無法跟已與大道混而爲一,並進入了"苔焉似喪其耦"狀態的南郭子綦相提並論,因此他只能二次發問,求取'天籟'真義。所謂的'天籟'就是"無聲之聲",意即不可得而聞見,用白居易的詩來説便是"此時無聲勝有聲"。所以當子游去問"天籟"是什麽的時候,南郭子綦没有直接回答,而是説"夫吹,萬不同"。對於這句話,歷來的解釋都有歧義,就跟之前的《齊物論》的主旨一樣,魏晉時人大多錯解了這句話,包括像《文選》李善注也犯了同樣的錯誤,他們都將"夫吹,萬不同",斷成了"夫吹萬,不同",這是錯解文義的根源。"吹"就是指"大塊噫氣",而"萬不同"就是風吹洞穴所產生的各種不同聲音,如林雲銘言:"風之吹萬竅也,固不同矣。"(《莊子因》)聞一多也聲明:"此當以'萬不同'三字連讀,言有萬種不同之吹也。"因此"吹"和"萬"不能連讀。南郭子綦接着説:"而使其自已也,咸其自取,怒者其誰邪?"這是這一段的關鍵句。"這些聲音都是自己產生出來的,就如同大道一樣,哪有人促使或者逼迫它們產生呢?"莊子在此處就是要强調,"天籟"都是自己運行、自己停止的,没有一個在背後真正主宰或者操控着它的東西,一切都是源發天機,純任自然的,正如陳詳道所釋:"天籟則有自然者存,而尸之者誰存?咸其自取怒而已。"(《南華真經義海纂微》引)真可謂醍醐灌頂,"理融法密"(孫嘉淦語)。

此外,據王叔岷考證:"《世説新語·文學》注引'吹萬不同'上有'天籟者'三字,文意較明。"(《莊子校釋》)而翻檢郭象《莊子注》可發現,郭氏在此句下有"天籟者"三字之釋文:"夫天籟者,豈復别有一物哉? 即衆竅、比竹之屬,接乎有生之類,會而共成一天耳。"由此可證,郭本原有此三字,後隨時間流轉而漸趨脱文,今各本皆缺,當予以補足。

雖然原文關於"三籟"的描述到這裏就結束了,但是我們還需要再做一點補充,以便更好地體悟莊周本意。在《人間世》裏,有這麽幾句話:"若一志,無聽之以耳而聽之以心;無聽之以心而聽之以氣。聽止於耳,心止於符。氣也者,虚而待物者也。唯道集虚。"大意是真正奇妙的東西要用心去聽,如果用心聽不了的話就用氣去聽,要用精神去領悟"天籟",去感受自然,這在文藝理論裏面被運用得十分廣泛。"此時無聲勝有聲""無畫處盡顯風流"等等,應當都源出老莊思想。在《至樂》篇"莊子鼓盆而歌"的寓言裏,莊子又進一步闡發了他的悟道觀。這則寓言我們都很熟悉,講的是莊子的妻子去世以後,莊子"箕踞鼓盆而歌",前來弔唁的惠子看不下去了,於是跟莊子説:"你有些不近人情吧?"結果莊子説:"然察其始而本無生;非徒無生也,而本無形;非徒無形也,而本無氣。雜乎芒芴之間,變而有氣,氣變而有形,形變而有生。"意思是人本來就没有出生過,不僅没有出生,而且没有形體;不僅没有形體,而且没有"氣",這些都是由大道派生出來的。這幾句話非常重要,對於理解整個莊子哲學乃至於先秦哲學都至關重要。大道究竟跟萬物有什麽關係? 答案就藏匿在莊子的這幾句話當中。莊子認爲,大道是最原始的,是絶對空虚的,之後大道受到了破壞,本來歸於無形的東西開始漸漸向有形過渡,變成了介於無形跟有形之間的東西,這個就是"氣";"氣"再進一步遭受破壞,就產生了天地,此時的天地已然是有形的東西了,而有形之物在莊子眼中都爲道之糟粕;等天地與氣再進一步發展,就形成了萬物,因此從大道的視角來看,人是糟粕之糟粕。

通過梳理莊子的本體論,我們再來理解"天籟"就很容易了,體現大道境界的"天籟"是絶不會有聲音的。因爲站在人的角度來看,"地籟"已經很奇妙了,但如果從天外視角、從大道境域來看的話,這些都只是皮毛而已。而且即便是"地籟",也不是完全有形的東西,而是半有形的,莊子想借此凸顯的,是大道。大道是虚無的,所謂"唯道集虚",一旦擁有實在個體就不是道了,而這裏的"天籟"就暗示着下文的"真宰"或"主宰",也就是道的別樣化身,這個我們到後面再進行詮釋。

　　總而言之,"地籟""天籟"當爲莊子首創之詞語,而"天籟"是從"地籟"引申而來的。"地籟""天籟"如果用《逍遙遊》中"有待"與"無待"觀點來解釋的話,"地籟"是有所待的,因爲它需要靠風的吹動才能發出聲音,而"天籟"則無有所待,所謂"使其自已也,咸其自取,怒者其誰邪?"宇宙間並沒有一種原生力量在推動着它,它完全是自由的、逍遥的,因此"天籟"也就比"地籟"要更難捉摸得多,也更難企及得多。在文中,顔成子游原本是要詢問"天籟"真義的,但是南郭子綦並沒有直面回應,而是以"怒者其誰邪"一筆帶過。這其中最重要的原因,就是"天籟"本是"無聲之聲",是個體用耳朵聽不到的,也是無法用嘴巴講出來的,因爲一旦講出來就不是大道了,也就不是"天籟"了。天地萬物,只能通過"地籟"這個媒介去間接地領悟什麼是"天籟"。而"天籟"本身的概念是很虛無、很縹緲的,但是隱約可以體會得到。因爲"地籟"在前文已經詳細地鋪展描述過了,所以對於虛幻難測的"天籟",南郭子綦就只是簡單提及,正如宣穎在《南華經解》中所説的:"寫'天籟',更不須另説,止就'地籟'上提醒一筆,便陡地豁然。"

　　在由"地籟"引出風聲之不齊的觀點後,與之相類的人間物論,就開始逐漸顯露了。但在描繪"物論"之前,須先追溯産生"物論"的原因,於是便有了下面這段文字。

　　　　大知閑閑,小知閒閒;大言炎炎,小言詹詹。其寐也魂交,其覺也形開。與接爲構,日以心鬥。縵者,窖者,密者。小恐惴惴,大恐縵縵。其發若機栝,其司是非之謂也;其留如詛盟,其守勝之謂也;其殺若秋冬,以言其日消也;其溺之所爲之,不可使復之也;其厭也如緘,以言其老洫也;近死之心,莫使復陽也。喜怒哀樂,慮嘆變熱,姚佚啓態。樂出虛,蒸成菌。日夜相代乎前,而莫知其所萌。已乎,已乎!旦暮得此,其所由以生乎!

　　我們在前面講過,一切聲音終結於"調調、刁刁"的外象,然後才進入到萬籟俱寂的狀態當中。影射到人間,便是莊子眼中的"物論齊一"。莊子借此也是想向世間傳達一個理念,那就是"泯滅物論",可讓天地重新復歸於無聲無響的境界當中,因此這一段話是直接南郭子綦的講話而敷衍開來的。"大知閑閑,小知閒閒",即不管是所謂的大智也好,還是小智也好,他們每天都在跟外物打交道,跟外物發生紛爭,即便到了夢裏面,他們依舊在跟外物進行着接觸與交鋒。炎炎,即猛烈之貌(成玄英語);詹詹,爲辯給之意(孫嘉淦語)。也就是説,不論白天還是黑夜,外物都在纏繞着他們。具體而言,"其寐"講述的是精神方面的折磨,如司馬彪云:"魂交,精神交錯也。"(《經典釋文》引)"其覺"講述的是形體方面的糾纏,如釋德清言:"覺時形開,其機發於見聞知曉,故與境相接。"(《莊子内篇注》)

　　"縵"就是"心計柔奸"的意思,陸西星將其解釋爲"柔惡人也",還是頗爲精準的。朱熹曾經斥責老子爲"柔奸",也就是腦子裏面永遠在醖釀計謀的人,類似於《紅樓夢》中的王熙鳳。

"窖者"就是善於製造陷阱的人,"秘者"就是潛機不露,很有心機的人。因爲這些人性格的不一,思想的不一,所以他們對待萬事萬物的評論也就不一,"是非"也就因此孕生,物論也就很難"齊一"了。後面的"司"同"伺",這種人就像箭一樣,一旦有合適的時機就要傷害別人。而有些人則不會那麽快去攻擊別人,而是默默等待,就好像原地停留一般遲遲不發一箭,只有把握百分百的勝算,他們才會行動。"其殺若秋冬,以言其日消也"指的是在這種狀態下,人的本性會像秋冬一樣慢慢衰退,個體的本真之心也就因此而消磨殆盡。

"其溺之所爲之"的"之"應該釋爲"於",也就是"其溺於所爲之",指的是世間衆人沉浸在是非之間、物論之中已經走火入魔,這也就造成了他們的天真本性不可能復歸。"厭"爲閉塞的意思,在《莊子》文本當中,人心只有閉塞才會去搞是非物論。比如在《逍遥遊》裏,莊子就斥責惠子爲"猶有蓬之心也夫",也就是思維不通明,精神不通達,内心就好像被茅草塞住了一樣。因此莊子在《人間世》中就着重强調"虚室生白"的道理,也就是當你的内心虚無空曠没有東西堵塞的時候,才能釋放出自然的天光,這也就是爲什麽大道往往在"虚"的地方才能體現。"緘"就是拿繩子捆绑,"其厭也如緘,以言其老洫也"就是説人的内心被是非物論給捆綁束縛起來了,如林雲銘所言:"在内之閉藏,若受緘縢束縛。"(《莊子因》)"老洫"是乾涸的水溝之意,因爲受物論的折磨與控制,人的一生變得毫無生氣,身體也毫無血色,就像一條乾涸的水溝一樣,所以他的近死之心也就莫可復陽了。"慮嘆變慹"中的"變慹",以及"姚佚啓態"四個字,歷代的解釋都不甚相同。"變慹"我主張解釋爲"反復憂懼";"姚佚啓態"的"姚"通"佻",是浮躁的意思,"佚"是放縱,"啓"是狂放,"態"是裝模作樣。我之前已經反復强調過,《莊子》本身很難理解,《齊物論》則尤爲難懂,各家各派對字詞釋義及篇章主旨大都各執一詞,很難有完全統一的見解,這也是梳理先秦文獻時所遇到的常見現象。董仲舒《春秋繁露》卷五《精華》篇中就説:"詩無達詁,文無達詮。"上古文獻的思想真義本就没有確切解釋,因此詞語釋義出現不同也是常態,這本身無傷大雅。後面的"樂出虚,蒸成菌"兩句是用以總結整個段落真義的,淺意是説音樂出自虚空的樂器,而菌落在潮濕的環境中孕育而生,其深意則是説明世間之人情、物論本來是没有的,却虚而無根地忽起忽滅,恰如宣穎所言:"如此種種人情,皆是自無而有。"(《南華經解》)這種心態、情態日日夜夜,每天都出現在眼前,但是没有一個人知道它究竟是怎麽萌生的。所以莊子感嘆"已乎,已乎",就不要去管那麽多了吧! 如果大家都知道産生這些原因的話,也就不會有是非、物論的出現了!

> 非彼無我,非我無所取。是亦近矣,而不知其所爲使。若有真宰,而特不得其
> 朕。可行己信,而不見其形,有情而無形。

"非彼無我,非我無所取,是亦近矣,而不知其所爲使。"可譯爲:"如果没有上述種種情態的話,也就没有我了。如果没有我的話,前面這些情態也就無法體現了。這種相互依存的道理似乎是很淺顯易懂的,但是這種情態、心態究竟有誰在主使却是誰也無法探知的。"就如同

“天籟”是如何演奏起來的，背後有誰在主使一樣，是無從知曉的。朱桂曜對此有精準概括：“我與諸心理現象，相依而存在，似亦近理。然此二者之關係，果誰使之然乎？”此處之文字使也跟前文遙遙呼應了起來。

“若有真宰，而特不得其眹。”“眹”就是迹象，句意是說就好似身後有一個“真宰”在主導着天地萬物一樣，但又無法窺視其“真宰”之形迹，就如同“怒者其誰邪”一般。而所謂之“真宰”，則指萬物之天真本性，即身心之主宰，如羅勉道云：“真宰者，即無極之真妙，合二氣五行而人所具以生者也。”（《南華真經循本》）便是正解。而朱桂曜所言“真宰”乃“西洋哲學所謂靈魂也”，則爲謬論。後面的“可行己信”，“己”當爲“已”之誤，《道藏》裏王雱《南華真經新傳》、林希逸《南華真經口義》、羅勉道《南華真經循本》、吳澄《莊子內篇訂正》正並作“已”。這種“真宰”，作爲凡塵之人的確看不到，但它的真實可行又被“至人”所驗證，這正應和了《大宗師》中莊子對“道”的描述：“夫道，有情有性，無爲無形。”這個情是“實”的意思，大道好像是有實體的東西，但它又確實無法用語言文字來描述。所以“有情而無形”指的是真宰，也就是自然本性，並且跟上文所推崇的“天籟”遙相呼應，前後勾索，以至到現在爲止，莊子還沒有直接描寫物論，他只是在“天籟”的基礎上繼續追溯物論產生的原因，真可謂“不著一字，盡得風流”。莊子聲明，由於人的心態不一樣，情態不一樣，思想行爲不一樣，因此所產生的是非觀念也就不一樣，這就跟“地籟”中洞穴的形狀不一、深度不一、方位不一，所以發出來的聲音不一如出一轍。

> 百骸、九竅、六藏，賅而存焉，吾誰與爲親？汝皆説之乎？其有私焉？如是皆有
> 爲臣妾乎？其臣妾不足以相治乎？其遞相爲君臣乎？其有真君存焉？如求得其情
> 與不得，無益損乎其真。

百骸、九竅、六藏指的是身體的各個部分，它們都完備地存在於我的身體之中，那麼我與哪部分最親近呢？你是都喜歡它們呢？還是對其中的某一部分有所偏愛呢？是把它們都當成奴婢嗎？還是讓他們輪流着作君臣呢？這裏我要説明一點，“君臣”的概念在莊子的世界當中並不是我們傳統認知的具有人格意義的君臣概念，而是富有某種特定含義的名詞代稱，比如在《徐无鬼》中就有以愈病者爲君藥的説法，後來的《黃帝內經・素問》也沿襲了莊子的觀念，稱：“主病之謂君，佐君之謂臣，應臣之謂使。”將治療主病的藥物稱爲君藥，治療副病的藥稱爲臣藥。這種觀點一直延續了下來，漢代的《神農本草經》，唐代的《藥性論》《雜注本草》，金代的《醫學啓源》《脾胃論》以及明代的《醫論》等一系列中醫藥學文獻都起用了“君藥”和“臣藥”的概念，並發展出了“君臣佐使”的治療理念，這種思想的理論源頭當追溯至《莊子》。在此處，莊子就指出人器官之間是否存在彼此稱君稱臣的現象，它們是否可以像君臣一樣互爲統治？從整體來看，莊子在這段中批判的都是“養形”的問題，這與我們傳統的養生觀念不符，我們傳統的養生方法以護養形體爲主，但在莊子的哲學觀裏，“養神”的重要性，要遠遠大於“養形”，尤其在內篇裏，莊子更重視“神”的功用，比如《養生主》就通篇在談這個問題。但在《達

生》等外雜篇裏,也會出現一些"形神兼養"的觀點,但無論如何,"神"都是《莊子》一書繞不開的話題。"其遞相爲君臣乎"是我們格外要注意的一句,人體間器官的彼此協作,本是缺一不可,如何能出現莊子眼中所謂的君臣關係呢? 這是因爲,隨着運動場所和使用方式的不同,人體器官所發揮的主導作用也不盡相同,比如在看書的時候以眼睛爲主,以其他器官爲輔;走路的時候以雙腿爲君,以其他器官爲臣,以此類推。但不管哪個器官都屬於相對粗糙的部分,他們都是由"真君"主使着的。雖然它看不見也摸不着,是虚無縹緲的存在,但它却操控着形體的一切變化。同時不管你理解與否,得到與否,這於"真君"本體來説,都是没有任何影響的。此處的"真君"就潛在地與上文的"天籟"對照起來了,它們都屬於"怒者其誰邪"的典型代表,默默主宰着背後的一切,但却不着痕迹。

> 一受其成形,不忘以待盡。與物相刃相靡,其行盡如馳,而莫之能止,不亦悲乎! 終身役役而不見其成功,薾然疲役而不知其所歸,可不哀邪! 人謂之不死,奚益? 其形化,其心與之然,可不謂大哀乎! 人之生也,固若是芒乎? 其我獨芒,而人亦有不芒者乎?

這裏我們需要補充一個概念,在莊子的世界觀當中,有形跟無形是一對相對的概念,有形的東西都是相對粗糙的,而無形的東西却精妙絶倫。比如我們認爲名譽、得失、是非、榮辱是無形的,但是在莊子哲學裏面都是有形的。再比如我們認爲空氣看不見摸不着是無形的,但是在莊子的哲學體系裏,它是半有形、半無形的,而大道、真宰、天籟這些才是真正無形的東西。莊子褒無貶有,一切有形的東西,諸如功名、是非、榮辱都是莊子所批駁的對象,這就是我們經常提及的"外物"。而作爲有形的最高代表,人究竟是怎麽來的,在《莊子》整部書中是經常被探討的一個話題。在莊子看來,人是天地所孕生的,所以人來從天地而來,人往從天地而往,所謂"翛然而往,翛然而來而已矣"。天帝把你變成蟲的臂,你就安心做蟲的臂,把你變成鼠的肝,你就安心做鼠的肝(見《大宗師》),要一切順遂自然,因由真性。但是常人却不懂這個道理,一旦"受其成形",便不斷地走向滅亡。後面的"靡"通磨,訓摩擦;"薾"當爲"茶"之誤,爲疲憊的意思。這幾句大意是説,人從生出來開始就不斷地跟外物進行着接觸與摩擦,最終爲"外物所累",弄得自己疲於奔命,無有收穫。

所以老子説:"名與身孰親? 身與貨孰多? 得與亡孰病? 是故甚愛必大費,厚藏必多亡。"(《老子》四十四章)這種身爲"外物所累"的做法,在莊子眼中傷害的不僅僅是身體,更傷害的是精神,所以這些"傷身失性"之徒,没有什麽辦法可以阻止他們走向死亡。順其自然,維護真性,永遠是莊子哲學中最爲重要的命題,嬰兒如果能順其自然,哪怕他夭折也是長壽的;彭祖如果靠服食藥物才能長壽,那他也是"傷身失性"之徒,不足爲外人道。而與此相仿的芸芸衆生,即便忙碌一輩子也不會成功,更不能體悟大道,誠如王雱所言:"天下之人不知物我同根而不能齊,故外役於物而内喪其真,質雖存而形神已亡,尚不知其所止矣,不亦哀乎?"(《南華真經新傳》)因此在莊子的哲學觀裏,"至者常樂"是永恒的命題,至者什麼都不去追求反而可以獲得常人最難以企及的大道。即便有堯舜一般功業的人,在"藐姑射山神人"看來也僅僅像他身上所存在的泥巴一樣,甚至還不如他身上的泥巴有價值。這樣的人,身體在不斷地走向衰敗,心也隨着身體逐漸走向滅亡,這難道不值得悲哀嗎? 這就是《田子方》中所説的:"哀莫大於心死,而人死亦次之。"從前面的"百骸、九竅、六藏"一直到"其有真君存焉",莊子描寫的都是形體受損傷,而下面的"一受其成形"到"而人亦有不芒者乎",則描寫的是精神方面的損害。精神受損,是莊子眼中"人謂之不死,奚益"的最終指標,以莊子的言外之意來看,天下除了至人、神人、聖人都是糊塗之人,也都是"將死之人",因此他在《天下》篇中感嘆"以天下爲沈濁,不可與莊語"。在這樣的外物摩擦下,人的精神和形體都遭受到損害,天下的是非觀念也就因此而漸次萌生,大道也就逐步走向破敗,因此莊子的文筆也就逐漸開始向物論推進了,對此劉鳳苞概括曰:"以上各段,均在物論之先著筆,剗盡根株,是抽刀斷水之法。至此,暗暗遞入物論意,以起下文。"(《南華雪心編》)統而觀之,此段之文字依舊在做鋪墊,莊子爲文總是"一唱三嘆""一波三折",而欲知其文章歸要,還須接着向下閱讀。

　　　　夫隨其成心而師之,誰獨且無師乎? 奚必知代而心自取者有之? 愚者與有焉。未成乎心而有是非,是今日適越而昔至也。是以無有爲有。無有爲有,雖有神禹,且不能知,吾獨且奈何哉!

　　此段前四句,是較爲難懂的部分,大意是説:"世人如果都以自己的成見作爲判定是非的標準,那麼誰没有一個標準呢? 何必是懂得事物更替變化之理的聰明人才有這是非標準呢? 即使是愚蠢之人也是有的。"而關於"成心"的真義,歷代有不同的解釋。有人將其解釋成參悟大道的心,如宣穎《南華經解》所言:"心自何成? 有成之者,則成心之中,妙道存焉。"還有一派將"成心"解釋爲一己之見,即帶有個人成見的觀念,我覺得較爲可取。如成玄英云:"夫域情滯著,執一家之偏見者,謂之成心。"(《南華真經注疏》)再如陳景元言:"夫不師道法古,而自執己見,謂之成心。"(《南華真經義海纂微》引)二人均將"成心"釋解爲一己之偏見,也就是每個人依據自己的内心準則去進行價值判斷,便會産生所謂的是非觀念,也就會産生所謂的是非標準,這樣一來不管愚者還是賢者,都有獨屬於自己的是非杠杆,天下也就紛然殽亂了。而其他各種説法,諸如把"成心"解釋爲"本然之性"(趙以夫)、"現成本有之真心"(釋德清)、"真君"(周拱辰)、"天君"(孫嘉淦)、"實有之真心"(馬其昶)、"天然自成之心"(蔣錫昌)等,則並失其義,此處我們就不再取用他們的看法了。因此通過前面幾大段文字的排比和鋪墊,從"大塊噫氣"一直到現在"成心"一語的出現,"是非"兩個字才漸趨顯露,給人以夢中驚醒之感。誠猶劉鳳苞所言:"自'大知閑閑'以下,一路蜿蜒曲折而來,至此乃揭出'是非'二字,拍合物論,爲一大結。"(《南華雪心編》)

　　對於"是今日適越而昔至也",我們需要着重講述一下,這是名家惠施的"歷物十事"當中的命題,意思是今天出發去越國,但是昨天就到了,這個在《天下》篇中也有記載,是爲"今日適越而昔來"。聯繫到《莊子》原文來看,就是内心如果在没有産生是非標準的情況下就已經存在是非的話,就會跟今天出發去越國,但是昨天就已經到了一樣難以理解,因爲它顛倒了邏輯上的先後順序。後面的"是以無有爲有"一句,講的是把不可能發生的事看成是實際存在的事是相當荒唐的行爲,在這種情況下即便是"方知九州之處"(林雲銘語)的神明大禹也不能明白事情的根由,那作爲普通人的我又有什麽辦法呢? 莊子對此表示了無奈。

　　夫言非吹也。言者有言,其所言者特未定也。果有言邪,其未嘗有言邪? 其以爲異於鷇音,亦有辯乎,其無辯乎?

"夫言非吹也"這句話,在結構上非常關鍵。劉熙載在《藝概》裏面説莊子之文"有斷續之妙",粗淺看起來是一個個片段,但内理却是渾然一體。我們在講《逍遥游》時曾經説過,"此小大之辯也"這句話一經出現,便把《逍遥游》全文前後所有的章節段落都貫穿粘連起來了。在《齊物論》裏也是如此,"言非吹也"將"天籟"與"物論"前後兩個部分自然縫合了起來,毫無違和之感。莊子聲明,出於機心的言論與無心而吹的"天籟"是不同的,是非之言屬刻意而爲,尚未達到"無待"的境界,即所謂"言者,物論也,乃人聲,非若吹萬之可比也"(陳繼儒《莊子雋》)。而後面的"辯"是區别的意思,《莊子》中的"辯"經常通"辨别"的"辨"。這幾句大意是説,這些人發出喋喋不休的是非之言,自以爲異於有聲無辯的鷇音,但究竟是有爲之言還是無爲之論? 到底是跟小鳥的叫聲有區别呢,還是無區别呢? "鷇音"是剛出生的幼鳥叫聲,《爾雅·釋鳥》云:"生哺鷇,生噣雛。"莊子認爲,無論世間人所發表的意見是什麽,他們的標準都不足以當作裁决天下一切的至道。由此可證,莊子想要"齊同萬物"的想法在此段文字中已經顯露端倪,認爲世人喳喳作響的物論跟幼鳥的叫聲没有區别。

　　道惡乎隱而有真僞? 言惡乎隱而有是非? 道惡乎往而不存? 言惡乎存而不可? 道隱於小成,言隱於榮華。故有儒墨之是非,以是其所非而非其所是。欲是其所非而非其所是,則莫若以明。

"言惡乎隱"之"言"指至言。這兩句是説,大道被什麽遮蔽了而有真有僞呢? 至言被什麽遮蔽了而有是有非呢? 莊子給出了看法。他認爲,道本來是無所不在的,《知北遊》中就説:"東郭子問於莊子曰:'所謂道,惡乎在?'莊子曰:'無所不在。'東郭子曰:'期而後可?'莊子曰:'在螻蟻。'曰:'何其下邪?'曰:'在稊稗。'曰:'何其愈下邪?'曰:'在瓦甓。'曰:'何其愈甚邪?'曰:'在屎溺。'"也就是大道從大的方面看,可以彌合天地,從小的方面看,也無所不在。那麽大道現在爲什麽衰微了呢? 莊子給出了回答,那就是"道隱於小成,言隱於榮華"。"小成"專指後文的師曠、昭文、惠施等有"小技"的、囿於"一偏之見也"(林希逸語)的人,"榮華"指的是孔子等靠"浮辯之辭"(成玄英語)兜售學説,攪擾天下的人。《列禦寇》中就將孔子塑造成一個"飾羽而畫"的人,可謂十分精準。總體來看,這兩句是回答,上面四句是提問,由於有"道隱於小成,言隱於榮華"的誘因,所以才有儒墨之是非迭起的後果,他們都慣以自己的價值標準去衡量世間萬物的一切。後面的"以明"在哲學概念中非常重要,它的意思就類似於支遁評價"逍遥義"所講的:"夫逍遥者,明至人之心也。"大道就像明鏡一樣,一點灰塵也沒有,世間的萬般功利都莫若内心的一片清澄,即"與其欲是其所非而非其所是,莫若明吾之真宰"(羅勉道語)。"以明"就如"至人之心"一般,了却了生前身後名,放下了一切紛繁糾葛的世間因果,才能最終歸附於大道。在這樣的内心觀照下,是非物論是不可能出現的。

> 物無非彼,物無非是。自彼則不見,自知則知之。故曰彼出於是,是亦因彼。彼是方生之説也。雖然,方生方死,方死方生;方可方不可,方不可方可;因是因非,因非因是。是以聖人不由而照之於天,亦因是也。是亦彼也,彼亦是也。彼亦一是非,此亦一是非。果且有彼是乎哉,果且無彼是乎哉? 彼是莫得其偶,謂之道樞。樞始得其環中,以應無窮。是亦一無窮,非亦一無窮也。故曰莫若以明。

天地萬物,既有彼的一面也有此的一面,這並不是絶對的。若用彼方的觀點來觀察此方,則絲毫不見此方的是處;但若用此方的觀點來自視,則發覺自己盡是是處。所以彼相對於此而存在,此也是相對於彼而存在的。失去了對方二者都不會存在,有此才會有彼,無彼則莫有此矣。後面,莊子運用了惠子"歷物十事"中"日方中方睨,物方生方死"(《天下》)的言論來進行自我理論的闡發,即所謂"彼此"者,也不過是惠施之輩"方生方死"的説法罷了。胡文英對此釋云:"蓋'方生方死'本惠子語,而莊叟即因糧於敵,以破其説也。"(《莊子獨見》)因此"方生方死""方可方不可"等一系列命題都是莊子的觀點,是從惠施之學説當中演化出來的。惠施認爲,一個生命剛剛誕生出來,同時也就開始走向死亡了;一個生命剛剛走向毁滅,同時也就意味着另一個新的生命開始誕生了。此處之"方",可依阮毓崧之説,將其釋爲"並","方生方死"即"並生並死"。以我們今天的視角來看,惠子所謂"物一出生就要死了"的觀點,既有對的一面,也有錯的一面。對的一面,是惠子揭示了生與死兩個概念是對立統一的關係,這是中國哲學的一大進步。但錯的一面在於,他没有揭示出事物在無限運動和發展過程中,在某一時刻所具有的相對穩定性和質的規定性,即没有揭示萬物活着的時候,生的因素占據了主導方面,消亡的時候,死的因素占據了主導方面的現象,故而惠子在一定程度上陷入了相對主義的泥坑,因此常被莊子斥爲詭辯。"方可方不可,方不可方可"意謂是(可)與非(不可)都是對立面的相互轉化,當某一事物被認爲"是"的時候,它的"非"也就開始了;當被認爲是"非"的時候,它的"是"也就包含在"非"裏了。此如王先謙所言:"言可即有以爲不可者,言不可即有以爲可者。可、不可,即是、非也。"(《莊子集解》)"因是因非,因非因是"也是同理,意謂是非相因而生,永遠没有窮盡。而"聖人照之於天,亦因是也",這是這一段的關鍵,意即聖人不走分辨是非的道路，只將一切都隨順天光，讓天地之亮來普照萬物。而"亦因是也"則要説明，聖人會放任一切是非對錯的發展而不予理會，以求做到天真純然。近人蘇甲榮云："因是者，就是因其所是者而是之之謂。"便是此意。

總而言之，莊子認爲，生跟死是相對的，彼跟此也是相對的，它們失去了彼此都不能孤立存在，所以是非是没有定準的，全看你站在什麽角度來看。因此聖人是不會去做辨別是非等凡塵之事的，而是照之於天，莫若以明，最終回歸於大道，亦即回復於自然原始的境界當中。而進入到這種境界後，是非就消匿了，物論也會被泯滅，人世間便又會趨於平静。

在這裏我還需要強調一下，"因"這個字在《莊子》文本當中非常重要。比如説在《養生主》"庖丁解牛"裏面就有"依乎天理""因其固然"的觀點，此處的"因"就是順着的意思，也就是不做自己主觀的選擇而完全因順天然，包括像後來董仲舒的《春秋繁露》，也有類似"因"的觀點流露，應當是繼承了莊子的思想。此處的"亦因是也"的"因"具體是什麽意思呢？這個我們就需要借助"以莊解莊"的方法來進行解讀。莊子在《秋水》裏，有所謂"因其所大而大之""因其所小而小之"的表述，也就是别人認爲是大的我就認爲是大的，别人認爲是小的我就認爲是小的，你説是什麽就是什麽，至人是不屑用自己的主觀思想來分辨是非的，後面"爲是不用而寓諸庸"也講的是這個意思。"因"就是要隨順大衆，不去強辨對錯，一切順遂自然，林雲銘的解莊著作《莊子因》也取自於這個意思。而所謂"彼是莫得其偶"的"偶"，便專指於對方而言的存在，也就是如果彼和此都失去了他們的"偶"，那麽彼此也就不存在了。對立面不存在，是非也就消失了，這就等於進入了環的中樞，誠如郭象所言："夫是非反復相循無窮，故謂之環。環中，空矣。今以是非爲環而得其中者，無是無非也。無是無非，故能應夫是非；是非無窮，故應亦無窮。"(《莊子注》)但如果没有進入到環之樞紐當中，那麽此永遠跟彼對立，是永遠跟非抗衡，物論之紛争便永恒存在，所以莊子又一次強調"莫若以明"。

> 以指喻指之非指，不若以非指喻指之非指也；以馬喻馬之非馬，不若以非馬喻馬之非馬也。天地一指也，萬物一馬也。可乎可，不可乎不可。道行之而成，物謂之而然。惡乎然？然於然。惡乎不然？不然於不然。物固有所然，物固有所可。無物不然，無物不可。故爲是舉莛與楹，厲與西施，恢恑憰怪，道通爲一。
>
> 其分也，成也；其成也，毀也。凡物無成與毀，復通爲一。唯達者知通爲一，爲是不用，而寓諸庸。庸也者，用也；用也者，通也；通也者，得也；適得而幾矣。因是已。已而不知其然，謂之道。勞神明爲一，而不知其同也，謂之"朝三"。何謂"朝三"？狙公賦芧，曰："朝三而暮四。"衆狙皆怒。曰："然則朝四而暮三。"衆狙皆悦。名實未虧，而喜怒爲用，亦因是也。是以聖人和之以是非，而休乎天鈞，是之謂兩行。

這裏的"喻指"之説，乃是從名家公孫龍《白馬》《指物》之二論中借鑒而來的。名家分爲兩大派，分别以公孫龍跟惠施爲主導。這兩大派的區别在於，公孫龍強調"離堅白"，而惠施倡導

"合同異"。公孫龍的"堅白"之説旨在分離萬物之同,他認爲雖是同一匹馬,也有是非之分,正如同一手指,也有彼我之別一樣。而在此處,莊了則説明"用自己的手指來説明人家的手指不是手指,還不如不用自己的手指來説明人家的手指不是手指的好",如陳繼儒云:"以我之是喻彼之非,猶以我之指爲指,而以人之指爲非指也。"(《莊子雋》)後一句"以馬喻馬之非馬"也是同理。而莊子之真義則在"天地一指也,萬物一馬也"中,即從"道通爲一"的角度來看,天地與一指,萬物與一馬,都是没有分別的。吕惠卿對此釋云:"天地雖大,無異一指,以其與我並坐(生)而同體也;……萬物雖衆,無異一馬,以其與我爲一而同類也。"(《莊子全解》)由此可知,莊周之語意在混同彼此,泯滅是非,他認爲即使是天地與手指、萬物與馬匹也是没有區別的,又何況是手指與手指、馬匹與馬匹呢?人世間的物論不也没什麽大的分歧和爭論的必要性嗎?所以,莊子此處雖取喻於手指、馬匹,但用意却與公孫龍相反,旨在"破公孫龍之説"(章太炎語)。

　　後面的"可乎可,不可乎不可"數句,是莊子用現身説法來進一步闡釋自己的觀點,其文意是人家説可以的,我也説可以,人家説不可以我也説不可以,要因其天理,隨順衆生,即"因其然者而然之"(林希逸語)。道是道路的意思,宣穎云:"凡路,因所行。"(《南華經解》)魯迅也有言:"其實地上本没有路,走的人多了,也便成了路。"由此看來,天下没有什麽事物是不然的,也没有什麽事物是不可的,就像草莖(莛)與屋柱(楹)、醜婦(厲)與美女(西施)以及萬物的恢詭憰怪之異態,從大道的觀點來看都是一樣的。之所以有區別都是由於人爲的劃定,當一切都歸束到"大道"裏面,還有什麽是非不能統一,還有什麽物論不能泯滅呢?因此,"道通爲一"在此處收結了上文所有的分歧,並爲各種現象與事物找到了其存有的價值依據,就如郭象所言明的那樣:"各然其所然,各可其所可,則理雖萬殊,而性同得,故曰道通爲一也。"(《莊子注》)

　　另外,陸德明《經典釋文》在"無物不然,無物不可"二句下説:"崔本此下更有'可與可,而不可於不可;不可於不可,而可於可也'。"莊子爲文很是縝密,一般都會從正反兩個方向來進行對比論證,按陸氏所引崔譔之本來看,今本《莊子》應有錯簡或脱漏,當予以修正。

　　莊子進而指出,一事物的分割,就意味着另一事物的組成,而一事物的組成,就意味着另一事物的毁滅,譬如截大木以爲器,在木則爲分,在器則爲成。《天地》篇中便有這樣的案例:"百年之木,破爲犧尊,青黄而文之,其斷在溝中。比犧尊於溝中之斷,則美惡有間矣,其於失性一也。"人們從百年大樹上砍下一塊木頭,然後做成一個酒杯,上面刻着美麗的犀牛圖案,並且以青、黄二色繡繪出豔麗的花紋。這在儒家看來,是非常符合禮儀標準的,因此從這個視角來看,木頭無疑是"成"的。但在莊子看來,這是"毁"的象徵,即"其於失性一也"。人把一棵自然本性完好的樹給砍伐了,這使它的生命無端遭受到了破壞,這難道還不是"毁"嗎?其實所有的事物並無形成與毁滅的區別,它們本就是渾然一體的。只有至人才能知曉"道通爲一"的道理,因此也就不會運用自己的智巧聰明,去分別萬物的完成與毁壞。"而寓諸庸"就是"中庸",也就是因任衆人的好惡,不執着於自我的一孔之見,這樣就能通達於大道,也能無往而不自得。誠如陸西星所言:"不用者,不用己是也;寓諸庸者,因人之是也。……故庸衆之中,皆至理之所寓。"(《南華真經副墨》)因此達到無往而不自得的地步,就算是盡得大道真諦了。

"已而不知其然,謂之道"之語,我們需要關注一下。《莊子》裏面有一種用法叫"省字法"。也就是一個句子根據上下文,經常會省略某個部分。比方説,《養生主》裏有:"吾生也有涯,而知也無涯。以有涯隨無涯,殆已!已而爲知者,殆而已矣!"此處之"殆已,已而爲知者"應當是"殆已,殆已而爲知者"的省略,莊文省略了"殆"字。同理,這裏的"已而不知其然,謂之道",應該是"因是已,而不知其然,謂之道",莊子因承上文省略了"因是"兩個字。意即你雖然做到了"因是",也就是順應自然,但你却不知道爲什麼會這麼去做,就如郭象所説的:"不知所以因而自因耳,故謂之道也。"(《莊子注》)如果一切都是順遂自然本性、自然而然去完成"爲是不用,而寓諸庸"的舉動,那麼這樣就能通達大道境界了。而後面的反例,莊子意在説明,費了那麼多心神(即"神明")以求一致,却還不知道萬物本來就是同一的人,就叫做"朝三"。接着的"朝三暮四"典故我們很熟悉,三、四的名和七的實,本質並没有什麼區別,但是猴子們却一怒一喜,這與那些跳着脚在爭論是非彼我的人不是一樣嗎? 就像王雱所言的:"朝四而暮三,何異朝三而暮四? 衆狙妄情而喜怒於其間,其所以爲惑也。天下之人妄情,何異衆狙乎?"(《南華真經新傳》)而主人狙公的做法也没有將名實改變,僅僅是更換了分發方法便足以迎合衆狙,這就跟上面的"爲是不用而寓諸庸"相應和起來了。而其後的"亦因是也"便又一次强調了隨順萬物的重要性,對此聞一多釋言:"順其所喜,避其所怒,因任物情而利用之,此亦因是之道也。"(《莊子章句》)所以莊子寫文章經常會翻來覆去提及一個命題,並且環環緊扣,步步爲營,實爲"晚周諸子之作,莫能先也"(魯迅語)的典型案例。因爲聖人懂得隨順衆生的道理,所以聖人會將是非調和起來,做到不區分是,不妄議非。"天鈞"是天然的陶鈞,陶鈞的特點就是左右轉向皆無不可,此亦無窮,彼亦無窮。由此可見,莊子將整個天地都囊括進小小的陶鈞當中了。所以聖人泯滅是非,混同大衆,就如陶鈞一般,運轉自如,無懈可擊。正如聞一多所言:"陶鈞之運,左旋右旋,皆無不可。聖人是非兩可,莫之偏任,亦猶是也。"(《莊子章句》)不生是非,亦不辯是非,天地間的繁複物論也就因此被消磨掉了。

古之人,其知有所至矣。惡乎至? 有以爲未始有物者,至矣,盡矣,不可以加矣! 其次以爲有物矣,而未始有封也。其次以爲有封焉,而未始有是非也。是非之彰也,道之所以虧也。道之所以虧,愛之所以成。果且有成與虧乎哉,果且無成與虧乎哉? 有成與虧,故昭氏之鼓琴也;無成與虧,故昭氏之不鼓琴也。昭文之鼓琴也,師曠之枝策也,惠子之據梧也,三者之知幾乎,皆其盛者也,故載之末年。唯其好之也,以異於彼;其好之也,欲以明之彼。非所明而明之,故以堅白之昧終。而其子又以文之綸終,終身無成。若是而可謂成乎,雖我亦成也;若是而不可謂成乎,物與我無成也。是故滑疑之耀,聖人之所圖也。爲是不用而寓諸庸,此之謂"以明"。

　　莊子非常推崇古人,而非駁今人,因爲古人還没有產生是非觀念,所以他覺得比現在的人要更接近於大道。這個古人比我們觀念中的古人還要再早,大概要追溯到上古神話時期,並不是我們眼中堯舜禹等明見於史籍記載的人。"未始"就是未曾、未嘗的意思。這個"未始有物"指的是天地萬物產生之前,包括連氣都還没有,有的只是混沌一片的茫渺宇宙。這個境域就是大道存在的境域,那時大道還没有被破壞,所以這個境界是最高的,只有古人才能體會到,因爲古人的智慧達到了最爲完美的境地,能體悟到根源於未始有物之前,那種渾全於冥漠之中的玄奥道理。次一點的人也就是比古人晚一點的人,他們能體悟到懵懵懂懂的"有物"狀態,但是物跟物之間的界域還不太清楚,也没有被劃分出來。第三種人開始知道事物之間有明確的界限,但是還没有產生是非觀念。前一段文字中"是非"已經出現過,但這一段"是非"已經被完全點出,全篇探討的中心詞由此也全然顯露,真如草蛇灰綫一般步步推進。這裏,莊子意在説明大道是"是非"產生之後才被破壞的,後起之人由於有了是非、彼我的觀念,不但不能弄明白大道的根本所在,反而使它日益虧損而隱没了。大道虧損了,偏愛就產生了。這裏的偏愛不只是對於理論觀念和社會價值的判斷,還包括對於愛人之間的偏愛也包含在其中,如《天運》篇所言:"堯之治天下,使民心親,民有爲其親殺其殺而民不非也。舜之治天下,使民心競,民孕婦十月生子,子生五月而能言,不至乎孩而始誰,則人始有夭矣。"這是莊子極度否定的。莊子提倡是非不彰,天地無私,這一點跟荀子很像,荀子認爲,"天行有常,不爲堯存,不爲桀亡",又"天不爲人之惡寒也輟冬,地不爲人之惡遼遠也輟廣"(《天論》)。天地颶風下雨都不會爲了某一個人而發生,大道一年四季的運行也是自然而然,無有偏愛的。但人却是有偏愛、有私心的,所以禍亂與紛爭就漸漸產生了。同時,蔣錫昌指出,此處之"愛"便暗暗隱指下文之昭文、師曠、惠子諸事,莊子於此已經設好伏筆,只等後文一齊揭露,真可謂神來之筆!

　　兩"故昭氏"之"故"是"則",即"就是"的意思。鄭國的昭文善於彈琴,這是明見於史籍記載的。根據《列子·湯問》的記述,昭文曾跟師襄學習彈琴,其琴藝高超,以至"當春而叩商弦以召南吕,涼風忽至,草木成實。及秋而叩角弦以激夾鐘,温風徐回,草木發榮。當夏而叩羽弦以召黄鐘,霜雪交下,川池暴沍。及冬而叩徵弦以激蕤賓,陽光熾烈,堅冰立散。將終,命宮而總四弦,則景風翔,慶雲浮,甘露降,澧泉涌。"連師襄都不由贊嘆:"微矣子之彈也!雖師曠之清角,鄒衍之吹律,亡以加之,彼將挾琴執管而從子之後耳。"但就是如此高妙的琴技,得到的却是莊子的批駁。因爲只要昭文一鼓琴,反映大道的"天籟"之美就會因此受到損傷。大道之域是混沌一團無所不在的,即便昭文彈得再好也只不過是大道中的偏殘之美或是一隅之美,連"地籟"都比不上,只能勉强算作"人籟"。如郭象所言:"夫聲不可勝舉也。故吹管操弦,雖有繁手,遺聲多矣。而執籥鳴弦者,欲以彰聲也,彰聲而聲遺,不彰聲而聲全。故欲成而虧之者,昭文之鼓琴也;不成而無虧者,昭文之不鼓琴也。"(《莊子注》)認爲在莊子看來,如果昭文不彈琴,那麽大道的全真之美就完整地蘊含在天地之間,人世紛爭的惡性循環便再一次被莊子指出來了。在真、善、美三個元素當中,儒學偏重於善,尤其是善的功用,用現在的話來説就是思想内容健康不健康、上進不上進最爲重要,藝術標準則在其次。如果恰好内容是善的、藝術形式也是美的,那麽在孔子看來則是既盡善,又盡美。在這二者之間,思想内容要起主導作用,形式再美,中心内容不善也是不行的。莊子就從來不談思想内容善不善,他只談真不真,只要能盡展宇宙間全真之美的東西便是好的,便是美的,便是值得推崇的,否則就是偏殘之美。對此,莊子指出,昭文彈琴時,無論他的琴技有多高明,他所遺漏的天地之美肯定會更多。所以即便是曠古難尋的琴師,對於大道來講也是一種反面因素。因此後世進步的思想家和藝術家在老莊思想上大多進行了積極發揮,比如作畫時需要留出空白,讓欣賞者去自我想象,反能使其收穫不一樣的藝術體驗,如《畫荃》所言"無畫處皆成妙境"。

師曠是晋平公時期的樂師,也是古代罕有的音樂奇才。枝策,就是持策以擊樂器。枝,即持而擊。策,謂擊樂器之物。《韓非子·十過》裏曾記有這樣一個寓言,它説師曠奏琴,群鳥畢至:"一奏之,有玄鶴二八,道南方來,集於郎門之垝;再奏之,而列;三奏之,延頸而鳴,舒翼而舞,音中宫商之聲,聲聞於天。"至於惠子大家都很熟悉了,善於辯論。這三人在各自領域内的技藝,都已到達爐火純青的境地。即便到了晚年,還在從事相關的事情。如惠子,他一心想讓自己所喜歡的,也讓别人喜歡,想讓自己弄明白的,也讓别人弄明白,最終在是是非非的困擾中,被"堅白同異"的問題給弄糊塗了。需要注意的是,這裏的昭文、師曠是喻意,惠施才是正意,因爲惠子探討的是辯論是非之事,與文章總論契合,前面的彈琴與演奏音樂等描述都是爲抨擊惠子之事做準備的,因此一偏一正這個行文特點我們要知道。同樣"惠子之據梧也"等幾句,也可與《德充符》中"今子外乎子之神,勞乎子之形,倚樹而吟,據槁梧而瞑",以及《天運》中"倚於槁梧而吟"等描寫惠子之語相對讀,是瞭解名家思想較爲重要文獻之一。

另外需要強調的是,前面的"莫若以明"是大道的明,這裏的"欲以明之"的"明"是諸子百家争論是非的明,二者同字而異文,是彼此對立的兩個概念。而在後面的文字中,莊子又將抨擊的炮火,對準了昭文的兒子。他説:"昭文之子又以學習鼓琴之技而終身,最終連昭文的鼓琴水平都達不到,如果像這些都算是有成就的話,那麽像我也可算是有成就的人;如果這些不算是有成就的話,那麽像我也没有什麽成就可言了。""聖人之所圖"之"圖",訓圖謀,可引申爲圖謀摒棄。此連上句是説,所以像昭文、師曠、惠施三人這樣以滑亂可疑的言行炫耀於世的做法,只能擾亂人心,而無有神益於世,體悟大道純真之性的聖人,是堅決會予以摒棄的。而所謂的聖人,只會將自己混迹於芸芸衆生,從不用主觀意念來妄做判别。一切原欲純肇出自然,所行所念皆從順於大道,這就是用空明若鏡的心靈來觀照萬物。莊子此處再一次點到了"以明"二字,即闡明只要内心空靈洞徹、混同萬物,便可讓大道停留在自我之身心當中。此處之"明"是得道者的明,與上文的庸人之"明"是相悖反的,一個是一偏之見,一個是大道之明,我們切不可混淆。所以對於"物論",聖人是要抛棄的,甚至連語言文字都不要,以此來恢復到混沌初朦的原始境界,如此一來,是非也就消失了。

總而言之,莊子認爲,古人的智慧達到了最爲完美的境界,於道於德都是無可挑剔的至高存在。此後的人們由於有了是非、彼此的觀念,非但不能弄明白大道的根本所在,反而使它日益虧損而逐漸隱没了。及至小智小愛者,如昭文、師曠、惠施這一類人的出現,大道被破壞的情況也就達到了更爲嚴重的程度。由此可證,此段是在申述前文"道隱於小成"的旨意。

今且有言於此,不知其與是類乎,其與是不類乎? 類與不類,相與爲類,則與彼無以異矣。雖然,請嘗言之。有始也者,有未始有始也者,有未始有夫未始有始也者。有有也者,有無也者,有未始有無也者,有未始有夫未始有無也者。俄而有無矣,而未知有無之果孰有孰無也。今我則已有謂矣,而未知吾所謂之其果有謂乎,其果無謂乎?

"今且有言於此"講的是今天我説的這些話跟諸子百家所説的話,是屬於同一類呢,還是不屬於同一類呢? 莊子爲了"防人摘己而先自破之"(王敔語),接着就説"雖然,請嘗言之",然後再來暢發自己的觀點,其實是屬於變相的"予豈好辯哉,予不得已也"。他説萬物開始出現形體的時候,這個屬於"有也者",而没出現形態的時候,是屬"無也者"。萬物的形體是從無中產生的,所謂"有始也者",是指已有宇宙之象可見;所謂"有未始有始也者",指的是宇宙之象還未曾顯現;所謂"有未始有夫未始有始也者",是説"未始有始"之前的空朦虚無的狀態;所謂"有有也者",是指萬物出生,忽然有了形體;所謂"有無也者",是謂萬物的形體,是從無中生長出來的;所謂"有未始有無也者",是説萬物產生之前,世界空洞至虚,一無所有;所謂"有未始有夫未始有無也者",是説在"未始有無"之前,那種極端空洞虚静的狀態,也是大道一點都没有受損害的時候。以上七句,莊子無非是想讓世人明白,諸如是非之别、彼我之殊,均起於天地或萬物出現以後,"在泰初未有天地或萬物之時,固無所謂是非也"(蔣錫昌語)。

莊子這一番梳理,我們可能會不好理解,宇宙怎麽會没有呢? 就算宇宙存在未出現時的狀態,莊子又是怎麽知道的呢? 目前,宇宙是否有原初形態我們還不得而知,但是星系、星體和星雲等物體却是通過層積宇宙塵埃而漸趨形成的。就像 2015 年,在恒星 HD 100546 周圍的軌道上,蘇黎世聯邦理工學院的科學家在歐洲南方天文臺觀測到一顆行星正在誕生,這是一顆巨型氣態行星,周圍被氣體和塵埃所包圍,並且還在持續形成當中,這大概和莊子所説的"未始有無"狀態差不多。我們現在表示無就是没有,但莊子認爲在無以前還有更加原始的狀態。無原本是一個概念,而上文説的"有未始有夫未始有無也者"就是連無這個概念都没有之前。之後世界忽然進入了"有"與"無"的階段,但却不知道這個"有"是否可認爲是真有,這個"無"是否可認爲是真無? 我莊周已經有所説了,但不知我所説的果真是有所説呢,還是没有呢? 介於此,莊子也意識到自己説了太多的話,有些偏離大道並且接近物論了,所以他對自己提出了一種疑問。這種只是提出某種疑問,但是没有明確給出回答的案例在《莊子》裏面俯拾即是,後文的"齧缺問乎王倪曰:'子知物之所同是乎?'曰:'吾惡乎知之!''子知子之所不知邪?'曰:'吾惡乎知之!''然則物無知邪?'曰:'吾惡乎知之!'"就是翻版重刻。《莊子》裏面有很多東西在進行申訴時都是由否定之語來進行回答的,比方説在《知北遊》裏面如果有人問道是什麼,那麼對方一定會説不知道,因爲如果説知道的話那就不是道了,這是莊子語言邏輯中的標志性特色。莊子反復申述這一點的緣由就是要説明,我只是嘗試着説一説,並不一定含有絶對真理,僅是姑妄一説,與諸子百家那些有偏好、有是非、有勝負欲的俗衆有雲泥之別。

> 天下莫大於秋豪之末,而太山爲小;莫壽於殤子,而彭祖爲夭。天地與我並生,而萬物與我爲一。既已爲一矣,且得有言乎? 既已謂之一矣,且得無言乎? 一與言爲二,二與一爲三。自此以往,巧歷不能得,而况其凡乎! 故自無適有,以至於三,而况自有適有乎! 無適焉,因是已。

"秋豪"即"秋毫"。秋天鳥獸剛長出來的毛,其末端尤其細尖。"太山"即現在的山東泰山。莊子在這裏説,天下没有比秋毫之末更大的東西,而泰山却是小的。這就是物理學上所説的參照系的不同。泰山在古人看來,可能是最高的山之一,從古代無懷氏開始,一共有七十二個國君到泰山封過禪。僅漢武帝一君,就曾八次到泰山去封禪,所以古人把泰山當作是中華文明和權力地位的象徵,世界自然與文化雙遺産名録都有泰山之名,便足可見泰山之"重"!但莊子却偏偏説,秋毫要比泰山大得多。同樣,在莊子看來,以不同參照物相對比的話,没有比短命的小孩(殤子)更長壽的,也没有比活了八百歲的彭祖更短命的,全看你切入的視角如何了。截至此處,全文鋪陳的中心論點才終於顯現,那便是:"天地與我並生,而萬物與我爲一。"此語一出,全文豁地蕩開一筆,前文所有的鋪墊至此倏然收束,是非之争的解決方法也全然呈露。這兩句話就相當於《逍遥遊》中的"若夫乘天地之正,而御六氣之辯,以遊無窮者,彼且惡乎待哉",是全篇之文眼。《齊物論》從開篇"南郭子綦隱机而坐"一直到"此之謂葆光",都屬於總論部分。此後邏輯綫路逐步走向事例闡説,"昔者堯問於舜"寓言成了分論部分的起始。

關於"天下莫大於秋豪之末,而太山爲小;莫壽於殤子,而彭祖爲夭"這幾句,我還需再補充一點。在《天下》篇所載惠子的"歷物十事"中,就有所謂的山與地平的理論,其目的是爲了"合同異",以便取消事物之間的差别。雖然惠子和莊子在取消事物間的對立和差分方面有所類似,但不同的是惠施是停留在物質外化的層面上强調合同,也就是在事物的表象上面做文章,例如物之大小、箭之快慢等等,而莊子主要在精神上面倡導"齊一",强調物之大小無有差分,言之高低無有然非,以便泯滅世間物論,回返自然天道。根據郭象《莊子注》的表述,我們可以得知,郭象是提倡"適性逍遥"的,也就是只要滿足個體生命的解放和歡愉的攫取就可以安於現狀,就可以獲得齊如至人一般的天地逍遥。同樣應用到這個層面來説,秋毫是没有必要羡慕泰山的,短腿的野鴨也是没有必要羡慕修長的天鵝的。因爲它們都需安於現狀,安於自然所賦予它們的一切,如果刻意地進行拆割與修補,反而會殘殺天性,誠如《駢拇》所言:"是故鳬脛雖短,續之則憂;鶴脛雖長,斷之則悲。故性長非所斷,性短非所續,無所去憂也。"投射到我們當下,同樣也印證了這個道理。因此莊周此處取泰山秋毫之比、彭祖殤子之喻,是要説明"萬物齊一"的道理。

由此莊子喟然感慨,既然我與天地並生,與萬物爲一,那我還有什麽可説的呢? 既然説出了"合爲一體"的話,還能説没有説話嗎? 此二句,也是自破其非之辭。萬物一體加上我所説的話,便是二個;二個加上一個,便是三個。這樣往下推,善於計算的人也不能計算其數,又何况是凡夫之輩呢! 所以我現在爲了説明大道的大致情形,已經從無言到有言,以至達到了"三"的地步,又何况是百家辯士從有言到有言呢! 正如王夫之所云:"有儒有墨,儒有九家,墨不一類,以及乎堅白異同,刑名法術,姚佚啓態,各炫其榮華,惡從而辨之哉!"(《莊子解》)故而莊子復又感嘆云:我不必再往下説了,唯因任自然便是了。莊子此處又是在"破"自己,意爲點到要害處即可,餘論我不多講,以免讓自己背離大道,宗旨又再一次回到了"因"這個字上。對此,宣穎括曰:"以上三大段,凡六節,'明'字一煞,'因'字一煞。"(《南華經解》)可見在《齊物論》的主旨内容裏,"明"和"因"占據了很大比重。

夫道未始有封,言未始有常,爲是而有畛也。請言其畛:有左有右,有倫有義,有分有辯,有競有争,此之謂八德。六合之外,聖人存而不論;六合之内,聖人論而不議。《春秋》經世先王之志,聖人議而不辯。故分也者,有不分也;辯也者,有不辯也。曰,何也? 聖人懷之,衆人辯之以相示也。故曰,辯也者,有不見也。

大道是普遍存在没有界限的,道既可大又可小,它的本質是"無"。而正因爲它有無的特點,才造就了道體的無所不在。在《知北遊》中,東郭子曾問於莊子道何所在,莊子言"道在瓦甓""道在屎溺",並聲明"汝唯莫必,無乎逃物。至道若是,大言亦然"。天地萬物都被道囊括起來了,没有誰可以逃脱道的涵括,就如同宇宙覆地一般漫無邊界。而如果大道本質爲"有"那就不可以了,因爲"有"就會被形體所框縛,進而無法超越天際,更不可能無所不在。這裏的"言"是指符合大道的至臻之言,這種符合大道的至臻之言是没有一定常規的。要而言之,如果像諸子百家那樣争來争去,就會出現前文"是唯無作,作則萬竅怒呺"的亂象,而正因爲有争論,所以區别和界限就出現了,也就是所謂的"畛"。下面莊子就開始具體闡發這些界限的概念。首當其衝的便是"有左有右",這分明指的是儒家跟墨家,他們所熱衷的倫常之道,是非分辨,將天下搞得沸沸揚揚,尤遭莊周冷眼。"義"通儀態的儀,"八德"指的是界域,即八種界限,它們劃分出儒墨二家争論的焦點。"夫道未始有封"是没有界域的,而儒墨是有界域的,不僅有界域,而且很多言論都是是非之説,所以莊子予以徹底否定。接着,莊子開始采用正向對比論證來申述己意。六合乃人間之方,即東西南北天地。六合之外,泛指常人無可企及之域和無可參悟之事,聖人自不必相論。六合以内,均屬人間繁瑣之事,聖人也只是泛泛論説,而不予妄議。正如吳世尚在《莊子解》中所説的:"六合之外存而不論,非不能論也,不必論也;六合之内,論而不議,非不能議也,不必議也。"

前面我們反復申述,"以儒解莊"是中國學術史上非常突出的一種現象,這個地方的《春秋》,大部分的儒生都將其訓示爲孔子所修的《春秋》,進而將莊子拉入孔學門下,以示莊周奉孔。但我認爲此處的《春秋》泛指古代的一切歷史著作,並不一定與孔子之《春秋》有關。至於莊子尊侍孔子、爲仲尼之徒的説法,我則認爲純屬牽强附會。另外,蔣錫昌指出"《春秋》經世先王之志"的《春秋》專指記録先王治理社會的文獻,因此"《春秋》經世先王之志"的"經世"應放到"先王"後面去,成"《春秋》先王經世之志"。《莊子》裏面經常會有這種顛倒語序的現象,我們此前已經説明了,這和前文"山林之畏隹,大木百圍之竅穴"的用法是一樣的。總體來説,聖人並不是不能"辯",如果論辯起來的話,他的口才可能比其他人更好,只是他覺得没有必要去爭,對於人世間的繁蕪陳迹,也只需把它擱置起來就好,談都不去談,這就是聖人的態度。對此莊子繼續發揮,他説任何事物都有可區分的一面,也都有不可區分的一面,有可以辨認的東西,也一定有不可辨認的東西。所以天下事理能分别的,其中必定有不能分别的個體存在;能辯論的,其中也必定有不能辯論的因素存在。故而"聖人懷之"以不辯爲懷,那些每天爭論因果是非的人,於大道而言是見觸不到的。因爲如果見到大道他們就不會去辯了,所以境界越低下的人,越喜歡申辯一己之見。

> 夫大道不稱,大辯不言,大仁不仁,大廉不嗛,大勇不忮。道昭而不道,言辯而不及,仁常而不成,廉清而不信,勇忮而不成。五者園而幾向方矣。故知止其所不知,至矣。孰知不言之辯,不道之道?若有能知,此之謂天府。注焉而不滿,酌焉而不竭,而不知其所由來,此之謂葆光。

莊子這裏開始陳列一些具體的人情案例來説明"夫道未始有封,言未始有常"的真意,比如大道是無可名稱的,大辯是不用言説的,大仁是不有意爲仁的,大廉是不自露鋒芒的,大勇是不自逞血氣之勇的。這裏我們需要把"仁"再講一下,"仁"在莊子的理念當中,原本應該指自然宇宙當中一種存貯於各個獨立體之間的原生概念,是一種與生俱來的,在人生命當中自然存在的真性。後來儒學將"仁"有意識地獨立出來了,這就潛在地破壞了自然天道的發生規律,後之學儒、習儒者便借此發揮進而一發不可收拾了。莊子反復聲明,道一經説明就不是真道,言語過於辯察就不能達到真理,仁者滯於一偏之愛就不能周遍,過分表示廉潔就會不够真實,自逞血氣之勇也不會成爲大勇。"嗛"通"陳",訓崖岸。"不稱""不言""不仁""不嗛""不忮"這五個方面,本來是圓通混成的,如果涉及昭、辯、常、清、忮等形迹,就變成四方之物了。"圓"字在古代各種本子裏都作簡體的园,事實上不是公園的園,而是圓圈的圓。這個地方我需要給大家再補充一下,在莊子的世界觀裏,他是崇尚圓的而反對方的。我們前面講道門上面"樞"的兩端是圓的,所以在環中旋轉起來能够應付無窮。劉鳳苞對此評曰:"'大辯''大道'二句是主,餘三件俱是陪説。五者本是圓融渾成,一落形迹之中,如方者之不可爲圓,而動形滯礙矣。"(《南華雪心編》)由此可知,大道原本是渾圓的,足可以應對世間的一切變幻,但這些俗士却有意地顯示清廉和勇敢,有意地去做仁義之事或去言説辯駁,以此來彰顯自己的不一,這就潛在地讓他們的自然真性由“圓”轉“方”了。

　　所以一個人知道止於性分之内，那就是智慧的極點了。我們現在都提倡向未知的方向去探索，似乎已成普遍真理，但是《莊子》裏却反復提及，人只要停留在自己已知的界面就可以了，例如“吾生也有涯，而知也無涯。以有涯隨無涯，殆已！已而爲知者，殆而已矣”（《養生主》），不要向未知的方向去“勞形怵心”，這樣的人才是聰明之人。“孰知不言之辯，不道之道”是承接老子的觀點，老子云：“聖人處無爲之事，行不言之教。”（《老子》二章）大道是不由分説的，更無需用語言去表述，如果能懂得這個道理，就算是含德之人了。這種人心胸裏涵容着大道，却從不輕易外顯，任其注入都不會滿，任其酌取也不會枯竭，而且又不知道它由來何處，這就叫做包藏光亮而不外露。

　　“葆光”和“天府”的意思差不多，都是收斂、包藏自己真性與智慧的代稱。以上四句，以水、光爲喻也是在申述“天府”之意。現在的人大多違逆了莊子的思想，過於熱衷於彰顯自己，有一點點成就與想法都要表露出來，缺乏涵混於大道的精神。到這裏，《齊物論》總論部分就算全部結束了，隨着“天地與我並生，而萬物與我爲一”的顯露，中心論點嫁接了前後兩個部分的内容，並將下文幾個寓言一一引導了出來，正如明李騰芳所言“堯伐三子以下，皆是引證，義見前文”（《説莊》）。

　　　　故昔者堯問於舜曰：“我欲伐宗、膾、胥敖，南面而不釋然，其故何也？”舜曰：“夫三子者，猶存乎蓬艾之間。若不釋然，何哉？昔者十日並出，萬物皆照，而况德之進乎日者乎？”

　　分論部分的第一則寓言，便是以堯攻打宗、膾、胥敖三個小國爲起始申説的。這三個國家沒有任何文獻記載，應該是虛構的。“釋然”是怡悦的樣子，“釋”通“懌”。下面的“若”是“你”的意思。至於堯爲什麽要攻打他們，莊子沒有明説。成玄英在《南華真經注疏》中推測應該是這三個小國欠了堯的賦税，所以堯一怒之下，要去征討他們。按莊子之意，宗、膾、胥敖三國國土面積非常狹小，僅可棲身於艾草蓬蒿之間，但堯却執意要攻打它們，於是舜便以十日之喻來加以申説。據《淮南子·本經訓》載：“堯之時，十日並出，焦禾稼，殺草木，而民無所食，堯乃使羿上射十日。”但此處莊子不用“十日”爲灾害之意，而是説十日普照萬物，無所偏私，更何况是功績遠超這十日之德的唐堯呢？言外之意，是勸堯不要去計較三個小國家的不軌行爲。三個國家有不軌的行爲都可以不去計較，那麽諸子百家所謂的是非論爭，强分彼我的愚昧做法又何足道哉呢？在大道的觀照下，又有什麽不可以泯滅的呢？對此，唐順之有較好的概括，他説：“日並出，而蓬艾之間有背日焉……喻胸中冰釋，不著一物，則無不齊。”（《莊子南華真經批點》）因此，這則寓言表面是在闡釋儘管三個小國有卑污不義的舉動，但也不必與之較量是非，更不能加以兵革。實際上還是在論證“天地與我並生，而萬物與我爲一”的内旨，這是分論一證，後面還有二證、三證。在三證過後，莊子還鋪設了一個三人争論的反掉之筆，直至莊周夢蝶與前面的"南郭子綦隱机而坐,仰天而噓"遥相呼應,内外契合後,才最終關鎖全篇,真可謂是千古奇文,令人拍案叫絶!

> 齧缺問乎王倪曰:"子知物之所同是乎?"曰:"吾惡乎知之!""子知子之所不知邪?"曰:"吾惡乎知之!""然則物無知邪?"曰:"吾惡乎知之!雖然,嘗試言之。庸詎知吾所謂知之非不知邪?庸詎知吾所謂不知之非知邪?且吾嘗試問乎女:民濕寢則腰疾偏死,鰌然乎哉?木處則惴慄恂懼,猨猴然乎哉?三者孰知正處?民食芻豢,麋鹿食薦,蝍蛆甘帶,鴟鴉耆鼠,四者孰知正味?猨猵狙以爲雌,麋與鹿交,鰌與魚游。毛嬙麗姬,人之所美也;魚見之深入,鳥見之高飛,麋鹿見之決驟。四者孰知天下之正色哉?自我觀之,仁義之端,是非之塗,樊然殽亂,吾惡能知其辯!"

這是分論部分的第二則寓言。關於齧缺的身份,歷來没有定論,王雱《南華真經新傳》認爲他是"道之不全者也"。我認爲齧缺,包括王倪都是莊子虚構出來的人物,歷史上應不會存有其人。《天地》篇載"堯之師曰許由,許由之師曰齧缺,齧缺之師曰王倪,王倪之師曰被衣",即被衣是王倪的老師,王倪是齧缺的老師,齧缺是許由的老師,許由是堯的老師。這則寓言是這樣的,齧缺問王倪説:"你知道天下萬物有共同的認可標準嗎?"王倪説:"我怎麽會知道呢!"齧缺説:"你能知道自己何以不知的根由嗎?"王倪説:"我怎麽會知道呢!"

前面我們説過,《莊子》裏面有很多問題在進行闡述時都是由否定之語來進行回答的,所以經常會出現"嘗試言之"的表述。此刻的王倪就想嘗試着去講一講,莊子的話語特色就是以嘗試的方式去表白自我觀點,因爲如果以肯定之語去推演,便會陷入是非論證的誤區,以致落入諸子百家的窠臼,因此莊子總是以模棱兩可的態度去進行言説,意即"我表達的不一定對,我只是嘗試着去説説,僅此而已。"比如下二句"庸詎知吾所謂知之非不知邪?庸詎知吾所謂不知之非知邪",就是如此。"庸詎"是怎麽的意思。這二句話的意思是"哪裏知道我所謂的'知'未必不是他人所謂的'不知'呢?哪裏知道我所謂的'不知'未必不是他人所謂的'知'呢?"莊子很少直接作出判斷,現在我們都是用判斷動詞進行概括,比方"是什麽","不是什麽",這是現代漢語的用法。但在《莊子》文段中不是這樣的,他往往會説我哪裏知道呢?所謂知道就是不知道,所謂不知道的就是知道,他不做肯定的回答,但言外的廓遠真義大家却能瞭然於心。在後面的文章中,王倪開始列舉具體的案例。比如人在樹上居住就會驚恐戰慄,猿猴也會這樣嗎?人、泥鰍、猿猴這三者,究竟誰知道哪裏是標準的居處呢?這是從外在條件下進行是非無斷的比附。後面王倪繼續申説,人喜歡吃家畜的肉,麋鹿喜吃美草,蜈蚣以食蛇腦爲甘美,貓頭鷹和烏鴉熱愛吃老鼠,這四者究竟誰知道什麽是可口的味道呢?家畜,包含"芻"和"豢"兩大類,"芻"是專指吃草的動物,比如牛和羊,"豢"是專指吃五穀雜糧的動物,比如雞鴨狗猪等,但這裏没有必要分那麽清楚,只做籠統概括就好。莊子在此處雖然表面上在講物各有好,但實際上是在申明物各有性。吃什麽,不吃什麽,是天道賦予百物的真性,如果違逆動物之本性，讓它們吞用本不屬於自己食物鏈的餐品，就會釀成灾禍。比如瘋牛病就是可傳遞性中樞神經系統變性疾病中常見的一種，其發生緣由便是英國農場主爲了攫取利潤，增速肉牛的生長速度，擅自將動物蛋白作爲牛的飼料添加進食譜，導致瘋牛病的出現。牛本身是草食動物，被强制喂食動物蛋白後，造成了機體細胞病變，最終形成瘋牛病波及全球，這就是《馬蹄》篇所着重批判的"治天下者之過也"的做法。因此這段比喻，莊子還是在重申隨順自然，歸復本性的真義。百物尚且如此，對於人而言，就更加難以協調了。南甜北鹹東辣西酸，每一個中國人的舌尖都無法屈就自己，迎合他人，飲食喜好和食材選擇常常十里不同風，百里不同俗，連人和人之間尚存有如此大的差異，又何況是人與動物之間呢？這顯著的差分，不就是諸子百家眼中的物論嗎？這源出於自然的分別，又有什麼可辯論的呢？算了吧，還是歸結於大道吧，莊子話鋒至此，還是要申述"天地與我並生，而萬物與我爲一"的道理，真可謂用心良苦。

　　陳説完住處和食物後，莊子又將筆墨對準了美色。"猨猵狙以爲雌"這句，我們需要注意一下，在釋義時需要顛倒一下次序，意謂雄性猵狙，喜與雌性猿交配。崔譔説："猵狙，一名獦牂，其雄憙與猿雌爲牝牡。"（陸德明《經典釋文》引。）雄的猵狙喜歡跟雌的猿交配，雖屬近親但不是同類，後面的麋喜歡與鹿交配，泥鰍喜歡與魚交合也是如此，彼此綱目相近，但種屬不同，各有各的美豔標準。毛嬙和驪姬都是上古美女，但有學者懷疑"麗姬"是錯文，應爲毛嬙和西施，因爲二者自古就並列出現，從未聽説有毛嬙和驪姬同舉之説，況且後面還專門論述了驪姬之事，所以此處不應再次出現驪姬以爲贅語，應爲西施之誤。但不管怎樣，這無關乎莊子文義的理解，所以我們不去做過多分辨。關於驪姬的事迹，《國語·晋語》《左傳》僖公四年以及明梁辰魚《浣紗記·論俠》裏都有詳細記述。本文的"麗姬"就是驪姬，本爲春秋時驪戎國艾地守封疆人的女兒，後爲晋獻公妃子，生奚齊，以美色獲得晋獻公專寵，並逐步參與朝政。但驪姬對此仍不滿足，她使計離間挑撥晋獻公與兒子申生、重耳、夷吾的感情，迫使申生自殺，重耳、夷吾逃亡，後改立自己所生之子奚齊爲太子，史稱"驪姬之亂"。莊子在此處引用驪姬之名加以申説，只因其美貌過人，而與其道德品性無關。但就是如此美豔動人的毛嬙和驪姬，人人都爲之傾狂的美女，游魚見了她們却避入水底，鳥兒見到她們便飛上高空，麋鹿見到她們就急速逃跑。那麼這四者究竟誰知道天下真正的美色呢？怕人是動物的天性，見到人類就會本能地逃跑，它們又怎麼會知道誰好看，誰不好看呢？因此莊子嘆曰："在我看來，仁義的頭緒，是非的途徑，全都錯綜雜亂，我又怎麼能知道它們之間的區別呢！"由此可見，仁義道德，是非觀念，本都是混淆一體的，哪兒又值得世間俗士去細細分辨呢？"樊然殽亂"的"殽"，可以通"菜肴"的"肴"。"肴"的本義，可以理解爲我們吃完飯後的殘羹冷炙、雞骨魚刺參混一體，無可分辨的那種狀態，這個就叫"殽亂"。因爲每一個人的愛好不同，審美水平也有差異，所以表現出對外物的態度也不盡相同。比如馮夢龍的《情史》裏就記載了一位翩翩少年喜歡只有一隻眼的"眇娼"的故事，這在我們旁人看來是萬難理解的，但少年却説："余得若人，還視世之女子，無不餘一目者。夫佳目，得一足矣，又奚以多爲！"所以喜好沒有定數，觀念也極難統一，至於仁義制度、是非標準就更是無有神益，甚至會成爲荼毒天下的東西，莊子必欲將其一齊掃净，方可呈現清幽寰宇。

> 齧缺曰:"子不知利害,則至人固不知利害乎?"王倪曰:"至人神矣! 大澤焚而不
> 能熱,河漢沍而不能寒,疾雷破山,風振海而不能驚。若然者,乘雲氣,騎日月,而遊
> 乎四海之外,死生無變於己,而况利害之端乎!"

王倪在這裏是一個得道者的形象,負責傳遞莊子的個人理論,齧缺應該是嘴巴有缺陷的一個人。在上述一段文字的闡釋後,齧缺仍舊没有了悟王倪的真義。如果他真的懂得了王倪所言的話外真義,就不會再問下面這句話了:"子不知利害,則至人固不知利害乎?"所謂的利害,不是我們今天所説的利害,而是對誰有益處,對誰無益處的意思。例如吃老鼠對貓頭鷹有利,但是於人無利,以此類推。後面"至人神矣"的神是精神没有受到損害的意思,之後的"風振海"應當是有脱文的。北宋的陳景元曾看到一個江南古殘本《莊子》,舊藏於浙江天台山,這個本子裏刻的是"飄風振海"。這個"飄"字據我看來在《莊子》最初的版本裏應該是有的,否則上下文不對應。在後面的文字中,莊子再一次强調了至人的特點,其文與《逍遥遊》類似,我們不再贅述。需要指出的是,《逍遥遊》中"若夫乘天地之正,而御六氣之辯,以遊無窮者"中的御六氣,不是至人騎着雲氣,而是順着六氣,貼合着自然之勢自由翺翔於六氣之中。不能翻譯成"騎着"或者"坐着"雲氣,因爲至人是無有所待的,因此不能理解成"憑藉"的意思。此處之"乘雲氣,騎日月,而遊乎四海之外"中"騎日月"的"騎"字也是順着的意思,騎日月就是順着日月,與《逍遥游》中的文義一致,都是"無所待"的外化特徵。而"四海"之義,便是指"無何有之鄉",也就是遠離塵囂,超越是非的境界。後面的"死生無變於己"一句,真堪稱上佳之筆,在莊子的世界中,將生死都一齊放下往往是人生的最高境界。如果連生死都看破了,那還能有什麽好壞、美醜、榮辱、夭壽的是非觀念呢? 在莊子的哲學體系裏,生死關是最後一關,也是最難攻克的一關,如果這一關隘都能逾越,那麽塵世間所有繁蕪都不能動摇其真性。所以"至人無己"在《莊子》全書中是境界最高一級之代表,因爲他們對自己的主體還存不存在,身形還復不復有都意識不到了,這自然就抵至無上境界了。所以無論是羅勉道還是宣穎,都認爲"至人無己"是最高境界,連死生都無變於己,不攖於心,又何談什麽有利無利,有害無害呢? 所以不區别利害,不劃分對錯,不糾結是非是莊子齊同物論之第二證,大旨還是在復述"天地與我並生,而萬物與我爲一"這個中心論點。

對此我們還可以再作一點延伸,像至人這種澤中灌木焚燒不能使他感到炎熱,江河冰凍不能使他感到寒冷,炸雷擊破山嶽,狂風掀起海浪都不能使他驚恐的超奇狀態,究竟是如何達到的? 在這裏,我們需要借助郭象的注脚來加以闡釋,他説:"夫全神形具而體與物冥者,雖涉至變而未始非我,故蕩然無蕫介於胸中也。"(《莊子注》)成玄英也附云:"至人神凝未兆,體與物冥,水火既不爲災,風雷詎能驚駭?"(《南華真經注疏》)也就是說,至人因爲看透生死,達於天境,所以不在意外物對他的損傷,這樣反而受傷害比較小。《達生》篇裏也有這樣的案例:

"夫醉者之墜車,雖疾不死。骨節與人同而犯害與人異,其神全也。乘亦不知也,墜亦不知也,死生驚懼不入乎其胸中,是故遻物而不慴。彼得全於酒而猶若是,而況得全於天乎?聖人藏於天,故莫之能傷也。"喝醉酒的人從車上摔下來什麼事情也沒有,而如果是一個清醒的人還沒摔下車,就已經被嚇得魂不附體了。其緣由就是因爲醉酒之人已經全然忘我,"死生驚懼不入乎其胸中",所以能够脱離外物之制,自守真常之氣,進而保全自我。此時的醉酒者,最接近於至人的境界。所以此例正好可以和上文互爲發揮,借"以莊解莊"之法,《達生》篇"聖人藏於天,故莫之能傷也"正好可以爲"死生無變於己,而況利害之端乎"之絶佳注脚。但需指出的是,在此段中莊子用"同一"的標準,去衡量在不同生活條件下所形成的人與幾種動物千差萬別的習性與意識,並由此而完全否定判别是非的客觀標準,顯然已經由辯證法滑向相對主義了,這個需要我們理性看待。

> 瞿鵲子問乎長梧子曰:"吾聞諸夫子:'聖人不從事於務,不就利,不違害,不喜求,不緣道,無謂有謂,有謂無謂,而遊乎塵垢之外。'夫子以爲孟浪之言,而我以爲妙道之行也。吾子以爲奚若?"

我們接着來看分論部分的第三則寓言。這則寓言中的夫子有兩種解釋,一種解釋認爲夫子是長梧子,包括後文的"夫子以爲孟浪之言"指的都是長梧子,比如陸德明《經典釋文》便持此説。另一種解釋則認爲夫子是孔子,持這種觀點的學者以俞樾最爲典型,俞樾在《諸子平議》中考證其爲孔子,其論證要點,便在於後文有個"丘"字。早期的解釋認爲這個"丘"指的是長梧子的名字,但後世大部分學者都偏重於這個"丘"指的是孔丘,我也比較傾向俞樾的解釋,但他稱"瞿鵲子必七十子之後人"則顯得過於武斷。瞿鵲子説:"我聽孔夫子説過'聖人不願營謀治理天下的俗事,不知貪圖利益,不知躲避禍害,不熱衷於妄求,無心攀援大道,沒有説話却好像説了話,説了話却好像沒有説話,遨遊於世俗之外。'"這個地方可以看出,聖人不去從事具體的事,只作爲一種精神文化象徵存於天地之間。這種觀念對於魏晋時期名士的影響是根深蒂固的,魏晋之人整日空談玄理,無所事事,其出言玄遠而不着邊際,並以此爲道之高妙,當是受了老莊的影響,受到了"聖人不從事於務"的啓發。"不緣道",是指不是有意地去追求道。説了話又好像沒説話,沒有説話又好像説話了,一輩子講話等於一句話沒講,一輩子沒講話又好像講了一輩子話,其言幽遠,無有定論,這才符合大道的特徵。現在我們都提倡説話要謹慎得體,語言邏輯表達一定要準確規範,但在莊子的視野當中,在得道人的觀念當中,這樣的話是"事務之言",完全不含有道之精妙。"而遊乎塵垢之外",則又一次展現了莊子的世界觀。在莊子看來,大道之外的地方都是"塵垢",都是藏污納穢之所,所以要以"遊乎"的方式擺脱塵世間的污泥濁水,以達至臻天境。"遊"這個字在《莊子》當中十分重要,至少出現了上百次,它集中展現了莊子對於人間亂象的處事態度。如《人間世》言"乘物以遊心,托不得已以養中",《應帝王》曰"遊心於澹,合氣於漠"等,都是較好的範例。以"遊"的方式脱離塵俗,擺脱物欲,最終齊同物論是莊子"由凡至聖"的核心方法論,我們須明達於心。

要之,這段話原文不是孔子所説的,而是孔子轉述别人的語言,孔子認爲此是孟浪之言,不着邊際,但瞿鵲子却認爲此乃切合大道之精要,由此產生了疑問。這同時也暴露了瞿鵲子的悟性弱點,通過下文我們便能知曉此話並不符合大道真諦,並且跟大道還有一定距離。

> 長梧子曰:"是皇帝之所聽熒也,而丘也何足以知之! 且女亦大早計,見卵而求時夜,見彈而求鴞炙。予嘗爲女妄言之,女以妄聽之。奚旁日月,挾宇宙,爲其吻合,置其滑涽,以隸相尊? 衆人役役,聖人愚芚,參萬歲而一成純。萬物盡然,而以是相蘊。予惡乎知説生之非惑邪! 予惡乎知惡死之非弱喪而不知歸者邪! 麗之姬,艾封人之子也。晋國之始得之也,涕泣沾襟;及其至於王所,與王同筐床,食芻豢,而後悔其泣也。予惡乎知夫死者不悔其始之蘄生乎! 夢飲酒者,旦而哭泣;夢哭泣者,旦而田獵。方其夢也,不知其夢也。夢之中又占其夢焉,覺而後知其夢也。且有大覺而後知此其大夢也。而愚者自以爲覺,竊竊然知之。君乎,牧乎,固哉! 丘也與女,皆夢也;予謂女夢,亦夢也。是其言也,其名爲吊詭。萬世之後而一遇大聖,知其解者,是旦暮遇之也。"

這裏的"皇帝",陸德明《經典釋文》載"本又作'黄帝'",明正統《道藏》所收各本並同。"聽熒",即聽到後疑惑不明的樣子。"是皇帝之所聽熒也",指的是連黄帝這位上古明王聽了都會疑惑不明。那麽,孔丘又怎麽能够理解其中真義呢? 常人連孔丘都比不上,他們又如何能知曉個中真諦呢? 隨之而來的,便是長梧子對瞿鵲子操之過急的指責,即"且女亦大早計,見卵而求時夜,見彈而求鴞炙。""大早"就是"太早","時夜"指司夜之雞,此處"時"通"司"。"鴞炙"就是鴞鳥的烤肉。這幾句話的表面意思是見到雞蛋就想得到報曉的公雞,見到彈丸就想得到鴞鳥的烤肉,而言外之意則是長梧子在諷刺瞿鵲子只想通過妙道精言來領會大道,却未能參透大道之妙是不能言説的,只要説出來就不是原生大道了,如《老子》開篇所言:"道可道,非常道。"所以長梧子表示,自己只能嘗試着去説一下個人之心得以供瞿鵲子參看,這本質上是一種謙詞。後面的"挾"是懷抱的意思,也就是懷裏裝着宇宙,這就達到了"天地與我並生,而萬物與我爲一"的至臻境界,即我跟天地萬物混爲一體,無有分别。"置"就是放到一邊,"滑"就是亂,"涽"就是暗,而"奚旁日月,挾宇宙,爲其吻合,置其滑涽,以隸相尊",就是説爲什麽不依傍着日月,懷抱着宇宙,與萬物混爲一體,任其樊然殽亂而不顧,並且把卑賤與尊貴看作一樣呢? 莊子聲明,就此做法而言,聖人已經垂範在先,他們將萬物投擲而來的一切都放置到一邊,任其雜亂混沌而不理不顧,並且把尊卑視爲一體,即將不同地位、種族、貧富、夭壽的人混同爲一,不作半點分斷,這就真正達到了"齊一"的狀態。而普通人却還不知效仿聖人之法,日日捨本逐末,去糾結是非彼我的細部差别,完全不懂要道之精。其將死之狀,即便連南華老人也無可奈何。所以只能嘆曰:"衆人役役,聖人愚芚,參萬歲而一成純。萬物盡然,而以是相蘊。"即凡人馳逐是非之境而勞役不息,聖人却安於渾然無知,糅雜古今萬事萬物以爲渾沌一團。萬物都是如此,互相蘊積包裹而不分是非、可否、死生、利害。聖人與凡俗的區別,便又一次被莊子劃分了出來。

於是莊子更進了一層,談到了生死問題,即"予惡乎知説生之非惑邪",意爲我怎麼知道世人喜歡活着就不是一種困惑呢?在《至樂》中,莊子與骷髏的對話寓言,就是在復述這個道理,所謂"吾安能棄南面王樂而復爲人間之勞乎"。活着的人害怕自己走向死亡,而死了的人却反而厭棄活着的時光。我怎麼知道世人害怕死亡,就不是像幼孩迷失在外而不知回歸其故鄉呢?這個比喻極其精妙。在莊子眼中,人之生命終結,就等於回歸自然,如他所言:"雜乎芒芴之間,變而有氣,氣變而有形,形變而有生,今又變而之死,是相與爲春秋冬夏四時行也。"(《至樂》)認爲自然即家鄉,死亡便是回歸自然,就如同迷失之孩童復返故鄉一般,而厭惡死亡就如幼孩走失在外一樣,無從知曉返家之路。如果我們厭惡死亡的話,就等同於不懂得回歸自然,不懂得回歸大道,這實在是一種糊塗啊!驪姬的典故,我們前面已經講過了。此處"麗之姬"的這個"之"没有什麼意義,麗之姬就是麗姬,就如同介之推是介推的意思。驪姬剛被晋國得到的時候,她哭得淚水濕透了衣襟;等到進了晋獻公的王宮裏,與君主睡在一個安適的床上,天天吃着美味的肉食,這才後悔當初不該哭泣。由此遥接上文,"我怎麼知道那些死了的人不會後悔自己爲什麼活着呢",就如同驪姬會後悔自己曾經哭泣一般,以此來隱喻死未必是不好的事,活也未必是值得稱道的事。夜裏夢見飲酒作樂的人,早晨起來或許就會遇到傷心事而哭泣;夜裏夢見哭泣的人,早晨起來或許就會高興地去打獵。正當人在做夢的時候,不知道自己是在做夢。夢中又夢見在占卜夢的吉凶,醒來以後才知道自己是在做夢。只有非常清醒的聖人,才明白人的一生好像一場大夢。所謂的"大覺",就是指得道之人,意即只有得道的人才能知道死與生其實並没有什麼本質區別,而愚昧的人却自以爲是清醒的,似乎什麼都劃分得很清楚的樣子。只有大聖人才懂得大道至理,將世間一切都混然爲一,將所謂君主、臣民都等而視之,孔丘與你,都是在做夢,我説你在做夢,其實我也是在夢中了。而我長梧子談的這番道理,可以稱之爲"吊詭"。這"吊"字,根據章太炎等人的訓詁來看,可以跟"誠"劃等號,是奇異的意思。但也有人認爲"吊"是極端的意思,比如宣穎,他就認爲"吊詭"是極端的詭異。要而言之,莊子自謂上述所言誠非真言,都是自己恢詭譎怪,神遊荒誕之説,這又暗合了莊子不欲自設一個物論的真旨。這種語言就是典型的"卮言",像成玄英在疏解《莊子》的時候,就將"卮言"解釋爲没有理由的話。這些吊詭的話,似於極端神誕無涯之話,現在若想找到一個能了悟洞徹其中真義之人那的確很難,倘若萬世之後能遇到一位能悟解這番道理的聖人,就好像已經在旦暮之間了。言外之意是,想遇到此等神智之人是非常困難的,即使在萬世之後能相遇,也屬極度幸運了。

莊子此段以做夢爲例是欲説明,人生本來就是一場夢。夢之中説夢,有何是何非?驪姬開始是哭泣的,後來就後悔哭泣了。人與人有不同的判别標準,物跟物也有各自的行爲準則,何必要執著於一孔之是非呢?只有像至人這樣,死生無變於己,哀樂不入於心,抵至"無己"之境,與天地萬物混然爲一,方可成其大美,是非榮辱也就因此而銷聲匿迹了。這是分論部分第三次來論證"天地與我並生,而萬物與我爲一"的真旨了,此"三證"的論述結構跟《逍遥遊》很像,《逍遥遊》也是先導出論點:"若夫乘天地之正,而御六氣之辯,以遊無窮者,彼且惡乎待哉! 故曰:至人無己,神人無功,聖人無名。"然後用三大段文字來分述至人、神人和聖人的真義,其行文邏輯與《齊物論》頗爲一致。

> 既使我與若辯矣,若勝我,我不若勝,若果是也,我果非也邪? 我勝若,若不吾勝,我果是也,而果非也邪? 其或是也,其或非也邪? 其俱是也,其俱非也邪? 我與若不能相知也,則人固受其黮闇,吾誰使正之? 使同乎若者正之,既與若同矣,惡能正之? 使同乎我者正之,既同乎我矣,惡能正之? 使異乎我與若者正之,既異乎我與若矣,惡能正之? 使同乎我與若者正之,既同乎我與若矣,惡能正之? 然則我與若與人俱不能相知也,而待彼也邪?

"若",訓你;"而果非也邪"之"而",通"爾",你;"或是",有一人對;"或非",有一人不對;"黮闇",是暗昧不明的樣子。這一段文字是對前面三則寓言的文義總結,也就是在"三證"鋪排之後加以闡發其潛藏的内在邏輯,並繼續生發其餘論真旨。其大意是説:假使我與你辯論,你戰勝了我,我没有戰勝你,你就果真對,我就果真錯嗎? 我勝了你,你没有勝我,我就果真對,你就果真錯呢? 是有一個人對,有一個人錯? 還是雙方都對,雙方都錯呢? 我與你都不知道,那麼别人就更加糊塗而盲從於大流了。我又能讓誰做出正確的評定呢? 如果讓觀點和你相同的人來評定,那他都與你觀點相同了,又怎麼能評定呢? 如果讓觀點和我相同的人來評定,那既然都與我觀點相同了,又怎麼能評定呢? 如果讓觀點和你、我都不相同的人來評定,那觀點既然與你、我都不相同,又怎麼能評定呢? 如果讓觀點和你、我都相同的人來評定,那觀點既然與你、我都相同,又怎麼能評定呢? 既然如此,那麼你、我與他人都不能説清楚,難道還要再找别人嗎? 如果不是用天倪來調和是非,又有誰能弄清楚呢?

此處我們需要注意一下,在"而待彼也邪"句後,可能發生了一些錯簡。大多數的本子,"化聲之相待,若其不相待。和之以天倪,因之以曼衍,所以窮年也"這五句話是在"亦無辯"之後。但吕惠卿在《莊子全解》裏則提出了異議:"'化聲之相待,若其不相待,和之以天倪,因之以曼衍,所以窮年也',其文當在'何謂和之以天倪'之上,簡編差互,誤次於此,觀其意可知也。"褚伯秀在《南華真經義海纂微》裏轉引了吕惠卿的這些話,後世多數人也都認爲吕惠卿的看法是正確的。因爲按照通行版排句來看,文意似有不通之處,上下文銜接也頗有牽合之感。但若將"化聲之相待,若其不相待。和之以天倪,因之以曼衍,所以窮年也"移放到"而待彼也邪"之後,則成先拋出"天倪"之詞,後頓解"何謂和之以天倪"之義,文句邏輯便可暢然明曉。所以如宣穎的《南華經解》就將"化聲"數句,移植到了"何謂和之以天倪"之上,對原文次第進行了些許調整。簡而論之,莊子此段是要闡明,是非之端,無有判者,你、我及第三方都搞不清楚,只能靠"天倪"方可調和。今依多數學者意見,將原文調整如下:

化聲之相待,若其不相待,和之以天倪,因之以曼衍,所以窮年也。何謂和之以天倪? 曰:是不是,然不然。是若果是也,則是之異乎不是也,亦無辯;然若果然也,則然之異乎不然也,亦無辯。忘年忘義,振於無竟,故寓諸無竟。

"化聲"即化生是非之言,就是與是非糾纏在一起的話。"相待",就是相對待、相對抗的意思。是非之間,兩方相互抵抗,相互非難,便成"相待"之勢。而若想雙方不相抗,言論不"相待",則需"和之以天倪"。"天倪"就是自然的分際,也就是前文所説的"天籟""天鈞"。句意謂用自然的分際來泯滅化聲之言、是非之論,進而取締分殊,最終混同爲一,所以"和之以天倪"就是"若其不相待"的方法要義。"因"就是順着,"曼衍"就是遊移自得,通過這樣隨性自由的方法來享盡天年,達於至境。後面的"是不是,然不然"兩句,歷來有兩種解釋:一種如吕惠卿、林希逸等學者認爲,正確的就是不正確的,不正確的就是正確的,兩者水乳交融,難以分隔,照應了前文"故分也者,有不分也;辯也者,有不辯也"的宗旨;而"照之於天",則無所謂對或不對,萬事萬物無須分辨。另一種解釋認爲,莊子此處是要重申"因"之本義,即你説對,我也跟着説對,你説不對我也跟着你説不對,是典型的"爲是不用而寓諸庸",你説是什麽就是什麽,我只因隨大衆,不做過多辯解,宣穎《南華經解》就采用了這個意思。從全文的視角來看,第二種解釋似更貼合"因之以曼衍"本義,也更能扣準莊子脉搏。"是"假設真的是"是",那麽"是"與"不是"就是不同的,這用不着爭辯;"然"假設果真是"然",那麽"然"與"不然"就是不同的,這也用不着爭辯。如果能達到這個境界,那麽忘却時間就不再是遥不可及之事。如果連時間都超越了,那麽人間義理就更加遺忘得一乾二净了。後面的"振於無竟"的"振",按照傳統音韻訓詁之學無法解釋,這裏應該是"逍遥"的意思。宣穎將"振"翻譯爲鼓舞,即"鼓舞於無窮之境",也可備一説。"竟"可以與提土旁的"境"相通假,也就是在忘却時間和人間義理之後,就可逍遥於無是無非的大道境界,同時全守自我,混同是非,便再也不會有因果正誤的爭辯,最終達到至人一般的神聖妙境。此段筆墨,是在歸納、收束前面"三證"文字之文意,具有一唱三嘆及承上啓下之功用。

罔兩問景曰:"曩子行,今子止;曩子坐,今子起,何其無特操與?"景曰:"吾有待而然者邪? 吾所待又有待而然者邪? 吾待蛇蚹蜩翼邪? 惡識所以然? 惡識所以不然?"

這則寓言是全文的倒數第二段,其大意是罔兩問影子説:"剛才你在行走,現在又停下來;剛才你坐着,現在又站了起來,你爲什麽没有獨立的志操呢?"影子説:"我因爲有所依賴才這樣的吧? 我所依賴的東西又有所依賴才這樣的吧? 我依賴形體而動,猶如蛇依賴腹下鱗皮而行、蟬依賴翅膀而飛吧。我怎麽知道造成這樣的原因呢? 又怎麽知道所以不這樣的原因呢?"

這段話從文章學的角度來看,是《逍遥遊》所没有的。《逍遥遊》在論説三段故事後,直接關鎖了全篇,没有再一次進行理論概括,而《齊物論》却論上加論,又一次申述了主旨。其中,"景"通"影",在魏晉之前,都是用"景"來代指"影"。"影子"之"影",是南朝陶弘景發明出來的,此前是没有這個字的。"罔兩"之"罔",多數學者都將其與"兩"合釋,即影子之影,影外之影,如郭象言"罔兩,景外之微陰也",可爲正解。但也有少數學者對其單獨訓詁,將"罔"解釋爲無的意思,"罔兩"即没有影外之影,也可聊作一種參考。需要明確的是,這段故事還是在闡發《逍遥遊》中有待、無待的問題。按照莊子的説法,"影"之有待於形體,因爲在燈光的照射下,有形體才會有影子,不然就是白光一片。而形體一會兒站起來,一會兒坐下來,一會兒行走,一會停息,看起來也十分不安定,那爲什麽會這樣呢?"大概是形體又有所依賴,才這樣的吧。"莊子由此感慨。從上下文來看,形體之所待,乃前文之"真宰"。"真宰"跟我們所理解的靈魂不一樣,它是一種自然本性,具有控制個體行爲的潛在功用,而它本身却不顯任何迹象,不留任何印記,但爲什麽會這樣,莊子也搞不明白,這就好比我們在走路時不會想爲什麽我的兩條腿要一前一後,爲什麽我的手要隨之擺動,如果要深究這些,走路自然就走不好了。因爲這些舉動都源出於自然,都是"真宰"潛移默化運轉起來的,常人無需辨明緣由,更無需争議結果。從這些角度來看,是非之争泯滅於大道,便又一次被莊子所申述,而關於是非辯争的議題,也終於可告一段落了。

在這則寓言裏,莊子所言"惡識所以然? 惡識所以不然",與開頭"南郭子綦隱机而坐,仰天而噓,荅焉似喪其耦"之文有暗合之妙。"不知緣何如此",是兩節文字共同之宗旨。這裏通過"罔兩問景"的方式,將道之微妙與靈幻刻畫得淋漓盡致,尤其是道對萬物潛移默化的改變,將開頭"南郭子綦隱机而坐"之難點疑點盡數破除,有以例釋例、以莊解莊之用。誠如宣穎所言:"此一喻分明是喪我,分明是相待乎前而不知,隱隱便接轉前幅文字。設喻之妙,沁入至微。除是天仙,斷不能寄想到此。"(《南華經解》)

在這裏,我還需要再補充一點,雖然我們剛才提及此段文義與《逍遥遊》有待、無待之內旨相同,但在郭象眼中却不是這麽認爲的。可以説,郭象主要依據注解《齊物論》創發了他的"獨化"理論,並且通貫《莊子注》全書。按照郭象在《莊子注序》中"通天地之統,序萬物之性,達死生之變,而明内聖外王之道,上知造物無物,下知有物之自造也"等説法可知,他的哲學理念中的天地觀、死生觀以及有物、無物之理,均與《齊物論》中的相關概念有關。我們可以清楚看到,尤其是郭象對於"罔兩問景"寓言的解釋,簡直與莊子本真思想格格不入。莊子認爲,萬物皆有待於它物,而郭象則認爲,萬物皆可"獨化"而生,即不依賴於外物的加持,也可自然誕生於天地之間。比如在"吾所待又有待而然者邪"一句下,郭象便釋曰:"若責其所待而尋其所由,則尋責無極,而卒至於無待,而獨化之理明矣。"在"吾待蛇蚹蜩翼邪"下,郭象又曰:"若待蛇蚹蜩翼,則無特操之所由,未爲難識也。今所以不識,正由不待斯類而獨化故耳。"由此可見,在文字表層之間,郭象已然開始對莊子"有待"之論進行非難了。在最後"惡識所以然? 惡識所以不然"這二句下,郭象更是直接闡發了大段的自我"獨化"之論:"世或謂罔兩待景,景待形,形待造物者。請問:夫造物者,有耶無耶? 無也? 則胡能造物哉? 有也? 則不足以物衆形。故明衆形之自物而後始可與言造物耳。是以涉有物之域,雖復罔兩,未有不獨化於玄冥者也。故造物者無主,而物各自造,物各自造而無所待焉,此天地之正也。故彼我相因,形景俱生,雖復玄合,而非待也。明斯理也,將使萬物各反所宗於體中而不待乎外,外無所謝而内無所矜,是以誘然皆生而不知所以生,同焉皆得而不知所以得也。今罔兩之因景,猶云俱生而非待也,則萬物雖聚而共成乎天,而皆歷然莫不獨見矣。故罔兩非景之所制,而景非形之所使,形非無之所化也,則化與不化,然與不然,從人之與由己,莫不自爾,吾安識其所以哉!故任而不助,則本末内外,暢然俱得,泯然無迹。若乃責此近因而忘其自爾,宗物於外,喪主於内,而愛尚生矣。雖欲推而齊之,然其所尚已存乎胸中,何夷之得有哉!"從這段表述中,我們可以看出,郭象認爲"罔兩"和"影"是同時産生的,二者彼此獨立,互不干擾,完全自給自足,滿足於各自的性分之需,表現着自己的全真之性。因此罔兩並不受制於影,影也不受制於形,形也不是由"道"誕化出來的,三者之間並没有絶對的依附關係。

但是從已然存續的狀態來講,三者却是"彼我相因",互爲條件的,正所謂"物各自造而無所待",整個世界並非處於一種絶對多元的混亂環境,各個具體的事物之間都在發生着"相與於無相與""相爲於無相爲"(《大宗師》注)的潛在關係,世界經由此方可趨於諧和與穩定。郭象此處之"相因"關係,與莊子所言萬物皆"有所待"之思想境域可謂差分萬甲,郭氏認爲"相因"是指萬物之間一種無形的"玄合",而這種"玄合"是由"獨化"之理引發而成的,即所謂"相因之功,莫若獨化之至也"(《大宗師》注)。通曉這個道理,便可理解郭象立論之良苦用心,即只要隨性自然,適性逍遥,"則本末内外,暢然具得,泯然無迹",如果逆此逐末,則物與我永無可"齊"之日。

其實,莊、郭述理之歧不僅僅體現於此,早在此前的老子,他所主張的"天下萬物生於有,有生於無"(《老子》四十章)之論,就已經爲其後近千年的有無相争埋下伏筆了。莊周爲老學之擁躉,自然主張"無能生有"的論斷,並將道看成是天地萬物最終的歸宿與源發之所,如《大宗師》謂其"自本自根,未有天地,自古以固存;神鬼神帝,生天生地;在太極之先而不爲高,在六極之下而不爲深,先天地生而不爲久,長於上古而不爲老"。此種思想延續到西晋時期,便分化出了名教與自然的關係問題。名教是儒家在兩漢時期被主流意識割解後所誕育的表現形式,以東漢最爲興盛。而自然在黄老學派及王充等人的眼中,則作爲一種社會政治態度逐步進入士人生活,並由此引起了玄學家的重視。正始時期,以何晏、王弼爲代表的清虚學者,提倡"名教出於自然",他們踵續老莊之思想,認爲"有"是依賴於"無"的,並高舉"貴無論"大旗。在闡發老莊義理時,也往往用"無"來代替"道",以便宣揚自然之本旨。後來進入東晋,佛教思維滲透進中華肌理,士人開始用"空"來代指老莊道論,因此從歷史横向視角來看,"道""無""空"三者是可以互通的,這個需要我們加以明確。之後以嵇康爲代表的"竹林玄學",開始將矛頭對準名教理念,他們認爲司馬氏所代表的官方名教已經腐朽發爛,與自己心中的"自然"真理完全不合,於是嵇康振臂一呼,提出了"越名教而任自然"的命題,以宣發自我的"不合作主義",其《釋私論》言:"夫稱君子者,心無措乎是非,而行不違乎道者也。何以言之? 夫氣静神虚者,心不存於矜尚;體亮心達者,情不係於所欲。矜尚不存乎心,故能越名教而任自然;情不係於所欲,故能審貴賤而通物情。物情順通,故大無違;越名任心,故是非無措也。"進入元康時期,裴頠首發新聲,作《崇有論》以變更"時俗放蕩"之態,其言:"夫至無者無以能生,故始生者自生也。"由此提出了著名的"崇有説",以抵啎何、王之"貴無説"。最後,郭象爲名教與自然的關係之爭劃上了休止符。郭氏認爲,玄學的發展離不開儒學的義理,將元康玄學引向儒學内旨是構建新的政教體系所必由的路徑之一,於是郭象提出"名教即自然"的觀點,他在《莊子注序》中説:"然莊生雖未體之,言則至矣。通天地之統,序萬物之性,達死生之變,而明内聖外王之道,上知造物無物,下知有物之自造也。其言宏綽,其旨玄妙。至至之道,融微旨雅;泰然遣放,放而不敖。故曰不知義之所適,倡狂妄行而蹈其大方;含哺而熙乎澹泊,鼓腹而遊乎混芒。至人極乎無親,孝慈終於兼忘,禮樂復乎已能,忠信發乎天光。用其光則其樸自成,是以神器獨化於玄冥之境而源流深長也。"由此可知,郭象注述《莊子》是有明確時代使命的,其用意就是要統合西晋各階級以期達到上下齊一、宇内安定之目的。在郭象筆下,儒家所崇尚的孝慈、禮樂、忠信等聖人人格與道家追求的至人人格獲得了高度契合,社會各個階層的人物也都得到了充分的個性展現,所謂"聖人雖在廟堂之上,然其心無異於山林之中"(《逍遥遊》注),進而在理論根源上解決了自然與名教的衝突問題,其所倡導的"名教即自然"理論,也廣受世人推崇,既爲當權者所承認,也爲常人所歡迎,可謂皆大歡喜,莊子學也因此而更加興盛。

> 昔者莊周夢爲胡蝶,栩栩然胡蝶也。自喻適志與,不知周也。俄然覺,則蘧蘧然周也。不知周之夢爲胡蝶與,胡蝶之夢爲周與? 周與胡蝶,則必有分矣。此之謂物化。

最後一則寓言,是我們很熟悉的"莊周夢蝶"。有一些學者在章節劃分上,將其跟"罔兩問景"合爲一章,但也有一些學者是分爲兩章的。它們有個共同的作用,就是以呼應開頭爲主,我們不再詳説。此處的"昔"通"夕",是晚上的意思。此寓言講的是夜間莊周夢見自己化爲了胡蝶,它飛舞得輕快自如。自己覺得快樂極了,竟然完全忘記自己是莊周。突然醒來,就驚覺自己原來是莊周。不知道是莊周做夢化爲了胡蝶,還是胡蝶做夢化爲了莊周? 莊周與胡蝶,在世人的眼光中看必定是有分別了。這就叫做"物化"。在這裏需要我們注意的是,"自喻適志與"是和"不知周也"相連接的,意即作爲胡蝶的莊周是快然自適的,而作爲人類的莊周則顯得十分難受。尤其是"栩栩然"的動態飛舞,讓莊子更加感受到了自由奔逸的快感,由此可見現實中的莊周對於人世之絶望和對物論之厭惡。"不知周之夢爲胡蝶與,胡蝶之夢爲周與?"是最爲後人稱道的兩句,站在世俗的立場和是非的觀點上來看,莊周做夢的時候變成胡蝶,醒來的時候還是莊周,二者存有分別是不争的事實。但如果站在混同爲一,萬物齊等的場域來看,莊周與胡蝶並無二致,這就是所謂的"物化",也就是萬物皆可變化,無有定準之意。"化"

在莊子的哲學體系裏至關重要,前面我們講《逍遥遊》時,就領略了莊周之變化無端的妙境:"北冥有魚,其名爲鯤。鯤之大,不知其幾千里也。化而爲鳥,其名爲鵬,鵬之背,不知其幾千里也。"鯤鵬二物在莊周的如椽巨筆下,被幻化得活靈活現。南宋羅勉道就十分看重"化"這個字,在《南華真經循本》中就指出:"此篇以《逍遥遊》名,而終篇貫串只一'化'字。"又在"化而爲鳥"一句下評曰:"篇首言鯤化而爲鵬,則能高飛遠徙,引喻下文,人化而爲聖、爲神、爲至,則能逍遥遊。初出一'化'字,乍讀未覺有意,細看始知此字不閑。"對於《莊子》全書首次出現的"化"字,前人都未能從中看出有什麼深意,而羅勉道却道"此字不閑",説明他一開始就與莊子關於"萬物皆化"的思想發生了共鳴。通覽《莊子》全書可知,羅勉道所言不虚,"化"字的確是貫串《莊子》文本的重要字眼。例如《天道》篇所言"萬物化作",《天地》篇所言"天地雖大,其化均也",《至樂》篇所言"萬物皆化",《則陽》篇所言"日與物化"等等,都是莊子"萬物齊一"的絶好例證,我們應該重視"化"這個字。

因此,無論人變爲胡蝶,還是胡蝶變爲人,在莊子看來都是"物化"的常規現象,萬事萬物隨時隨地都在變化,就如唯物哲學上所講的世間一切永遠處於運動當中一樣。從這個視角來看,人跟物是没有區别的,不要執著於區分是莊周、夢蝶,還是蝶夢、莊周,這是道不清楚的,也無須道清楚。更不消説是胡蝶對呢,還是莊周對呢?都是徒增凡間贅語罷了。"天地與我並生,而萬物與我爲一"的宗旨闡釋至此達到了頂峰。同時,莊周本身的"現身説法"又與開頭南郭子綦的寓言遥相呼應,二者都通過"喪我"的方法冥合了大道。有意識的"我"被剔除,無意識的"吾"進入了大道真界,無問緣始,不加分辨,"栩栩然"之輕靈快适才如約而至,天地間之"物化"真境便也浸透其中了。此文筆之高妙,氣象之開合,真無愧宣穎所言:"將物化收煞,《齊物論》真紅爐一點雪也。"(《南華經解》)"紅爐一點雪"爲佛教術語,宋代正覺《宏智禪師廣録》云:"生而不生,滅而不滅。歸去來兮,紅爐片雪。"意爲一個熊熊燃燒的火爐,在大雪紛飛之時忽有一片雪花落入,其火焰之旺,將雪花形體頓然化爲烏有。莊周之齊"物論",此時也關合筆鋒,收束文字,其是非之論,然非之辯也如飛雪入火一般,倏然歸爲烏有了。明清探究文章學的學者指出,這一則寓言和《秋水》篇最後一個寓言"濠梁之辯"有異曲同工之妙。雖都是上乘文字,但是"莊周夢蝶"之行文筆法較之後者而言則更爲超拔,也更爲精妙,將文脉走勢融化得無影無蹤,不顯遺迹,所以在妙處上面要超過莊周與惠施的"濠梁之辯"。即便對於遠在日本的禪學僧侣而言,"莊周夢蝶"之美亦超出佛教義理之廣,如江户時期著名的學者藤原惺窩嘗言:"浮屠者,以六喻偈爲勝。於莊子夢蝶不然,文字與意旨共莊子爲優。"

至此爲止,《齊物論》的全篇内容我們已經講解完畢了,但由於《齊物論》本身若隱若現的邏輯綫路極難尋覓,所以我們還需要再梳理一下全篇的行文架構,以便讓大家更好地體悟《齊物論》真旨。在開篇處,莊子通過鋪叙南郭子綦"喪我"的故事,來暗示天下"物論"之所以不齊,全是因爲由"我"之偏見導致,所以要想齊而同之,就必先"忘我"。接着又通過子游的驚問,引出了人籟、地籟、天籟的概念,並且由雜奏不齊的地籟中的種種表象,來提示下文會産生種種物論不齊的現象。而造成這種現象的原因,乃是由於人情的種種不齊之態難以統合,其喜怒悲歡之狀,恐懼憂慮之貌,都被莊子刻畫得淋漓盡致。而莊子之所以濃墨鋪叙人情不齊之貌是欲説明,人情都已然如此,那麼發自"成心"的種種物論也就紛紜難齊了。緊接着,莊子用"非彼無我,非我無所取"這一大段,來説明世人糊塗愚昧,只知道任憑私情的外發,而不知道有一個"真君"或"真宰"爲全身血肉的天然主宰,所以這些人終身追逐名利,以至於形神殘敗,天真喪盡,而始終没有覺悟。莊子由此點出,若想歸於大道,就必先破除"成心",也就是自己的主觀意識,這樣才能達於天境,通於至道。之後莊子由"言非吹也"一句,來説明"天籟"純任天機,即只有順應自然,才可成就"天籟之音"。而人的言論却爲機心所發,肇出於自我的主觀臆斷,因此產生了"言有彼此"的差别,然後由是非不可辯,引出了儒墨之間互相攻伐的愚蠢行徑,乃是由於不明大道所致。有鑒於此,莊子請出聖人作爲明鑒,要求世人停止辯論,並泯滅是非於無形之中。

在後面的文章中,莊子又抛出了"天地一指,萬物一馬"的比喻,這是承接聖人泯滅是非、彼此的論斷而來的犀利話語。"可乎可"以下的文字,亦全部用來詮釋"一指、一馬"之理,此層層遞進之法,令人應接不暇。最後通過對達者和愚者的對比描寫,指出儒、墨、公孫龍等輩强行辯論是非、彼此的行爲,和猴子"朝三暮四"的愚蠢思維以及妄用喜怒的做法無有二致。在接下來的篇章裏,莊子進一步叙寫了大道的特徵,並指出只有古人真正參悟了大道,而此後的人因爲有了是非、彼此的觀念,導致大道日漸虧損。例如昭文、師曠、惠施等人有點雕蟲小技就自認爲掌握了世間真理,並以此攪擾天下,致使大道虧損得更爲嚴重甚至於趨於隱没,以此來重申"道隱於小成"的觀點。最後,莊子用"今且有言於此"等一大段來説明世間並未有真正的是非對錯,萬物也没有絶對的彼我觀念。至此,全文的核心觀點才最終顯露,那就是"天地與我並生,而萬物與我爲一"。

在總論部分闡明之後,莊子又連續設立了"堯問於舜""齧缺問乎王倪""瞿鵲子問乎長梧子"三個分論故事,來進一步闡發"天地與我並生,而萬物與我爲一"的宗旨,並且在瞿鵲子故事的最後寫下一段"辯無勝"的説辭,來進一步收束前面數段的文義,指出辯論者的勝負、仲裁人的裁决,都不能决定什麼是真理什麼是謬論,所以解决"物論"的唯一方法就是"和以天倪",以此來針砭那些强辯是非的人。論述完整個《齊物論》的宗旨後,莊子由罔兩之問,引出莊周夢蝶,並照應開頭"喪我"之意,道出逍遥自適,物我爲一的人生態度。莊子指出,只有"喪我",也就是忘記我,才能够與萬物齊一,與天地共生。在那一刻你就是萬物,萬物就是你自己,你可以化爲萬物,萬物也可以化爲你。在夢中,莊子就幻化成了胡蝶,栩栩然自在輕快,閑適忘我,最後由"此之謂物化"爲結論關鎖全篇,收束全文,《齊物論》至此結束。

【漫談】

1.《齊物論》的歷史地位與疏解方法的演變

自古以來,起碼從魏晉以來,學者們對《莊子》文本最爲重視的是内七篇。這在《宋書·謝靈運傳論》中便已有記載:"有晉中興,玄風獨振,爲學窮於柱下,博物止乎七篇。馳騁文辭,義單乎此。"在玄學盛行的時代,做學問的人常常稱引《老子》,但欲通達事理,瞭徹萬物,則須倚賴《莊子》,其中最爲重要的,最可博及萬物的,當屬内七篇文字,此也誠非謬論。從文章學的視角來看,内七篇以"草蛇灰綫"之文法來推進文義的特徵較爲明顯,其"汪洋闊閬,儀態萬方"之文學美感也最爲突出。對於宏觀文體的架構和内理邏輯的排布,都顯示出莊周極强的文字駕馭能力,尤其是内篇各則寓言,皆是互爲呼應,前後相綴的"因果文章",任何一則寓言都不能獨立抽出,否則莊子整個的哲學機體,將會缺失一環。反而像外、雜篇中《讓王》等篇章,其寓言故事往往可以單行觀覽,與《吕氏春秋》等作品中的故事書寫相仿。而從文章結構的場域來看,《逍遥遊》之開篇,以"北冥""南冥"雙起,《應帝王》之結束,以"北海""南海"雙收,整個内篇之文脉肌理渾然一體,更無需説各篇目在具體行文中的邏輯架構了。由此看來,古之學人重視内七篇是相當正確的,其内理邏輯之圓融,前後文句之遥映皆無可挑剔。

當然,從歷代的莊學著作來看,除了重視内篇文章,外、雜篇的有些章目也受到了古代學人的關注。比如在《世説新語》中,就記載了魏晉名士在談論《莊子》時,往往需要事先擬定一個題目,然後再加以討論。這些題目有些出自内篇,有些出自外、雜篇,包括後來被蘇軾等人斥作僞篇的《漁父》,也曾被拿來研討。因此,在魏晉士人的眼中,《莊子》全書都可資借鑒,但從總體來看,最重要的還是内七篇。包括郭象注《莊子》,也是内七篇注釋得最爲詳細,外、雜篇特别是雜篇中《讓王》《説劍》《漁父》等篇目,通篇甚至僅有寥寥幾句的注解,這也證明了在玄學大師郭象眼中,也是内七篇最爲重要。這就形成了一種潛在的慣例,後來的《莊子》選本從魏晉開始一直到明清,都傾向於將内七篇全盤收羅,而將外、雜篇有意識地删減或僅選擇部分内容,其中《秋水》和《天下》就是學者們除内七篇之外,最爲關注的篇目。

在内七篇和《秋水》《天下》這些篇目中,歷代學者由於自身學養、立場、背景和情識的不同,對這九篇文章的喜愛、徵引及解析的程度自然也不甚相同。從文學史的角度來看,或是從文章學的角度來看,乃至從中文系教學的角度來看,《逍遥遊》跟《秋水》兩篇無疑是最受矚目的。但如果從哲學史、思想史的角度來看,歷來最受重視的,同樣也是先秦時間最爲重要的一篇文章,則非我們現在所講之《齊物論》莫屬,這是有迹可循的。從研究視角來看,抑或是從學術論文的撰寫角度來看,百年以來,最受重視的依然是《逍遥遊》和《齊物論》。在這兩篇中,《齊物論》是《莊子》,乃至於先秦哲學裏,最難讀、最富奇趣,也是説理性最强的一篇文章,同樣也是《莊子》當中最具有"草蛇灰綫"特徵的文章,故而在此視域下,《齊物論》較《逍遥遊》而言略勝一籌。

除此之外,《齊物論》受歷代學者重視的原因,還在於彼我方家之間的觀點不一,解析出來的義理不一,包括歷代文人整理出來的《齊物論》綫索也不盡相同,這就引起了後代學者的濃厚興趣。比如隨着佛教的滲入,歷代學者開始用佛教義理解讀《莊子》。成玄英就是其中的一員,他尤其喜歡利用佛教中的"我執"(天生的愚昧思想)概念來疏解齊物思想。在成氏看來,世人"愚迷",既滯於是,又滯於非。只要使他們破除"迷執",既不滯於是,又不滯於非,並且"遣之又遣",使之進而既不滯於滯,又不滯於不滯,這樣就能達到重玄的境界。十分明顯,這裏所運用的否定再否定的思維方法,與他在疏解《老子》時所用的否定思維方式一樣,也主要是借鑒佛教中觀派雙遣雙非的否定思維方式而來的。成玄英還從佛教"空"的觀念出發,進一步認爲世界上一切對立的東西都是虛幻的。如他在《齊物論》疏中曾指出,世界上一切對立的事物都是因緣所生,刹那生滅,並没有質的規定性。因此,諸如物與我、彼與此、有與無、是與非等等,皆屬虛幻不實;就連佛教所謂的"三界"(即欲界、色界、無色界)與"四生"(即卵生、胎生、濕生、化生)説法本身,也無不屬於空幻,哪裏可看成是實有的東西呢! 由此可以清楚看到,成玄英顯然是以佛教"諸法皆空"的理論來推導莊子"齊物"思想的,從而在魏晋玄學家以"有""無"等觀念理解莊子思想之外開闢了新的解説途徑,但也因此背離了莊子《齊物論》原本的宗旨。

再如進入 19 世紀後,西方理念開始滲入中國,中國學者便開始以西學思想來解讀《齊物論》。例如嚴復在解讀"罔兩問景"這一則寓言時,就表明莊子這番精彩的哲學論述是在闡釋近代光學、天文學的某種原理,並且用西方的"進化觀"來解釋"齊物論"的思想,他在評價"夫吹萬不同,而使其自已也,咸其自取,怒者其誰邪"文字時就説:"一氣之轉,物自爲變,此近世學者所謂天演也。"認爲莊子萬物轉變的理念,是在進化的觀念上提出的。胡適在此基礎上,又提出了莊子主體思想是在闡釋"生物進化論",與西方生物學家達爾文的思想不謀而合,則更是與《齊物論》的原本主旨大相徑庭。馮友蘭也曾把逍遥與齊物兩點作爲莊子思想的核心,但在 1949 年後,他對於逍遥和齊物兩點走向了批評,揭示出這種主觀精神上的浪漫只是一種理論化的自欺欺人的幻想,是奴隸主階級對於自身没落處境心理的平衡與保全,這同樣也違背了《齊物論》的創作初衷。

由此可見,《齊物論》在各家的筆下都開掘出了不同的思想綫索及文化内涵,這個跟《逍遥遊》有所不同,《逍遥遊》的主旨至明清時各家的觀點都相對統一了,期間的文本綫索如何,思想脉絡又是怎麽發展的,大家都有了較爲一致的看法,而《齊物論》的内核直到今天,都没有一個精準的定論。而造成歷代觀點偏差過大的原因其實也很簡單,就是《莊子》研究在文章學介入之前,歷代學者基本局限於對字詞章句的求索和梳理,並没有窺及《莊子》文本内在的整體觀與邏輯性,包括注《莊》最爲精妙的郭象,也難逃這個窠臼。例如在解釋《應帝王》最後一則寓言,也就是渾沌被鑿七竅而死的那段文字時,郭象只用了四個字來概括,同樣也是《老子》裏的話,叫"爲者敗之"。我覺得解釋得很好,簡潔有力,直擊要害,但郭象只注重對各篇義理的集中闡釋,他並没有關注到《莊子》各篇之間潛藏暗伏的文本綫索,這是較爲遺憾的一點。一直到晚明時,如陸西星的《南華真經副墨》等,才開始注意到《莊子》各篇間的潛在聯繫。陸氏還以文評的方式記録下了自己的所想所思,開啓了注《莊》新風。到清代林雲銘的《莊子因》和宣穎的《南華經解》問世時,又進一步發展了文本考索與前後對讀的研究方法,使莊學研究上升了一個新的臺階。至晚清劉鳳苞著《南華雪心編》,便廣集明清文章學之大成,充分發掘了《莊子》文本的内在勾連性與整體文學性,成爲近代疏解《莊子》文義最爲全面的書籍之一。要之,中國前期對於《莊子》的研究,是較爲零散的,就像是"庖丁解牛"裏所講的那樣,晚明之前的學者對於《莊子》是"所見無非全牛者",采用的方法也是"割也""折也"等生猛式研究方法,而明清之際的學者則從"卻""窾""經""綮"等處入手,沿着《莊子》义本間的脉絡空隙,去細細抽剥,層層爬梳,莊子的曠古真意便也逐步顯露了,這也就達到了庖丁所言的"恢恢乎其於游刃必有餘地矣"的至高境界。因此,《莊子》研究需要義理考索與文本探析相結合,近些年的學者大多從西學角度或用西方觀點去闡釋《莊子》,對中國古人的學術成果缺乏繼承,這恰恰犯了南轅北轍的大忌,得出來的文本結論,也就不那麽貼合莊子原意了。

2.《齊物論》的影響

回歸到《齊物論》本身上來,作爲古今第一難懂的文章,《齊物論》在中國歷史上留下了光輝的一頁,尤其在思想領域,創獲頗多,成爲了後世哲學家無法逾越的一道精神高峰。下面我們就簡要梳理一下,它在哲學及宗教學領域產生了怎樣的影響。首先我們來看宗教對《齊物論》哲學思想的吸納。根據目前已有的材料來看,佛教徒是最早關注到《齊物論》思想價值的群體,這一點以僧肇最爲突出。僧肇是東晋高僧,《不真空論》是其創作的一篇重要論文。在這篇論文中,他批駁了本無、即色、心無三派的學説,認爲他們或偏於"有",或偏於"無",都未能按照印度正統般若學説,尤其是龍樹般若中觀學説來解釋"空"的問題。因爲在他看來,如果按照龍樹的般若中觀學説來解釋,則"萬象雖殊,而不能自異,不能自異,故知象非真象,象非真象,故則雖象而非象,然則物我同根,是非一氣,潛微幽隱,殆非群情之所盡"。這也就是説,"物無彼此,而人以此爲此,以彼爲彼;彼亦以彼爲此,以此爲彼。此彼莫定乎一名,而惑者懷必然之志,然則彼此初非有,惑者初非無,既悟彼此之非有,有何物而可有哉? 故知萬物非真,假號久矣"。僧肇在這裏是要明白告訴人們,萬物雖然紛然雜陳而異,但就其本質而言,却皆屬於虛妄不真,因而它們的實相、法性都是非有非無,連"我"也是在這種非有非無的般若之光籠罩下而與宇宙萬物化爲一體了。從這裏我們可以清楚看到,僧肇在這篇文章中,實際上是借用莊子的語言形式和他在《齊物論》中關於"是亦彼也,彼亦是也","物無非彼,物無非是","天地與我並生,而萬物與我爲一"的相對主義思想來發揮龍樹的般若中觀學説,從而進一步完善並發揚了大乘佛教的相關理念。

除却佛教外,道教的發展也離不開對《齊物論》的借鑒。比如唐代道士司馬承禎的《坐忘論》便吸取了《齊物論》中的相關思想。"坐忘"的理論源自《大宗師》,唐代的道教學者進一步把這一悟道方法發展成了具有宗教色彩的"坐忘修道"理論,司馬承禎的《坐忘論》又一進步延伸出了"安心坐忘之法",以此來闡釋自己的"七條修道階次"理論。其中第五條"真觀",就是以《齊物論》思想爲核心的修道方法。在司馬承禎看來,坐忘主體在"觀見真理"的過程中極易受到"色""惡""貧""苦"等東西的困擾,因此必須認識到這些東西的空幻性和危害性,這樣才能徹底棄絶它們。在談及"色"時,司馬承禎便援引了《齊物論》中"魚見之深入,鳥見之高飛"等語,來説明即使是人們心目中最美豔動人的美女,在游魚和飛鳥看來也如怪物一般。因此坐忘主體在"觀見真理"的過程中,必須視"色"爲"穢濁""刀斧"而徹底摒棄之。由此可見,《齊物論》的相關概念爲司馬承禎修道觀的形成注入了新鮮血液,同時也間接推動了道教思想的進一步發展。

其次,我們再來看看《齊物論》對宋明理學的發展又起到了哪些促進作用。宋元理學家,自稱是直接繼承孔孟儒學的人物,其實他們的哲學體系,除了以儒家思想爲主體外,還吸納了佛教、道家(包括道教)的諸多思想及方法。比如宋元理學家在構建自己的本體論思想體系時,便援引了老莊關於"道"生天地萬物的思想。邵雍就曾以《齊物論》中"得其環中,以應無窮"之説來解説自己所創之《先天圖》中的心法之論,他説"先天學,心法也,故圖皆自中起,萬化萬事生乎心也",而"先天圖中,環中也",這説明他的宇宙生成説與莊子有一定關係。南宋林希逸更善於以程朱理學所樹立起來的"天理"這一合自然與倫理的本體來替代《莊子》中"道""天"等作爲宇宙萬物之根源的本體,從而借莊子之説進一步加强了對"天理"的應用範疇。衆所周知,《莊子》中的"道""天"等哲學概念與程朱理學所謂的"天理"本來並不是一回事,但在林希逸的《南華真經口義》中幾乎都是可以得到融合的,甚至可以用"天理"來闡釋《莊子》中大量與"道""天"相關或不相關的概念。如他在闡釋《齊物論》篇時便説:"天府者,天理之所會也。"説明在林希逸看來,程朱理學所説的"天理"簡直就是一個萬能概念,幾乎可以與《莊子》中的各種不同概念相重合,而《齊物論》恰恰是連接二者的一個橋梁,他通過對《齊物論》的精心改造,理學中的"天理"思想便合理地融入到了道家思想裏,這樣一來便擴大了理學園地的哲學範疇。

此外,元代道教學者苗善時在釋解《齊物論》"地籟""天籟"諸語時,也運用了理學思想中的"理一分殊"説來進行闡釋。他認爲萬物雖殊,賓主自別,但"萬化一化皆神",與理學家所説的"理一"即"萬物皆是一理"正是一個道理。從時代脉絡來看,莊子在前,理學家在後,苗善時用理學家的觀點闡釋莊周之文是否意味着理學中的"理一分殊"概念原本就取材於莊子,我們尚不得而知,但從二者的相似程度來看,其中應當存有着潛在的因承關係。

最後,我們再來看看《齊物論》中的深邃理念對個體作家或文人產生了怎樣的哲學影響。我們先來看看李贄對《齊物論》思想精華的吸納。從已有材料可知,李贄在吸收王守仁學派哲學思想和佛教思想前後,還醉心於老莊義理。如他在《焚書·念佛答問》中便説:"小大相形,是續鶩短鶴之論也。天地與我同根,誰是勝我者? 萬物與我爲一體,又誰是不如我者?"這便是對老子"高下相傾"(《老子》二章),和莊子"鳧脛雖短,續之則憂,鶴脛雖長,斷之則悲"(《駢拇》)、"天地與我並生,而萬物與我爲一"(《齊物論》)等思想的進一步發揮。而對於《齊物論》篇的解釋,李贄的觀點也往往與前人不同。如他説:"天地間一大是非耳,未有能聽之者。聽之則是非蜂起,不聽則悶然無當。聽與不聽又自有是非矣,何時一欸?"在他看來,既然是非無定,不可分別,那麽又怎可"咸以孔子之是非爲是非"(《藏書·世紀列傳總目前論》)呢? 他在借闡釋篇中"瞿鵲子問乎長梧子"一則寓言故事時進一步説,對於"聖人不從事於務,不就利,不違害,不喜求,不緣道,無謂有謂,有謂無謂,而遊乎塵垢之外"這樣的要言妙道,"若孔某則全不知此矣"。意謂孔子連這樣的道理都不懂,這就更不可把他作爲裁決天下是非的標準了。由此可知,李贄在這裏的闡釋,已充分表現出了他那堅決否定傳統儒學的大無畏精神,而作爲抨擊儒家道統與精義的哲學武器,《齊物論》無疑發揮了巨大作用。

　　進入近代,章炳麟所作《齊物論釋》成爲了詮釋《齊物論》最爲詳盡的書目之一,章太炎也通過對《齊物論》的個體闡釋,總結出了獨特的“平等”與“自由”思想。在《齊物論釋》的序言裏,章炳麟這樣寫道:“《消摇》《齊物》二篇,則非世俗所云自在平等也。體非形器,故自在而無對;理絶名言,故平等而咸適。”可見,自由和平等正是他融合齊物和唯識提煉出來的兩大哲學思想,這不僅是他對《齊物論》的理解,也是貫穿於他一生的重要思想。

　　我們先來看他關於“平等”的概念,章炳麟在釋《齊物論》篇“堯問於舜”一段時,從堯欲伐三小國而不安,引出國不當有大小、文野之分,從而得出“平等”二字,而在《國學概論》中又有這樣一番廣泛爲人所引用的論述:“近人所謂平等,是指人和人的平等,那人和禽獸草木之間,還是不平等的。佛法中所謂平等,已把人和禽獸平等。莊子卻更進一步,與物都平等了。”這裏所稱道的正是莊子《齊物論》篇所謂“天地與我並生,而萬物與我爲一”的平等觀。進而章炳麟又在《論佛法與宗教、哲學以及現實之關係》中提出:“大概世間法中,不過‘平等’二字,莊子就喚作‘齊物’。並不是説人類平等、衆生平等。要把善惡是非的見解一切打破,才是平等。”也就是説,在他看來,莊子認爲是非善惡是人爲制定的標準,要真正平等就要去善惡是非之心,所謂“聖人已死,則大盜不起,天下平而無故矣!聖人不死,大盜不止”(《莊子·胠篋》),聖人爲斗斛以量、爲權衡以稱、爲符璽以信、爲仁義以矯,則斗斛、權衡、符璽、仁義一併爲人所竊。正因爲有了衡量的標準,才有了偷竊的行爲,才有了不平等。

　　那麼章炳麟要除去的是什麼呢? 他在《齊物論釋》(初本)序言中提到:“作論者其有憂患乎! 遠睹萬世之後,必有人與人相食者,而今適其會也。”章炳麟認爲他所處的正是“人與人相食”的時代,内爲異族統治,外爲他國入侵,他所欲排的是滿,所欲抗的是帝。《原人》曰,“人之始,皆一尺之鱗也”,即章炳麟認爲人類在種族的起源上没有優劣之分,但因爲所處環境的不同,而造成了後天的演化速度不同,因而導致了文明的先進與落後,所以各種族就其存在而言,是没有高下優劣的,都應該是平等的。正如他在《齊物論釋》中所説,人、鳥、魚和鹿的審美評判標準都是不相同的,不能强加自己的喜惡於別人,因此不能以自詡的“文明”去否認別人的“落後”,這“文”“野”之分都是有所執而形成的,都是人爲給予之名,正是莊子所謂不齊之“言”,所以章氏欲“滌除名相”,除去這人爲的分別。可見他所謂的排滿,並不是對滿族的偏見和仇視,而是認爲滿族不該越俎代庖到漢族的地區來統治漢族的人民。對於相對落後的“蠻夷”來統治文明的華夏中國,章炳麟是堅決反對的,同樣,對於更文明的西方國家來統治中國,章炳麟同樣持否定的態度。在他看來,滿族與歐美是同樣性質的,他的排滿與反帝在一定程度上是相同的,所謂“欲保存國性,則不能處處同化於外人”。簡言之,章炳麟認爲各民族有自己固有的生活區域,不應前往別族地區,强加自己之意志於他族。這恐怕就是莊子所主張的“相呴以濕,相濡以沫”,“相忘於江湖”的狀態(《莊子·大宗師》),所以章炳麟在《中華民國解》中設想:“今者,中華民國慮未能復先漢之舊疆,要以明時直省爲根本。……三荒服雖非故土,既不他屬,循勢導之,猶易於二郡一司。”説明他仍主張同化,並不主張聽其自立。

　　我們接下來再來看看章炳麟是如何詮釋"自由"的。從《齊物論釋·序》中可知,章炳麟在《莊子·逍遥遊》中找到了他理想中的自由,而他又在《國學概論》中説:"近人所謂'自由',是在人和人的當中發生的,我不應侵犯人底自由,人亦不應侵犯我的自由。《逍遥遊》所謂'自由',是歸根結底到'無待'兩字。他認爲人與人之間的自由,不能算數;在飢來想吃,寒來想衣的時候,就不自由了。就是列子御風而行,大鵬自北冥徙南冥,皆有待於風,也不能算'自由'。真自由唯有'無待'才可以做到。"可見在章氏看來,有所待就是有執,有執就不自由了。正如他在《齊物論釋》中所指出,"景"有所待,而其所待者亦有所待,因此都未得到真正的自由。

　　平等與自由在章炳麟看來是同等重要的,應當自然共存,而不是可强加的。强加自己的觀點於別人,便是執己之心,不僅使別人不自由,也使自己喪失了自由。他在《五無論》中論曰:"夫無政府者,以爲自由平等之至耳。然始創自由平等於己國之人,即實施最不自由平等於他國之人。"並舉了法國侵占越南的例子,認爲其"税"與"殺"之"酷虐爲曠古所未有",是被稱爲"食人之國"的蒙古、回部"未逮其毫毛"的。因此章炳麟質疑,難道這個法蘭西,就是所謂"始創自由平等"的法蘭西嗎?智即不知,所謂文明人却做出了最不文明的事情。所以,"(太炎居士)以爲,《齊物》者,一往平等之談,然非博愛大同所能比傅,名相雙遣,則分別自除,净染都忘,故一真不立。任其不齊,齊之至也"(黄宗仰《齊物論釋初本·後序》)。誠然,這"任其不齊"正是章炳麟作《齊物論釋》的宗旨,即希望從莊子與佛義中找到各國平等自由發展的思想基礎。

　　章炳麟將莊子哲學中的齊物平等與近代的自由、平等思想相聯繫的做法,不能不説是對莊子研究的一種新嘗試,同時也是以《莊子》爲中介,予全新的西方思想以中國化解釋的一種新嘗試,這種對《齊物論》哲學思想的創造性繼承,無疑具有啓發意義。

　　與之相類的學者,還有中國哲學的奠基人馮友蘭。由於受西學影響較爲深厚,馮氏提出了《齊物論》中有所謂消除物我分界、從而達到萬物與我並生的方法,並將其命名爲"負的方法",作爲對西方分析哲學所無法言説領域的補充,受到了一定程度的關注。

　　綜合來看,《齊物論》無論對宗教發展,還是個體學人的哲學吸納,都起到了積極的促進作用,正因爲有了《齊物論》,中國哲學的版圖才日漸完整,中華思想的精華才更爲耀眼,因此我們更應該重視《齊物論》的哲學意義與宗教學意義。除在思想史領域有突出成就外,《齊物論》對中國文學及藝術也産生了重要的影響。

　　首先我們來看看,《齊物論》對《莊子》文本的影響,尤其是對内七篇結構文法所産生的影響。作爲全書之首,《逍遥遊》爲後世打開了一個恣意灑脱,瀟然快適的"無何有之鄉",但真正將其内理申説明晰的,却是《齊物論》。衆所周知,《逍遥遊》最後一則寓言故事是闡發"至人無己"論斷的,而《齊物論》的開章也是接續"至人無己"的觀點加以闡釋,並且全文最後一個寓言故事"莊周夢蝶"也是在"無己"的基礎上作出的理論延伸。由此可證,《齊物論》是《逍遥遊》之理論注脚,清孫嘉淦言:"物者彼我,論者是非,喪我物化,道通爲一,則皆齊矣。此暢發前篇'至人無己'之義,故次《逍遥遊》也。"(《南華通》)通覽《莊子》可知,由逍遥以至齊物,由喪我以釋無己,莊子借《逍》《齊》二篇闡明了自己的哲學方法論,並進而統攝全書,其重要程度,便果如馮友蘭所講:“莊子之所以爲莊者,突出地表現於《逍遥遊》和《齊物論》當中。”(《中國哲學史新編》)就其實際效果來看,《齊物論》不僅承接了上篇,還影響了内篇剩餘五篇之義理發揮。第三篇《庖丁解牛》之“緣督以爲經”,也是在倡導無爲、無己的生命狀態,唯有“因其固然”與“緣督以爲經”才能養護好人的精神,從至虛無己的角度來談養生,乃是跟《齊物論》之内在理路相接續的。第四篇《人間世》是講人在這個社會上怎麼保全自己,怎麼不受損傷,也是與《養生主》之“緣督以爲經,可以保身,可以全生,可以養親,可以盡年”一以貫承的。在亂世之中,莊子言明只有無爲無用才能保全自己,至虛淡然才是生存之制勝王道,然究其要本來看,依舊與《齊物論》内旨有關。第五篇《德充符》是以“道德充實於内,萬物應驗於外,外内玄合,信若符命而遺其形骸也”(郭象語)爲中心論點展開的,其修内以至無爲,齊美醜以達至聖,都是《齊物論》觀點的薪火延續。第六篇《大宗師》以道爲師爲宗,既以道虛爲主,自然與《齊物論》之無爲、因順冥然契合。《應帝王》作爲政治方法論,明確道出有爲之政禍亂天下,其弊端將如物論般攪擾人間,而爲政之要樞則在於“遊心於淡,合氣於漠,順物自然而無容私焉,而天下治矣”,此“順物自然”四字,便又爲《齊物論》之真旨重提。要之,整個内篇之精神前後相續,踵而齊一,乃是由於《齊物論》在内中扮演了至關重要的角色,其如穿針引綫般彌合了各篇宗旨。至於對外、雜篇的影響,前文我們在梳理文句的時候,已經舉過《駢拇》《馬蹄》《達生》《田子方》《秋水》等諸多篇章的事例,它們往往是圍繞《齊物論》真旨所衍化出來的寓言,誠如成玄英所言:“内篇明於理本,外篇語其事迹,雜篇雜明於理事。”(《南華真經注疏序》)其他没有列舉的篇目,也與《齊物論》有藕絲牽連般的聯繫,如《天道》《天地》《天運》所講君主“無爲”之政,《刻意》《繕性》所談自然養生之法等等,都與《齊物論》有淵源關係。可見,《齊物論》在整個《莊子》文本中具有舉足輕重的地位,其齊彼是、齊是非、齊生死、齊物我之思想觀念,通貫《莊子》全書。可以這麼說,如果没有《齊物論》,《莊子》之千秋光耀,可能要暗淡許多。

接下來我們再來看看,《齊物論》對中國文藝理論的影響。《齊物論》的問世,潛移默化地影響了藝術理論和藝術創作的生成途徑,這種影響主要體現在,它解釋了很多文學藝術創作者爲之困惑,或者無法用語言精準概括的朦朧狀態,比如“南郭子綦”的案例經常被從事文藝理論的人拿去做研究。解放前,郭沫若曾經在集美學校做過一場報告,他在報告中就引用了這個例子。郭沫若説搞文學藝術就是要忘記“小我”,從而讓自己進入到“大我”的境界當中,去進入到“無我”的境界當中,這樣在進行藝術創作時才能有“神來之筆”。這等於爲文藝理論創作者提供了一個很好的藝術標準,即創作者能否真實地、完整地、不加主觀意念地反映客觀現實。王國維在《人間詞話》裏曾大贊“無我之境”的美妙,其言曰:“有我之境以我觀物,故物我皆著我之色彩。無我之境以物觀物,故不知何者爲我,何者爲物。古人爲詞,寫有我之境者爲多,然未始不能寫無我之境,此在豪杰之士能自樹立耳。”在王氏看來,“無我之境”較之“有我之境”難爲,在於其空靈渾璞的原生之態難以捉摸,這種不着痕迹,盡得風流的純真“技法”,是草率直接的“有我之境”無可抵及的。陸機的《文賦》在解決“意不稱物”問題時所提出的“佇中區以玄覽”,也是參看了莊子此處之“喪我”思想,其“玄覽”之意,便是虚静、無我之狀,即在不受外物和雜念干擾的情況下,使心物合一,思慮清明,進而統觀全域,照臨四方,最終創作出優質的文藝作品。另外,陸機所强調的“應感之會”,也就是藝術創作的靈感問題,也取材於莊子。陸機認爲,人靈感的來源取自“天機”,即所謂“方天機之駿利,夫何紛而不理”,這種“天機”是要求創作者在進行藝術創造時要迎合自然真我,抛却物念思欲,不可强而爲之,其中心論點依舊在於“無我”。

除此以外,搞美學和文藝理論研究的人經常會引用“庖丁解牛”“輪扁斵輪”等寓言來進行文藝理論的闡發,在這一點上儒學是望塵莫及的。例如孔子只是講“謂《韶》‘盡美矣,又盡善也’,謂《武》‘盡美矣,未盡善也’”的聲文標準;孟子也只是提出了“知人論世”等幾個簡單的文藝觀念,他們始終在談政治標準跟藝術標準之間的關係,甚至把二者結合起來進行比附,却没能從根源上闡釋文學藝術創作的客觀規律,這是較爲遺憾的。但是在《莊子》這些不經意的講話和寓言當中,反而無意間揭示了這些規律。例如《逍遥遊》中的“樂遊觀”、《齊物論》中的“虚静觀”、《秋水》中的“妙悟觀”、《達生》篇中的“形神觀”、《田子方》中的“協和觀”、《外物》篇中的“言意觀”等等,都爲之後數千年的文藝創作提供了精神養料。這些以道意貫穿生活細節的文字,無不在每一個藝術毛孔中都滲透着樂舞感、美術感、綫條感與靈動感,這才造就了廣義的至道境界。而這種情思、趣味與物象的融洽結合,便自然構成了一個言説不盡的超然世界,給人以無窮的想象空間,而這種想象空間,歸總到莊子文言上來,便是《齊物論》中的“天地與我並生,而萬物與我爲一”,也就是我們熟知的“天人合一”。如把這鋪展到藝術創作境地而言,便是景與情的統一,物與我的統一,人與所描繪對象的統一。可以説,《齊物論》不僅統攝了《莊子》的哲學觀,還統御了莊子的藝術觀。由此敷展開的,便是中國文藝理論的井噴式發展,唐代畫家張璪提倡的“外師造化,中得心源”便是力求通過“師造化”和“盡心源”的統一,在物我之間建立一種精神聯繫,打破物與我之間的隔閡,以貫通物與我的邊界,這顯然是莊子“物我齊一”的翻版復刻。同樣,一般認爲,王昌齡在《詩格》當中首次提出了“意境説”,即“夫置意做事,須凝心;目擊其物,便以心擊之,深穿其境”。王氏在此處將“心”與“物”作爲兩個辯證統一的要素進行對照分析,得出了二者的交融是意境誕育的先決條件,故而凝心静氣,穿物爲境,心物相融可將意境詩意地棲居在藝術作品中。但若翻檢《莊子》文本便可知,王昌齡所謂“目擊其物,便以心擊之”的“心物相融”説,早在《齊物論》中便已有論及,其所言不分彼我,物我相融之態,即所謂“天地與我並生,而萬物與我爲一”之理。由此觀之,王昌齡之“意境説”靈感,當源發自莊周。另外,明末清初“四僧”之一的畫家石濤所倡導的“一畫之法”,即“夫一畫含萬物於中。畫受墨,墨受筆,筆受腕,腕受心”(《石濤畫語録》),也是莊子思想的最優詮釋者。石濤言:“一畫之法,即一心之法。法自我立,故‘吾道一亦貫之’。”(《石濤畫語録》)此處雖采擷孔子之語,但妙道之精却在莊子,其所謂“一”,即是指“我心”與宇宙精神在繪畫中的合一,這無疑是受到了莊周“萬物與我爲一”的啓示。因此從文學藝術的角度來看,以莊子爲代表的道家對中國文藝理論的產生與發展貢獻很大,這是遠超儒學的。

　　最後,我們再來看看,《齊物論》對歷代文學作品的創作提供了怎樣的素材。僅據我在《莊子纂要》後所附與莊子相關的歷代詩文序跋來看,我國自先秦至清末,至少有三百多位作家或學者在自己的作品裏引用了《齊物論》的文字或觀點。這些作品,有些是純文學作品,有些是半文學類的學術作品,但無論如何,《齊物論》都在內裏發揮了極大的促進作用,爲作家及學者著述個人作品提供了相應的精神養料。比方班固的《幽通賦》"周賈蕩而貢憤兮,齊死生與禍福",就引了莊子"齊死生"的觀點。湛方生在《秋夜》裏,更是直接表達了自己喜歡老莊的原因始自《齊物論》:"拂塵衿於玄風,散近滯於老莊。攬逍遥之宏維,總齊物之大綱。同天地於一指,等太山於毫芒。萬慮一時頓滌,情累豁焉都忘。物我泯然而同體,豈復壽夭於彭殤!"作爲莊周擁躉的嵇康,也不忘在自己的作品中,透露自己的超然志向:"凌扶摇兮憩瀛洲,要列子兮爲好仇。餐沆瀣兮朝霞,眇翩翩兮薄天遊。齊萬物兮超自得,委性命兮任去留。"(《琴賦》)此外,李澣、包佶、石鎮、蔣至還作有《罔兩賦》,牛應真有《罔兩問影賦》,夏方慶有《風過簫賦》,賈餗有《莊周夢爲胡蝶賦》,張隨有《莊周夢胡蝶賦》,至於李商隱"莊周曉夢迷胡蝶,望帝春心托杜鵑"(《錦瑟》),蘇軾"堪笑蘭臺公子,未解莊生'天籟',剛道有雌雄。一點浩然氣,千里快哉風"(《水調歌頭》)等,就更是耳熟能詳的名篇佳句了。

　　統而觀之,中國歷代思想文化的演變與各體文學的創作,大都難逃莊子的影響。因此,要想真正體會中華文化的精神與內涵,不讀《莊子》是不行的,不讀《齊物論》也同樣是不行的。

　　[作者簡介] 方勇(1956—　),男,浙江浦江人。文學博士、博士後,現爲教育部"長江學者"特聘教授、華東師範大學中文系博士生導師、華東師範大學先秦諸子研究中心主任、《諸子學刊》主編、《子藏》總編纂、"新子學"理念倡導者。長期從事諸子學研究,著有《莊子詮評》《莊子學史》《莊子纂要》《方山子文集》。

　　王澤宇(1993—　),男,山西太原人。現爲華東師範大學中文系中國古代文學專業博士生,主要研究諸子學及海外漢學,已發表學術論文多篇。

圖書在版編目(CIP)數據

諸子學刊. 第二十六輯 /《諸子學刊》編委會編；
方勇主編. —上海：上海古籍出版社，2023.5
ISBN 978-7-5732-0720-3

Ⅰ. ①諸… Ⅱ. ①諸… ②方… Ⅲ. ①先秦哲學-研
究-叢刊 Ⅳ. ①B220.5-55

中國國家版本館 CIP 數據核字(2023)第 082210 號

諸子學刊（第二十六輯）

《諸子學刊》編委會 編
方 勇 主編
華東師範大學先秦諸子研究中心 主辦
上海古籍出版社出版發行
（上海市閔行區號景路 159 弄 1-5 號 A 座 5F 郵政編碼 201101）
(1) 網址：www.guji.com.cn
(2) E-mail：guji1@guji.com.cn
(3) 易文網網址：www.ewen.co
啓東市人民印刷有限公司印刷

開本 787×1092 1/16 印張 26.5 插頁 2 字數 562,000
2023 年 5 月第 1 版 2023 年 5 月第 1 次印刷
ISBN 978-7-5732-0720-3

B·1327 定價：118.00 元
如有質量問題，請與承印公司聯繫